Rechnungswesen für Steuerfachangestellte

von

Dipl.-Kfm. Jürgen Hermsen
Adda Gardemann, Steuerberaterin

unter Mitarbeit der Verlagsredaktion

Vorwort

Das vorliegende Lehrbuch ist auf ein Lernen mit möglichst großer Praxisnähe ausgerichtet. Es bereitet optimal auf die Prüfung im Ausbildungsberuf „Steuerfachangestellte/-r" vor und eignet sich ebenso zur Vorbereitung auf die Prüfung zum/zur Steuerfachwirt/-in oder zum/zur Bilanzbuchhalter/-in sowie für Studierende an Fachschulen, Fachhochschulen und Hochschulen.

Folgende Merkmale kennzeichnen das Lehrbuch:

- Die Darstellung der erforderlichen Sachinformationen erfolgt in einer klaren Sprache und übersichtlich gehaltenen Lernschritten.
- Der Lernprozess wird durch Zusammenfassungen – meist in Form von Schaubildern – unterstützt.
- In den Buchführungskapiteln sind Aufgaben mit typischen Buchungsbelegen eingebaut.
- Die Aufgaben sind praxisnah und handlungsorientiert aufbereitet.

Im Lehrbuch ist der Rechtsstand von Januar 2011 berücksichtigt, d. h., insbesondere wurden die Neuerungen durch das Bilanzrechtsmodernisierungsgesetz eingebaut. Ergeben sich nach Drucklegung Änderungen, z. B. aufgrund von BMF-Schreiben, werden diese so schnell wie möglich im Internet unter www.winklers.de zum Abruf bereitgestellt.

Kein Lehrbuch ist so gut, dass es nicht noch verbessert werden könnte. Helfen Sie uns bitte mit entsprechenden Hinweisen. Vielen Dank.

Frühjahr 2011   *Die Autoren*

2., überarbeitete und erweiterte Auflage, 2011
Druck 1, Herstellungsjahr 2011

© Bildungshaus Schulbuchverlage
Westermann Schroedel Diesterweg
Schöningh Winklers GmbH
Postfach 33 20, 38023 Braunschweig
Telefon: 01805 996696*   Fax: 0531 708-664
service@winklers.de
www.winklers.de
Redaktion: Norbert Knur, Braunschweig
Lektorat: Jürgen Umstadt, Worms
Druck: westermann druck GmbH, Braunschweig
ISBN 978-3-8045-**4480**-2

* 14 ct/min aus dem deutschen Festnetz, Mobilfunk maximal 42 ct/min (Stand 2011)

Auf verschiedenen Seiten dieses Buches befinden sich Verweise (Links) auf Internetadressen.

Haftungshinweis: Trotz sorgfältiger inhaltlicher Kontrolle wird die Haftung für die Inhalte der externen Seiten ausgeschlossen. Für den Inhalt dieser externen Seiten sind ausschließlich deren Betreiber verantwortlich. Sollten Sie bei dem angegebenen Inhalt des Anbieters dieser Seite auf kostenpflichtige, illegale oder anstößige Inhalte treffen, so bedauern wir dies ausdrücklich und bitten Sie, uns umgehend per E-Mail davon in Kenntnis zu setzen, damit beim Nachdruck der Verweis gelöscht wird.

Dieses Werk und einzelne Teile daraus sind urheberrechtlich geschützt. Jede Nutzung – außer in den gesetzlich zugelassenen Fällen – ist nur mit vorheriger schriftlicher Einwilligung des Verlages zulässig.

1	**Teilgebiete des betrieblichen Rechnungswesens und deren Aufgaben**	**9**
1.1	Finanzbuchführung (Geschäftsbuchführung)	9
1.2	Kosten- und Leistungsrechnung	10
1.3	Statistik	10
1.4	Planungsrechnung	10
2	**Einführung in die Systematik der Buchführung**	**12**
2.1	Aufgaben der Buchführung	12
2.2	Gesetzliche Vorschriften der Buchführung	13
2.2.1	Buchführungspflicht nach Handelsrecht	13
2.2.2	Buchführungspflicht nach Steuerrecht	14
2.2.3	Handelsrechtliche Befreiung von der Buchführungspflicht nach § 241 a ff. HGB	14
2.2.4	Beginn und Ende der Buchführungspflicht	15
2.3	Grundsätze ordnungsmäßiger Buchführung	18
2.3.1	Formelle Ordnungsmäßigkeit	18
2.3.2	Materielle Ordnungsmäßigkeit	18
2.4	Rechtsfolgen bei Verstößen gegen die Ordnungsmäßigkeit	19
2.5	Steuerliche Aufzeichnungspflichten	20
2.6	Aufbewahrungspflichten	20
3	**Buchführung**	**23**
3.1	Inventur	23
3.2	Inventar	28
3.3	Bilanz	31
3.4	Vier Möglichkeiten der Bilanzveränderung	35
3.5	Buchungssatz	38
3.6	Auflösung der Bilanz in Bestandskonten	38
3.7	Eröffnungsbilanzkonto und Schlussbilanzkonto	49
3.8	Buchführungsbücher	53
3.8.1	Systembücher	53
3.8.1.1	Inventar- und Bilanzbuch	53
3.8.1.2	Grundbuch	53
3.8.1.3	Hauptbuch	54
3.8.2	Nebenbücher	54
3.8.2.1	Kontokorrentbuch	54
3.8.2.2	Lagerbuch	56
3.8.2.3	Lohn- und Gehaltsbuch	56
3.8.2.4	Anlagenbuch	56
3.8.2.5	Kassenbuch	56
3.9	Belegorganisation	57
3.9.1	Belegarten	57
3.9.2	Belegbearbeitung	58
3.10	Erfolgsvorgänge	63
3.10.1	Buchen auf den Erfolgskonten	63
3.10.2	Gewinn- und Verlustkonto	64
3.11	Kontenrahmen und Kontenplan	71
3.11.1	Kontenrahmen	71
3.11.1.1	Nummernsystem des Kontenrahmens	71
3.11.1.2	Prozessgliederungssystem	72
3.11.1.3	Abschlussprinzip	73
3.11.2	Kontenplan	73
3.12	Abstimmung zwischen den Daten der Buchführung und den Daten der Inventur	75
3.13	Besonderheiten der Erfolgsermittlung im Handelsbetrieb	77
3.13.1	Warenverkaufsseite	77
3.13.2	Wareneinkaufsseite	77
3.14	Besonderheiten der Erfolgsermittlung im Industriebetrieb	84
3.14.1	Verbrauch von Werkstoffen	84

Inhaltsverzeichnis

3.14.2	Bestandsrechnerisches Verfahren	84
3.14.3	Aufwandsrechnerisches Verfahren – Just-in-time-Verfahren	85
3.14.4	Bestandsveränderungen fertiger und unfertiger Erzeugnisse	91
3.15	Umsatzsteuer	95
3.15.1	Steuerbare Umsätze	95
3.15.2	Buchen auf dem Umsatzsteuerkonto	97
3.15.3	Buchen auf dem Vorsteuerkonto	98
3.15.4	Zahllast	98
3.15.5	Vorsteuerüberhang	100
3.15.6	Abschluss der Konten	100
3.16	Privatkonto	111
3.16.1	Privatentnahmen	111
3.16.2	Privateinlagen	111
3.16.3	Buchhalterische Behandlung von Privatentnahmen und Privateinlagen	112
3.16.4	Umsatzsteuerpflicht der Privatentnahmen	114
3.17	Hauptabschlussübersicht	121
4	**Beschaffungs- und Absatzbereich**	**126**
4.1	Buchungen auf der Beschaffungsseite	126
4.1.1	Buchhalterische Erfassung der Bezugskosten	126
4.1.2	Rücksendungen und Preisnachlässe	133
4.1.3	Rabatte	138
4.1.4	Skonti	138
4.1.5	Boni	138
4.1.6	Verderb und Verlust	146
4.1.7	Innerbetrieblicher Verbrauch	146
4.1.8	Schadensersatzansprüche an Lieferanten	146
4.2	Buchungen auf der Absatzseite	148
4.2.1	Die buchhalterische Erfassung der Vertriebskosten	148
4.2.2	Die Belastungen des Kunden mit den Vertriebskosten	148
4.2.3	Rücksendungen und Preisnachlässe	149
4.2.4	Rabatte	157
4.2.5	Skontibuchungen	157
4.2.6	Bonibuchungen	159
4.2.7	Schadensersatzansprüche von Kunden	166
4.3	Handelskalkulation	167
4.3.1	Vorwärtskalkulation	169
4.3.2	Rückwärtskalkulation	176
4.3.3	Differenzkalkulation	178
4.3.4	Kalkulationsvereinfachungen	180
5	**Personalwirtschaft**	**183**
5.1	Allgemeines	183
5.2	Lohn- und Gehaltsabrechnung	183
5.3	Aufzeichnungspflichten	184
5.4	Lohn- und Gehaltsbuchungen	184
5.5	Abzüge und Beiträge	190
5.5.1	Lohnsteuer, Kirchensteuer, Solidaritätszuschlag	190
5.5.2	Sozialversicherung	194
5.5.3	Einmalzahlungen	198
5.5.4	Umlagen	201
5.5.5	Vorschüsse	205
5.5.6	Buchhalterische Behandlung von vermögenswirksamen Leistungen	208
5.5.7	Lohnpfändung	212
5.6	Leistungen des Arbeitgebers	214
5.6.1	Aufwendungen im eigenbetrieblichen Interesse	214
5.6.2	Aufmerksamkeiten	215

5.6.3	Sonstige Geld- und Sachzuwendungen	215
5.6.3.1	Steuerfreie Zuwendungen	215
5.6.3.2	Steuerpflichtige Zuwendungen	217
5.6.3.3	Bezug von Waren und Dienstleistungen	223
5.6.3.4	Dienstwagengestellung	226
5.6.3.5	Pauschalierung der Lohnsteuer in bestimmten Fällen	230
5.7	Geringfügige Beschäftigung	234
5.7.1	Allgemeines	234
5.7.2	Geringfügig entlohnte Beschäftigung	234
5.7.3	Kurzfristige Beschäftigungen	239
5.7.4	Geringverdienergrenze	242
5.8	Exkurs: Besonderheiten in der Personalwirtschaft	243
5.8.1	Gesellschafter-Geschäftsführer	243
5.8.2	Ehegattenarbeitsverhältnis	243
5.8.3	Lohnsteuerjahresausgleich	244
6	**Finanzbereich**	**246**
6.1	Zahlungsverkehr	246
6.1.1	Kasseneinnahmen	246
6.1.2	Bargeldlose Zahlungsvorgänge	247
6.2	Kreditverkehr	252
6.2.1	Allgemeines zum Kreditverkehr	252
6.2.2	Berechnung der Zinsen	252
6.2.3	Berechnung des Kapitals, des Zinssatzes und der Zeit	256
6.2.4	Zinsrechnung vom vermehrten und verminderten Grundwert	260
6.2.5	Summarische Zinsrechnung	262
6.2.6	Verzinsung von der Höhe nach wechselnden Ansprüchen	265
6.2.7	Verzinsung von Kontokorrentkonten bei Kreditinstituten	267
6.2.8	Umrechnung eines Skontoprozentsatzes in einen Zinssatz	271
6.2.9	Effektivzinssatz bei Darlehen	273
6.2.10	Anzahlungen	276
6.2.11	Buchen von Kontokorrentkrediten	282
6.2.12	Festgelder	282
6.2.13	Aufnahme und Rückzahlung von Krediten	283
6.2.14	Leasing	287
6.3	Wertpapiere	291
6.3.1	Aktien	291
6.3.2	Festverzinsliche Wertpapiere	297
7	**Beschaffung und Herstellung eigengenutzter Sachanlagegüter**	**301**
7.1	Beschaffung von Sachanlagegütern	301
7.2	Herstellung eigengenutzter Sachanlagegüter	311
7.3	Verkauf gebrauchter Sachanlagegüter	316
7.3.1	Buchhalterische Erfassung eines Buchgewinns/Buchverlusts	316
7.3.2	Inzahlunggabe gebrauchter Sachanlagegüter	320
7.4	Anlagenverzeichnis	322
8	**Steuern, sonstige Betriebsausgaben**	**323**
8.1	Betriebliche Steuern	323
8.1.1	Sofort abzugsfähige Betriebsausgaben	323
8.1.2	Aktivierungspflichtige Steuern	325
8.1.3	Durchlaufende Posten	326
8.1.4	Nicht abzugsfähige Steuern	326
8.2	Private Steuern	329
8.3	Umsatzsteuer bei grenzüberschreitenden Leistungen	331
8.3.1	Einfuhr von Gegenständen	331
8.3.2	Ausfuhr von Gegenständen	332

8.3.3	Innergemeinschaftlicher Erwerb	333
8.3.4	Innergemeinschaftliche Lieferung	333
8.4	Nicht abzugsfähige Betriebsausgaben	335
8.4.1	Geschenke über 35,00 €	335
8.4.2	Bewirtungsaufwendungen	336
8.5	Reisekosten	339
8.6	Steuerberatungskosten	342
9	**Jahresabschluss nach Handels- und Steuerrecht**	**343**
9.1	Abschlüsse nach Handels- und Steuerrecht	343
9.1.1	Bestandteile des Jahresabschlusses	343
9.1.2	Allgemeine Grundsätze	344
9.1.3	Aufgaben des Jahresabschlusses nach HGB	345
9.1.4	Adressaten des Jahresabschlusses nach HGB	345
9.1.5	Aufgaben des Jahresabschlusses nach Steuerrecht	345
9.1.6	Adressat des Jahresabschlusses nach Steuerrecht	346
9.2	Maßgeblichkeit	347
9.2.1	Voraussetzungen	347
9.2.2	Grundsätze der Maßgeblichkeit	347
9.2.3	Durchbrechung der Maßgeblichkeit	348
9.3	Bewertungsgrundsätze	350
10	**Abgrenzungen bei der Erstellung des Jahresabschlusses**	**351**
10.1	Zeitliche Erfolgsabgrenzung	351
10.1.1	Sonstige Vermögensgegenstände	351
10.1.2	Sonstige Verbindlichkeiten	351
10.2	Rechnungsabgrenzungsposten	357
10.2.1	Aktive Rechnungsabgrenzungen	357
10.2.2	Passive Rechnungsabgrenzungen	358
10.3	Abgrenzungen bei der Vor- und Umsatzsteuer	363
10.3.1	Abgrenzung bei der Vorsteuer	363
10.3.2	Abgrenzung bei der Umsatzsteuer	365
11	**Wertansätze in der Bilanz**	**370**
11.1	Anlagevermögen	370
11.1.1	Bewertung von immateriellen Wirtschaftsgütern	370
11.1.1.1	Bewertung von Computerprogrammen	372
11.1.1.2	Bewertung des Geschäfts- oder Firmenwertes	372
11.1.2	Bewertung des nicht abnutzbaren Anlagevermögens	375
11.1.2.1	Allgemeines	375
11.1.2.2	Besonderheiten bei der Bewertung von Anteilen an Kapitalgesellschaften im Steuerrecht	376
11.1.3	Bewertung des abnutzbaren Sachanlagevermögens	381
11.1.3.1	Planmäßige Abschreibungen auf das abnutzbare Sachanlagevermögen	381
11.1.3.2	Außerplanmäßige Abschreibungen auf das abnutzbare Sachanlagevermögen	394
11.1.4	Abschreibung geringwertiger Wirtschaftsgüter/Bildung von Sammelposten	402
11.1.5	Investitionsabzugsbetrag	410
11.1.5.1	Allgemeines	410
11.1.5.2	Anschaffung eines begünstigten Wirtschaftsguts	411
11.1.5.3	Rückgängigmachung § 7 g Abs. 3 EStG	412
11.1.5.4	Investitionsabzugsbetrag und geringwertige Wirtschaftsgüter/Sammelposten	415
11.2	Umlaufvermögen	420
11.2.1	Vereinfachungsverfahren für die Bewertung der Vorräte	421
11.2.1.1	Festbewertung	421
11.2.1.2	Durchschnittsbewertung	424
11.2.1.3	Verbrauchsfolgebewertung	425
11.2.2	Bewertung von Forderungen	430

11.2.2.1	Uneinbringliche Forderungen	431
11.2.2.2	Zweifelhafte Forderungen	432
11.2.2.3	Einwandfreie Forderungen	435
11.3	Verbindlichkeiten	442
11.3.1	Fremdwährungsverbindlichkeiten	442
11.3.2	Darlehen	444
11.4	Private Vorgänge	451
11.4.1	Abgrenzung Betriebs- und Privatvermögen	451
11.4.2	Entnahmen	455
11.4.2.1	Entnahme von Gegenständen	455
11.4.2.2	Entnahme von Nutzungen	458
1.1.4.3	Einlagen	464
11.5	Rückstellungen	470
11.5.1	Rückstellungen nach Handelsrecht	470
11.5.2	Rückstellungen nach Steuerrecht	471
11.5.3	Bildung von Rückstellungen	471
11.5.4	Auflösung von Rückstellungen	472
11.5.5	Garantierückstellung	472
11.5.6	Kulanzrückstellung	473
11.5.7	Urlaubsverpflichtung	473
11.6	Rückstellung für latente Steuern	480
11.6.1	Passive latente Steuern	480
11.6.2	Aktive latente Steuern	483
11.7	Sonderposten mit Rücklageanteil	485
11.7.1	Rücklage für Ersatzbeschaffung	485
11.7.2	Rücklage gemäß § 6 b EStG, Reinvestitionsrücklage	493
12	**Eigenkapitalausweis in der Bilanz**	**497**
12.1	Eigenkapital bei Einzelunternehmern und Personengesellschaften	497
12.1.1	Allgemeines	497
12.1.2	Offene Handelsgesellschaft (OHG)	497
12.1.3	Kommanditgesellschaft (KG)	497
12.1.4	GmbH & Co. KG	498
12.1.5	Kapitalkonten bei Personengesellschaften	498
12.2	Eigenkapital bei Kapitalgesellschaften	503
12.2.1	Ausweis vor Ergebnisverwendung	504
12.2.2	Ausweis nach teilweiser Ergebnisverwendung	504
12.2.3	Nicht durch Eigenkapital gedeckter Fehlbetrag	505
13	**Jahresabschluss**	**507**
13.1	Jahresabschluss von Einzelunternehmern und Personengesellschaften	507
13.1.1	Handelsrechtlicher Jahresabschluss	507
13.1.2	Steuerrechtlicher Jahresabschluss	507
13.1.2.1	Umfang des Betriebsvermögens	507
13.1.2.2	Ergänzungsbilanz	507
13.1.2.3	Sonderbilanzen	509
13.2	Jahresabschluss von Kapitalgesellschaften	514
13.2.1	Allgemeines	514
13.2.2	Bilanzgliederung gemäß HGB	514
13.2.3	Offenlegung des Jahresabschlusses	515
13.2.4	Besonderheiten einzelner Bilanzposten	516
13.2.4.1	Ausweis des Anlagevermögens	516
13.2.4.2	Ausweis der Forderungen	516
13.2.4.3	Ausweis der Verbindlichkeiten	516
13.2.5	Gewinn- und Verlustrechnung gemäß HGB	517
13.2.6	Anhang	519
13.2.6.1	Anlagenspiegel	520

13.2.6.2	Lagebericht	521
13.2.6.3	Prüfung des Jahresabschlusses	521

14 Abgrenzung zwischen Finanzbuchführung und Kosten- und Leistungsrechnung 526

14.1	Ergebnistabelle	527
14.2	Unternehmensbezogene Abgrenzungen in der Ergebnistabelle	528
14.3	Kalkulatorischen Kosten	533
14.3.1	Die Begriffe „Grundkosten", „Zusatzkosten" und „Anderskosten"	533
14.3.2	Erfassung der kalkulatorischen Kosten in der Kosten- und Leistungsrechnung	534
14.3.3	Kalkulatorische Abschreibungen	534
14.3.4	Kalkulatorische Zinsen	536
14.3.5	Kalkulatorische Miete	538
14.3.6	Kalkulatorische Wagnisse	538
14.3.7	Kalkulatorischer Unternehmerlohn	539

15 Auswertung des Jahresabschlusses 546

15.1	Aufbereitung der Bilanz	546
15.2	Bilanzanalyse	547
15.2.1	Vermögensaufbau (vertikale Auswertung)	547
15.2.2	Kapitalaufbau (vertikale Auswertung)	548
15.2.3	Deckung des Anlagevermögens (horizontale Auswertung)	550
15.2.4	Deckung des kurzfristigen Fremdkapitals (horizontale Auswertung)	550
15.3	Auswertung der Gewinn- und Verlustrechnung	554
15.4	Rentabilität	555
15.4.1	Eigenkapitalrentabilität (Unternehmerrentabilität)	555
15.4.2	Gesamtkapitalrentabilität (Unternehmensrentabilität)	556
15.4.3	Umsatzrentabilität	556
15.5	Cashflow	558

16. Verprobungen in Handelsbilanzen, Kalkulationen und Lagermesszahlen 561

16.1	Begriffe	561
16.2	Verschiedene Kennzahlen	562
16.3	Auswertung der Warenkonten	563

17 Statistik 566

17.1	Allgemeines	566
17.2	Grafische Darstellungsformen	566
17.2.1	Stab-, Säulen- und Kurvendiagramme	566
17.2.2	Flächendiagramme	570
17.2.3	Bildstatistiken	570

18 Einnahme-Überschuss-Rechnung gemäß § 4 Abs. 3 EStG 573

18.1	Allgemeines	573
18.2	Berechtigter Personenkreis	573
18.3	Aufzeichnungspflichten	574
18.4	Betriebseinnahmen	574
18.5	Betriebsausgaben	575
18.5.1	Sofort abzugfähige Betriebsausgaben	575
18.5.2	Nicht sofort abzugfähige Betriebsausgaben	575
18.5.3	Nicht abzugsfähige Betriebsausgaben	576

Formelsammlung	579
Abkürzungsverzeichnis	582
Sachwortverzeichnis	583
Bildquellenverzeichnis	592

1 Teilgebiete des betrieblichen Rechnungswesens und deren Aufgaben

LERNSITUATION

Frau Neu möchte sich mit einem Einzelhandel für Wohnaccessoires selbstständig machen. Von den Begriffen „Rechnungswesen", „Buchführung" und „Kaufmannseigenschaften" hat sie schon gehört und möchte nun bei Ihnen nähere Auskünfte hierzu einholen.
Helfen Sie Frau Neu.

Das betriebliche Rechnungswesen hat die Aufgabe, die auftretenden Geld- und Leistungsströme zahlenmäßig nach Art, Wert und Menge zu erfassen.

Das ermittelte Zahlenmaterial muss sinnvoll aufbereitet werden, um so den Adressaten wichtige Informationen geben zu können.

Das betriebliche Rechnungswesen beinhaltet folgende vier Teilgebiete:
- Geschäftsbuchführung oder Finanzbuchführung,
- Kosten- und Leistungsrechnung,
- Statistik und
- Planungsrechnung.

1.1 Finanzbuchführung (Geschäftsbuchführung)

Die Finanzbuchführung umfasst eine Bestandsrechnung und eine Erfolgsrechnung.

In der **Bestandsrechnung** werden alle Veränderungen (Mehrungen oder Minderungen) von Vermögens- oder Kapitalwerten aufgezeichnet.

Die **Erfolgsrechnung** ermittelt durch die Gegenüberstellung von Erträgen und Aufwendungen einen Gewinn oder Verlust.

Die in einer bestimmten Ordnung zusammengetragenen Zahlen der Bestands- und Erfolgsrechnung dokumentieren die Geschäftstätigkeit des Unternehmens.

Neben dieser Dokumentationsaufgabe kommt der Buchführung vor allen Dingen eine Rechenschaftslegungs- und Informationsaufgabe zu. Mit Hilfe der Buchführung wird am Geschäftsjahresende der gesetzlich vorgeschriebene Jahresabschluss (Bilanz sowie Gewinn- und Verlustrechnung) erstellt. Kapitalgeber, Finanzbehörden und die Mitarbeiter erhalten so einen Einblick in die Ertrags- und Vermögenslage des Unternehmens.

1.2 Kosten- und Leistungsrechnung

Die Finanzbuchführung wird aufgrund ihrer Aufgabenstellung von steuerrechtlichen und handelsrechtlichen Vorschriften geprägt. Den Anforderungen einer betriebswirtschaftlichen Betrachtung wird sie damit nicht gerecht. Hierzu wird die Kosten- und Leistungsrechnung herangezogen, die sich an betriebswirtschaftlichen Erfordernissen orientiert.

Die Kosten- und Leistungsrechnung bietet vor allen Dingen ein Instrumentarium, das die Wirtschaftlichkeit des betrieblichen Leistungsprozesses überwacht. Damit nimmt sie vornehmlich eine **Kontrollaufgabe** wahr.

Darüber hinaus liefert sie zusammen mit der Statistik und der Planungsrechnung die Daten, die als Grundlage für unternehmerische Entscheidungen dienen. Insofern erfüllt sie auch eine Dispositionsaufgabe.

1.3 Statistik

Die betriebliche Statistik bereitet die Daten der Geschäftsbuchführung und der Kosten- und Leistungsrechnung auf und wertet sie aus. Es können in tabellarischer oder grafischer Form Statistiken über Umsatzzahlen, Produktionskosten, Lohnkosten, Lagerkennzahlen, Bilanzkennzahlen, Gewinnentwicklungen usw. erstellt werden.

Diese Statistiken werden mit den Zahlen früherer Abrechnungsperioden (Zeitvergleiche) oder mit den entsprechenden Werten von Betrieben der gleichen Branche (Betriebsvergleiche) verglichen. Die dabei gewonnenen Erkenntnisse führen zu unternehmerischen Entscheidungen (Dispositionsaufgabe).

1.4 Planungsrechnung

Grundlage der Planungsrechnung sind die Daten der Geschäftsbuchführung, der Kosten- und Leistungsrechnung und der Statistik. Mithilfe der Planungsrechnung werden Absatzpläne, Produktionspläne, Beschaffungspläne, Investitionspläne und Finanzpläne erstellt.

Abweichungen zwischen den geplanten Zahlen (Soll-Zahlen) und den tatsächlich eingetretenen Zahlen (Ist-Zahlen) werden analysiert und ausgewertet.

Der Planungsrechnung kommt somit neben der Dispositionsaufgabe eine wichtige Kontrollaufgabe zu.

Übersicht über Teilgebiete und Aufgaben des Rechnungswesens

Rechnungswesen

Teilgebiete: Geschäftsbuchführung | Kosten- und Leistungsrechnung | Statistik | Planungsrechnung

Aufgaben: Dokumentation | Rechenschaftslegung | Information | Kontrolle | Disposition

| Beschaffungs- und Absatzbereich | Personalwirtschaft | Finanzbereich |

Kapitel 1

AUFGABEN

Welche Aussagen sind richtig bzw. falsch? Begründen Sie Ihre Meinung.

a) Das betriebliche Rechnungswesen umfasst zwei Teilgebiete, die Geschäftsbuchführung und die Planungsrechnung.

b) Die Finanzbuchführung orientiert sich an betriebswirtschaftlichen Anforderungen.

c) Der Finanzbuchführung kommt eine Dokumentations-, Rechenschaftslegungs- und Informationsaufgabe zu.

d) In der Erfolgsrechnung der Finanzbuchführung wird durch die Gegenüberstellung von Erträgen und Aufwendungen ein Gewinn oder Verlust ermittelt.

e) Die Kosten- und Leistungsrechnung wird von handelsrechtlichen und steuerrechtlichen Vorschriften geprägt.

f) Die Kosten- und Leistungsrechnung wird den Anforderungen einer betriebswirtschaftlichen Betrachtung gerecht.

g) Die Kosten- und Leistungsrechnung dient im Wesentlichen der Rechenschaftslegung und der Kontrolle.

h) Im Rahmen der Kosten- und Leistungsrechnung werden Betriebsvergleiche durchgeführt.

i) In der betrieblichen Statistik werden die Zahlen der Finanzbuchführung und der Kosten- und Leistungsrechnung aufbereitet und ausgewertet.

j) Die Planungsrechnung erfüllt eine Dispositions- und Kontrollaufgabe.

2 Einführung in die Systematik der Buchführung

LERNSITUATION

Herr Meyer, Einzelunternehmer, macht seine Buchführung selbst. Fehler, die er bei den Eintragungen macht, radiert er aus und berichtigt sie anschließend.
Den Jahresabschluss lässt er von seinem Steuerberater machen, der ihn schon mehrfach darauf hingewiesen hat, dass Radierungen nicht zulässig sind.

Herr Meyer, der sich über die Belehrungen des Steuerberaters geärgert hat, möchte die Kosten des Steuerberaters sparen und keinen Jahresabschluss mehr erstellen. Er möchte nur noch eine Einnahme-Überschuss-Rechnung gemäß § 4 Abs. 3 EStG machen.

Ist dies zulässig?

2.1 Aufgaben der Buchführung

In einem Unternehmen fallen eine Vielzahl unterschiedlicher Geschäftsvorfälle an, z. B.:

- Fertigerzeugnisse werden verkauft.
- Rohstoffe werden eingekauft.
- Schulden gegenüber Lieferanten werden gezahlt.
- Kunden begleichen Forderungen.
- Löhne und Gehälter sind zu zahlen.
- Dem Bankkonto werden Zinsen gutgeschrieben.
- Betriebliche Fahrzeuge werden gekauft.
- Büromaterial wird angeschafft.
- Mieten sind zu zahlen.
- Provisionserträge werden dem Postbankkonto gutgeschrieben usw.

Aus diesem Katalog, der nur einen ganz kleinen Teil betrieblicher Geschäftsvorfälle aufzeigt, ist schon zu erkennen, dass niemand sämtliche Geschäftsvorfälle eines Unternehmens im Gedächtnis behalten kann. Hieraus erwächst die Notwendigkeit, schriftliche Aufzeichnungen zu machen.

Da diese Aufzeichnungen früher in gebundenen Büchern erfolgten, bezeichnet man die Tätigkeit des Aufzeichnens als Buchführung.

Eine Buchführung ist ein Zahlenwerk, das **alle Geschäftsvorfälle** eines Unternehmens in einer bestimmten Ordnung **systematisch** und **vollständig** erfasst, verarbeitet und verwaltet.

Die reine Gedächtnishilfe ist nur ein Grunderfordernis zur Buchführung. Ihre heutigen Aufgaben gehen weit darüber hinaus.

Für das Unternehmen selbst erfüllt die Buchführung folgende Aufgaben:

- Sie stellt die Vermögens- und Schuldenwerte fest.
- Sie gibt einen Überblick über die Geschäftslage, z. B. über
  - die Verkaufserlöse,
  - die Einkäufe,
  - die Forderungen an Kunden,
  - die Schulden gegenüber Lieferanten,
  - den Kassenbestand,
  - die angefallenen Raumkosten usw.
- Sie ermittelt den Unternehmenserfolg, den Gewinn bzw. den Verlust.
- Sie bildet die Grundlage für die Preiskalkulation.
- Sie liefert die Daten für außerbetriebliche Vergleiche, innerbetriebliche Zeitvergleiche und für innerbetriebliche Kontrollen.
- Sie ist ein Beweismittel zur Klärung von gerichtlichen Streitfällen.

Neben dem Eigeninteresse besteht noch ein Fremdinteresse Außenstehender an der Buchführung. Für den Staat beispielsweise bildet die Buchführung eines Unternehmens die Grundlage

- der Besteuerung (z. B. der Einkommen-, der Körperschaft-, der Gewerbesteuer),
- der Ermittlung der Umsatzsteuerzahllast,
- der Bemessung der Lohnsteuer.

Auch die Banken als Kreditgeber, sonstige Gläubiger und Lieferanten haben Interesse daran, die Vermögensverhältnisse und die Geschäftslage eines Unternehmens kennenzulernen. Die Buchführung liefert das Zahlenwerk.

2.2 Gesetzliche Vorschriften der Buchführung

Da nicht nur ein Eigeninteresse an einer Aufzeichnung von Geschäftsvorfällen besteht, sind Kaufleute zur Buchführung gesetzlich verpflichtet.

HGB
§§ 1, 2, 3, 5, 6, 238

EStG
§ 15 EStG

2.2.1 Buchführungspflicht nach Handelsrecht

Die grundlegenden gesetzlichen Buchführungsbestimmungen für Kaufleute stehen im Handelsgesetzbuch.

Eine besondere Bedeutung kommt § 238 Abs. 1 HGB zu, weil er alle Kaufleute verpflichtet, Bücher zu führen: „Jeder Kaufmann ist verpflichtet, Bücher zu führen und in diesen seine Handelsgeschäfte und die Lage seines Vermögens nach den Grundsätzen ordnungsmäßiger Buchführung ersichtlich zu machen."

Hierbei ist zu beachten, dass für alle Kaufleute die Vorschriften der §§ 238–263 HGB gelten, mit Ausnahme der „kleinen Einzelkaufleute", die gemäß § 241 a HGB trotz Kaufmannseigenschaft von der Buchführungspflicht befreit sind.

Wenn bei Kapitalgesellschaften und bestimmten Personenhandelsgesellschaften (PHG), z. B. GmbH & Co. KG, nicht mindestens ein persönlich haftender Gesellschafter eine natürliche Person ist, haben sie daneben auch die besonderen Regelungen der §§ 264–335 b HGB zu beachten.

Für eingetragene Genossenschaften gelten noch die ergänzenden Vorschriften der §§ 336–339 HGB.

> **Kaufmann ist gemäß § 1 HGB, wer ein Handelsgewerbe betreibt.**

Ein Handelsgewerbe ist jeder Gewerbebetrieb, der einen in kaufmännischer Weise eingerichteten Geschäftsbetrieb (kaufmännische Organisation) benötigt, § 1 Abs. 2 HGB.

Ein Gewerbebetrieb liegt vor, wenn die Tatbestandsmerkmale des § 15 EStG erfüllt sind.

BEISPIELE für einen Gewerbebetrieb
Handwerker, Einzelhandelsunternehmen, Großhandelsunternehmen, Industriebetrieb, Restaurant

Bei der Entscheidung, ob ein in kaufmännischer Weise eingerichteter Geschäftsbetrieb vorliegt, sind die Umstände des Einzelfalls entscheidend. Es kommt auf das Gesamtbild der tatsächlichen Verhältnisse an, ob eine kaufmännische Organisation erforderlich ist oder nicht.

Hierbei spielen z. B. die Anzahl der Kunden und Lieferanten, die Höhe des Umsatzes oder des Wareneinkaufs oder die Zahl der Arbeitnehmer eine Rolle.

Ist ein in kaufmännischer Weise eingerichteter Geschäftsbetrieb gegeben, handelt es sich um einen Kaufmann, der buchführungspflichtig ist. Auf die Eintragung ins Handelsregister kommt es nicht an.

Ist ein in kaufmännischer Weise eingerichteter Geschäftsbetrieb nicht gegeben, handelt es sich um einen „Kleingewerbebetrieb", der kein Kaufmann und somit auch nicht buchführungspflichtig ist.

Der Kleingewerbetreibende kann sich freiwillig ins Handelsregister eintragen lassen und wird dadurch zum Kaufmann, § 2 HGB **Kannkaufmann.**

Nach § 3 HGB können sich **Land- und Forstwirte**, die nach Art und Umfang einen in kaufmännischer Weise eingerichteten Geschäftsbetrieb führen, ins Handelsregister eintragen lassen. Mit der Eintragung werden sie Kaufmann und damit auch buchführungspflichtig gemäß § 238 HGB.

Nach § 5 HGB wird jeder, dessen Firma ins Handelsregister eingetragen ist, als Kaufmann behandelt. Er kann nicht geltend machen, dass das von ihm betriebene Gewerbe kein Handelsgewerbe sei.

Hierunter fallen z. B. Gewerbetreibende, die keinen in kaufmännischer Weise eingerichteten Geschäftsbetrieb mehr haben, aber immer noch im Handelsregister eingetragen sind. Sie sind gemäß § 238 HGB buchführungspflichtig.

Zu den Kaufleuten gehören auch die Kaufleute kraft Rechtsform, die **Formkaufmann** laut § 6 HGB sind.

Das sind u. a. die Aktiengesellschaft, die Kommanditgesellschaft auf Aktien, die Gesellschaft mit beschränkter Haftung und die eingetragene Genossenschaft.

2.2.2 Buchführungspflicht nach Steuerrecht

§§ 140, 141

Bei den steuerrechtlichen Buchführungsbestimmungen hat die Abgabenordnung (AO) als steuerrechtliches Mantelgesetz eine besondere Bedeutung.

Abgeleitete Buchführungspflicht

Nach § 140 AO muss, wer nach anderen Gesetzen als den Steuergesetzen für die Besteuerung bedeutsame Bücher und Aufzeichnungen zu führen hat, diese Verpflichtungen auch für die Besteuerung erfüllen = **abgeleitete** oder **derivative Buchführungspflicht.**

Das trifft vor allem Gewerbetreibende, die als Kaufmann schon nach HGB verpflichtet sind, Bücher zu führen.

Originäre Buchführungspflicht

§ 141 AO erweitert den Kreis der Buchführungspflichtigen. Danach sind **Gewerbetreibende,** die nicht schon nach HGB buchführungspflichtig sind (Kleingewerbetreibende), und **Land- und Forstwirte** zur Führung von Büchern für die Besteuerung verpflichtet, wenn sie eine der dort genannten Grenzen überschreiten = **originäre Buchführungspflicht.**

Die jährlichen Grenzwerte betragen:

- Umsatz 500.000,00 €
- Wirtschaftswert bei Land- und Forstwirten 25.000,00 €
- Gewinn aus Gewerbebetrieb 50.000,00 €
- Gewinn aus Land- und Forstwirtschaft 50.000,00 €

Nicht buchführungspflichtig sind

- Freiberufler und andere selbstständig Tätige mit Einkünften gemäß § 18 EStG, weil sie weder Kaufmann im Sinne des HGB sind noch unter die Regelung des § 141 AO fallen,
- Gewerbetreibende, die keinen in kaufmännischer Weise eingerichteten Geschäftsbetrieb haben, die nicht ins Handelsregister eingetragen sind und weder § 2 HGB noch die Grenzen des § 141 AO überschreiten.

2.2.3 Handelsrechtliche Befreiung von der Buchführungspflicht nach § 241 a ff. HGB

§ 241 a HGB ist auf das nach dem 31.12.2007 beginnende Geschäftsjahr anzuwenden.

Mit der Einführung der Befreiungsregel zur Buchführungs- und Jahresabschlusserstellungspflicht des § 241 a HGB für sogenannte kleine Einzelkaufleute wurde die Verknüpfung von der Kaufmannseigenschaft und der Buchführungspflicht aufgehoben.

Kleine Einzelkaufleute sind die, die

- an den Abschlussstichtagen von zwei aufeinanderfolgenden Geschäftsjahren
- nicht mehr als 500.000,00 € Umsatzerlöse und
- nicht mehr als 50.000,00 € Jahresüberschuss aufweisen.

Sie können freiwillig Bücher führen und **Abschlüsse** erstellen oder eine Einnahme-Überschuss-Rechnung gemäß § 4 Abs. 3 EStG zur Ermittlung des Gewinns/Verlusts aus dem Gewerbebetrieb aufstellen. Sie haben somit ein Wahlrecht.

Von § 241 a HGB werden nur **Einzelkaufleute** erfasst. Gewerbetreibende, die bisher keinen in kaufmännischer Weise eingerichteten Geschäftsbetrieb hatten und nicht freiwillig im Handelsregister eingetragen waren, sind keine

Kaufleute und somit nicht nach HGB verpflichtet, Bücher zu führen. Hieran hat sich durch § 241 a HGB nichts geändert.

Allerdings ist der Kleinkaufmann in diesem Sinne nicht endgültig von der Buchführungspflicht entbunden. Überschreitet er die Grenzen des § 141 AO, wird er für das Steuerrecht buchführungspflichtig.

Für Unternehmensgründer gilt, dass sie befreit sind, wenn die beiden Größenmerkmale am ersten Abschlussstichtag nach der Gründung **voraussichtlich** nicht überschritten werden. Der Unternehmer hat also seinen Umsatz und seinen Gewinn zu Beginn des Betriebes realistisch zu schätzen.

2.2.4 Beginn und Ende der Buchführungspflicht

Handelsrecht

Der Beginn und das Ende der Buchführungspflicht sind abhängig von der Art der Kaufmannseigenschaft.

	Beginn	Ende
Istkaufmann	mit Beginn der Geschäftstätigkeit	mit Einstellung der Geschäftstätigkeit
Kannkaufmann	mit Eintragung ins Handelsregister	mit Löschung im Handelsregister
Formkaufmann	mit Gründung der Gesellschaft	mit Ende der Abwicklung der Gesellschaft

Steuerrecht

Ist ein Gewerbetreibender oder Land- und Forstwirt gemäß § 141 AO buchführungspflichtig, so ist die Finanzbehörde verpflichtet, auf die Buchführungspflicht hinzuweisen. Sie **beginnt** dann mit dem Beginn des Wirtschaftsjahres, das auf die Bekanntgabe der Mitteilung über die Buchführungspflicht durch die Finanzbehörde folgt.

Die Verpflichtung **endet** mit Ablauf des Wirtschaftsjahres, das auf das Wirtschaftsjahr folgt, in dem die Finanzbehörde feststellt, dass die Voraussetzungen nicht mehr vorliegen, § 141 Abs. 2 S. 2 AO.

Kapitel 2

| Teilgebiete des betrieblichen Rechnungswesens und deren Aufgaben | **Einführung in die Systematik der Buchführung** | Buchführung |

AUFGABEN

1. Nennen Sie Geschäftsvorfälle, die in einem Unternehmen anfallen.

2. Definieren Sie den Begriff „Buchführung".

3. Nennen Sie innerbetriebliche Aufgaben der Buchführung.

4. Begründen Sie, weshalb
   a) der Staat,
   b) die Kreditgeber und
   c) die Lieferanten
   Interesse an einer aussagefähigen Buchführung haben.

5. Nennen Sie
   a) die handelsrechtliche Vorschrift der Buchführungspflicht,
   b) die maßgeblichen Vorschriften im Steuerrecht und
   c) die Gesetze, die die rechtsformspezifischen Buchführungssondervorschriften regeln.

6. Ein Gewerbebetrieb weist aus:

	a)	b)	c)
Umsatz	245.000,00 €	510.000,00 €	470.000,00 €
Gewinn	15.000,00 €	20.000,00 €	51.000,00 €

   Besteht eine steuerrechtliche Pflicht zur doppelten Buchführung in den Fällen a)–c)?

7. Ein Steuerberater mit eigener Kanzlei erzielt mit fünf Angestellten einen Umsatz von 800.000,00 € und einen Gewinn in Höhe von 110.000,00 €.
   Ist der Steuerberater zur Buchführung verpflichtet? Begründen Sie Ihre Antwort.

| Beschaffungs- und Absatzbereich | Personalwirtschaft | Finanzbereich |

Kapitel 2

8. Ein Gewerbetreibender legt Ihnen folgende Zahlen der letzten drei Jahre vor:

	Umsatz	Gewinn
1. Jahr	120.000,00 €	9.500,00 €
2. Jahr	370.000,00 €	42.700,00 €
3. Jahr	610.000,00 €	57.300,00 €

   Nehmen Sie zur Buchführungspflicht des Gewerbetreibenden im 2. und 3. Jahr Stellung.

9. Ein Einzelunternehmer, der im Handelsregister eingetragen ist, eröffnet seinen Betrieb zum 01.03.01. Da er sehr gute Kontakte zu Kunden hat, beginnt er bereits mit 20 Arbeitnehmern, erzielt einen Umsatz von 540.000,00 € und einen Gewinn in 01 von 75.000,00 €.
   Ist der Einzelunternehmer verpflichtet, Bücher zu führen? Begründen Sie Ihre Antwort.

10. Ein Rechtsanwalt beginnt seine Selbstständigkeit am 01.01.01 mit einer eigenen Kanzlei. Er erzielt

Einnahmen in 01 in Höhe von	30.000,00 €,
in 02 in Höhe von	120.000,00 €
und einen Gewinn in 01 in Höhe von	2.000,00 €,
in 02 in Höhe von	35.000,00 €.

    Ist der Rechtsanwalt zur Führung von Büchern verpflichtet? Begründen Sie Ihre Antwort.

11. Ein selbstständiger Schuhmachermeister, der keinen in kaufmännischer Weise eingerichteten Geschäftsbetrieb hat, erzielt in 01 einen Umsatz von 180.000,00 € und einen Gewinn von 62.000,00 €.
    Nehmen Sie zur Buchführungspflicht Stellung.

12. Sind die folgenden Unternehmen zur Buchführung verpflichtet? Begründen Sie Ihre Antwort.
    a) Eine GmbH erzielt einen Gewinn von 30.000,00 € und einen Umsatz von 195.000,00 €.
    b) Ein Gewerbetreibender, Einzelunternehmer, kein in kaufmännischer Weise eingerichteter Geschäftsbetrieb, erzielt einen Gewinn von 45.000,00 € und einen Umsatz von 630.000,00 €.
    c) Eine KG erzielt einen Gewinn von 10.000,00 € und einen Umsatz von 120.000,00 €.
    d) Ein Architekt erzielt einen Gewinn von 250.000,00 € und einen Umsatz von 940.000,00 €.

13. Das Finanzamt fordert in 03 Ihren Mandanten auf, Bücher zu führen, weil der Gewinn im Jahr 01 aus seinem Gewerbebetrieb über 50.000,00 € liegt. Bisher hat er zulässigerweise seinen Gewinn durch eine Einnahme-Überschuss-Rechnung ermittelt. Die Gewinnermittlung für das Jahr 02 liegt noch nicht vor.
    Ist die Aufforderung des Finanzamts zulässig? Begründen Sie Ihre Antwort.
    Wenn sie zulässig ist, ab wann muss Ihr Mandant Bücher führen?

14. Ihr Mandant betreibt als Einzelunternehmer einen Steinmetzbetrieb. Er beschäftigt einen Meister und eine Aushilfskraft. Der Umsatz beläuft sich auf 270.000,00 €, der Gewinn auf 28.000,00 €.
    Ist Ihr Mandant buchführungspflichtig?

15. Eine GmbH betreibt einen Einzelhandel für Badmöbel und Badaccessoires. Sie beschäftigt 19 Arbeitnehmer. Davon sind drei für die kaufmännische Organisation zuständig.
    Der Umsatz im Jahr 01 beträgt 850.000,00 €, der Gewinn 210.000,00 €.
    Ist die GmbH buchführungspflichtig?

2.3 Grundsätze ordnungsmäßiger Buchführung

HGB §§ 1238, 239, 257
AO §§ 146, 147

Bei Erstellung der Buchführung sind die Grundsätze ordnungsmäßiger Buchführung (GoB) zu beachten, § 238 Abs. 1 S. 2 HGB.

Die Buchführung muss so beschaffen sein, dass sie einem sachverständigen Dritten innerhalb angemessener Zeit einen Überblick über die Geschäftsvorfälle und über die Lage des Unternehmens vermitteln kann. Die Geschäftsvorfälle müssen sich in ihrer Entstehung und Abwicklung verfolgen lassen.

Man unterscheidet zwischen formeller und materieller Ordnungsmäßigkeit.

2.3.1 Formelle Ordnungsmäßigkeit

Die formelle Ordnungsmäßigkeit ist gegeben, wenn die handels- und steuerrechtlichen **Formvorschriften** erfüllt sind.

Dazu gehören:

- Die Buchführung und andere Aufzeichnungen müssen in einer lebenden Sprache erstellt werden, § 239 Abs. 1 S. 1 HGB.

Werden Abkürzungen, Ziffern, Buchstaben oder Symbole benutzt, muss im Einzelfall deren Bedeutung feststehen, § 239 Abs. 1 S. 2 HGB.

- Es muss ein geordnetes Belegwesen vorliegen.
- Eine Eintragung oder Aufzeichnung darf nicht in einer Weise verändert werden, dass der ursprüngliche Inhalt nicht mehr feststellbar ist, § 239 Abs. 3 S. 1 HGB. Falsche Buchungen dürfen demnach nicht gelöscht werden, sondern müssen durch Umbuchungen oder Storno- und Neubuchungen korrigiert werden.
- Beachtung der Aufbewahrungspflicht, § 257 HGB, § 147 AO.

- Das Buchführungssystem muss auf der Grundlage eines Kontenrahmens, aus dem der betriebsinterne Kontenplan hervorgeht, aufgestellt sein. Sach- und Personenkonten, Bestands- und Erfolgskonten müssen getrennt eingerichtet und die notwendigen Bücher vorhanden sein.

Folgende Bücher sind u. a. erforderlich:

- Das **Bilanzbuch** umfasst die Bilanzen der Wirtschaftsjahre,
- das **Inventarbuch** umfasst die Inventarverzeichnisse der Wirtschaftsjahre,
- das **Grundbuch** ist die chronologische Aufzeichnung aller Geschäftsvorfälle,
- das **Hauptbuch** ist die systematische Zusammenfassung der Geschäftsvorfälle auf Konten,
- das **Kassenbuch** enthält alle Kasseneinnahmen und -ausgaben,
- **Kontokorrentbuch** enthält die unbaren Geschäftsvorfälle aufgeteilt nach Debitoren und Kreditoren,
- das **Lohn- und Gehaltsbuch** enthält alle abgerechneten Löhne und Gehälter für jeden Arbeitnehmer.

2.3.2 Materielle Ordnungsmäßigkeit

Die materielle Ordnungsmäßigkeit ist gegeben, wenn der **Inhalt** richtig ist. Das heißt, dass die Eintragungen in Büchern und die sonst erforderlichen Aufzeichnungen vollständig, richtig, zeitgerecht und geordnet vorgenommen werden müssen, § 239 Abs. 2 HGB.

Im Einzelnen sind folgende Merkmale zu erfüllen:

- Die Eintragungen müssen vollständig sein. Es dürfen keine Geschäftsvorfälle weggelassen werden. Geschäftsvorfälle, die nicht stattgefunden haben, dürfen nicht gebucht werden.

- Die Eintragungen müssen richtig sein, d. h., die Buchung bzw. Aufzeichnung muss mit dem Geschäftsvorfall übereinstimmen.
- Die Erfassung der Geschäftsvorfälle muss zeitgerecht und geordnet erfolgen. Die Frage, wann eine Buchung noch zeitgerecht ist, hängt von den Umständen des Einzelfalls ab. Es gibt keine grundsätzliche konkrete Zeitvorgabe. § 146 AO bestimmt nur, dass Kasseneinnahmen und -ausgaben täglich festzuhalten sind. Die Buchung bzw. Aufzeichnung der Anschaffung eines Wirtschaftsguts des Anlagevermögens, z. B. eine EDV-Anlage, muss sicherlich nicht sofort bei Anschaffung erfolgen, sondern kann mit der nächsten Monatsbuchführung oder Quartalsbuchführung erfasst werden.
- Keine Buchung ohne Beleg!

2.4 Rechtsfolgen bei Verstößen gegen die Ordnungsmäßigkeit

AO
§§ 162, 328

Es werden trotz Buchführungspflicht keine Bücher geführt.

Gemäß **§ 238 StGB** ist es strafbar, wenn ein Unternehmen, das verpflichtet ist, Bücher zu führen und keine geführt hat, seine Zahlungen eingestellt hat oder über sein Vermögen das Insolvenzverfahren eröffnet wurde oder der Eröffnungsantrag mangels Masse abgelehnt wurde.

Als mögliche Strafe kommt eine Geld- oder Freiheitsstrafe infrage.

Führt jemand keine Bücher, obwohl er dazu verpflichtet ist, sieht das **Steuerrecht** zwei Möglichkeiten vor:

1. Die Finanzbehörde kann gemäß § 328 ff. AO ein **Zwangsgeld** bis zu 25.000,00 € zunächst androhen. Erfüllt der Unternehmer seine Buchführungspflicht daraufhin immer noch nicht, kann die Finanzbehörde das angedrohte Zwangsgeld festsetzen.
2. Die Finanzbehörde kann gemäß § 162 AO die **Besteuerungsgrundlagen schätzen.**

Die geführten Bücher enthalten formelle oder materielle Mängel.

Führt ein Unternehmer Bücher, kann es zu formellen oder materiellen Mängeln kommen.

Enthält die Buchführung **formelle Mängel,** ist ihre Ordnungsmäßigkeit nicht zu beanstanden, wenn das sachliche Ergebnis der Buchführung dadurch nicht beeinflusst wird, R 5.2 Abs. 2 EStR.

Formelle Mängel liegen z. B. vor, wenn die Buchungen nicht in der richtigen zeitlichen Reihenfolge vorgenommen wurden oder verwendete Abkürzungen nicht eindeutig sind.

Schwere formelle Mängel, z. B. wenn keine Kasseneinnahmen und -ausgaben aufgezeichnet wurden oder so unübersichtlich gebucht wurden, dass eine Prüfung nicht möglich ist, führen zur Verwerfung der Buchführung. Als Folge werden die Besteuerungsgrundlagen geschätzt.

Enthält die Buchführung **materielle Mängel,** z. B. wenn Geschäftsvorfälle nicht oder falsch gebucht sind, wird ihre Ordnungsmäßigkeit dadurch nicht berührt, wenn es sich um unwesentliche Mängel handelt, z. B. wenn nur unbedeutende Vorgänge nicht oder falsch gebucht wurden. Die Fehler sind zu berichtigen oder das Buchführungsergebnis ist durch eine Zuschätzung richtigzustellen, R 5 Abs. 2 EStR.

Enthält die Buchführung erhebliche materielle Mängel, wird sie verworfen und der Gewinn unter Berücksichtigung der Verhältnisse des Einzelfalls geschätzt, R 4.1 Abs. 2 EStR. Das ist z. B. der Fall, wenn die Buchführung in einem großen Umfang wesentliche Geschäftsvorfälle nicht enthält.

Werden die Falschbuchungen fahrlässig oder vorsätzlich vorgenommen, kann das zu folgenden Konsequenzen führen:

- Steuergefährdung nach § 379 AO mit einer Geldbuße bis zu 5.000,00 €
- leichtfertige Steuerverkürzung nach § 378 AO mit einer Geldbuße bis zu 50.000,00 €
- Steuerhinterziehung mit Geld- oder Freiheitsstrafe

2.5 Steuerliche Aufzeichnungspflichten

AO
§§ 143, 144, 146

EStG
§§ 4 Abs. 7, 41 Abs. 1

UStG
§ 22

Die **Buchführung** umfasst **sämtliche** Geschäftsvorfälle.

Dagegen werden im Rahmen der **Aufzeichnungspflichten bestimmte** Geschäftsvorfälle erfasst.

Das Steuerrecht kennt eine Vielzahl von Aufzeichnungspflichten, die in verschiedenen Einzelsteuergesetzen enthalten sind.

Die wichtigsten Aufzeichnungspflichten sind:
- Aufzeichnung des Wareneingangs, § 143 AO
- Aufzeichnung des Warenausgangs, § 144 AO
- Aufzeichnung nicht oder nicht vollständig abzugsfähiger Betriebsausgaben, § 4 Abs. 7 EStG
- Aufzeichnung der Entgelte, § 22 UStG
- tägliche Aufzeichnung von Kasseneinnahmen und -ausgaben, § 146 AO
- Führen von Lohnkonten, § 41 Abs. 1 EStG, § 4 LStDV

2.6 Aufbewahrungspflichten

HGB
§ 257

AO
§ 147

Buchführungs- und Aufzeichnungsunterlagen müssen aufbewahrt werden. Die Aufbewahrungsfristen ergeben sich aus § 257 HGB und § 147 AO.

Sie betragen:
- 10 Jahre für Handelsbücher, Inventare, Eröffnungsbilanzen, Jahresabschluss, Lagebericht, Belege für Buchungen.
- 6 Jahre für empfangene Handelsbriefe (Geschäftsbriefe), Wiedergabe der abgesandten Handelsbriefe, sonstige Unterlagen, z. B. Aufträge, Lieferpapiere, Angebote, soweit sie für die Besteuerung von Bedeutung sind.

Die Aufbewahrungsfristen beginnen mit dem Schluss des Kalenderjahres, in dem
- die letzte Eintragung in das Buch gemacht wurde,
- das Inventar aufgestellt,
- die Eröffnungsbilanz oder der Jahresabschluss festgestellt,
- der Handelsbrief empfangen bzw. abgesandt wurde
- oder der Buchungsbeleg entstanden ist, § 257 Abs. 5 HGB.

Die Eröffnungsbilanz und der Jahresabschluss müssen im Original, die anderen Unterlagen können auf Bild- oder Datenträgern aufbewahrt werden.

Die steuerlichen Aufbewahrungspflichten gelten nicht nur für buchführungspflichtige Unternehmer, sondern auch für Unternehmen, die nur Aufzeichnungspflichten zu erfüllen haben.

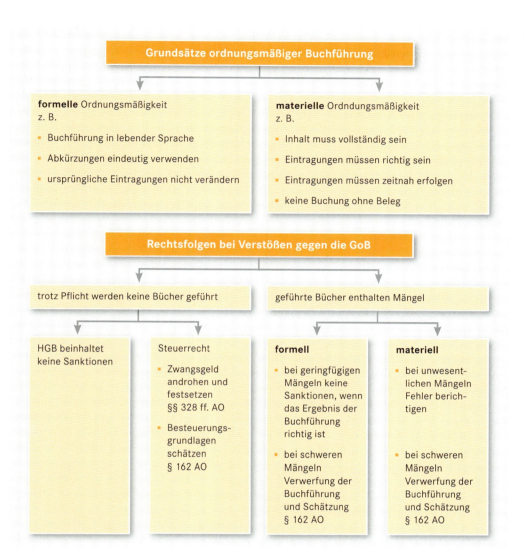

AUFGABEN

1. Was ist unter dem Begriff „GoB" zu verstehen?
2. Was versteht man unter formeller bzw. materieller Ordnungsmäßigkeit? Nennen Sie einige Grundsätze dazu.
3. Welche Maßnahmen ergreift die Finanzbehörde bei schweren formellen bzw. materiellen Mängeln der Buchführung?
4. Welche Maßnahmen ergreift die Finanzbehörde bei leichten Mängeln?
5. Welche Unterlagen muss der Kaufmann aufbewahren?
6. Nennen Sie die Aufbewahrungsfristen für Buchführungs- und Aufzeichnungsunterlagen.

Kapitel 2

Teilgebiete des betrieblichen Rechnungswesens und deren Aufgaben — **Einführung in die Systematik der Buchführung** — **Buchführung**

7. Prüfen Sie, ob Ihr Mandant in den folgenden Fällen gegen die GoB verstößt. Begründen Sie Ihre Antwort jeweils.
   a) Ihr Mandant betreibt einen Kiosk, in dem alle Geschäfte bar getätigt werden. Die Kasseneinnahmen und -ausgaben werden monatlich erfasst.
   b) Eventuelle Kassenfehlbeträge werden durch Einlagen ausgeglichen.
   c) Um eine bessere Ertragslage vorzutäuschen, bucht Ihr Mandant Umsätze, die nicht stattgefunden haben.
   d) Die Buchführung wird in slowenischer Sprache geführt, da Ihr Mandant dort stets seinen Urlaub verbringt.
   e) Eine Falschbuchung hat er storniert und anschließend richtig gebucht.

8. Entscheiden Sie, wie lange die folgenden Unterlagen aufbewahrt werden müssen. Begründen Sie Ihre Antwort jeweils.
   - Angebote, die zum Auftrag geführt haben
   - Datenträger von Handelsbriefen
   - Depotauszug
   - Anlagenverzeichnis
   - Eingangsrechnung
   - Preisliste
   - Bankbelege
   - Kassenbericht
   - Provisionsabrechnung
   - Bareinkaufsbeleg
   - Kaufvertrag
   - Spendenbescheinigung
   - Jahresbilanz
   - Lohnbeleg
   - Steuererklärung

9. In den unten vorliegenden Fällen a) bis q) wird gegen die Grundsätze ordnungsmäßiger Buchführung (GoB) verstoßen. Geben Sie an, welche Vorschriften des HGB bzw. der AO nicht beachtet werden.
   a) Der Einfachheit halber werden „Forderungen a. LL" und „Verbindlichkeiten a. LL" gemeinsam auf einem (gemischten) Konto gebucht.
   b) Es werden Buchungen vorgenommen, denen kein Beleg zugrunde liegt.
   c) Der Inhaber eines gut gehenden Autohauses (Kfz-Verkauf und Kfz-Reparatur) hält sich nahezu ganzjährig in seinem Ferienhaus in Südspanien auf. Dorthin werden ihm die Buchungsbelege übersandt. Er führt in Südspanien die Buchführungsbücher und bewahrt sie dort auch auf.
   d) Ein in dem Unternehmen selbst geschriebenes Finanzbuchführungsprogramm ermöglicht das Löschen bereits vorgenommener Buchungen. Auf diese Weise erspart man sich Stornobuchungen.
   e) Aufgrund der Unklarheit und Unübersichtlichkeit der Buchführung ist der Außenprüfer des Finanzamtes nicht in der Lage, einzelne Buchungen nachzuvollziehen.
   f) Bilanzen werden ausschließlich auf der Festplatte gespeichert.
   g) Ein französischer Textilfabrikant hat für seinen neuen Betrieb in Rostock einen französischen Buchhalter eingestellt. Er weigert sich gegenüber dem Finanzamt, die Buchführungsaufzeichnungen in die deutsche Sprache zu übersetzen.
   h) 10 Jahre nach ihrer buchhalterischen Erfassung werden die Buchungsbelege vernichtet.
   i) Es wird vergessen, den Bareingang für einen Verkauf zu buchen.
   j) Aufgrund der Kündigung des Finanzbuchhalters ist ein Unternehmen nicht in der Lage, die auf der Festplatte gespeicherten Buchführungsaufzeichnungen für den Außenprüfer des Finanzamtes innerhalb einer angemessenen Frist lesbar zu machen.
   k) Die Bücher, Inventare und Bilanzen werden nach der Aufbewahrungsfrist von 6 Jahren vernichtet.
   l) Die Kasseneinnahmen und Kassenausgaben werden einmal wöchentlich festgehalten.
   m) Eine unkorrekte Buchung wird überschrieben.
   n) Eine Ausgangsrechnung wird versehentlich als Eingangsrechnung gebucht.
   o) Als Kontenbezeichnungen werden Abkürzungen verwendet, die für den Außenprüfer des Finanzamtes unverständlich sind.
   p) Zieleinkäufe werden im falschen Abrechnungszeitraum gebucht.
   q) Zur Vereinfachung der Buchführung werden „Zinserträge" und „Zinsaufwendungen" gemeinsam auf dem Konto „Zinsen" gebucht.

3 Buchführung

3.1 Inventur

> **LERNSITUATION**
>
> Im November schlendern Sie durch eine große Buchhandlung und stellen erstaunt fest, dass an vielen Regalen A4-Bögen mit der Aufschrift „erledigt" angeheftet wurden. Außerdem sehen Sie Angestellte, die die Bücher in den Regalen zählen.
>
> Am nächsten Tag fragen Sie die Chefin Ihres Ausbildungsbetriebes, ob sie eine Erklärung dafür hat.

HGB §§ 240, 241

AO § 141

§ 240 HGB schreibt dem Kaufmann vor

- beim Beginn seines Handelsgewerbes und
- zum Schluss eines jeden Geschäftsjahres

sein Vermögen und seine Schulden genau zu verzeichnen.

Der Kaufmann muss also eine Bestandsaufnahme (= **Inventur**) **aller seiner Vermögensgegenstände und Schulden** durchführen.

Gemäß § 141 Abs. 1 S. 2 AO sind auch die Gewerbetreibenden und Land- und Forstwirte, die nach § 141 AO für das Steuerrecht buchführungspflichtig sind, hieran gebunden.

Zur Bestandsaufnahme sind bestimmte Vermögensteile, wie z. B. Fuhrpark, Maschinen, Geschäftsausstattung, Vorräte und Bargeld, durch

- Zählen,
- Messen,
- Wiegen und
- Schätzen,

also durch **körperliche Bestandsaufnahme**, zu erfassen. Anschließend werden sie bewertet, d. h. in Geldeinheiten ausgedrückt.

Andere Vermögensteile (z. B. Forderungen, Bankguthaben) und die Schulden (z. B. Hypothekenschulden, Lieferantenschulden) sind anhand von Belegen (Ausgangsrechnungen, Eingangsrechnungen, Kontoauszügen) durch **buchmäßige Bestandsaufnahme** festzustellen.

Die Inventur ist die mengen- und wertmäßige Bestandsaufnahme aller Vermögensgegenstände und Schulden zu einem bestimmten Zeitpunkt nach Art, Menge und Wert.

Inventurvereinfachungsverfahren

Zeitnahe Stichtagsinventur

Kleine und mittelgroße Unternehmen sind oft in der Lage, wegen ihrer relativ geringen Lagerbestände die zeitnahe Stichtagsinventur durchzuführen.

Die Finanzverwaltung räumt zur Durchführung der körperlichen Inventur einen Zeitraum von 10 Tagen vor oder von 10 Tagen nach dem Abschlussstichtag ein. Die Bestände müssen dann – belegmäßig nachweisbar – auf den Abschlussstichtag fortgeschrieben bzw. zurückgerechnet werden.

Permanente Inventur

Die permanente Inventur, § 241 Abs. 2 HGB, ermöglicht es, die sonst stoßweise zum Abschlussstichtag anfallenden Inventurarbeiten über das ganze Jahr zu verteilen: Es findet eine ständige, meist EDV-mäßige Bestandsfortschreibung aller Bestände nach Art und Menge anhand der Lagerbücher bzw. der Lagerdatei statt.

Diese permanente Bestandsfortschreibung muss belegmäßig nachprüfbar sein. Außerdem ist mindestens einmal im Jahr – zu einem beliebigen Zeitpunkt – mit einer körperlichen Bestandsaufnahme zu prüfen, ob der Buchbestand (Soll-Bestand) mit dem tatsächlichen Bestand (Ist-Bestand) übereinstimmt. Die körperliche Bestandsaufnahme braucht nicht für sämtliche Bestände gleichzeitig durchgeführt zu werden. Sollten Abweichungen vorliegen, so wird der Buchbestand dem tatsächlichen Bestand angepasst. Die Durchführung und das Ergebnis der körperlichen Inventur sind zu dokumentieren.

Die einmal jährlich vorzunehmende körperliche Inventur wird, um die Inventurarbeiten so gering wie möglich zu halten, häufig zu Zeiten mit geringen Vorratsbeständen durchgeführt.

Zeitlich verlegte Inventur

Ist eine zeitnahe Stichtagsinventur wegen zu großer Bestände nicht durchführbar und eine permanente Inventur wegen fehlender Bestandsfortschreibung nicht möglich, so wird die zeitlich verlegte Inventur gemäß § 241 Abs. 3 HGB gewählt.

Bei der zeitlich verlegten Inventur wird die körperliche Bestandsaufnahme zu einem Zeitpunkt innerhalb der letzten drei Monate vor oder der ersten zwei Monate nach dem Abschlussstichtag durchgeführt.

Der zum Inventurstichtag ermittelte Bestand wird wertmäßig auf den Abschlussstichtag fortgeschrieben bzw. zurückgerechnet (Wertnachweisverfahren).

Bei der zeitlich **vorverlegten** Inventur ist der Bestand vom Abschlussstichtag wie folgt zu berechnen:

    Wert des Bestands zum Zeitpunkt der Aufnahme
+ Wert des Zugangs in der Zeit von der Aufnahme bis zum Abschlussstichtag
− Wert des Abgangs in der Zeit von der Aufnahme bis zum Abschlussstichtag
= Wert des Bestands am Abschlussstichtag

Bei der zeitlich **nachverlegten** Inventur ist der Bestand vom Abschlussstichtag wie folgt zu berechnen:

    Wert des Bestands zum Zeitpunkt der Aufnahme
− Wert des Zugangs in der Zeit von der Aufnahme bis zum Abschlussstichtag
+ Wert des Abgangs in der Zeit von der Aufnahme bis zum Abschlussstichtag
= Wert des Bestands am Abschlussstichtag

Mathematisch-statistische Stichprobeninventur

Ein besonderes technisches Verfahren der Bestandsaufnahme ist die mathematisch-statistische Stichprobeninventur, § 241 Abs. 1 HGB. Der Bestand der Wirtschaftsgüter wird mithilfe mathematisch-statistischer Methoden aufgrund von Stichproben ermittelt. Dieses spezielle Verfahren hat eine große Rationalisierungswirkung.

| Beschaffungs- und Absatzbereich | Personalwirtschaft | Finanzbereich |

Kapitel 3

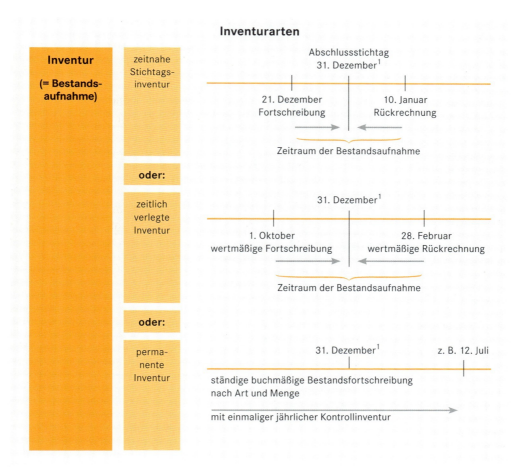

---
[1] Annahme: Geschäftsjahr entspricht dem Kalenderjahr.

Kapitel 3

| Teilgebiete des betrieblichen Rechnungswesens und deren Aufgaben | Einführung in die Systematik der Buchführung | **Buchführung** |

AUFGABEN

Aufgaben 1–4: Inventur
Aufgaben 5–8: Bestandsfortschreibung/Bestandsrückrechnung

1. a) Worin liegt der Unterschied zwischen einer körperlichen und einer buchmäßigen Inventur?
   b) Welche verschiedenen Tätigkeiten sind mit der körperlichen Inventur verbunden?
   c) Welche Bestände werden mit der buchmäßigen Inventur ermittelt?

2. Welches Inventurverfahren passt zu welcher Beschreibung (Annahme: Geschäftsjahr entspricht dem Kalenderjahr)? Ordnen Sie zu.

   A Inventurverfahren
   1. Zeitnahe Stichtagsinventur
   2. Permanente Inventur
   3. Zeitlich verlegte Inventur
   4. Mathematisch-statistische Stichprobeninventur

   B Beschreibung
   1. Die Inventur erfolgt zwischen dem 1. Oktober und dem 28. Februar.
   2. Aufgrund von Stichproben werden die Bestände errechnet.
   3. Die körperliche Bestandsaufnahme erfolgt zu einem beliebigen Zeitpunkt.
   4. Die Inventur wird zwischen dem 21. Dezember und dem 10. Januar vorgenommen.

3. Stellen Sie die Vor- und Nachteile der in Aufgabe 3 genannten Inventurverfahren heraus.

4. Eine Kombination der Inventurverfahren ist zulässig.
   Ordnen Sie den zwei vorgegebenen Vermögensgruppen das jeweils besonders geeignete der beiden vorgegebenen Inventurverfahren zu. Begründen Sie Ihre Zuordnung.

   A Vermögensgruppen
   1. Umlaufvermögen
   2. Anlagevermögen

   B Inventurverfahren
   1. Zeitnahe Stichtagsinventur
   2. Permanente Inventur

5. Ein Sportartikelhersteller, der Lederbälle als Handelsware führt, macht eine zeitlich verlegte Inventur.
   a) Die körperliche Bestandsaufnahme nach Art, Menge und Wert erfolgt am 20. Okt. .. (Abschlussjahr). Wertmäßig werden folgende Warenbestände festgestellt:
   Lederfußball 650.000,00 €, Lederhandball 228.000,00 €.

   In der Zeit bis zum Abschlussstichtag sind folgende Bestandsveränderungen zu verzeichnen:
   Lederfußball: Einkäufe   58.000,00 €
                   Verkäufe   93.000,00 €
   Lederhandball: Einkäufe   87.000,00 €
                   Verkäufe   71.000,00 €
   Ermitteln Sie die Inventurbestände zum Abschlussstichtag.

   b) Die körperliche Bestandsaufnahme nach Art, Menge und Wert erfolgt am 5. Febr. .. (Folgejahr). Wertmäßig werden folgende Warenbestände festgestellt:
   Lederfußball 590.000,00 €, Lederhandball 254.000,00 €.

   In der Zeit vom Abschlussstichtag bis zum Inventurtag sind folgende Bestandsveränderungen zu verzeichnen:
   Lederfußball: Einkäufe   61.000,00 €
                   Verkäufe   47.000,00 €
   Lederhandball: Einkäufe   72.000,00 €
                   Verkäufe   55.000,00 €

   Ermitteln Sie die Inventurbestände zum Abschlussstichtag.

| Beschaffungs- und Absatzbereich | Personalwirtschaft | Finanzbereich |

Kapitel 3

6. Ein Produktionsunternehmen führt eine körperliche Bestandsaufnahme am 15.11.01 durch. Es werden folgende Beträge festgestellt:
   Rohstoffe   220.000,00 €
   Hilfsstoffe   80.000,00 €
   Betriebsstoffe   12.000,00 €

   In der Zeit bis zum 31.12.01 (Abschlussstichtag) werden folgende Einkäufe getätigt:
   Rohstoffe   15.000,00 €
   Hilfsstoffe   6.000,00 €
   Betriebsstoffe   2.000,00 €

   Zwischen Inventur und Abschlussstichtag wird folgender Verbrauch ermittelt:
   Rohstoffe   8.000,00 €
   Hilfsstoffe   5.000,00 €
   Betriebsstoffe   1.000,00 €

   Ermitteln Sie die Inventurbestände zum 31.12.01.

7. Ihr Mandant, ein Lebensmitteleinzelhändler, führt am 02.02.02 die Inventur durch.
   Er ermittelt folgende Bestände:
   Waschpulver Marke *Clean*   30 Packungen
   Waschpulver Marke *White*   35 Packungen

   In der Zeit zwischen dem 31.12.01 (Abschlussstichtag) und dem 02.02.02 kommt es zu folgenden Änderungen:

   Einkauf   **Verkauf**
   Waschpulver Marke *Clean*   5 Packungen   Waschpulver Marke *Clean*   10 Packungen
   Waschpulver Marke *White*   3 Packungen   Waschpulver Marke *White*   7 Packungen

   Eine Packung des Waschpulvers Marke *Clean* ist mit 3,49 € zu bewerten und des Waschpulvers Marke *White* mit 2,99 €.

   Ist die Inventur zum 02.02.02 zulässig? Ermitteln Sie die Inventurbestände zum Abschlussstichtag.

8. Ein Computereinzelhändler führt am 15.02.02 seine Inventur durch (Abschlussstichtag 31.12.01) und ermittelt dabei u. a. folgende Bestände:
   - 5 PCs der Firma Network
   - 10 PCs der Firma Xiang
   - 13 Flachbildschirme der Firma Screen
   - 6 Flachbildschirme der Firma Xiang

   Aus den Unterlagen ist erkennbar, dass er in der Zeit vom 01.01.02 bis zum 15.02.02 3 PCs der Firma Network, 2 Flachbildschirme von Screen und 3 Flachbildschirme der Firma Xiang verkauft hat.

   Eingekauft hat er in dieser Zeit einen PC von Network, 4 PCs von Xiang und 5 Flachbildschirme von Screen.

   Zu bewerten sind
   - die PCs der Firma Network mit je 750,00 €,
   - die PCs der Firma Xiang mit je 400,00 €,
   - die Flachbildschirme der Firma Screen mit je 600,00 € und
   - die Flachbildschirme der Firma Xiang mit je 450,00 €.

   Ermitteln Sie die Inventurbestände zum Abschlussstichtag 31.12.01.

3.2 Inventar

Das Ergebnis der Inventur wird in einem Bestandsverzeichnis, dem Inventar, aufgezeichnet.

 Das Bestandsverzeichnis aller Vermögensteile und Schulden nach Art, Menge und Wert ist das Inventar.

Für das Inventar gibt es keine Gliederungsvorschrift. In der Praxis haben sich jedoch Gliederungsregeln gebildet, die sich an die Gliederungsgrundsätze der Bilanz anlehnen.

Die folgende Übersicht zeigt die wesentlichen Merkmale eines Inventars.

Definition der Hauptgliederungspunkte	Konkrete Anordnung der Positionen

Zum **Anlagevermögen** gehören alle Vermögensteile, die langfristig im Unternehmen gebunden sind. Das Anlagevermögen schafft die Grundvoraussetzung der betrieblichen Tätigkeit.	A. Vermögen
	  I. Anlagevermögen
	    1. Grundstücke und Bauten
	    2. Maschinen
	    3. Fuhrpark
	    4. Betriebs- und Geschäftsausstattung

Zum **Umlaufvermögen** gehören alle Vermögensteile, die nicht längere Zeit im Betrieb verbleiben, sondern umlaufen bzw. umgesetzt werden. Die betriebliche Tätigkeit verändert ständig die Positionen des Umlaufvermögens.	II. Umlaufvermögen
	    1. Rohstoffe
	    2. Hilfsstoffe
	    3. Betriebsstoffe
	    4. Unfertige Erzeugnisse
	    5. Fertigerzeugnisse
	    6. Forderungen a. LL
	    7. Bargeld (Kasse)
	    8. Postbankguthaben
	    9. Guthaben bei Banken

Langfristige Schulden
Hierzu zählen insbesondere die Verbindlichkeiten gegenüber Kreditinstituten.
 	
Kurzfristige Schulden
Hierzu zählen insbesondere die Verbindlichkeiten aus Lieferungen und Leistungen.
	B. Schulden (Fremdkapital)
	  I. Langfristige Schulden
	    1. Hypothekenschulden
	    2. Darlehensschulden
	  II. Kurzfristige Schulden
	    Lieferantenschulden

Das **Reinvermögen (Eigenkapital)** ist der vom Unternehmer bzw. von den Gesellschaftern selbst eingebrachte Teil des Kapitals.	C. Errechnung des Reinvermögens (Eigenkapitals)
	
	    Vermögen
	  − Schulden
	  = Reinvermögen (Eigenkapital)

Musterbeispiel eines Inventars:

Inventar der Textilfabrik Konrad Fied KG, Hannover, zum 31.12...

	€	€
A. Vermögen		
I. Anlagevermögen		
1. Gebäude, Goseriede 41		650.000,00
2. Maschinen lt. bes. Verzeichnis, Anlage 1		330.000,00
3. Fuhrpark		
– 2 Lkws	122.000,00	
– 3 Pkws	58.000,00	180.000,00
4. Betriebs- und Geschäftsausst. lt. bes. Verzeichnis, Anlage 2		124.000,00
II. Umlaufvermögen		
1. Rohstoffe lt. bes. Verzeichnis, Anlage 3		280.000,00
2. Hilfsstoffe lt. bes. Verzeichnis, Anlage 4		70.000,00
3. Betriebsstoffe lt. bes. Verzeichnis, Anlage 5		90.000,00
4. Unfertige Erzeugnisse lt. bes. Verzeichnis, Anlage 6		250.000,00
5. Fertigerzeugnisse		
Damenoberbekleidung lt. bes. Verzeichnis, Anlage 7	253.000,00	
Herrenoberbekleidung lt. bes. Verzeichnis, Anlage 8	278.000,00	531.000,00
6. Forderungen an Kunden		
– Söffgen OHG, Rösrath	32.800,00	
– Gertrud Schön e. Kffr., Hamburg	118.700,00	
– Hampe KG, Halle	28.300,00	179.800,00
7. Kassenbestand		25.900,00
8. Guthaben bei Banken		
– Kreissparkasse Hannover	78.700,00	
– Lindener Volksbank	64.200,00	142.900,00
Summe des Vermögens		2.853.600,00
B. Schulden (Fremdkapital)		
I. Langfristige Schulden		
1. Hypothek der Kreissparkasse Hannover		525.000,00
2. Darlehen der Lindener Volksbank		645.000,00
II. Kurzfristige Schulden		
Verbindlichkeiten gegenüber Lieferanten		
– B. Müller OHG, Heidelberg	197.000,00	
– Emut GmbH, Hofgeismar	153.000,00	
– Vödisch AG, Hannover	119.300,00	469.300,00
Summe der Schulden		1.639.300,00
C. Errechnen des Reinvermögens (Eigenkapitals)		
Summe des Vermögens		2.853.600,00
– Summe der Schulden		1.639.300,00
= Reinvermögen (Eigenkapital)		1.214.300,00

Kapitel 3 | Teilgebiete des betrieblichen Rechnungswesens und deren Aufgaben | Einführung in die Systematik der Buchführung | **Buchführung**

Aufbau eines Inventars

Inventar (= Bestandsverzeichnis)	A. Vermögen
	   I. Anlagevermögen
	   II. Umlaufvermögen
		} gegliedert nach steigender Liquidität

	B. Schulden (Fremdkapital)
	   I. Langfristige Schulden
	   II. Kurzfristige Schulden
		} gegliedert nach steigender Dringlichkeit der Rückzahlung

	C. Reinvermögen (Eigenkapital)
	    Vermögen
	  – Schulden
	  = Reinvermögen (Eigenkapital)	

AUFGABEN

Aufgabe 1: Definitorische Abgrenzung von Inventur und Inventar
Aufgaben 2–6: Inventar

1. Unterscheiden Sie definitorisch die Begriffe „Inventur" und „Inventar".

2. a) In welche drei Teile wird das Inventar unterteilt?
   b) Stellen Sie eine Gleichung auf, die die Beziehungen zwischen den drei Teilen des Inventars wiedergibt.

3. a) Unterscheiden Sie definitorisch Anlagevermögen und Umlaufvermögen.
   b) Nach welchem Gliederungskriterium werden die Vermögensteile im Inventar angeordnet?

4. Nach welchem Gliederungskriterium werden die Schuldenteile im Inventar angeordnet?

5. Ordnen Sie die unten stehenden Inventarpositionen dem Anlagevermögen, dem Umlaufvermögen, den langfristigen Schulden und den kurzfristigen Schulden zu.
   Forderungen an Kunden, Verbindlichkeiten gegenüber Lieferanten, Guthaben bei Banken, bebaute Grundstücke, unbebaute Grundstücke, Darlehensschulden, Rohstoffe, Kassenbestand, Hypothekenschulden, Fuhrpark, Postbankguthaben, Betriebs- und Geschäftsausstattung, Fertigerzeugnisse, Maschinen.

6. Ihr Mandant, ein Jeanshersteller aus Frankfurt, hat die unten stehenden Inventurbestände ermittelt. Erstellen Sie das Inventar.
   Bebaute Grundstücke (Verwaltungsgebäude 400.000,00 €, Fabrikhalle I 200.000,00 €, Fabrikhalle II 150.000,00 €, Garagen 80.000,00 €); Maschinen lt. besonderem Verzeichnis (Anlage 1) 390.000,00 €; Fuhrpark (2 Lkws 120.000,00 €, 1 Pkw 20.000,00 €); Betriebs- und Geschäftsausstattung lt. besonderem Verzeichnis (Anlage 2) 130.000,00 €; Rohstoffe lt. besonderem Verzeichnis (Anlage 3) 190.000,00 €; Hilfsstoffe lt. besonderem Verzeichnis (Anlage 4) 80.000,00 €; Betriebsstoffe lt. besonderem Verzeichnis (Anlage 5) 110.000,00 €; Unfertige Erzeugnisse lt. besonderem Verzeichnis (Anlage 6) 340.000,00 €; Fertigerzeugnisse lt. besonderem Verzeichnis (Anlage 7) 710.000,00 €; Forderungen (Kunde Fielers OHG 78.000,00 €, Kunde Mehlert KG 64.000,00 €, Kunde Kretzer OHG 59.000,00 €); Kassenbestand 8.200,00 €; Guthaben bei Banken (Stadtsparkasse Frankfurt 111.000,00 €, Frankfurter Volksbank 98.000,00 €); Hypothekenschulden bei der Frankfurter Volksbank 680.000,00 €; Darlehensschulden (Stadtsparkasse Frankfurt 750.000,00 €, Frankfurter Volksbank 260.000,00 €); Verbindlichkeiten (Lieferant Yildiz KG 92.000,00 €, Lieferant Eitner OHG 61.000,00 €, Lieferant Goll KG 48.000,00 €).

3.3 Bilanz

Inventare liefern Detailinformationen über Menge, Art und Wert aller Vermögensteile und Schulden. Sie haben den Nachteil, aufgrund ihrer Ausführlichkeit unübersichtlich zu sein. Aus diesem Grund schreibt § 242 Abs. 1 HGB dem Kaufmann vor, neben dem Inventar eine Bilanz aufzustellen.

HGB
§§ 242 Abs. 2, 247 Abs. 1

> Eine Bilanz ist ein kurz gefasstes Inventar.

Die folgende Tabelle stellt die Unterschiede zwischen einer Bilanz und einem Inventar heraus.

	Inventar	Bilanz
Umfang	Einzelpositionen und Hauptpositionen	Hauptpositionen
Maßangabe	Mengen- und Wertangabe	Wertangabe
äußere Form	Anordnung der Positionen untereinander (Staffelform)	Anordnung von Vermögen und Kapital nebeneinander (Kontenform)
Unterschrift	nicht erforderlich	Unterschrift des Unternehmers

In der Bilanz werden Vermögen und Kapital gegenübergestellt.

Das Vermögen (= **Mittelverwendung**) steht auf der linken Seite der Bilanz und wird als **Aktiva** bezeichnet. Das Kapital (= **Mittelherkunft**) steht auf der rechten Seite der Bilanz und wird als **Passiva** bezeichnet.

Das Kapital gibt an, woher die Mittel der im Betrieb vorhandenen Sachgüter stammen. Das Kapital wird in Eigenkapital (= Reinvermögen beim Inventar) und Fremdkapital unterteilt.

Das **Eigenkapital** ist der vom Unternehmer bzw. von den Gesellschaftern selbst eingebrachte Teil des Kapitals.

Das **Fremdkapital** ist die Gesamtheit der Schulden eines Unternehmens. Hierzu gehören z. B. Hypothekenschulden, Darlehensschulden, Lieferantenschulden.

Der Gegenwert des Kapitals, das Vermögen, wird in zwei Arten, in das **Anlagevermögen** und in das **Umlaufvermögen** untergliedert.

Da Vermögen und Kapital gleich groß sind, müssen die Summen der Aktivseite und der Passivseite zwingend identisch sein. Aus der Gleichheit von Aktiva (Vermögen) und Passiva (Kapital) ist der Begriff **Bilanz** abgeleitet (italienisch: bilancia = Waage).

Es gelten folgende Gleichungen

$$\text{Aktiva} = \text{Passiva}$$

$$\text{Anlagevermögen} + \text{Umlaufvermögen} = \text{Eigenkapital} + \text{Fremdkapital}$$

$$\text{Vermögen} = \text{Eigenkapital} + \text{Fremdkapital}$$

$$\text{Eigenkapital} = \text{Vermögen} - \text{Fremdkapital}$$

Gliederung der Bilanz

Gemäß § 247 Abs. 1 HGB sind das Anlage- und das Umlaufvermögen, das Eigenkapital, die Schulden sowie die Rechnungsabgrenzungsposten gesondert auszuweisen und hinreichend aufzugliedern.

Genauere Vorschriften gelten für Kapitalgesellschaften gemäß § 266 HGB.

In der Praxis ist es üblich, dass auch Einzelunternehmen und Personengesellschaften sich an der Gliederung der Bilanz gemäß § 266 anlehnen. So erfolgt die Anordnung der einzelnen Vermögenspositionen nach steigender Liquidität. Die Anordnung der einzelnen Kapitalpositionen wird nach steigender Dringlichkeit der Rückzahlung, d. h. nach Fälligkeit, vorgenommen.

Kapitel 3 | Teilgebiete des betrieblichen Rechnungswesens und deren Aufgaben | Einführung in die Systematik der Buchführung | Buchführung

BEISPIEL

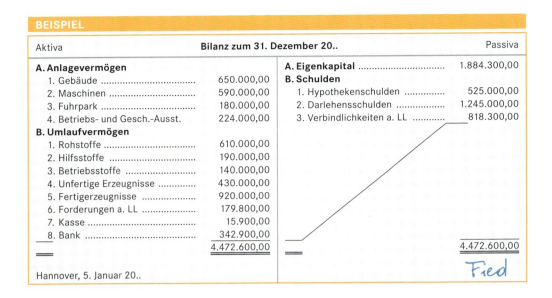

Aktiva	Bilanz zum 31. Dezember 20..		Passiva
A. Anlagevermögen		A. Eigenkapital	1.884.300,00
1. Gebäude	650.000,00	**B. Schulden**	
2. Maschinen	590.000,00	1. Hypothekenschulden	525.000,00
3. Fuhrpark	180.000,00	2. Darlehensschulden	1.245.000,00
4. Betriebs- und Gesch.-Ausst.	224.000,00	3. Verbindlichkeiten a. LL	818.300,00
B. Umlaufvermögen			
1. Rohstoffe	610.000,00		
2. Hilfsstoffe	190.000,00		
3. Betriebsstoffe	140.000,00		
4. Unfertige Erzeugnisse	430.000,00		
5. Fertigerzeugnisse	920.000,00		
6. Forderungen a. LL	179.800,00		
7. Kasse	15.900,00		
8. Bank	342.900,00		
	4.472.600,00		**4.472.600,00**

Hannover, 5. Januar 20..

Gliederung einer Bilanz

Aufbau einer Bilanz

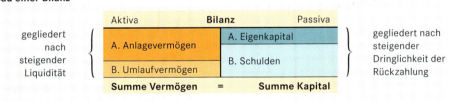

1. Die Summe des Vermögens entspricht der Summe des Kapitals.
2. Das Kapital zeigt an, woher die Mittel des vorhandenen Vermögens kommen = Mittelherkunft.
3. Das Vermögen zeigt an, wie das in einem Unternehmen eingesetzte Kapital verwendet ist = Mittelverwendung.
4. Die Bilanz wird aufgrund des Inventars erstellt.
5. In der Bilanz werden Vermögen (= Aktiva) und Kapital (= Passiva) gegenübergestellt.

| Beschaffungs- und Absatzbereich | Personalwirtschaft | Finanzbereich |

Kapitel 3

AUFGABEN

1. Erklären Sie die Begriffe „Vermögen" und „Kapital".

2. Unterscheiden Sie nach Vermögen und Kapital: Betriebs- und Geschäftsausstattung, Postbankguthaben, Darlehen, Betriebsfahrzeuge, Rohstoffe, Lieferantenschulden, Forderungen an Kunden, Lottogewinn, Hypothekenschulden, Bargeld (Kasse).

3. Zeigen Sie die Unterschiede zwischen einer Bilanz und einem Inventar auf.

4. Warum müssen Vermögen und Kapital immer gleich groß sein?

5. Frau Susanne Arend hat 30.000,00 € gespart, um sich selbstständig zu machen. Ihre Bank gewährt ihr ein Darlehen von 25.000,00 €. Ihr Mann leiht ihr 15.000,00 € und ihre Tante 5.000,00 €. Sie kauft eine Schneiderei. Der frühere Inhaber überlässt ihr die Betriebsausstattung für 64.000,00 € und die Stoffvorräte für 10.000,00 €. Außerdem übernimmt Frau Arend die Forderungen an vier Kunden (Außenstände) in Höhe von insgesamt 1.000,00 €.
Erstellen Sie die Vermögens- und Kapitalübersicht.

6. Herr Klaus Frost hat als Angestellter 40.000,00 € gespart, um einen Autoschilderschnelldienst zu eröffnen. Er mietet sich einen Laden. Für Maschinen gibt er 12.000,00 € und für eine Heizung 9.000,00 € aus. Die Betriebs- und Geschäftsausstattung kostet 15.000,00 €. Für Bleche und andere einschlägige Artikel muss er 8.000,00 € aufwenden. Das fehlende Kapital leiht ihm ein Freund.
Stellen Sie mithilfe der Vermögens- und Kapitalübersicht fest, wie viel Geld Herr Frost sich von seinem Freund leiht.

7. Zur Eröffnung einer Textilfabrik bringt der Unternehmer 200.000,00 € an Eigenkapital ein. Seine Bank leiht ihm 50.000,00 €. Für Betriebs- und Geschäftsausstattung gibt er 60.000,00 €, für den Erstbedarf an Stoffen 80.000,00 € aus. Für Maschinen bezahlt er 90.000,00 €. Das restliche Kapital bleibt auf dem betrieblichen Bankkonto. Wie hoch ist das betriebliche Bankguthaben?

8. Unterscheiden Sie nach Eigenkapital und Fremdkapital sowie nach Anlagevermögen und Umlaufvermögen:
Hypothekenschulden, Vorräte, Forderungen an Kunden, Lottogewinn, Maschinen, Bargeld (Kasse), Verbindlichkeiten gegenüber Lieferanten, Postbankguthaben, ins Unternehmen eingebrachte Ersparnisse, Lastkraftwagen, Darlehensschulden.

9. Erstellen Sie eine Kapitalübersicht, unterteilt nach Eigen- und Fremdkapital, und eine Vermögensübersicht, unterteilt nach Anlage- und Umlaufvermögen.
Das nicht kapitalmäßig gedeckte Vermögen ist durch ein Bankdarlehen finanziert.
Fertigerzeugnisse 60.000,00 €; Forderungen an Kunden 7.000,00 €; Hypothekenschulden 180.000,00 €; Postbankguthaben 15.000,00 €; ins Unternehmen eingebrachter Lottogewinn 120.000,00 €; Kasse (Bargeld) 4.000,00 €; Maschinen 190.000,00 €; ins Unternehmen eingebrachte Ersparnisse 170.000,00 €; bebaute Grundstücke 250.000,00 €; Verbindlichkeiten gegenüber Lieferanten 30.000,00 €; Betriebs- und Geschäftsausstattung 50.000,00 €.

10. Errechnen Sie die Werte der fehlenden Positionen.

	a) €	b) €	c) €	d) €
Anlagevermögen	520.000,00	850.000,00	?	713.000,00
Umlaufvermögen	380.000,00	618.000,00	543.000,00	?
Eigenkapital	?	597.000,00	1.002.000,00	920.000,00
Fremdkapital	412.000,00	?	650.000,00	539.000,00

11. Welche **Fehler** enthält die unten stehende Bilanz? Erstellen Sie die korrekte Bilanz.

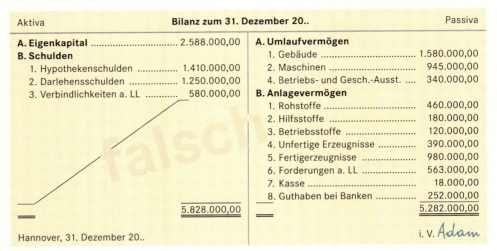

Aktiva	Bilanz zum 31. Dezember 20..		Passiva
A. Eigenkapital 2.588.000,00		A. Umlaufvermögen	
B. Schulden		1. Gebäude	1.580.000,00
1. Hypothekenschulden 1.410.000,00		2. Maschinen	945.000,00
2. Darlehensschulden 1.250.000,00		4. Betriebs- und Gesch.-Ausst.	340.000,00
3. Verbindlichkeiten a. LL 580.000,00		B. Anlagevermögen	
		1. Rohstoffe	460.000,00
		2. Hilfsstoffe	180.000,00
		3. Betriebsstoffe	120.000,00
		4. Unfertige Erzeugnisse	390.000,00
		5. Fertigerzeugnisse	980.000,00
		6. Forderungen a. LL	563.000,00
		7. Kasse	18.000,00
		8. Guthaben bei Banken	252.000,00
	5.828.000,00		5.282.000,00

Hannover, 31. Dezember 20..   i. V. *Adam*

12. Erstellen Sie aus dem Inventar der Aufgabe 5 des Kapitels 3.2 die entsprechende Bilanz.

13. Erstellen Sie aufgrund der unten stehenden Angaben eine Bilanz.

	a)	b)
Gebäude	1.680.000,00	1.720.000,00
Maschinen	880.000,00	990.000,00
Fuhrpark	270.000,00	290.000,00
Betriebs- und Geschäftsausstattung	370.000,00	410.000,00
Rohstoffe	450.000,00	520.000,00
Hilfsstoffe	90.000,00	80.000,00
Betriebsstoffe	120.000,00	140.000,00
Unfertige Erzeugnisse	510.000,00	380.000,00
Fertigerzeugnisse	970.000,00	1.200.000,00
Forderungen a. LL	250.000,00	340.000,00
Kasse	78.000,00	95.000,00
Guthaben bei Banken	360.000,00	410.000,00
Hypothekenschulden	1.400.000,00	1.500.000,00
Darlehensschulden	2.500.000,00	2.800.000,00
Verbindlichkeiten a. LL	220.000,00	310.000,00

14. Welche Aussagen sind richtig bzw. falsch? Begründen Sie Ihre Meinung.

1. Bilanzen sind 12 Jahre und Inventare 8 Jahre aufzubewahren.
2. Ein Inventar enthält detailliertere Angaben als eine Bilanz.
3. Das Vermögen wird in der Bilanz als Passiva bezeichnet.
4. Auf der Aktivseite steht die Position „Rohstoffe" über der Position „Maschinen".
5. In der Bilanz stehen Mengen- und Wertangaben.
6. In der Bilanz werden Vermögen und Kapital in Kontenform gegenübergestellt.
7. Die rechte Seite der Bilanz ist die Aktivseite.
8. Bilanzen können von Prokuristen unterschrieben werden.
9. Die Anordnung der Vermögenspositionen auf der Aktivseite erfolgt nach „steigender Dringlichkeit der Rückzahlung".
10. Die Anordnung der Kapitalpositionen auf der Passivseite erfolgt nach „steigender Liquidität".
11. Eine Bilanz, die am 20. Januar 2001 erstellt wurde, kann am 21. Januar 2011 vernichtet werden.

3.4 Vier Möglichkeiten der Bilanzveränderung

Die Bilanz verändert sich durch Geschäftsvorfälle. Da Vermögen (Aktiva) und Kapital (Passiva) zwingend gleich groß sind, bleibt dabei das Bilanzgleichgewicht gewahrt.

Man unterscheidet grundsätzlich vier Möglichkeiten der Bilanzveränderung:

- Aktivtausch,
- Passivtausch,
- Aktiv-Passiv-Mehrung,
- Aktiv-Passiv-Minderung.

BEISPIEL

Am Anfang des Geschäftsjahres stellt ein Industriebetrieb folgende Ausgangsbilanz auf:

Aktiva	Ausgangsbilanz		Passiva
Maschinen	183.000,00	Eigenkapital	169.000,00
Rohstoffe	110.000,00	Darlehensschulden	155.000,00
Kasse	18.000,00	Verbindlichkeiten a. LL	19.000,00
Guthaben bei Banken	32.000,00		
	343.000,00		343.000,00

Geschäftsvorfall 1: Der Industriebetrieb kauft eine Maschine bar für 10.000,00 €.

Die Ausgangsbilanz ändert sich folgendermaßen:

Aktiva	Bilanz 1		Passiva
Maschinen	193.000,00	Eigenkapital	169.000,00
Rohstoffe	110.000,00	Darlehensschulden	155.000,00
Kasse	8.000,00	Verbindlichkeiten a. LL	19.000,00
Guthaben bei Banken	32.000,00		
	343.000,00		343.000,00

Durch den Kauf der Maschine wächst die Position „Maschinen" um **10.000,00 €** auf **193.000,00 €**. Die Kasse vermindert sich im selben Maß auf **8.000,00 €**.

Die Bilanzsumme ändert sich durch diesen Geschäftsvorfall nicht.

Da ein Werttausch lediglich auf der Aktivseite der Bilanz stattfindet, bezeichnet man diese Bilanzveränderung als **Aktivtausch**.

BEISPIEL (Fortsetzung)

Geschäftsvorfall 2: Verbindlichkeiten a. LL beim Lieferanten in Höhe von 8.000,00 € werden in langfristige Darlehensschulden umgewandelt.

Die Bilanz 1 ändert sich folgendermaßen:

Aktiva	Bilanz 2		Passiva
Maschinen	193.000,00	Eigenkapital	169.000,00
Rohstoffe	110.000,00	Darlehensschulden	163.000,00
Kasse	8.000,00	Verbindlichkeiten a. LL	11.000,00
Guthaben bei Banken	32.000,00		
	343.000,00		343.000,00

Die Darlehensschulden wachsen um 8.000,00 € auf **163.000,00 €** und die Verbindlichkeiten a. LL vermindern sich um denselben Betrag auf **11.000,00 €**.

Die Bilanzsumme ändert sich durch diesen Geschäftsvorfall nicht.

In diesem Fall findet ein Werttausch auf der Passivseite der Bilanz statt. Man spricht von einem **Passivtausch**.

> **BEISPIEL (Fortsetzung)**
>
> **Geschäftsvorfall 3:** Der Industriebetrieb kauft Rohstoffe auf Ziel für 6.300,00 €.
>
> Die Bilanz 2 ändert sich folgendermaßen:
>
> | Aktiva | Bilanz 3 | | Passiva |
> |---|---|---|---|
> | Maschinen | 193.000,00 | Eigenkapital | 169.000,00 |
> | Rohstoffe | 116.300,00 | Darlehensschulden | 163.000,00 |
> | Kasse | 8.000,00 | Verbindlichkeiten a. LL | 17.300,00 |
> | Guthaben bei Banken | 32.000,00 | | |
> | | 349.300,00 | | 349.300,00 |
>
> Der Rohstoffbestand erhöht sich um **6.300,00 €** auf **116.300,00 €**. Um denselben Betrag steigen die Verbindlichkeiten a. LL auf **17.300,00 €**.

Sowohl auf der Aktiv- als auch auf der Passivseite erhöht sich jeweils ein Posten, sodass die Bilanzsumme zunimmt.

Da sich Positionen auf der Aktivseite und der Passivseite mehren, nennt man diese Bilanzveränderungen **Aktiv-Passiv-Mehrung**.

> **BEISPIEL (Fortsetzung)**
>
> **Geschäftsvorfall 4:** Der Industriebetrieb begleicht Lieferantenverbindlichkeiten in Höhe von 5.500,00 € durch Banküberweisung.
>
> Die Bilanz 3 ändert sich folgendermaßen:
>
> | Aktiva | Bilanz 4 | | Passiva |
> |---|---|---|---|
> | Maschinen | 193.000,00 | Eigenkapital | 169.000,00 |
> | Rohstoffe | 116.300,00 | Darlehensschulden | 163.000,00 |
> | Kasse | 8.000,00 | Verbindlichkeiten a. LL | 11.800,00 |
> | Guthaben bei Banken | 26.500,00 | | |
> | | 343.800,00 | | 343.800,00 |
>
> Das Guthaben bei Banken mindert sich um **5.500,00 €** auf **26.500,00 €**. Die Verbindlichkeiten a. LL sinken im selben Maß auf **11.800,00 €**.

Da sich auf beiden Seiten jeweils ein Posten mindert, mindert sich auch die Bilanzsumme.

Positionen der Aktivseite und der Passivseite mindern sich. Man spricht von einer **Aktiv-Passiv-Minderung**.

| Beschaffungs- und Absatzbereich | Personalwirtschaft | Finanzbereich |

Kapitel 3

Möglichkeiten der Bilanzveränderung

1. Aktivtausch

Aktiva	**Bilanz**	Passiva
Mehrung einer Position +		
Minderung einer Position −		

2. Passivtausch

Aktiva	**Bilanz**	Passiva
		Mehrung einer Position +
		Minderung einer Position −

3. Aktiv-Passiv-Mehrung

Aktiva	**Bilanz**	Passiva
Mehrung einer Position +	Mehrung einer Position +	

4. Aktiv-Passiv-Minderung

Aktiva	**Bilanz**	Passiva
Minderung einer Position −	Minderung einer Position −	

AUFGABEN

1. Nennen Sie a) zum Aktivtausch, b) zum Passivtausch, c) zur Aktiv-Passiv-Mehrung und d) zur Aktiv-Passiv-Minderung je zwei Beispiele.

2. Im Unternehmen Ihres Mandanten kommt es zu unten stehenden Geschäftsvorfällen. Geben Sie jeweils an,
   a) welche Bilanzpositionen berührt werden,
   b) ob eine Minderung oder Mehrung der jeweiligen Bilanzposition bewirkt wird,
   c) welche Art der Bilanzveränderung vorliegt und
   d) wie sich die Bilanzsumme verändert.
      1. Ein Kunde überweist auf das Postbankkonto.
      2. Ihr Mandant zahlt eine Darlehensschuld durch Banküberweisung zurück.
      3. Er zahlt Bargeld auf sein Bankkonto ein.
      4. Er wandelt eine Darlehensschuld in eine Hypothekenschuld um.
      5. Er kauft Rohstoffe auf Ziel.
      6. Er hebt Geld von seinem Postbankkonto ab.
      7. Er verkauft eine gebrauchte Maschine auf Ziel.
      8. Er begleicht Lieferantenverbindlichkeiten durch Banküberweisung (Bank mit Schuldensaldo).
      9. Er wandelt eine Lieferantenverbindlichkeit in eine Darlehensschuld um.
      10. Er verkauft einen gebrauchten PC bar.

3. Erstellen Sie nach den folgenden Angaben die Bilanz:
   Maschinen 178.000,00 €; Rohstoffe 110.000,00 €; Fertigerzeugnisse 250.000,00 €; Forderungen a. LL 60.000,00 €; Kasse 20.000,00 €; Postbank 54.000,00 €; Guthaben bei Banken 66.000,00 €; Eigenkapital ?; Darlehensschulden 390.000,00 €; Verbindlichkeiten a. LL 100.000,00 €

   a) Erstellen Sie nach jedem der folgenden Geschäftsvorfälle die neue Bilanz.
   b) Geben Sie zu jedem Geschäftsvorfall an, welche Art der Bilanzveränderung vorliegt.
      1. Zielverkauf einer gebrauchten Maschine .... 20.000,00 €
      2. Umwandlung einer Verbindlichkeit a. LL in eine Darlehensschuld .... 10.000,00 €
      3. Zieleinkauf von Rohstoffen .... 30.000,00 €
      4. Tilgung eines Darlehens durch Banküberweisung .... 5.000,00 €
      5. Überweisung vom Postbankkonto auf das Bankkonto .... 8.000,00 €

3.5 Buchungssatz

Der Buchungssatz nennt die Konten, auf denen ein Geschäftsvorfall gebucht wird.

> **BEISPIEL**
>
> Ein Unternehmer tilgt eine Darlehensschuld durch Banküberweisung, 4.000,00 €.
>
> - Der passende Buchungssatz lautet:
>
>   Darlehensschulden 4.000,00 €
>   **an** Bank 4.000,00 €.
>
>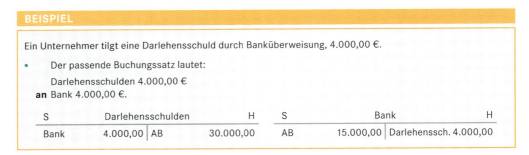

Zuerst wird also das Konto genannt, auf dem im Soll gebucht wird. Dann folgt das Wörtchen „an" und schließlich wird das im Haben berücksichtigte Konto genannt = **einfacher Buchungssatz.**

Folgende Punkte sind beim Buchen zu beachten:

- Jeder Geschäftsvorfall ist auf mindestens zwei Konten zu buchen.
- Auf einem Konto wird im Soll, auf dem anderen im Haben gebucht.
- Bei jedem Buchungssatz muss die Summe der im Soll gebuchten Beträge der Summe der im Haben gebuchten Beträge entsprechen.

Beim **zusammengesetzten Buchungssatz** werden mehr als zwei Konten berührt.

3.6 Auflösung der Bilanz in Bestandskonten

Jeder Geschäftsvorfall ändert im Grunde die Bilanz. Nach jedem Geschäftsvorfall eine neue Bilanz zu erstellen, wäre allerdings ein zu aufwendiges Verfahren. Man löst daher die Bilanz in einzelne Konten auf.

Für jeden Bilanzposten wird ein Konto geführt. Da die Konten die Form eines „T" haben, werden sie T-Konten genannt.

Aus der Aktivseite der Bilanz werden die „aktiven Bestandskonten" (oder auch „Aktivkonten") abgeleitet, aus der Passivseite der Bilanz die „passiven Bestandskonten" (oder auch „Passivkonten").

Aus der Bilanz werden die Anfangsbestände auf die aktiven und passiven Bestandskonten vorgetragen.

Dabei trägt man die Anfangsbestände der **aktiven Bestandskonten** auf der **linken Kontoseite,** genannt **Soll-Seite (S)**, ein. Begründung: Die Anfangsbestände der aktiven Bestandskonten stehen in der Bilanz auch auf der linken Seite.

Entsprechend werden die Anfangsbestände der **passiven Bestandskonten** auf der **rechten Kontoseite,** genannt **Haben-Seite (H),** vorgetragen.

Zum Geschäftsjahresanfang wird aufgrund der Inventurwerte die Bilanz erstellt.

Die Inventurwerte sind zugleich die Anfangsbestände der aktiven und passiven Bestandskonten.

Aktiva	Bilanz	Passiva
Inventurwerte		Inventurwerte
= Anfangsbestände der aktiven Bestandskonten		= Anfangsbestände der passiven Bestandskonten

| Beschaffungs- und Absatzbereich | Personalwirtschaft | Finanzbereich |

Kapitel 3

BEISPIEL

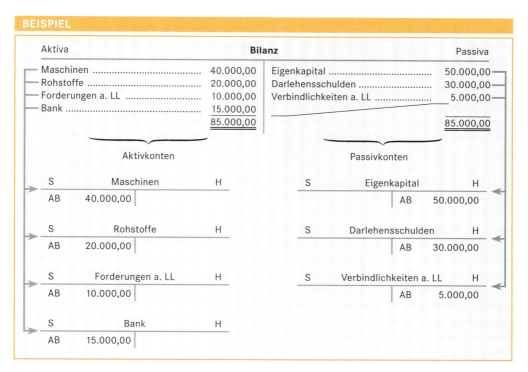

Die Geschäftsvorfälle, die während der Rechnungsperiode anfallen, mehren oder mindern die Anfangsbestände der aktiven und passiven Bestandskonten.

Bestandsmehrungen werden auf aktiven Bestandskonten im Soll, auf passiven Bestandskonten im Haben gebucht.

Soll	aktives Bestandskonto	Haben
Anfangsbestand (AB)		
+ Bestandsmehrung		

Soll	passives Bestandskonto	Haben
		Anfangsbestand (AB)
		+ Bestandsmehrung

BEISPIEL

Der Unternehmer kauft Rohstoffe auf Ziel ein, 3.000,00 €.

- Es ist eine Bestandsmehrung sowohl auf dem aktiven Bestandskonto „Rohstoffe" als auch auf dem passiven Bestandskonto „Verbindlichkeiten a. LL" zu buchen.

S	Rohstoffe		H
AB	40.000,00		
Verb. a. LL	3.000,00		

S	Verbindlichkeiten a. LL		H
		AB	5.000,00
		Rohstoffe	3.000,00

Vor die gebuchten Beträge werden die Gegenkonten eingetragen, um die Gegenbuchung kenntlich zu machen.

Bestandminderungen werden auf aktiven Bestandskonten im Haben, auf passiven Bestandskonten im Soll gebucht.

Soll	aktives Bestandskonto	Haben		Soll	passives Bestandskonto	Haben
Anfangsbestand + Bestandsmehrung		− Bestandsminderung		− Bestandsminderung		Anfangsbestand + Bestandsmehrung

BEISPIEL

Der Unternehmer tilgt eine Darlehensschuld durch Banküberweisung, 4.000,00 €.

- Es ist eine Bestandsminderung sowohl auf dem aktiven Bestandskonto „Bank" als auch auf dem passiven Bestandskonto „Darlehensschulden" zu buchen.

Der Buchungssatz lautet:
  Darlehensschulden 4.000,00 €
an Bank 4.000,00 €.

S	Bank	H		S	Darlehensschulden	H
AB	15.000,00	Darlehenssch. 4.000,00		Bank	4.000,00	AB 30.000,00

BEISPIEL

Geschäftsvorfall 1: Eine GmbH kauft Rohstoffe für 3.000,00 € ein. Davon zahlt sie bar 1.000,00 €, den Restbetrag überweist sie erst einen Monat später.

- Es sind drei Konten betroffen: Rohstoffe, Kasse und Verbindlichkeiten a. LL.

Der Buchungssatz lautet:
Rohstoffe 3.000,00 € **an** Kasse   1.000,00 €
                     an Verbindlichkeiten a. LL   2.000,00 €

Geschäftsvorfall 2: Die GmbH verkauft außerdem eine gebrauchte EDV-Anlage für 4.500,00 €. Sie vereinnahmt 500,00 € bar, den Restbetrag erhält sie drei Wochen später.

- Es sind drei Konten betroffen: Geschäftsausstattung, Kasse und Forderungen a. LL.

Der Buchungssatz lautet:
Kasse   500,00 €
Forderungen a. LL   4.000,00 €   **an** Geschäftsausstattung 4.500,00 €

Hauptbuch

S	Rohstoffe	H		S	Kasse	H
AB	12.000,00			AB	4.000,00	1. Rohstoffe 1.000,00
1. Ka./Verb.	3.000,00			2. G.-Ausst.	500,00	

S	Forderungen a. LL	H		S	Verbindlichkeiten a. LL	H
AB	8.000,00					AB 6.000,00
2. G.-Ausst.	4.000,00					1. Rohstoffe 2.000,00

S	Geschäftsausstattung	H
AB	20.000,00	2. Ka./Ford. 4.500,00

Am Geschäftsjahresende ergeben sich aus den Anfangsbeständen, den Bestandsmehrungen und den Bestandsminderungen die **Schlussbestände**.

Sie werden rechnerisch wie folgt ermittelt:

> **Anfangsbestand + Bestandsmehrungen − Bestandsminderungen = Schlussbestand**

Auf aktiven Bestandskonten werden die Schlussbestände im Haben, auf passiven Bestandskonten im Soll gebucht.

Soll	aktives Bestandskonto	Haben	Soll	passives Bestandskonto	Haben
Anfangsbestand + Bestandsmehrung		− Bestandsminderung = Schlussbestand	− Bestandsminderung = Schlussbestand		Anfangsbestand + Bestandsmehrung

BEISPIEL

S	Rohstoffe		H	S	Verbindlichkeiten a. LL		H
AB	20.000,00	−	5.000,00	−	6.000,00	AB	5.000,00
+	3.000,00	SB	22.000,00	SB	10.000,00	+	3.000,00
+	4.000,00					+	8.000,00
	27.000,00		27.000,00		16.000,00		16.000,00

Beim Kontoabschluss wird in folgender Reihenfolge vorgegangen:

❶ Die Kontoseite, auf der der Anfangsbestand und die Bestandsmehrungen gebucht sind, wird addiert.
❷ Die Kontensumme wird auf die andere Kontoseite übertragen.
❸ Der Schlussbestand wird als Differenz (= Saldo) auf der wertmäßig schwächeren Kontoseite ermittelt.
❹ Falls sich ein Leerraum auf einer Kontoseite ergibt, so wird er durch einen Schrägstrich, die sogenannte „Buchhalternase", entwertet.

BEISPIEL

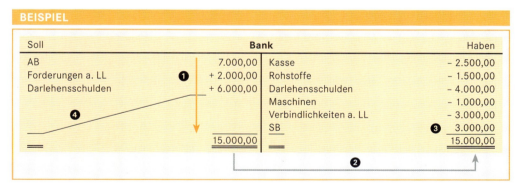

Mit den ermittelten Schlussbeständen wird am Geschäftsjahresende eine Bilanz erstellt. Diese Bilanz nennt man **Schlussbilanz.**

Beide Seiten der Bilanz müssen in der Summe identisch sein, da Vermögen (Aktiva) und Kapital (Passiva) gleich groß sind.

Aktiva	Schlussbilanz	Passiva
Schlussbestände der aktiven Bestandskonten		Schlussbestände der passiven Bestandskonten

Kapitel 3 — Teilgebiete des betrieblichen Rechnungswesens und deren Aufgaben | Einführung in die Systematik der Buchführung | Buchführung

BEISPIEL zur Schlussbilanz

S	Geschäftsausstattung		H
AB	12.000,00	SB	13.200,00
1.	1.200,00		
	13.200,00		13.200,00

S	Eigenkapital		H
SB	59.400,00	AB	59.400,00

S	Pkw		H
AB	20.000,00	2.	20.000,00
3.	25.000,00	SB	25.000,00
	45.000,00		45.000,00

S	Verbindlichkeiten KI¹		H
SB	5.000,00	AB	5.000,00

S	Rohstoffe		H
AB	15.000,00	SB	19.000,00
4.	4.000,00		
	19.000,00		19.000,00

S	Verbindlichkeiten a. LL		H
7.	5.000,00	AB	2.000,00
SB	26.000,00	3.	25.000,00
		4.	4.000,00
	31.000,00		31.000,00

S	Forderungen a. LL		H
AB	6.000,00	5.	6.000,00
2.	20.000,00	SB	20.000,00
	26.000,00		26.000,00

S	Bank		H
AB	10.000,00	1.	1.200,00
5.	6.000,00	7.	5.000,00
6.	3.000,00	SB	12.800,00
	19.000,00		19.000,00

S	Kasse		H
AB	3.400,00	6.	3.000,00
		SB	400,00
	3.400,00		3.400,00

Bilanz zum 31.12.01

Aktiva		Passiva	
I. Anlagevermögen		I. Eigenkapital	59.400,00 €
1. Pkw	25.000,00 €	II. Fremdkapital	
2. Geschäftsausstattung	13.200,00 €	1. Verbindlichkeiten KI	5.000,00 €
II. Umlaufvermögen		2. Verbindlichkeiten a. LL	26.000,00 €
1. Rohstoffe	19.000,00 €		
2. Forderungen a. LL	20.000,00 €		
3. Bank	12.800,00 €		
4. Kasse	400,00 €		
	90.400,00 €		90.400,00 €

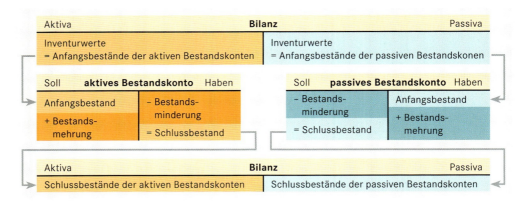

1 KI = Kreditinstitut

Kapitel 3

AUFGABEN

1. Geben Sie an, ob im Soll oder im Haben gebucht wird.
   1. Anfangsbestand auf aktiven Bestandskonten
   2. Bestandsmehrung auf passiven Bestandskonten
   3. Bestandsminderung auf aktiven Bestandskonten
   4. Anfangsbestand auf passiven Bestandskonten
   5. Bestandsmehrung auf aktiven Bestandskonten
   6. Schlussbestand auf aktiven Bestandskonten
   7. Bestandsminderung auf passiven Bestandskonten
   8. Schlussbestand auf passiven Bestandskonten

2. Der Unternehmer zahlt auf sein Bankkonto einen Betrag bar ein. Warum bucht das Kreditinstitut diesen Geschäftsvorfall im Haben des Bankkontos?

3. Führen Sie das Bankkonto (ohne Gegenkonten) anhand der Angaben unten.
   a) Tragen Sie den Anfangsbestand ein.
   b) Buchen Sie die unten stehenden Geschäftsvorfälle.
   c) Schließen Sie das Bankkonto ab und ermitteln Sie den Schlussbestand.

   Anfangsbestand
   Guthaben bei Banken .... 9.000,00 €

   Geschäftsvorfälle
   1. Aufnahme eines Darlehens bei der Bank .... 6.000,00 €
   2. Ausgleich einer Lieferantenrechnung durch Banküberweisung ... 3.000,00 €
   3. Kauf einer EDV-Anlage mit EC-Karte von der Bank .... 3.000,00 €
   4. Kunde überweist auf Bankkonto .... 2.000,00 €
   5. Tilgung einer Darlehensschuld durch Banküberweisung .... 4.000,00 €
   6. Bareinzahlung auf Bankkonto .... 1.500,00 €
   7. Barabhebung vom Bankkonto .... 2.500,00 €

4. Führen Sie das Verbindlichkeitenkonto (ohne Gegenkonten) anhand der Angaben unten.
   a) Tragen Sie den Anfangsbestand ein.
   b) Buchen Sie die unten stehenden Geschäftsvorfälle.
   c) Schließen Sie das Verbindlichkeitenkonto ab und ermitteln Sie den Schlussbestand.

   Anfangsbestand
   Verbindlichkeiten a. LL .... 8.000,00 €
   Geschäftsvorfälle
   1. Zieleinkauf von Betriebsstoffen .... 3.000,00 €
   2. Umwandlung einer Lieferantenschuld in eine Darlehensschuld ... 2.000,00 €
   3. Ausgleich einer Lieferantenrechnung durch Banküberweisung ... 1.000,00 €
   4. Zieleinkauf von Hilfsstoffen .... 1.500,00 €
   5. Postbanküberweisung an einen Lieferanten .... 2.500,00 €
   6. Zieleinkauf von Rohstoffen .... 3.500,00 €

5./6./7.
   Der Weg von der Eröffnung der Bestandskonten bis zum Abschluss der Bestandskonten vollzieht sich in folgenden Schritten:
   1. Erstellen der Bilanz aufgrund der Anfangsbestände (Inventurwerte).
   2. Übertragen der Anfangsbestände auf die Bestandskonten.
   3. Buchen der Geschäftsfälle.
   4. Abschluss der Bestandskonten mit Ermittlung der Schlussbestände.
   5. Erstellen der Bilanz aufgrund der Schlussbestände.

   Erstellen Sie die Aufgaben 5 bis 7 in diesen Ablaufschritten.

5. Anfangsbestände in €

Maschinen	115.000,00	Eigenkapital	?
Rohstoffe	92.000,00	Darlehensschulden	96.000,00
Forderungen a. LL	30.000,00	Verbindlichkeiten a. LL	78.000,00
Guthaben bei Banken	67.000,00		

Geschäftsvorfälle

1. Zieleinkauf von Rohstoffen ... 12.000,00 €
2. Kauf einer Maschine mit EC-Karte der Bank ... 21.000,00 €
3. Umwandlung einer Lieferantenschuld in eine Darlehensschuld ... 32.500,00 €
4. Kunde begleicht Rechnung durch Banküberweisung ... 23.000,00 €
5. Ausgleich einer Lieferantenrechnung durch Banküberweisung ... 11.500,00 €

6. Anfangsbestände in €

Maschinen	120.000,00	Guthaben bei Banken	55.000,00
Rohstoffe	90.000,00	Eigenkapital	?
Forderungen a. LL	72.000,00	Darlehensschulden	110.000,00
Kasse	12.000,00	Verbindlichkeiten a. LL	79.000,00

Geschäftsvorfälle

1. Kauf einer Maschine gegen Bankscheck ... 21.500,00 €
2. Zieleinkauf von Rohstoffen ... 12.000,00 €
3. Barverkauf einer gebrauchten Maschine ... 4.500,00 €
4. Umwandlung einer Lieferantenschuld in eine Darlehensschuld ... 11.000,00 €
5. Bareinzahlung auf Bankkonto ... 2.500,00 €
6. Tilgung einer Darlehensschuld durch Banküberweisung ... 2.000,00 €
7. Kunde überweist auf das Bankkonto ... 13.000,00 €
8. Ausgleich einer Lieferantenrechnung durch Banküberweisung ... 22.500,00 €

7. Anfangsbestände in €

Bebaute Grundstücke	195.000,00	Guthaben bei Banken	38.000,00
Maschinen	125.000,00	Eigenkapital	?
Rohstoffe	75.000,00	Hypothekenschulden	150.000,00
Forderungen a. LL	90.000,00	Darlehensschulden	115.000,00
Kasse	15.000,00	Verbindlichkeiten a. LL	72.000,00
Postbank	27.000,00		

Geschäftsvorfälle

1. Überweisung vom Postbankkonto auf das Bankkonto ... 12.000,00
2. Barabhebung vom Bankkonto ... 1.500,00
3. Teilrückzahlung der Hypothekenschuld durch Banküberweisung ... 2.500,00
4. Kauf einer Maschine gegen Bankscheck ... 9.500,00
5. Kunde begleicht Rechnung durch Postbanküberweisung ... 23.000,00
6. Zieleinkauf von Rohstoffen ... 8.500,00
7. Ausgleich einer Lieferantenrechnung durch Banküberweisung ... 7.000,00
8. Aufnahme eines Darlehens bei der Bank ... 15.000,00
9. Umwandlung einer Darlehensschuld in eine Hypothekenschuld ... 24.000,00
10. Kunde überweist auf unser Postbankkonto ... 9.500,00

8./9.

a) Welche Geschäftsvorfälle liegen den Buchungen in den unten stehenden Konten zugrunde?
b) Geben Sie zu jeder Buchung an, welche Möglichkeit der Bilanzveränderung vorliegt.

zu 8.

S		Postbank		H
AB	10.000,00	2. Guthaben bei KI (Bank)		4.000,00
1. Kasse	2.000,00	3. Darlehensschulden		5.000,00
4. Forderungen a. LL	8.000,00	6. Geschäftsausstattung		1.500,00
5. Maschinen	1.000,00	7. Rohstoffe		2.500,00
8. Geschäftsausstattung	500,00	SB		8.500,00
	21.500,00			21.500,00

zu 9.

S		Darlehensschulden		H
2. Postbank	3.000,00	AB		12.000,00
4. Guthaben bei Banken	4.500,00	1. Guthaben bei KI (Bank)		5.000,00
SB	11.500,00	3. Verbindlichkeiten a. LL		2.500,00
	19.000,00			19.000,00

10. a) Geben Sie die Konten an, die durch den einzelnen Geschäftsvorfall angesprochen werden, und
  b) ob es sich um ein aktives oder passives Bestandskonto handelt.
  c) Geben Sie die Höhe der Bestandsveränderung und
  d) den Buchungssatz an.

1. Barverkauf eines gebrauchten Pkw .... 5.000,00 €
2. Zieleinkauf von Rohstoffen .... 3.500,00 €
3. Bareinzahlung auf Bankkonto .... 2.100,00 €
4. Barverkauf eines gebrauchten PC .... 300,00 €
5. Tilgung einer Darlehensschuld durch Banküberweisung .... 4.800,00 €
6. Der Unternehmer begleicht Lieferantenrechnung durch Banküberweisung .... 1.400,00 €
7. Kunde begleicht Rechnung durch Postbanküberweisung .... 3.900,00 €
8. Postbanküberweisung auf Bankkonto .... 3.800,00 €
9. Aufnahme eines Darlehens bei der Bank .... 6.300,00 €
10. Umwandlung einer Lieferantenschuld in eine Darlehensschuld .... 2.500,00 €
11. Kauf eines Autos gegen Bankscheck .... 18.000,00 €
12. Barabhebung vom Bankkonto .... 1.000,00 €
13. Zieleinkauf von Hilfsstoffen .... 500,00 €
14. Aufnahme einer Hypothek bei der Bank .... 30.000,00 €
15. Barzahlung an einen Lieferanten .... 1.200,00 €
16. Kunde begleicht Rechnung bar .... 800,00 €
17. Tilgung einer Hypothekenschuld durch Postbanküberweisung .... 2.000,00 €
18. Kauf eines Kopiergerätes mit EC-Karte der Bank .... 1.500,00 €

11. Welche Geschäftsvorfälle liegen den folgenden Buchungssätzen zugrunde?

1. Rohstoffe **an** Verbindlichkeiten a. LL
2. Forderungen a. LL **an** Maschinen
3. Fuhrpark **an** Bank
4. Bank **an** Kasse
5. Darlehensschulden **an** Bank
6. Verbindlichkeiten a. LL **an** Postbank
7. Bank **an** Geschäftsausstattung
8. Verbindlichkeiten a. LL **an** Darlehensschulden
9. Kasse **an** Postbank
10. Bank **an** Darlehensschulden
11. Bank **an** Postbank
12. Postbank **an** Forderungen a. LL
13. Betriebsstoffe **an** Kasse
14. Geschäftsausstattung **an** Kasse
15. Bank **an** Maschinen
16. Bank **an** Hypothekenschulden

12. Ihr Mandant, die Textilfabrik Konrad Fied KG, Goseriede 41, 30159 Hannover, legt Ihnen mit der Buchführung folgende Belege vor:
    a) Nennen Sie die zugrunde liegenden Geschäftsvorfälle.
    b) Nennen Sie die Buchungssätze.

Beleg 1

Konto-Nummer: 12 345 BLZ 251 901 01 Lindener Volksbank eG
IBAN: DE81 2519 0101 0000 0123 45 BIC: GENODEF1HLI

Beleg	Buch.-Datum	Text	Wert	Betrag
99 902	05.04.20..	SÖFFGEN OHG, R.-NR. 487, KD.-NR. 10 001, R.-DATUM 27.03.20..	03.04.20..	43.400,00 +
99 541	05.04.20..	SB-ÜBERWEISUNG, B. MÜLLER OHG, R.-NR. 256, R.-DATUM 14.03.20..	05.04.20..	58.950,00 –
99 272	05.04.20..	BAREINZAHLUNG, FILIALE LINDENER MARKT	05.04.20..	5.000,00 +

TEXTILFABRIK
KONRAD FIED KG
GOSERIEDE 41
30159 HANNOVER

Konto-Auszug: 07.04.20.. Nummer 27 Blatt 1

EUR 60.000,00 + Alter Kontostand
EUR 49.450,00 + Neuer Kontostand

Beleg 2

EMUT GmbH • Frottierweberei

EMUT GmbH • Postfach 3 46/3 47 • 34369 Hofgeismar

Textilfabrik
Konrad Fied KG
Goseriede 41
30159 Hannover

EINGEGANGEN
22. Jan. 20..
Erl. ....

Telefax 05671 303-2268
E-Mail biedenstein@emut-wvd.de

Ihr Zeichen, Ihre Nachricht vom
tel. 10.01.20..

Unser Zeichen, unsere Nachricht vom
bi-he

Telefon, Name
05671 303-65 Herr Helms

Datum
20.01.20..

Doppelzahlung, Rechnung Nr. 947

Sehr geehrte Damen und Herren,

Ihre Frau Kibat teilte uns am 10.01.20.. telefonisch mit, dass Sie unsere Rechnung Nr. 947 doppelt bezahlt haben.

Unsere Überprüfung hat dies bestätigt.

Den Betrag von 8.786,00 € haben wir deshalb auf Ihr Konto bei der Lindener Volksbank zurücküberwiesen.

Bitte buchen Sie entsprechend.

Mit freundlichen Grüßen

EMUT GmbH

i. V.

Biedenstein

13. Buchen Sie die folgenden Geschäftsvorfälle (in €):

    1. Kunde begleicht Rechnung durch
       Banküberweisung 2.000,00
       Postbanküberweisung 3.000,00   5.000,00

    2. Kauf eines gebrauchten Autos
       bar 1.500,00
       gegen Bankscheck 10.000,00   11.500,00

3. Einkauf von Betriebsstoffen
   bar 1.000,00
   auf Ziel 3.000,00   4.000,00

4. Tilgung einer Darlehensschuld durch
   Banküberweisung 2.500,00
   Postbanküberweisung 1.500,00   4.000,00

5. Verkauf eines gebrauchten Autos
   bar 1.000,00
   gegen Bankscheck 7.000,00   8.000,00

6. Einkauf von Rohstoffen
   bar   500,00
   gegen Bankscheck 2.000,00
   auf Ziel 3.500,00   6.000,00

7. Der Unternehmer begleicht eine Lieferantenrechnung
   bar 1.000,00
   durch Postbanküberweisung 2.000,00
   durch Banküberweisung 3.000,00   6.000,00

8. Verkauf eines gebrauchten PC
   bar   200,00
   gegen Bankscheck   300,00   500,00

9. Kauf eines Grundstücks
   bar 2.000,00
   gegen Bankscheck 150.000,00   152.000,00

10. Tilgung einer Hypothekenschuld
    durch Banküberweisung 3.000,00
    bar 1.000,00
    durch Postbanküberweisung 6.000,00   10.000,00

11. Kauf eines Kopiergerätes
    bar   500,00
    mit EC-Karte für das Postbankkonto 1.000,00   1.500,00

14. Nennen Sie
   a) die Buchungssätze und
   b) die Geschäftsvorfälle, die den Buchungen 1. – 5. zugrunde liegen.

S	Rohstoffe	H
AB	10.000,00	
1. Ka./Verb.	5.000,00	

S	Geschäftsausstattung	H
AB	30.000,00	4. Kl/Ford. 1.000,00
3. Ka./Postb.	2.000,00	

S	Forderungen a. LL	H
AB	9.000,00	2. Bank/Postb. 4.000,00
4. G.-Ausst.	600,00	

S	Verbindlichkeiten a. LL	H
5. Bank/Postb.	5.000,00	AB 11.000,00
		1. Rohst. 4.000,00

S	Kasse	H
AB	5.000,00	1. Rohst. 1.000,00
		3. G.-Ausst. 500,00

S	Postbank	H
AB	5.000,00	3. G.-Ausst. 1.500,00
2. Ford. a. LL	2.500,00	5. Verb. a. LL 1.500,00

S	Bank	H
AB	8.000,00	5. Verb. a. LL 3.500,00
2. Ford. a. LL	1.500,00	
4. G.-Ausst.	400,00	

15. Ihr Mandant, die Textilfabrik Konrad Fied KG, Goseriede 41., 30159 Hannover, reicht u. a. folgenden Beleg ein:
a) Welcher Geschäftsvorfall liegt dem Beleg zugrunde?
b) Wie lautet der Buchungssatz?

KARL-HEINZ MORE e. Kfm.

Großküchen- und Kantineneneinrichtungen, Krankenhausapparate, Milchküchen, Geschirrspülmaschinen, Kaffeemaschinen, Kartoffelschälmaschinen

Karl-Heinz More e. Kfm. • Postfach 4 06 • 30175 Hannover

VERKAUFSBÜRO
PLANUNG
KUNDENDIENST

Textilfabrik
Konrad Fied KG
Goseriede 41
30159 Hannover

Telefax 0511 4066- 18
E-Mail hinz@more-wvd.de

Ihre Bestellung vom	Unser Zeichen	Lieferdatum	Telefon, Name 0511 4066-	Datum
12.08.20..	Hi/Re	17.09.20..	14 Hinz	19.09.20..

Rechnung Nr. 4 761

Wir lieferten Ihnen auf eigene Rechnung und Gefahr:

Bezeichnung	Preis je Einheit/€	Betrag/€
Für Ihre Kantine lieferten wir Ihnen:		
1 Fritteuse KS 317	1.740,00	1.740,00
1 Kartoffelschälmaschine PM 902	2.100,00	2.100,00
		3.840,00

Betrag dankend erhalten.
bar 2.000,00 €,
Bankscheck 1.840,00 €

Hannover, 21.09.20.. *Hinz*

Erfüllungsort und Gerichtsstand für beide Teile: Hannover

EINGEGANGEN
21. Sept. 20..
Erl. ....

Geschäftsräume: Seelhorststraße 6
Telefon: 0511 4066-0
Internet: www.more-wvd.de

Banken:
Deutsche Bank Hannover, Kto.-Nr. 69 731, BLZ 250 700 70
IBAN DE25 2507 0070 0000 0697 31, BIC DEUTDEDBHAN
Postbank Hannover, Kto.-Nr. 739 04-300, BLZ 250 100 30
IBAN DE97 2501 0030 0073 9043 00, BIC PBNKDEFF

USt-IdNr. DE 114 246 158

3.7 Eröffnungsbilanzkonto und Schlussbilanzkonto

Für die doppelte Buchführung gilt der Grundsatz, dass jeder Soll-Buchung eine Haben-Buchung in gleicher Höhe gegenübersteht (Doppik). Dieser Grundsatz wurde bisher bei den Kontoeröffnungen nicht eingehalten: Die Anfangsbestände wurden auf der Seite auf den Konten gebucht, auf der sie auch in der Bilanz stehen. Es fehlte die Gegenbuchung.

Um den oben beschriebenen Grundsatz der doppelten Buchführung auch bei den Eröffnungsbuchungen zu wahren, wird ein **Hilfskonto**, das sogenannte **Eröffnungsbilanzkonto** (EBK), eingerichtet. Auch das Eröffnungsbilanzkonto ist mit Soll und Haben überschrieben.

Das Eröffnungsbilanzkonto nimmt die **Aktivposten** der Bilanz **im Haben** und die **Passivposten** der Bilanz **im Soll** auf. Somit ist das Eröffnungsbilanzkonto das **Spiegelbild** der Bilanz.

Aktiva	Bilanz	Passiva
Aktivposten		Passivposten

Soll	Eröffnungsbilanzkonto	Haben
Passivposten		Aktivposten

Mit den folgenden Eröffnungsbuchungen werden die Anfangsbestände auf die aktiven und passiven Bestandskonten vorgetragen.

1. **Eröffnungsbuchungen für aktive Bestandskonten**

    Aktive Bestandskonten (Soll)
    an Eröffnungsbilanzkonto (Haben)

2. **Eröffnungsbuchungen für passive Bestandskonten**

    Eröffnungsbilanzkonto (Soll)
    an passive Bestandskonten (Haben)

BEISPIEL zum Eröffnungsbilanzkonto

Aktiva	Bilanz zum 31.12.01		Passiva
I. Anlagevermögen		I. Eigenkapital	202.000,00 €
1. Unbebautes Grundstück	60.000,00 €	II. Fremdkapital	
2. Pkw	25.000,00 €	1. Verbindlichkeiten KI	40.000,00 €
3. Geschäftsausstattung	20.000,00 €	2. Verbindlichkeiten a. LL	25.000,00 €
II. Umlaufvermögen		3. sonstige Verbindlichkeiten	4.000,00 €
1. Waren	36.000,00 €		
2. Forderungen a. LL	30.000,00 €		
3. Bank	100.000,00 €		
	271.000,00 €		271.000,00 €

Auf Grundlage dieser Bilanz ergibt sich folgendes Eröffnungsbilanzkonto (Gegenkonten sind die einzelnen Bestandskonten):

Soll	Eröffnungsbilanzkonto		Haben
Eigenkapital	202.000,00 €	Unbebautes Grundstück	60.000,00 €
Verbindlichkeiten KI	40.000,00 €	Pkw	25.000,00 €
Verbindlichkeiten a. LL	25.000,00 €	Geschäftsausstattung................	20.000,00 €
Sonstige Verbindlichkeiten	4.000,00 €	Waren	36.000,00 €
		Forderungen a. LL	30.000,00 €
		Bank	100.000,00 €
	271.000,00 €		271.000,00 €

Am Ende des Geschäftsjahres werden die Schlussbestände der aktiven und passiven Bestandskonten ermittelt. Auch für die Schlussbestände werden Gegenbuchungen vorgenommen, und zwar über das sogenannte **Schlussbilanzkonto** (SBK).
Die Abschlussbuchungen für die aktiven und passiven Bestandskonten lauten:

Kapitel 3

| Teilgebiete des betrieblichen Rechnungswesens und deren Aufgaben | Einführung in die Systematik der Buchführung | **Buchführung** |

1. Abschlussbuchungen für aktive Bestandskonten

Schlussbilanzkonto (Soll)
an aktive Bestandskonten (Haben)

2. Abschlussbuchungen für passive Bestandskonten

Passive Bestandskonten (Soll)
an Schlussbilanzkonto (Haben)

BEISPIEL zum Schlussbilanzkonto

Ausgehend vom „Beispiel zur Schlussbilanz" auf Seite 42 ergibt sich folgende Darstellung:

S	Geschäftsausstattung		H		S	Eigenkapital		H
AB	12.000,00	SB	13.200,00		SB	59.400,00	AB	59.400,00
1.	1.200,00							
	13.200,00		13.200,00					

S	Pkw		H		S	Verbindlichkeiten KI		H
AB	20.000,00	2.	20.000,00		SB	5.000,00	AB	5.000,00
3.	25.000,00	SB	25.000,00					
	45.000,00		45.000,00					

S	Rohstoffe		H		S	Verbindlichkeiten a. LL		H
AB	15.000,00	SB	19.000,00		7.	5.000,00	AB	2.000,00
4.	4.000,00				SB	26.000,00	3.	25.000,00
	19.000,00		19.000,00				4.	4.000,00
						31.000,00		31.000,00

S	Forderungen a. LL		H
AB	6.000,00	5.	6.000,00
2.	20.000,00	SB	20.000,00
	26.000,00		26.000,00

S	Bank		H		S	Kasse		H
AB	10.000,00	1.	1.200,00		AB	3.400,00	6.	3.000,00
5.	6.000,00	7.	5.000,00				SB	400,00
6.	3.000,00	SB	12.800,00			3.400,00		3.400,00
	19.000,00		19.000,00					

Soll	Schlussbilanzkonto		Haben
Geschäftsausstattung	13.200,00 €	Eigenkapital	59.400,00 €
Pkw	25.000,00 €	Verbindlichkeiten KI	5.000,00 €
Rohstoffe	19.000,00 €	Verbindlichkeiten a. LL	26.000,00 €
Forderungen a. LL	20.000,00 €		
Bank	12.800,00 €		
Kasse	400,00 €		
	90.400,00 €		90.400,00 €

Aktiva	Bilanz zum 31.12.01		Passiva
I. Anlagenvermögen		I. Eigenkapital	59.400,00 €
1. Pkw	25.000,00 €	II. Fremdkapital	
2. Geschäftsausstattung	13.200,00 €	1. Verbindlichkeiten KI	5.000,00 €
II. Umlaufvermögen		2. Verbindlichkeiten a. LL	26.000,00 €
1. Rohstoffe	19.000,00 €		
2. Forderungen a. LL	20.000,00 €		
3. Bank	12.800,00 €		
4. Kasse	400,00 €		
	90.400,00 €		90.400,00 €

Die durch die **Inventur** ermittelten Bestände werden im Inventar und in der **Bilanz** dokumentiert. Diese tatsächlichen Bestände (Ist-Bestände) sollten mit den Buchbeständen (Soll-Beständen) der aktiven und passiven Bestandskonten übereinstimmen.

Liegen Abweichungen vor, werden die Buchbestände den tatsächlichen Beständen buchhalterisch angepasst.

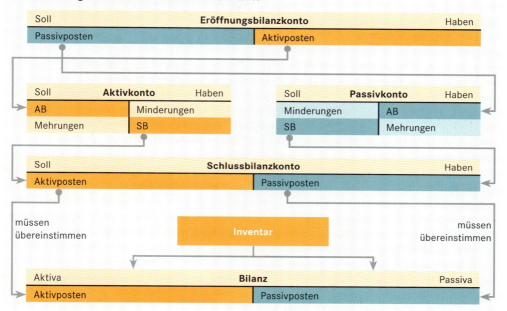

AUFGABEN

1. Vergleichen Sie a) Eröffnungsbilanzkonto und Bilanz, b) Schlussbilanzkonto und Bilanz.
2. Erklären Sie, inwiefern das Eröffnungsbilanzkonto bei den Eröffnungsbuchungen das Prinzip der Doppik wahrt.

3./4.
Gehen Sie bei den Geschäftsgängen der Aufgaben 3 und 4 in folgenden Schritten vor:
  1. Erstellen Sie die Bilanz.
  2. Erstellen Sie das Eröffnungsbilanzkonto und nehmen Sie die Eröffnungsbuchungen vor.
  3. Buchen Sie die Geschäftsfälle.
  4. Schließen Sie die Konten ab und nehmen Sie die Abschlussbuchungen über das Schlussbilanzkonto vor.
  5. Erstellen Sie die Bilanz. (Annahme: Die Buchwerte stimmen mit den Ist-Werten der Inventur überein.)

Kapitel 3 — Teilgebiete des betrieblichen Rechnungswesens und deren Aufgaben — Einführung in die Systematik der Buchführung — Buchführung

3. Anfangsbestände laut Inventur:

Maschinen	90.000,00 €
Rohstoffe	95.000,00 €
Forderungen a. LL	30.000,00 €
Kasse	5.600,00 €
Bank	45.000,00 €
Eigenkapital	?
Langfristige Bankverbindlichkeiten	11.000,00 €
Verbindlichkeiten a. LL	42.000,00 €

Geschäftsvorfälle (in €):	a)	b)
1. Barabhebung vom Bankkonto	5.000,00	7.000,00
2. Zieleinkauf von Rohstoffen	6.000,00	8.000,00
3. Kunde begleicht Rechnung per Banküberweisung	3.000,00	5.000,00
4. Barverkauf einer gebrauchten Fertigungsmaschine	2.500,00	2.400,00
5. Bareinzahlung auf Bankkonto	1.000,00	1.500,00
6. Der Unternehmer zahlt an Lieferanten per Banküberweisung	5.000,00	7.000,00
7. Aufnahme eines Darlehens, Bankgutschrift	7.000,00	8.000,00
Barauszahlung	3.000,00	4.000,00

4. Die Anfangsbestände laut Inventur betragen in €:

Maschinen	120.000,00
Geschäftsausstattung	85.000,00
Rohstoffe	110.000,00
Forderungen a. LL	19.000,00
Kasse	10.000,00
Bank	25.000,00
Eigenkapital	?
Langfristige Bankverbindlichkeiten	160.000,00
Verbindlichkeiten a. LL	78.000,00

Geschäftsvorfälle (in €):	a)	b)
1. Rohstoffeinkauf, auf Ziel	2.500,00	3.500,00
bar	500,00	800,00
gegen Bankscheck	2.000,00	1.500,00
2. Darlehenstilgung durch Banküberweisung	5.000,00	7.000,00
3. Kauf eines PC, bar	800,00	900,00
mit EC-Karte der Bank	1.000,00	700,00
4. Verkauf einer gebrauchten Fertigungsmaschine		
auf Ziel	1.800,00	1.500,00
bar	900,00	800,00
gegen Bankscheck	1.200,00	1.300,00
5. Umwandlung einer Lieferantenverbindlichkeit in eine Darlehensschuld	3.000,00	2.500,00
6. Kunde begleicht Rechnung per Banküberweisung	1.800,00	2.100,00
7. Der Unternehmer begleicht Lieferantenrechnung		
bar	900,00	1.200,00
per Banküberweisung	2.000,00	2.400,00

3.8 Buchführungsbücher

Der Begriff „Buchführungsbücher" stammt aus einer Zeit, in der der Kaufmann seine Geschäfte handschriftlich in gebundenen Büchern aufzeichnete. Die Buchform verwendet man heute hierfür meistens nicht mehr. Die Bezeichnung „Buchführungsbücher" soll dennoch beibehalten werden, weil damit eine lange Tradition verknüpft ist.

Heute sind die Inhalte der traditionellen Buchführungsbücher i. d. R. auf elektronischen Datenträgern gespeichert.

Bei der Speicherung auf Datenträgern muss sichergestellt sein, dass die Daten während der Dauer der Aufbewahrungsfrist verfügbar sind und jederzeit innerhalb angemessener Frist lesbar gemacht werden können, § 239 Abs. 4 HGB; § 146 Abs. 5 AO.

Man unterscheidet zwei Gruppen von Buchführungsbüchern:

- die Systembücher und
- die Nebenbücher.

Die **Systembücher** sind unverzichtbarer Bestandteil des Systems der doppelten Buchführung. Zu ihnen gehören:

1. das Inventar- und Bilanzbuch,
2. das Grundbuch und
3. das Hauptbuch.

Die **Nebenbücher** sind für die grundlegende Buchführungstechnik nicht erforderlich. Sie werden zusätzlich neben der eigentlichen Buchführung geführt und dienen der laufenden Kontrolle wichtiger Werte und der tiefergehenden Erklärung einzelner Hauptbuchkonten.

Zu den Nebenbüchern zählen:

1. das Kontokorrent- oder Geschäftsfreundebuch,
2. das Lagerbuch,
3. das Wechselbuch,
4. das Lohn- und Gehaltsbuch,
5. das Anlagenbuch und
6. das Kassenbuch.

3.8.1 Systembücher

3.8.1.1 Inventar- und Bilanzbuch

Aus den ermittelten Werten der Inventur wird das Inventarverzeichnis erstellt, das wiederum zur Bilanz zusammengefasst wird.

Im Inventar- und Bilanzbuch werden alle Inventare und Bilanzen eines Unternehmens aufbewahrt.

3.8.1.2 Grundbuch

Im Grundbuch werden die Buchungssätze aller Geschäftsvorfälle in zeitlicher Reihenfolge festgehalten.

Das Grundbuch wird auch **Journal,** Memorial und **Primanota** genannt. Es ist die Grundlage der gesamten Buchführung.

Muster eines Grundbuches

Beispiel

Tag	Beleg	Buchungstext	Beträge		Kontierung	
			S	H	S	H
12.05	AR[1] 13	Zielverkauf an	.	.	.	.
.	.	T. Hempe e. Kffr., München,	.	.	.	.
.	.	Rechnungsbetrag	5.950,00	.	2400	.
.	.	Nettowert	.	5.000,00	.	5000
.	.	Umsatzsteuer	.	950,00	.	4800
13.05	ER[2] 11	...				

3.8.1.3 Hauptbuch

Die Veränderung der einzelnen Konten wird aus den in zeitlicher Reihenfolge vorgenommenen Buchungen im Grundbuch nicht ersichtlich. Hierzu dient das Hauptbuch.

Im Hauptbuch werden alle im Grundbuch vorgenommenen Buchungen nach ihrem sachlichen Zusammenhang auf den sogenannten Sachkonten erfasst. Auf jedem einzelnen Sachkonto des Hauptbuches wird ein bestimmter Bestand oder ein bestimmter Erfolg verrechnet.

Beispiel

Grundbuch

Tag	Beleg	Buchungstext	Beträge		Kontierung	
			S	H	S	H

Hauptbuch

S	EBK	H

S	...	H	S	...	H	S	...	H

S	...	H	S	...	H	S	...	H

S	SBK	H

3.8.2 Nebenbücher

3.8.2.1 Kontokorrentbuch

Die beiden Sachkonten 1400/1200[3] Forderungen a. LL und 1600/3300 Verbindlichkeiten a. LL werden im Kontokorrentbuch in Personenkonten aufgeschlüsselt. Für jeden Kunden und für jeden Lieferanten wird im Kontokorrentbuch ein spezielles Personenkonto geführt.

---

1 AR = Ausgangsrechnung
2 ER = Eingangsrechnung
3 Im gesamten Lehrbuch sind immer zwei Kontennummern angegeben. Die erste Nummer bezieht sich auf den DATEV-Kontenplan SKR 03 (Prozessgliederungsprinzip), die zweite auf SKR 04 (Abschlussgliederungsprinzip). Diese beiden Kontenpläne befinden sich im Anhang des Lehrbuches.

| Beschaffungs- und Absatzbereich | Personalwirtschaft | Finanzbereich |

Kapitel 3

Die Kundenkonten werden auch **Debitorenkonten,** die Lieferantenkonten hingegen werden **Kreditorenkonten** genannt.

BEISPIEL

Kundenkonto (Debitorenkonto)

Kunde: Söffgen OHG, Kd.-Nr. 10 001

Datum	Beleg	Buchungstext	S	H	Saldo
1. Febr.		Saldovortrag	2.000,00		2.000,00
8. Febr.	AR 78	Zielverkauf	3.500,00		5.500,00
17. Febr.	AR 82	Zielverkauf	1.800,00		7.300,00
18. Febr.	BA 28	Banküberweisung		7.000,00	300,00
21. Febr.	AR 91	Zielverkauf	4.300,00		4.600,00
28. Febr.	BA 31	Banküberweisung		4.500,00	100,00

Lieferantenkonto (Kreditorenkonto)

Lieferant: Bernhard Müller OHG, L.-Nr. 70 001

Datum	Beleg	Buchungstext	S	H	Saldo
3. Febr.		Saldovortrag		7.300,00	7.300,00
5. Febr.	ER 48	Zieleinkauf		3.200,00	10.500,00
16. Febr.	ER 52	Zieleinkauf		5.000,00	15.500,00
18. Febr.	BA 28	Banküberweisung	15.000,00		500,00
19. Febr.	ER 55	Zieleinkauf		3.800,00	4.300,00
28. Febr.	BA 31	Banküberweisung	4.000,00		300,00

Die Salden der Debitoren- und Kreditorenkonten geben den jeweiligen Stand an Forderungen bzw. an Verbindlichkeiten gegenüber einzelnen Kunden bzw. einzelnen Lieferanten an. Beim meist monatlichen Abschluss der Personenkonten werden die Salden der Debitoren- und Kreditorenkonten in **Saldenlisten** übertragen.

BEISPIEL

Debitorensaldenliste zum 28. Febr. 20..

Konto-Nr.[1]	Kunden	Salden
10 001	Söffgen OHG	100,00
10 002	Gertrud Schön e. Kffr.	22.000,00
10 003	Hampe KG	11.000,00
	Saldensumme	**33.100,00**

Kreditorensaldenliste zum 28. Febr. 20..

Konto-Nr.[2]	Lieferanten	Salden
70 001	Bernhard Müller OHG	300,00
70 002	Emut GmbH	14.000,00
70 003	Winter GmbH	3.000,00
	Saldensumme	**17.300,00**

---

1 In der Praxis werden die Kundennummern meistens im Bereich der Zahlen 10 000 bis 69 999 vergeben.
2 Die Lieferantennummern werden meistens im Bereich der Zahlen 70 000 bis 99 999 vergeben.

3.8.2.2 Lagerbuch

Im Lagerbuch wird für jeden Artikel (Erzeugnis, Handelsware, Rohstoffe u. a.) ein eigenes Konto geführt, auf dem die Bestandsmehrungen und die Bestandsminderungen (meistens nur) mengenmäßig erfasst werden.

Auf diese Weise ist der Lagerbestand eines jeden Artikels jederzeit – ohne zeitraubende körperliche Bestandsaufnahme – feststellbar (permanente Inventur).

Mindestens einmal im Jahr werden die Salden der Konten (Soll-Bestände) anhand der Inventurergebnisse (Ist-Bestände) kontrolliert. Durch falsche Buchung, Verderb, Schwund und Diebstahl können Abweichungen auftreten. Falls das der Fall ist, so sind die Ursachen zu erforschen. Die Konten sind entsprechend den Ist-Beständen zu korrigieren.

3.8.2.3 Lohn- und Gehaltsbuch

Für jeden Arbeitnehmer wird ein Lohn- oder Gehaltskonto mit Angabe

- der Steuerklasse,
- des Bruttoverdienstes,
- der Steuerabzüge,
- der Sozialversicherungsabgaben und
- des Auszahlungsbetrags geführt.

3.8.2.4 Anlagenbuch

Im Anlagenbuch werden die Bestände der einzelnen Anlagegüter fortgeschrieben (Anlagenverzeichnis, Anlagengitter).

3.8.2.5 Kassenbuch

Das Kassenbuch erfasst alle baren Zahlungsvorgänge und weist den täglichen aktuellen Kassenbestand aus.

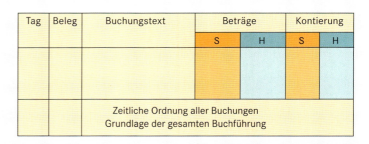
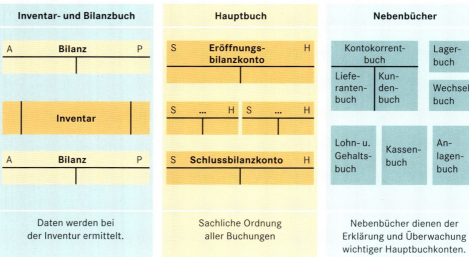

| Beschaffungs- und Absatzbereich | Personalwirtschaft | Finanzbereich |

Kapitel 3

AUFGABE

Ordnen Sie die unter A stehenden Aussagen den unter B stehenden Buchführungsbüchern zu. Es ergeben sich jeweils zwei Zuordnungen zu den Buchführungsbüchern.

A Aussagen

1. Überwachung wichtiger Sachkonten
2. Verrechnung aller Bestände und Erfolge
3. Dokumentation der Inventurergebnisse
4. Grundlage der doppelten Buchführung
5. Buchung erfolgt nach sachlicher Ordnung
6. Aufzeichnung der Geschäftsvorfälle in zeitlicher Reihenfolge
7. Erklärung wichtiger Sachkonten
8. Aufbewahrung der Inventare und Bilanzen

B Buchführungsbücher

1. Bilanz- und Inventarbuch
2. Bilanz- und Inventarbuch
3. Hauptbuch
4. Hauptbuch
5. Nebenbücher
6. Nebenbücher
7. Grundbuch
8. Grundbuch

3.9 Belegorganisation

Die Grundlage jeder ordnungsmäßigen Buchführung bildet der Beleg. Die Buchführungsrichtlinien verlangen, dass keine Buchung ohne Beleg erfasst werden darf.

Für den erfassten Geschäftsvorfall ist der Beleg einerseits Buchungsvorlage und andererseits Beweismittel.

3.9.1 Belegarten

Die Belege werden nach **ihrer Entstehung** in **natürliche** und in **künstliche** Belege sowie nach der **Anzahl der in ihnen erfassten Ge-** **schäftsvorfälle** in **Einzelbelege** und in **Sammelbelege** untergliedert.

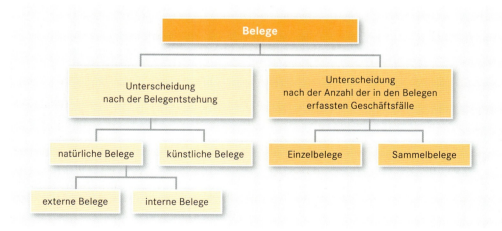

Natürliche Belege entstehen durch außer- und innerbetriebliche Geschäftsvorgänge. Sie werden unterteilt in externe und interne Belege.

- **Externe Belege** fallen im Geschäftsverkehr mit Außenstehenden an, wie z. B. mit Kunden, Lieferanten, Versicherungen, Banken, Post, Finanzamt.

BEISPIELE

Eingangsrechnungen von Lieferanten, Ausgangsrechnungen an Kunden, Bank- und Postbankauszüge, Überweisungsträger, Frachtbriefe

- **Interne Belege** resultieren aus innerbetrieblichen Vorgängen.

BEISPIELE

Gehalts- und Lohnlisten, Quittungen über Privatentnahmen, Reisekostenabrechnungen

Künstliche Belege werden speziell für die Buchführung erstellt.

BEISPIELE

Anweisungen für Umbuchungen und für Abschlussbuchungen, Anweisungen für Stornobuchungen

Einzelbelege erfassen nur einen Geschäftsvorfall.

Sammelbelege werden für mehrere gleichartige Geschäftsvorfälle erstellt, um die Anzahl der Buchungen zu verringern.

3.9.2 Belegbearbeitung

Die Belege werden in drei Arbeitsschritten bearbeitet:

- Belegvorbereitung,
- Belegbuchung,
- Belegablage.

Bei der **Belegvorbereitung** werden die Belege buchungsfertig aufbereitet.

Hierzu gehören folgende Arbeiten:

1. Die Belege werden auf sachliche und auf wertmäßige Richtigkeit geprüft.
2. Die Belege werden nach Belegarten, wie z. B. nach Ausgangsrechnungen oder nach Gutschriften an Lieferanten, sortiert. Hierdurch werden Sammelbuchungen möglich.
3. Innerhalb jeder Belegart werden die Belege nummeriert.
4. Die Belege werden vorkontiert. Dazu werden sie mit einem Buchungsstempel versehen, in den der entsprechende Buchungssatz eingetragen wird, oder die Kontennummern werden auf dem Beleg vermerkt. Die Vorkontierung kann auch auf einem extra dafür vorgesehenen Kontierungszettel erfolgen.

Nach der Belegvorbereitung erfolgt die eigentliche **Belegbuchung.**

Bei der manuellen Buchführung werden die Belege nach der Vorkontierung zunächst nach ihrem zeitlichen Anfall chronologisch im Grundbuch gebucht. Danach erfolgt die Buchung auf den Hauptbuchkonten.

Die **EDV-mäßige Buchführung** vollzieht sich folgendermaßen:

Die Belegdaten werden – entsprechend der Vorkontierung – in ein Datenerfassungsgerät (meist PC) eingegeben und auf einem Datenträger gespeichert. Das EDV-Programm erstellt eine Niederschrift der eingegebenen Buchungssätze in chronologischer Reihenfolge: das Grundbuch bzw. die Primanota. Gleichzeitig nimmt das Programm die Buchungen auf den Sachkonten des Hauptbuches vor.

Auf Wunsch können die Primanota (das Grundbuch) und die Hauptbuchkonten auf Bildschirmen sichtbar gemacht oder ausgedruckt werden.

Die gebuchten Belege werden abgelegt und aufbewahrt. Die **Belegaufbewahrung** geschieht in Ordnern oder auch durch Speicherung auf elektronischen Datenträgern (CD, DVD, Festplatte) oder auf Mikrofilmen.

Beschaffungs- und Absatzbereich | Personalwirtschaft | Finanzbereich

Kapitel 3

Die Speicherung auf elektronischen Datenträgern oder auf Mikrofilmen bringt den Vorteil, dass Raum für die Schriftgutablage – also meist unzählige Akten – eingespart werden kann. Die Belege müssen 10 Jahre aufbewahrt werden, § 257 Abs. 4 HGB und § 147 Abs. 3 AO, gerechnet vom Ende des Kalenderjahres, in dem sie entstanden sind.

Belegbearbeitung

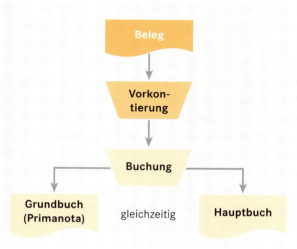

AUFGABEN

1. Ordnen Sie den folgenden Aussagen die passende Belegart zu.

   A Aussagen
   1. Belege entstehen durch außer- und innerbetriebliche Geschäftsvorfälle.
   2. Belege erfassen nur einen Geschäftsvorfall.
   3. Belege werden speziell für die Buchhaltung erstellt.
   4. Belege werden für mehrere gleichartige Geschäftsvorfälle erstellt.

   B Belegarten
   1. Einzelbelege
   2. Natürliche Belege
   3. Sammelbelege
   4. Künstliche Belege

2. a) Unterteilen Sie die unten aufgeführten Belege in natürliche Belege und künstliche Belege.
   b) Unterteilen Sie die natürlichen Belege nochmals in externe Belege und interne Belege.

   Eingangsrechnung, Gehalts- und Lohnliste, Notbeleg für auswärts geführtes Ferngespräch, Nachweis über Privatentnahme eines Kleides, Brief von einem Lieferanten über eine Gutschrift, Bankauszug, Reisekostenabrechnung, Umbuchungsanweisung, Ausgangsrechnung, Frachtbrief, Anweisung für Stornobuchung, Materialentnahmeschein

3. Welchen Vorteil bringen Sammelbelege gegenüber Einzelbelegen?
4. Was versteht man unter der „Vorkontierung"?
5. Welchen Vorteil bringt die Belegaufbewahrung auf elektronischen Datenträgern?
6. Ihr Mandant, die Textilfabrik Konrad Fied KG, Goseriede 41, 30159 Hannover, legt Ihnen folgende Belege vor (siehe folgende Seiten, Belege 1 bis 6).

   Nennen Sie die erforderlichen Buchungssätze.

Kapitel 3 — Teilgebiete des betrieblichen Rechnungswesens und deren Aufgaben | Einführung in die Systematik der Buchführung | **Buchführung**

Beleg 1

Lindener Volksbank eG
Konto-Nummer: **12 345** BLZ **251 901 01**
IBAN: DE81 2519 0101 0000 0123 45 BIC: GENODEF1HLI

Beleg	Buch.-Datum	Text	Wert	Betrag
99 100	07.12.20..	GERTRUD SCHÖNE, E. KFFR., KD.-NR. 10 002, BELEG-NR. 51, RECHNUNG VOM 25. OKT.	07.12.20..	25.000,00 +
87 560	07.12.20..	SÖFFGEN OHG, KD.-NR. 10 001, BELEG-NR. 50, RE. V. 14. OKT.	07.12.20..	45.000,00 +

TEXTILFABRIK
KONRAD FIED KG
GOSERIEDE 41
30159 HANNOVER

Konto-Auszug: 08.12.20.. | Nummer 93 | Blatt 1

EUR 80.000,00 + Alter Kontostand
EUR Neuer Kontostand

Beleg 2

Lindener Volksbank eG
Konto-Nummer: **12 345** BLZ **251 901 01**
IBAN: DE81 2519 0101 0000 0123 45 BIC: GENODEF1HLI

Beleg	Buch.-Datum	Text	Wert	Betrag
99 178	07.12.20..	SB-ÜBERWEISUNG, BERNHARD MÜLLER OHG, RECHNUNGS-NR. 34, RECHNUNG VOM 20. OKT.	07.12.20..	50.000,00 −
99 401	07.12.20..	SB-ÜBERWEISUNG, EMUT GMBH, RECHNUNGS-NR. 589, RECHNUNG VOM 24. OKT.	07.12.20..	35.000,00 −

TEXTILFABRIK
KONRAD FIED KG
GOSERIEDE 41
30159 HANNOVER

Konto-Auszug: 08.12.20.. | Nummer 93 | Blatt 2

EUR Alter Kontostand
EUR Neuer Kontostand

Beleg 3

Lindener Volksbank eG
Konto-Nummer: **12 345** BLZ **251 901 01**
IBAN: DE81 2519 0101 0000 0123 45 BIC: GENODEF1HLI

Beleg	Buch.-Datum	Text	Wert	Betrag
99 387	07.12.20..	AUSZAHLUNG BETRIEBLICHES DARLEHEN LINDENER VOLKSBANK AN KONRAD FIED KG	07.12.20..	30.000,00 +

TEXTILFABRIK
KONRAD FIED KG
GOSERIEDE 41
30159 HANNOVER

Konto-Auszug: 08.12.20.. | Nummer 93 | Blatt 3

EUR Alter Kontostand
EUR Neuer Kontostand

Beschaffungs- und Absatzbereich | Personalwirtschaft | Finanzbereich

Kapitel 3

Beleg 4

Alles für Ihr Büro

Brink

... wenn's um Ihr Geld geht.

Hamburg · Hannover · Bremen · Dortmund · Osnabrück · Kiel · Neumünster · Flensburg
Kassel · Wismar · Stralsund · Oldenburg · Magdeburg · Greifswald · Rostock · Plauen · Erfurt

Ernst Brink KG · Georgstraße 18 · 30159 Hannover

Textilfabrik
Konrad Fied KG
Goseriede 41
30159 Hannover

EINGEGANGEN
20. Nov. 20..
Erl. ....

Bitte stets angeben:

Rechnungs-Nr.:	B 380 030
Kunden-Nr.:	24 005
Datum:	19.11.20..

B 380 030

Rechnung   Lieferdatum: 17.11.20..

Menge	Artikel/Bestellnummer	Einzelpreis €	Gesamtpreis €
1	Registraturschrank, RG 1258 (H1950 x B400 x T350)	1.500,00	1.500,00
	Rechnungsbetrag		1.500,00
	Zahlungsziel: 20 Tage ab Rechnungsdatum. Bei Zahlung innerhalb von 7 Tagen ab Rechnungsdatum 2 % Skonto.		

ERNST BRINK KG · GEORGSTRASSE 18 · 30159 HANNOVER · St.-Nr. 21 914 5462 0 · USt-IdNr. DE 843 342 638
Telefon 0511 3020 · Telefax 0511 3022 · E-Mail: service@brinkkg-wvd.de
Commerzbank Hannover · Konto 4384719, BLZ 250 800 20 · IBAN DE32 2508 0020 0004 3847 19 · BIC DRESDEFF250
Postbank Hannover · Konto 622 26-308, BLZ 250 100 30 · IBAN DE09 2501 0030 0062 2263 08 · BIC PBNKDEFF250

Kapitel 3

Teilgebiete des betrieblichen Rechnungswesens und deren Aufgaben | Einführung in die Systematik der Buchführung | **Buchführung**

Beleg 5

Beleg 6

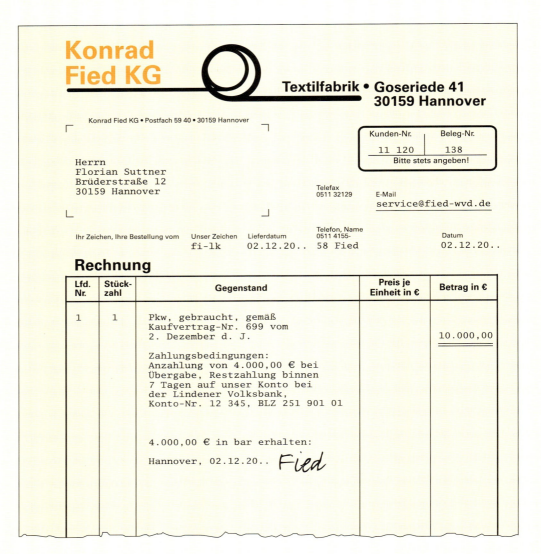

3.10 Erfolgsvorgänge

3.10.1 Buchen auf den Erfolgskonten

Bei allen bisherigen Geschäftsvorfällen ist das Konto „Eigenkapital" unberührt geblieben.

> **BEISPIEL**
>
> Ein Unternehmer zahlt die Miete in Höhe von 1.000,00 € für sein Ladenlokal per Banküberweisung.
>
> - Das Konto „Bank" verringert sich um 1.000,00 €. Dadurch verringert sich die Summe der Aktivseite. Eine weitere Position der Aktivseite wird nicht angesprochen. Außerdem verringert sich keine Schuldenposition auf der Passivseite.
>
> Wenn nun eine Bilanz erstellt würde, würde sich das Eigenkapital um 1.000,00 € mindern.
>
> **Aufwendungen mindern also das Eigenkapital.**

Zu den Aufwendungen gehören z. B. Personalkosten, Mietaufwendungen, Materialaufwendungen und Betriebssteuern.

> **BEISPIEL**
>
> Ein Unternehmer tätigt eine gemäß § 4 UStG steuerfreie Leistung und stellt seinem Kunden dafür 3.000,00 € in Rechnung.
>
> - Das Konto „Forderungen a. LL" erhöht sich um 3.000,00 €. Dadurch erhöht sich die Summe der Aktivseite. Eine weitere Position der Aktivseite wird nicht angesprochen. Außerdem vermehrt sich keine Schuldenposition auf der Passivseite.
>
> Wenn nun eine Bilanz erstellt würde, würde sich das Eigenkapital um 3.000,00 € erhöhen.
>
> **Erträge mehren also das Eigenkapital.**

Zu den Erträgen gehören z. B. Verkaufserlöse, Mieteinnahmen, Provisionserträge und Zinserträge.

Erträge könnten als Bestandsmehrungen im Haben und Aufwendungen als Bestandsminderungen im Soll auf dem passiven Bestandskonto „Eigenkapital" gebucht werden.

Damit nun aber

1. das Eigenkapitalkonto nicht zu unübersichtlich wird und
2. die sachliche Herkunft der einzelnen Erträge und Aufwendungen zu erkennen ist,

werden für Erträge und Aufwendungen spezielle **Erfolgskonten** angelegt.

Ihrem Aufwands- oder Ertragscharakter entsprechend unterteilt man die Erfolgskonten in **Aufwandskonten** und **Ertragskonten**.

Im Gegensatz zu den Bestandskonten haben die Erfolgskonten keinen Anfangsbestand.

Die Erfolgskonten sind **Unterkonten des Eigenkapitalkontos.** Auf ihnen muss ebenso gebucht werden wie auf dem Eigenkapitalkonto:

Aufwendungen (= Eigenkapitalminderungen) werden auf Aufwandskonten **im Soll** gebucht.
Erträge (= Eigenkapitalmehrungen) werden auf Ertragskonten **im Haben** gebucht.

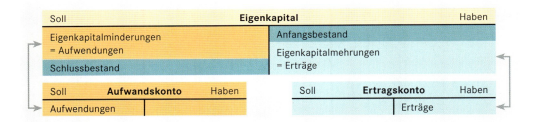

BEISPIEL

1. Löhne werden durch Banküberweisung gezahlt .... 14.000,00 €

Buchungssatz		Soll	Haben
	Löhne	14.000,00	
	an Bank		14.000,00

Buchung	S	Löhne	H	S	Bank	H
	Bank	14.000,00		AB	...	Löhne 14.000,00

BEISPIEL

2. Wir erhalten eine Zinsgutschrift auf unserem Bankkonto .... 700,00 €

Buchungssatz		Soll	Haben
	Bank	700,00	
	an Zinserträge		700,00

Buchung	S	Bank	H	S	Zinserträge	H
	AB ... Zinserträge	700,00			Bank	700,00

3.10.2 Gewinn- und Verlustkonto

Nach § 242 HGB hat jeder Kaufmann für den Schluss eines jeden Geschäftsjahres eine Gegenüberstellung der Aufwendungen und Erträge des Geschäftsjahre **(Gewinn- und Verlustrechnung)** aufzustellen.

§ 279 HGB gibt für Kapitalgesellschaften und bestimmte Personenhandelsgesellschaften die Gliederung der Gewinn- und Verlustrechnung vor.

Anhand der Gewinn- und Verlustrechnung erkennt man, wie sich der Gewinn/Verlust zusammensetzt.

Um diese Pflicht zu erfüllen, wird ein **Gewinn- und Verlustkonto** am Geschäftsjahresende eingerichtet.

Über dieses Konto werden die Aufwands- und Ertragskonten abgeschlossen.

Auf dem Gewinn- und Verlustkonto wird als Saldo aller Erträge und Aufwendungen ein Gewinn bzw. Verlust ermittelt.

Summe der Erträge
− Summe der Aufwendungen
= Gewinn bzw. Verlust

| Beschaffungs- und Absatzbereich | Personalwirtschaft | Finanzbereich |

Kapitel 3

BEISPIEL

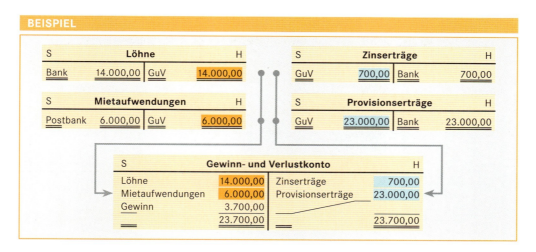

- Sind die Erträge größer als die Aufwendungen, ergibt sich im **Soll** des Gewinn- und Verlustkontos ein **Gewinn**.

Der Buchungssatz zum Abschluss des Gewinn- und Verlustkontos heißt dann:

GuV **an** Eigenkapital

- Sind die Aufwendungen größer als die Erträge, ergibt sich im **Haben** des Gewinn- und Verlustkontos ein **Verlust**.

Der Buchungssatz zum Abschluss des Gewinn- und Verlustkontos heißt dann:

Eigenkapital **an** GuV

Der Gewinn bzw. Verlust, der auf dem Gewinn- und Verlustkonto ermittelt wird, gelangt in das Eigenkapitalkonto und mehrt bzw. mindert den Eigenkapitalbestand.

BEISPIEL

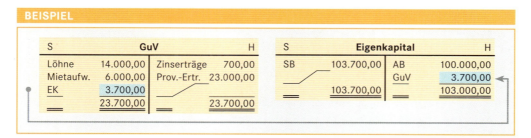

Fall a: Aufwendungen < Erträge

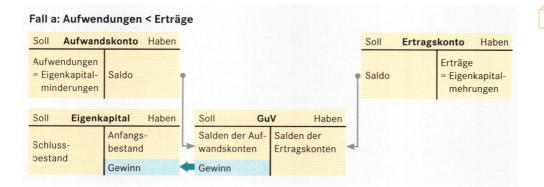

Fall b: Aufwendungen > Erträge

AUFGABEN

1. Warum ist es unzweckmäßig, Erträge und Aufwendungen direkt über das Konto „Eigenkapital" zu buchen?

2. Geben Sie an, ob im Soll oder im Haben gebucht wird:
   a) Anfangsbestand auf aktiven Bestandskonten
   b) Aufwand auf Aufwandskonten
   c) Schlussbestand auf passiven Bestandskonten
   d) Ertrag auf Ertragskonten
   e) Schlussbestand auf aktiven Bestandskonten
   f) Bestandsminderung auf aktiven Bestandskonten
   g) Saldo auf Ertragskonten
   h) Anfangsbestand auf passiven Bestandskonten
   i) Saldo auf Aufwandskonten
   j) Bestandsmehrung auf passiven Bestandskonten
   k) Gewinn auf dem Gewinn- und Verlustkonto
   l) Bestandsmehrung auf aktiven Bestandskonten
   m) Verlust auf dem Gewinn- und Verlustkonto
   n) Bestandsminderung auf passiven Bestandskonten

3. Buchen Sie die folgenden Geschäftsvorfälle auf den Erfolgskonten, ohne die Gegenkonten zu führen.

   Richten Sie ein Gewinn- und Verlustkonto ein. Schließen Sie die Konten ab und ermitteln Sie den Gewinn bzw. Verlust.

1. Bank schreibt Zinsen gut	950,00 €
2. Lohnzahlung per Banküberweisung	3.000,00 €
3. Barzahlung für Büromaterial	120,00 €
4. Zahlung der Miete für Geschäftsräume per Postbanküberweisung	1.100,00 €
5. Für eine Vermittlung geht eine Provision auf dem Bankkonto ein	4.300,00 €

4. Ihr Mandant, die Textilfabrik Konrad Fied KG, Goseriede 41, 30159 Hannover, legt Ihnen u. a. folgende Belege vor (siehe folgende Seiten, Belege 1 bis 8).
   a) Welche Geschäftsvorfälle liegen den Belegen zugrunde?
   b) Bilden Sie die Buchungssätze.
   c) Wie ändert sich die Bilanzsumme (bleibt gleich, Erhöhung oder Minderung) durch den jeweiligen Buchungssatz?
   d) Geben Sie die Gewinnauswirkung zu jedem Buchungssatz an.

| Beschaffungs- und Absatzbereich | Personalwirtschaft | Finanzbereich |

Kapitel 3

Beleg 1

Beleg 2

```
Tank-Center          St.-Nr. 13 357 33127
Klaus Cianciaruso
Blumenauer Str. 10
30449 Hannover                T. 4473

0117A                         03.01.20..

* Zapfsäule 03
* SUPER BLEIFREI
*                          39,80 l      *
*                          53,69        *
***************************
TOTAL               €       53,69
BAR                 €       53,69
```

Buchungsvermerk: Tankquittung unseres Reisenden R. Ramm

Beleg 3

Beleg 4

67

Beleg 5

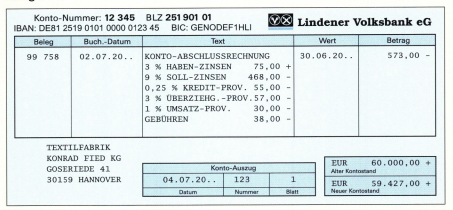

Beleg 6

Anmerkung: Der Rückzahlungsbetrag beinhaltet die Kfz-Versicherung des laufenden Geschäftsjahres.

Beleg 7

Beleg 8

```
TURN-ELECTRO           St.-Nr.
Handels GmbH           16 668 24639
Ihmezentrum
Spinnereistr. 14
30449 Hannover
-------------------------------
4901780385164   12,95 x 1
100 CD-R/700 SPINDEL     12,95

===> TOTAL           €   12,95

---> BAR             €  103,00
===> RÜCKGELD        €  -90,05
-------------------------------
Vielen Dank für Ihren Einkauf.
-------------------------------
331    45001    6      2142
17.01.20..     15:38:54
```

| Beschaffungs- und Absatzbereich | Personalwirtschaft | Finanzbereich |

Kapitel 3

5. Nennen Sie die Geschäftsvorfälle, die den folgenden Buchungssätzen zugrunde liegen.

a) Kasse 500,00 € **an** Bank 500,00 €
b) Telefon 800,00 € **an** Bank 800,00 €
c) Bank 10.000,00 € **an** unbebautes Grundstück 10.000,00 €
d) Verbindlichkeiten KI   1.000,00 €
   Zinsaufwendungen   1.700,00 € **an** Bank 2.700,00 €
e) Bank 8.000,00 € **an** Forderungen a. LL 8.000,00 €
f) Gehälter 5.500,00 € **an** Bank 5.500,00 €
g) Laufende Kfz-Kosten 70,00 € **an** Kasse 70,00 €
h) Verbindlichkeiten a. LL 7.800,00 € **an** Bank 7.800,00 €
i) Bank 900,00 € **an** Mieterträge 900,00 €
j) Kfz-Reparaturen 1.300,00 € **an** Verbindlichkeiten a. LL 1.300,00 €
k) Werbekosten 80,00 € **an** Kasse 80,00 €
l) Fortbildungskosten 550,00 € **an** Bank 550,00 €
m) Zeitschriften 130,00 € **an** Verbindlichkeiten a. LL 130,00 €

6./7.
Lösen Sie die Aufgaben 6 und 7 in folgenden Schritten:
1. Erstellen Sie das Eröffnungsbilanzkonto und die Bestandskonten.
2. Buchen Sie die Geschäftsvorfälle auf den Bestands- und Erfolgskonten.
3. Schließen Sie die Erfolgskonten ab.
4. Schließen Sie die Bestandskonten ab.
5. Geben Sie die Auswirkung auf die Bilanzsumme und den Gewinn an.

6. Anfangsbestände (in €)

Maschinen	79.000,00
Rohstoffe	45.000,00
Forderungen a. LL	13.000,00
Kasse	2.500,00
Bank	9.000,00
Eigenkapital	?
Verbindlichkeiten KI	42.000,00
Verbindlichkeiten a. LL	8.000,00

Geschäftsvorfälle (in €)

1. Zinsgutschrift der Bank	850,00
2. Zieleinkauf von Rohstoffen	3.000,00
3. Bareinkauf von Büromaterial	120,00
4. Tilgung einer Darlehensschuld durch Banküberweisung	2.000,00
5. Darlehenszinsen werden vom Bankkonto abgebucht	350,00
6. Kunde begleicht Rechnung durch Banküberweisung	4.000,00
7. Lohnzahlung per Banküberweisung	4.500,00
8. Der Unternehmer erhält Provision durch Banküberweisung	1.200,00
9. Barverkauf einer gebrauchten Fertigungsmaschine zum Buchwert	3.500,00
10. Ausgleich einer Lieferantenrechnung durch Banküberweisung	2.000,00

7. Anfangsbestände (in €)

1.	Maschinen	70.000,00
2.	Geschäftsausstattung	25.000,00
3.	Rohstoffe	80.000,00
4.	Forderungen a. LL	18.000,00
5.	Kasse	9.000,00
6.	Bank	10.000,00
7.	Eigenkapital	?
8.	Verbindlichkeiten KI	50.000,00
9.	Verbindlichkeiten a. LL	20.000,00

Geschäftsvorfälle (in €)

1.	Bareinkauf von Verpackungsmaterial	700,00
2.	Banküberweisung eines Kunden	5.000,00
3.	Der Unternehmer erhält Miete per Banküberweisung	1.000,00
4.	Ausgleich einer Lieferantenrechnung per Banküberweisung	3.000,00
5.	Zieleinkauf von Rohstoffen	4.000,00
6.	Provisionseingang per Bankscheck	5.000,00
7.	Zahlung des IHK-Beitrags per Banküberweisung	800,00
8.	Kunde begleicht Rechnung per Banküberweisung	6.000,00
9.	Banküberweisung für Darlehenstilgung	1.000,00
	und für Darlehenszinsen	500,00
10.	Barkauf von zwei Büroschreibtischen	2.500,00
11.	Der Unternehmer zahlt Miete per Banküberweisung	2.000,00
12.	Bareinkauf von Büromaterial	200,00
13.	Verkauf einer gebrauchten Maschine zum Buchwert gegen Bankscheck	5.000,00

3.11 Kontenrahmen und Kontenplan

3.11.1 Kontenrahmen

Ein Kontenrahmen ist ein Organisations- und Gliederungsplan der Buchführungskonten. In ihm werden die Konten grundlegend systematisch geordnet.

Der Kontenrahmen schreibt eine einheitliche Kontenbezeichnung vor und ordnet jedem Konto eine bestimmte Kontennummer zu.

Dadurch ist jedes Konto eindeutig definiert und von den anderen Konten abgegrenzt. Die Einheitlichkeit und Eindeutigkeit der Konten führt zu einer Angleichung der Buchungen in allen sich nach demselben Kontenrahmen richtenden Unternehmen.

Die eindeutige Definition der Konten im Kontenrahmen ermöglicht

- innerbetriebliche Vergleiche verschiedener Rechnungsperioden **(Zeitvergleiche)** und
- Vergleiche mit gleichartigen Betrieben **(Betriebsvergleiche).**

Darüber hinaus werden – bei Buchung nach dem Kontenrahmen – z. B. nicht geschäftsführende Gesellschafter, Gläubiger oder Betriebsprüfer des Finanzamtes in die Lage versetzt, die Buchführung in einer angemessenen Zeit zu überprüfen.

3.11.1.1 Nummernsystem des Kontenrahmens

Das Nummernsystem des Kontenrahmens ist nach dem Zehnersystem aufgebaut. Von links nach rechts gelesen gibt die vierstellige Kontennummer immer detailliertere Informationen über das jeweilige Konto.

- Die **erste Ziffer** gibt die gröbste Information über die **Kontenklasse (0-9).**

BEISPIEL

Kontenklasse des SKR[1] 04 DATEV

Kontenklasse 0:	Anlagevermögenskonten
Kontenklasse 1:	Umlaufvermögenskonten
Kontenklasse 2:	Eigenkapital- und Fremdkapitalkonten
Kontenklasse 3:	Fremdkapitalkonten
Kontenklasse 4:	Betriebliche Erträge
Kontenklasse 5:	Betriebliche Aufwendungen
Kontenklasse 6:	Betriebliche Aufwendungen
Kontenklasse 7:	Weitere Erträge und Aufwendungen
Kontenklasse 8:	–
Kontenklasse 9:	Vortrags-, Kapital- und Statistische Konten

- Die **ersten beiden Ziffern** geben eine schon feinere Information über die **Kontengruppe (00-99).**

BEISPIEL

Kontengruppe des SKR 04 DATEV

Kontengruppe 50:	Aufwendungen für Roh-, Hilfs- und Betriebsstoffe
Kontengruppe 60:	Personalaufwand
Kontengruppe 61:	Soziale Abgaben und Aufwendungen für Altersversorgung und für Unterstützung
Kontengruppe 62:	Abschreibungen
Kontengruppe 63:	Sonstige betriebliche Aufwendungen

---

1 SKR = Standardkontenrahmen

- Die **ersten drei Ziffern** differenzieren noch weiter in die **Kontenart (000–999)**.

> **BEISPIEL**
>
> **Kontenart des SKR 04 DATEV**
>
> Kontenart 601: Löhne
> Kontenart 602: Gehälter
> Kontenart 665: Reisekosten Arbeitnehmer
> Kontenart 667: Reisekosten Unternehmer

- **Alle vier Ziffern** schließlich geben die feinste Information über die **Kontenunterart (0000–9999)**.

> **BEISPIEL**
>
> **Kontenunterart des SKR 04 DATEV**
>
> Kontenunterart 6673: Reisekosten Unternehmer Fahrtkosten
> Kontenunterart 6674: Reisekosten Unternehmer Verpflegungsmehraufwand

Jede Kontenklasse ist also in 10 Kontengruppen unterteilt. Die Kontengruppen wiederum werden in je 10 Kontenarten aufgeteilt, die schließlich in je 10 Kontenunterarten untergliedert sind.

Da es in verschiedenen Wirtschaftsbereichen unterschiedliche buchhalterische Besonderheiten gibt, sind von den einzelnen Wirtschaftsverbänden speziell zugeschnittene Kontenrahmen geschaffen worden, z. B. für Industriebetriebe, Großhandelsbetriebe und Einzelhandelsbetriebe.

Die Anbieter von EDV-Programmen im Steuerberatungsbereich bieten ebenso unterschiedliche Kontenrahmen an, die auf die Bedürfnisse der einzelnen Branchen eingehen.

Überwiegend kommen zwei unterschiedliche Kontenrahmen zum Einsatz, z. B. DATEV SKR 03 und SKR 04 (siehe Beispiele und Kontenrahmen im hinteren Teil des Buches). Sie beinhalten die gleichen Konten, sind aber nach unterschiedlichen Systemen aufgebaut.

3.11.1.2 Prozessgliederungssystem

Beim Prozessgliederungssystem sind die Konten entsprechen dem Leistungsprozess im Unternehmen aufgebaut (SKR 03 bei DATEV).

Im Einzelnen sind die Kontenklassen wie folgt aufgeteilt:

Kontenklasse 0	Anlage- und Kapitalkonten
Kontenklasse 1	Finanz- und Privatkonten
Kontenklasse 2	Abgrenzungskonten. Hier werden die Aufwendungen und Erträge erfasst, die nicht mit der eigenen Leistungserstellung und -verwertung in Zusammenhang stehen.
Kontenklasse 3	Wareneingangs- und Bestandskonten
Kontenklasse 4	Betriebliche Aufwendungen
Kontenklasse 5/6	nicht besetzt
Kontenklasse 7	Bestände von Erzeugnissen
Kontenklasse 8	Erlöskonten
Kontenklasse 9	Vortrags-, Kapital- und Statistische Konten

3.11.1.3 Abschlussprinzip

Beim Abschlussprinzip sind die Konten nach dem Aufbau des Jahresabschlusses sortiert. Dies entspricht dem SKR 04 bei DATEV

Kontenklasse 0	Anlagevermögenskonten
Kontenklasse 1	Umlaufvermögenskonten
Kontenklasse 2	Eigenkapital- und Fremdkapitalkonten
Kontenklasse 3	Fremdkapitalkonten
Kontenklasse 4	Betriebliche Erträge
Kontenklasse 5	Betriebliche Aufwendungen
Kontenklasse 6	Betriebliche Aufwendungen
Kontenklasse 7	Weitere Erträge und Aufwendungen
Kontenklasse 8	nicht besetzt
Kontenklasse 9	Vortrags-, Kapital- und Statistische Konten

3.11.2 Kontenplan

Aus dem allgemeinen Kontenrahmen wird letztlich für jedes Unternehmen der eigene Kontenplan entwickelt.

Ein Kontenplan stellt die tatsächliche, konkrete, betriebesspezifische Kontenorganisation dar.

Der Kontenplan enthält nur die für das Unternehmen wirklich erforderlichen Konten. Nicht benötigte Konten des Kontenrahmens werden nicht in den Kontenplan aufgenommen. Andererseits können im Kontenplan auch zusätzliche Konten eingerichtet werden, die der Kontenrahmen nicht vorsieht.

Buchen mit den Kontennummern

Beim Buchen tritt an die Stelle der Kontenbezeichnung die das Konto eindeutig definierende Kontennummer.

BEISPIEL

Der Unternehmer kauft einen Pkw von privat, den er ausschließlich betrieblich nutzt. Der Kaufpreis beträgt 10.000,00 €.
Statt der Kontenbezeichnung werden die Kontennummern angegeben:

Buchungssatz   0320/0520   10.000,00 €   **an** 1200/1600   10.000,00 €

                   SKR 03 SKR 04   SKR 03 SKR 04

Kapitel 3

| Teilgebiete des betrieblichen Rechnungswesens und deren Aufgaben | Einführung in die Systematik der Buchführung | **Buchführung** |

Aufbau eines Kontenrahmens (schematisch)

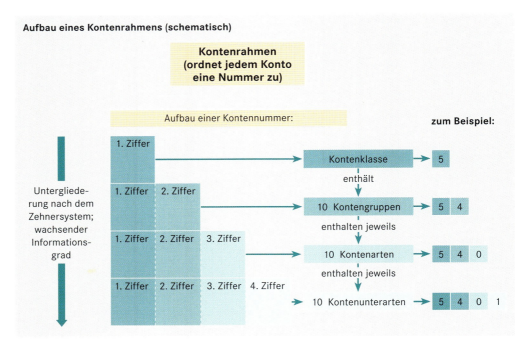

AUFGABEN

1. Erklären Sie den Unterschied zwischen dem Kontenrahmen und dem Kontenplan.

2. Eine Textilfabrik führt folgende Konten:

    Rohstoffe, Umsatzerlöse 19 %, Steuerfreie innergemeinschaftliche Lieferung, Unbebaute Grundstücke, Pkws, Vorsteuer, Kasse, Umsatzsteuer, Werbekosten, Forderungen a. LL, Unfertige Erzeugnisse, Bank, Postbank, Bürobedarf, Verbindlichkeiten Kreditinstitute, Löhne, Verbindlichkeiten a. LL, Gehälter, Reisekosten Unternehmer Fahrtkosten, Maschinen, Telefon, Zinserträge, Zinsaufwendungen, Büroeinrichtung, Geldtransit, Entnahmen allgemein, Rückstellung für Abschlusskosten, Buchführungskosten, Sonstiger Betriebsbedarf, Verrechnete sonstige Sachbezüge 19 %, Gesetzlich soziale Aufwendungen, Kfz-Steuer.

    Erstellen Sie für diesen Betrieb einen Kontenplan, der nach Kontennummern geordnet ist (SKR 04).

3.12 Abstimmung zwischen den Daten der Buchführung und den Daten der Inventur

Die bei der Inventur ermittelten Bestände sind maßgeblich für die Bilanz.

Nun sind die bei der Inventur ermittelten Bestände (= Ist-Bestände) nicht immer mit den in der Buchführung ermittelten Schlussbeständen der aktiven und passiven Bestandskonten (= Soll-Bestände) identisch. In diesen Fällen müssen die Soll-Bestände der Buchführung den Ist-Beständen des Inventars angepasst werden.

Die Soll-Ist-Abweichungen werden verursacht durch

- falsche Buchungen,
- irrtümlich unterlassene Buchungen,
- mehrfach vorgenommene Buchungen,
- in der laufenden Buchführung nicht bekannt gewordene und deshalb buchhalterisch nicht erfasste Bestandsabgänge (z. B. Schwund, Diebstahl).

Die Ursachen sind in jedem Einzelfall zu klären, entsprechende Korrekturbuchungen sind vorzunehmen.

Die erforderlichen buchhalterischen Korrekturen können neben den betroffenen Bestandskonten auch Erfolgskonten berühren.

BEISPIEL

	Werte des Inventars (= Ist-Bestände)	Vorläufige Schlussbestände der Bestandskonten (= Soll-Bestände)	Inventurdifferenz (= Soll-Bestände − Ist-Bestände)
Fall 1, Kasse	5.869,55 €	5.969,55 €	+ 100,00 €
Fall 2, Rohstoffe	243.689,00 €	248.689,00 €	+ 5.000,00 €
Fall 3, Hilfsstoffe	15.400,00 €	10.400,00 €	− 5.000,00 €

Ursachenklärung und Korrekturbuchungen:

a) **Fall 1: Ursache:** Die Inventurdifferenz von 100,00 € resultiert aus einem unaufgeklärten Diebstahl.

Korrekturbuchung		Soll	Haben
	Sonstige betriebliche Aufwendungen	100,00	
	an Kasse		100,00

b) **Fall 2 und Fall 3: Ursache:** Eine Eingangsrechnung über Hilfsstoffe in Höhe von 5.000,00 € wurde versehentlich auf dem Konto „Rohstoffe" gebucht.

Korrekturbuchungen		Soll	Haben
1. Storno- buchung	Verbindlichkeiten a. LL	5.000,00	
	an Rohstoffe		5.000,00
2. Korrekte Buchung	Hilfsstoffe	5.000,00	
	an Verbindlichkeiten a. LL		5.000,00

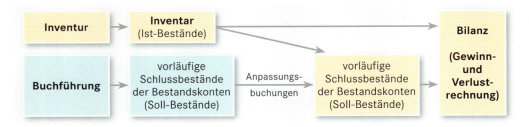

AUFGABE

Die Gegenüberstellung der Werte des Inventars und der vorläufigen Schlussbestände der Bestandskonten erbrachte die unten stehenden Abweichungen.

Nehmen Sie die erforderlichen Korrekturbuchungen vor.

Betroffene Konten	Werte des Inventars = Ist-Bestände	Vorläufige Schlussbestände der Bestandskonten = Soll-Bestände	Ursachen
Fall 1, Maschinen	250.000,00 €	253.000,00 €	Ein PC, der mit EC-Karte der Bank gekauft worden ist, wurde versehentlich auf dem Konto „Maschinen" gebucht.
Fall 2, Geschäftsausstattung	83.000,00 €	80.000,00 €	
Fall 3, Kasse	8.600,00 €	8.800,00 €	Aus der Kasse wurden 200,00 € gestohlen.
Fall 4, Pkw	100.000,00 €	140.000,00 €	Der Zieleinkauf eines Pkw wurde versehentlich doppelt gebucht.
Fall 5, Verbindlichkeiten a. LL	70.000,00 €	110.000,00 €	
Fall 6, Kasse	7.900,00 €	7.400,00 €	Eine Barzahlung über Provisionserträge wurde versehentlich nicht gebucht.
Fall 7, Rohstoffe	180.000,00 €	170.000,00 €	Ein Zieleinkauf von Rohstoffen wurde versehentlich nicht gebucht.
Fall 8, Verbindlichkeiten a. LL	50.000,00 €	40.000,00 €	
Fall 9, Bank	95.000,00 €	92.500,00 €	Eine Bareinzahlung auf das Bankkonto wurde versehentlich auf dem Postbankkonto gebucht.
Fall 10, Postbank	37.500,00 €	40.000,00 €	
Fall 11, Kasse	8.000,00 €	7.000,00 €	Der Mieter hatte die Miete ausnahmsweise bar gezahlt. Das wurde versehentlich nicht gebucht.
Fall 12, Bank	103.000,00 €	102.400,00 €	Die Abbuchung von Darlehenszinsen vom Bankkonto wurde versehentlich doppelt gebucht.
Fall 13, Forderungen a. LL	90.000,00 €	97.000,00 €	Eine Ausgangsrechnung über eine steuerfreie Leistung wurde versehentlich mit einem zu hohen Betrag gebucht.
Fall 14, Geschäftsausstattung	85.000,00 €	84.600,00 €	Der Zieleinkauf eines PC wurde mit einem zu niedrigen Betrag gebucht.
Fall 15, Verbindlichkeiten a. LL	52.000,00 €	51.600,00 €	
Fall 16, Postbank	42.000,00 €	40.400,00 €	Der Zahlungseingang von 800,00 € Zinserträgen wurde versehentlich als Zahlungsausgang von 800,00 € Zinsaufwendungen gebucht.

| Beschaffungs- und Absatzbereich | Personalwirtschaft | Finanzbereich |

Kapitel 3

3.13 Besonderheiten der Erfolgsermittlung im Handelsbetrieb

Unternehmenszweck eines Handelsbetriebes (Großhandel, Einzelhandel) ist es, Waren einzukaufen und wieder zu verkaufen.

In der Buchführung müssen der Wareneinkauf, der Warenverkauf und auch der Bestand der Waren erfasst werden.

In der Praxis vollzieht sich die buchhalterische Trennung der Vorgänge durch die Einrichtung unterschiedlicher Konten.

So ist ein guter Überblick über die einzelnen Vorgänge gewährleistet.

3.13.1 Warenverkaufsseite

Die Warenverkäufe werden auf Erlöskonten gebucht.

BEISPIEL

Der Unternehmer verkauft Waren auf Ziel (steuerfreie innergemeinschaftliche Lieferung) für insgesamt 80.000,00 €.
Der Verkauf der Waren wird als Umsatzerlös erfasst:

Buchungssatz

	Soll	Haben
1400/1200 Forderungen a. LL	80.000,00	
an 8125/4125 Steuerfreie Umsätze		80.000,00

3.13.2 Wareneinkaufsseite

Die Wareneinkäufe können nach dem „Bestandsrechnerischen Verfahren" oder nach dem „Aufwandsrechnerischen Verfahren" (auch: „Just-in-time-Verfahren") gebucht werden.

Bestandrechnerisches Verfahren

Beim traditionellen Bestandsrechnerischen Verfahren werden auf dem Konto „Waren" (= aktives Bestandskonto) im Soll
- der **Warenanfangsbestand** und
- die **Wareneinkäufe** gebucht.

BEISPIEL

Warenanfangsbestand 200.000,00 €
Wareneinkäufe 50.000,00 €

- Sowohl der Anfangsbestand als auch die Einkäufe werden im Soll des Kontos Waren erfasst.

S	Waren	H
AB 200.000,00		
Einkäufe 50.000,00		

Im Haben werden auf dem Warenkonto
- die **Bestandsminderungen** und
- der **Warenschlussbestand** erfasst.

Bestandsminderungen stellen die **Warenverkäufe** dar. Diese werden aber bereits auf dem Erlöskonto gebucht. Folglich fehlen zunächst die Buchungen der Bestandsminderungen auf dem Warenkonto.

Der **Schlussbestand an Waren** ist daher rechnerisch als Saldo des Warenkontos nicht ermittelbar. Er muss dem **Inventar** entnommen werden.

Als Saldo ergeben sich dann die Bestandsminderungen. Diese Bestandsminderungen sind die Warenabgänge, also die Warenverkäufe, bewertet zum Einstandspreis = **Wareneinsatz.**

Warenanfangsbestand
+ Bestandsmehrungen (= Wareneinkäufe)
− Warenschlussbestand (laut Inventur)
= Wareneinsatz

BEISPIEL (Fortsetzung)

Warenschlussbestand laut Inventur 190.000,00 €

- Der Warenschlussbestand wird im Haben erfasst. Die Differenz stellt den Wareneinsatz dar.

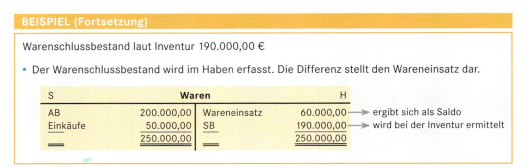

Der Wareneinsatz wird nun vom Warenkonto auf das Konto „Wareneingang" umgebucht. Von dort aus gelangt der Wareneinsatz in das GuV-Konto.

BEISPIEL

Abschluss der Konten „Waren", „Wareneingang" (WEG) und „Umsatzerlöse" (UE)

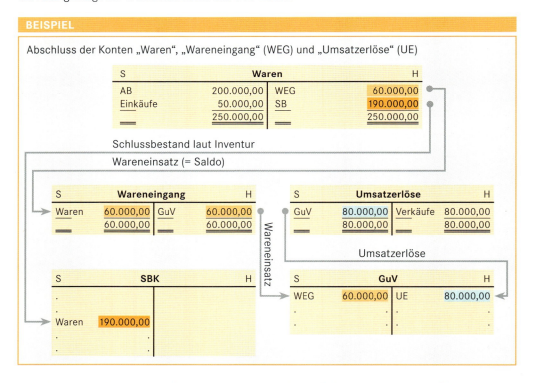

Die Differenz zwischen den Umsatzerlösen (= verkaufte Waren bewertet zum Verkaufspreis) und dem Wareneinsatz (=Aufwendungen für Waren, = verkaufte Waren bewertet zum Einstandspreis) ergibt das Rohergebnis, im Beispiel oben beträgt der Rohgewinn 20.000,00 €.

Das „Bestandsrechnerische Verfahren"

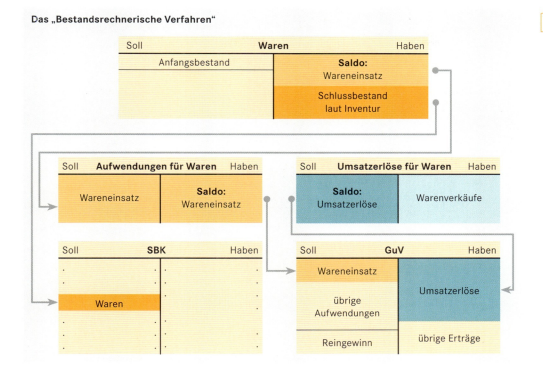

Just-in-time-Verfahren

Zunächst ist der Anfangsbestand der Waren auf dem Konto „Warenbestand" zu erfassen.

Werden neue Wareneinkäufe getätigt, so werden sie auf dem Konto „Wareneingang" gebucht.

Am Geschäftsjahresende wird auf dem Konto „Warenbestand" der Warenschlussbestand, der durch Inventur ermittelt wurde, erfasst und als Saldo die Bestandsveränderung gebucht.

Die Bestandsveränderung kann

- eine **Bestandsmehrung** (Warenschlussbestand ist größer als der Warenanfangsbestand) oder
- eine **Bestandsminderung** (Warenschlussbestand ist kleiner als der Warenanfangsbestand)

sein.

Die Bestandsveränderung wird auf das Konto „Wareneingang" umgebucht. Auf diese Weise ergibt sich auf diesem Konto als Saldo der Wareneinsatz.

 Als Wareneinsatz bezeichnet man die verkauften Waren bewertet zum Einstandspreis (Bezugspreis).

    Wareneinkäufe
+ Bestandsminderung
= Wareneinsatz = verkaufte Waren bewertet zum Einstandspreis

oder

    Wareneinkäufe
− Bestandsmehrung
= Wareneinsatz = verkaufte Waren bewertet zum Einstandspreis

BEISPIEL

Warenanfangsbestand 200.000,00 €
Warenschlussbestand lt. Inventur 190.000,00 €
Wareneinkäufe 50.000,00 €

- Die Differenz zwischen Warenanfangsbestand und Warenschlussbestand ist auf dem Konto „Wareneingang" zu erfassen.

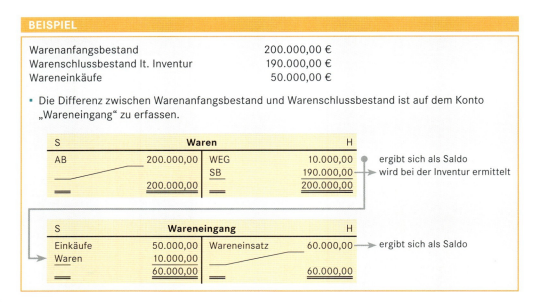

Der Wareneinsatz ist der Aufwand an Waren, der erforderlich ist, um die Umsatzerlöse zu erzielen. Der Wareneinsatz hat Aufwandscharakter. Er gelangt deshalb auf die Soll-Seite des GuV-Kontos. Dort wird er den Umsatzerlösen gegenübergestellt.

BEISPIEL

Abschluss der Konten „Waren", „Wareneingang" (WEG) und „Umsatzerlöse" (UE)

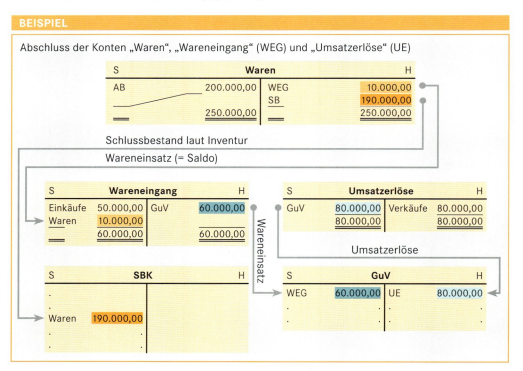

Die Differenz zwischen den Umsatzerlösen (= verkaufte Waren bewertet zum Verkaufspreis) und dem Wareneinsatz (= Aufwendungen für Waren = verkaufte Waren bewertet zum Einstandspreis) ergibt das **Rohergebnis,** in dem Beispiel oben einen Rohgewinn von 20.000,00 €.

| Beschaffungs- und Absatzbereich | Personalwirtschaft | Finanzbereich |

Kapitel 3

Das „Aufwandsrechnerische Verfahren" („Just-in-time-Verfahren")

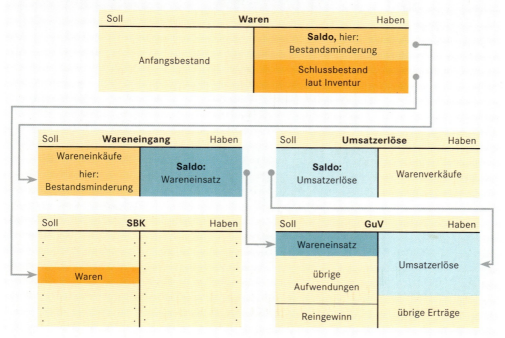

AUFGABEN

1. Errechnen Sie den Wareneinsatz (in €).

	a)	b)
Warenanfangsbestand	70.000,00	10.000,00
Wareneinkäufe	90.000,00	80.000,00
Warenschlussbestand lt. Inventur	60.000,00	20.000,00

2. Richten Sie die Konten „Waren", „Wareneingang", „Umsatzerlöse", „GuV" und „SBK" ein. Buchen Sie auf diesen Konten (ohne Gegenkonten) die unten stehenden Geschäftsvorfälle (wahlweise nach dem „Bestandsrechnerischen Verfahren" oder nach dem „Just-in-time-Verfahren"). Schließen Sie die Konten ab.
Errechnen Sie den Warenrohgewinn bzw. Warenrohverlust.

	a)	b)
Anfangsbestand (in €)		
Waren	25.000,00	20.000,00
Geschäftsvorfälle (in €)		
1. Bareinkauf von Waren	5.000,00	5.000,00
2. Barverkauf von Waren	7.000,00	3.000,00
3. Zieleinkauf von Waren	12.000,00	7.000,00
4. Zielverkauf von Waren	13.000,00	16.000,00
Warenschlussbestand lt. Inventur	27.000,00	12.000,00

Kapitel 3

Teilgebiete des betrieblichen Rechnungswesens und deren Aufgaben | Einführung in die Systematik der Buchführung | **Buchführung**

3. Ihr Mandant, ein Einzelunternehmen, hat folgende **Anfangsbestände bei den Bestandskonten:**

Betriebsausstattung	60.000,00 €
Waren	80.000,00 €
Forderungen a. LL	20.000,00 €
Kasse	9.000,00 €
Bank	30.000,00 €
Eigenkapital	?
Verbindlichkeiten KI	60.000,00 €
Verbindlichkeiten a. LL	40.000,00 €

   Es ereignen sich folgende Geschäftsvorfälle:

1.	Zieleinkauf von Waren	70.000,00 €
2.	Banküberweisung für Gehälter	18.000,00 €
3.	Zielverkauf von Waren	98.000,00 €
4.	Kunde zahlt auf das Bankkonto ein	20.000,00 €
5.	Banküberweisung	
	für Darlehenstilgung	5.000,00 €
	für Darlehenszinsen	2.000,00 €
6.	Barverkauf von Büromaterial	500,00 €
7.	Barverkauf von Waren	1.500,00 €
8.	Telefonrechnung wird per Banküberweisung bezahlt	800,00 €
9.	Ihr Mandant begleicht eine Lieferantenrechnung per Banküberweisung	8.000,00 €
10.	Zinsgutschrift der Bank	1.000,00 €
11.	Banküberweisung für Miete der Geschäftsräume	2.000,00 €
12.	Verkauf eines gebrauchten Fotokopiergerätes gegen Bankscheck	500,00 €
13.	Bareinkauf von Waren	2.000,00 €

   Abschlussangaben
   1. Warenschlussbestand lt. Inventur .... 92.000,00 €
   2. Die Schlussbestände der anderen Bestandskonten entsprechen den Inventurbeständen.

   a) Eröffnen Sie die Bestandskonten.
   b) Bilden Sie die Buchungssätze und buchen Sie auf den Konten („Just-in-time-Verfahren").
   c) Schließen Sie die Konten ab.
   d) Ermitteln Sie den Wareneinsatz, den Rohgewinn und den Reingewinn.
   e) Wie wirken sich die einzelnen Geschäftsvorfälle auf den Erfolg und auf die Bilanzsumme aus?

4. Ein Einzelunternehmer, der mit Gebrauchtwaren handelt, ermittelt folgende **Inventurbestände:**

Betriebsausstattung	40.000,00 €
Waren	70.000,00 €
Forderungen a. LL	50.000,00 €
Kasse	1.000,00 €
Bank	80.000,00 €
Eigenkapital	?
Darlehen	30.000,00 €
Verbindlichkeiten a. LL	15.000,00 €

   Im Laufe des Geschäftsjahres kommt es zu folgenden **Geschäftsvorfällen:**

1.	Der Unternehmer kauft Waren auf Ziel ein	15.000,00 €
2.	Verkauf von Waren gegen Barzahlung	26.000,00 €
3.	Einkauf von Waren bar	10.000,00 €
4.	Ein Kunde zahlt eine Ausgangsrechnung per Banküberweisung	25.000,00 €
5.	Ein Arbeitnehmer erhält sein Gehalt per Banküberweisung	2.000,00 €
6.	Zinsen für ein langfristiges Darlehen werden vom Bankkonto abgebucht	5.000,00 €
7.	Verkauf von Waren auf Ziel	18.000,00 €

Der Schlussbestand an Waren beträgt lt. Inventur 60.000,00 €.

a) Eröffnen Sie die Bestandskonten.
b) Bilden Sie die Buchungssätze und buchen Sie auf den Konten („Just-in-time-Verfahren").
c) Schließen Sie die Konten ab.
d) Ermitteln Sie den Wareneinsatz, den Rohgewinn und den Reingewinn.
e) Wie wirken sich die einzelnen Geschäftsvorfälle auf den Erfolg und auf die Bilanzsumme aus?

5. Ein Großhandelsunternehmen ermittelt folgende Inventurbestände:

Anfangsbestände

Maschinen	450.000,00 €
Waren	125.000,00 €
Forderungen a. LL	50.000,00 €
Postbank	120.000,00 €
Kasse	8.000,00 €
Eigenkapital	?
Verbindlichkeiten KI	250.000,00 €
Verbindlichkeiten a. LL	110.000,00 €

Im Laufe des Geschäftsjahres ereignen sich folgende **Geschäftsvorfälle:**

1.	Briefmarken wurden bar gezahlt	70,00 €
2.	Zielverkauf von Waren	62.000,00 €
3.	Ein Kunde begleicht Ausgangsrechnung durch Postbanküberweisung	23.000,00 €
4.	Barabhebung vom Postbankkonto	2.000,00 €
5.	Postbanklastschrift für	
	- Provisionen	1.000,00 €
	- Leasinggebühr für einen Pkw	500,00 €
	- Löhne	16.000,00 €
	- Lieferantenrechnung	21.000,00 €
6.	Einkauf von Waren auf Ziel	23.000,00 €
7.	Eine neue Maschine wird auf Ziel erworben	45.000,00 €
8.	Einkauf von Waren bar	8.000,00 €
9.	Büromaterial wird bar eingekauft	400,00 €
10.	Barverkauf von Waren	10.000,00 €

Die Inventur zum Schluss des Geschäftsjahres ergibt einen **Warenbestand** von 142.000,00 €. Alle anderen Bestände stimmen mit den Konten überein.

a) Eröffnen Sie die Bestandskonten.
b) Bilden Sie die Buchungssätze und buchen Sie auf den Konten („Just-in-time-Verfahren").
c) Schließen Sie die Konten ab.
d) Ermitteln Sie den Wareneinsatz, den Rohgewinn und den Reingewinn.
e) Wie wirken sich die einzelnen Geschäftsvorfälle auf den Erfolg und auf die Bilanzsumme aus?

3.14 Besonderheiten der Erfolgsermittlung im Industriebetrieb

3.14.1 Verbrauch von Werkstoffen

> **LERNSITUATION**
>
> Der neue Buchhalter eines Unternehmens zur Herstellung von Möbeln ruft Sie an, da er einige Rechnungen auf seinem Schreibtisch liegen hat, die er nicht verbuchen kann.
>
> Hierbei handelt es sich um Einkäufe von Holz und Schmierstoffen für die Maschinen.
> Wie hat er sie zu buchen?

Während in Handelsbetrieben der Einkauf und der Verkauf von Waren im Vordergrund stehen, besteht die Haupttätigkeit von Industriebetrieben im Werkstoffeinkauf, in der Produktion und im Verkauf von Fertigerzeugnissen.

Zur Erzielung von Umsatzerlösen werden in Industriebetrieben die eingekauften Werkstoffe unter Einsatz der Produktionsfaktoren Kapital und Arbeit be- und verarbeitet.

Bei den Werkstoffen unterscheidet man

- Rohstoffe,
- Fremdbauteile,
- Hilfsstoffe und
- Betriebsstoffe.

Rohstoffe werden zu Hauptbestandteilen der Erzeugnisse, z. B. Holz bei der Möbelherstellung.

Fremdbauteile gehen ebenfalls in die Erzeugnisse ein, z. B. Batterien, Reifen, Keilriemen, Polstersitze im Auto.

Hilfsstoffe sind Nebenbestandteile der Erzeugnisse mit relativ niedrigem Kostenanteil, z. B. Leim, Lack, Schrauben, Dübel, Drähte.

Betriebsstoffe gehen nicht in die Erzeugnisse ein, werden jedoch für den Produktionsprozess benötigt, z. B. Brennstoffe, Treibstoffe, Schmierstoffe, Reinigungsstoffe.

3.14.2 Bestandsrechnerisches Verfahren

Der Einkauf von Rohstoffen, Fremdbauteilen, Hilfsstoffen und Betriebsstoffen wird bei dem Bestandsrechnerischen Verfahren als **Bestandsmehrung** auf den gleichnamigen **aktiven Bestandskonten** im Soll gebucht.

Erst der **Verbrauch** von Werkstoffen wird **aufwandswirksam** erfasst. Dafür sind folgende **Aufwandskonten** vorgesehen:

- Aufwendungen für Rohstoffe/Fertigungsmaterial,
- Aufwendungen für Vorprodukte/Fremdbauteile,
- Aufwendungen für Hilfsstoffe und
- Aufwendungen für Betriebsstoffe.

Der **Verbrauch** von Werkstoffen wird einerseits als **Bestandsminderung** im Haben des Werkstoffbestandskontos **und** andererseits als **Aufwand** im Soll des entsprechenden **Werkstoffaufwandskontos** gebucht.

Der Buchungssatz lautet:
    Werkstoffaufwandskonto
an Werkstoffbestandskonto
    z. B. Aufwendungen für Rohstoffe
an Rohstoffe

Der Werkstoffverbrauch wird **fortlaufend** durch **Materialentnahmescheine** (MES) belegt und gebucht. Auf diese Weise erfolgt eine **ständige Bestandsfortschreibung** auf dem Werkstoffbestandskonto.

Die Schlussbestände auf den Werkstoffbestandskonten ergeben sich buchhalterisch.

BEISPIEL

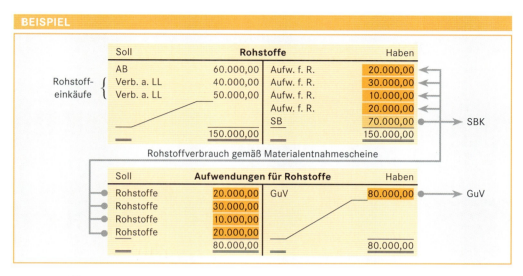

Inventurdifferenzen

Der Schlussbestand auf den Werkstoffbestandskonten wird buchhalterisch ermittelt. Aufgrund von Diebstählen, Zählfehlern, Verderb oder Schwund stimmt der Buchbestand nicht immer mit dem Ist-Bestand, der durch die körperliche Bestandsaufnahme festgestellt wird, überein. Die sich u. U. ergebende Inventurdifferenz muss buchhalterisch ausgeglichen werden.

BEISPIEL

Gemäß Inventarverzeichnis beträgt der tatsächliche Bestand an Rohstoffen 99 Stück à 700,00 €, also 69.300,00 € (= SB lt. Inventur).
Auf dem Werkstoffbestandskonto „Rohstoffe" ergibt sich bei der „Fortschreibungsmethode" ein rechnerischer Schlussbestand von 70.000,00 € (= 100 Stück à 700,00 €).
Die Buchung der Inventurdifferenz von 700,00 € (= 70.000,00 € – 69.300,00 €) erfolgt über das Konto „Aufwendungen für Rohstoffe":

Buchungs-satz		Soll	Haben
	Aufwendungen für Rohstoffe	700,00	
	an Rohstoffe		700,00

3.14.3 Aufwandsrechnerisches Verfahren – Just-in-time-Verfahren

Neben dem bestandsorientierten Verfahren gibt es noch eine weitere Buchungsmethode zur Erfassung des Werkstoffverbrauchs.

Bei diesem Aufwandsrechnerischen Verfahren bucht man die **Werkstoffeinkäufe sofort** bei Einkauf **auf den Werkstoffaufwandskonten.**

Die Werkstoffbestandskonten enthalten nur die **Anfangsbestände,** die **Schlussbestände laut Inventur** und als Salden die **Bestandsveränderungen.**

Die Bestandsveränderungen (die Bestandsmehrungen oder die Bestandsminderungen) werden auf die Werkstoffaufwandskonten umgebucht. Auf diese Weise ergibt sich auf den Werkstoffaufwandskonten als Saldo der Werkstoffverbrauch (Werkstoffaufwand):

    Werkstoffeinkäufe
+ Bestandsminderungen
= Werkstoffverbrauch

oder

    Werkstoffeinkäufe
− Bestandsmehrungen
= Werkstoffverbrauch

BEISPIEL

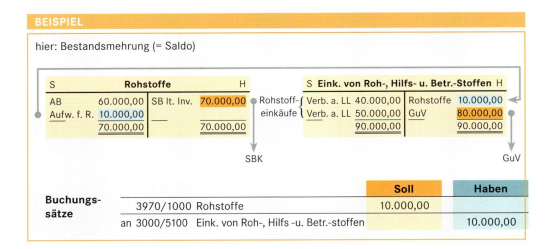

 Bestandsrechnerisches Verfahren

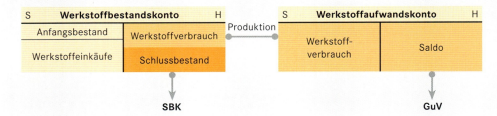

Aufwandsrechnerisches Verfahren/Just-in-time-Verfahren

1. Auf dem Werkstoffbestandskonto ergibt sich als Saldo eine Bestandsmehrung.

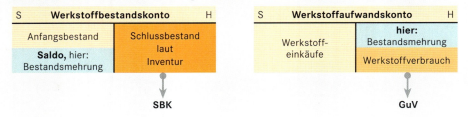

2. Auf dem Werkstoffbestandskonto ergibt sich als Saldo eine Bestandsminderung.

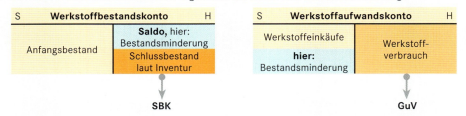

AUFGABEN

1. Welche der folgenden Aussagen sind richtig bzw. falsch? Begründen Sie Ihre Antwort.

   a) Rohstoffe gehen als Nebenbestandteile in das zu fertigende Produkt ein.
   b) Betriebsstoffe werden nur mittelbar für die Produktion benötigt; sie sind keine Bestandteile der Erzeugnisse.
   c) Die Konten „Rohstoffe", „Fremdbauteile", „Hilfsstoffe" und „Betriebsstoffe" sind Aufwandskonten.
   d) Beim Bestandsrechnerischen Verfahren wird der Werkstoffverbrauch fortlaufend aufgrund von Materialentnahmescheinen gebucht.
   e) Der Buchungssatz zur Buchung des Werkstoffverbrauchs lautet:
      „Werkstoffbestandskonto **an** Werkstoffaufwandskonto".
   f) Beim Aufwandsrechnerischen Verfahren werden die Werkstoffeinkäufe auf den Werkstoffbestandskonten gebucht.

2. Ihr Mandant, ein Produktionsunternehmen zur Herstellung von Textilien, legt Ihnen folgende Belege vor:

   Beleg 1

   Material-Entnahmeschein
   ausgestellt: Wontke
   Datum: 08.10.20.. Nr.: 16 512
   ausgegeben: Pikras

   [X] Rohstoffe [ ] Hilfsstoffe [ ] Betriebsstoffe
   Kostenstelle: Zuschneiderei IV (8)

Artikel-Nr.	Menge	Einheit	Bezeichnung	€/Einheit	Betrag (€)
219 Vi	360	m	Viskose M	6,00	2.160,00
221 Vi	420	m	Viskose L	7,00	2.940,00
				Summe	5.100,00

   Beleg 2

   Material-Entnahmeschein
   ausgestellt: Wontke
   Datum: 12.10.20.. Nr.: 16 564
   ausgegeben: Pikras

   [ ] Rohstoffe [X] Hilfsstoffe [ ] Betriebsstoffe
   Kostenstelle: Näherei II (11)

Artikel-Nr.	Menge	Einheit	Bezeichnung	€/Einheit	Betrag (€)
1298	1 600	Rolle	Nähgarn b	1,50	2.400,00
2413	1 200	m	Stoßband f	0,90	1.080,00
				Summe	3.480,00

   a) Welche Geschäftsvorfälle liegen den Belegen zugrunde?
   b) Wie lauten die Buchungssätze?

3. Buchen Sie nur auf den Werkstoffaufwandskonten und auf den Werkstoffbestandskonten (ohne Gegenkonten) und ermitteln Sie den jeweiligen Schlussbestand (Bestandsrechnerisches Verfahren).

Anfangsbestände
Rohstoffe .... 450.000,00 €
Hilfsstoffe .... 180.000,00 €
Betriebsstoffe .... 60.000,00 €

Geschäftsvorfälle
1. Zieleinkauf von Rohstoffen .... 20.000,00 €
2. Hilfsstoffverbrauch lt. Materialentnahmeschein .... 2.500,00 €
3. Zieleinkauf von Betriebsstoffen .... 3.000,00 €
4. Rohstoffverbrauch lt. Materialentnahmeschein .... 12.000,00 €
5. Betriebsstoffverbrauch lt. Materialentnahmeschein .... 1.500,00 €
6. Zieleinkauf von Hilfsstoffen .... 8.000,00 €

4. Nennen Sie die Buchungssätze zur Buchung beim Bestandsrechnerischen Verfahren.

Werkstoffkonto	Stückpreis	Ist-Bestand	Buchbestand
Rohstoffe	50,00 €	8 720 Stück	8 745 Stück
Fremdbauteile	120,00 €	910 Stück	922 Stück
Hilfsstoffe	8,00 €	560 kg	593 kg
Betriebsstoffe	1,40 €	22 800 l	23 460 l

5. Aus den Unterlagen eines Produktionsunternehmens ergeben sich folgende Zahlen:

	AB	Einkäufe	SB lt. Inventur
Rohstoffe	450.000,00 €	600.000,00 €	500.000,00 €
Hilfsstoffe	120.000,00 €	250.000,00 €	160.000,00 €
Betriebsstoffe	80.000,00 €	110.000,00 €	60.000,00 €
Fremdbauteile	350.000,00 €	400.000,00 €	200.000,00 €

a) Ermitteln Sie den Verbrauch von Roh-, Hilfs- und Betriebsstoffen beim Just-in-time-Verfahren.
b) Ermitteln Sie den Mehr- oder den Minderbestand der Werkstoffe.
c) Schließen Sie die Konten ab.

6. In einem Unternehmen sind den Unterlagen folgende Anfangs- und Endbestände zu entnehmen:

Anfangsbestände
Rohstoffe .... 890.000,00 €
Fremdbauteile .... 530.000,00 €
Hilfsstoffe .... 70.000,00 €
Betriebsstoffe .... 50.000,00 €

Schlussbestände lt. Inventur
Rohstoffe .... 770.000,00 €
Fremdbauteile .... 410.000,00 €
Hilfsstoffe .... 78.000,00 €
Betriebsstoffe .... 72.000,00 €

Es ereignen sich folgende **Geschäftsvorfälle:**
1. Zieleinkauf von Rohstoffen .... 760.000,00 €
2. Zieleinkauf von Betriebsstoffen .... 90.000,00 €
3. Zieleinkauf von Fremdbauteilen .... 380.000,00 €
4. Zieleinkauf von Hilfsstoffen .... 80.000,00 €

a) Richten Sie die Konten „Rohstoffe", „Fremdbauteile", „Hilfsstoffe" und „Betriebsstoffe" ein und tragen Sie die Anfangsbestände ein.
b) Richten Sie die entsprechenden Werkstoffaufwandskonten ein. Buchen Sie die Geschäftsvorfälle (ohne Gegenkonten) nach dem Just-in-time-Verfahren.
c) Ermitteln Sie auf den Werkstoffbestandskonten die Bestandsveränderungen und buchen Sie diese.
d) Ermitteln Sie den jeweiligen Werkstoffverbrauch und schließen Sie die Konten ab.

7.

S	Rohstoffe	H
AB	100.000,00	

S	Aufwendungen für Rohstoffe	H
Verb. a. LL	70.000,00	

Rohstoffbestand laut Inventur: 80.000,00 € (110.000,00 €)

a) Ermitteln Sie den Rohstoffverbrauch.
b) Bilden Sie die Buchungssätze zum Abschluss der Konten im Just-in-time-Verfahren.

8. Der Verbrauch der Werkstoffe wird aufgrund von Materialentnahmescheinen gebucht (Bestandsrechnerisches Verfahren).

a) Richten Sie die notwendigen Konten ein.
b) Buchen Sie die Inventurdifferenzen und schließen Sie die Konten ab.

Anfangsbestände
Rohstoffe .... 540.000,00 €
Hilfsstoffe .... 30.000,00 €
Betriebsstoffe .... 60.000,00 €

Geschäftsvorfälle
1. Zieleinkauf von Rohstoffen .... 100.000,00 €
2. Zieleinkauf von Betriebsstoffen .... 50.000,00 €
3. Zieleinkauf von Hilfsstoffen .... 40.000,00 €
4. Verbrauch von Rohstoffen laut MES .... 150.000,00 €
5. Zieleinkauf von Betriebsstoffen .... 30.000,00 €
6. Zieleinkauf von Hilfsstoffen .... 20.000,00 €
7. Verbrauch von Rohstoffen laut MES .... 200.000,00 €
8. Verbrauch von Hilfsstoffen laut MES .... 30.000,00 €
9. Verbrauch von Betriebsstoffen .... 25.000,00 €

Schlussbestände lt. Inventur
Rohstoffe .... 284.000,00 €
Hilfsstoffe .... 40.000,00 €
Betriebsstoffe .... 100.000,00 €

9. Ihnen liegt folgender Geschäftsgang vor:

Anfangsbestände der Bestandskonten
Maschinen .... 700.00,00 €
Rohstoffe .... 250.000,00 €
Fremdbauteile .... 100.000,00 €
Betriebsstoffe .... 20.000,00 €
Forderungen a. LL .... 80.000,00 €
Kasse .... 7.000,00 €
Bank .... 260.000,00 €
Eigenkapital .... ?
Verbindlichkeiten KI .... 550.000,00 €
Verbindlichkeiten a. LL .... 227.000,00 €   →

Geschäftsvorfälle

1. Verbrauch gemäß MES:
   Rohstoffe .... 80.000,00 €
   Fremdbauteile .... 50.000,00 €
   Betriebsstoffe .... 9.000,00 €
   (Hinweis: Soll nach dem Just-in-time-Verfahren gebucht werden, entfällt dieser Geschäftsvorfall.)
2. Banküberweisung für Löhne .... 100.000,00 €
   für Gehälter .... 80.000,00 €
3. Barkauf von Büromaterial .... 190,00 €
4. Kunde begleicht Rechnung durch Banküberweisung .... 20.000,00 €
5. Ausgleich einer Lieferantenrechnung durch Banküberweisung .... 40.000,00 €
6. Der Unternehmer zahlt die Lagerhallenmiete per Banküberweisung ...... 18.000,00 €
7. Verkauf von Erzeugnissen gegen Bankscheck .... 120.000,00 €
   auf Ziel .... 280.000,00 €
8. Maschinenreparaturrechnung geht ein .... 3.000,00 €
9. Lastschrift der Bank für Darlehenstilgung .... 6.000,00 €
   für Darlehenszinsen .... 4.000,00 €
10. Kauf einer Maschine mit EC-Karte der Bank .... 50.000,00 €
11. Zieleinkauf von Rohstoffen .... 90.000,00 €
    von Fremdbauteilen .... 20.000,00 €
    von Betriebsstoffen .... 14.000,00 €

Abschlussangaben beim Bestandsrechnerischen Verfahren

1. Bei den Rohstoffen ist der Ist-Bestand gemäß Inventur kleiner als der
   Soll-Bestand gemäß Buchführung (Inventurdifferenz) .... 500,00 €
2. Die übrigen Inventurbestände entsprechen den Buchbeständen.

Abschlussangaben beim Just-in-time-Verfahren

Schlussbestände lt. Inventur: Rohstoffe .... 259.500,00 €
Fremdbauteile .... 70.000,00 €
Betriebsstoffe .... 25.000,00 €

Sie können den Geschäftsgang sowohl im Bestandsrechnerischen Verfahren als auch im Just-in-time-Verfahren buchen.

a) Bilden Sie die Buchungssätze für die Geschäftsvorfälle. Aus Vereinfachungsgründen ist auf die Vorsteuer und Umsatzsteuer nicht einzugehen.
b) Bilden Sie die Buchungssätze zu den Abschlussangaben.
c) Erstellen Sie das GuV-Konto, das Eigenkapitalkonto und das Schlussbilanzkonto.

3.14.4 Bestandsveränderungen fertiger und unfertiger Erzeugnisse

In Industriebetrieben befinden sich i. d. R. am Abschlussstichtag noch Produkte im Lager, die zum Teil oder ganz fertiggestellt, aber noch nicht verkauft sind.

Diese Bestände an unfertigen bzw. fertigen Erzeugnissen werden auf den Konten
- „Unfertige Erzeugnisse" bzw.
- „Fertige Erzeugnisse" erfasst.

Auf diesen **aktiven Bestandskonten** werden lediglich der **Anfangsbestand**, der **Schlussbestand laut Inventur** und als Saldo die **Bestandsveränderung** gebucht.

Die Bestandsveränderung kann eine Bestandsmehrung oder eine Bestandsminderung sein.

Soll	Unfertige Erzeugnisse		Haben
AB	200.000,00	SB lt. Inventur	300.000,00
Bestandsmehrung	100.000,00		
	300.000,00		300.000,00

Soll	Fertige Erzeugnisse		Haben
AB	500.000,00	SB lt. Inventur	200.000,00
		Bestandsminderung	300.000,00
	500.000,00		500.000,00

Liegt eine Bestandsmehrung an unfertigen bzw. fertigen Erzeugnissen vor, ist in einem Wirtschaftsjahr mehr produziert als verkauft worden. Zusätzlich zu den Verkaufserlösen ist in diesem Fall die Bestandsmehrung als betriebliche Leistung buchhalterisch zu behandeln.

Eine Bestandsmehrung an unfertigen bzw. fertigen Erzeugnissen fließt als Ertrag in die GuV-Rechnung ein.

Liegt umgekehrt eine Bestandsminderung an unfertigen bzw. fertigen Erzeugnissen vor, ist im entsprechenden Wirtschaftsjahr mehr verkauft als produziert worden. Die abgebauten Lagerbestände werden nun aufwandswirksam gebucht.

Eine Bestandsminderung an unfertigen bzw. fertigen Erzeugnissen fließt als Aufwand in die GuV-Rechnung ein.

Im GuV-Konto sind also auf der Aufwandsseite eventuelle Bestandsminderungen fertiger und unfertiger Erzeugnisse und auf der Ertragsseite eventuelle Bestandsmehrungen fertiger und unfertiger Erzeugnisse zu erfassen.

Soll	GuV	Haben
Aufwendungen		Erträge
Bestandsminderungen fertiger und unfertiger Erzeugnisse		Bestandsmehrungen fertiger und unfertiger Erzeugnisse

Die Bestandsveränderungen fertiger und unfertiger Erzeugnisse werden nicht direkt über das GuV-Konto gebucht. Sie werden zunächst auf den Konten „Bestandsveränderungen an fertigen Erzeugnissen" bzw. „Bestandsveränderungen an unfertigen Erzeugnissen" erfasst, die über das GuV-Konto abgeschlossen werden.

Die Bestandsveränderungskonten sind **Erfolgskonten**, auf denen im **Soll Bestandsminderungen** aufwandswirksam und im **Haben Bestandsmehrungen** ertragswirksam gebucht werden.

Weist das jeweilige Bestandsveränderungskonto eine Bestandsminderung aus, hat es den Charakter eines Aufwandskontos. Wird umgekehrt eine Bestandsmehrung erfasst, hat das entsprechende Bestandsveränderungskonto den Charakter eines Ertragskontos.

Kapitel 3 — Buchführung

BEISPIEL

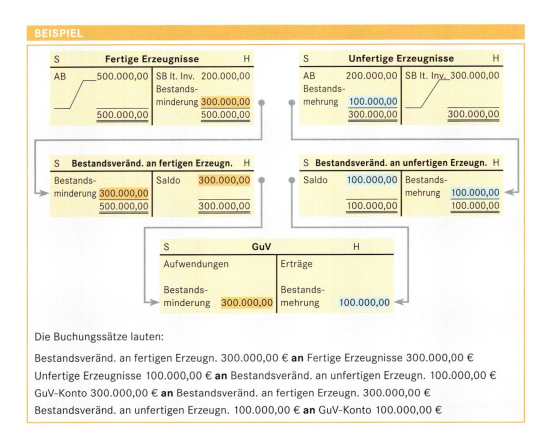

Die Buchungssätze lauten:

Bestandsveränd. an fertigen Erzeugn. 300.000,00 € **an** Fertige Erzeugnisse 300.000,00 €
Unfertige Erzeugnisse 100.000,00 € **an** Bestandsveränd. an unfertigen Erzeugn. 100.000,00 €
GuV-Konto 300.000,00 € **an** Bestandsveränd. an fertigen Erzeugn. 300.000,00 €
Bestandsveränd. an unfertigen Erzeugn. 100.000,00 € **an** GuV-Konto 100.000,00 €

Buchen von Bestandsmehrung und Bestandsminderung

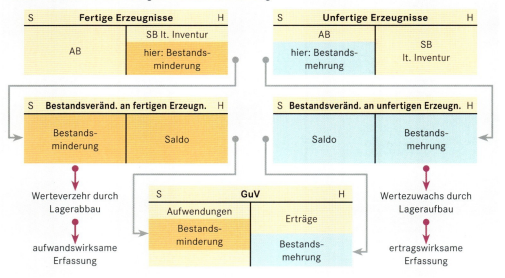

| Beschaffungs- und Absatzbereich | Personalwirtschaft | Finanzbereich |

Kapitel 3

AUFGABEN

1. Welche der folgenden Aussagen sind richtig bzw. falsch? Begründen Sie Ihre Meinung.
   a) Eine Bestandsmehrung fertiger Erzeugnisse bedeutet, dass in einer Rechnungsperiode mehr verkauft als produziert wurde.
   b) Das Konto „Fertige Erzeugnisse" ist ein Ertragskonto, auf dem die Verkaufserlöse gebucht werden.
   c) Liegt eine Bestandsminderung an fertigen Erzeugnissen vor, so resultiert ein Teil der Verkaufserlöse aus in vergangenen Perioden aufgebauten Lagerbeständen.
   d) Bestandsmehrungen an unfertigen bzw. fertigen Erzeugnissen werden buchhalterisch ertragswirksam erfasst.
   e) Die Bestandsveränderungskonten („Bestandsveränderungen an fertigen Erzeugnissen" und „Bestandsveränderungen an unfertigen Erzeugnissen") sind Bestandskonten.
   f) Auf den Konten „Unfertige Erzeugnisse" und „Fertige Erzeugnisse" werden lediglich Anfangsbestände, Schlussbestände lt. Inventur und Bestandsveränderungen (Bestandsmehrungen, Bestandsminderungen) gebucht.
   g) Bestandsmehrungen mindern und Bestandsminderungen mehren den betrieblichen Gewinn.
   h) Bestandsminderungen werden buchhalterisch aufwandswirksam behandelt.

2. Der Buchführung eines Mandanten sind folgende Werte (in €) zu entnehmen:

Anfangsbestände	I	II	III
Unfertige Erzeugnisse	200.000,00	250.000,00	180.000,00
Fertige Erzeugnisse	300.000,00	320.000,00	210.000,00
Erfolgssituation			
Summe der Aufwendungen	220.000,00	480.000,00	370.000,00
Summe der Erträge	280.000,00	550.000,00	310.000,00
Schlussbestände lt. Inventur			
Unfertige Erzeugnisse	225.000,00	180.000,00	150.000,00
Fertige Erzeugnisse	330.000,00	260.000,00	340.000,00

   a) Ermitteln Sie die Höhe der Bestandsveränderungen.
   b) Erklären Sie die erfolgswirksame Auswirkung der Bestandsveränderungen.
   c) Buchen Sie auf den Konten „Unfertige Erzeugnisse", „Fertige Erzeugnisse", „Bestandsveränderungen an unfertigen Erzeugnissen", „Bestandsveränderungen an fertigen Erzeugnissen" und „GuV" und ermitteln Sie den Gewinn/Verlust.
   d) Nennen Sie die Buchungssätze zum Abschluss der Konten.

3. Ein Mandant legt Ihnen folgenden Beleg mit der Buchführung vor:

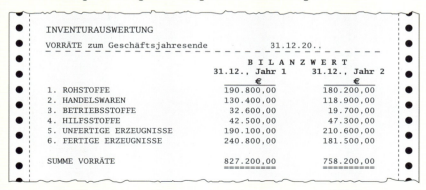

   a) Nennen Sie die Buchungssätze zur Erfassung der Bestandsveränderungen unfertiger und fertiger Erzeugnisse.
   b) Ermitteln Sie die Gewinnauswirkung.

4. Aus den Buchführungsunterlagen Ihres Mandanten entnehmen Sie folgende Angaben:

Anfangsbestände der Bestandskonten

Maschinen	600.000,00 €
Rohstoffe	250.000,00 €
Betriebsstoffe	50.000,00 €
Unfertige Erzeugnisse	40.000,00 €
Fertige Erzeugnisse	70.000,00 €
Forderungen a. LL	80.000,00 €
Kasse	10.000,00 €
Postbank	190.000,00 €
Eigenkapital	?
Verbindlichkeiten KI	400.000,00 €
Verbindlichkeiten a. LL	190.000,00 €

Es ereigneten sich folgende Geschäftsvorfälle:

1. Kassenausgänge für Briefmarken .... 150,00 €
2. Barzahlung von Reisekosten, ohne USt .... 900,00 €
3. Zielverkauf eigener Erzeugnisse .... 352.240,00 €
4. Kunde begleicht eine Ausgangsrechnung durch Postbanküberweisung .... 50.000,00 €
5. Barabhebung vom Postbankkonto .... 3.000,00 €
6. Postbanklastschrift für
    - Provisionen, 19 % USt .... 2.618,00 €
    - Leasinggebühren (Lkw), 19 % USt .... 2.023,00 €
    - Löhne .... 49.000,00 €
    - Gehälter .... 38.000,00 €
    - Lieferantenrechnung .... 56.000,00 €
    - Aufladen der Frankiermaschine, ohne USt .... 1.900,00 €
7. Zieleinkauf von Rohstoffen, 19 % USt .... 23.800,00 €
8. Einkauf von Betriebsstoffen auf Ziel, 19 % USt .... 4.760,00 €
9. Bareinzahlung auf Postbankkonto .... 1.800,00 €
10. Zielkauf einer Maschine, 19 % USt .... 71.400,00 €
11. Barkauf von Büromaterial, 19 % USt .... 595,00 €

Abschlussangaben

1. Schlussbestände lt. Inventur
    - Unfertige Erzeugnisse .... 25.000,00 €
    - Fertige Erzeugnisse .... 98.000,00 €
    - Rohstoffe .... 172.000,00 €
    - Betriebsstoffe .... 44.000,00 €
2. Kassenfehlbestand aufgrund eines nicht aufgeklärten Diebstahls .... 150,00 €
3. Die Buchbestände der übrigen Bestandskonten entsprechen den Inventurbeständen.

a) Bilden Sie die Buchungssätze zu den Geschäftsvorfällen und den Abschlussangaben.
b) Errichten Sie die Konten und buchen Sie die Buchungssätze.
c) Schließen Sie die Konten ab und erstellen Sie das GuV-Konto und das Schlussbilanzkonto.

Unterstellen Sie, dass nach dem Just-in-time-Verfahren gebucht wird.

3.15 Umsatzsteuer

3.15.1 Steuerbare Umsätze

> **LERNSITUATION**
>
> Einzelunternehmer Rumpel eröffnet in Pfronten eine Gaststätte. Die für ihn zuständige Finanzbeamtin hat ihn bei einem Telefonat darauf hingewiesen, dass er seine Umsätze der Umsatzsteuer unterwerfen muss. Aus seinen Eingangsrechnungen darf er Vorsteuer in Anspruch nehmen. Außerdem hat er monatlich eine Umsatzsteuervoranmeldung abzugeben. So ganz ist Herrn Rumpel die Problematik mit Umsatzsteuer, Vorsteuer und seiner Erklärungspflicht nicht klar geworden. Aus diesem Grund kommt er zu Ihnen und möchte genauere Erläuterungen.

Die steuerbaren Umsätze sind Gegenstand der Umsatzsteuer. Sie können steuerpflichtig oder steuerfrei sein.

UStG
§§ 1 Abs. 1, 3 Abs. 1 b, 3 Abs. 9 a, 18

Der Steuerbarkeit unterliegen u. a. nach dem Umsatzsteuergesetz

- alle Lieferungen und sonstige Leistungen, die von einem Unternehmer im Inland gegen Entgelt erbracht werden, § 1 Abs. 1 UStG, z. B. Verkauf von Waren, Vermittlung von Vertragsabschlüssen,
- der Import von Gegenständen aus Nicht-EU-Mitgliedstaaten in das Inland, § 1 Abs. 1 Nr. 4 UStG, z. B. die Einfuhr von Textilien aus China,
- der innergemeinschaftliche Erwerb im Inland gegen Entgelt, § 1 Abs. 1 Nr. 5 UStG,
- die Gegenstandsentnahme für private Zwecke, wenn zuvor ein voller oder teilweiser Vorsteuerabzug möglich war, § 3 Abs. 1 b Nr. 1 UStG,
- die private Verwendung betrieblicher Gegenstände, wenn zuvor ein voller oder teilweiser Vorsteuerabzug möglich war, § 3 Abs. 9 a Nr. 1 UStG, z. B. die private Nutzung des betrieblichen Pkw, und
- die Entnahme von Dienst- oder Werkleistungen für private Zwecke, unabhängig davon, ob zuvor ein Vorsteuerabzug möglich war, § 3 Abs. 9 a Nr. 2 UStG, z. B. Reparaturarbeiten am Privathaus durch Beschäftigte des Betriebes.

Aus wirtschafts-, kultur- und sozialpolitischen Gründen sind einige steuerbare Umsätze steuerfrei. Hierzu zählen gemäß § 4 UStG z. B.

- Ausfuhrlieferungen,
- innergemeinschaftliche Lieferungen,
- Entgelte für Kreditgewährung,
- Umsätze aus der Tätigkeit als Versicherungsvertreter,
- Entgelte für Vermietung und Verpachtung von Grundstücken und
- Umsätze aus der Tätigkeit als Arzt, Zahnarzt, Heilpraktiker, Hebamme oder aus vergleichbaren heilberuflichen Tätigkeiten.

Die Bemessungsgrundlage der Besteuerung ist in der Regel das Entgelt, §§ 10, 11 UStG. Auf sie wird der Steuersatz berechnet. Der Regelsteuersatz beträgt 19 % der Bemessungsgrundlage. Bestimmte Umsätze, z. B. Lebensmittel und Bücher, unterliegen dem ermäßigten Steuersatz von 7 %.

Kapitel 3

Teilgebiete des betrieblichen Rechnungswesens und deren Aufgaben | Einführung in die Systematik der Buchführung | Buchführung

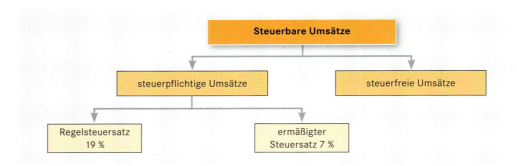

BEISPIEL

Ein Produktionsunternehmen kauft Rohstoffe zur Herstellung seiner Erzeugnisse ein. Die Eingangsrechnung lautet:

Rohstoffe	4.000,00 €
+ 19 % USt	760,00 €
Rechnungsbetrag	4.760,00 €

Das Unternehmen verkauft das fertige Erzeugnis für

Verkaufspreis	10.000,00 €
+ 19 % USt	1.900,00 €
Rechnungsbetrag	11.900,00 €

- Durch die Herstellung des Erzeugnisses hat das Unternehmen einen Mehrwert geschaffen. Dieser Mehrwert ergibt sich aus der Differenz zwischen dem Nettoverkaufspreis der erbrachten Leistung und dem Nettoeinkaufspreis der bezogenen Leistung (hier: vereinfacht nur Rohstoffe).

Nettoverkaufspreis – Nettoeinkaufspreis = Mehrwert
10.000,00 €   – 4.000,00 €   = 6.000,00 €

Zahllast[1] 1.140,00 € (1.900,00 € – 760,00 €) = 19 % des Mehrwertes von 6.000,00 €

Die folgende Darstellung zeigt beispielhaft auf, wie sich das System der Umsatzsteuer und Vorsteuer über mehrere Produktions- bzw. Handelsstufen vollzieht.

Produktions- bzw. Handelsstufen	Ausgangsrechnung (= Eingangsrechnung der nachfolgenden Umsatzstufe) (€)		Umsatzsteuer (€)	Vorsteuer (€)	Zahllast (=19 % vom Mehrwert) (€)	Mehrwert (€)
Urerzeuger	Nettopreis + 19 % USt Bruttopreis	10.000,00 1.900,00 11.900,00	1.900,00	0,00	1.900,00	10.000,00
Verarbeitende Industrie	Nettopreis + 19 % USt Bruttopreis	25.000,00 4.750,00 29.750,00	4.750,00	1.900,00	2.850,00	15.000,00
Großhandel	Nettopreis + 19 % USt Bruttopreis	30.000,00 5.700,00 35.700,00	5.700,00	4.750,00	950,00	5.000,00
Einzelhandel	Nettopreis + 19 % USt Bruttopreis	34.000,00 6.460,00 40.460,00	6.460,00	5.700,00	760,00	4.000,00
Summe					6.460,00	34.000,00

---
1 Zahllast siehe Kapitel 3.15.4

Der nicht vorsteuerabzugsberechtigte Endverbraucher trägt die Umsatzsteuer. Sein Umsatzsteueranteil entspricht der Summe der an das Finanzamt abgeführten Zahllasten (im obigen Beispiel 6.460,00 €).

Der Unternehmer auf der einzelnen Stufe zahlt letztendlich nur die Umsatzsteuer an das Finanzamt, die auf seine Wertschöpfung (seinen Mehrwert) entfällt.

Für die Unternehmen auf allen Produktions- und Handelsstufen ist die Umsatzsteuer erfolgsneutral.

3.15.2 Buchen auf dem Umsatzsteuerkonto

BEISPIEL

Ein Industriebetrieb schickt die folgende Ausgangsrechnung an seinen Kunden:

Verkaufspreis	10.000,00 €
+ 19 % USt	1.900,00 €
Rechnungsbetrag	11.900,00 €

- Der Verkauf der Erzeugnisse wird als Erlös, die Umsatzsteuer auf dem Konto „Umsatzsteuer" erfasst.

Buchungssatz

	Soll	Haben
1400/1200 Forderungen a. LL 1400/1200	11.900,00	
an 8400/4400 Erlöse 19 %		10.000,00
an 1770/3806 USt 19 %		1.900,00

Buchung

S	Forderungen a. LL	H
UE/USt 11.900,00		

S	Umsatzerlöse (UE)	H
		Ford. a. LL 10.000,00

S	Umsatzsteuer (USt)	H
		Ford. a. LL 1.900,00

Der Kunde wird mit dem vollen Rechnungsbetrag belastet. Er muss neben dem Preis für die Erzeugnisse die Umsatzsteuer an den Industriebetrieb entrichten.

Auf dem Konto „Umsatzerlöse" wird der Nettoverkaufspreis gebucht, die Umsatzsteuer wird gesondert auf dem Konto „Umsatzsteuer" erfasst.

Der Industriebetrieb kann nun die Umsatzsteuer, die er seinem Kunden in Rechnung stellt, selbstverständlich nicht einbehalten, sondern muss sie an das Finanzamt weiterleiten.

Die Umsatzsteuer stellt eine Verbindlichkeit gegenüber dem Finanzamt dar. Das Konto „Umsatzsteuer" hat daher den Charakter eines Verbindlichkeitenkontos. Es ist ein passives Bestandskonto.

3.15.3 Buchen auf dem Vorsteuerkonto

BEISPIEL (Fortsetzung)

Für die Erzeugnisse, die der Industriebetrieb mit oben stehender Ausgangsrechnung (siehe Kapitel 3.15.2) verkauft hat, hat er seinerseits Rohstoffe mit folgender Eingangsrechnung eingekauft:

Einkaufspreis	4.000,00 €
+ 19 % USt	760,00 €
Rechnungsbetrag	4.760,00 €

- Die beim Einkauf gezahlte Umsatzsteuer wird auf dem Konto „Vorsteuer" gebucht.

Buchungssatz

	Soll	Haben
3000/5100 Einkauf von Rohstoffen	4.000,00	
1570/1400 Vorsteuer	760,00	
an 1600/3300 Verbindl. a. LL		4.760,00

Buchung

S	Einkauf von Rohstoffen	H
Verb. a. LL 4.000,00		

S	Verbindlichkeiten a. LL	H
		Rohst./VSt. 4.760,00

S	Vorsteuer	H
Verb. a. LL 760,00		

Der Industriebetrieb muss den vollen Rechnungsbetrag einschließlich Umsatzsteuer an seinen Lieferanten entrichten.

Auf dem Konto „Einkauf von Rohstoffen" wird der Nettoeinkaufspreis gebucht, die zu zahlende Umsatzsteuer wird gesondert auf dem Konto „Vorsteuer" erfasst. Die ihm in Rechnung gestellte Umsatzsteuer (= Vorsteuer) kann der Industriebetrieb vom Finanzamt zurückverlangen.

> **Die Vorsteuer stellt eine Forderung an das Finanzamt dar. Das Konto „Vorsteuer" hat daher den Charakter eines Forderungskontos. Es ist ein aktives Bestandskonto.**

3.15.4 Zahllast

Die Umsatzsteuer und die Vorsteuer werden gegeneinander verrechnet.

Ist die Umsatzsteuer größer als die Vorsteuer, so muss der Unternehmer den Differenzbetrag ans Finanzamt zahlen = **Zahllast.**

Die Zahllast wird wie folgt errechnet:

    Umsatzsteuerschuld gemäß steuerpflichtiger Umsätze im Voranmeldungszeitraum
– **Vorsteuerforderung gemäß Eingangsrechnungen im Voranmeldungszeitraum**
= **Zahllast**

Die Zahllast wird i. d. R. am Ende eines jeden Monats ermittelt. Bis zum 10. des Folgemonats muss eine Umsatzsteuervoranmeldung auf amtlichem Vordruck über das Internet an das Finanzamt eingereicht werden. Die entsprechende Vorauszahlung der Zahllast muss spätestens drei Tage später (drei Tage Zahlungsschonfrist), also spätestens bis zum 13. des Folgemonats, beim Finanzamt eingehen. Fallen Abgabefrist für die Umsatzsteuervoranmeldung bzw. Zahlungsfrist für die Zahllast auf einen Samstag, Sonntag oder gesetzlichen Feiertag, verschieben sich Abgabefrist bzw. Zahlungsfrist auf den nächsten Werktag.

Die Zeit ist eng bemessen. Aus diesem Grund kann auf Antrag die Abgabefrist für die Umsatzsteuervoranmeldung und die entsprechende Zahlungsfrist jeweils um einen Monat verlängert werden, beispielsweise für den Monat März bis zum 10. Mai (= Dauerfristverlängerung).

Hat die Umsatzsteuerzahllast des vergangenen Kalenderjahres 7.500,00 € oder weniger betragen, so gelten statt der Monatsfristen Vierteljahresfristen.

Im Einzelnen gelten folgende Abgabefristen, § 18 UStG:

Betrag der Vorjahressteuer	Voranmeldungszeitraum
mehr als 7.500,00 €	monatlich
Vorsteuerüberhang über 7.500,00 €	monatlich auf Antrag
Jahr der Neugründung und das folgende Jahr	monatlich
nicht mehr als 7.500,00 €	vierteljährlich
nicht mehr als 1.000,00 €	nur Jahressteuererklärung auf Antrag

Die Zahlung der Umsatzsteuer an das Finanzamt kann über das Umsatzsteuerkonto gebucht werden.

BEISPIEL (Fortsetzung)

Im obigen Beispiel hat das Unternehmen eine Umsatzsteuerschuld von 1.900,00 € und eine Vorsteuerforderung von 760,00 €. Die Zahllast wird per Banküberweisung gezahlt.

- Die Zahllast von 1.140,00 € wird über das Umsatzsteuerkonto gebucht.

Buchungssatz

	Soll	Haben
1770/3806 Umsatzsteuer 19 %	1.140,00	
an 1200/1800 Bank		1.140,00

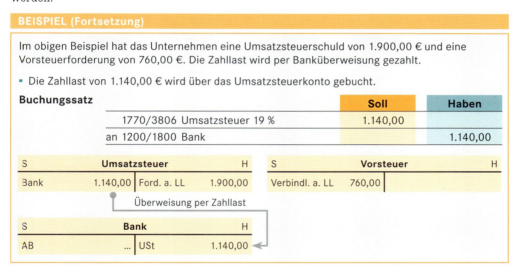

Durch die Buchung der Umsatzsteuervorauszahlungen auf dem Konto „Umsatzsteuer" wird dieses Konto recht unübersichtlich. Deshalb wird in der Praxis das Konto „Umsatzsteuervorauszahlungen" für die Zahlungen der Umsatzsteuer angesprochen.

BEISPIEL

- Die Zahllast von 1.140,00 € wird über das Umsatzsteuervorauszahlungskonto gebucht.

Buchungssatz

	Soll	Haben
1780/3820 USt-Vorauszahlungen	1.140,00	
an 1200/1800 Bank		1.140,00

S	Umsatzsteuer	H		S	Vorsteuer	H
	Ford. a. LL	1.900,00		Verbindl. a. LL	760,00	

S	Bank	H		S	USt-Vorauszahlungen	H
AB	...	USt-Vorauszahl. 1.140,00		Bank	1.140,00	

Bei dieser Vorgehensweise ist eine Abstimmung der Umsatzsteuervorauszahlungen im Rahmen der Jahresabschlussarbeiten leichter möglich.

3.15.5 Vorsteuerüberhang

Sind z. B. bei hohen saisonbedingten Einkäufen die Vorsteuerbeträge eines Umsatzsteuervoranmeldungszeitraums höher als die Umsatzsteuerbeträge, so liegt ein **Vorsteuerüberhang** vor.

Die Erstattung des Finanzamts wird auf das Konto „Umsatzsteuervorauszahlungen" erfasst.

BEISPIEL

Es sind insgesamt 8.000,00 € an Umsatz- und 10.000,00 € an Vorsteuer in einem Umsatzsteuervoranmeldungszeitraum gebucht worden.

- Die Erstattung des Finanzamts von 2.000,00 € wird über das Umsatzsteuervorauszahlungskonto gebucht.

Buchungssatz

	Soll	Haben
1200/1800 Bank	2.000,00	
an 1780/3820 USt-Vorauszahlungen		2.000,00

S	Umsatzsteuer	H
	Ford. a. LL	8.000,00

S	Vorsteuer	H
Verbindl. a. LL 10.000,00		

S	Bank	H
USt-Vorauszahl. 2.000,00		

S	USt-Vorauszahlungen	H
	Bank	2.000,00

3.15.6 Abschluss der Konten

Am Abschlussstichtag, z. B. 31.12., ist die Zahllast für den letzten Voranmeldungszeitraum noch nicht an das Finanzamt überwiesen (sie kann frühestens mit Ablauf des 31.12., also am 01.01. überwiesen werden), sodass diese Zahllast als Schlussbestand des passiven Bestandskontos „Umsatzsteuer" passiviert wird (Verbindlichkeit gegenüber dem Finanzamt).

Bei einem Vorsteuerüberhang wird entsprechend eine Forderung aktiviert.

Vorgehensweise

Man schließt zum Abschlussstichtag das betragsmäßig kleinere Konto über das größere ab. Das Umsatzsteuervorauszahlungskonto wird ebenfalls über dieses Konto abgeschlossen. Der Saldo wird entweder passiviert (bei einer Zahllast) bzw. eine Forderung wird aktiviert (bei einem Vorsteuerüberhang).

Beschaffungs- und Absatzbereich | Personalwirtschaft | Finanzbereich

Kapitel 3

BEISPIEL

Ein Unternehmen hat im Laufe des Jahres Umsatzsteuer in Höhe von 30.000,00 €, Vorsteuer in Höhe von 21.000,00 € und USt-Vorauszahlungen in Höhe von 8.000,00 € gebucht.

- Die Konten „Vorsteuer" und „USt-Vorauszahlungen" werden über das betragsmäßig größere Konto „Umsatzsteuer" abgeschlossen.

Buchungssätze

	Soll	Haben
1770/3806 Umsatzsteuer 19 %	21.000,00	
an 1570/1400 Vorsteuer		21.000,00
1770/3806 Umsatzsteuer 19 %	8.000,00	
an 1780/3820 USt-Vorauszahlungen		8.000,00
1770/3806 Umsatzsteuer 19 %	1.000,00	
an Schlussbilanzkonto		1.000,00

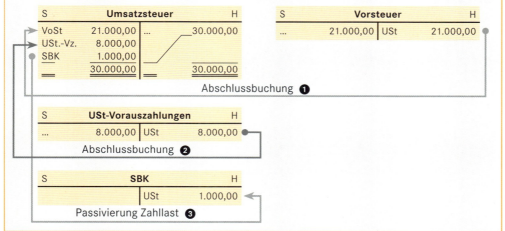

Buchen der USt-Vorauszahlungen

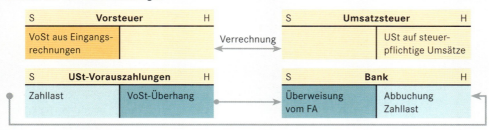

Abschluss bei Zahllast

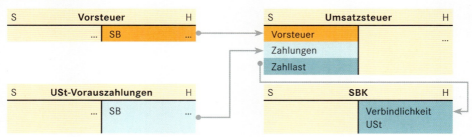

Abschluss bei Vorsteuerüberhangs

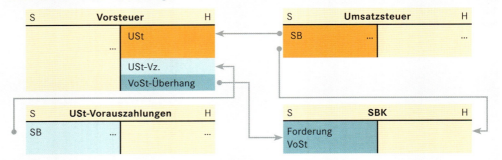

AUFGABEN

1. Jede der unter A stehenden Angaben passt inhaltlich zu einer der unter B stehenden Angaben. Nehmen Sie die jeweiligen Zuordnungen vor.

   A
   1. Buchung der Umsatzsteuer für bezogene Lieferungen und sonstige Leistungen
   2. Vorsteuerkonto
   3. Aktivierung des Vorsteuerüberhanges
   4. Buchung der Umsatzsteuer für erbrachte Lieferungen und sonstige Leistungen
   5. Umsatzsteuerkonto
   6. Nach der monatlichen Verrechnung von Umsatzsteuer und Vorsteuer ergibt sich eine Restverbindlichkeit gegenüber dem Finanzamt.
   7. Passivierung der Zahllast
   8. Träger der Umsatzsteuer
   9. Nach der monatlichen Verrechnung von Umsatzsteuer und Vorsteuer ergibt sich eine Restforderung an das Finanzamt.

   B
   1. Beim Abschluss wird die Umsatzsteuerschuld in der Bilanz ausgewiesen.
   2. Zahllast
   3. Im Soll des Vorsteuerkontos
   4. Passives Bestandskonto
   5. Im Haben des Umsatzsteuerkontos
   6. Vorsteuerüberhang
   7. Nicht vorsteuerabzugsberechtigter Endverbraucher
   8. Aktives Bestandskonto
   9. Beim Abschluss wird die Umsatzsteuerforderung in der Bilanz ausgewiesen.

2. a) Wie bucht die Textilfabrik Konrad Fied KG die Belege 1 und 2?

   b) Wie buchen der Textileinzelhandel Tina Hempe e. Kffr. den Beleg 1 und das Unternehmen Heinrich Paulmann e. K. den Beleg 2?

| Beschaffungs- und Absatzbereich | Personalwirtschaft | Finanzbereich |

Kapitel 3

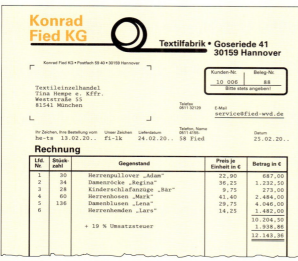

Beleg 1

Beleg 2

3. Ihr Mandant, die Textilfabrik Konrad Fied KG, Goseriede 41, 30159 Hannover, legt Ihnen folgende Belege (siehe auch folgende Seiten, Belege 1 bis 10) vor.

   a) Welche Geschäftsvorfälle liegen den Belegen zugrunde?

   b) Wie lauten die Buchungssätze?

Beleg 1

103

Kapitel 3

Teilgebiete des betrieblichen Rechnungswesens und deren Aufgaben | Einführung in die Systematik der Buchführung | Buchführung

Beleg 2

Autohaus Sauer KG

Rehbergstraße 24
30173 Hannover

Autohaus Sauer KG · Rehbergstraße 24 · 30173 Hannover

Textilfabrik
Konrad Fied KG
Goseriede 41
30159 Hannover

Telefax 0511 3213-33
E-Mail walter@sauer-wvd.de
Telefon 0511 3213-21

Bitte bei Zahlung angeben:
Rechnungsnummer: 1 584
Rechnungsdatum: 05.11.20..
Ihre Bestellung vom: 21.09.20..
Unsere Lieferung vom: 05.11.20..

Rechnung

EINGEGANGEN
6. Nov. 20..
Erl. ....

Wir danken für Ihren Auftrag und berechnen Ihnen wie folgt:

	Leistungsbezeichnung/Warenbezeichnung	Preise in €
1	Pkw	45.000,00
	Sonderausstattung:	
	Klimaanlage	1.200,00
	Autoradio	450,00
	Automatik-Antenne	200,00
		46.850,00
	+ 19 % USt	8.901,50
		55.751,50

ZAHLUNG IST ERFOLGT PER ELECTRONIC CASH
BLZ 251 901 01, KONTO-NR. 12 345
IBAN DE81 2519 0101 0000 0123 45
BIC GENODEF1HLI

Beleg 3

Firma Textilfabrik Konrad Fied KG
Goseriede 41, 30159 Hannover

Quittung

EINGEGANGEN
11. Okt. 20..
Erl. ....

4 Eingangsstempel € 59,50
3 Stempelkissen

+ 19 % USt inkl.

€ 59,50

Betrag dankend erhalten

Münch

stempel + schilder
siegfried münch
Stephanusstr. 13 · Tel.: 0511 447428
30449 Hannover (Linden)
St.-Nr. 47 852 75661

Datum 10.10.20..

| Beschaffungs- und Absatzbereich | Personalwirtschaft | Finanzbereich |

Kapitel 3

Beleg 4

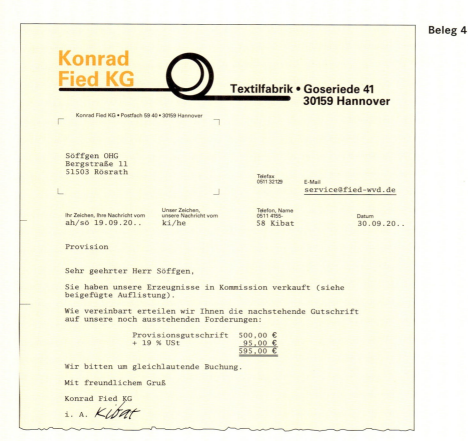

Beleg 5

Beleg 6

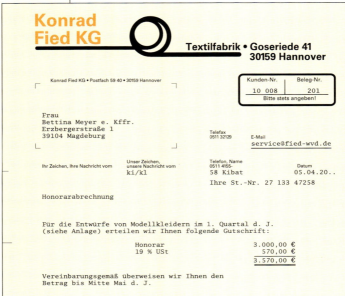

Beleg 7

| Beschaffungs- und Absatzbereich | Personalwirtschaft | Finanzbereich |

Kapitel 3

Beleg 8

Beleg 9

Konto-Nummer: **12 345** BLZ **251 901 01**		Lindener Volksbank eG		
IBAN: DE81 2519 0101 0000 0123 45 BIC: GENODEF1HLI				
Beleg	Buch.-Datum	Text	Wert	Betrag
99 061	08.11.20..	SB-ÜBERWEISUNG, FINANZAMT HANNOVER-SÜD, STEUER-NR.26/815/08151, UMSATZSTEUER-ZAHLLAST OKTOBER 20..	08.11.20..	11.780,00 -

TEXTILFABRIK
KONRAD FIED KG
GOSERIEDE 41
30159 HANNOVER

Konto-Auszug		
10.11.20..	87	1
Datum	Nummer	Blatt

EUR 60.000,00 +
Alter Kontostand
EUR 48.220,00 +
Neuer Kontostand

Beleg 10

```
Konto-Nummer: 12 345    BLZ 251 901 01           Lindener Volksbank eG
IBAN: DE81 2519 0101 0000 0123 45    BIC: GENODEF1HLI
```

Beleg	Buch.-Datum	Text	Wert	Betrag
99 001	18.04.20..	FINANZAMT HANNOVER-SÜD, STEUER-NR.26/815/08151, UMSATZSTEUERERSTATTUNG MÄRZ 20..	18.04.20..	503,00 +

TEXTILFABRIK
KONRAD FIED KG
GOSERIEDE 41
30159 HANNOVER

Konto-Auszug: 19.04.20.. Nummer 29 Blatt 1

EUR 60.000,00 + Alter Kontostand
EUR 60.503,00 + Neuer Kontostand

4. Für das Geschäftsjahr 01 wurden folgende Beträge gebucht:

auf dem Umsatzsteuerkonto im Haben .... 67.820,00 €
auf dem Vorsteuerkonto im Soll .... 100.590,00 €
auf dem Umsatzsteuervorauszahlungskonto im Haben .... 30.640,00 €

Ermitteln Sie die Umsatzsteuerzahllast bzw. den Vorsteuerüberhang und schließen Sie die Konten ab.

5. Ihr Mandant, ein Gewerbetreibender, hat folgende **Anfangsbestände:**

0210/0440 Maschinen .... 900.000,00 €
0300/0690 Geschäftsausstattung .... 150.000,00 €
0320/0520 Pkw .... 60.000,00 €
1400/1200 Forderungen a. LL .... 90.000,00 €
1200/1800 Bank .... 65.000,00 €
1000/1600 Kasse .... 15.000,00 €
0870/2000 Eigenkapital .... ?
0630/3150 Verbindlichkeiten KI .... 400.000,00 €
1600/3300 Verbindlichkeiten a. LL .... 120.000,00 €
1770/3800 Umsatzsteuer .... 6.000,00 €

Im Laufe des Jahres ereignen sich folgende **Geschäftsvorfälle:**

1. Lastschriftanzeige der Bank
   1. für die USt-Zahllast .... 6.000,00 €
   2. für Löhne .... 14.000,00 €
   3. für Darlehenstilgung .... 20.000,00 €
2. Eingangsrechnung eines Web-Designers über
   Nettopreis .... 5.000,00 €
   19 % USt .... 950,00 €
   Rechnungspreis .... 5.950,00 €
3. Ausgangsrechnung für eine Leistung über
   Nettopreis .... 70.000,00 €
   19 % USt .... 13.300,00 €
   Rechnungspreis .... 83.300,00 €
4. Überweisung der Zahllast I. Quartal in Höhe von .... 12.350,00 €
5. Eingangsrechnung über Rohstoffe
   Nettopreis .... 40.000,00 €
   19 % USt .... 7.600,00 €
   Rechnungspreis .... 47.600,00 €

Beschaffungs- und Absatzbereich | **Personalwirtschaft** | **Finanzbereich**

Kapitel 3

6. Zahlung von Löhnen per Banküberweisung .... 15.000,00 €

7. Eingangsrechnung über einen kurzfristig gemieteten Lkw
   Nettopreis .... 1.000,00 €
   19 % USt .... 190,00 €
   Rechnungspreis .... 1.190,00 €

8. Erstattung des Vorsteuerüberhangs durch das Finanzamt .... 7.790,00 €

9. Ausgangsrechnung für eine erbrachte Leistung über
   Nettopreis .... 8.000,00 €
   19 % USt .... 1.520,00 €
   Rechnungspreis .... 9.520,00 €
   Die Rechnung wird sofort per Banküberweisung gezahlt.

10. Zahlungseingang auf der Bank von Ausgangsrechnungen in Höhe von ...... 32.000,00 €

11. Zahlung von Zinsen für ein betriebliches Darlehen .... 1.000,00 €

12. Die Halbjahresmiete für die Monate Juli bis Dezember erhielt Ihr Mandant
    per Banküberweisung .... 12.000,00 €

13. Barkauf von Büromaterial .... 500,00 €
    19 % USt .... 95,00 €
    Rechnungspreis .... 595,00 €

14. Zahlung der Umsatzsteuerzahllast III. Quartal per Banküberweisung
    in Höhe von .... 1.425,00 €

15. Barverkauf von Erzeugnissen .... 3.500,00 €
    19 % USt .... 665,00 €
    Rechnungspreis .... 4.165,00 €

16. Eine Ausgangsrechnung an einen Kunden wurde geschrieben in Höhe
    von Nettopreis .... 26.000,00 €
    19 % USt .... 4.940,00 €
    Rechnungspreis .... 30.940,00 €

17. Einkauf von Rohstoffen in Höhe von
    Nettopreis .... 19.000,00 €
    19 % USt .... 3.610,00 €
    Rechnungspreis .... 22.610,00 €

18. Kauf eines neuen Pkw
    Nettopreis .... 15.000,00 €
    19 % USt .... 2.850,00 €
    Rechnungspreis .... 17.850,00 €

Hinweis:

Der Kauf von Rohstoffen ist auf dem Aufwandskonto „Einkauf von Rohstoffen" zu buchen.

Die eingekauften Rohstoffe wurden komplett im Laufe des Geschäftsjahres verbraucht.

a) Eröffnen Sie die Bestandskonten.
b) Bilden Sie zu den Geschäftsvorfällen die Buchungssätze und buchen Sie auf den Konten.
c) Ermitteln Sie die USt-Zahllast/Vorsteuerüberhang für das IV. Quartal.
d) Schließen Sie die Konten ab.
e) Zeigen Sie, welche Auswirkung die Geschäftsvorfälle auf den Erfolg und auf die Bilanzsumme haben.

Kapitel 3 — Teilgebiete des betrieblichen Rechnungswesens und deren Aufgaben — Einführung in die Systematik der Buchführung — **Buchführung**

6. Ihr Mandant, eine Großhandels-GmbH, hat zum Geschäftsjahresanfang folgende Bestände, die mit den **Inventurwerten** übereinstimmen:

Pkw	15.000,00 €
Geschäftsausstattung	20.000,00 €
Warenbestand	30.000,00 €
Forderungen a. LL	5.900,00 €
Bank	8.000,00 €
Kasse	3.000,00 €
Eigenkapital	?
Verbindlichkeiten KI	40.200,00 €
Verbindlichkeiten a. LL	5.700,00 €
Umsatzsteuer	420,00 €

   Folgende **Geschäftsvorfälle** ereignen sich im Laufe des Geschäftsjahres:

   1. Es werden Waren im Wert von brutto 8.330,00 € auf Ziel eingekauft.
   2. Die Zahllast des Vorjahres in Höhe von 420,00 € wird per Banküberweisung gezahlt.
   3. Eine Forderung in Höhe von 3.500,00 € wird von einem Kunden bar gezahlt.
   4. Eine neue EDV-Anlage wird für 1.800,00 € zzgl. 19 % USt auf Ziel erworben.
   5. Waren werden für 10.000,00 € zzgl. 19 % USt verkauft. Der Kunde zahlt sofort auf das Bankkonto.
   6. Ein Darlehen wird in Höhe von 5.000,00 € getilgt. Gleichzeitig werden die Jahreszinsen von 3.500,00 € gezahlt. Beides erfolgt per Banküberweisung.
   7. Barverkauf von Waren für brutto 2.975,00 €
   8. Die Miete von 6.000,00 € für die Geschäftsräume wird per Banküberweisung gezahlt.
   9. Gehälter in Höhe von 5.000,00 € werden durch Banküberweisung gezahlt.
   10. Auf einer Geschäftsreise entstehen Taxikosten in Höhe von 53,55 € einschl. 19 % USt, die bar bezahlt werden.
   11. Für eine Werbeanzeige werden 119,00 € durch Banküberweisung gezahlt.

   a) Eröffnen Sie die Bestandskonten.
   b) Bilden Sie zu den Geschäftsvorfällen die Buchungssätze und buchen Sie auf den Konten.
   c) Ermitteln Sie die USt-Zahllast/Vorsteuerüberhang.
   d) Schließen Sie die Konten ab.
   e) Zeigen Sie, welche Auswirkung die Geschäftsvorfälle auf den Erfolg und auf die Bilanzsumme haben.

3.16 Privatkonto

LERNSITUATION

Einzelunternehmer Heinrich entnimmt seinem Betrieb, einem Handel für Büromöbel, monatlich 2.000,00 €, um seine Lebenshaltungskosten zu bestreiten. Ferner hat er seinem Sohn einen Schreibtisch mit Schreibtischstuhl geschenkt, die er zuvor dem Lagerbestand seines Unternehmens entnommen hat.

Bisher hat Heinrich keine buchhalterischen oder steuerlichen Konsequenzen aus den Entnahmen gezogen. Allerdings kommen ihm Zweifel, ob er nicht doch die Vorgänge buchen muss.

Beraten Sie Herrn Heinrich.

Neben Aufwendungen und Erträgen führen auch Privatentnahmen und Privateinlagen zu Eigenkapitaländerungen.
Privatentnahmen mindern das Eigenkapital; Privateinlagen mehren das Eigenkapital.

EStG
§ 4 Abs.1, § 6 Abs. 1, Nr. 4, 5

UStG
§ 10 Abs. 4

3.16.1 Privatentnahmen

Da ein Unternehmer keinen monatlichen Arbeitslohn erhält, aber trotzdem seinen Lebensunterhalt bestreiten muss, entnimmt er im Laufe des Geschäftsjahres Geldbeträge. Außerdem entnimmt er vielleicht seinem Betrieb Wirtschaftsgüter. Man spricht hier von Privatentnahmen. Zu den Privatentnahmen zählen nach § 4 Abs. 1 EStG:

- **Barentnahmen**
  Beispiele: Ein Unternehmer entnimmt der betrieblichen Kasse 1.000,00 € für eine private Wochenendreise. Ein Unternehmer zahlt seine Einkommensteuer durch Überweisung vom betrieblichen Bankkonto. Ein Unternehmer begleicht den Rechnungsbetrag für private Zeitungsanzeigen per Überweisung vom betrieblichen Postbankkonto.

- **Warenentnahmen**
  Beispiel: Ein Feinkosthändler entnimmt seinem Geschäft Kaviar für eine private Feier.
- **Erzeugnisentnahmen**
  Beispiel: Ein Textilwarenfabrikant entnimmt eine in seinem Betrieb hergestellte Bluse, um sie seiner Frau zu schenken.
- **Nutzungsentnahmen**
  Beispiele: Der Geschäftswagen wird für Privatfahrten eingesetzt. Betriebsräume werden als Privatwohnung genutzt.
- **Leistungsentnahmen**
  Beispiel: Der Inhaber einer Kfz-Werkstatt lässt während der betrieblichen Arbeitszeit seinen Privatwagen von einem angestellten Kfz-Meister reparieren.

3.16.2 Privateinlagen

Privateinlagen liegen vor, wenn ein Unternehmer seinem Betrieb im Laufe des Geschäftsjahres Geldbeträge oder Wirtschaftsgüter aus seinem Privatvermögen zuführt. Zu den Privateinlagen zählen nach § 4 Abs. 1 EStG:

- **Bareinzahlungen**
  Beispiel: Ein Unternehmer zahlt einen Lottogewinn auf das betriebliche Bankkonto ein.

- **sonstige Wirtschaftsgüter**
  Beispiele: Der Privatwagen des Unternehmers wird in den Betrieb als Fahrzeug für die Arbeitnehmer eingebracht. Die privat entlohnte Putzfrau des Unternehmers reinigt auch die Büroräume.

Nur bei den Einzelunternehmern und den Personengesellschaften sind Privatentnahmen und Privateinlagen möglich.

Bei Kapitalgesellschaften gibt es keine Privatbuchungen, da Kapitalgesellschaften keinen Privatbereich haben. Wird einem Gesellschafter ein Vorteil zugewendet, so liegt keine Privatentnahme vor, sondern eine verdeckte Gewinnausschüttung.

3.16.3 Buchhalterische Behandlung von Privatentnahmen und Privateinlagen

Das betriebliche Eigenkapital ändert sich durch Privatentnahmen und Privateinlagen.

> **Privatentnahmen führen zu Eigenkapitalminderungen. Privateinlagen führen zu Eigenkapitalmehrungen.**

Privatentnahmen könnten als Bestandsminderungen im Soll und Privateinlagen als Bestandsmehrungen im Haben des passiven Bestandskontos „Eigenkapital" gebucht werden.

Damit nun aber das Eigenkapitalkonto nicht zu unübersichtlich wird, werden Privatentnahmen auf dem Konto „Privatentnahmen allgemein" und Privateinlagen auf dem Konto „Privateinlagen" gebucht.

Privatentnahmen werden auf dem Privatkonto im Soll gebucht. Privateinlagen werden im Haben gebucht. Die Privatkonten werden über das Eigenkapitalkonto abgeschlossen.

BEISPIEL

Ein Unternehmer
a) entnimmt der Kasse 400,00 €, um seiner Frau ein Geschenk zu machen,
b) überweist private Ersparnisse von 10.000,00 € auf das betriebliche Bankkonto und
c) überweist 20.000,00 € vom betrieblichen Postbankkonto für den Kauf eines Privatwagens.

- Die Entnahmen von 400,00 € und 20.000,00 € sind auf dem Konto „Privatentnahmen allgemein" zu buchen und die Privateinlage von 10.000,00 € auf dem Konto „Privateinlagen".

Buchungssätze	Soll	Haben
1800/2100 Privatentnahmen allg.	400,00	
an 1000/1600 Kasse		400,00
1200/1800 Bank	10.000,00	
an 1890/2180 Privateinlagen		10.000,00
1800/2100 Privatentnahmen allg.	20.000,00	
an 1100/1700 Postbank		20.000,00

- Der Abschluss der Privatkonten erfolgt über das Eigenkapitalkonto.

Buchungssätze	Soll	Haben
Eigenkapital	20.400,00	
an 1800/2100 Privatentnahmen allg.		20.400,00
1890/2180 Privateinlagen	10.000,00	
an Eigenkapital		10.000,00

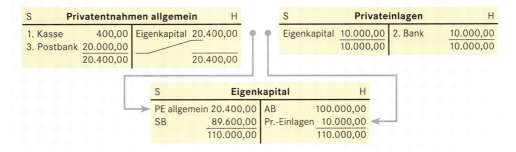

Betriebsvermögensvergleich

Den Gewinn eines Unternehmens kann man zum einen aus der Gewinn- und Verlustrechnung ablesen oder gemäß § 4 Abs. 1 EStG durch Betriebsvermögensvergleich ermitteln.

Der Vergleich des Eigenkapitals am Ende des vorangegangenen Geschäftsjahres mit dem Eigenkapital am Ende des Geschäftsjahres zeigt an, ob ein Gewinn oder ein Verlust erzielt wurde.

BEISPIEL

	Fall 1	Fall 2
Eigenkapital am Ende des Geschäftsjahres	500.000,00 €	500.000,00 €
Eigenkapital am Ende des letzten Geschäftsjahres	400.000,00 €	560.000,00 €
Eigenkapitalmehrung = Gewinn	+ 100.000,00 €	
Eigenkapitalminderung = Verlust		– 60.000,00 €

Da Privatentnahmen und Privateinlagen Einfluss auf das Eigenkapital haben, aber den Gewinn nicht verändern, müssen beim Betriebsvermögensvergleich Korrekturen erfolgen.

Privateinlagen (eigenkapitalerhöhend) müssen vom Eigenkapital abgezogen und Privatentnahmen (eigenkapitalmindernd) müssen addiert werden.

Gemäß § 4 Abs. 1 EStG ergibt sich folgendes Berechnungsschema:

```
    Eigenkapital am Ende des Wirtschaftsjahres
–   Eigenkapital am Ende des vorangegangenen Wirtschaftsjahres
=   Eigenkapitalmehrung, Eigenkapitalminderung
+   Privatentnahmen
–   Privateinlagen
=   Gewinn/Verlust
```

Kapitalkontenentwicklung

Die Kapitalkontenentwicklung zeigt die Entwicklung des Eigenkapitalkontos vom Beginn des Wirtschaftsjahres bis zu dessen Ende.

BEISPIEL

Das Kapitalkonto eines Unternehmers betrug zum 01.01. eines Wirtschaftsjahres 100.100,00 €. Er tätigte im Laufe des Jahres Entnahmen in Höhe von 18.000,00 € und Einlagen in Höhe von 2.000,00 €. Der Gewinn des Wirtschaftsjahres beträgt 35.000,00 €.

- Das Eigenkapital am Ende des Wirtschaftsjahres beträgt 119.100,00 €.

Kapitalkontenentwicklung

Kapital am Anfang des Wirtschaftsjahres	100.100,00 €
+ Gewinn des laufenden Wirtschaftsjahres	35.000,00 €
– Privatentnahmen	18.000,00 €
+ Privateinlagen	2.000,00 €
= Kapital am Ende des Wirtschaftsjahres	119.100,00 €

Betriebsvermögensvergleich

Kapital am Ende des Wirtschaftsjahres	119.100,00 €
– Kapital am Ende des vorangegangenen Wirtschaftsjahres	100.100,00 €
Eigenkapitalmehrung	19.000,00 €
+ Privatentnahmen	18.000,00 €
– Privateinlagen	2.000,00 €
= Gewinn	35.000,00 €

Es ergibt sich folgendes Berechnungsschema:

    Eigenkapital zu Beginn des Wirtschaftsjahres
- Privatentnahmen
+ Privateinlagen
+/- Gewinn/Verlust

= Eigenkapital am Ende des Wirtschaftsjahres

3.16.4 Umsatzsteuerpflicht der Privatentnahmen

Privatentnahmen sind zum Teil umsatzsteuerpflichtig. Der Unternehmer ist bei der Entnahme für private Zwecke Endverbraucher. Würden die Privatentnahmen nicht der Umsatzsteuer unterliegen, wäre der Unternehmer besser gestellt als alle anderen Konsumenten, die Umsatzsteuer bezahlen müssen.

Die Entnahme von Geld unterliegt nicht der Umsatzsteuer.

Tätigt der Unternehmer Privatentnahmen, außer Geldentnahmen, so hat er i. d. R. den Einkauf der Leistungen als Aufwand mit Vorsteuer gebucht. Damit er nun nicht besser gestellt wird als ein Nichtunternehmer, hat der Unternehmer die Privatentnahme auf einem Erfolgskonto zu erfassen.

Damit die Entnahmen von den übrigen Erlösen zu unterscheiden sind, sind sie auf separaten Konten zu buchen:

- unentgeltliche Wertabgaben 8900/4600
- Privatentnahmen durch Unternehmer für Zwecke außerhalb des Unternehmens 19 % (Automatikkonto) 8910/4620
- Verwendung von Gegenständen für Zwecke außerhalb des Unternehmens ohne USt 8918/4638
- Verwendung von Gegenständen für Zwecke außerhalb des Unternehmens 19 % USt 8920/4640 (Automatikkonto)

Diese Konten sind Ertragskonten und werden über das GuV-Konto abgeschlossen.

Gemäß § 6 Abs. 1 Nr. 4 EStG sind Entnahmen mit dem Teilwert zu bewerten.

Die umsatzsteuerliche Bemessungsgrundlage für Wirtschaftsgüter, die dem Unternehmen entnommen werden, ist der Einkaufspreis zuzüglich der Nebenkosten zum Zeitpunkt der Entnahme, § 10 Abs. 4 UStG. Der Einkaufspreis entspricht den Wiederbeschaffungskosten.

BEISPIEL

Ein Unternehmer tätigt folgende Privatentnahmen:
1. Barentnahme für private Zwecke   500,00 €
2. Privatentnahme von Waren, Einkaufspreis   5.000,00 €
3. private Telefongespräche mit den betriebseigenen Telefonen   100,00 €

- Die Entnahmen (bis auf die Barentnahme) sind umsatzsteuerpflichtig.

Buchungssätze	Soll	Haben
1800/2100 Privatentnahmen allg.	500,00	
an 1000/1600 Kasse		500,00
1800/2100 Privatentnahmen allg.	5.950,00	
an 8910/4620 PE f. Zwecke a.d. Unternehmens		5000,00
an 1770/3806 Umsatzsteuer		950,00
1800/2100 Privatentnahmen allg.	119,00	
an 8920/4640 Verw. v. Ggst. f. außerunt. Zwecke		100,00
an 1770/3806 Umsatzsteuer		19,00

| Beschaffungs- und Absatzbereich | Personalwirtschaft | Finanzbereich |

Kapitel 3

In der Praxis wird häufig nicht nur ein Privatentnahme- bzw. -einlagekonto geführt. Zum besseren Überblick werden mehrere Privatentnahmen nach Veranlassung auf verschiedene Privatkonten gebucht, z. B. Versicherungsbeiträge auf dem Konto „Sonderausgaben beschränkt abzugsfähig", Krankheitskosten auf dem Konto „Außergewöhnliche Belastungen" oder Zahlung von Stromkosten der privaten Wohnung auf dem Konto „Grundstückaufwendungen".

Beim Abschluss kann man diese detaillierten Entnahmekonten über das Konto „Privatentnahmen allgemein" und dieses eine Privatentnahmekonto dann über das Konto „Eigenkapital" abschließen.

Abschluss Privatkonten

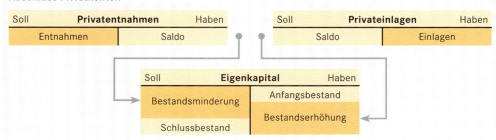

AUFGABEN

1. Geben Sie an, in welcher Form
   a) Privatentnahmen und   b) Privateinlagen getätigt werden können.

2. Welche Auswirkungen haben Privatentnahmen und Privateinlagen auf das Eigenkapital?

3. Wie ermittelt man den Gewinn/Verlust nach dem Betriebsvermögensvergleich unter Einbeziehung von Privatentnahmen und Privateinlagen?

4. Die Textilfabrik Konrad Fied KG, Goseriede 41, 30159 Hannover, ist Ihr Mandant. Die nachfolgenden stehenden Belege 1 bis 4 liegen Ihnen zur Buchung vor.
   a) Welche Geschäftsvorfälle liegen den Belegen zugrunde?
   b) Wie lauten die Buchungssätze?

Beleg 1

```
            Erzeugnisentnahme

2 Trainingsanzüge, Artikel-Nr. 3210......  100,00
2 Herren-Sweatshirts, Artikel-Nr. 3543 ...  50,00
2 Herren-T-Shirts, Artikel-Nr. 5680 ......   28,00
                                            178,00
+ 19 % Umsatzsteuer.....................    33,82
                                            211,82

28.09.20..   Fied
```

Beleg 2

| Konrad Fied KG Hannover | Buchungsanweisung Buchungsdatum: 31.08.20.. | Beleg-Nr.: 568 |

für: Die Grund- u. Gesprächsgebühren d. Monats Aug. betrugen netto 2.199,00 €.
Der private Anteil an den Telefonaten betrug 5 % (= 109,95 €).
Darauf 19 % Umsatzsteuer (= 20,89 €).

Beleg 3

Konto-Nummer: **12 345** BLZ **251 901 01** **Lindener Volksbank eG**
IBAN: DE81 2519 0101 0000 0123 45 BIC: GENODEF1HLI

Beleg	Buch.-Datum	Text	Wert	Betrag
99 668	08.03.20..	SB-ÜBERWEISUNG, SPENDE WELTHUNGERHILFE	08.03.20..	150,00 -
99 527	08.03.20..	SB-ÜBERWEISUNG, FERIENWOHNUNG SYLT	08.03.20..	2.788,00 -
99 718	08.03.20..	SB-ÜBERWEISUNG, FINANZAMT HANNOVER-SÜD, EINKOMMENSTEUERVORAUSZAHLUNG III/20.., ST.-NR. 26/815/08151	08.03.20..	8.000,00 -

TEXTILFABRIK
KONRAD FIED KG
GOSERIEDE 41
30159 HANNOVER

Konto-Auszug: 10.03.20.. | 19 | 1

EUR 30.000,00 + Alter Kontostand
EUR 19.062,00 + Neuer Kontostand

Beleg 4

Konto-Nummer: **12 345** BLZ **251 901 01** **Lindener Volksbank eG**
IBAN: DE81 2519 0101 0000 0123 45 BIC: GENODEF1HLI

Beleg	Buch.-Datum	Text	Wert	Betrag
99 544	15.04.20..	RÜCKERSTATTUNG FERIENWOHNUNG SYLT	15.04.20..	2.788,00 +
99 617	15.04.20..	SB-ÜBERWEISUNG, DR. BANGE, ARZTRECHNUNG 512, ANNI FIED	14.04.20..	443,00 -
99 270	16.04.20..	FINANZAMT HANNOVER-SÜD, EINKOMMENSTEUERERSTATTUNG, ST.-NR. 26/815/08151	16.04.20..	2833,00 +

TEXTILFABRIK
KONRAD FIED KG
GOSERIEDE 41
30159 HANNOVER

Konto-Auszug: 18.04.20.. | 28 | 1

EUR 25.000,00 + Alter Kontostand
EUR 30.178,00 + Neuer Kontostand

5. Am Ende des vorangegangenen Wirtschaftsjahres betrug das Eigenkapital eines Handwerksbetriebes 250.000,00 €. Durch Inventur werden am Wirtschaftsjahresende eine Vermögenssumme von 470.000,00 € und eine Schuldensumme von 320.000,00 € ermittelt. Dem Betrieb wurden während des Wirtschaftsjahres 80.000,00 € entnommen und 25.000,00 € aus privaten Mitteln zugeführt.

Wie hoch ist der Gewinn oder Verlust des Handwerksbetriebes?

6. Folgende Werte für einen Einzelunternehmer entnehmen Sie Ihren Unterlagen:
Werte am Ende des vorangegangenen Wirtschaftsjahres
Summe des Vermögens .... 680.000,00 €
Summe der Schulden .... 410.000,00 €
Werte am Ende des Wirtschaftsjahres
Summe des Vermögens .... 770.000,00 €
Summe der Schulden .... 440.000,00 €
Privateinlagen .... 30.000,00 €
Privatentnahmen .... 110.000,00 €
Ermitteln Sie den Gewinn bzw. Verlust.

| Beschaffungs- und Absatzbereich | Personalwirtschaft | Finanzbereich |

Kapitel 3

7. Wie hoch sind die Eigenkapitalmehrungen bzw. die Eigenkapitalminderungen?
   a) Gewinn = 500.000,00 €; Einlagenüberschuss = 10.000,00 €
   b) Gewinn = 200.000,00 €; Entnahmenüberschuss = 250.000,00 €
   c) Verlust = 100.000,00 €; Entnahmenüberschuss = 150.000,00 €
   d) Verlust = 150.000,00 €; Einlagenüberschuss = 50.000,00 €
   e) Gewinn = 180.000,00 €; Entnahmenüberschuss = 150.000,00 €
   f) Verlust = 60.000,00 €; Einlagenüberschuss = 100.000,00 €

8. Geben Sie an, welche Fälle zu einer Eigenkapitalmehrung bzw. -minderung führen.
   1. Fall: Gewinn   >   Entnahmenüberschuss
   2. Fall: Verlust +   Entnahmenüberschuss
   3. Fall: Verlust >   Einlagenüberschuss
   4. Fall: Gewinn   +   Einlagenüberschuss
   5. Fall: Gewinn   <   Entnahmenüberschuss
   6. Fall: Verlust <   Einlagenüberschuss

9. Aus den Ihnen vorliegenden Unterlagen sind folgende Zahlen zu entnehmen:

(in €)	1.	2.
Eigenkapital am Ende des vorangegangenen Wirtschaftsjahres	250.000,00	300.000,00
Schlussbestand des Eigenkapitalkontos	200.000,00	400.000,00
Privatentnahmen	10.000,00	60.000,00
Privateinlagen	30.000,00	20.000,00

Errechnen Sie den Gewinn bzw. den Verlust und führen Sie eine Kapitalkontenentwicklung durch.

10. Bei Ihrem Mandanten ereignen sich folgende **Geschäftsvorfälle:**   €

    1. Hundesteuer für Wachhund des Betriebes 60,00
       für Jagdhund 65,00
       wird per Banküberweisung gezahlt.
    2. Private Arztrechnungen werden per Banküberweisung beglichen 300,00
    3. Die private Krankenkasse überweist die privaten Arztkosten
       auf das betriebliche Postbankkonto 300,00
    4. Ein Lottogewinn wird auf das betriebliche Bankkonto eingezahlt 12.000,00
    5. Ein Geburtstagsgeschenk für die Tochter des Unternehmers wird
       mit Bargeld aus der betrieblichen Kasse bezahlt 150,00
    6. Banküberweisung für die Miete der Geschäftsräume 3.000,00
       der Privatwohnung 800,00
    7. Barentnahme aus der Geschäftskasse für eine private Wochenendreise 1.000,00
    8. Private Ersparnisse werden auf das betriebliche Bankkonto überwiesen 9.000,00
    9. Spende für das Müttergenesungswerk wird per Banküberweisung
       bezahlt 300,00
    10. Einlage einer Erbschaft auf das Bankkonto 15.000,00
    11. Versicherungsbeiträge werden per Banküberweisung gezahlt,
        Ausbildungsversicherung der Tochter 80,00
        Lagerversicherung 1.300,00
        Lebensversicherung 200,00
    12. Zahlung der Einkommensteuer 12.000,00
        Kraftfahrzeugsteuer (betrieblicher Fuhrpark) 1.000,00
        durch Banküberweisung.
    13. Banküberweisung für Reparatur am Privathaus, netto 1.000,00
        + 19 % Umsatzsteuer (nicht als Vorsteuer absetzen) 190,00
    14. Reparaturrechnung für Privatwagen, netto 500,00
        + 19 % Umsatzsteuer (nicht als Vorsteuer absetzen) 95,00
        wird bar bezahlt.
    15. Entnahme eines Kostüms für die Ehefrau des Unternehmers, netto 200,00
        + 19 % Umsatzsteuer 38,00   →

16. Der private Anteil an den telefonischen Grund- und Gesprächs-
gebühren (betriebseigene Telefonanlage) beträgt netto 150,00
darauf 19 % Umsatzsteuer 28,50

Buchen Sie die Geschäftsvorfälle und geben Sie die Buchungssätze zum Abschluss der Privatkonten an. Ermitteln Sie außerdem die Auswirkung der einzelnen Geschäftsvorfälle auf den Erfolg und das Eigenkapital.

11. Ihr Mandant, ein Großhändler mit technischen Anlagen aller Art, hat durch Inventur folgende **Anfangsbestände** ermittelt:

bebautes Grundstück .... 100.000,00 €
Gebäude .... 700.000,00 €
Pkw .... 105.000,00 €
Geschäftsausstattung .... 110.000,00 €
Waren .... 340.000,00 €
Forderungen a. LL .... 45.000,00 €
Bank .... 30.000,00 €
Kasse .... 10.000,00 €
Eigenkapital .... ?
Verbindlichkeiten KI .... 700.000,00 €
Verbindlichkeiten a. LL .... 70.000,00 €

Im Laufe des Jahres ereignen sich folgende **Geschäftsvorfälle:**

1. Waren werden auf Ziel für 70.000,00 € zzgl. 19 % USt 13.300,00 € = 83.300,00 € verkauft.
2. Auf einem Kontoauszug sind Beträge abgebucht worden für
   2.1 ungedeckten Kundenscheck .... 5.000,00 €
   2.2 Darlehenstilgung .... 1.000,00 €
   2.3 Darlehenszinsen .... 3.000,00 €
   2.4 Banküberweisung an Lieferanten .... 7.000,00 €
   2.5 Lohnzahlung .... 8.000,00 €
3. Eine Provisionsabrechnung für einen für Ihren Mandanten tätigen Vertreter für den Verkauf von Waren. Die Abrechnung lautet über 4.000,00 € zzgl. 19 % USt 760,00 € = 4.760,00 €.
4. Für die Lieferung von Waren geht eine Rechnung über brutto 71.400,00 € ein (19 % USt).
5. Spende von Waren an das Rote Kreuz über 1.000,00 € netto zzgl. 19 % USt 190,00 € = 1.190,00 €
6. Auf der Bank sind folgende Zahlungen eingegangen:
   6.1 Kundenzahlung .... 83.300,00 €
   6.2 Erstattung der im vergangenen Jahr zu viel gezahlten Einkommensteuer ... 4.000,00 €
   6.3 zu viel berechnete Darlehenszinsen .... 500,00 €
   6.4 Bareinzahlung .... 2.000,00 €
7. Aus der Kasse wurden 1.500,00 € für private Zwecke entnommen.
8. Büromaterial wurde bar bezahlt, Nettobetrag 300,00 € zzgl. 19 % USt 57,00 € = 357,00 €
9. Betriebliche Fachliteratur im Wert von 214,00 € (7 % USt) wurde bar gezahlt.
10. Waren wurden für Privatzwecke entnommen. Der Einkaufspreis zum Zeitpunkt der Entnahme betrug 800,00 €.

Abschlussangaben

1. Eine Privatentnahme aus der Kasse wurde versehentlich nicht gebucht.
   Kassenfehlbetrag 200,00 €
2. Warenendbestand lt. Inventur 320.000,00 €

a) Eröffnen Sie die Bestandskonten.
b) Bilden Sie die Buchungssätze und geben Sie die Auswirkung auf den Erfolg und das Eigenkapital an. Buchen Sie anschließend auf den Konten.
c) Schließen Sie die Konten ab und führen Sie eine Kapitalkontenentwicklung durch.

Beschaffungs- und Absatzbereich | Personalwirtschaft | Finanzbereich

Kapitel 3

12. Ein Einzelunternehmer, der einen Einzelhandel mit Büromöbel betreibt, entnimmt seinem Betrieb einen Büroschrank. Der ursprüngliche Einkaufspreis betrug netto 500,00 €. Der Einkaufspreis zum Zeitpunkt der Entnahme beträgt netto 450,00 € und der Verkaufspreis brutto 952,00 €.

    Wie hat der Unternehmer den Vorgang zu buchen?

13. Ein Buchhändler entnimmt für seine Tochter aus seinem Lagerbestand ein Buch. Das Buch wird im Geschäft für 37,45 € verkauft. Der ursprüngliche Einkaufspreis, netto, betrug 25,00 €. Da die Einkaufspreise gestiegen sind, beträgt der Einkaufspreis zum Zeitpunkt der Entnahme 27,50 €, netto. Der Buchhändler hat bisher nichts gebucht.

    Holen Sie die erforderliche Buchung nach.

14. Ihr Mandant, ein Autohändler, schenkt seinem Sohn zur Volljährigkeit ein neues Auto, das er aus seinem Betrieb entnimmt. Er hat den Wagen für 21.000,00 € netto eingekauft. Der aktuelle Einkaufspreis beträgt 19.500,00 €. Bevor Ihr Mandant das Fahrzeug seinem Sohn schenkte, hatte er es für 30.940,00 € zum Verkauf angeboten.

    Buchen Sie den Vorgang.

15. Ihre Mandantin betreibt ein Sonnenstudio. Einmal wöchentlich benutzt sie eine Sonnenbank selbst. Die hierauf entfallenden Ausgaben betragen 5,50 €.

    Buchen Sie den Vorgang.

16. Eine Boutiquebesitzerin entnimmt einen Anzug aus ihrem Geschäft. Den Anzug bietet sie für 184,45 € zum Verkauf an. Sie hat ihn für netto 80,00 € eingekauft. Der aktuelle Einkaufspreis beträgt allerdings nur 75,00 €.

    Bisher wurde gebucht:
    Privatentnahmen allgemein 184,45 € **an** Erlöse 19 %   155,00 €
    　　　　　　　　　　　　　　　　　　　　an Umsatzsteuer   29,45 €

    Nehmen Sie die erforderlichen Buchungen vor.

17. Ein Gewerbetreibender, der mit Nutzfahrzeugen handelt, hat durch Inventur zum 31.12.00 folgende **Bestände** ermittelt:

Betriebs- und Geschäftsausstattung	50.000,00 €
Pkw	60.000,00 €
Waren	250.000,00 €
Forderungen a. LL	120.000,00 €
Vorsteuer	15.000,00 €
Bank	200.000,00 €
Kasse	9.000,00 €
Eigenkapital	?
Verbindlichkeiten KI	40.000,00 €
Verbindlichkeiten a. LL	70.000,00 €

    Im Laufe des Geschäftsjahres 01 ereignen sich folgende **Geschäftsvorfälle** (ordnungsgemäße Rechnungen liegen vor):

    1. Einkauf eines Baggers auf Ziel für netto 50.000,00 € zzgl. 19 % USt 9.500,00 €, Gesamtpreis 59.500,00 €
    2. Der Unternehmer entnimmt dem Betrieb einen Transporter. Der Verkaufspreis zu diesem Zeitpunkt betrug 23.800,00 €, der ursprüngliche Einkaufspreis netto 13.000,00 €. Zum Zeitpunkt der Entnahme hätte der Unternehmer für den Transporter netto 13.500,00 € beim Einkauf gezahlt.
    3. Barspende an das DRK 2.000,00 €
    4. Verkauf eines Fahrzeugs auf Ziel zum Verkaufspreis von 83.300,00 € →

5. Eine Ausgangsrechnung in Höhe von 20.000,00 € wird vom Kunden auf das Bankkonto überwiesen.
6. Der Unternehmer zahlt eine Eingangsrechnung in Höhe von 5.000,00 € per Banküberweisung.
7. Zahlung von Gehältern in Höhe von 7.000,00 € durch Überweisung vom Bankkonto
8. Bareinkauf von Büromaterial, brutto 595,00 €
9. Die Vorsteuererstattung für das Jahr 00 von 15.000,00 € geht auf dem Bankkonto ein.
10. Kauf eines neuen Schreibtischs für das Büro zum Kaufpreis von brutto 535,50 €. Die Zahlung erfolgt sofort per Banküberweisung.
11. Den alten Schreibtisch schenkt der Unternehmer seinem Neffen. Der ursprüngliche Einkaufspreis betrug netto 300,00 €, der aktuelle für einen vergleichbaren Schreibtisch 350,00 € netto.
12. Der Unternehmer entnimmt der Kasse 2.000,00 €.

Abschlussangaben:
Der Warenbestand hat sich zum Jahresende nicht verändert.

a) Eröffnen Sie die Bestandskonten.
b) Bilden Sie die Buchungssätze und geben Sie die Auswirkung auf den Erfolg, die Bilanzsumme und das Eigenkapital an. Buchen Sie anschließend auf den Konten.
c) Schließen Sie die Konten ab.

3.17 Hauptabschlussübersicht

Das gesamte Zahlenwerk der doppelten Buchführung wird vor dem endgültigen Abschluss in der Hauptabschlussübersicht in tabellarischer Form wiedergegeben.

Hauptabschlussübersicht ist die steuerrechtliche, Betriebsübersicht die kaufmännische Bezeichnung dieser besonderen Abschlussform.

Die Hauptabschlussübersicht erfüllt insbesondere folgende Aufgaben:

- Sie informiert in einer zusammenfassenden Übersicht über das gesamte Zahlenmaterial aller Buchführungskonten.
- Sie bereitet den Abschluss in einer geordneten, übersichtlichen Zusammenstellung aller Buchführungszahlen vor.
- Sie überprüft die rechnerische Richtigkeit der Buchführung.

Anhand der Hauptabschlussübersicht werden die Abschlussbuchungen vorgenommen.

Für den Aufbau der Hauptabschlussübersicht gibt es keine verbindlichen Vorschriften. In der Praxis wird die im folgenden Beispiel näher erläuterte Hauptabschlussübersicht benutzt.

BEISPIEL

Erklärungen zur Hauptabschlussübersicht auf Seite 122:

1. In der Reihenfolge der Kontennummern des Kontenplanes werden die Konten untereinandergeschrieben.

2. Die Beträge der Summenbilanz ergeben sich aus der Addition der Soll- und Haben-Seiten der Konten vor ihrer Saldierung. Diese umfassen die Anfangsbestände und die laufenden Buchungen im Geschäftsjahr. Die Summen der Soll- und Haben-Seiten der Summenbilanz müssen bei richtiger Rechnung und Übertragung übereinstimmen (Summenprobe), da alle Beträge einmal im Soll und einmal im Haben gebucht worden sind.

3. Die Saldenbilanz I ergibt sich aus der Saldierung der Soll- und Haben-Beträge eines jeden Kontos. Dabei werden die Salden – im Gegensatz zu ihrer Ermittlung auf den Hauptbuchkonten – auf der jeweils wertmäßig größeren Seite des Kontos ausgewiesen. Ist die Soll-Seite die stärkere Seite, so wird der Saldo auf die Soll-Seite übertragen. Umgekehrt gelangt der Saldo auf die Haben-Seite, wenn sie die stärkere Seite ist. Bei richtiger Saldierung müssen die Summen der Soll- und Haben-Seite der Saldenbilanz I identisch sein.

4. In der Spalte „Umbuchungen" werden die vorbereitenden Abschlussbuchungen erfasst. Es gibt z. B. folgende vorbereitende Abschlussbuchungen:

   1) Abschluss der Konten Vorsteuer und Umsatzsteuer
   2) Buchung der Abschreibungen auf Sachanlagen
   3) Abschluss des Privatkontos über das Eigenkapitalkonto
   4) Zeitliche Abgrenzungen zur Erfassung des periodengerechten Gewinns
   5) Bildung von Rückstellungen
   6) Bestandsveränderungen fertiger und unfertiger Erzeugnisse
   7) Buchung von Bestandsdifferenzen zum Ausgleich zwischen Buchbestand und Ist-Bestand
   8) Abschluss der Unterkonten über ihre Hauptkonten
   9) Bewertungskorrekturbuchungen

5. Die Saldenbilanz II enthält die um die Umbuchungen korrigierten Salden der Saldenbilanz I. Das richtige Saldieren wird wiederum durch die Summenprobe bestätigt.

(weiter auf Seite 123)

Kapitel 3

Teilgebiete des betrieblichen Rechnungswesens und deren Aufgaben | Einführung in die Systematik der Buchführung | Buchführung

BEISPIEL

Hauptabschlussübersicht (in €)

Konten	Summenbilanz S	Summenbilanz H	Saldenbilanz I S	Saldenbilanz I H	Umbuchungen S	Umbuchungen H	Saldenbilanz II S	Saldenbilanz II H	Schlussbilanz A	Schlussbilanz P	GuV-Rechnung Aufwand	GuV-Rechnung Ertrag
0440 Maschinen	480.000,00		480.000,00			80.000,00			400.000,00			
1140 Waren	610.000,00	400.000,00	210.000,00		12.000,00				222.000,00			
1200 Forderungen a. LL	960.000,00	810.000,00	150.000,00						150.000,00			
1400 Vorsteuer	50.000,00	40.000,00	10.000,00			10.000,00						
1800 Bank	810.000,00	650.000,00	160.000,00						160.000,00			
1600 Kasse	70.000,00	50.000,00	20.000,00						20.000,00			
2000 Eigenkapital		389.200,00		389.200,00	48.000,00			341.200,00		341.200,00		
2100 Privat allg.	48.000,00		48.000,00			48.000,00						
3150 Verbindl. KI	10.000,00	277.800,00		267.800,00				267.800,00		267.800,00		
3300 Verbindl. a. LL	380.000,00	520.000,00		140.000,00				140.000,00		140.000,00		
3500 Sonstige Verbindl.		26.000,00		26.000,00				26.000,00		26.000,00		
3800 Umsatzsteuer	90.000,00	105.000,00		15.000,00	10.000,00			5.000,00		5.000,00		
4000 Erlöse		990.000,00		990.000,00	20.000,00			970.000,00				970.000,00
4700 Erlösschmälerung	20.000,00		20.000,00			20.000,00						
5200 Wareneingang	400.000,00		400.000,00			12.000,00	388.000,00				388.000,00	
6000 Löhne	180.000,00		180.000,00				180.000,00				180.000,00	
6220 Abschreibung auf SA					80.000,00		80.000,00				80.000,00	
6310 Miete	150.000,00		150.000,00				150.000,00				150.000,00	
	4.258.000,00	4.258.000,00	1.828.000,00	1.828.000,00	170.000,00	170.000,00	1.750.000,00	1.750.000,00	952.000,00	780.000,00	798.000,00	970.000,00
								Gewinn		172.000,00	172.000,00	
									952.000,00	952.000,00	970.000,00	970.000,00

BEISPIEL (Fortsetzung von Seite 121)

6. Die Schlussbilanz nimmt die Schlussbestände der aktiven und passiven Bestandskonten auf. Der Gewinn bzw. Verlust gelangt bei der Hauptabschlussübersicht nicht in das Eigenkapital. Aus diesem Grund fehlt dem Eigenkapital eine entsprechende Bestandsmehrung bzw. Bestandsminderung. Die Summen der Aktiv- und Passivseite der Schlussbilanz können daher nicht übereinstimmen. Die Differenz ist der Gewinn bzw. der Verlust. Überwiegt die Aktivseite, so ergibt der Unterschied den Gewinn. Umgekehrt macht ein Mehr an Passiva den Verlust aus.

7. Die GuV-Rechnung entspricht dem Gewinn- und Verlustkonto und nimmt die Salden der Ertrags- und Aufwandskonten auf. Wie im Gewinn- und Verlustkonto wird hier der Gewinn bzw. Verlust ermittelt.

Aufbau einer Hauptabschlussübersicht/Betriebsübersicht

Konten	Summenbilanz	Saldenbilanz I	Umbuchungen	Saldenbilanz II	Inventurbilanz	Erfolgsbilanz
sind aufgeführt in der Reihenfolge der Kontennummern.	enthält die Kontensummen der Soll- und Haben-Seiten, die sich vor der Saldierung ergeben.	weist die Salden der Summenbilanz auf der wertmäßig größeren Seite der Konten aus.	Hier werden die vorbereiteten Abschlussbuchungen erfasst.	enthält die um die Umbuchungen korrigierten Salden der Saldenbilanz I.	enthält die Schlussbestände der Bestandskonten.	enthält die Salden der Erfolgskonten.
					Ermittlung des Erfolges	Ermittlung des Erfolges

Aufgaben
- Information über alle Buchführungszahlen
- Abschlusshilfe
- Kontrollinstrument der rechnerischen Richtigkeit der Buchführungszahlen

Merksatz **Eine Hauptabschlussübersicht/Betriebsübersicht ist eine Tabelle, in die das gesamte Zahlenmaterial einer Buchführung einfließt und zu einem Abschluss gebracht wird.**

AUFGABEN

1. Welche Buchführungsdaten werden
   a) in die Summenbilanz,
   b) in die Saldenbilanz I,
   c) in die Spalte „Umbuchungen",
   d) in die Saldenbilanz II,
   e) in die Inventurbilanz und
   f) in die Erfolgsbilanz
   übertragen?

2. Warum müssen die Summen der Soll- und Haben-Seite der Summenbilanz identisch sein?

3. Auf welcher Seite der Konten stehen in den Saldenbilanzen I und II die Salden?

Kapitel 3 — Teilgebiete des betrieblichen Rechnungswesens und deren Aufgaben — Einführung in die Systematik der Buchführung — **Buchführung**

4. Welche vorbereitenden Abschlussbuchungen kennen Sie?

5./6. Erstellen Sie die Hauptabschlussübersicht.

(in €) Konten	Aufgabe 5 Summenbilanz S	H	Aufgabe 6 Summenbilanz S	H
0440 Maschinen	500.000,00		800.000,00	
0540 Lkw	300.000,00		400.000,00	
1140 Waren	780.000,00	250.000,00	120.000,00	50.000,00
1200 Forderungen a. LL	980.000,00	410.000,00	940.000,00	310.000,00
1400 Vorsteuer	60.000,00	50.000,00	1.500,00	
1800 Bank	850.000,00	710.000,00	920.000,00	780.000,00
1600 Kasse	80.000,00	60.000,00	90.000,00	60.000,00
2000 Eigenkapital		659.200,00		250.000,00
2100 Privatentn. allg.	60.000,00		80.000,00	
3150 Verbindl. KI		631.800,00		922.900,00
3300 Verbindl. a. LL	670.000,00	920.000,00	590.000,00	730.000,00
3500 Sonstige Verbindl.		20.000,00		18.000,00
3800 Umsatzsteuer	60.000,00	80.000,00		40.000,00
4000 Erlöse		980.000,00		990.000,00
4619 Entnahmen von Waren				
4700 Erlösschmälerung	10.000,00		5.000,00	
5200 Wareneingang	250.000,00		50.000,00	
6000 Löhne	170.000,00		160.000,00	
6220 Abschreibung auf SA				
6310 Miete	11.000,00		14.400,00	
7100 Zinserträge		10.000,00		20.000,00
	4.781.000,00	4.781.000,00	4.170.900,00	4.170.900,00

Abschlussangaben (in €) — Aufgabe 5 — Aufgabe 6

1. Die Dezembermiete wird bar am 31.12. gezahlt. 1.000,00
2. Eine Eingangsrechnung (Waren) vom Dezember muss noch gebucht werden. Brutto .... 11.900,00 — 4.760,00
3. Zinserträge für das Abschlussjahr werden noch am 31.12. auf dem Bankkonto gutgeschrieben. .... 700,00 — 500,00
4. Waren wurden im Dezember entnommen, netto .... 8.000,00 — 10.000,00
5. Die Abschreibungen auf Maschinen betragen .... 80.000,00 — 100.000,00
6. Die Abschreibungen auf Lkws betragen .... 40.000,00 — 50.000,00
7. Die Erlösschmälerungen sind über das Konto „Erlöse" abzuschließen.
8. Die Umsatzsteuerkonten sind abzuschließen.
9. Die Warenbestandserhöhung beträgt 90.000,00
10. Die Warenbestandsminderung beträgt 30.000,00
11. Das Privatkonto ist abzuschließen.

7./8.
Erstellen Sie die Hauptabschlussübersicht.

(in €) Konten	Aufgabe 7 Summenbilanz S	H	Aufgabe 8 Summenbilanz S	H
0440 Maschinen	680.000,00		790.000,00	
0540 Lkw	420.000,00		360.000,00	
1140 Waren	110.000,00	40.000,00	90.000,00	50.000,00
1200 Forderungen a. LL	990.000,00	370.000,00	950.000,00	290.000,00
1400 Vorsteuer	20.000,00		10.000,00	
1800 Bank	920.000,00	770.000,00	860.000,00	670.000,00
1600 Kasse	90.000,00	65.000,00	80.000,00	50.000,00
2000 Eigenkapital		376.500,00		108.200,00
2100 Privatentn. allg.	70.000,00		96.000,00	
2180 Privateinlagen		20.000,00		30.000,00
3150 Verbindl. KI	8.000,00	569.500,00	9.000,00	694.800,00
3300 Verbindl. a. LL	440.000,00	670.000,00	500.000,00	850.000,00
3500 Sonstige Verbindl.		20.000,00		25.000,00
3800 Umsatzsteuer		30.000,00		26.000,00
4000 Erlöse		1.200.000,00		1.370.000,00
4619 Entnahmen von Waren				
4700 Erlösschmälerung	30.000,00		40.000,00	
5200 Wareneingang	40.000,00		50.000,00	
6000 Löhne	230.000,00		250.000,00	
6220 Abschreibung auf SA				
6310 Miete	70.000,00		70.000,00	
7320 Zinsen für langfr. Verbindl.	13.000,00		9.000,00	
	4.131.000,00	4.131.000,00	4.164.000,00	4.164.000,00

Abschlussangaben (in €)	Aufgabe 7	Aufgabe 8
1. Zinsaufwendungen für Dezember werden am 31.12 durch Banküberweisung gezahlt	1.500,00	750,00
2. Eine Eingangsrechnung (Maschine) vom Dezember muss noch gebucht werden. Brutto	35.700,00	26.180,00
3. Bareinlage in die Kasse im Dezember, noch nicht gebucht	8.000,00	9.500,00
4. Waren wurden im Dezember entnommen, netto	1.500,00	2.000,00
5. Vom Bankkonto werden die ESt-Vorauszahlungen geleistet.	20.000,00	
6. Die Miete von einer im Privatvermögen gehaltenen vermieteten Wohnung geht auf dem betrieblichen Bankkonto ein.		1.000,00
7. Die Abschreibungen auf Maschinen betragen	70.000,00	80.000,00
8. Die Abschreibungen auf Lkws betragen	50.000,00	40.000,00
9. Die Erlösschmälerungen sind über das Konto Erlöse abzuschießen.		
10. Die Umsatzsteuerkonten sind abzuschließen.		
11. Die Warenbestandserhöhung beträgt	5.000,00	
12. Die Warenbestandsminderung beträgt		30.000,00
13. Das Privatkonto ist abzuschließen.		

4 Beschaffungs- und Absatzbereich

4.1 Buchungen auf der Beschaffungsseite

4.1.1 Buchhalterische Erfassung der Bezugskosten

HGB 253 Abs. 1, 255 Abs. 1
EStG § 6 Abs. 1

Nach steuerrechtlichen und handelsrechtlichen Vorschriften sind die eingekauften Werkstoffe zu Anschaffungskosten (= Bezugspreise/Einstandspreise) zu aktivieren.

Die Anschaffungskosten ergeben sich aus dem Anschaffungspreis (= Einkaufspreis) und den Anschaffungsnebenkosten. Die Bezugskosten zählen zu den Anschaffungsnebenkosten.

  Anschaffungspreis (= Einkaufspreis)
+ Anschaffungsnebenkosten (= Bezugskosten)
= Anschaffungskosten
  (= Bezugspreis/Einstandspreis)

Zu den Bezugskosten zählen:
- Transportkosten
  Fracht, Rollgeld, Umschlagskosten, Zwischenlagerkosten, Porto
- Verpackungskosten
- Transportversicherungsprämien
- Zoll
- Einkaufsvermittlungsgebühren
  z. B. Einkaufsprovision, Maklergebühr

Die Anschaffungskosten bilden die Wertbasis für die Werkstoffeinkäufe und die Waren. Die Bezugskosten müssen daher auf den Einkaufskonten erfasst werden.

Dies könnte durch eine direkte Buchung auf den Einkaufskonten geschehen. Um aber die Bezugskosten verursachungsgerecht auszuweisen und um einen detaillierten Überblick über den Beschaffungsbereich zu erhalten, werden die Bezugskosten zunächst auf **Unterkonten** der Einkaufskonten gesammelt. Am Ende des Wirtschaftsjahres werden diese Unterkonten **über** ihre **Hauptkonten**, die Einkaufskonten, **abgeschlossen**.

So gehört zum
- Konto „Aufwendungen für Rohstoffe" bzw. „Rohstoffe" das Unterkonto „Bezugskosten für Rohstoffe" und zum
- Konto „Wareneingang" das Unterkonto „Bezugskosten für Waren".

Die in Rechnung gestellte Umsatzsteuer gehört gemäß § 9 b EStG beim Leistungsempfänger nicht zu den Anschaffungskosten, wenn und soweit sie als Vorsteuer abziehbar ist.

BEISPIEL

Ein Lieferant stellt neben dem Einkaufspreis der bezogenen Waren Frachtkosten und Verpackungskosten in Rechnung:

Waren	10.000,00 €
+ Fracht und Verpackung	300,00 €
	10.300,00 €
+ 19 % USt	1.957,00 €
Rechnungsbetrag	12.257,00 €

- Die Transportkosten werden auf dem Unterkonto „Bezugskosten" erfasst.

Buchungssatz bei Rechnungseingang		Soll	Haben
	3200/5200 Wareneingang	10.000,00	
	3800/5800 Bezugsnebenkosten	300,00	
	1570/1400 Vorsteuer	1.957,00	
	an 1600/3300 Verbindlichkeiten a. LL		12.257,00

Buchungssatz bei Abschluss des Bezugskostenkontos		Soll	Haben
	3200/5200 Wareneingang	300,00	
	an 3800/5800 Bezugsnebenkosten		300,00

Gutschriften für Bezugskosten

Besteht die in Rechnung gestellte Verpackung z. B. aus Kunststoffbehältern, Fässern oder Holzkisten, hat der Käufer häufig die Möglichkeit, sie seinem Lieferanten gegen eine entsprechende Gutschrift zurückzugeben. Die Vorsteuer und die Bezugskosten sind entsprechend zu berichtigen.

Die Bezugskosten können durch eine Haben-Buchung auf dem Konto „Bezugsnebenkosten" gebucht werden. Um einen besseren Überblick zu erhalten, kann die Buchung auch auf einem separaten Konto „Leergut" gebucht werden.

BEISPIEL

Ein Warenlieferant stellt folgende Rechnung:

Waren	1.000,00 €
+ Verpackung Holzkisten	100,00 €
	1.100,00 €
+ 19 % USt	209,00 €
Rechnungsbetrag	1.309,00 €

- Die Verpackungskosten werden auf dem Konto „Leergut" erfasst.

		Soll	Haben
Buchungssatz bei Rechnungseingang	3200/5200 Wareneingang	1.000,00	
	3830/5820 Leergut	100,00	
	1570/1400 Vorsteuer	209,00	
	an 1600/3300 Verbindlichkeiten a. LL		1.309,00

Die in Rechnung gestellten Kunststoffbehälter werden an den Lieferanten zurückgesandt. Er erteilt eine Gutschrift über

Kunststoffbehälter	100,00 €
+ 19 % Umsatzsteuer	19,00 €
Summe	119,00 €

- Die Gutschrift wird als Haben-Buchung auf dem Konto „Leergut" erfasst.

		Soll	Haben
Buchungssatz bei Abschluss des Bezugskostenkontos	1600/1300 Verbindlichkeiten a. LL	119,00	
	an 3830/5820 Leergut		100,00
	an 1570/1400 Vorsteuer		19,00

Die Konten „Bezugskosten" und „Leergut" werden zum Bilanzstichtag über das Hauptkonto abgeschlossen.

Buchen von Bezugskosten

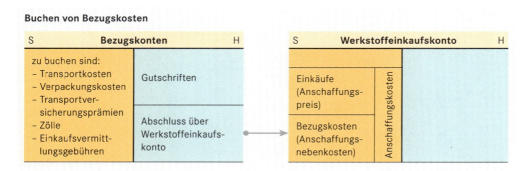

Kapitel 4

| Teilgebiete des betrieblichen Rechnungswesens und deren Aufgaben | Einführung in die Systematik der Buchführung | **Buchführung** |

AUFGABEN

1. Mit welchem Wert sind eingekaufte Werkstoffe zu aktivieren?
2. Was gehört zu den Anschaffungsnebenkosten?
3. Welche Aussagen sind richtig bzw. falsch? Begründen Sie Ihre Meinung.
   a) Nach der gesetzlichen Regelung hat der Verkäufer die Transportkosten bis zum Empfangsbahnhof zu tragen.
   b) Die Anschaffungskosten enthalten die Bezugskosten.
   c) Die Bezugskostenkonten werden über das Gewinn- und Verlustkonto abgeschlossen.
   d) Die Bezugskostenkonten sind Unterkonten der Werkstoffeinkaufskonten.
   e) Die Bezugskostenkonten weisen am Anfang der Rechnungsperiode einen Anfangsbestand auf.

4. Bilden Sie die Buchungssätze und buchen Sie auf dem Rohstoffeinkaufskonto und auf dem Bezugskostenkonto (ohne Gegenkonten).
   Schließen Sie das Bezugskostenkonto ab.

Geschäftsvorfälle (in €)	I.	II.
1. Zieleinkauf von Rohstoffen		
Nettowert	30.000,00	20.000,00
+ 19 % Umsatzsteuer	5.700,00	3.800,00
	35.700,00	23.800,00
2. Barzahlung für Rollgeld (zu Geschäftsvorfall 1.)	120,00	100,00
+ 19 % Umsatzsteuer	22,80	19,00
	142,80	119,00
3. Rechnung des Lieferanten für		
Fracht und Verpackung (zu Geschäftsvorfall 1.)	100,00	200,00
+ 19 % Umsatzsteuer	19,00	38,00
	119,00	238,00
4. Zieleinkauf von Rohstoffen, Nettowert	20.000,00	25.000,00
Fracht und Transportversicherung	300,00	200,00
Verpackungsmaterial (Leergut)	100,00	300,00
+ 19 % Umsatzsteuer	3.876,00	4.845,00
	24.276,00	30.345,00
5. Vereinbarungsgemäß erteilt uns unser Lieferant für zurückgeschicktes Verpackungsmaterial (Geschäftsfall 4.) eine Gutschrift über (netto)	100,00	300,00
+ 19 % Umsatzsteuer	19,00	57,00
	119,00	357,00

5. Nennen Sie die Abschlussbuchungssätze der unten stehenden Konten.

S	Bezugsnebenkosten für Rohstoffe			H
1600/3300		200,00	1600/3300	180,00
1600/3300		380,00		
1600/3300		160,00		
1600/3300		270,00		
1600/3300		300,00		

S	Bezugsnebenkosten für Waren			H
1600/3300		350,00	1600/3300	140,00
1600/3300		200,00		
1600/3300		230,00		
1600/3300		110,00		
1600/3300		280,00		

S	Bezugsnebenkosten für Hilfsstoffe			H
1600/3300		180,00		
1600/3300		140,00		
1600/3300		220,00		
1600/3300		60,00		
1600/3300		120,00		

S	Bezugsnebenkosten für Betriebsstoffe			H
1600/3300		140,00	1600/3300	120,00
1600/3300		260,00		
1600/3300		300,00		
1600/3300		90,00		
1600/3300		100,00		

6. Ihre Mandantin, die C. & S. GmbH, ein Produktionsunternehmen zur Herstellung von Textilien, legt Ihnen folgende Belege (1 bis 5) vor:

Beleg 1

Beleg 2

Hinweis: Es handelt sich um die Verpackung, die in Beleg 1 in Rechnung gestellt wurde.

Kapitel 4

| Teilgebiete des betrieblichen Rechnungswesens und deren Aufgaben | Einführung in die Systematik der Buchführung | Buchführung |

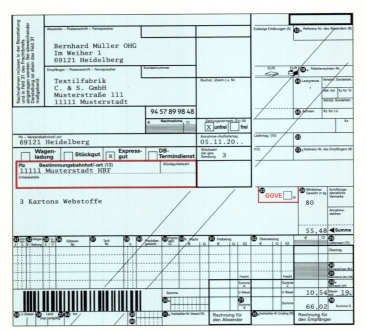

Beleg 3

Hinweis: Der Betrag wurde bar bezahlt.

Beleg 4

| Beschaffungs- und Absatzbereich | Personalwirtschaft | Finanzbereich |

Kapitel 4

```
Friedrich-Wilhelm Heine e. Kfm.          Handelsvertretung          Beleg 5
Mölmer Ring 10 • 30173 Hannover          Stoffe
Telefon: 0511 458 • Telefax: 0511 457    Textilien

Friedrich-Wilhelm Heine e. Kfm. • Mölmer Ring 10 • 30173 Hannover

                                         Bitte stets angeben
Textilfabrik                             Rechnungsnummer:  493
C. & S. GmbH           EINGEGANGEN       Rechnungsdatum:   12.10.20..
Musterstraße 111        13. Okt. . .     Kundennummer:     24 009
11111 Musterstadt
                         Erl. ........    Kreissparkasse Hannover
                                          Konto-Nr. 753 012
                                          BLZ 250 502 99

Provisionsabrechnung

Für den Einkauf von Stoffen im Monat September (siehe beigefügte
Auflistung) erlaube ich mir zu berechnen:
                                                    500,00 €
                + 19 % Umsatzsteuer                  95,00 €
                                                    595,00 €

Bitte zahlen Sie innerhalb von 30 Tagen.
```

Welche Geschäftsvorfälle liegen den Belegen zugrunde?
Wie lauten die Buchungssätze?

7. Für Ihren Mandanten ist ein selbstständiger Unternehmer tätig, der für ihn Wareneinkäufe vermittelt. Ihr Mandant erstellt die Provisionsabrechnung über 5.000,00 € zzgl. 19 % USt 750,00 €, Rechnungsbetrag 5.750,00 €. Er zahlt den Betrag sofort per Banküberweisung.

   Wie lautet der Buchungssatz?

8. Ein Unternehmer kauft Waren ein. Vom Lieferanten erhält er eine Rechnung mit folgenden Angaben:

Wie lieferten Ihnen Waren zum Wert von	3.200,00 €
Frachtkosten	250,00 €
Transportversicherung	100,00 €
	3.550,00 €
19 % USt	674,50 €
Rechnungsbetrag	4.224,50 €

   Buchen Sie die Rechnung.

9. Ein Bauunternehmer kauft 10 Paletten Kalksandsteine auf Ziel und erhält dafür folgende Rechnung:

10 Paletten KS-Steine	6.000,00 €
10 Paletten zu je 50,00 €	500,00 €
	6.500,00 €
19 % USt	1.235,00 €
Rechnungsbetrag	7.735,00 €

   Nach einer Woche werden die Paletten vom Lieferanten abgeholt. Der Lieferant erteilt eine Gutschrift hierüber in Höhe von brutto 595,00 €. Den Differenzbetrag (= Gesamtrechnung – Gutschrift) zahlt der Bauunternehmer durch Überweisung.

   Geben Sie alle Buchungssätze an.

10. Ein Unternehmer kauft Waren in der Schweiz ein. Die Rechnung ist in Euro ausgestellt und lautet über:

Waren	7.500,00 €
+ Transportkosten	700,00 €
Rechnungsbetrag	8.200,00 €

    Als Zollbeteiligter zahlt der Unternehmer Zoll in Höhe von 650,00 € und Einfuhrumsatzsteuer in Höhe von 1.558,00 € per Banküberweisung.

    Bilden Sie die Buchungssätze.

11. Ihr Mandant hat durch Inventur folgende **Bestände** zum 31.12.00 ermittelt:

Maschinen	40.000,00 €
Betriebsausstattung	8.000,00 €
Waren	6.000,00 €
Forderungen a. LL	60.000,00 €
Kasse	2.500,00 €
Bank	55.000,00 €
Eigenkapital	?
Verbindlichkeiten KI	15.000,00 €
Verbindlichkeiten a. LL	7.000,00 €
Umsatzsteuer	1.000,00 €

Im Laufe des Wirtschaftsjahres ereignen sich folgende **Geschäftsvorfälle:**

1. Wareneinkauf auf Ziel für 2.000,00 € zzgl. 19 % USt 380,00 € = 2.380,00 €
2. Eine Ausgangsrechnung in Höhe von 1.500,00 € wird vom Kunden per Überweisung gezahlt.
3. Für seine Vermittlung des Wareneinkaufs zu 1. erhält der Einkaufskommissionär bar 238,00 €, brutto. Eine ordnungsgemäße Gutschrift liegt vor.
4. Warenverkauf auf Ziel für brutto 4.760,00 €
5. Wareneinkauf auf Ziel in Höhe von 3.000,00 € zzgl. 19 % USt 570,00 € = 3.570,00 €. Der Verkäufer stellt außerdem noch Transportkosten von 150,00 € zzgl. 19 % USt und Leergut für Paletten in Höhe von 80,00 € zzgl. 19 % USt in Rechnung.
6. Eine Woche nach dem Einkauf zu 5. nimmt der Verkäufer einen Teil des Leerguts wieder mit. Die Gutschrift lautet über 60,00 € zzgl. 19 % USt und wird mit der Verbindlichkeit aus 5. verrechnet.
7. Die USt-Zahllast von 1.000,00 € wird durch Banküberweisung gezahlt.
8. Kauf eines neuen Computers für das Büro. Der Einkaufspreis beträgt 900,00 € zzgl. 19 % USt. Die Zahlung erfolgt sofort durch Banküberweisung und unter Abzug von 3 % Skonto.

Abschlussangaben

Der Warenbestand zum 31.12.01 beträgt laut Inventur 4.200,00 €.

a) Eröffnen Sie die Bestandskonten.
b) Bilden Sie die Buchungssätze und buchen Sie auf den entsprechenden Konten.
c) Schließen Sie die Konten ab.
d) Geben Sie zu jedem Buchungssatz die Auswirkung auf den Gewinn, das Eigenkapital und die Bilanzsumme an.

4.1.2 Rücksendungen und Preisnachlässe

Werden mangelhafte Werkstoffe/Erzeugnisse/Waren geliefert, stehen dem Käufer nach BGB folgende Rechte (Gewährleistungsansprüche) zu:

1. **Nacherfüllung**
   a) **Ersatzlieferung** beim Gattungskauf[1] oder
   b) **Nachbesserung** beim Gattungs- oder Stückkauf.

Wird dem Verkäufer eine angemessene Frist zur Nacherfüllung gesetzt und verstreicht sie erfolglos, hat der Käufer die Rechte auf:

2. **Minderung** (Preisnachlass) oder
3. **Wandlung** (Rücktritt bzw. Teilrücktritt vom Kaufvertrag) und
4. **Schadensersatz** statt der Leistung/Ersatz vergeblicher Aufwendungen.

Bei den häufig in Anspruch genommenen Rechten auf Wandlung oder Minderung werden Waren/Werkstoffe/Erzeugnisse **zurückgesandt** bzw. **im Preis ermäßigt**.

In einem solchen Fall werden Korrekturbuchungen vorgenommen.

- **Rücksendungen** von Waren/Werkstoffen an Lieferanten mindern die aufgrund der Eingangsrechnungen gebuchten Beträge. Es sind zu korrigieren:
  - das Verbindlichkeitenkonto,
  - das Werkstoffeinkaufskonto/Wareneingangskonto und
  - das Vorsteuerkonto.

BEISPIEL

Ein Lieferant erstellt über die Lieferung von Waren eine Rechnung mit folgenden Angaben:

Waren	20.000,00 €
+ 19 % USt	3.800,00 €
Rechnungsbetrag	23.800,00 €

- Die Eingangsrechnung ist über „Verbindlichkeiten a. LL" und „Wareneingang" zu buchen.

Buchungssatz bei Rechnungseingang		Soll	Haben
	3200/5200 Wareneingang	20.000,00	
	1570/1400 Vorsteuer	3.800,00	
	an 1600/3300 Verbindlichkeiten a. LL		23.800,00

Es ist zum Teil falsche Ware geliefert worden. Deshalb wird Ware zurückgesendet. Der Wert beträgt 3.000,00 € zzgl. 19 % USt 570,00 € = 3.570,00 €.

- Bei Rücksendung von Waren/Werkstoffen ist die ursprüngliche Buchung rückgängig zu machen.

Buchungssatz bei Rücksendung		Soll	Haben
	1600/3300 Verbindlichkeiten a. LL	3.570,00	
	an 3200/5200 Wareneingang		3.000,00
	an 1570/1400 Vorsteuer		570,00

Gutschriften von Lieferanten aufgrund von **Preisnachlässen** (Minderungen) könnten – ebenso wie Rücksendungen an Lieferanten (Wandlung) – direkt über die entsprechenden Einkaufskonten gebucht werden.

Zur besseren Information werden sie aber über **Nachlasskonten** gebucht.

Sie werden als **Unterkonten** über ihre Hauptkonten, die Einkaufskonten, abgeschlossen.

Außerdem sind auch hier das Verbindlichkeitenkonto und das Vorsteuerkonto zu korrigieren.

---

[1] Gattungskauf = Kauf von vertretbaren Sachen, die nach Maß, Zahl oder Gewicht bestimmt werden können (z. B. Getreide, Stahl).

So gehört zum

- Konto „Aufwendungen für Rohstoffe" bzw. „Rohstoffe" das Unterkonto „Nachlässe für Rohstoffe" und zum
- Konto „Wareneingang" das Unterkonto „Nachlässe für Waren".

BEISPIEL

Ein Lieferant erstellt über die Lieferung von Waren eine Rechnung mit folgenden Angaben:

Waren	30.000,00 €
+ 19 % USt	5.700,00 €
Rechnungsbetrag	35.700,00 €

- Die Eingangsrechnung ist über „Verbindlichkeiten a. LL" und „Wareneingang" zu buchen.

		Soll	Haben
Buchungssatz bei Rechnungseingang	3200/5200 Wareneingang	30.000,00	
	1570/1400 Vorsteuer	5.700,00	
	an 1600/3300 Verbindlichkeiten a. LL		35.700,00

Es sind fehlerhafte Waren geliefert worden. Vom Lieferanten wird ein Preisnachlass (Minderung) gewährt.

Preisnachlass	5.000,00 €
+ 19 % USt	950,00 €
Summe	5.950,00 €

- Der Preisnachlass wird auf dem Unterkonto „Nachlässe für Waren" gebucht.

		Soll	Haben
Buchungssatz	1600/3300 Verbindlichkeiten a. LL	5.950,00	
	an 3700/5700 Nachlässe		5.000,00
	an 1570/1400 Vorsteuer		950,00

Zum Bilanzstichtag werden die Unterkonten über das jeweilige Einkaufskonto abgeschlossen.

Der Buchungssatz lautet z. B.

- Nachlässe für Waren
  an Wareneingang
  oder
- Nachlässe für Rohstoffe
  an Aufwendungen für Rohstoffe/Rohstoffe

Rücksendungen aufgrund von Mängelrügen (Wandlungen) werden als Stornobuchungen erfasst.

Preisnachlässe aufgrund von Mängelrügen (Minderungen) werden über Unterkonten der Einkaufskonten gebucht.

Beschaffungs- und Absatzbereich	Personalwirtschaft	Finanzbereich	

Kapitel 4

AUFGABEN

1. Bilden Sie die Buchungssätze und buchen Sie auf den entsprechenden Konten.

   Anfangsbestände
   Verbindlichkeiten a. LL .... 40.000,00 €

Geschäftsvorfälle (in €)	I.	II.
1. Rohstoffeinkauf auf Ziel, Nettowert	20.000,00	25.000,00
+ 19 % USt	3.800,00	4.750,00
2. Rücksendung mangelhafter Rohstoffe an den Lieferanten	1.500,00	2.000,00
darauf 19 % USt	285,00	380,00

2. Ihr Mandant schickt beschädigte Ware an den Lieferanten zurück. Die ursprüngliche Eingangsrechnung lautete über 6.500,00 € zzgl. 19 % USt. Der Lieferant erteilt wegen der Rücksendung eine Gutschrift in Höhe von 1.000,00 € zzgl. 19 % USt 190,00 €. Die Ware ist noch nicht bezahlt.

   Wie hat Ihr Mandant den Wareneinkauf und die Rücksendung zu buchen?

3. Ein Unternehmer erhält Hilfsstoffe von einem Lieferanten im Wert von 5.000,00 € zzgl. 19 % USt. Da die Hilfsstoffe nicht ordnungsgemäß sind und eine Nacherfüllung seitens des Lieferanten erfolglos blieb, sendet der Unternehmer die Hilfsstoffe komplett an den Lieferanten zurück. Die Hilfsstoffe waren bisher noch nicht bezahlt.

   Buchen Sie den Vorgang (Just-in-time-Verfahren).

4. Ihr Mandant erhält eine Lieferung Waren auf Ziel, die allerdings nicht einwandfrei ist. Die Eingangsrechnung lautet über 2.200,00 € zzgl. 19 % USt, also 418,00 €.

   Ihr Mandant einigt sich mit dem Lieferanten, dass er die beschädigte Ware (= 50 %) zurückschickt. Der Lieferant erteilt eine entsprechende Gutschrift über 1.100,00 € zzgl. 19 % USt.

   Nehmen Sie die erforderlichen Buchungen vor.

5. Bilden Sie die Buchungssätze und buchen Sie auf den entsprechenden Konten. Schließen Sie das Konto „Nachlässe für Hilfsstoffe" ab (Just-in-time-Verfahren). Das Konto „Verbindlichkeiten a. LL" hat einen Anfangsbestand von 50.000,00 €.

(in €)	I.	II.
1. Zieleinkauf von Hilfsstoffen	15.000,00	18.000,00
+ 19 % USt	2.850,00	3.420,00
2. Preisnachlass des Hilfsstofflieferanten aufgrund einer Mängelrüge	2.000,00	3.000,00
zzgl. 19 % USt	380,00	570,00

6. Wie lautet der Abschlussbuchungssatz des unten stehenden Kontos?

S	Nachlässe für Rohstoffe	H
	Verbindl. a. LL 1.800,00	
	Verbindl. a. LL 2.600,00	
	Verbindl. a. LL 4.100,00	
	Verbindl. a. LL 3.900,00	

7. Ein Kunde sendet beschädigte Produkte an seinen Lieferanten zurück (Wandlung) über brutto
   a) 19.040,00 €, einschließlich 19 % USt,
   b) 15.470,00 €, einschließlich 19 % USt.

   Wie bucht der Kunde in den Fällen a) und b), wenn es sich um Waren handelt?

8. Ein Lieferant gewährt seinem Kunden einen Preisnachlass auf fehlerhafte Produkte über brutto
   a) 14.280,00 €, einschließlich 19 % USt,
   b) 16.660,00 €, einschließlich 19 % USt.

   Wie bucht der Kunde in den Fällen a) und b), wenn es sich um Rohstoffe handelt?

9. Ein Warenlieferant gewährt Ihrem Mandanten einen Preisnachlass auf eingekaufte Waren im Wert von 400,00 € zzgl. 19 % USt, weil die Waren nicht in ordnungsgemäßem Zustand waren. Ihr Mandant verzichtete aber auf eine Rücksendung der Waren.

   Geben Sie die Buchungssätze an, wenn die Ursprungsrechnung über 1.500,00 € zzgl. 19 % USt lautete und noch nicht bezahlt wurde.

10. Ein Unternehmer kauft Ware für 23.000,00 € zzgl. 19 % USt ein. Da die Ware beschädigt ist und eine Nachbesserung misslingt, einigt man sich darauf, dass der Unternehmer die Ware behält und der Lieferant eine Gutschrift über brutto 16.660,00 € einschließlich 19 % USt erteilt, die mit der noch bestehenden Verbindlichkeit verrechnet wird.

    Bilden Sie die Buchungssätze.

11. Wegen fehlgeschlagener Nachbesserung erteilt ein Betriebsstofflieferant eine Gutschrift in Höhe von 5.355,00 € inkl. USt.

    Hierauf hatten sich der Lieferant und der Käufer geeinigt, nachdem die Betriebsstoffe nicht einwandfrei geliefert wurden und der Verkäufer eine Rücksendung der mangelhaften Ware vermeiden wollte. Die ursprüngliche Lieferung lautete über 11.900,00 € inkl. 19 % USt und ist noch nicht bezahlt.

    Nehmen Sie die notwendigen Buchungen vor.

12. Ihr Mandant hat durch Inventur am 31.12.00 folgende **Bestände** ermittelt:

Betriebsausstattung	21.000,00 €
Waren	15.000,00 €
Forderungen a. LL	35.000,00 €
Kasse	3.000,00 €
Bank	60.000,00 €
Eigenkapital	?
Verbindlichkeiten KI	30.000,00 €
Verbindlichkeiten a. LL	12.000,00 €
Umsatzsteuer	1.500,00 €

    Im Laufe des Wirtschaftsjahres ereignen sich folgende **Geschäftsvorfälle**:

    1. Löhne werden durch Banküberweisung in Höhe von .... 5.000,00 € gezahlt.
    2. Warenverkauf auf Ziel für brutto .... 11.900,00 €
    3. Wareneinkauf auf Ziel

	Warenwert	7.000,00 €
+	Transportversicherung	200,00 €
+	Paletten	170,00 €
		7.370,00 €
+	19 % USt	1.400,30 €
	Rechnungsbetrag	8.770,30 €

    4. Noch vor Zahlung der Verbindlichkeit zu 3. werden die Paletten zurückgegeben. Der Lieferant erteilt eine Gutschrift über .... 170,00 €
       zzgl. 19 % USt .... 32,30 €
       Summe .... 202,30 €
    5. Die Restverbindlichkeit wird durch Banküberweisung gezahlt.

Beschaffungs- und Absatzbereich | Personalwirtschaft | Finanzbereich

Kapitel 4

6. Ein Kunde begleicht eine Ausgangsrechnung über .... 6.000,00 €
   durch Überweisung auf das Bankkonto.

7. Wegen endgültig fehlgeschlagener Nacherfüllung erteilt ein
   Warenlieferant einen Preisnachlass in Höhe von .... 500,00 €
   zzgl. 19 % USt .... 95,00 €
          Summe .... 595,00 €

   Da die Ursprungsrechnung bereits bezahlt wurde, überweist der Lieferant
   den Betrag auf das Bankkonto.

8. Wareneinkauf auf Ziel .... 2.000,00 €
   + 19 % USt .... 380,00 €
          Rechnungsbetrag .... 2.380,00 €

   Die Ware ist allerdings derart beschädigt, dass sie unbrauchbar ist. Der Unternehmer schickt sie vereinbarungsgemäß an den Lieferanten zurück und der Lieferant erteilt über den kompletten Betrag eine Gutschrift.

9. Zahlung der Umsatzsteuer in Höhe von .... 1.500,00 €

   Abschlussangaben
   Der Warenbestand beträgt laut Inventur zum 31.12.01 .... 17.000,00 €

   a) Eröffnen Sie die Bestandskonten.
   b) Bilden Sie die Buchungssätze und buchen Sie auf den Konten, einschließlich Bezugs-
      nebenkosten und Leergut.
   c) Schließen Sie die Konten ab.

4.1.3 Rabatte

Rabatte sind Preisnachlässe, die der Unternehmer seinen Kunden gewährt, z. B.

- an Stammkunden = Treuerabatt,
- bei Abnahme größerer Mengen = Mengenrabatt,
- an den Handel = Wiederverkäuferrabatt,
- an Betriebsangehörige = Personalrabatt und
- bei besonderen Anlässen = Sonderrabatt, z. B. bei Räumungsverkäufen.

Auf den Rechnungen werden Rabatte direkt ausgewiesen und sofort vom Rechnungspreis abgezogen. Daher stammt der Name „Sofortrabatt".

Diese Sofortrabatte, die schon in der Eingangsrechnung berücksichtigt sind, werden in der Regel buchhalterisch nicht erfasst.

BEISPIEL

Folgende Eingangsrechnung liegt vor:

Listenpreis für Rohstoffe	40.000,00 €
– 25 % Mengenrabatt	10.000,00 €
Nettorechnungsbetrag	30.000,00 €
+ 19 % Umsatzsteuer	5.700,00 €
Rechnungsbetrag	35.700,00 €

- Der Sofortrabatt in Höhe von 10.000,00 € ist nicht zu buchen.

Buchungssatz bei Rechnungseingang		Soll	Haben
	3000/5100 Einkauf von Rohstoffen	30.000,00	
	1570/1400 Vorsteuer	5.700,00	
	an 1600/3300 Verbindlichkeiten a. LL		35.700,00

4.1.4 Skonti

Skonto (Plural: Skonti) ist ein Preisnachlass, der zur schnelleren Zahlung veranlassen soll. Er wird gewährt bei Begleichung einer Rechnung innerhalb einer vereinbarten vorzeitigen Frist.

Ein Unternehmer kann einerseits auf der Beschaffungsseite den von seinen Lieferanten angebotenen Skonto in Anspruch nehmen und andererseits auf der Absatzseite seinen Kunden Skonto gewähren.

Auf der Beschaffungsseite kürzt der Unternehmer bei der Inanspruchnahme von Skonto den zu entrichtenden Rechnungsbetrag. Es ergibt sich dadurch nachträglich eine **Anschaffungspreisminderung**. Ferner mindert sich nachträglich die Bemessungsgrundlage der Umsatzsteuer, sodass die auf die Entgeltminderung entfallende **Vorsteuer** zu **korrigieren** ist.

Grundsätzlich sind Vorräte und Waren zu Anschaffungskosten zu bewerten. **Anschaffungspreisminderungen**, wozu die **Skontiabzüge** gehören, sind nach § 255 Abs. 1 HGB abzusetzen.

Zur besseren Übersicht werden Skontobeträge auf einem separaten Konto gebucht, das sich „erhaltene Skonti" nennt. Dies ist ein Unterkonto zu den entsprechenden Einkaufskonten (Hauptkonten).

Nettoverfahren

Wird bei der Buchung des Zahlungsausgleichs die Vorsteuer sofort korrigiert, spricht man vom Nettoverfahren.

| Beschaffungs- und Absatzbereich | Personalwirtschaft | Finanzbereich |

Kapitel 4

BEISPIEL

Waren im Wert von 20.000,00 € zzgl. 3.800,00 € Umsatzsteuer werden auf Ziel gekauft.
Die Zahlung des Rechnungsbetrags erfolgt unter Abzug von 2 % Skonto durch Banküberweisung.

- Berechnung

Bruttorechnungsbetrag	Bruttoskontonachlass, 2 %	Nettoskontonachlass	im Bruttoskontonachlass enthaltene Vorsteuer
23.800,00 €	476,00 €	400,00 €	76,00 €
	(≙ 119 %)	(≙ 100 %)	(≙ 19 %)

Überweisungsbetrag: 23.800,00 € – 476,00 € = 23.324,00 €

		Soll	Haben
Buchungssatz bei Rechnungseingang	3200/5200 Einkauf von Waren	20.000,00	
	1570/1400 Vorsteuer	3.800,00	
	an 1600/3300 Verbindlichkeiten a. LL		23.800,00

		Soll	Haben
Buchungssatz bei Zahlung	1600/3300 Verbindlichkeiten a. LL	❶ 23.800,00	
	an 1200/1800 Bank		❷ 23.324,00
	an 3736/5736 Erhaltene Skonti 19 %		❸ 400,00
	an 1570/1400 Vorsteuer		❹ 76,00

Durch das Begleichen der Rechnung nehmen die Verbindlichkeiten um den vollen Rechnungsbetrag von 23.800,00 € ab. ❶

Das Bankkonto mindert sich nur um den tatsächlich überwiesenen – um Skonto geminderten – Betrag von 23.324,00 €. ❷

Der abgezogene Bruttoskontonachlass ist aufzuteilen in den Nettoskontonachlass, der sich in den Bezugsstoff, hier Waren, und in den Umsatzsteueranteil aufteilt.

Der Nettoskontonachlass in Höhe von 400,00 € stellt eine Anschaffungspreisminderung dar, die auf der Haben-Seite des Kontos „3736/5736 Erhaltene Skonti 19 %" gebucht wird. ❸

Bedingt durch den Skontoabzug wird die Vorsteuer nicht in ihrer ursprünglich gebuchten vollen Höhe an den Lieferanten entrichtet. Daher ist das Vorsteuerkonto um den im Bruttoskontonachlass enthaltenen Umsatzsteueranteil im Haben zu korrigieren, § 17 UStG. ❹

Bruttoverfahren

Beim Bruttoverfahren wird der volle Skontonachlass zunächst (ohne Vornahme der Vorsteuerkorrektur) brutto auf dem Konto „3730/5730 Erhaltene Skonti" erfasst.

Der Rechnungsausgleich wird beim Bruttoverfahren wie folgt gebucht:

BEISPIEL

Beispiel wie oben.

- Bei Rechnungsausgleich erfolgt noch keine Korrektur der Vorsteuer.

		Soll	Haben
Buchungssatz bei Zahlung	1600/3300 Verbindlichkeiten a. LL	23.800,00	
	an 1200/1800 Bank		23.324,00
	an 3730/5730 Erhaltene Skonti		476,00

Die **Vorsteuerkorrektur** wird in der Regel als Sammelkorrekturbuchung am Ende des Umsatzsteuervoranmeldungszeitraums vorgenommen.

Hier bezieht sie sich auf das obige Beispiel.

BEISPIEL

- Buchung der Vorsteuerkorrektur am Ende des Umsatzsteuervoranmeldungszeitraums

Buchungssatz		Soll	Haben
3730/5730	Erhaltene Skonti	76,00	
an 1570/1400	Vorsteuer		76,00

Am Ende des Wirtschaftsjahres wird das Konto „Erhaltene Skonti" über das entsprechende Einkaufskonto abgeschlossen.

BEISPIEL

- Buchung zum Ende des Wirtschaftsjahres

Buchungssatz		Soll	Haben
3730/5730	Erhaltene Skonti	400,00	
an 3200/5200	Einkauf von Waren		400,00

Bei der EDV-Buchführung werden Skontibuchungen meistens brutto kontiert. Das Buchführungsprogramm rechnet den Vorsteueranteil automatisch heraus und nimmt die Vorsteuerkorrekturbuchung sofort vor.

Skontibuchungen beim Anlagevermögen und sonstigen Aufwandsposten

Wird ein Skontonachlass auf der Beschaffungsseite in Anspruch genommen für Wirtschaftsgüter des Anlagevermögens, z. B. Anschaffung eines Pkws, oder für sonstige Aufwandsposten (nicht Waren oder Werkstoffe), z. B. Büromaterial, wird der Nettoskontonachlass direkt auf der Haben-Seite des betroffenen Kontos gebucht. Der „Umweg" über das Konto „Erhaltene Skonti" entfällt.

4.1.5 Boni

Ein Bonus (Mehrzahl: Boni) ist eine Vergütung, die viele Lieferanten ihren Kunden bei Überschreiten einer festgelegten Umsatzhöhe in einem bestimmten Zeitraum (Monat, Vierteljahr, Halbjahr, Jahr) **nachträglich** gewähren. Die Vergütung kann in Form einer Geldzahlung oder einer Gutschrift geleistet werden.

Der Unternehmer kann einerseits auf der Beschaffungsseite Boni von seinem Lieferanten erhalten und andererseits auf der Absatzseite seinen Kunden Boni gewähren.

Ein Unternehmen, dem auf der Beschaffungsseite ein Bonus gewährt wurde, erhält im Nachhinein eine Vergütung, die sich als **Anschaffungspreisminderung** niederschlägt.

Kapitel 4

Die Bonivergütung mindert nachträglich die Bemessungsgrundlage der Umsatzsteuer, § 17 UStG. Die auf die Entgeltminderung entfallende **Vorsteuer** ist folglich zu **berichtigen**.

BEISPIEL

Ein Rohstofflieferant gewährt bei Überschreiten einer Umsatzhöhe von 300.000,00 € brutto jährlich einen Bonus von 3 % auf den Gesamtumsatz. Im abgelaufenen Jahr wurde ein Umsatz von 476.000,00 € brutto getätigt. Der Bonus erfolgt in Form einer Banküberweisung.

- Berechnung:

Gesamteinkäufe, brutto (Rohstoffe)	Bruttobonusvergütung (3 %)	Nettobonusvergütung	in der Bruttobonus-vergütung enthaltene Vorsteuer
476.000,00 €	14.280,00 €	12.000,00 €	2.280,00 €
	(≙ 119 %)	(≙ 100 %)	(≙ 19 %)

Wie bei der Skontibuchung ist auch hier eine Nettobuchung oder eine Bruttobuchung möglich.

BEISPIEL

- Bei Rechnungsausgleich erfolgt sofort die Korrektur der Vorsteuer = Nettobuchung.

Buchungssatz bei Überweisungseingang		Soll	Haben
	1200/1800 Bank	14.280,00	
	an 3760/5760 Erhaltene Boni 19 %		12.000,00
	an 1570/1400 Vorsteuer		2.280,00

- Bei Rechnungsausgleich erfolgt keine Korrektur der Vorsteuer = Bruttobuchung.

Buchungssatz bei Überweisungseingang		Soll	Haben
	1200/1800 Bank	14.280,00	
	an 3760/5760 Erhaltene Boni 19 %		14.280,00

Buchung am Ende des Umsatzsteuervoranmeldungszeitraums:

    3740/5740 Erhaltene Boni 2.280,00
an 1570/1400 Vorsteuer 2.280,00

Bei der EDV-Buchführung werden Bonibuchungen meistens brutto kontiert. Das Buchführungsprogramm rechnet den Vorsteueranteil automatisch heraus und nimmt die Vorsteuerkorrekturbuchung sofort vor.

Kapitel 4

| Teilgebiete des betrieblichen Rechnungswesens und deren Aufgaben | Einführung in die Systematik der Buchführung | Buchführung |

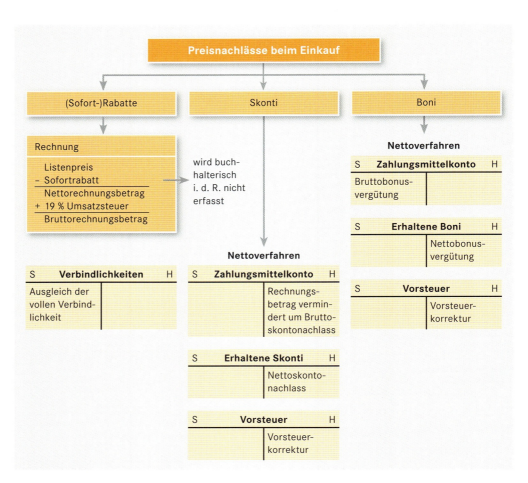

| Beschaffungs- und Absatzbereich | Personalwirtschaft | Finanzbereich |

Kapitel 4

AUFGABEN

1. Welche Rabatte kennen Sie?

2. Erklären Sie den Unterschied zwischen dem Bruttoverfahren und dem Nettoverfahren der Skontibuchung.

3. a) Wann wird ein Bonus gewährt?
   b) Warum gewähren Lieferanten ihren Kunden einen Bonus?

4. Ihr Mandant erhält über den Einkauf von Fremdbauteilen eine ordnungsgemäße Rechnung mit folgenden Angaben:

	Listenpreis	50.000,00 €
–	20 % Sonderrabatt	– 10.000,00 €
	Nettorechnungsbetrag	40.000,00 €
+	19 % Umsatzsteuer	7.600,00 €
	Bruttorechnungsbetrag	47.600,00 €

   Wie hat Ihr Mandant diese Rechnung zu buchen?

5. In einer Rechnung über die Lieferung von Fremdbauteilen wurde irrtümlicherweise ein im Kaufvertrag vereinbarter Rabatt nicht in Abzug gebracht. Nach Reklamation gewährt der Lieferant seinem Kunden nachträglich eine entsprechende Gutschrift über 3.570,00 € (einschließlich 19 % Umsatzsteuer).

   Wie bucht der Kunde die nachträglich erhaltene Gutschrift?

6. Ihr Mandant begleicht bei einem Warenlieferanten eine Rechnung über 35.700,00 € (einschließlich 19 % Umsatzsteuer) abzüglich 2 % Skonto durch Banküberweisung.

   Wie bucht Ihr Mandant diesen Zahlungsvorgang?

7. Bis zum Ende des Umsatzsteuervoranmeldungszeitraums sind auf dem Konto „Erhaltene Skonti für Rohstoffe" folgende Bruttobuchungen (Steuersatz 19 %) vorgenommen worden:

S	Erhaltene Skonti für Rohstoffe	H
	Rohstoffe	1.785,00
	Rohstoffe	1.428,00
	Rohstoffe	1.071,00
	Rohstoffe	833,00
	Rohstoffe	2.142,00
	Rohstoffe	476,00

   Berechnen Sie den Steueranteil im Konto „Erhaltene Skonti für Rohstoffe" und nennen Sie den entsprechenden Korrekturbuchungssatz.

8. Ihr Mandant begleicht eine Eingangsrechnung von brutto 29.750,00 € unter Abzug von 2 % Skonto. Allerdings hat er den Skontoabzug zu Unrecht in Anspruch genommen, da er das Skontozahlungsziel überschritten hat. Der Lieferant belastet ihn mit dem Skontoabzug von insgesamt 595,00 €.
   Bisher wurde der Vorgang noch nicht gebucht.

   Nennen Sie die erforderlichen Buchungssätze (Einkauf von Fremdbauteilen).

9. Ihr Mandant kauft Hilfsstoffe ein. Der Lieferant gewährt bei Zahlung innerhalb von 10 Tagen 2 % Skonto, bei Zahlung innerhalb von 20 Tagen 1,5 % Skonto und bei Zahlung innerhalb von 30 Tagen 1 % Skonto.
   Ihr Mandant begleicht eine Rechnung über 59.500,00 € per Banküberweisung nach 22 Tagen unter Inanspruchnahme von 2 % Skonto. Der Lieferant besteht auf Einhaltung des richtigen Skontoabzuges und belastet Ihren Mandanten entsprechend (Steuersatz 19 %).

   Buchen Sie den Zahlungsvorgang und die Belastung für Ihren Mandanten.

10. Ein Lieferant gewährt Ihrem Mandanten auf den halbjährlichen Umsatz von 618.800,00 € brutto eine Bonusgutschrift von 3 %. Ihr Mandant kauft bei dem Lieferanten Waren ein.

    Nehmen Sie die erforderliche Buchung vor.

11. Eine Eingangsrechnung über Waren enthält u. a. folgende Angaben:

	Warenwert	35.000,00 €
	Rabatt 10 %	3.500,00 €
	Zwischensumme	31.500,00 €
+	19 % USt	5.985,00 €
	Rechnungsbetrag	37.485,00 €

    Der Rechnungsbetrag wurde unter Abzug von 2 % Skonto per Banküberweisung gezahlt.

    Nehmen Sie die erforderlichen Buchungen vor.

12. Ihr Mandant kauft Waren auf Ziel für 22.000,00 € zzgl. 4.180,00 € Umsatzsteuer ein. Nach Verrechnung mit einem Treuebonus, den der Lieferant gewährt, zahlt Ihr Mandant den Restbetrag von 23.800,00 € unter Abzug von 3 % Skonto.
    Der Vorgang ist bisher nicht gebucht.

    Nehmen Sie alle erforderlichen Buchungen vor.

13. Eine Wareneingangsrechnung enthält u. a. folgende Angaben:

	Listenpreis	8.000,00 €
–	Treuerabatt	500,00 €
		7.500,00 €
+	19 % USt	1.425,00 €
	Rechnungsbetrag	8.925,00 €

    10 % der Waren wurden zurückgeschickt, da die Ware mangelhaft war.
    Der Restbetrag wurde unter Abzug von 2 % Skonto per Banküberweisung gezahlt.

    Buchen Sie den gesamten Vorgang.

14. Ein Lieferant von Rohstoffen erteilt Ihrem Mandanten eine Gutschrift in Höhe von 2,5 % vom Bruttoumsatz des letzten Jahres, der 120.000,00 € betrug.
    Dieser Bonus soll mit den bestehenden Verbindlichkeiten verrechnet werden.

    Die Eingangsrechnung der letzten Lieferung lautete über 15.000,00 € zzgl. 2.850,00 € Umsatzsteuer und ist bereits buchhalterisch erfasst.

    Ein Teil der gelieferten Rohstoffe war mit Mängeln behaftet. Der Lieferant und Ihr Mandant haben sich auf einen Preisnachlass in Höhe von brutto 1.428,00 € geeinigt.

    Buchen Sie den Vorgang. Unterstellen Sie dabei, dass Ihr Mandant den Restbetrag unter Abzug von 2 % Skonto per Banküberweisung zahlt.

15. Ihr Mandant hat durch Inventur zum 31.12.01 folgende **Bestände** ermittelt:

Betriebs- und Geschäftsausstattung	20.000,00 €
Waren	8.000,00 €
Forderungen a. LL	10.000,00 €
Kasse	1.000,00 €
Bank	32.000,00 €
Eigenkapital	?
Verbindlichkeiten a. LL	15.000,00 €
Umsatzsteuer	1.000,00 €

Folgende **Geschäftsvorfälle** ereigneten sich im Geschäftsjahr 02:

1. Wareneinkauf auf Ziel für 10.000,00 € zzgl. 1.900,00 € Umsatzsteuer.
2. Beim Bezug dieser Waren sind Speditionskosten in Höhe von 350,00 € zzgl. 66,50 € Umsatzsteuer bar gezahlt worden.
3. Bei Bezahlung der Eingangsrechnung zu 1. durch Banküberweisung wurde ein vereinbarter Rabatt in Höhe von 15 % abgezogen. Der Lieferant hatte diesen Rabatt in der Rechnung versehentlich nicht berücksichtigt.
   Der verbleibende Betrag wurde unter Abzug von 2 % Skonto gezahlt.
4. Wareneinkauf auf Ziel. Die Eingangsrechnung enthielt u. a. folgende Angaben:

1 000 Stück der Ware 0815 zu je 25,00 €	25.000,00 €
– 5 % Mengenrabatt	– 1.250,00 €
Zwischensumme	23.750,00 €
+ 19 % USt	+ 4.512,50 €
Rechnungsbetrag	28.262,50 €

5. Aus dem Warenlager wurden Waren im Wert von 500,00 € gestohlen.
6. Ware im Wert von 2.000,00 € zzgl. 380,00 € Umsatzsteuer, die auf Ziel eingekauft wurde, wurde wegen Mängel an den Lieferanten zurückgeschickt. Er erteilte hierüber eine entsprechende Gutschrift.
   (Der Einkauf wurde bereits gebucht.)
7. Bei einem anderen Wareneinkauf auf Ziel stellte Ihr Mandant ebenfalls Mängel fest. Er einigte sich mit dem Lieferanten auf einen Preisnachlass in Höhe von 500,00 € zzgl. 95,00 € Umsatzsteuer.
8. Waren im Wert von 10.000,00 € zzgl. 1.900,00 € Umsatzsteuer wurden auf Ziel verkauft.

Abschlussangaben
Der Inventurwert der Waren zum 31.12.02 beträgt 20.000,00 €.
Die Abschreibung 02 für die Betriebs- und Geschäftsausstattung ist mit 5.000,00 € anzusetzen.

a) Eröffnen Sie die Bestandskonten.
b) Bilden Sie sämtliche Buchungssätze. Benutzen Sie dabei die entsprechenden Unterkonten und buchen Sie auf den Konten.
c) Schließen Sie die Konten ab.
d) Wie wirken sich die einzelnen Geschäftsvorfälle auf den Erfolg, das Eigenkapital und auf die Bilanzsumme aus?

4.1.6 Verderb und Verlust

Verdorbene oder gestohlene Waren/Werkstoffe können nicht mehr verkauft werden. Sie müssen im entsprechenden Einkaufskonto ausgebucht und als sonstiger betrieblicher Aufwand erfasst werden. Würde die Buchung unterbleiben, so wäre der Wareneinsatz bzw. Werkstoffeinsatz zu hoch und der Rohgewinn zu niedrig. Die Kalkulation würde verfälscht werden. Eine Berichtigung der Vorsteuer unterbleibt, da der Einkauf unverändert bleibt und die Bemessungsgrundlage sich nicht ändert.

BEISPIEL

Waren im Wert von 3.000,00 € sind durch falsche Lagerung verdorben.

- Die verdorbene Ware ist umzubuchen, um den richtigen Wareneinsatz zu erhalten.

Buchungssatz		Soll	Haben
	4900/6300 Sonstige betriebl. Aufwendungen	3.000,00	
	an 3200/5200 Wareneingang		3.000,00

4.1.7 Innerbetrieblicher Verbrauch

Von innerbetrieblichem Verbrauch spricht man, wenn Waren/Werkstoffe aus dem Betrieb für innerbetriebliche Zwecke genutzt werden. Dieser Vorgang muss über ein entsprechendes Aufwands- oder Anlagekonto erfasst werden, um den richtigen Wareneinsatz zu ermitteln. Die Vorsteuer ist nicht zu berichtigen, da sich die Bemessungsgrundlage nicht ändert.

BEISPIEL

Ein Großhändler, der mit Büromöbeln handelt, entnimmt dem Lager einen Schreibtisch (Einkaufspreis 800,00 €) und stellt ihn in seinem Büro auf.

- Damit der richtige Wareneinsatz ermittelt werden kann, muss der Wareneinkauf berichtigt werden. Der Schreibtisch wird vom Umlaufvermögen zum Anlagevermögen, da er nun dauerhaft im Büro genutzt wird.

Buchungssatz		Soll	Haben
	0420/0650 Büroeinrichtung	800,00	
	an 3200/5200 Wareneingang		800,00

4.1.8 Schadensersatzansprüche an Lieferanten

Oft wird in Kauf- und Werkverträgen für den Fall, dass eine der beiden Vertragsparteien die geschuldete Leistung nicht vertragsgemäß erbringt, festgelegt, dass eine Vertrags- oder Konventionalstrafe zu zahlen ist, §§ 339, 345 BGB.

Die Konventionalstrafe ist eine im Vertrag fest zugesagte Geldsumme. Der Schuldner der Leistung soll dadurch angehalten werden, seine Leistung vertragsgemäß zu erbringen.

Da die Vertrags- oder Konventionalstrafe einen Schaden ausgleichen soll, handelt es sich hierbei um einen Schadensersatz.

Einem Schadensersatz liegt kein Leistungsaustausch zugrunde. Deshalb liegen keine steuerbaren Umsätze vor.

| Beschaffungs- und Absatzbereich | Personalwirtschaft | Finanzbereich |

Kapitel 4

BEISPIEL

Ein Lieferant von Rohstoffen liefert drei Wochen später als vertraglich vereinbart. Da der Unternehmer die Rohstoffe dringend benötigt, muss er sie von einem anderen Lieferanten teurer erwerben. Der Vertrag sieht in diesem Fall eine Konventionalstrafe von 3.000,00 € vor, die mit noch bestehenden Verbindlichkeiten verrechnet werden soll.

- Dem Unternehmer ist durch den teureren Einkauf der Rohstoffe ein Schaden entstanden. Der Anspruch auf die Konventionalstrafe ist ein Schadensersatz.

Buchungssatz		Soll	Haben
	1600/3300 Verbindl. a. LL	3.000,00	
	an 2700/4830 Sonst. betriebl. Erträge		3.000,00

Buchhalterische Erfassung von Verderb/Verlust/innerbetrieblicher Verbrauch

S	Wareneingang/Werkstoffkonto	H
Zugänge	Verderb	
	Verlust (Diebstahl)	
	innerbetrieblicher Verbrauch	
	– Material	
	– Anlagevermögen	

S	Sonst. betr. Aufwendungen	H
Verderb		
Verlust		

S	Aufwandskonto	H
Material		

S	Anlagekonto	H
Zugang		

Hinweis: keine Vorsteuerkorrektur

Schadensersatzansprüche

- Bei einer Vertragsstrafe handelt es sich um einen Schadensersatz, der als „sonstiger betrieblicher" Ertrag zu buchen ist. Da kein steuerbarer Umsatz vorliegt, fällt keine Umsatzsteuer an.

AUFGABEN

1. Aus dem Lager wurden Waren mit Anschaffungskosten von 6.000,00 € gestohlen.
   Bilden Sie den notwendigen Buchungssatz.

2. Ihr Mandant, ein Möbelproduzent, hat verschiedene Ledersorten und Holzarten zur Herstellung der Möbel auf Lager.
   Da das Dach im Lager teilweise undicht war, hat eindringendes Regenwasser einen Teil des Leders unbrauchbar gemacht. Die Anschaffungskosten der zerstörten Rohstoffe betrugen 25.000,00 €.

   Ihr Mandant musste daraufhin neue Rohstoffe auf Ziel einkaufen. Der Lieferant hat auf diese Lieferung 30 % Treuerabatt und 10 % Mengenrabatt vom verbleibenden Betrag gewährt. Der ursprüngliche Einkaufspreis belief sich auf 60.000,00 € brutto. Eine ordnungsgemäße Rechnung liegt vor.

   Außerdem wurde Holz mit Anschaffungskosten in Höhe von 8.000,00 € gestohlen.

   Bisher wurden keine Buchungen vorgenommen. Holen Sie diese nach.

3. Ein Unternehmer, der mit Bürobedarf handelt, entnimmt seinem Lager Papier und Druckerpatronen für sein Büro. Der Einkaufspreis betrug 250,00 €.

   Buchen Sie den Vorgang.

4.2 Buchungen auf der Absatzseite

4.2.1 Die buchhalterische Erfassung der Vertriebskosten

Auf der Beschaffungsseite entstehen Bezugskosten, auf der **Absatzseite Vertriebskosten**. Wie bei den Bezugskosten gehören hierzu die Transportkosten, Verpackungskosten, Transportversicherungsprämien, Zoll und Verkaufsvermittlungsgebühren.

> **BEISPIEL**
>
> An einen Kunden werden Erzeugnisse „frei Haus" geliefert. Für Rollgeld und Bahnfracht fallen 200,00 € zzgl. 38,00 € Umsatzsteuer an, die bar gezahlt werden.
> Zur Verpackung werden eigens für diesen Verkauf Kunststoffbehälter für 400,00 € zzgl. 76,00 € Umsatzsteuer bar gekauft.
>
> - Die Kosten für Rollgeld, Bahnfracht und Verpackung werden als Vertriebskosten gesondert erfasst.
>
> **Buchungssätze**
>
> | | | Soll | Haben |
> |---|---|---:|---:|
> | 4730/6740 | Ausgangsfrachten | 200,00 | |
> | 1570/1400 | Vorsteuer | 38,00 | |
> | an 1000/1600 | Kasse | | 238,00 |
> | 4710/6710 | Verpackungsmaterial | 400,00 | |
> | 1570/1400 | Vorsteuer | 76,00 | |
> | an 1000/1600 | Kasse | | 476,00 |

Die Vertriebskosten werden in den entsprechenden Aufwandskonten gebucht und über das Gewinn- und Verlustkonto abgeschlossen.

4.2.2 Die Belastung des Kunden mit den Vertriebskosten

Hat gemäß Kaufvertrag der Käufer sämtliche oder einen Teil der zunächst beim Verkäufer angefallenen Vertriebskosten zu tragen, stellt der Lieferant diese verauslagten Kosten seinem Kunden in Rechnung.

Das Verrechnungsverbot von Aufwendungen und Erträgen des HGB erlaubt für diesen Fall keine Korrekturbuchung auf der Haben-Seite der Vertriebskostenkonten.

Die umsatzsteuerliche Verprobung verlangt darüber hinaus, dass das umsatzsteuerliche Entgelt einem Ertragskonto zugeordnet wird. Aus diesen Gründen wird die Buchung der den Kunden in Rechnung gestellten Vertriebskosten über das Umsatzerlöskonto vorgenommen.

Kapitel 4

> **BEISPIEL**
>
> Die im obigen Beispiel verauslagten Verpackungskosten werden dem Kunden zusammen mit den Fertigerzeugnissen in Rechnung gestellt.
>
> | | |
> |---|---:|
> | Zielverkauf von Erzeugnissen | 20.000,00 € |
> | + Verpackung (Kunststoffbehälter) | 400,00 € |
> | | 20.400,00 € |
> | + 19 % Umsatzsteuer | 3.876,00 € |
> | Rechnungsbetrag | 24.276,00 € |
>
> - Der gesamte Nettobetrag wird auf dem Konto „Erlöse" erfasst.
>
> | Buchungs-satz | | Soll | Haben |
> |---|---|---:|---:|
> | | 1400/1200 Forderungen a. LL | 24.276,00 | |
> | | an 8400/4400 Erlöse 19 % | | 20.400,00 |
> | | an 1770/3806 Umsatzsteuer | | 3.876,00 |

Häufig gibt der Lieferant seinem Kunden die Möglichkeit, Verpackungsmaterial gegen eine entsprechende Gutschrift zurückzuschicken.

In diesem Fall muss eine Teilstornierung der obigen Buchung vorgenommen werden.

> **BEISPIEL**
>
> Der Kunde schickt die ihm in Rechnung gestellten Kunststoffbehälter zurück. Vereinbarungsgemäß wird eine Gutschrift über 75 % des Wertes der Kunststoffbehälter erteilt.
>
> | | |
> |---|---:|
> | Wert | 300,00 € |
> | zzgl. 19 % Umsatzsteuer | 57,00 € |
> | | 357,00 € |
>
> - Die Erlöse sind um den Betrag von 300,00 € zu mindern.
>
> | Buchungs-satz | | Soll | Haben |
> |---|---|---:|---:|
> | | 8400/4400 Erlöse 19 % | 300,00 | |
> | | 1770/3806 Umsatzsteuer | 57,00 | |
> | | an 1400/1200 Forderungen a. LL | | 357,00 |

4.2.3 Rücksendungen und Preisnachlässe

Rücksendungen

Bei Inanspruchnahme des Rechts auf Wandlung senden Kunden beanstandete Fertigerzeugnisse oder Waren zurück.

Zu korrigieren sind:

- das Forderungskonto durch eine Haben-Buchung,
- das Erlöskonto durch eine Soll-Buchung und
- das Umsatzsteuerkonto durch eine Soll-Buchung.

BEISPIEL

Verkauf von Waren auf Ziel für	15.000,00 €
+ 19 % Umsatzsteuer	2.850,00 €
Gesamtbetrag	17.850,00 €

- Der Verkauf ist als Erlös zu erfassen.

Buchungssatz

	Soll	Haben
1400/1200 Forderungen a. LL	17.850,00	
an 8400/4400 Erlöse 19 %		15.000,00
an 1770/3806 Umsatzsteuer		2.850,00

Der Kunde sendet fehlerhafte Waren zurück (Wandlung).

Nettowert	2.000,00 €
+ 19 % Umsatzsteuer	380,00 €
Summe	2.380,00 €

- Bei Rücksendungen wird die ursprüngliche Buchung korrigiert.

Buchungssatz

	Soll	Haben
8400/4400 Erlöse 19 %	2.000,00	
1770/3806 Umsatzsteuer	380,00	
an 1400/1200 Forderungen a. LL		2.380,00

Preisnachlässe

Gutschriften an Kunden aufgrund von Preisnachlässen (Minderungen) könnten – ebenso wie Rücksendungen von Kunden – direkt über die entsprechenden Erlöskonten gebucht werden. Zur besseren Information werden sie über das Konto „Erlösschmälerungen" gebucht. Es wird als Unterkonto **über** das **Hauptkonto** „Erlöse" **abgeschlossen**.

(Buchungssatz: Erlöse **an** Erlösschmälerung)

BEISPIEL

Verkauf von Waren auf Ziel für	40.000,00 €
+ 19 % Umsatzsteuer	7.600,00 €
Gesamtbetrag	47.600,00 €

- Der Verkauf ist als Erlös zu erfassen.

Buchungssatz

	Soll	Haben
1400/1200 Forderungen a. LL	47.600,00	
an 8400/4400 Erlöse 19 %		40.000,00
an 1770/3806 Umsatzsteuer		7.600,00

Die Ware war fehlerhaft. Der Kunde nimmt sein Recht auf Minderung (Preisnachlass) in Anspruch.

Nettowert	7.000,00 €
+ 19 % Umsatzsteuer	1.330,00 €
Gesamtbetrag	8.330,00 €

- Der Preisnachlass wird auf dem Konto „Erlösschmälerung" erfasst.

Buchungssatz

	Soll	Haben
8720/4720 Erlösschmälerungen 19 %	7.000,00	
1770/3806 Umsatzsteuer	1.330,00	
an 1770/3806 Forderungen a. LL		8.330,00

| Beschaffungs- und Absatzbereich | Personalwirtschaft | Finanzbereich |

Kapitel 4

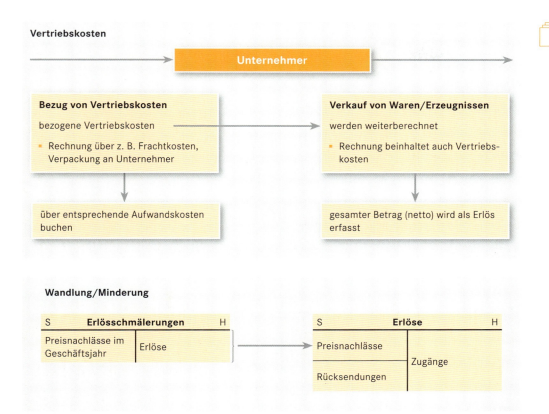

AUFGABEN

1. Nennen Sie Beispiele für Vertriebskosten.
2. Wie werden Vertriebskosten, die dem Kunden in Rechnung gestellt werden, gebucht?
3. Wie werden die Vertriebskosten, die dem Unternehmer selbst in Rechnung gestellt werden, gebucht?
4. Wie werden Rücksendungen gebucht?
5. Wie werden Preisnachlässe gebucht?
6. Wie erfolgt der Abschluss des Unterkontos „Erlösschmälerungen"?
7. Bei Ihrem Mandanten ergeben sich folgende **Geschäftsvorfälle**:

a)	Barkauf von Verpackungsmaterial, netto	300,00 €
+	19 % USt	57,00 €
	Gesamtbetrag	357,00 €
b)	Für Ausgangsfracht entrichtet Ihr Mandant bar, netto	200,00 €
+	19 % USt	38,00 €
	Gesamtbetrag	238,00 €

c) Zielverkauf von Waren netto .... 30.000,00 €
   + Verpackungsmaterial, ... 300,00 €
   + Transportkosten .... 200,00 €
   + 19 % USt .... 5.795,00 €
      Gesamtbetrag .... 36.295,00 €

d) Vereinbarungsgemäß wird einem Kunden für an den Mandanten zurückgeschicktes Verpackungsmaterial eine Gutschrift erteilt.
      Betrag .... 300,00 €
   + 19 % USt .... 57,00 €
      Gesamtbetrag .... 357,00 €

Buchen Sie die einzelnen Geschäftsvorfälle.

8. Ihr Mandant schließt eine Transportversicherung für die Lieferung einer besonders wertvollen Ware an einen Kunden ab und überweist hierfür an die Versicherungsgesellschaft 1.000,00 €.

Buchen Sie den Vorgang.

9. Ein Spediteur erteilt Ihrem Mandanten eine Rechnung, die u. a. folgende Angaben enthält:

      Warentransport zu Ihrem Kunden A .... 350,00 €
   + 19 % Umsatzsteuer .... 66,50 €
      Gesamtbetrag .... 416,50 €

Bilden Sie den notwendigen Buchungssatz.

10. Für Ihren Mandanten ist ein Handelsvertreter tätig, der für den Vertrieb der Waren zuständig ist. Für den Monat Juli 01 erstellt Ihr Mandant folgende Abrechnung in Form einer Gutschrift:

erzielte Erlöse 100.000,00 €
davon 15 % .... 15.000,00 €
+ 19 % Umsatzsteuer .... 2.850,00 €
   Gesamtbetrag .... 17.850,00 €

Ihr Mandant hat den Betrag zur Überweisung angewiesen.

Erstellen Sie den Buchungssatz.

11. Ihr Mandant verkauft Waren auf Ziel und erteilt folgende Rechnung:

Waren zum Preis von .... 7.000,00 €
+ Transportkosten .... 600,00 €
+ Transportversicherung .... 300,00 €
+ 19 % USt .... 1.501,00 €
   Rechnungsbetrag .... 9.401,00 €

Buchen Sie den Vorgang.

12. Die Inventur zum 31.12.01 weist bei Ihrem Mandanten folgende Bestände auf:

Maschinen .... 800.000,00 €
Fuhrpark .... 400.000,00 €
Warenbestand .... 350.000,00 €
Forderungen a. LL .... 90.000,00 €
Bank .... 100.000,00 €
Kasse .... 40.000,00 €
Eigenkapital .... ?
Verbindlichkeiten KI .... 720.000,00 €
Verbindlichkeiten a. LL .... 70.000,00 €
Umsatzsteuer .... 4.500,00 €

Beschaffungs- und Absatzbereich | Personalwirtschaft | Finanzbereich

Kapitel 4

Im Jahr 02 ereignen sich folgende Geschäftsvorfälle:

1. Lastschriftanzeige der Bank für
   1) Kfz-Steuer .... 1.000,00 €
   2) Kfz-Versicherung .... 2.000,00 €
   3) Miete für eine Lagerhalle .... 8.000,00 €
   4) Bezahlung einer Eingangsrechnung .... 40.000,00 €
   5) Leasinggebühr für Lkw netto .... 800,00 €
      + 19 % USt .... 152,00 €
         Gesamtbetrag .... 952,00 €
   6) Aufladen der Frankiermaschine .... 500,00 €
   7) Überweisung eines Beitrags zu einem
      branchenspezifischen Verband .... 30,00 €
   8) Löhne .... 12.000,00 €
2. Eine Eingangsrechnung eines Warenlieferanten lautet über .... 70.000,00 €
   + Fracht .... 800,00 €
   + Verpackung .... 600,00 €
   + 19 % USt .... 13.566,00 €
      Rechnungsbetrag .... 84.966,00 €
3. Es wurden bar bezahlt:
   1) Rollgeld für eine Warenlieferung an den Mandanten, netto .... 700,00 €
      + 19 % .... 133,00 €
         Bruttopreis .... 833,00 €
   2) Kunststofffaltschachteln für den Versand der Waren, netto .... 1.000,00 €
      + 19 % USt .... 190,00 €
         Bruttopreis .... 1.190,00 €
   3) Zuschuss für die Betriebssportgruppe .... 200,00 €
4. Gutschriftanzeige
   1) für an einen Lieferanten zurückgesandte Verpackung, netto .... 600,00 €
      19 % USt .... 114,00 €
      Gesamtbetrag .... 714,00 €
      Die Gutschrift wird mit bestehenden Verbindlichkeiten verrechnet.
   2) für den Mandanten irrtümlich zu viel in Rechnung gestellte Frachtkosten
      in der Eingangsrechnung zu Geschäftsvorfall 2., netto .... 100,00 €
      19 % USt .... 19,00 €
      Gesamtbetrag .... 119,00 €
5. Ausgangsrechnung auf Ziel
   Nettopreis der Waren .... 200.000,00 €
   + Verpackung .... 800,00 €
   + 19 % USt .... 38.152,00 €
      Rechnungspreis .... 238.952,00 €
6. Gutschriftanzeige zur Ausgangsrechnung unter 5.
   für die an den Mandanten zurückgesandte Verpackung netto .... 800,00 €
   + 19 % USt .... 152,00 €
      Gesamtbetrag .... 952,00 €
7. Ausgleich einer Ausgangsrechnung in Höhe von 40.000,00 € per Banküberweisung

Abschlussangaben
Auf dem Konto „Kasse" befinden sich 29,75 € zu viel (Inventurdifferenz). Ursache: Ein Bareinkauf von Verpackungsmaterial über brutto 29,75 € wurde versehentlich nicht gebucht. Eine ordnungsgemäße Quittung liegt vor.

→

Die Abschreibungen für die Maschinen betragen 50.000,00 €,
die Abschreibung für den Fuhrpark 20.000,00 €.

Der Schlussbestand an Waren beträgt lt. Inventur 331.400,00 €.
Die Schlussbestände der anderen Bestandskonten entsprechen den Inventurbeständen.

a) Eröffnen Sie die Bestandskonten.
b) Bilden Sie die Buchungssätze zu den genannten Geschäftsvorfällen und buchen Sie auf den Konten.
c) Schließen Sie die Konten ab.

13. (in €)   I.   II.

	I.	II.
a) Ein Produktionsunternehmen verkauft eigene Erzeugnisse auf Ziel für	15.000,00	12.000,00
+ 19 % Umsatzsteuer	2.850,00	2.280,00
b) Der Kunde schickt mangelhafte Erzeugnisse zurück,	2.500,00	3.000,00
+ 19 %	475,00	570,00

Das Konto „Forderungen a. LL" hat einen Anfangsbestand von 20.000,00 €.

Bilden Sie die Buchungssätze und buchen Sie auf den entsprechenden Konten.

14. (in €)

	I.	II.
a) Ihr Mandant verkauft Waren auf Ziel für .... zzgl. Umsatzsteuer.	25.000,00	30.000,00
b) Er gewährt einem Kunden wegen Lieferung von mangelhafter Ware einen Preisnachlass von netto	2.000,00	2.200,00
+ 19 % USt	380,00	418,00

Bilden Sie die Buchssätze und buchen Sie auf den entsprechenden Konten. Das Forderungskonto hat einen Anfangsbestand von 30.000,00 €.

15. Wie lautet der Abschlussbuchungssatz des unten stehenden Kontos?

S	Erlösschmälerungen	H
Forderungen a. LL	2.400,00	
Forderungen a. LL	1.800,00	
Forderungen a. LL	5.500,00	
Forderungen a. LL	7.200,00	

16. Ein Kunde sendet beschädigte Ware an Ihren Mandanten zurück (Wandlung) über brutto
    a) 19.040,00 €, Steuersatz 19 %,
    b) 5.470,00 €, Steuersatz 19 %.

Wie bucht Ihr Mandant in den Fällen a) und b)?

17. Ihr Mandant gewährt einem Kunden einen Preisnachlass auf fehlerhafte Ware, die er an den Kunden geliefert hat, über brutto

    a) 14.280,00 €, Steuersatz 19 %,
    b) 16.660,00 €, Steuersatz 19 %.

Wie bucht Ihr Mandant in den Fällen a) und b)?

18. Ihr Mandant hat im Juni 01 Waren für 60.000,00 € zzgl. 11.400,00 € USt an einen Kunden geliefert. Sofort nach Erhalt der Ware reklamiert der Kunde die Waren. Ihr Mandant einigt sich mit ihm auf einen Preisnachlass von 40 %. Die Ware behält der Kunde.

Bilden Sie die erforderlichen Buchungssätze.

Kapitel 4

19. Folgende **Geschäftsvorfälle** bei Ihrem Mandanten sind von Ihnen zu buchen:

    1. Warenverkauf auf Ziel im Wert von 40.000,00 € zzgl. 7.600,00 € USt.
    2. Im Zusammenhang mit diesem Warenverkauf fielen
       – Aufwendungen für Verpackung in Höhe von 350,00 € zzgl. 66,50 € Umsatzsteuer und
       – Aufwendungen für einen Spediteur von 400,00 € zzgl. 76,00 € Umsatzsteuer an.
       Beide wurden per Banküberweisung gezahlt.
    3. Ein Kunde sandte mangelhafte Ware im Wert von 10.000,00 € zzgl. 1.900,00 € Umsatzsteuer zurück. Die Ware war noch nicht bezahlt.
    4. Warenverkauf auf Ziel für 15.000,00 € zzgl. 2.850,00 € Umsatzsteuer. Die Ware war nicht einwandfrei. Deshalb gewährte Ihr Mandant einen Preisnachlass von 10 %.

20. Die Inventur zum 31.12.01 bei Ihrem Mandanten hat folgende **Bestände** ergeben:

Maschinen	700.000,00 €
Fuhrpark	350.000,00 €
Rohstoffe	300.000 €
Hilfsstoffe	60.000,00 €
Unfertige Erzeugnisse	80.000,00 €
Fertige Erzeugnisse	100.000,00 €
Forderungen a. LL	60.000,00 €
Bank	125.000,00 €
Eigenkapital	?
Langfristige Bankverbindlichkeiten	775.500,00 €
Verbindlichkeiten a. LL	90.000,00 €
Umsatzsteuer	9.500,00 €

    Im Jahr 02 ereignen sich folgende **Geschäftsvorfälle:**

    1. Lastschriftanzeige der Bank für
1) Umsatzsteuerzahllast	9.500,00 €
2) Fertigungslöhne	14.000,00 €
3) Überweisung einer Eingangsrechnung	48.000,00 €

    2. Eingangsrechnung eines Lieferanten für Rohstoffe über 70.000,00 €
+ Verpackung	500,00 €
+ 19 % Umsatzsteuer	13.395,00 €
Rechnungsbetrag	83.895,00 €

    3. Eingangsrechnung eines Hilfsstofflieferanten über 9.000,00 €
+ Fracht	200,00 €
+ 19 % Umsatzsteuer	1.748,00 €
Rechnungsbetrag	10.948,00 €

    4. Gutschriftanzeige zu der Eingangsrechnung zu Geschäftsvorfall 2. für zurückgesandte mangelhafte Rohstoffe
Nettobetrag	3.000,00 €
+ 19 % Umsatzsteuer	570,00 €
Bruttobetrag	3.570,00 €

    5. Gutschriftanzeige zu der Eingangsrechnung zu Geschäftsvorfall 3. für mangelhafte Hilfsstoffe, Minderung
Nettobetrag	1.000,00 €
+ 19 % Umsatzsteuer	190,00 €
Bruttobetrag	1.190,00 €

    6. Ihr Mandant erstellt eine Gutschrift über ein Honorar an eine Designerin. Diese hatte für Ihren Mandanten Modellkleider entworfen.
Modellkleider über	15.000,00 €
+ 19 % Umsatzsteuer	2.850,00 €
Bruttohonorargutschrift	17.850,00 €

    →

7. Korrektur der Honorarabrechnung
   fehlerhafte Honorargutschrift .... 15.000,00 €
   korrekte Honorargutschrift .... 13.000,00 €
   Differenzbetrag .... 2.000,00 €
   + 19 % Umsatzsteuer .... 380,00 €
   Lastschrift für Designerin .... 2.380,00 €

8. Ausgangsrechnung an einen Kunden.
   Die Rechnung enthält u. a. folgende Angaben:
   Nettopreis, eigene Erzeugnisse .... 200.000,00 €
   + Fracht .... 1.000,00 €
   + 19 % Umsatzsteuer .... 38.190,00 €
   Rechnungsbetrag .... 239.190,00 €

9. Die gelieferten Erzeugnisse zu 8. waren teilweise mangelhaft.
   Deshalb wurden sie zurückgeschickt.
   Ihr Mandant erteilt eine Gutschrift über
   Nettobetrag .... 20.000,00 €
   + 19 % Umsatzsteuer .... 3.800,00 €
   Bruttobetrag .... 23.800,00 €

10. Eine weitere Ausgangsrechnung lautet über
    Nettopreis, eigene Erzeugnisse .... 40.000,00 €
    + Verpackung .... 300,00 €
    + 19 % Umsatzsteuer .... 7.657,00 €
    Rechnungsbetrag .... 47.957,00 €

11. Der Kunde, der die Lieferung zu 10. erhalten hat, reklamiert Mängel an den
    Erzeugnissen. Deshalb erhält er eine Preisminderung von netto .... 3.000,00 €
    + 19 % Umsatzsteuer .... 570,00 €
    Bruttobetrag .... 3.570,00 €

Abschlussangaben
Die Schlussbestände lt. Inventur betragen
- Unfertige Erzeugnisse .... 70.000,00 €
- Fertige Erzeugnisse .... 120.000,00 €
- Rohstoffe .... 267.500,00 €
- Hilfsstoffe .... 60.200,00 €

Die Schlussbestände der anderen Bestandskonten entsprechen den Inventurbeständen.

a) Eröffnen Sie die Bestandskonten.
b) Bilden Sie sämtliche Buchungssätze nach dem Just-in-Time-Verfahren und buchen Sie auf den Konten.
c) Schließen Sie die Konten ab.

4.2.4 Rabatte

Ebenso wie auf der Beschaffungsseite werden auf der Absatzseite Sofortrabatte in der Regel buchhalterisch nicht erfasst.

BEISPIEL

An einen Kunden wird folgende Ausgangsrechnung versandt:

Listenpreis für gelieferte Waren	20.000,00 €
– 20 % Mengenrabatt	4.000,00 €
Nettorechnungsbetrag	16.000,00 €
+ 19 % USt	3.040,00 €
Bruttorechnungsbetrag	19.040,00 €

- Der Rabatt wird nicht gebucht.

Buchungssatz

	Soll	Haben
1400/1200 Forderungen a. LL	19.040,00	
an 8400/4400 Erlöse 19 %		16.000,00
an 1770/3806 Umsatzsteuer		3.040,00

4.2.5 Skontibuchungen

Bei Inanspruchnahme von Skonto entrichtet ein Kunde nicht den beim Verkauf ursprünglich gebuchten vollen Rechnungsbetrag. Dadurch entsteht nachträglich eine Erlösschmälerung. Außerdem mindert sich nachträglich die Bemessungsgrundlage der Umsatzsteuer. Die Umsatzsteuer ist daher anteilig zu korrigieren.

Die gewährten Skontibeträge werden zur besseren Übersicht auf dem Konto „Gewährte Skonti" gebucht, das ein Unterkonto des Kontos „Erlöse" ist.

BEISPIEL

Verkauf von Waren auf Ziel für	30.000,00 €
+ 19 % Umsatzsteuer	5.700,00 €
Rechnungsbetrag	35.700,00 €

- Der Verkauf der Ware wird über das Konto „Erlöse 19 %" gebucht.

Buchungssatz

	Soll	Haben
1400/1200 Forderungen a. LL	35.700,00	
an 8400/4400 Erlöse 19 %		30.000,00
an 1770/3806 Umsatzsteuer		5.700,00

Der Kunde nimmt Skonto in Anspruch und zahlt per Banküberweisung den um 2 % Skonto geminderten Rechnungsbetrag.

- Berechnung:

Bruttorechnungsbetrag	Bruttoskontonachlass, 2 %	Nettoskontonachlass	im Bruttoskontonachlass enthaltene Umsatzsteuer
35.700,00 €	714,00 €	600,00 €	114,00 €
	(≙ 119 %)	(≙ 100 %)	(≙ 19 %)

Überweisungsbetrag: 35.700,00 € – 714,00 € = 34.986,00 €

Nettoverfahren

Beim Nettoverfahren wird die anteilige Umsatzsteuerberichtigung sofort gebucht.

BEISPIEL

- Der Skontoabzug im Beispiel oben wird wie folgt gebucht:

Buchungs-satz		Soll	Haben
	1200/1800 Bank	34.986,00	
	8730/4730 Gewährte Skonti	600,00	
	1770/3806 Umsatzsteuer	114,00	
	an 1400/1200 Forderungen a. LL		35.700,00

Durch den Rechnungsausgleich nimmt der Forderungsbestand um den ganzen Rechnungsbetrag von 35.700,00 € ab. Da der Kunde Skonto in Anspruch nimmt, werden dem Bankkonto aber nur 34.986,00 € gutgeschrieben.

Der abgezogene Bruttoskontonachlass ist zu zerlegen in den Nettoskontonachlass und in den Umsatzsteueranteil. Der Nettoskontonachlass in Höhe von 600,00 € stellt eine Erlösschmälerung dar, die auf dem Konto „Gewährte Skonti" im Soll gebucht wird. Da der Kunde Skonto in Anspruch genommen hat, entrichtet er nicht die ganze – beim Zielverkauf ursprünglich gebuchte – Umsatzsteuer. Die Umsatzsteuerschuld ist daher um den im Bruttoskontonachlass enthaltenen Umsatzsteueranteil zu berichtigen.

Bruttoverfahren

Beim Bruttoverfahren wird der volle Skontonachlass zunächst (ohne Vornahme der anteiligen Umsatzsteuerberichtigung) brutto auf dem Konto „Gewährte Skonti" erfasst.

BEISPIEL

- Buchung des Rechnungsausgleichs im obigen Beispiel beim Bruttoverfahren:

Buchungs-satz		Soll	Haben
	1200/1800 Bank	34.986,00	
	8730/4730 Gewährte Skonti	714,00	
	an 1400/1200 Forderungen a. LL		35.700,00

Die Umsatzsteuerkorrekturbuchung wird als Sammelbuchung am Ende des Umsatzsteuervoranmeldungszeitraums vorgenommen.

BEISPIEL

- Die Buchung bezieht sich nur auf die Zahlen des obigen Beispiels:

Buchungs-satz		Soll	Haben
	1770/3806 Umsatzsteuer	114,00	
	an 8730/4730 Gewährte Skonti		114,00

Am Ende des Geschäftsjahres wird das Konto „Gewährte Skonti" über das Konto „Erlöse" abgeschlossen.

BEISPIEL

- Buchungssatz am Ende des Geschäftsjahres beim Netto- und beim Bruttoverfahren:

Buchungs-satz		Soll	Haben
	8400/4400 Erlöse 19 %	600,00	
	an 8730/4730 Gewährte Skonti		600,00

4.2.6 Bonibuchungen

Gewährt ein Unternehmen auf der Absatzseite einem Kunden einen Bonus, ergibt sich nachträglich eine Erlösschmälerung.

Außerdem mindert sich nachträglich die Bemessungsgrundlage der Umsatzsteuer. Die Umsatzsteuerschuld ist daher anteilig zu berichtigen.

BEISPIEL

Einem Kunden wird ein Bonus von 3 % gewährt, wenn er die Umsatzhöhe von 200.000,00 € pro Jahr überschreitet. Im betrachteten Jahr tätigt der Kunde einen Umsatz von 297.500,00 € brutto. Der Kunde erhält eine entsprechende Vergütung in Form einer Banküberweisung.

- Berechnung

Gesamtumsatz, brutto	Bruttobonus-vergütung (3 %)	Nettobonus-vergütung	in der Bruttobonusvergütung enthaltene Umsatzsteuer
297.500,00 €	8.925,00 €	7.500,00 €	1.425,00 €
	(≙ 119 %)	(≙ 100 %)	(≙ 19 %)

Buchungs-satz		Soll	Haben
	8740/4740 Gewährte Boni	7.500,00	
	1770/3806 Umsatzsteuer	1.425,00	
	an 1200/1800 Bank		8.925,00

- Auch hier ist eine Bruttobuchung möglich:

Buchungs-sätze		Soll	Haben
	8740/4740 Gewährte Boni	8.925,00	
	an 1200/1800 Bank		8.925,00
	Steuerkorrekturbuchung:		
	1770/3806 Umsatzsteuer	1.425,00	
	an 8740/4740 Gewährte Boni		1.425,00

Kapitel 4

Teilgebiete des betrieblichen Rechnungswesens und deren Aufgaben | Einführung in die Systematik der Buchführung | Buchführung

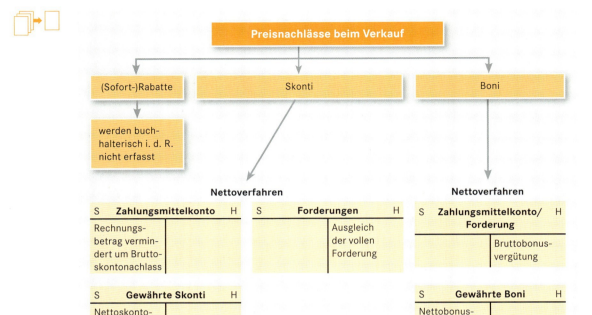

AUFGABEN

1. Warum gewährt ein Lieferant Skontoabzug?
2. Wann wird ein Bonus gewährt?
3. Wie werden Boni und Skonti gebucht?
4. Eine Ausgangsrechnung für die Lieferung von Waren enthält u. a. folgende Angaben:

Listenpreis	50.000,00 €
– 20 % Sonderrabatt	10.000,00 €
Zwischensumme	40.000,00 €
+ 19 % Umsatzsteuer	7.600,00 €
Rechnungsbetrag	47.600,00 €

Buchen Sie die Ausgangsrechnung.

5. In einer Ausgangsrechnung wurde irrtümlicherweise ein im Kaufvertrag vereinbarter Rabatt nicht in Abzug gebracht. Nach Reklamation durch den Kunden gewährt Ihr Mandant ihm nachträglich eine entsprechende Gutschrift über 3.570,00 € (einschließlich 19 % Umsatzsteuer).

Nehmen Sie die Buchung der Gutschrift vor.

Kapitel 4

6. Der Kunde Ihres Mandanten begleicht eine Rechnung über insgesamt 35.700,00 € abzüglich 2 % Skonto durch Banküberweisung.

   Buchen Sie den Zahlungseingang.

7. Bis zum Ende des Umsatzsteuervoranmeldungszeitraums sind auf dem Konto „Erhaltene Skonti" folgende Bruttobuchungen, Steuersatz 19 %, vorgenommen worden:

S	Erhaltene Skonti		H
Forderungen a. LL	2.023,00		
Forderungen a. LL	357,00		
Forderungen a. LL	595,00		
Forderungen a. LL	952,00		
Forderungen a. LL	2.380,00		
Forderungen a. LL	1.904,00		

   Nennen Sie die am Ende des Umsatzsteuervoranmeldungszeitraums notwendige Buchung.

8. Im Laufe des Geschäftsjahres haben Sie auf den Konten „Gewährte Boni" und „Nachlässe für Rohstoffe" gebucht. Die beiden Konten haben folgendes Aussehen:

S	Gewährte Boni		H
Forderungen a. LL	1.000,00		
Forderungen a. LL	500,00		
Forderungen a. LL	2.340,00		
Forderungen a. LL	3.400,00		

S	Nachlässe für Rohstoffe		H
		Verbindlichk. a. LL	1.200,00
		Verbindlichk. a. LL	2.300,00
		Verbindlichk. a. LL	3.500,00
		Verbindlichk. a. LL	1.600,00

   Es handelt sich bei den vorgenommenen Buchungen um Nettobuchungen.

   Nennen Sie die Abschlussbuchungssätze für die beiden Konten.

9. Ihr Mandant gewährt einem Kunden bei Zahlung innerhalb von 10 Tagen 2 % Skonto, bei Zahlung innerhalb von 20 Tagen 1,5 % Skonto und bei Zahlung innerhalb von 30 Tagen 1 % Skonto. Der Kunde begleicht eine Rechnung über 59.500,00 € nach 22 Tagen per Banküberweisung unter Inanspruchnahme von 2 % Skonto. Ihr Mandant besteht auf Einhaltung des richtigen Skontoabzuges und belastet den Kunden entsprechend (Steuersatz 19 %).

   Buchen Sie den Zahlungsvorgang und die Belastung.

10. Ein Kunde zieht ungerechtfertigt
    Skonto ab in Höhe von netto .... 700,00 €
    + 19 % Umsatzsteuer .... 133,00 €

    Der Lieferant beanstandet die Minderzahlung telefonisch. Daraufhin überweist der Kunde den ungerechtfertigten Skontoabzug von 833,00 €.

    Buchen Sie den Zahlungseingang, wenn
    a) beim Rechnungsausgleich der Lieferant den ungerechtfertigten Skontoabzug nicht gebucht hat,
    b) beim Rechnungsausgleich der Lieferant den Skontonachlass nach dem Nettoverfahren gebucht hat.

Kapitel 4

Teilgebiete des betrieblichen Rechnungswesens und deren Aufgaben | Einführung in die Systematik der Buchführung | Buchführung

11. Ihr Mandant gewährt einem Kunden auf den halbjährlichen Umsatz von 719.950,00 € brutto eine Bonusgutschrift von 3 %.

    Nehmen Sie die erforderliche Buchung vor.

12. Einer Ausgangsrechnung Ihres Mandanten entnehmen Sie u. a. folgende Angaben:

Verkauf Waren, Listenpreis	10.000,00 €
– 20 % Wiederverkäuferrabatt	2.000,00 €
	8.000,00 €
+ 19 % Umsatzsteuer	1.520,00 €
Rechnungsbetrag	9.520,00 €

    Der Kunde zahlt per Überweisung unter Abzug von 2 % Skonto.

    Buchen Sie den gesamten Vorgang.

13. Auf dem Konto Ihres Mandanten ist eine Gutschrift von 20.991,60 € eingegangen. Hierbei handelt es sich um die Bezahlung einer Ausgangsrechnung unter Abzug von 2 % Skonto.

    Ermitteln Sie den ursprünglichen Forderungsbetrag und buchen Sie die Gutschrift.

14. Wegen Lieferung mangelhafter Ware gewährt Ihr Mandant einen Preisnachlass von 20 % auf den Rechnungsbetrag von 65.450,00 €. Den Restbetrag zahlt der Kunde unter Abzug von 3 % Skonto durch Banküberweisung.

    Bilden Sie die notwendigen Buchungssätze.

15. Die Inventur zum 31.12.01 führt bei Ihrem Mandanten zu folgenden **Beständen:**

Maschinen	800.000,00 €
Fuhrpark	300.000,00 €
Rohstoffe	280.000,00 €
Betriebsstoffe	90.000,00 €
Unfertige Erzeugnisse	100.000,00 €
Fertige Erzeugnisse	40.000,00 €
Forderungen a. LL	88.500,00 €
Postbank	120.000,00 €
Kasse	20.000,00 €
Eigenkapital	?
Verbindlichkeiten KI	848.800,00 €
Verbindlichkeiten a. LL	83.300,00 €

    Es ereignen sich in 02 folgende **Geschäftsvorfälle:**

    1. 1) Ausgangsrechnung an einen Kunden mit folgenden Angaben:

Nettopreis, eigene Erzeugnisse	60.000,00 €
+ Verpackungskosten	800,00 €
+ 19 % Umsatzsteuer	11.552,00 €
Rechnungsbetrag	72.352,00 €

       2) Ausgangsrechnung an einen anderen Kunden über

Nettopreis, eigene Erzeugnisse	220.000,00 €
+ Fracht	1.000,00 €
+ 19 % Umsatzsteuer	41.990,00 €
Rechnungsbetrag	262.990,00 €

Beschaffungs- und Absatzbereich | Personalwirtschaft | Finanzbereich

Kapitel 4

2. Gutschriftanzeige auf dem Postbankkonto für
   1) Zahlungseingang zu einer Ausgangsrechnung
      Bruttorechnungsbetrag, eigene Erzeugnisse .... 59.500,00 €
      – 3 % Skonto .... 1.500,00 €
      – 19 % Umsatzsteuer auf Skonto .... 285,00 €
      Gutschrift .... 57.715,00 €
   2) Mieteinnahmen .... 8.000,00 €
3. Kasseneingänge für
   1) Barverkäufe der Verkaufsfiliale, eigene Erzeugnisse
      – Kasse 1: Einnahmen .... 11.900,00 €
      – Kasse 2: Einnahmen .... 14.280,00 €
   2) 300 verkaufte Einheiten zu je 1,00 € .... 300,00 €
      + 19 % Umsatzsteuer .... 57,00 €
      Gesamtbetrag .... 357,00 €
4. Eingangsrechnung
   1) eines Rohstofflieferanten
      Nettopreis .... 60.000,00 €
      + Verpackung .... 400,00 €
      + 19 % Umsatzsteuer .... 11.476,00 €
      Rechnungsbetrag .... 71.876,00 €
   2) eines Lieferanten für Betriebsstoffe .... 10.000,00 €
      + Rollgeld .... 400,00 €
      + 19 % Umsatzsteuer .... 1.976,00 €
      Rechnungsbetrag .... 12.376,00 €
   3) eines Rechtsanwalts für Vertretung in einem Prozess beim Arbeitsgericht
      Nettohonorar .... 1.000,00 €
      + 19 % Umsatzsteuer .... 190,00 €
      Rechnungsbetrag .... 1.190,00 €
5. Beim Zahlungsausgleich zu Geschäftsvorfall 2.1) hat der Kunde 1 % Skonto zu viel abgezogen.
   Ihr Mandant belastet den Kunden mit diesem Betrag .... ?
6. Lastschriftanzeige auf dem Postbankkonto für
   1) Überweisung einer Eingangsrechnung
      Bruttorechnungsbetrag, Rohstoffe .... 47.600,00 €
      – 2 % Skonto .... 800,00 €
      – 19 % Umsatzsteuer auf Skonto .... 152,00 €
      Überweisungsbetrag .... 46.648,00 €
   2) Überweisung an einen anderen Rohstofflieferanten
      Bruttorechnungsbetrag .... 35.700,00 €
      – 3 % Skonto .... 900,00 €
      – 19 % Umsatzsteuer auf Skonto .... 171,00 €
      Überweisungsbetrag .... 34.629,00 €
   3) Fertigungslöhne .... 72.000,00 €
   4) Überweisung an die Gebäudereinigungsfirma, einschließlich 19 % Umsatzsteuer .... 2.380,00 €
7. Beim Zahlungsausgleich zu Geschäftsvorfall 6.2) hat Ihr Mandant 1 % Skonto zu viel abgezogen.
   Der Lieferant belastet ihn mit diesem Betrag .... ?

→

8. Gutschriftanzeige Ihres Mandanten an
   1) den Kunden zu 1.1) für zurückerhaltene mangelhafte eigene Erzeugnisse, Wandlung
      - Nettobetrag .... 5.000,00 €
      - + 19 % Umsatzsteuer .... 950,00 €
      - Gesamtbetrag .... 5.950,00 €
   2) den Kunden zu 1.2) für mangelhafte eigene Erzeugnisse (Minderung)
      - Nettobetrag .... 8.000,00 €
      - + 19 % Umsatzsteuer .... 1.520,00 €
      - Gesamtbetrag .... 9.520,00 €

Abschlussangaben

Der Kassenbestand gemäß Inventur übersteigt den Kassenbestand laut Buchführung um 11,90 €. Ursache: 10 bar verkaufte Einheiten fertiger Erzeugnisse wurden versehentlich nicht gebucht.

Schlussbestände laut Inventur:
Unfertige Erzeugnisse .... 90.000,00 €
Fertige Erzeugnisse .... 70.000,00 €
Rohstoffe .... 249.000,00 €
Betriebsstoffe .... 93.400,00 €

Die Schlussbestände der anderen Bestandskonten entsprechen den Inventurbeständen.

a) Eröffnen Sie die Bestandskonten.
b) Bilden Sie die Buchungssätze (Just-in-time-Verfahren) für die einzelnen Geschäftsvorfälle und buchen Sie auf den Konten.
c) Ermitteln Sie die Umsatzsteuerzahllast.
d) Schießen Sie die Konten ab.

16. Die Inventur zum 31.12.01 ergibt folgende **Bestände:**

    Maschinen .... 800.000,00 €
    Fuhrpark .... 300.000,00 €
    Waren .... 250.000,00 €
    Forderungen a. LL .... 107.200,00 €
    Bank .... 226.400,00 €
    Eigenkapital .... ?
    Verbindlichkeiten KI .... 918.000,00 €
    Verbindlichkeiten a. LL .... 94.800,00 €

    Folgende **Geschäftsvorfälle** ereignen sich in 02:

    1. Eingangsrechnungen
       1) eines Lieferanten für Ware
          - Nettopreis .... 60.000,00 €
          - − 20 % Rabatt .... 12.000,00 €
          - + Fracht .... 500,00 €
          - + 19 % Umsatzsteuer .... 9.215,00 €
          - Rechnungsbetrag .... 57.715,00 €
       2) eines anderen Warenlieferanten für
          - Nettopreis .... 10.000,00 €
          - − 10 % Rabatt .... 1.000,00 €
          - + Fracht .... 100,00 €
          - + Verpackung .... 200,00 €
          - + 19 % Umsatzsteuer .... 1.767,00 €
          - Gesamtbetrag .... 11.067,00 €

2. Ausgangsrechnungen

   1) an einen Kunden für gelieferte Waren

Nettopreis	200.000,00 €
− Rabatt 10 %	20.000,00 €
+ Rollgeld	1.000,00 €
+ 19 % Umsatzsteuer	34.990,00 €
Rechnungsbetrag	215.390,00 €

   2) an einen anderen Kunden über

Warenlieferung	60.000,00 €
+ 19 % Umsatzsteuer	11.400,00 €
Rechnungsbetrag	71.400,00 €

3. Banklastschriften

   1) für Gebäudeversicherung ..... 900,00 €

   2) Bonusüberweisung an Kunden zu Geschäftsvorfall 2.1, brutto ..... 952,00 €

   3) Überweisung einer Eingangsrechnung

Bruttorechnungsbetrag (Ware)	59.500,00 €
− 2 % Skonto	1.000,00 €
− 19 % Umsatzsteuer	190,00 €
Lastschrift	58.310,00 €

   4) Löhne ..... 36.000,00 €

4. Der Kunde zu Geschäftsvorfall 2.2) erhält von Ihrem Mandanten eine Bonusgutschrift, brutto 1.071,00 €.

5. Der Lieferant zu Geschäftsvorfall 1.2) erteilt Ihrem Mandanten eine Gutschrift für

   1) zurückgeschickte Verpackung

Nettobetrag	200,00 €
+ 19 % Umsatzsteuer	38,00 €
Gutschrift	238,00 €

   2) mangelhafte Ware, Minderung

Nettobetrag	3.000,00 €
+ 19 % Umsatzsteuer	570,00 €
Gutschrift	3.570,00 €

6. Der Warenlieferant zu Geschäftsvorfall 1.1) erteilt eine Bonusgutschrift, brutto ..... 1.249,50 €

7. Ihr Mandant belastet einen Kunden mit Verzugszinsen. ..... 80,00 €

8. Bankgutschrift für

   1) Bonusüberweisung von dem Lieferanten zu Geschäftsvorfall 1.2) brutto ..... 833,00 €

   2) Kundenzahlung einer Ausgangsrechnung

Bruttorechnungsbetrag	83.300,00 €
− 3 % Skonto	2.100,00 €
− 19 % Umsatzsteuer auf Skonto	399,00 €
Gutschrift	80.801,00 €

Abschlussangaben

Der Schlussbestand laut Inventur der Waren beträgt 216.450,00 €.

Die Schlussbestände der anderen Bestandskonten entsprechen den Inventurbeständen.

a) Eröffnen Sie die Konten.
b) Bilden Sie die Buchungssätze für die Geschäftsvorfälle und buchen Sie auf den Konten.
c) Ermitteln Sie die Umsatzsteuerzahllast.
d) Schließen Sie die Konten ab.

4.2.7 Schadensersatzansprüche von Kunden

Kommt der leistende Unternehmer der Verpflichtung, seine Leistung pünktlich und ordnungsgemäß zu erbringen, nicht nach, kann dies eine Konventionalstrafe nach sich ziehen. Voraussetzung ist, dass sie im Vertrag zwischen den beiden Parteien vereinbart ist.

Die Konventionalstrafe stellt Schadensersatz dar, weil kein Leistungsaustausch zugrunde liegt. Die Umsatzsteuer wird nicht korrigiert. Sie bleibt in ursprünglicher Höhe bestehen.

BEISPIEL

Ein Warenlieferant liefert drei Wochen später als vertraglich vereinbart. Sein Kunde kann deshalb seinen Verpflichtungen nicht nachkommen. Für diesen Fall sieht der Vertrag eine Konventionalstrafe von 800,00 € vor. Der Kunde zahlt die Rechnung über brutto 5.950,00 € unter Abzug von 800,00 € per Banküberweisung.

- Die Konventionalstrafe stellt Schadensersatz dar. Die Umsatzsteuer wird nicht korrigiert.

Buchungssatz		Soll	Haben
	1200/1800 Bank	5.150,00	
	4900/6300 Sonst. betriebl. Aufwendungen	800,00	
	an 1400/1200 Forderungen a. LL		5.950,00

AUFGABEN

1. Ihr Mandant muss eine Konventionalstrafe an einen Kunden zahlen, weil er Rohstoffe nicht rechtzeitig geliefert hat und der Kunde dadurch seine Erzeugnisse nicht rechtzeitig fertigstellen konnte. Die Strafe beläuft sich auf 10.000,00 € und soll mit bestehenden Forderungen verrechnet werden.

    Bilden Sie den Buchungssatz.

2. In einem Kaufvertrag verpflichtete sich Ihr Mandant, Ware bis zum 30.06.01 an einen Kunden zu liefern. Ihr Mandant konnte diese Zusage nicht einhalten. Der Vertrag sah für diesen Fall eine Konventionalstrafe in Höhe von 2.000,00 € vor. Ihr Mandant erkennt die Forderung des Kunden an.

    Bilden Sie den Buchungssatz.

4.3 Handelskalkulation

LERNSITUATION

Der Unternehmer Peter Fuchs hat in Flensburg einen Handel mit Sitzmöbeln eröffnet. Die erste Lieferung von Sesseln und Sofas ist an ihn geliefert worden und steht in seinem Ladenlokal. Nun muss er die Ware auszeichnen. Allerdings weiß er nicht, wie er seine Verkaufspreise ermitteln soll. Zum einen muss er seine Kosten decken und zum anderen möchte er auch einen Gewinn erzielen. Mit diesem Problem kommt er zu Ihnen und fragt Sie um Rat.

Jedes kaufmännische Unternehmen ist zweiseitig mit dem Markt verknüpft: Einerseits müssen **Werkstoffe/Waren** auf dem Markt **beschafft** und andererseits **Fertigerzeugnisse/Waren** auf dem Markt abgesetzt werden.

Zwischen Beschaffung und Absatz liegt im Industriebetrieb die Produktion und im Handelsbetrieb die Lagerung der Waren.

Für das Unternehmen ist es wichtig zu wissen, wie hoch die Kosten für die Produktion/die Waren sind und mit welchem Gewinn gerechnet wird. Daraus ergibt sich dann ein notwendiger Verkaufspreis. Hierbei ist zu überlegen, ob dieser Verkaufspreis am Markt erzielbar ist.

Auf der anderen Seite kann es sein, dass durch den Markt (bestehende Konkurrenten) ein Verkaufspreis vorgegeben ist. In diesem Fall muss durch Kalkulation der verbleibende Gewinn berechnet werden, wenn von feststehenden Kosten ausgegangen wird.

Vorkalkulation/Nachkalkulation

Nach dem Zeitpunkt der Durchführung der Kalkulation unterscheidet man die Vorkalkulation und die Nachkalkulation.

- Mit der **Vorkalkulation** werden die Kosten einer **noch zu erbringenden Leistung** berechnet. Zugrunde gelegt werden dabei prognostizierte Kosten.

- Erst nach Durchführung einer Leistung können die dafür angefallenen Kosten exakt berechnet werden. Dies erfolgt in Form einer **Nachkalkulation**. Sie basiert auf den **tatsächlich entstandenen Kosten**.

Weichen Vor- und Nachkalkulation voneinander ab, sind die Ursachen zu suchen.

Häufig errechnet man mit der Vorkalkulation lediglich einen unverbindlichen Angebotspreis. Die Nachkalkulation ergibt dann den tatsächlichen Verkaufspreis.

In der Praxis wird das folgende **Kalkulationsschema** angewandt:

(Hinweis: Die Pfeilspitzen zeigen auf den Grundwert = 100 %.)

> **BEISPIEL**

Mithilfe der Vorkalkulation soll für einen Auftrag ein unverbindlicher Angebotspreis errechnet werden.

Es wird mit Selbstkosten in Höhe von 25.960,00 € kalkuliert.
Der Gewinnzuschlag beträgt 20 %, Skonto 3 %.
Nach Fertigstellung des Auftrages wird bei der Nachkalkulation festgestellt, dass die Selbstkosten 26.664,00 € betragen haben.

a) Welcher unverbindliche Angebotspreis wurde kalkuliert?
b) Welcher tatsächliche Verkaufspreis ergibt sich bei der Nachkalkulation?

	a) **Vorkalkulation**	b) **Nachkalkulation**
Selbstkosten	25.960,00 €	26.664,00 €
+ Gewinn 20 %	5.192,00 €	5.332,80 €
= Barverkaufspreis	31.152,00 €	31.996,80 €
+ Kundenskonto 3 %	963,46 €	989,59 €
= Angebotspreis	32.115,46 €	32.986,39 €
	= unverbindlicher Angebotspreis	= tatsächlicher Verkaufspreis

Aufgrund der Vorkalkulation kann auch ein **verbindliches Angebot** abgegeben werden. Weichen in diesem Fall die tatsächlichen Kosten von den vorkalkulierten Kosten ab, ergeben sich im Nachhinein **Ergebnisänderungen**.

Der tatsächlich erzielte Gewinn ergibt sich aus einer Differenzkalkulation.

> **BEISPIEL**

Es gelten die Angaben des obigen Beispiels. Der Angebotspreis von 32.115,46 €, der sich aufgrund der Vorkalkulation ergeben hat, ist verbindlich.

a) Welche Gewinnänderung ergibt sich durch die Nachkalkulation?
b) Berechnen Sie den Gewinnzuschlag.

zu a) Ermittlung des Gewinns als Differenz zwischen den Selbstkosten und dem Barverkaufspreis:

Selbstkosten	26.664,00 €
Barverkaufspreis	31.152,00 €
Gewinn	**4.488,00 €**
Gewinn laut Vorkalkulation	5.192,00 €
Differenz	− 704,00 €

zu b) Errechnung des Gewinnzuschlags:

26.664,00 = 100 %   x = 16,83 %
 4.488,00 =   x %   Der Gewinnzuschlag beträgt 16,83 %.

4.3.1 Vorwärtskalkulation

Mithilfe der Vorwärtskalkulation (s. Kalkulationsschema) wird ausgehend vom Einkaufspreis der Preis kalkuliert, zu dem die Handelsware mindestens verkauft werden muss.

Bezugskalkulation

Bei der Beschaffung von Waren gilt es, den Lieferanten auszuwählen, der den günstigsten Bezugspreis bietet. Der Bezugspreis oder Einstandspreis einer Ware ergibt sich aus folgender Mengen- und Wertrechnung:

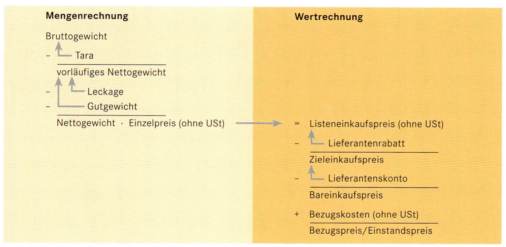

Hinweis: Die Größen, von denen Pfeile ausgehen, werden i. d. R. prozentual berechnet. Die Pfeilspitzen zeigen auf den jeweiligen Grundwert (= 100 %).

Bei diesem ersten Teil der Vorwärtskalkulation werden die Anschaffungskosten der eingekauften Waren ermittelt.

Zur Errechnung des Listeneinkaufspreises einer bestimmten Warenmenge **kann** eine **Mengenrechnung** erforderlich sein. Dabei werden Gewichtsabzüge vom Bruttogewicht der bezogenen Waren vorgenommen.

Man unterscheidet folgende **Gewichtsabzüge**:

- **Tara:** Gewichtsabzug für die Verpackung
- **Leckage:** Gewichtsabzug für ausgelaufene Flüssigkeit (Schwund)
- **Gutgewicht:** Gewichtsabzug für Einwiege- und Umpackverluste beim Käufer

Bei der **Wertrechnung** werden Rabatte (z. B. Mengenrabatt, Treuerabatt) und Skonto abgezogen.

Hinzugerechnet werden die Bezugskosten wie z. B. Transportkosten, Verpackungskosten, Zoll oder Einkaufsvermittlungsgebühren; denn Bezugskosten sind Anschaffungsnebenkosten.

BEISPIEL

Ein Unternehmer bezieht Waren mit einem Bruttogewicht von 7 850 kg. Die Tara macht 2 % aus. Ein Gutgewicht von 200 kg wird zugestanden. Der Preis pro kg Nettogewicht beträgt 6,10 € (ohne Umsatzsteuer). Der Lieferant gewährt 10 % Rabatt und 2 % Skonto. Die Transportkosten belaufen sich auf 9,60 € (ohne Umsatzsteuer) pro angefangene 100 kg.

Wie hoch ist der Bezugspreis insgesamt und pro kg?

Mengenrechnung			Wertrechnung		
	Bruttogewicht	7 850 kg			
–	Tara (2 %)	157 kg			
	vorl. Nettogewicht	7 693 kg			
–	Gutgewicht	200 kg			
	Nettogewicht	7 493 kg · 6,10 €	=	Listeneinkaufspreis	45.707,30 €
			–	Rabatt (10 %)	4.570,73 €
				Zieleinkaufspreis	41.136,57 €
			–	Skonto (2 %)	822,73 €
				Bareinkaufspreis	40.313,84 €
			+	Bezugskosten (79 · 9,60)	758,40 €
				Bezugs-/Einstandspreis	41.072,24 €
				pro kg: $\frac{41.072,24}{7\,493}$ =	5,48 €

Den Bezugspreis/Einstandspreis der Waren kann man auch aus der Buchführung heraus ermitteln.

   Warenanfangsbestand
+ Wareneinkäufe
+ Bezugskosten, Anschaffungsnebenkosten
– erhaltene Skonti
– erhaltene Rabatte
– erhaltene Boni
– Rücksendungen an den Lieferanten (Wandlung)
– Preisminderungen wegen Mängel
– Warenendbestand
= **Bezugspreis/Einstandspreis** der verkauften Waren = **Wareneinsatz**
+ Handlungskosten (Gemeinkosten)
   Selbstkosten
+ Gewinn
   Barverkaufspreis

BEISPIEL

Aus der Buchführung entnehmen Sie folgende Werte:

Warenanfangsbestand 50.000,00 €, Warenendbestand 60.000,00 €, Wareneingänge 100.000,00 €, Bezugskosten 8.000,00 €, erhaltene Skonti 2.000,00 € und Rücksendungen 4.000,00 €.

- Der Bezugspreis kann anhand dieser aus der Buchführung entnommenen Werte ermittelt werden.

Berechnung:			
		Warenanfangsbestand	50.000,00 €
	+	Wareneingänge	100.000,00 €
	+	Bezugskosten	8.000,00 €
	–	erhaltene Skonti	2.000,00 €
	–	Rücksendungen	4.000,00 €
	–	Warenendbestand	60.000,00 €
	=	Bezugspreis/Einstandspreis	**92.000,00 €**
	=	Anschaffungskosten der verkauften Waren = **Wareneinsatz**	

| Beschaffungs- und Absatzbereich | Personalwirtschaft | Finanzbereich |

Kapitel 4

1. Mit der Vorkalkulation werden Kosten einer noch zu erbringenden Leistung berechnet. Die Vorkalkulation basiert auf prognostizierten Kosten.
2. Mit der Nachkalkulation werden Kosten einer bereits erbrachten Leistung berechnet. Die Nachkalkulation basiert auf den tatsächlich angefallenen Kosten.

AUFGABEN

1. Was versteht man unter Vor- und Nachkalkulation?
2. Was beinhaltet eine Vorwärtskalkulation?
3. Was versteht man unter dem Bezugspreis/Einstandspreis?
4. Wie wird der Wareneinsatz mithilfe der Buchführung ermittelt und was bedeutet Wareneinsatz?

Aufgaben 5–7: Vor- und Nachkalkulation mit unverbindlichem Angebotspreis
Aufgaben 8 und 9: Vor- und Nachkalkulation mit verbindlichem Angebotspreis
Aufgaben 10–13: Bezugskalkulation

5. Ein Möbelhändler kalkuliert aufgrund von Selbstkosten in Höhe von 1.276,50 € einen unverbindlichen Angebotspreis für eine Schrankwand.
   Der Gewinnzuschlag beträgt 30 %. Es werden 2 % Skonto gewährt.
   Nach Lieferung der Schrankwand werden tatsächliche Selbstkosten in Höhe von 1.297,32 € ermittelt.

   a) Welcher unverbindliche Angebotspreis wurde kalkuliert? (Vorkalkulation)
   b) Welcher tatsächliche Verkaufspreis ergibt sich bei der Nachkalkulation?

6. Bei der Vorkalkulation eines Angebots wird mit Selbstkosten in Höhe von 8.202,64 € gerechnet.
   Es wird mit 20 % Gewinn und 3 % Kundenskonto kalkuliert.
   Tatsächlich ergeben sich Selbstkosten von 8.864,31 €.

   a) Welchen unverbindlichen Angebotspreis ergibt die Vorkalkulation?
   b) Welchen verbindlichen Angebotspreis ergibt die Nachkalkulation?

7. Für einen Auftrag soll ein unverbindlicher Angebotspreis kalkuliert werden. Laut Berechnung der Arbeitsvorbereitung ist mit Selbstkosten in Höhe von 18.477,76 € zu rechnen.
   Nach Fertigstellung des Auftrages wird festgestellt, dass die Selbstkosten 18.916,02 € betragen.

   Um wie viel Euro ist der Angebotspreis zu korrigieren, wenn der Gewinnzuschlag 20 % und das Kundenskonto 2 % beträgt?

8. Ein Unternehmen kalkuliert einen Auftrag mit Selbstkosten in Höhe von 18.119,20 €. Der Gewinnzuschlag beträgt 25 %, Skonto 2 %.
   Für die Nachkalkulation werden tatsächlich angefallene Selbstkosten in Höhe von 18.805,41 € ermittelt.

   a) Errechnen Sie den verbindlichen Angebotspreis.
   b) Errechnen Sie den tatsächlich erzielten Gewinn in Euro und Prozent.

9. Ein Industriebetrieb kalkuliert ein Produkt mit Selbstkosten in Höhe von 1.911,84 €.
   Es wird ferner mit 20 % Gewinn, 2 % Kundenskonto und 10 % Kundenrabatt gerechnet.
   Bei der Nachkalkulation ergeben sich Selbstkosten in Höhe von 2.040,22 €.

   Mit der Vorkalkulation wurde ein verbindlicher Angebotspreis errechnet.

   Wie hoch ist der tatsächliche Gewinn in Euro und Prozent?

10. Errechnen Sie den Bezugspreis für die gesamte Sendung und für eine Einheit.

	a)	b)	c)
Bruttogewicht	20 500 kg	12 800 l	8 900 kg
Tara	400 kg	–	2 %
Gutgewicht	3 %	–	260 kg
Leckage	–	2 %	–
Preis pro Nettoeinheit (ohne USt)	4,90 €	7,20 €	8,30 €
Rabatt	12,5 %	10 %	15 %
Skonto	2 %	1,5 %	2,5 %
Fracht (ohne USt)	1.080,00 €	950,00 €	890,00 €
Rollgeld (ohne USt)	400,00 €	540,00 €	650,00 €
Einkaufsprovision	5 %	–	4,5 %
Maklergebühr	–	4 %	–

11. Ein Fruchtsafthersteller erhält zwei Angebote. Entscheiden Sie, welches Angebot (bei gleicher Qualität und Lieferzeit) angenommen werden soll.

    Angebot 1: 4 000 Kisten Äpfel; Bruttogewicht: 88 000 kg; Tara: 0,5 kg pro Kiste; Preis (ohne USt) pro 100 kg Nettogewicht: 13,50 €; Mengenrabatt: 10 %; Skonto: 3 %; frachtfrei; Rollgeld (einschl. 19 % USt): 95,20 €.

    Angebot 2: 4 000 Kisten Äpfel; Bruttogewicht: 88 000 kg; Tara: 0,5 kg pro Kiste; Preis (ohne USt) pro 100 kg Nettogewicht: 11,50 €; Skonto: 1 %; Fracht (ohne USt): 420,00 €; Rollgeld (ohne USt): 80,00 €.

12. Ein Einzelhändler aus Hannover möchte seine Verkaufsfiliale mit elektronischen Kassen ausstatten. Es liegen ihm ein Angebot der A-KG, Hannover, und ein Angebot der B-GmbH, München, vor:

    Angebot der A-KG, Hannover:
    Listenpreis: 11.000,00 € (ohne Umsatzsteuer)
    Rabatt: 12,5 %
    Zahlungsziel: 60 Tage netto Kasse, bei Zahlung innerhalb von 20 Tagen 3 % Skonto
    Bezugskosten: Lieferung frei Haus
    Lieferzeit: sofort nach Auftragserteilung

    Angebot der B-GmbH, München:
    Listenpreis: 10.000,00 € (ohne Umsatzsteuer)
    Rabatt: 4 %
    Zahlungsziel: 60 Tage netto Kasse, bei Zahlung innerhalb von 20 Tagen 1,5 % Skonto
    Bezugskosten: 238,00 € (einschl. 19 % Umsatzsteuer) für Rollgeld, Fracht und Spezialverpackung
    Lieferzeit: 4 Wochen nach Auftragserteilung

    a) Erstellen Sie einen Angebotsvergleich. Entscheiden Sie, welchem Lieferanten Sie den Auftrag erteilen. Begründen Sie Ihre Entscheidung.
    b) Sie haben bei dem Lieferanten zu a) die Bestellung aufgegeben. Die elektronischen Kassen werden mangelfrei geliefert. Buchen Sie die Eingangsrechnung.

13. Aus der Buchführung Ihres Mandanten entnehmen Sie die folgenden Angaben:

Warenanfangsbestand	130.000,00 €
Wareneinkauf	220.000,00 €
Rücksendungen an Lieferanten	15.000,00 €
Preisnachlässe	5.000,00 €
erhaltene Skonti	4.000,00 €
Warenendbestand	110.000,00 €

    Ermitteln Sie den Wareneinsatz.

Selbstkostenkalkulation

Bei der Selbstkostenkalkulation rechnet man zum Bezugspreis/Einstandspreis der verkauften Ware die Handlungskosten (Gemeinkosten) hinzu. Hierbei handelt es sich um Kosten, die nicht mit der betrieblichen Leistungserstellung oder -verwertung in Zusammenhang stehen, z. B. Abschreibungen, Personalkosten, Raumkosten. Diese Kosten können nicht direkt einer Ware/Warengruppe zugeordnet werden. Deshalb erfolgt die Zuordnung dieser Kosten in Form von Zuschlagskalkulationen.

Die Handlungskosten/Gemeinkosten werden durch den sogenannten **Handlungskostenzuschlagssatz** abgedeckt.

- Er gibt das prozentuale Verhältnis der Handlungskosten (= Gemeinkosten) zum Wareneinsatz an (Wareneinsatz = 100 %);
- oder (bei einer Stückbetrachtung): Er gibt das prozentuale Verhältnis von Handlungskosten pro Stück zum Bezugspreis (Einstandspreis) an (Bezugspreis = 100 %).

$$\text{Handlungskostenzuschlagssatz} = \frac{\text{Handlungskosten} \cdot 100}{\text{Wareneinsatz}}$$

oder

$$\text{Handlungskostenzuschlagssatz} = \frac{\text{Handlungskosten pro Stück} \cdot 100}{\text{Bezugspreis}}$$

BEISPIEL

Aus der Buchführung entnehmen Sie folgende Werte:

Wareneinsatz .... 150.000,00 €
Handlungskosten .... 55.000,00 €

- Das Verhältnis zwischen Wareneinsatz und Handlungskosten ist der Handlungskostenzuschlagssatz.

Berechnung: $\frac{55.000,00 \cdot 100}{150.000,00}$ = 36,67 % Handlungskostenzuschlagssatz

---

Kalkulation des Verkaufspreises

Großhandelsbetriebe, die ausschließlich an andere Unternehmen liefern, stellen die Umsatzsteuer gesondert in Rechnung. Die Leistungsempfänger (= Unternehmen) können sie als Vorsteuer abziehen. Die Umsatzsteuer hat also keine Auswirkung auf die Kalkulation.

Bei **Einzelhandelsbetrieben** wird an den Endverbraucher geliefert, d. h., der Einzelhändler bietet dem Kunden seine Waren zum Bruttoverkaufspreis einschließlich Umsatzsteuer an. Der Endverbraucher kann sie nicht als Vorsteuer geltend machen. Deshalb muss der Einzelhändler die Umsatzsteuer in seiner Kalkulation berücksichtigen. Sie hat keinen Einfluss auf den Erfolg des Unternehmens.

Das Kalkulationsschema ist in beiden Fällen identisch bis auf die Berechnung der Umsatzsteuer im letzten Schritt beim Einzelhändler.

Die Kalkulation von den Selbstkosten bis zum Listenverkaufspreis erfolgt aufgrund des folgenden Kalkulationsschemas.

Hinweis: Die Pfeilspitzen zeigen auf den Grundwert (= 100 %).

Der **Gewinnzuschlag** deckt

- die Verzinsung des eingesetzten Eigenkapitals,
- das unternehmerische Risiko und
- den Unternehmerlohn in Einzelunternehmen und Personengesellschaften ab.

Die Vertreterprovision wird gemäß § 87 b HGB vom Zielverkaufspreis berechnet, wenn nichts anderes vertraglich vereinbart wurde.

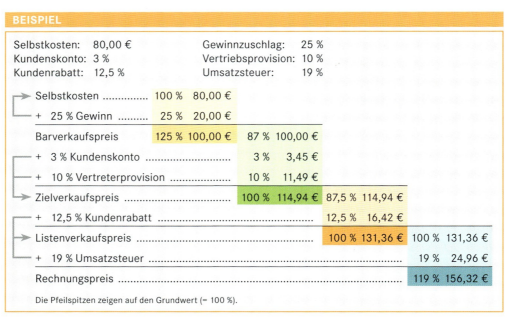

Vorwärtskalkulation im Ganzen

BEISPIEL

Ein Unternehmen kalkuliert den Listenverkaufspreis einer Handelsware:
- Der Listeneinkaufspreis beträgt 450,00 € netto.
- Der Lieferantenrabatt beträgt 20 %, das Lieferantenskonto 3 %. Die Bezugskosten belaufen sich auf 5,40 € netto.
- Die Berechnung des Handlungskostenzuschlagssatzes ergibt 32,15 %.
- Das Unternehmen kalkuliert mit 15 % Gewinn. Es gewährt den Kunden 2 % Skonto und 10 % Rabatt.
- Die Vertreterprovision beträgt 5 %.

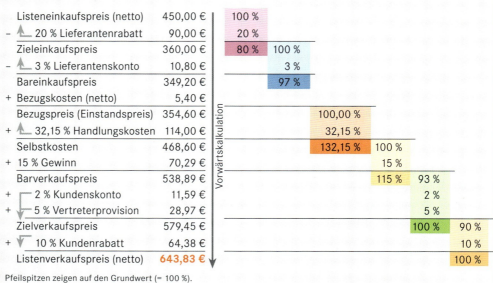

Pfeilspitzen zeigen auf den Grundwert (= 100 %).

Die Handelsware muss mindestens für **643,83 €** verkauft werden.

| Beschaffungs- und Absatzbereich | Personalwirtschaft | Finanzbereich |

Kapitel 4

AUFGABEN

1. Welche Kosten gehören zu den Handlungskosten?
2. Welche Aufgabe hat der Handlungskostenzuschlagssatz?
3. Was deckt der Gewinnzuschlag ab?
4. Was ist Bemessungsgrundlage der Vertreterprovision?

Aufgabe 4: Selbstkosten
Aufgaben 5–7: Handlungskostenzuschlagssatz
Aufgabe 8: Vorwärtskalkulation

5. Ein Händler kauft Ware zu folgenden Bedingungen ein:

	Listenein-kaufspreis	Rabatt	Skonto	Bezugskosten	Handlungs-kostenzuschlagssatz
Ware A	750,00 €	20 %	2 %	50,00 €	30 %
Ware B	1.200,00 €	–	3 %	120,00 €	57 %
Ware C	4.500,00 €	10 %	2 %	200,00 €	40 %

Ermitteln Sie den Selbstkostenpreis.

6. Der Buchführung Ihres Mandanten entnehmen Sie folgende Zahlen:

Warenanfangsbestand	42.000,00 €
Warenendbestand	15.000,00 €
Wareneinkauf	30.000,00 €
erhaltene Skonti	2.500,00 €
erhaltene Boni	500,00 €
Rücksendungen an Lieferanten	1.000,00 €
Bezugsnebenkosten	3.000,00 €

Die Handlungskosten betragen 22.000,00 €.

Ermitteln Sie den Handlungskostenzuschlagssatz und die Selbstkosten.

7. Ihnen sind folgende Daten bekannt:

Wareneinsatz	160.000,00 €
sonstige betriebliche Aufwendungen	15.000,00 €
Personalkosten	20.000,00 €
Abschreibungen	25.000,00 €
Gewinn	18.000,00 €

Ermitteln Sie den Handlungskostenzuschlag in Euro und Prozent sowie den Gewinnzuschlag.

8. Kalkulieren Sie die Rechnungspreise.

	Selbstkosten (€)	Gewinn-zuschlag (%)	Kunden-skonto (%)	Vertreter-provision (%)	Kunden-rabatt (%)	Umsatz-steuer (%)
a)	120,00	10	3	—	20	19
b)	248,00	20	2	10	12,5	19
c)	19,00	15	1,5	—	10	19
d)	85,00	25	2,5	15	16 $2/3$	19
e)	67,00	12,5	3	—	15	19
f)	498,00	16 $2/3$	1	8	10	19
g)	4.960,00	20	3	10	12,5	19
h)	980,00	10	1	12,5	20	19
i)	9.832,00	25	3	15	10	19
j)	465,00	12,5	1	12,5	15	19
k)	546,00	16 $2/3$	2,5	—	16	19

4.3.2 Rückwärtskalkulation

Ist der Verkaufspreis einer Handelsware durch den Markt vorgegeben, z. B. durch den Verkaufspreis der Konkurrenz oder aufgrund gesetzlicher Preisvorschriften, muss der Unternehmer ermitteln, zu welchem Bezugspreis bzw. Einkaufspreis ein Geschäft noch lohnend ist.

Mithilfe der Rückwärtskalkulation wird ausgehend vom Verkaufspreis der Preis kalkuliert, zu dem die Handelsware höchstens eingekauft werden darf.

BEISPIEL

Der Listenverkaufspreis einer Handelsware ist durch den Angebotspreis der Konkurrenz vorgegeben und beträgt 400,00 € (netto).
Es ist zu ermitteln, zu welchem Preis die Handelsware höchstens eingekauft werden darf, damit das Geschäft lohnend ist.

- Der Unternehmer rechnet mit 10 % Lieferantenrabatt und 3 % Lieferantenskonto.
- Die Bezugskosten belaufen sich auf 5,64 € (netto).
- Der Handlungskostenzuschlagssatz beträgt 28,10 %.
- Es wird mit einem Gewinnzuschlag von 20 % kalkuliert.
- Der Unternehmer gewährt seinen Kunden 25 % Kundenrabatt und 2 % Kundenskonto.
- Die Vertreterprovision beträgt 8 %.

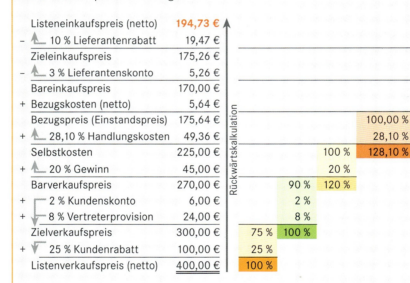

Pfeilspitzen zeigen auf den Grundwert (= 100 %).

Der Listeneinkaufspreis der Handelsware darf höchstens **194,73 €** betragen.

| Beschaffungs- und Absatzbereich | Personalwirtschaft | Finanzbereich |

Kapitel 4

AUFGABEN

1. Wann kalkuliert der Unternehmer mithilfe der Rückwärtskalkulation?

2. Berechnen Sie den Listeneinkaufspreis.

	a)	b)	c)
Lieferantenrabatt	10 %	20 %	15 %
Lieferantenskonto	3 %	2,5 %	3 %
Bezugskosten (ohne USt)	12,30 €	25,00 €	48,00 €
Handlungskosten	28 %	33 %	37 %
Gewinn	12 %	20 %	15 %
Kundenskonto	2 %	3 %	2,5 %
Vertreterprovision	12 %	10 %	15 %
Kundenrabatt	20 %	15 %	10 %
Listenverkaufspreis (ohne USt)	850,00 €	1.680,00 €	6.512,00 €

3. In der Textilfabrik Konrad Fied KG beträgt der Selbstkostenpreis eines hochwertigen Anzuges, der als Handelsware geführt wird, 185,00 €. Die Textilfabrik Konrad Fied KG kalkuliert mit 48 % Handlungskosten.
   Errechnen Sie den Bezugspreis.

4. Die Textilfabrik Konrad Fied KG kalkuliert eine Handelsware mit 2 % Kundenskonto, 25 % Handlungskosten, 12,5 % Gewinn und 20 % Kundenrabatt. Der Listenverkaufspreis beträgt 300,00 €.
   Errechnen Sie den Barverkaufspreis.

5. Eine Handelsware wird mit 20 % Gewinn und 50 % Handlungskosten kalkuliert.
   Den Kunden wird weder Rabatt noch Skonto gewährt. Der Bruttoverkaufspreis beträgt 1.071,00 € (Umsatzsteuer = 19 %).

   Errechnen Sie den Bezugspreis.

6. Die Selbstkosten eines Damenledermantels (= Handelsware) betragen 153,70 €. Der Unternehmer kalkuliert mit einem Handlungskostenzuschlagssatz von 52 %. Der Lieferant gewährt 3 % Skonto und 20 % Rabatt. An Bezugskosten sind 9,52 €, einschließlich 19 % Umsatzsteuer, angefallen.

   Errechnen Sie den Listeneinkaufspreis.

4.3.3 Differenzkalkulation

In manchen Fällen steht nicht nur der Verkaufspreis, sondern auch der Einkaufspreis fest. In einem solchen Fall muss geprüft werden, ob es sich lohnt, den entsprechenden Artikel ins Sortiment aufzunehmen. Es muss also festgestellt werden, ob bei den gegebenen Kalkulationssätzen ein angemessener Gewinn erzielt wird.

Bei vorgegebenem Einkaufspreis und Verkaufspreis wird – zur Ermittlung des Gewinns – mit der Vorwärtskalkulation der Selbstkostenpreis und mit der Rückwärtskalkulation der Barverkaufspreis errechnet. Da sich der Gewinn als Differenz zwischen dem Barverkaufspreis und dem Selbstkostenpreis ergibt, spricht man von Differenzkalkulation.

BEISPIEL

Vom Einkaufsmarkt ist der Einkaufspreis einer Handelsware vorgegeben. Er beträgt 200,00 € (netto). Vom Verkaufsmarkt ist der Verkaufspreis dieser Handelsware ebenfalls vorgegeben. Er beträgt 350,00 € (netto).

- Der Lieferant gewährt 10 % Lieferantenrabatt und 2 % Skonto.
- Die Bezugskosten belaufen sich auf 2,60 € (netto).
- Es wird mit einem Handlungskostenzuschlagssatz von 25 % kalkuliert.
- Der Unternehmer gewährt seinen Kunden 3 % Kundenskonto und 20 % Kundenrabatt.
- Die Vertreterprovision beträgt 10 %.

Lohnt sich die Aufnahme dieser Handelsware ins Sortiment, wenn ein Gewinn von mindestens 12 % erzielt werden soll?

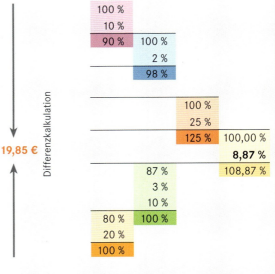

Pfeilspitzen zeigen auf den Grundwert (= 100 %).

$$\text{Gewinnspanne} = \frac{\text{absoluter Gewinn} \cdot 100}{\text{Selbstkosten}} \qquad \text{Gewinnspanne} = \frac{19{,}85 \cdot 100}{223{,}75} = \mathbf{8{,}87\ \%}$$

Da die Mindestgewinnspanne 12 % betragen soll, wird diese Handelsware nicht ins Sortiment aufgenommen.

| Beschaffungs- und Absatzbereich | Personalwirtschaft | Finanzbereich |

Kapitel 4

AUFGABEN

1. Wann wird eine Differenzkalkulation durchgeführt?

2. Erläutern Sie die Differenzkalkulation.

3. Berechnen Sie den Gewinn in Euro und Prozent.

	a)	b)	c)
Listeneinkaufspreis (ohne USt)	980,00 €	2.900,00 €	5.780,00 €
Lieferantenrabatt	20 %	25 %	10 %
Lieferantenskonto	3 %	2,5 %	2 %
Bezugskosten (ohne USt)	18,00 €	45,00 €	68,00 €
Handlungskosten	29 %	35 %	22 %
Kundenskonto	2 %	1 %	3 %
Vertreterprovision	10 %	12 %	15 %
Kundenrabatt	20 %	10 %	15 %
Listenverkaufspreis (ohne USt)	1.780,00 €	4.300,00 €	7.940,00 €

4. Die Handlungskosten einer Handelsware betragen 60,00 €. Dies entspricht einem Handlungskostenzuschlagssatz von 30 %. Der Listenverkaufspreis dieser Handelsware beträgt 397,96 €. Der Unternehmer gewährt seinen Kunden 2 % Kundenskonto und 20 % Kundenrabatt.

   Errechnen Sie den Gewinn in Euro und die Gewinnspanne.

5. Der Selbstkostenpreis eines Herrenanzuges aus dem bekannten Modehaus „Kenzi", den ein Unternehmer als Handelsware führt, beträgt 240,00 €. Aufgrund der Marktsituation muss er diesen Anzug für 340,00 € (= Listenverkaufspreis) verkaufen. Er gewährt seinen Kunden 3 % Kundenskonto und 20 % Kundenrabatt.

   Errechnen Sie den Gewinn in Euro und die Gewinnspanne.

6. Ein Unternehmer bietet eine Ware zum Preis von 737,80 € einschließlich 19 % Umsatzsteuer zum Verkauf an. Der Listeneinkaufspreis beträgt 520,00 €. Der Lieferant gewährt 20 % Rabatt. Die Bezugskosten betragen 20,00 € und die Handlungskosten 15 %.
   Aufgrund fallender Nachfrage muss der Unternehmer bei unveränderten Selbstkosten seinen Verkaufspreis auf 690,20 € einschließlich 19 % Umsatzsteuer senken.

   Wie hoch ist jeweils der Gewinn, wenn der Unternehmer seinen Kunden einen Rabatt von 10 % gewährt?

7. Die Selbstkosten einer Ware betragen 55,70 €. Der Unternehmer rechnet mit 10,00 € Gewinn, gewährt 3 % Kundenskonto und 20 % Kundenrabatt. Außerdem fällt eine Vertreterprovision von 10,00 € an.

   Wie hoch ist der Listenverkaufspreis, brutto?

8. Aus der Buchführung Ihres Mandanten entnehmen Sie folgende Angaben:

Warenanfangsbestand	82.000,00 €
Warenendbestand	60.000,00 €
Wareneinkauf	70.000,00 €
erhaltene Skonti	7.000,00 €
sonstige Kosten	20.000,00 €
Umsatzerlöse	150.000,00 €
Rücksendungen von Kunden	10.000,00 €

   Ermitteln Sie den Gewinn in Euro und Prozent.

4.3.4 Kalkulationsvereinfachungen

BEISPIEL

Bezugspreis	100,00 €	100 %
+ Handlungskosten	20,00 €	
= Selbstkosten	120,00 €	
+ Gewinn	20,00 €	Kalkulationszuschlag 60 %
= Barverkaufspreis	140,00 €	
+ Kundenskonto	2,00 €	
+ Vertreterprovision	10,00 €	
= Zielverkaufspreis	152,00 €	
+ Kundenrabatt	18,00 €	
= Listenverkaufspreis, netto	160,00 €	160 %

Zur Vereinfachung der Kalkulation werden die Einzelzuschläge für die Handlungskosten, für den Gewinn, für die Vertreterprovision, für das Kundenskonto und für den Kundenrabatt zu einem Gesamtzuschlag zusammengefasst. Man unterscheidet hier den Kalkulationszuschlag und die Handelsspanne.

Kalkulationsvereinfachungen im Großhandel

Der Kalkulationszuschlag drückt die Differenz zwischen dem Listenverkaufspreis, netto und dem Bezugspreis (Einstandspreis) in Prozent vom Bezugspreis (Bezugspreis = 100 %) aus.

BEISPIEL

Listenverkaufspreis	1.240,00 €
− Bezugspreis	680,00 €
	560,00 €

680,00 € ≙ 100 %
560,00 € ≙ x %

$$\text{Kalkulationszuschlag} = \frac{100 \cdot 560,00}{680,00} = \mathbf{82{,}35\ \%}$$

$$\text{Kalkulationszuschlag} = \frac{100 \cdot (\text{Angebotspreis} - \text{Bezugspreis})}{\text{Bezugspreis}}$$

Die Handelsspanne drückt die Differenz zwischen dem Angebotspreis und dem Bezugspreis (Einstandspreis) in Prozent vom Angebotspreis (Angebotspreis = 100 %) aus.

BEISPIEL

Listenverkaufspreis	1.240,00 €
− Bezugspreis	680,00 €
	560,00 €

1.240,00 € ≙ 100 %
560,00 € ≙ x %

$$\text{Handelsspanne} = \frac{100 \cdot 560,00}{1.240,00} = \mathbf{45{,}16\ \%}$$

$$\text{Handelsspanne} = \frac{100 \cdot (\text{Angebotspreis} - \text{Bezugspreis})}{\text{Angebotspreis}}$$

| Beschaffungs- und Absatzbereich | Personalwirtschaft | Finanzbereich |

Kapitel 4

Kalkulationsvereinfachungen im Einzelhandel

Der Kalkulationszuschlag drückt die Differenz zwischen dem Bruttolistenverkaufspreis und dem Bezugspreis (Einstandspreis) in Prozent vom Bezugspreis (Bezugspreis = 100 %) aus. Beim Einzelhandel legt man den Bruttolistenverkaufspreis zugrunde, weil die Empfänger der Leistung i. d. R. Privatpersonen sind, die keinen Vorsteuerabzug haben.

BEISPIEL

Ein Einzelhändler stellt folgende Kalkulation auf:

	Bezugspreis	150,00 €
+	Handlungskosten	30,00 €
	Selbstkosten	180,00 €
+	Gewinn	40,00 €
	Barverkaufspreis	220,00 €
+	Kundenskonto	4,49 €
	Zielverkaufspreis	224,49 €
+	19 % Umsatzsteuer	42,65 €
	Ladenverkaufspreis	267,14 €

Berechnung Kalkulationszuschlag:

	Ladenverkaufspreis brutto	267,14 €
−	Bezugspreis	−150,00 €
		117,14 €

150,00 € = 100 %
117,14 € = x %

Kalkulationszuschlag $= \dfrac{100 \cdot 117{,}14}{150{,}00} =$ **78,09 %**

Berechnung Handelsspanne:

	Ladenverkaufspreis brutto	267,14 €
−	Bezugspreis	−150,00 €
		117,14 €

267,14 € = 100 %
117,14 € = x %

Handelsspanne $= \dfrac{100 \cdot 117{,}14}{267{,}14} =$ **43,85 %**

Eine weitere Vereinfachung der Kalkulation ergibt sich bei Zuhilfenahme des **Kalkulationsfaktors**. Der Kalkulationsfaktor ist die Zahl, mit der man den Bezugspreis multiplizieren muss, um den Angebotspreis zu erhalten.

$$\text{Bezugspreis} \cdot \text{Kalkulationsfaktor} = \text{Angebotspreis}$$

oder: $\text{Bezugspreis} = \dfrac{\text{Angebotspreis}}{\text{Kalkulationsfaktor}}$ oder: $\text{Kalkulationsfaktor} = \dfrac{\text{Angebotspreis}}{\text{Bezugspreis}}$

BEISPIEL

Listenverkaufspreis: 1.240,00 €; Bezugspreis: 680,00 €

Kalkulationsfaktor $= \dfrac{1.240{,}00}{680{,}00} =$ **1,8235**

Zusammenhang zwischen Kalkulationszuschlag und Kalkulationsfaktor

Versetzt man das Komma beim Kalkulationszuschlag um zwei Stellen nach links und addiert eine „1" hinzu, so erhält man aus dem Kalkulationszuschlag (im obigen Beispiel 82,35) den Kalkulationsfaktor (im obigen Beispiel 1,8235). Geht man umgekehrt vor, erhält man aus dem Kalkulationsfaktor den Kalkulationszuschlag.

AUFGABEN

1. Welche Werte sind Basiswerte zur Berechnung des Kalkulationszuschlags und der Handelsspanne?

2. Was drückt der Kalkulationszuschlag und was drückt die Handelsspanne aus?

3. Berechnen Sie Kalkulationszuschlag, Kalkulationsfaktor und Handelsspanne bei einem Großhändler.

	a)	b)	c)
Bezugspreis, netto	72,00 €	4.218,00 €	216,00 €
Listenverkaufspreis, netto	103,00 €	4.901,00 €	324,00 €

4. Berechnen Sie den Verkaufspreis, den Kalkulationsfaktor und die Handelsspanne bei einem Großhändler.

	a)	b)	c)
Bezugspreis, netto	482,00 €	1.235,00 €	43,00 €
Kalkulationszuschlag	68 %	85 %	72 %

5. Berechnen Sie den Bezugspreis, den Kalkulationszuschlag und den Kalkulationsfaktor bei einem Großhändler.

	a)	b)	c)
Listenverkaufspreis, netto	78,00 €	813,00 €	3.497,00 €
Handelsspanne	30 %	42 %	47 %

6. Ein Einzelhändler bezieht das Modellkleid „Anke" (= Handelsware) zu 580,00 € (= Bezugspreis). Es wird mit einem Kalkulationszuschlag von 52 % kalkuliert.

   Errechnen Sie den Listenverkaufspreis.

7. Die folgenden Werte einer Handelsware sind Ihnen bekannt:
   Zieleinkaufspreis: 175,26 €, Bezugspreis: 175,64 €, Selbstkosten: 225,00 €,
   Barverkaufspreis: 270,00 €, Listenverkaufspreis: 400,00 €.
   Errechnen Sie die Handelsspanne.

8. Ein Konkurrenzbetrieb verkauft einen Artikel, den ein Großhändler führt, für 595,00 € (einschließlich 19 % Umsatzsteuer).
   Welchen Bezugspreis kann der Großhändler höchstens für diesen Artikel aufwenden, wenn die Handelsspanne 40 % beträgt?

9. Ein Großhändler bezieht ein Herrensakko aus Kaschmir als Handelsware zu 120,00 € (= Bezugspreis). Der Kalkulationsfaktor beträgt 1,7. Der Großhändler passt sich dem Listenverkaufspreis der Konkurrenz von 199,00 € an. Um wie viel Euro hat der Großhändler den Preis herabgesetzt?

10. Der Listeneinkaufspreis eines Damenlederkostüms (= Handelsware) beträgt 220,00 €.
    Der Lieferant gewährt dem Einzelhändler 10 % Lieferantenrabatt und 3 % Lieferantenskonto. Die Bezugskosten betragen 9,52 € (einschließlich 19 % Umsatzsteuer). Der Einzelhändler kalkuliert mit einer Handelsspanne von 45 %.

    Errechnen Sie den Listenverkaufspreis.

11. Der Listeneinkaufspreis eines Damenlederkostüms (= Handelsware) beträgt 240,00 €.
    Der Lieferantenrabatt beträgt 12,5 %, das Lieferantenskonto 2 %.
    Die Bezugskosten belaufen sich auf 10,71 € (einschließlich 19 % USt). Der Kalkulationszuschlag beträgt 52 %.

    Errechnen Sie den Listenverkaufspreis.

12. Ein Einzelhändler verkauft eine Ware zu 280,00 € (= Listenverkaufspreis). Die Handelsspanne beträgt 40 %.

    Errechnen Sie den Bezugspreis.

5 Personalwirtschaft

> **LERNSITUATION**
>
> Die Auszubildende zur Steuerfachangestellten Rita Herzlich wird in der Lohnbuchhaltung eingesetzt und muss für die Arbeitnehmer eines Mandanten die Lohnabrechnung durchführen. Außerdem hat der Mandant einen neuen Arbeitnehmer eingestellt.
>
> Da sie zum ersten Mal in diesem Bereich tätig ist, sind ihr viele Begriffe fremd, so z. B. Sozialversicherungsbeiträge, Lohnsteuer, Umlagen. Außerdem sind ihr die Konten zum Buchen unbekannt.
> Sie bittet Sie um Hilfe.

5.1 Allgemeines

„Personalkosten" ist der Oberbegriff für sämtliche das Personal betreffende Aufwendungen. **Löhne** sind das Arbeitsentgelt von Arbeitern. **Gehälter** erhalten kaufmännische und technische Angestellte.

Tarifverträge sind in der Regel die Grundlage des Arbeitsentgelts. Häufig werden die sozialen Verhältnisse und Leistungen der Arbeitnehmer berücksichtigt. Mit leitenden Angestellten schließen die Arbeitgeber oft außertarifliche Einzelarbeitsverträge ab.

Arbeitslohn im steuerlichen Sinne sind alle Einnahmen, die einem Arbeitnehmer oder seinem Rechtsnachfolger aus einem gegenwärtigen oder früheren Dienstverhältnis zufließen, § 19 Abs. 1 EStG, § 8 Abs. 1 EStG, § 2 LStDV. Einnahmen sind alle Güter in Geld oder Geldeswert, z. B. monatlicher Arbeitslohn, Urlaubsgeld, Weihnachtsgeld, Überlassung von Dienstwagen zu privaten Zwecken.

Im Sozialversicherungsrecht wird vom Arbeitsentgelt ausgegangen, das in der Regel mit dem steuerlichen Begriff des Arbeitslohns übereinstimmt.

Der Arbeitslohn/das Arbeitsentgelt wird gekürzt um die Arbeitnehmeranteile der Sozialversicherungsbeiträge (Kranken-, Pflege-, Arbeitslosen- und Rentenversicherung).

5.2 Lohn- und Gehaltsabrechnung

Der Bruttoarbeitslohn wird dem Arbeitnehmer nicht in voller Höhe ausgezahlt. Vielmehr werden die Lohnsteuer, die Kirchensteuer, der Solidaritätszuschlag und die Arbeitnehmerbeiträge zur Sozialversicherung abgezogen und nur der Differenzbetrag dem Arbeitnehmer ausgezahlt.

Eine Lohn- und Gehaltsabrechnung vollzieht sich nach folgendem Schema:

Bruttogehalt bzw. -lohn		
− Abzüge	Arbeitnehmeranteil zur Sozialversicherung	− Krankenversicherung − Pflegeversicherung − Rentenversicherung − Arbeitslosenversicherung
	Steuern	− Lohnsteuer − Solidaritätszuschlag − Kirchensteuer
= Nettogehalt bzw. -lohn (Auszahlung)		

5.3 Aufzeichnungspflichten

Der Gesetzgeber schreibt in § 41 EStG vor, dass der Arbeitgeber für jeden Arbeitnehmer einen Einzelnachweis über das Arbeitsentgelt führen muss. Deshalb wird für jeden Arbeitnehmer ein Lohn- bzw. Gehaltskonto geführt.

Zu Beginn eines jeden Kalenderjahres ist ein neues Lohnkonto anzulegen.

Einzutragen sind hier:

- **die Stammdaten des Arbeitnehmers**, wie Name, Anschrift, Geburtsdatum, Steuerklasse/Faktor „F", Religionszugehörigkeit, Zahl der Kinderfreibeträge, amtlicher Gemeindeschlüssel und seit 2009 die Steuer-Identifikationsnummer des Arbeitnehmers,
- **die Bewegungsdaten**, wie Tag der Lohnzahlung, Lohnzahlungszeitraum, steuerpflichtiger Bruttoarbeitslohn aufgeteilt in Barlohn und Sachbezüge, Lohnsteuer, Solidaritätszuschlag, Kirchensteuer, Sozialversicherungsbeiträge, vermögenswirksame Leistungen, steuerfreier Arbeitslohn, pauschal versteuerter Arbeitslohn, Kurzarbeitergeld.

Das Lohnkonto ist am Ende des Kalenderjahres oder bei Ausscheiden eines Arbeitnehmers abzuschließen und sechs Jahre, beginnend mit der zuletzt eingetragenen Lohnzahlung, aufzubewahren.

Aufgrund der Eintragungen im Lohnkonto muss der Arbeitgeber der Finanzverwaltung eine elektronische Lohnsteuerbescheinigung auf elektronischem Weg übermitteln.

Bei Erstellung der elektronischen Lohnsteuerbescheinigung nach Ablauf des Kalenderjahres muss der Arbeitgeber die Übermittlung bis zum 28.02. des Folgejahres getätigt haben.

Außerdem erhält der Arbeitnehmer vom Arbeitgeber einen nach amtlich vorgeschriebenem Muster gefertigten Ausdruck der elektronischen Lohnsteuerbescheinigung.

Endet das Dienstverhältnis im Laufe des Kalenderjahres, hat der Arbeitgeber

- dem Betriebsstättenfinanzamt für den kürzeren Zeitraum die Lohnsteuerbescheinigung zu übermitteln und
- dem Arbeitnehmer die Lohnsteuerkarte auszuhändigen.

Arbeitslohn und die Abzüge für jeden einzelnen Arbeitnehmer werden in Lohn- und Gehaltslisten zusammengestellt.

Die Beträge in der Summenzeile der Lohn- und Gehaltsliste werden dann gebucht.

5.4 Lohn- und Gehaltsbuchungen

Die **Gesamtsozialversicherungsbeiträge** (Arbeitgeberanteil und Arbeitnehmeranteil) sind seit dem 01.01.2006 bereits am drittletzten Bankarbeitstag des Monats, in dem die Beschäftigung ausgeübt wird, fällig und werden von der jeweiligen Krankenkasse per Bankeinzug vereinnahmt.

Erfolgen die Lohn- und Gehaltsabrechnungen am Monatsende und erhalten alle oder ein Teil der Beschäftigten sich ändernde Vergütungen, so müssen die **vorab** zu zahlenden Gesamtversicherungsbeiträge (Arbeitgeberanteil und Arbeitnehmeranteil) für den laufenden Monat geschätzt werden (prognostizierte Vorausleistung).

Die monatlich einbehaltenen **Steuern** müssen bis zum 10. des Folgemonats beim zuständigen Finanzamt eingehen. Vom Finanzamt wird die Kirchensteuer weitergeleitet.

Seit 2009 gelten folgende Werte für die **Anmeldungszeiträume**:

Wenn die abzuführende Lohnsteuer im vorangegangenen Kalenderjahr

- mehr als 4.000,00 € betragen hat, der Kalendermonat,
- nicht mehr als 4.000,00 € aber mehr als 1.000,00 € betragen hat, das Kalendervierteljahr,
- nicht mehr als 1.000,00 € betragen hat, das Kalenderjahr.

Hat der Betrieb im Vorjahr nicht das ganze Jahr über bestanden, z. B. bei Eröffnung des Betriebes, so ist die einbehaltene Lohnsteuer

| Beschaffungs- und Absatzbereich | Personalwirtschaft | Finanzbereich |

Kapitel 5

des Vorjahres auf einen Jahresbetrag umzurechnen, § 41 a Abs. 2 S. 3 EStG.

Wird der Betrieb im Laufe des Jahres eröffnet, so ist die Lohnsteuer, die für den ersten vollen Kalendermonat gezahlt wird, auf einen Jahresbetrag hochzurechnen. Nach diesem Betrag richtet sich der Anmeldezeitraum.

Im Personalbereich fallen in Zusammenhang mit den Lohn- und Gehaltszahlungen **drei Buchungen** an:

1. Zunächst muss die Zahlung des Sozialversicherungsbeitragssolls (prognostizierte Vorausleistung des laufenden Monats verrechnet mit einem Forderungs- bzw. Schuldvortrag aus dem Vormonat) an die Krankenkasse gebucht werden. Dieses Sozialversicherungsbeitragssoll wird von der Krankenkasse am drittletzten Bankarbeitstag eines jeden Monats per Bankeinzug vereinnahmt.

2. Am Monatsende sind dann die Lohn- bzw. Gehaltsbuchungen (mit den **tatsächlichen** Sozialversicherungsbeiträgen) vorzunehmen. Die Arbeitslöhne können sich monatlich bedingt durch unterschiedliche Arbeitsstunden, Überstunden, Urlaubsgeld, Zulagen, unbezahlten Urlaub, Fluktuation usw. ändern. Deshalb weichen die tatsächlichen Sozialversicherungsbeiträge von dem zuvor geschätzten Sozialversicherungsbeitragssoll unter Umständen ab.

3. Bis zum 10. des Folgemonats müssen die einbehaltenen Steuern an das zuständige Finanzamt abgeführt werden.

BEISPIEL

Das Sozialversicherungsbeitragssoll eines Industriebetriebes beträgt für die beschäftigten Arbeiter im Monat April 81.405,00 €. Es setzt sich zusammen aus einem Schuldvortrag aus dem Vormonat März (Restbetrag) in Höhe von 500,00 € und einer prognostizierten Vorausleistung für den Monat April in Höhe von 81.405,00 € (= 80.905,00 € + 500,00 €). Dieser Betrag wird am 26.04. von der Krankenkasse per Bankeinzug vereinnahmt.

- Der Bankeinzug des Sozialversicherungsbeitragssolls wird auf dem Konto „Voraussichtliche Beitragsschuld" gebucht.

Buchungssatz 26.04.

	Soll	Haben
1759/3759 Vorauss. Beitragsschuld	81.405,00	
an 1200/1800 Bank		81.405,00

Am 30.04. steht die tatsächliche Höhe der fälligen Lohnzahlung und damit auch die tatsächliche Höhe der Gesamtsozialversicherungsbeiträge und die tatsächliche Höhe der noch abzuführenden Steuern fest:

Lohn- und Gehaltsliste

Bruttolöhne 30.04.	Abzüge		Gesamt-abzüge	Nettolöhne (Banküber-weisung)	Arbeitgeber-anteil zur SV
	Steuern	AN-Anteil zur SV			
205.000,00 €	38.000,00 €	41.922,50 €	79.922,50 €	125.077,50 €	40.077,50 €

Die tatsächlichen Gesamtsozialversicherungsbeiträge betragen:
41.922,50 € + 40.077,50 € = 82.000,00 €

- Die tatsächlichen Zahlungen werden gebucht = **Nettolohnverbuchung**.

Buchungssatz Lohnaufwendungen

	Soll	Haben
4120/6020 Gehälter	205.000,00	
4130/6110 Gesetzl. soz. Aufwand	40.077,50	
an 1200/1800 Bank		125.077,50
an 1759/3759 Vorauss. Beitragsschuld		82.000,00
an 1741/3730 Verbindl. aus LSt		38.000,00

BEISPIEL (Fortsetzung)

- Bei Zahlung der Lohnsteuer im nächsten Monat wird die Verbindlichkeit aus LSt ausgebucht.

Buchungssatz Zahlung

	Soll	Haben
1741/3730 Verbindl. aus LSt	38.000,00	
an 1200/1800 Bank		38.000,00

Die obigen Buchungen ergeben folgendes Bild auf dem Konto „Voraussichtliche Beitragsschuld":

S	Vorauss. Beitragsschuld		H
Bank	81.405,00	Vortrag März	500,00
Saldo Ende April	1.095,00	tatsächlicher Beitrag	82.000,00

Das Konto „Voraussichtliche Beitragsschuld" ist ein Verrechnungskonto, das nach der Lohn- bzw. Gehaltsbuchung am Ende eines jeden Monats im Idealfall ausgeglichen ist. Verändert sich der Arbeitslohn aufgrund von Überstunden, Urlaubsgeld o. Ä., bleibt am Ende eines Monats als Saldo ein Restbetrag im Soll (Schuldvortrag) oder ein Erstattungsanspruch (Forderungsvortrag) im Haben. Beim Jahresabschluss ist ein Restbetrag als Restschuld gegenüber den Sozialversicherungsträgern zu passivieren, ein Erstattungsanspruch ist als Restforderung entsprechend zu aktivieren.

In der Praxis hat sich folgende Buchungsmöglichkeit durchgesetzt, die sogenannte **Bruttolohnverbuchung**:

BEISPIEL

- Der Bankeinzug des Sozialversicherungsbeitragssolls wird auf dem Konto voraussichtliche Beitragsschuld gebucht.

Buchungssatz 26.04.

	Soll	Haben
1759/3759 Vorauss. Beitragsschuld	81.405,00	
an 1200/1800 Bank		81.405,00

- Die Lohnaufwendungen werden über ein Verrechnungskonto gebucht.

Buchungssatz Lohnaufwendungen

	Soll	Haben
4120/6020 Gehälter	205.000,00	
an 1755/3790 Lohn- und Gehaltsverrechnung		205.000,00
4130/6110 Gesetzl. soz. Aufwand	40.077,50	
an 1755/3790 Lohn- und Gehaltsverrechnung		40.077,50

- Das Verrechnungskonto wird aufgelöst.

	Soll	Haben
1755/3790 Lohn- und Gehaltsverrechnung	245.077,50	
an 1740/3720 Verbindl. Lohn und Gehalt		125.077,50
an 1742/3740 Verbindl. soziale Sicherheit		82.000,00
an 1741/3730 Verbindl. aus LSt		38.000,00

- Bei Zahlung werden die einzelnen Verbindlichkeiten ausgebucht bzw. werden die Sozialversicherungsbeiträge auf das Konto „Vorauss. Beitragsschuld" gebucht.

Kapitel 5

BEISPIEL (Fortsetzung)

Buchungssätze Zahlung		Soll	Haben
	1740/3720 Verbindl. Lohn und Gehalt	125.077,50	
an	1200/1800 Bank		125.077,50
	1742/3740 Verbindl. soziale Sicherheit	82.000,00	
an	1759/3759 Vorauss. Beitragsschuld		82.000,00
	1741/3730 Verbindl. aus LSt	38.000,00	
an	1200/1800 Bank		38.000,00

Übersicht Bruttolohnverbuchung

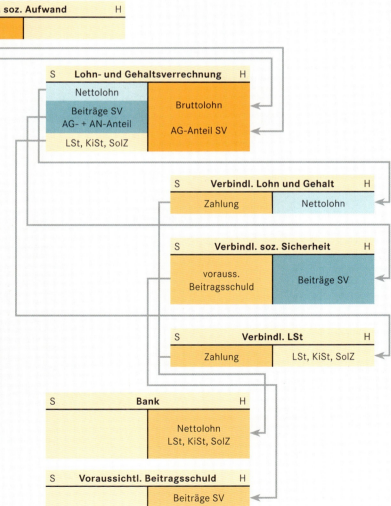

AUFGABEN

1. Was gehört zu den Personalkosten des Betriebes?
2. Erläutern Sie eine Gehaltsabrechnung (Grundfall).
3. Welche Aufzeichnungspflichten bestehen für den Arbeitgeber?
4. Welche Angaben enthält eine Gehaltsliste?
5. Wann sind die Sozialversicherungsbeiträge zu zahlen und an wen?
6. Wann ist die Lohnsteuer fällig und an wen ist sie zu zahlen?
7. Den Unterlagen und der Buchführung Ihres Mandanten entnehmen Sie folgende Zahlen:

   26. Juli: Prognostizierte SV-Vorausleistung (Juli): 7.200,00 €
   SV-Schuldvortrag aus dem Vormonat Juni: 60,00 €

Bruttolöhne	Abzüge		Nettolöhne (Banküberweisung)	AG-Anteil zur SV
	Steuern	AN-Anteil zur SV		
17.000,00 €	3.160,00 €	3.638,00 €	10.202,00 €	3.485,00 €

   a) Bilden Sie den Buchungssatz für den Bankeinzug des Sozialversicherungsbeitragssolls am 26. Juli.
   b) Bilden Sie die Buchungssätze für die Gehaltsabrechnung zum 31. Juli bei Bruttolohnverbuchung (Nettolohnverbuchung).
   Unterstellen Sie dabei, dass die Löhne am Monatsende ausgezahlt werden.
   c) Bilden Sie den Buchungssatz für die Bezahlung der abzuführenden Steuer am 9. August.

8. Folgende Angaben zur Lohnabrechnung für Oktober Ihres Mandanten sind Ihnen bekannt:

   26. Oktober: Prognostizierte SV-Vorausleistung (Oktober): 5.700,00 €
   SV-Forderungsvortrag aus dem Vormonat September: 100,00 €

Bruttolöhne	Abzüge		Nettolöhne (Banküberweisung)	AG-Anteil zur SV
	Steuern	AN-Anteil zur SV		
13.800,00 €	2.484,00 €	2.953,00 €	8.363,00 €	2.829,00 €

   a) Bilden Sie den Buchungssatz für den Bankeinzug des Sozialversicherungsbeitragssolls am 26. Oktober.
   b) Bilden Sie die Buchungssätze für die Gehaltsabrechnung zum 31. Oktober bei Bruttolohnverbuchung (Nettolohnverbuchung).
   Unterstellen Sie dabei, dass die Löhne am Monatsende ausgezahlt werden.
   c) Bilden Sie den Buchungssatz für die Bezahlung der abzuführenden Steuer am 9. November.

9. Die Gehaltsabrechnung eines Arbeitnehmers sieht wie folgt aus:

Bruttoarbeitslohn	2.100,00 €
Lohnsteuer	245,50 €
Solidaritätszuschlag	13,50 €
Kirchensteuer	22,09 €
Arbeitnehmeranteil SV-Beiträge	433,13 €
Auszahlung	1.385,78 €

   Der AG-Anteil zur Sozialversicherung beträgt 414,23 €.

   Bilden Sie die Buchungssätze zum 26. und 30. des Monats bei der Bruttolohnverbuchung unter der Voraussetzung, dass die Beträge per Banküberweisung/Bankeinzug gezahlt werden.

10. Der Gehaltsliste Ihres Mandanten entnehmen Sie die folgenden Angaben:

Bruttolöhne	Abzüge		Nettolöhne (Banküberweisung)	AG-Anteil zur SV
	Steuern	AN-Anteil zur SV		
57.000,00 €	16.013,97 €	11.795,36 €	29.190,67 €	11.186,25 €

Nehmen Sie die erforderlichen Buchungen zum 26. des Monats, zum Ende des Monats und die Steuerzahlung zum 10. des Folgemonats vor. Unterstellen Sie dabei, dass alle Zahlungen per Banküberweisung/Bankeinzug getätigt werden (Bruttolohnverbuchung).

11. Der Arbeitnehmer Ihres Mandanten erhält einen monatlichen Bruttoarbeitslohn in Höhe von 2.800,00 €.
Die Lohnsteuer beträgt 421,83 €, der Solidaritätszuschlag 23,20 €, die Kirchensteuer 37,96 €, der Arbeitnehmeranteil zur Sozialversicherung 577,50 € und der Arbeitgeberanteil 552,30 €.

Berechnen Sie den Auszahlungsbetrag an den Arbeitnehmer und nehmen Sie die erforderlichen Buchungen zum 26. und 31. des Monats vor. Buchen Sie außerdem die Steuerzahlung im nächsten Monat. Alle Zahlungen werden durch Banküberweisung/Bankeinzug getätigt (Bruttolohnverbuchung/Nettolohnverbuchung).

12. Der monatliche Bruttoarbeitslohn eines Arbeitnehmers beträgt 3.100,00 €, die Lohnsteuer 503,58 €, die Kirchensteuer 45,32 € und der Solidaritätszuschlag 27,69 €. Insgesamt fallen 1.250,85 € Sozialversicherungsbeiträge an. Der AG-Anteil beträgt 611,48 €.

Bilden Sie sämtliche Buchungssätze (Bruttolohnverbuchung/Nettolohnverbuchung).

13. Sie erstellen zum Monatsende folgende Gehaltsliste:

Bruttolöhne	Abzüge		Nettolöhne (Banküberweisung)	AG-Anteil zur SV
	Steuern	AN-Anteil zur SV		
65.000,00 €	30.247,64 €	13.341,25 €	21.411,11 €	12.756,25 €

Wie lauten die erforderlichen Buchungssätze bei der Bruttolohnverbuchung (Nettolohnverbuchung), wenn alle Überweisungen und Bankeinzüge pünktlich vorgenommen werden?

5.5 Abzüge und Beiträge

5.5.1 Lohnsteuer, Kirchensteuer, Solidaritätszuschlag

Lohnsteuer

Die Lohnsteuer ist keine eigene Steuer, sondern nur eine besondere Form der Erhebung der Einkommensteuer bei den Einkünften gemäß § 19 EStG. Der Lohnsteuertarif leitet sich aus dem Einkommensteuertarif ab. Der Lohnsteuerabzug richtet sich nach der Höhe des Bruttoarbeitslohns und der Steuerklasse des Arbeitnehmers.

Es gibt folgende Steuerklassen:

Steuerklasse	hierunter fallen:
I	– Arbeitnehmer, die ledig oder geschieden sind – Arbeitnehmer, die zwar verheiratet sind, aber dauernd getrennt leben oder deren Ehegatte im Ausland lebt – Arbeitnehmer, die verwitwet sind und der Ehegatte im vorletzten Jahr verstorben ist
II	– Arbeitnehmer der Steuerklasse I, wenn ihnen der Entlastungsbetrag für Alleinerziehende zusteht
III	– verheiratete Arbeitnehmer, die nicht dauernd getrennt leben von ihrem Ehegatten, wenn der Ehegatte im Inland lebt und der Ehegatte keine Lohnsteuerkarte oder eine Lohnsteuerkarte mit der Steuerklasse V hat
IV	– Arbeitnehmer, die unter Steuerklasse III fallen, wenn beide Arbeitslohn beziehen und beide Steuerklasse IV wählen
V	– Arbeitnehmer, deren Ehegatte die Steuerklasse III hat
VI	– Arbeitnehmer, die gleichzeitig in mehreren Dienstverhältnissen stehen (Beim zweiten Arbeitgeber muss eine Lohnsteuerkarte mit der Steuerklasse VI vorgelegt werden.)

Die Lohnsteuer in den einzelnen Steuerklassen ist unterschiedlich hoch, weil verschiedene dem Arbeitnehmer zustehende Freibeträge/Pauschbeträge eingearbeitet sind.

Übersicht über die eingearbeiteten Beträge (Höhe gilt für Veranlagungszeitraum 2010):

in €	I	II	III	IV	V	VI
Grundfreibetrag	8.004,00	8.004,00	16.008,00	8.004,00	–	–
Arbeitnehmer PB	920,00	920,00	920,00	920,00	920,00	–
Sonderausgaben PB	36,00	36,00	72,00	36,00	–	–
Entlastungsbetrag für Alleinerziehende	–	1.308,00	–	–	–	–

Die Vorsorgepauschale wird individuell vom jeweiligen Arbeitslohn berechnet und bei **allen** Steuerklassen gewährt.

Lohnsteuerkarte

Die Gemeinden haben für den einzelnen Arbeitnehmer letztmals für das Kalenderjahr 2010 eine Lohnsteuerkarte ausgestellt. Sie behält für den Übergangszeitraum 2011 bis zur Einführung des elektronischen Verfahrens ihre Gültigkeit.

Die Lohnsteuerkarte darf erst nach Beginn des elektronischen Verfahrens vernichtet werden.

Der Arbeitgeber muss die darauf enthaltenen Eintragungen, z. B Freibeträge, auch für den Lohnsteuerabzug im Jahr 2011 zugrunde legen.

Für alle Änderungen auf der Lohnsteuerkarte 2010, die ab 2011 gelten, ist nun das Wohnsitzfinanzamt des Arbeitnehmers zuständig. Für Änderungen bei den Meldedaten an sich, z. B. Geburt, Heirat, Kirchenein- oder -austritt, sind weiterhin die Gemeinden zuständig.

Wird im Jahr 2011 erstmalig eine Lohnsteuerkarte benötigt, stellt das zuständige Finanzamt eine Ersatzbescheinigung aus. Hierfür gibt es beim Finanzamt einen besonderen Vordruck.

Bei ledigen Arbeitnehmern, die ab dem Jahr 2011 ein Ausbildungsverhältnis beginnen, kann auf die Ersatzbescheinigung verzichtet werden. Der Arbeitgeber kann die Steuerklasse I unterstellen, wenn der Arbeitnehmer seine Steuer-Identifikationsnummer (= IdNr), sein Geburtsdatum sowie die Religionszugehörigkeit mitteilt und gleichzeitig schriftlich bestätigt, dass es sich um das erste Dienstverhältnis handelt.

Bei einem Arbeitgeberwechsel muss dem Arbeitnehmer die Lohnsteuerkarte 2010 ausgehändigt werden.

Der Arbeitnehmer ist gesetzlich verpflichtet, die Eintragung der Steuerklasse, die Zahl der Kinderfreibeträge ändern zu lassen, wenn die Verhältnisse zum Zeitpunkt der Eintragung zu seinen Gunsten von den tatsächlichen Verhältnissen abweichen. So **muss** z. B. die Änderung der Steuerklasse III in I beantragt werden.

Eine Verpflichtung zur Änderung besteht auch, wenn die Steuerklasse II eingetragen ist, aber die Voraussetzungen für einen Entlastungsbetrag für Alleinerziehende nicht mehr vorliegen.

Die Lohnsteuerkarte soll ab 2012 durch ein elektronisches Verfahren, das sogenannte ELStAM (**E**lektronische **L**ohn**St**euer**A**bzugs**M**erkmale) ersetzt werden. Die Angaben der bisherigen Vorderseite der Lohnsteuerkarte wie Steuerklasse, Kinderfreibeträge, sonstige Freibeträge und Religionszugehörigkeit werden in einer Datenbank zum elektronischen Abruf für den Arbeitgeber bereitgestellt.

Wird ein Arbeitnehmer neu eingestellt, so muss er dem Arbeitgeber nur noch das Geburtsdatum und die IdNr. mitteilen und Auskunft darüber geben, ob es sich um ein Haupt- oder ein Nebenarbeitsverhältnis handelt.

Die anderen notwendigen Angaben kann der Arbeitgeber anschließend bei der Finanzverwaltung abrufen.

Eintragung eines Freibetrags

Ein Freibetrag kann z. B. eingetragen werden

- wenn er 600,00 € übersteigt bei
  - Werbungskosten im Rahmen des § 19 EStG, soweit sie den Arbeitnehmer-Pauschbetrag übersteigen,
  - Sonderausgaben, wenn es keine Vorsorgeaufwendungen sind,
- ohne die 600,00 €- Grenze zu beachten bei
  - Freibeträgen für Behinderte und Hinterbliebene,
  - Freibeträgen für Beschäftigungsverhältnisse in privaten Haushalten, für die Inanspruchnahme haushaltsnaher Dienstleistungen und für Handwerkerleistungen,
  - Verlusten aus anderen Einkunftsarten.

Besonderheiten 2011

Der auf der Lohnsteuerkarte 2010 eingetragene Freibetrag gilt auch für 2011. Grundsätzlich ist der Arbeitnehmer nicht verpflichtet den Freibetrag ändern zu lassen, auch nicht, wenn er niedriger wird.

Hat der Arbeitnehmer z. B. für 2010 einen Freibetrag in Höhe von 1.800,00 € für Fahrten zwischen Wohnung und Arbeitsstätte eintragen lassen, und mindert sich dieser Betrag in 2011 auf 1.300,00 €, da der Arbeitnehmer näher zur Arbeitsstätte gezogen ist, muss er den Freibetrag nicht ändern lassen. Dies kann allerdings zu einer Einkommensteuernachzahlung bei der Veranlagung für 2011 führen.

Durch das Jahressteuergesetz 2009 wurde für Ehegatten ab 2010 das Faktorverfahren eingeführt. Ziel ist es, die Steuerbelastung der Steuerklassen III und V so zu verteilen, dass der hohe Lohnsteuerabzug der Steuerklasse V entfällt. Die Steuerentlastungen sollen bei dem Ehegatten berücksichtigt werden, dem sie zustehen.

Dies erfolgt dadurch, dass die Lohnsteuer nach Steuerklasse IV durch einen Faktor der kleiner als 1 ist, korrigiert wird.

Der Faktor wird auf der Lohnsteuerkarte vom Finanzamt eingetragen. Der Arbeitgeber ermittelt die individuelle Lohnsteuer nach Steuerklasse IV und korrigiert diese um den eingetragenen Faktor.

Voraussetzungen für das Faktorverfahren gemäß § 39 f Abs. 1 S. 1 EStG sind

- dass beide Ehegatten unbeschränkt einkommensteuerpflichtig sind,
- nicht dauernd getrennt leben,
- beide Arbeitslohn beziehen und
- gemeinsam einen Antrag zur Anwendung des Faktorverfahrens stellen.

Kirchensteuer

Gehört der Arbeitnehmer einer öffentlich-rechtlichen Religionsgemeinschaft an, ist bei jeder Lohnzahlung neben der Lohnsteuer auch Kirchensteuer einzubehalten und an das Finanzamt abzuführen. In Bayern und Baden-Württemberg beträgt die Kirchensteuer 8 %, im übrigen Bundesgebiet 9 % der einbehaltenen Lohnsteuer.

Die Entlastung bei Steuerpflichtigen mit Kindern geschieht durch das Kindergeld. Kinderfreibetrag und Betreuungsfreibetrag werden in der Regel bei Ermittlung des zu versteuernden Einkommens nicht berücksichtigt (Kindergeld günstiger als die steuerliche Entlastung durch die Freibeträge).

Bei der Berechnung der Bemessungsgrundlage (= Lohnsteuer) der Kirchensteuer werden stets die Kinder- und Betreuungsfreibeträge berücksichtigt, d. h., das zu versteuernde Einkommen wird unter Abzug der Freibeträge berechnet und dann wird die Lohnsteuer als Bemessungsgrundlage für die Kirchensteuer ermittelt.

Bei den Steuerklassen I, II und III werden abgezogen:

Zahl der Kinderfreibeträge	Kinderfreibetrag in €		Betreuungsfreibetrag in €	
	jährlich	monatlich	jährlich	monatlich
0,5	2.184,00	182,00	1.320,00	110,00
1	4.368,00	364,00	2.640,00	220,00

Bei Steuerklasse IV werden abgezogen:

Zahl der Kinderfreibeträge	Kinderfreibetrag in €		Betreuungsfreibetrag in €	
	jährlich	monatlich	jährlich	monatlich
0,5	1.092,00	91,00	660,00	55,00
1	2.184,00	182,00	1.320,00	110,00

Solidaritätszuschlag

Der Arbeitgeber ist verpflichtet, den Solidaritätszuschlag bei jeder Lohnzahlung einzubehalten und an das Finanzamt abzuführen. Er beträgt 5,5 % der Lohnsteuer.

Auch hier werden zur Ermittlung des für die Lohnsteuer maßgebenden zu versteuernden Einkommens Kinder- und Betreuungsfreibeträge abgezogen. Außerdem werden Arbeitnehmer mit geringem Arbeitslohn vom Solidaritätszuschlag freigestellt (sogenannte „Nullzone").

Das ist der Fall, wenn die Lohnsteuer

- in der Steuerklasse III
  im Monat 162,00 € und
  in der Woche 37,80 €

und

- in den Steuerklassen I, II, IV, V, VI
  im Monat 81,00 € und
  in der Woche 18,90 €

nicht übersteigt.

| Beschaffungs- und Absatzbereich | Personalwirtschaft | Finanzbereich |

Kapitel 5

AUFGABEN

1. Bei Ihrem Mandanten sind Ihnen folgende Angaben zur Lohnabrechnung bekannt:

   a) SV-Forderungsvortrag aus dem Vormonat Februar: 150,00 €
   Prognostizierte SV-Vorausleistung (März): 3.000,00 €

   Bilden Sie den Buchungssatz für den Bankeinzug des Sozialversicherungsbeitragssolls am 27. März.

   b) Erstellen Sie eine Gehaltsliste mithilfe des untenstehenden Auszuges aus der Lohnsteuertabelle (Kirchensteuersatz 9 %) und anhand der Sozialversicherungsbeitragssätze für 2010, (siehe Seite 194) für den Monat März.

   Ihr Mandant hat drei Arbeitnehmer:

   – Heinz Aust, 28 Jahre, Bruttomonatsverdienst im März 2.387,69 €, verheiratet, 1 Kind, Steuerklasse III, evangelisch
   – Angelika Schuster, 37 Jahre, Bruttomonatsverdienst im März (einschließlich Überstunden) 2.399,51 €, verheiratet, 2 Kinder, Steuerklasse IV, keine Kirchenzugehörigkeit
   – Gabriele Mönkemeyer, 25 Jahre, Bruttomonatsverdienst im März 2.408,74 €, ledig, kein Kind, Steuerklasse I, katholisch

   c) Bilden Sie am 31. März die notwendigen Buchungssätze. Die Gehälter werden per Banküberweisung gezahlt.

   d) Bilden Sie den Buchungssatz für die Banküberweisung der noch abzuführenden Steuern im Monat April.

Allgemeine Monatslohnsteuertabelle (Auszug)

[Tabelle: Auszug aus der Stollfuß Monats-Lohnsteuer-Tabelle für Monat 2 358,– €, mit Lohn/Gehalt-Stufen 2 387,99; 2 390,99; 2 393,99; 2 396,99; 2 399,99; 2 402,99; 2 405,99; 2 408,99. Spalten für Steuerklassen I–VI ohne Kinderfreibeträge sowie I, II, III, IV mit Zahl der Kinderfreibeträge 0,5; 1; 1,5; 2; 2,5; 3. Angaben für LSt, SolZ, Kirchensteuer 8 % und 9 %.]

Quelle: Stollfuß Monats-Lohnsteuer-Tabelle

5.5.2 Sozialversicherung

Grundsätze in der Sozialversicherung

Grundsätzlich ist jeder Arbeitnehmer, der gegen Entgelt beschäftigt ist, sozialversicherungspflichtig. Die Versicherungspflicht entsteht kraft Gesetzes.

Die Beitragssätze für die Sozialversicherung betragen:

(Stand: Januar 2011)	Arbeitnehmer	Arbeitgeber
Krankenversicherung (KV) 15,5 % davon trägt der Arbeitnehmer 0,9 % mehr als der Arbeitgeber	8,2 %	7,3 %
Pflegeversicherung (PV), für Versicherte mit Kindern: 1,95 % ohne Kinder, ab dem 23. Lebensjahr 2,2 %[1]	0,975 % 1,225 %	0,975 % 0,975 %
Rentenversicherung (RV): 19,9 %	9,95 %	9,95 %
Arbeitslosenversicherung (ALV): 3,0 %	1,5 %	1,5 %
Gesamtbeitrag für Versicherte mit Kindern: 40,35 % ohne Kinder, zwischen 23 und 65 Jahren alt: 40,60 %	20,625 % 20,875 %	19,725 % 19,725 %

Renten- und Arbeitslosenversicherung

In der Renten- und Arbeitslosenversicherung besteht unabhängig von der Höhe des Arbeitsentgelts stets Versicherungspflicht.

Die Beiträge werden vom Arbeitgeber und Arbeitnehmer je zur Hälfte getragen.

Unabhängig von der Versicherungspflicht sind zur Berechnung der Beiträge bestimmte Höchstbeträge zu beachten = **Beitragsbemessungsgrenze**.

Die Beitragsbemessungsgrenze beträgt in den
- alten Bundesländern seit 1. Januar 2011 monatlich 5.500,00 €, jährlich 66.000,00 €,
- neuen Bundesländern monatlich 4.800,00 €, jährlich 57.600,00 €.

Bis zu diesen Grenzen ist der Beitrag zur Renten- und Arbeitslosenversicherung vom tatsächlichen Arbeitsentgelt zu berechnen. Liegt das Arbeitsentgelt über den Grenzen, ist der Beitrag von diesen Höchstbeträgen zu berechnen.

> **BEISPIEL**
>
> Das Arbeitsentgelt eines Arbeitnehmers beträgt monatlich 6.000,00 €.
>
> - Da das Arbeitsentgelt die Beitragsbemessungsgrenze von 5.500,00 € (alte Bundesländer) übersteigt, sind die Beiträge zur Renten- und Arbeitslosenversicherung von dieser Höchstgrenze zu berechnen.
>
> | | Rentenversicherung | Arbeitslosenversicherung |
> |---|---|---|
> | maßgebliches Arbeitsentgelt 5.500,00 € | 19,9 % = 1.094,50 € | 3,0 % = 165,00 € |
>
> Die Beiträge werden je zur Hälfte vom Arbeitgeber und Arbeitnehmer getragen.

Kranken- und Pflegeversicherung

Eine Kranken- und Pflegeversicherungspflicht ist abhängig von der Höhe des Arbeitsentgelts.

Übersteigt das regelmäßige Jahresarbeitsentgelt **nicht** die sogenannte **Jahresarbeitsentgeltgrenze**, liegt **Versicherungspflicht** in der Kranken- und Pflegeversicherung vor.

Seit dem 1. Januar 2011 gilt: Wer die Jahresarbeitsentgeltgrenze überschreitet, kann schon nach einem Jahr von der gesetzlichen in die private Krankenkasse wechseln.

---

[1] Sonderregelung für Sachsen: AG-Anteil 0,475 % und AN-Anteil 1,475 % (mit Kindern)
AG-Anteil 0,475 % und AN-Anteil 1,725 % (ohne Kinder)

Die Jahresarbeitsentgeltsgrenze für 2011 beträgt 49.500,00 €.

Gemäß § 20 Abs. 1 Nr. 1 SGB XI sind Arbeitnehmer und Auszubildende, die aufgrund ihrer Beschäftigung versicherungspflichtige Mitglieder der gesetzlichen Krankenversicherung sind, auch in der Pflegeversicherung versicherungspflichtig.

Umgekehrt heißt das, dass derjenige, der nicht krankenversicherungspflichtig ist, auch nicht in der Pflegeversicherung versicherungspflichtig ist.

Der allgemeine **Beitragssatz** zur **Krankenversicherung** beträgt 15,5 %. Hiervon hat der Arbeitgeber (15,5 % − 0,9 %, davon die Hälfte) 7,3 % zu tragen, der Arbeitnehmer (15,5 % − 7,3 %) 8,2 %.

Die vom Arbeitnehmer allein zu tragenden 0,9 % dienen zur Finanzierung von Zahnersatz und Krankengeld.

Der **Beitragssatz** zur **Pflegeversicherung** in Höhe von 1,95 % tragen Arbeitgeber und Arbeitnehmer je zur Hälfte, d. h. 0,975 %. Außerdem wurde für Kinderlose, die das 23. Lebensjahr vollendet haben, ein Beitragszuschlag zur Pflegeversicherung in Höhe von 0,25 % festgesetzt, der allein vom Arbeitnehmer zu zahlen ist.

Eine Sonderregelung gibt es für das Bundesland Sachsen. Hier betragen der Arbeitgeberanteil 0,475 % und der Arbeitnehmeranteil 1,475 % (mit Kindern) bzw. AG 0,475 % und AN 1,725 % (ohne Kinder).

Kinderlos ist ein Arbeitnehmer, der zu keinem Zeitpunkt Kinder hatte. Ohne Bedeutung ist, ob das Kind steuerlich berücksichtigt wird oder nicht.

Arbeitnehmer, die vor dem 1. Januar 1940 geboren sind, sind von dem Beitragszuschuss ausgenommen.

Die Elternschaft muss nachgewiesen werden, wobei der Nachweis an keine besondere Form gebunden ist, z. B. Geburtsurkunde, Kindergeldbescheid, Einkommensteuerbescheid.

Auch in der Kranken- und Pflegeversicherung gilt eine **Beitragsbemessungsgrenze**. Sie beträgt 3.712,50 € monatlich/44.550,00 € jährlich für 2011.

BEISPIEL

Das Arbeitsentgelt eines Arbeitnehmers (mit Kindern) beträgt monatlich 6.000,00 €.

- Das Arbeitsentgelt übersteigt die Beitragsbemessungsgrenze in der Kranken- und Pflegeversicherung. Die Bemessungsgrundlage beträgt daher 3.712,50 €.

	Krankenversicherung	Pflegeversicherung
maßgebliches Arbeitsentgelt: 3.712,50 €		
AG-Anteil	7,3 % = 271,01 €	0,975 % = 36,20 €
AN-Anteil	8,2 % = 304,43 €	0,975 % = 36,20 €

Zusatzbeitrag

Wenn eine Krankenkasse mit den ihr zugewiesenen Geldern aus dem Gesundheitsfonds nicht auskommt, kann sie von ihren Mitgliedern einen einkommensabhängigen **Zusatzbeitrag** erheben.

Dieser Zusatzbeitrag wird ausschließlich von den Versicherten getragen und ist als **fester Euro-Betrag** anzugeben. Er ist für alle Mitglieder dieser Krankenkasse gleich hoch und direkt von den Mitgliedern an die Krankenkasse zu zahlen.

Sozialausgleich

Übersteigt der **durchschnittliche Zusatzbeitrag aller Krankenkassen** 2 % der beitragspflichtigen Einnahmen eines Mitglieds, so hat das Mitglied Anspruch auf einen **Sozialausgleich**. Durch den Sozialausgleich wird der monatliche Krankenkassenbeitrag des Mitglieds verringert und der auszuzahlende Lohn höher.

Das Bundesministerium für Gesundheit legt die Höhe des durchschnittlichen Zusatzbeitrages als Euro-Betrag für das Folgejahr fest und gibt diesen Wert jeweils bis zum 1. November jedes Kalenderjahres im Bundesanzeiger bekannt. Für 2011 sieht das Ministerium keinen Finanzierungsbedarf, sodass der Zusatzbeitrag mit 0 % festgesetzt wurde.

Der Sozialausgleich erfolgt beim Arbeitgeber über die Lohnabrechnung.

> **BEISPIEL**
>
> Das Arbeitsentgelt eines Auszubildenden (keine Gleitzone) beträgt monatlich 700,00 €. Der durchschnittliche Zusatzbeitrag wird vom Bundesministerium für Gesundheit auf 18,00 € festgesetzt (frühestens ab 2012).
>
> - Der Sozialausgleich berechnet sich wie folgt:
>   Belastungsgrenze 700,00 € · 2 % =   14,00 €
>   Durchschnittlicher Zusatzbeitrag aller Krankenkassen   18,00 €
>   Zusatzbeitrag übersteigt Belastungsgrenze um   4,00 € = Sozialausgleich
>
> Berechnung Krankenversicherungsbeiträge
> AG-Anteil 700,00 € · 7,3 % =   51,10 €
> AN-Anteil 700,00 € · 8,2 % = 57,40 € - 4,00 € =   53,40 €
>
> Der AN-Anteil zur Krankenversicherung mindert sich also um den Sozialausgleich in Höhe von 4,00 € und gleichzeitig erhöht sich der auszuzahlende Nettolohn des Arbeitnehmers um diesen Betrag.

Da bei der Berechnung des Sozialausgleichs der durchschnittliche Zusatzbeitrag aller Krankenkassen zugrunde gelegt wird, kann es sein, dass die Mitglieder einer Krankenkasse tatsächlich keinen Zusatzbeitrag zahlen aber trotzdem ein Sozialausgleich durchgeführt wird. Erst wenn sechs Monate lang kein Zusatzbeitrag gezahlt wird, erfolgt kein Sozialausgleich mehr.

Unfallversicherung

Kraft Gesetzes besteht für alle abhängig beschäftigten Personen in der gesetzlichen Unfallversicherung eine Versicherungspflicht.

Der Beitrag ist vom Arbeitgeber allein zu finanzieren.

Er richtet sich nach der Höhe des Arbeitsentgelts der Arbeitnehmer (= **Lohnsumme**) und nach dem Grad der Unfallgefahr im Unternehmen (= **Gefahrtarif**).

Die Beiträge sind gemäß § 3 Nr. 62 EStG steuerfrei und damit auch sozialversicherungsfrei.

Die Leistungen aus der gesetzlichen Unfallversicherung sind nach § 3 Nr. 1 EStG steuerfrei und ebenfalls sozialversicherungsfrei.

AUFGABEN

1. Ein Arbeitnehmer, der ledig ist, keine Kinder hat, evangelisch ist (9 %), nach der Steuerklasse I besteuert wird, hat einen monatlichen Bruttoarbeitslohn von 2.387,99 €.

   Ermitteln Sie anhand der Lohnsteuertabelle auf Seite 193 die abzuführende Steuer und die SV-Beiträge anhand der Beitragssatztabelle auf Seite 194 für Arbeitgeber und Arbeitnehmer. Berechnen Sie den Auszahlungsbetrag.

2. Der Bruttoarbeitslohn eines verheirateten Arbeitnehmers, der evangelisch ist (9 %), beträgt 2.405,99 €. Er hat auf der Lohnsteuerkarte ein Kind eingetragen. Die Ehefrau ist nicht erwerbstätig.

   Ermitteln Sie anhand der Lohnsteuertabelle auf Seite 193 die abzuführende Steuer und die SV-Beiträge anhand der Beitragssatztabelle auf Seite 194 für Arbeitgeber und Arbeitnehmer. Berechnen Sie den Auszahlungsbetrag und buchen Sie den gesamten Vorgang. Zahlungen werden per Banküberweisung/Bankeinzug getätigt.

3. Der Arbeitnehmer eines Mandanten erhält einen monatlichen Bruttoarbeitslohn von 3.650,00 €. Die Lohnsteuer beträgt 384,33 €, der Solidaritätszuschlag 0,53 €, die Kirchensteuer 14,81 € bei Steuerklasse III. Auf der Lohnsteuerkarte sind 1,5 Kinder eingetragen.

   Berechnen Sie die Sozialversicherungsbeiträge anhand der Beitragssatztabelle auf Seite 194 und nehmen Sie alle notwendigen Gehaltsbuchungen vor. Zahlungen werden durch Banküberweisung/Bankeinzug beglichen.

4. Ihr Mandant beschäftigt mehrere Arbeitnehmer.
   Berechnen Sie die Sozialversicherungsbeiträge anhand der Beitragssatztabelle auf Seite 194 für Arbeitgeber und Arbeitnehmer getrennt nach den einzelnen Sozialversicherungszweigen.

   a) Bob Rieper, monatliches Arbeitsentgelt 2.400,00 €, kinderlos, 26 Jahre
   b) Jana Mirbach, monatliches Arbeitsentgelt 1.900,00 €, kinderlos, 23 Jahre
   c) Shanna Welter, monatliches Arbeitsentgelt 3.850,00 €, verheiratet, 1 Kind, 30 Jahre
   d) Klaus Beimer, monatliches Arbeitsentgelt 2.620,00 €, 25 Jahre, 1 Kind
   e) Alina Meier, monatliches Arbeitsentgelt 5.700,00 €, 39 Jahre, kinderlos

5.5.3 Einmalzahlungen

Der Begriff „Einmalzahlungen" gilt im Gegensatz zum laufenden Arbeitslohn. Hierunter fallen z. B. Urlaubsgeld, Weihnachtsgeld, Tantiemen oder Sonderzahlungen.

Provisionen, Zulagen und Verkaufsprämien gehören nicht dazu.

Für diese Einmalzahlungen kommt eventuell eine besondere Beitragsberechnung für die Sozialversicherungsbeiträge infrage, und zwar dann, wenn durch die Zahlung der einmaligen Zuwendung die für den Lohnzahlungszeitraum maßgebende Beitragsbemessungsgrenze überschritten wird.

> **BEISPIEL**
>
> Ein Arbeitnehmer mit einem monatlichen Arbeitslohn von 2.000,00 € erhält im Juli 500,00 € Urlaubsgeld und im Dezember Weihnachtsgeld in Höhe von 1.000,00 €.
>
> - Die monatliche Beitragsbemessungsgrenze wird durch die Zahlungen weder im Juli noch im Dezember überschritten. Daher ist keine besondere Berechnung erforderlich.
>
> | Juli: | monatlicher Arbeitslohn | 2.000,00 € |
> |---|---|---|
> | | Einmalzahlung | + 500,00 € |
> | | Summe | 2.500,00 € |
> | Dezember: | monatlicher Arbeitslohn | 2.000,00 € |
> | | Einmalzahlung | + 1.000,00 € |
> | | Summe | 3.000,00 € |
>
> In beiden Monaten liegt der Arbeitslohn sowohl unter der Beitragsbemessungsgrenze von 3.712,50 € in der KV und PV als auch unter der Beitragsbemessungsgrenze von 5.500,00 € in der RV und ALV.
>
> Die Beiträge werden folglich vom Arbeitslohn berechnet.
> Bemessungsgrundlage für die Sozialversicherungsbeiträge ist im Juli der Arbeitslohn in Höhe von 2.500,00 € und im Dezember in Höhe 3.000,00 €.

Übersteigt der monatliche Arbeitslohn bereits die Beitragsbemessungsgrenze in der Rentenversicherung von 5.500,00 €, ist ebenfalls keine besondere Berechnung der Beiträge erforderlich. Alle Zahlungen, die über der Beitragsbemessungsgrenze liegen, sind in vollem Umfang beitragsfrei, somit auch die Einmalzahlung.

> **BEISPIEL**
>
> Ein Arbeitnehmer erhält einen monatlichen Arbeitlohn von 7.000,00 € und im Mai eine Tantieme von 2.000,00 €. Er ist privat krankenversichert.
>
> - Die Zahlung der Tantieme ist beitragsfrei, da der Arbeitnehmer bereits mit seinem laufenden Arbeitslohn die Beitragsbemessungsgrenze überschreitet.
>
> | **Berechnung RV, ALV:** | laufender Arbeitslohn | 7.000,00 € |
> |---|---|---|
> | | Tantieme | + 2.000,00 € |
> | | Summe | 9.000,00 € |
>
> AN-Anteil und AG-Anteil:
> Rentenversicherung 19,9 % von maximal 5.500,00 € = 1.094,50 €
> Arbeitslosenversicherung 3,0 % von maximal 5.500,00 € =   165,00 €
> Summe   1.259,50 €

| Beschaffungs- und Absatzbereich | **Personalwirtschaft** | Finanzbereich |

Kapitel 5

Übersteigt der monatliche Arbeitslohn durch die einmalige Zuwendung die für den Lohnzahlungszeitraum maßgebende Beitragsbemessungsgrenze, ist eine besondere Berechnung für die SV-Beiträge gemäß § 23 a Abs. 3 SGB IV notwendig.

In diesem Fall werden die monatlichen Beitragsbemessungsgrenzen bis einschließlich des Monats der Einmalzahlung addiert und dem Arbeitsentgelt für diese Monate gegenübergestellt.

Ist die Einmalzahlung geringer als die Differenz, unterliegt sie der vollen Beitragspflicht.

BEISPIEL

Ein Arbeitnehmer mit einem Monatslohn von 3.350,00 € erhält von seinem Arbeitgeber im Juli Urlaubsgeld in Höhe von 1.000,00 € und im November 4.000,00 € Weihnachtsgeld.

- Das Urlaubsgeld unterliegt der Beitragspflicht in allen Zweigen der Sozialversicherung.

Berechnung des beitragspflichtigen Arbeitsentgelts:

RV und ALV (Juli)
anteilige Jahresbeitragsbemessungsgrenze
5.500,00 € · 7 =   38.500,00 €
beitragspflichtiges Arbeitsentgelt von Januar bis Juli
3.350,00 € · 7 =   23.450,00 €
Differenz   15.050,00 €

Folge: Das Urlaubsgeld unterliegt in voller Höhe der Beitragspflicht in der Renten- und Arbeitslosenversicherung.

KV und PV (Juli)
anteilige Jahresbeitragsbemessungsgrenze
3.712,50 € · 7 =   25.987,50 €
beitragspflichtiges Arbeitsentgelt von Januar bis Juli
3.350,00 € · 7 =   23.450,00 €
Differenz   2.537,50 €

Folge: Das Urlaubsgeld unterliegt in voller Höhe der Beitragspflicht in der Kranken- und Pflegeversicherung.

- Das Weihnachtsgeld unterliegt in voller Höhe der Beitragspflicht in der Renten- und Arbeitslosenversicherung und nur teilweise der Beitragspflicht in der Kranken- und Pflegeversicherung.

RV und ALV (November)
anteilige Jahresbeitragsbemessungsgrenze
5.500,00 € · 11 =   60.500,00 €
beitragspflichtiges Arbeitsentgelt von Januar bis November
3.350,00 € · 11 = 36.850,00 € + 1.000,00 €   37.850,00 €
Differenz   22.650,00 €

Folge: Das Weihnachtsgeld unterliegt in voller Höhe der Beitragspflicht in der Renten- und Arbeitslosenversicherung.

KV und PV (November)
anteilige Jahresbeitragsbemessungsgrenze
3.712,50 € · 11 =   40.837,50 €
beitragspflichtiges Arbeitsentgelt von Januar bis November
3.350,00 € · 11 = 36.850,00 € +1.000,00 € =   37.850,00 €
Differenz   2.987,50 €

Folge: Das Weihnachtsgeld in Höhe von 4.000,00 € unterliegt mit 2.987,50 € der Beitragspflicht in der Kranken- und Pflegeversicherung.
          1.012,50 € (= 4.000,00 € − 2.987,50 €) sind beitragsfrei.

Zeitliche Zuordnung von Einmalzahlungen

Einmalzahlungen sind grundsätzlich dem Lohnabrechnungszeitraum zuzurechnen, in dem sie gezahlt wurden. Allerdings müssen Einmalzahlungen, die in der Zeit vom 01. Januar bis 31. März gezahlt werden, dem letzten Abrechnungszeitraum des vorangegangenen Kalenderjahres zugerechnet werden, wenn sie die anteilige Beitragsbemessungsgrenze im Lohnabrechnungszeitraum der Zahlung überschreiten (sogenannte **Märzklausel**).

BEISPIEL

Ein Arbeitnehmer, monatliches Gehalt 3.000,00 €, erhält im März eine Tantieme von 2.000,00 €.

- Die Zahlung der Tantieme ist in voller Höhe in allen Zweigen der Sozialversicherung beitragspflichtig.

RV und ALV (März)
anteilige Jahresbeitragsbemessungsgrenze
5.500,00 € · 3 =   16.500,00 €
beitragspflichtiges Arbeitsentgelt von Januar bis März
3.000,00 € · 3 =   9.000,00 €
Differenz   7.500,00 €

KV und PV (März)
anteilige Jahresbeitragsbemessungsgrenze
3.712,50 € · 3 =   11.137,50 €
beitragspflichtiges Arbeitsentgelt von Januar bis März
3.000,00 € · 3 =   9.000,00 €
Differenz   2.137,50 €

Sowohl in der Renten- und Arbeitslosenversicherung als auch in der Kranken- und Pflegeversicherung ist die Tantieme in voller Höhe beitragspflichtig, da sie mit 2.000,00 € jeweils unter der Differenz liegt.

BEISPIEL

Siehe vorhergehendes Beispiel, aber die Tantieme beträgt 4.000,00 €.

- Die Tantieme ist dem letzten Entgeltabrechnungszeitraum des Vorjahres (= Dezember) zuzurechnen.

RV und ALV (März)
anteilige Jahresbeitragsbemessungsgrenze
5.500,00 € · 3 =   16.500,00 €
beitragspflichtiges Arbeitsentgelt von Januar bis März
3.000,00 € · 3 =   9.000,00 €
Differenz   7.500,00 €

Die Tantieme zzgl. des laufenden Märzgehalts übersteigen nicht die anteilige Jahresbeitragsbemessungsgrenze.

KV und PV (März)
anteilige Jahresbeitragsbemessungsgrenze
3.712,50 € · 3 =   11.137,50 €
beitragspflichtiges Arbeitsentgelt von Januar bis März
3.000,00 € · 3 =   9.000,00 €
Differenz   2.137,50 €

Das laufende Gehalt und die Tantieme übersteigen die anteilige Jahresbeitragsbemessungsgrenze. Somit ist die Tantieme dem letzten Entgeltabrechnungszeitraum im Vorjahr (= Dezember) zuzurechnen, § 23 a Abs. 5 SGB IV.
Das gilt für die Berechnung der Kranken-, Pflege- sowie Renten- und Arbeitslosenversicherung.

AUFGABEN

1. Ein Arbeitnehmer aus Aachen, erhält einen Monatslohn von 3.500,00 €. Mit dem Novembergehalt zahlt der Arbeitgeber Weihnachtsgeld in Höhe von 3.000,00 €.

   Berechnen Sie die Höhe des beitragspflichtigen Arbeitsentgelts.

2. Ein Arbeitnehmer mit einem monatlichen Gehalt von 2.900,00 € erhält im August eine Sonderzahlung von 8.500,00 €.

   Berechnen Sie das beitragspflichtige Arbeitsentgelt für den Monat August.

5.5.4 Umlagen

Ausgleich von Arbeitgeberaufwendungen

Arbeitgeber müssen nach dem Aufwendungsausgleichsgesetz Umlagen zu Entgeltfortzahlungsversicherungen bei Arbeitsunfähigkeit (= Umlage 1) und bei Mutterschaftsleistungen (= Umlage 2) zahlen.

Umlage 1 (U1)

Dem Arbeitgeber werden Aufwendungen, die durch **Arbeitsunfähigkeit** von Arbeitnehmern entstehen, erstattet. Diese Erstattung wird durch die Umlage 1 finanziert, die an die Krankenkasse zu zahlen ist, bei der der Arbeitnehmer versichert ist.

Die Umlage 1 ist vom Arbeitgeber nur zu leisten, wenn er nicht mehr als 30 Arbeitnehmer beschäftigt. Hierbei ist von der Gesamtzahl der im Betrieb tatsächlich beschäftigten Arbeitnehmer/-innen auszugehen.

Nicht berücksichtigt werden

- Wehr- und Zivildienstleistende,
- Auszubildende/Praktikanten,
- schwerbehinderte Menschen und
- Heimarbeiter.

Arbeitnehmer/-innen

- die wöchentlich regelmäßig nicht mehr als 10 Stunden zu leisten haben, werden mit 0,25,
- die wöchentlich regelmäßig nicht mehr als 20 Stunden zu leisten haben, werden mit 0,5 und
- die wöchentlich regelmäßig nicht mehr als 30 Stunden zu leisten haben mit 0,75 angesetzt.

Bemessungsgrundlage der Umlage ist das Arbeitsentgelt, wobei nur laufendes Arbeitsentgelt angesetzt wird. Einmalbeträge sind bei der Berechnung nicht anzusetzen. Sie werden auch nicht erstattet. Obergrenze ist die Beitragsbemessungsgrenze in der gesetzlichen Rentenversicherung.

Der zu zahlende **Umlagesatz** ist abhängig von der gewählten Erstattungshöhe. Höchstens 80 % der erstattungsfähigen Aufwendungen sind dem Arbeitgeber zu erstatten. Der Arbeitgeber kann je nach Krankenkasse wählen zwischen einem Erstattungssatz von 80 %, 70 %, 60 %, mindestens jedoch 40 %.

Danach richtet sich der Umlagesatz, z. B.

- bei Erstattung von 40 % Umlagesatz 0,9 %,
- bei Erstattung von 60 % Umlagesatz 1,6 %,
- bei Erstattung von 70 % Umlagesatz 2,0 %,
- bei Erstattung von 80 % Umlagesatz 2,7 %.

Erstattungsfähig ist das fortgezahlte Arbeitsentgelt, allerdings ohne Einmalbeträge. Hierbei ist vom Bruttoarbeitsentgelt auszugehen.

Der anteilige Arbeitgeberbeitrag zu den Sozialversicherungsbeiträgen gehört auch zu den erstattungsfähigen Aufwendungen.

Umlage 2 (U 2)

Durch die Umlage 2 werden dem Arbeitgeber Zuschüsse zum Mutterschaftsgeld gezahlt. Diese Umlage haben alle Arbeitgeber, unabhängig von der Anzahl der Arbeitnehmer/-innen, zu zahlen. Sie fällt auch an, wenn der Arbeitgeber nur männliche Arbeitnehmer beschäftigt.

Dem Arbeitgeber werden die erstattungsfähigen Aufwendungen in vollem Umfang erstattet.

Erstattet wird der vom Arbeitgeber gezahlte Zuschuss zum Mutterschaftsgeld.

Der Umlagesatz, der abhängig von der Krankenkasse ist, beträgt ca. 0,19 %.

Anträge auf Erstattung sowohl aus der U 1 als auch aus der U 2 sind ab 1. Januar 2011 verbindlich per Datenfernübertragung an die zuständige Krankenkasse zu übermitteln.

BEISPIEL

Ein Unternehmer beschäftigt zwei Arbeitnehmer mit folgendem monatlichen Gehalt:

- Arbeitnehmer Almas   6.000,00 €
- Arbeitnehmer Baum   3.300,00 €

Der Umlagesatz für die Umlage 1 beträgt 2 % und für die Umlage 2 0,19 %.

- Es sind insgesamt 190,53 € an Umlagen zu zahlen.

Berechnung:

Arbeitnehmer Almas Arbeitsentgelt höchstens Beitragsbemessungsgrenze in der gesetzl. RV	5.500,00 €
Arbeitnehmer Baum	3.300,00 €
Summe	8.800,00 €

Beitrag U1: 8.800,00 € · 2 %   = 176,00 €
Beitrag U2: 8.800,00 € · 0,19 % = 16,72 €
Beitrag monatlich   192,72 €

Buchungssatz (Nettolohnverbuchung)

	Soll	Haben
4130/6110 Gesetzl. soz. Aufw.	192,72	
an 1200/1800 Bank		192,72

Buchungssatz (Bruttolohnverbuchung)

	Soll	Haben
4130/6110 Gesetzl. soz. Aufw.	192,72	
an 1755/3790 Lohn- und Gehaltsverrechnung		192,72

Erstattungen

Die Erstattung aus der **Umlage 1** errechnet sich aus der Summe des fortgezahlten Arbeitsentgeltes und des Arbeitgeberanteils am Gesamtsozialversicherungsbeitrag.

| Beschaffungs- und Absatzbereich | **Personalwirtschaft** | Finanzbereich |

Kapitel 5

BEISPIEL

Ein Arbeitnehmer war in der Zeit vom 11. September bis 18. September krankgeschrieben. Sein monatliches Bruttoarbeitsentgelt beträgt 2.400,00 €, das ihm auch für September gezahlt wurde. Der Arbeitgeberanteil zur Sozialversicherung beträgt 473,40 €. Der Arbeitgeber zahlt einen Beitragssatz zur Umlage 1 in Höhe von 2 % (= Erstattung 70 %).

- Die Krankenkasse zahlt dem Arbeitgeber 536,37 €.

Berechnung:
Bruttoarbeitsentgelt 2.400,00 € : 30 Tage = 80,00 €/Tag

· 8 Krankheitstage	640,00 €
+ anteiliger AG-Anteil zur SV (473,40 € : 30 · 8)	126,24 €
Summe	766,24 €
Erstattungssatz	70 %
Erstattungsbetrag	536,37 €

Buchungssatz

	Soll	Haben
1200/1800 Bank	536,37	
an 2700/4830 Sonstige betriebl. Erträge		536,37

Die Erstattung aus der **Umlage 2** wird wie folgt berechnet:

1. Schritt: Nettoarbeitsentgelt = Bruttoarbeitsentgelt abzüglich gesetzlicher Abzugsbeträge der letzten drei Monate (= rechnerisch 90 Tage, da jeder Monat mit 30 Tagen angesetzt wird)
2. Schritt: Betrag umrechnen auf einen Betrag pro Tag, d. h., der Betrag wird durch 90 dividiert.
3. Schritt: Hiervon wird das von der Krankenkasse des Arbeitnehmers gezahlte Mutterschaftsgeld (13,00 € pro Tag) abgezogen.
4. Schritt: Der verbleibende Betrag ist der Arbeitgeberzuschuss pro Tag und entspricht dem Erstattungsbetrag. Der Zuschuss ist steuer- und sozialversicherungsfrei.

BEISPIEL

Ein Arbeitgeber beschäftigt eine Arbeitnehmerin, die vom 10.08.01 bis 20.11.01 Mutterschaftsgeld bezogen hat. Sie erzielte im Monat Mai ein Nettoarbeitsentgelt in Höhe von 2.000,00 €, im Monat Juni in Höhe von 2.100,00 € und im Juli in Höhe von 2.150,00 €.

- Die Krankenkasse erstattet dem Arbeitgeber 5.813,32 €.

Berechnung:

Nettoarbeitsentgelt für drei Monate	6.250,00 €
: 90 Tage	69,44 €
– Mutterschaftsgeld	13,00 €
AG-Zuschuss pro Tag	56,44 €
· 103 Tage	5.813,32 €

Buchungssatz

	Soll	Haben
1200/1800 Bank	5.813,32	
an 2700/4830 Sonstige betriebl. Erträge		5.813,32

Insolvenzgeldumlage

Der Arbeitnehmer hat einen Anspruch auf Ersatz seines Arbeitslohns bei Zahlungsunfähigkeit des Arbeitgebers für die letzten **drei Monate** vor Eröffnung des Insolvenzverfahrens, soweit er den Arbeitslohn noch nicht erhalten hat.

Die Zahlung in Höhe der Nettobezüge wird von der Agentur für Arbeit vorgenommen = **Insolvenzgeld**.

Das Insolvenzgeld ist gemäß § 3 Nr. 2 EStG steuerfrei, unterliegt aber dem Progressionsvorbehalt gemäß § 32 b EStG. Die Höhe des Insolvenzgeldes wird durch die Bundesagentur für Arbeit per Datenübertragung automatisch an die Finanzverwaltung übermittelt.

Jeder Arbeitgeber ist zur Teilnahme an der Insolvenzgeldumlage verpflichtet, unabhängig von der Größe oder Branche seines Betriebes.

Der **Umlagesatz** für 2010 beträgt 0,41 % und für 2011 0,00 % des umlagepflichtigen Arbeitsentgelts.

Zum umlagepflichtigen Arbeitsentgelt gehört das Arbeitsentgelt, das auch zur Berechnung des gesetzlichen Rentenversicherungsbeitrags angesetzt wird. Es gilt höchstens die Beitragsbemessungsgrenze in der gesetzlichen Rentenversicherung. So ist z. B. das Arbeitsentgelt von Arbeitnehmern, die während der Elternzeit beschäftigt sind, umlagepflichtig.

Zahlungen, die nicht zum Arbeitsentgelt im Sinne der Sozialversicherung gehören, bleiben daher außer Ansatz.

Sind Arbeitnehmer/-innen von der Rentenversicherungspflicht befreit, weil sie z. B. Mitglied eines berufsständischen Versorgungswerks sind, ist das Arbeitsentgelt maßgeblich, das bei Rentenversicherungspflicht anzusetzen wäre.

Seit dem 1. Januar 2009 (Inkrafttreten des Unfallversicherungsmodernisierungsgesetzes, UVMG) wird die Umlage monatlich an die Einzugsstelle der Krankenkassen zusammen mit den Sozialversicherungsbeiträgen und den anderen Umlagen gezahlt.

Die Umlagebeiträge sind im Beitragsnachweis unter dem Beitragsgruppenschlüssel 0050 anzugeben.

BEISPIEL

Ein Arbeitgeber beschäftigt drei Arbeitnehmer. Das Arbeitsentgelt für April 2010 beträgt für

- Arbeitnehmer Esser, laufendes Arbeitsentgelt 3.000,00 €
- Arbeitnehmer Flink, laufendes Arbeitsentgelt 2.500,00 €
  Einmalzahlung 1.000,00 €
- für Arbeitnehmer Gitzen, Azubi, laufendes Arbeitsentgelt 700,00 €

• Die Insolvenzgeldumlage beträgt 7,20 €.

Berechnung:
umlagepflichtiges Arbeitsentgelt, einschließlich Einmalzahlung 7.200,00 €
· 0,41 % = 29,52 € Insolvenzgeldumlage

Buchungssatz (Nettolohnverbuchung)		Soll	Haben
	4130/6110 Gesetzl. soz. Aufw.	29,52	
	an 1200/1800 Bank		29,52

Buchungssatz (Bruttolohnverbuchung)		Soll	Haben
	4130/6110 Gesetzl. soz. Aufw.	29,52	
	an 1755/3790 Lohn- und Gehaltsverrechnung		29,52

Übersicht über die verschiedenen Umlagen

	Umlage 1	Umlage 2	Insolvenzgeldumlage
abgedecktes Risiko	Arbeitsunfähigkeit des Arbeitnehmers	Zuschüsse zum Mutterschaftsgeld	Arbeitslohn bei Zahlungsunfähigkeit
Bemessungsgrundlage	Arbeitsentgelt ohne Einmalzahlungen	laufendes Arbeitsentgelt	Arbeitsentgelt, das auch zur Berechnung des gesetzlichen Rentenversicherungsbeitrags angesetzt wird
Umlagesatz	variiert je nach gewünschter Erstattungshöhe, z. B. 1,6 %	variiert, z. B. 0,19 %	0,41 %
erstattungsfähige Beträge	fortgezahltes Arbeitsentgelt ohne Einmalzahlungen; Höhe variiert, z. B. 60 %	Zuschüsse zum Mutterschaftsgeld zu 100 %	Auszahlung von Insolvenzgeld an Arbeitnehmer

AUFGABEN

1. Nennen und erläutern Sie die Ihnen bekannten Umlagen.

2. Ein Arbeitnehmer ist in der Zeit vom 02.02.02 bis 25.02.02 krankgeschrieben gewesen. Sein monatlicher Bruttoarbeitslohn beträgt 1.620,00 €, den er auch für den Februar erhalten hat. Der Arbeitgeber zahlt zur Umlage 1 einen Satz von 2,0 % (= 70 % Erstattung).

   Berechnen Sie den Erstattungsbetrag aus der Umlage 1 und bilden Sie den Buchungssatz.

3. Eine Arbeitnehmerin Ihres Mandanten, die ein festes monatliches Nettogehalt (abzgl. Lohn- und Kirchensteuer, SolZ, SV-Beiträge) von 1.600,00 € erhält, hat vom 15.03.01 bis 25.06.01 Mutterschaftsgeld bezogen.

   Berechnen Sie den Erstattungsbetrag der Krankenkasse und bilden Sie den Buchungssatz.

5.5.5 Vorschüsse

Mit einem Vorschuss erhält ein Arbeitnehmer Zahlungsmittel, auf die er noch keinen Rechtsanspruch hat. Ein Vorschuss auf das Arbeitsentgelt hat daher den Charakter eines kurzfristigen Kredites. Aus diesem Grund wird ein Vorschuss zum Zeitpunkt der Auszahlung nicht auf einem Aufwandskonto, sondern auf dem aktiven Bestandkonto „Forderungen gegen Personal" gebucht.

Bei der Buchung der Lohn- bzw. Gehaltszahlung werden die Vorschüsse verrechnet.

Kapitel 5

| Teilgebiete des betrieblichen Rechnungswesens und deren Aufgaben | Einführung in die Systematik der Buchführung | Buchführung |

BEISPIEL

Es sind aufgrund der unten stehenden Informationen zu buchen:

1. die Vorschusszahlung am 15. Juni,
2. der Bankeinzug des Sozialversicherungsbeitragssolls durch die Krankenkasse am 25. Juni und
3. die Lohnabrechnung mit dem Arbeitgeberanteil zur Sozialversicherung am 30. Juni.

Lohnvorschüsse zum 15. Juni: 3.800,00 € (Banküberweisung)
Sozialversicherungsbeitragssoll: 27.650,00 €

Bruttolöhne 30.06.	Abzüge		Gesamt-abzüge	Vor-schüsse	Auszahlung (Banküber-weisung)	AG-Anteil zur SV
	Steuern	AN-Anteil zur SV				
65.900,00 €	13.467,00 €	14.103,00 €	27.570,00 €	3.800,00€	34.530,00 €	13.510,00 €

Tatsächliche Gesamtsozialversicherungsbeiträge: 14.103,00 € + 13.510,00 € = 27.613,00 €

1. Buchungssatz (Bruttolohnverbuchung)

	Soll	Haben
1530/1340 Forderungen gegen Personal	3.800,00	
an 1200/1800 Bank		3.800,00

2. Buchungssatz

	Soll	Haben
1759/3759 Vorauss. Beitragsschuld	27.650,00	
an 1200/1800 Bank		27.650,00

3. Buchungssätze Lohnaufwendungen

	Soll	Haben
4120/6020 Gehälter	65.900,00	
an 1755/3790 Lohn- und Gehaltsverrechnung		65.900,00
4130/6110 Gesetzl. soz. Aufwand	13.510,00	
an 1755/3790 Lohn- und Gehaltsverrechnung		13.510,00

4. Buchungssatz Auflösung Verrechnungskonto

	Soll	Haben
1755/3790 Lohn- und Gehaltsverrechnung	79.410,00	
an 1740/3720 Verbindl. Lohn und Gehalt		34.530,00
an 1742/3740 Verbindl. soziale Sicherheit		27.613,00
an 1741/3730 Verbindl. aus LSt		13.467,00
an 1530/1340 Forderungen gegen Personal		3.800,00

5. Buchungssätze Zahlungen

	Soll	Haben
1740/3720 Verbindl. Lohn und Gehalt	34.530,00	
an 1200/1800 Bank		34.530,00
1742/3740 Verbindl. soziale Sicherheit	27.613,00	
an 1759/3759 Vorauss. Beitragsschuld		27.613,00
1741/3730 Verbindl. aus LSt	13.467,00	
an 1200/1800 Bank		13.467,00

| Beschaffungs- und Absatzbereich | Personalwirtschaft | Finanzbereich |

Kapitel 5

AUFGABEN

1. Innen sind folgende Angaben zur Lohnabrechnung bei Ihrem Mandanten bekannt:

   15.01.: Lohnvorschüsse durch Banküberweisung: 3.000,00 €
   26.01.: Prognostizierte SV-Vorausleistung (Januar): 14.300,00 €
   SV-Schuldvortrag aus dem Vormonat Dezember: 50,00 €

Bruttolöhne 31.01.	Steuern	AN-Anteil zur SV	Vorschüsse	Auszahlung (Bank)	AG-Anteil SV
33.900,00 €	5.200,00 €	7.255,00 €	3.000,00 €	18.445,00 €	6.949,00 €

   Buchen Sie
   - die Banküberweisung der Vorschusszahlungen am 15.01.,
   - den Bankeinzug des Sozialversicherungsbeitragssolls am 26.01. und
   - die Lohnzahlung am 31.01. (Bruttolohnverbuchung).

2. Sie sind Angestellte(r) der Textilfabrik Konrad Fied KG, Goseriede 41, 30159 Hannover.

   Der unten stehende Beleg liegt Ihnen zur Buchung vor.
   a) Welcher Geschäftsvorfall liegt dem Beleg zugrunde?
   b) Wie lautet der Buchungssatz?

3. Ein Arbeitnehmer, ledig, keine Kinder, 26 Jahre, evangelisch, erhält ein monatliches Gehalt von 2.000,00 €. Die Steuerabzugsbeträge belaufen sich insgesamt auf 254,19 €. Der Arbeitnehmer erhält am 10. Juli von seinem Arbeitgeber einen Vorschuss in Höhe von 1.000,00 €, die er im August und September gleichmäßig zurückzuzahlen hat.

   Berechnen Sie die SV-Beiträge und bilden Sie die notwendigen Buchungssätze zum 26. Juli und 31. Juli (Bruttolohnverbuchung).

4. Aus der Lohn- und Gehaltsliste Ihres Mandanten entnehmen Sie folgende Angaben:

Bruttolöhne 30.09.	Abzüge		Gesamt-abzüge	Vorschüsse	Auszahlung (Banküber-weisung)	AG-Anteil zur SV
	Steuern	AN-Anteil zur SV				
40.700,00 €	8.343,00 €	8.709,00 €	17.052,00 €	4.500,00 €	19.148,00 €	8.114,00 €

Auf Ihre Nachfrage hin erklärt Ihr Mandant, dass zwei Arbeitnehmer am 02.09. Vorschüsse von insgesamt 4.500,00 € erhalten haben, die am Monatsende mit dem Gehalt verrechnet werden.

Buchen Sie die Überweisung der Vorschüsse, den Bankeinzug der Krankenkasse und die Lohnabrechnung am 30.09. (Bruttolohnverbuchung).

5. Ein Arbeitnehmer Ihres Mandanten, 35 Jahre, 1 Kind, verheiratet, erhält ein monatliches Gehalt von 4.000,00 €. An Steuern werden insgesamt 518,47 € einbehalten. Der Arbeitgeber gewährt ihm am 15.03. einen Vorschuss in Höhe von 3.000,00 €, der ab April mit monatlich 1.000,00 € verrechnet wird.

Berechnen Sie die Sozialversicherungsbeiträge und nehmen Sie alle erforderlichen Buchungen der Monate März und April vor (Bruttolohnverbuchung).

5.5.6 Buchhalterische Behandlung von vermögenswirksamen Leistungen

Nach dem Vermögensbildungsgesetz erhalten die Arbeitnehmer vom **Staat** eine **Arbeitnehmersparzulage**.

Übersicht über die staatliche Förderung

	Bausparen	Beteiligungssparen	Summe
Geförderte Anlageformen	Bausparvertrag	Aktien, Aktienfonds, GmbH-Anteile	
Zulagenbegünstigter Höchstbetrag	470,00 € jährlich	400,00 € jährlich	870,00 € jährlich
Förderungswürdige Arbeitnehmersparzulage	9 % (max. 42,30 € jährlich)	20 % (max. 80,00 € jährlich)	max. 122,30 € jährlich
Einkommensgrenzen (maßgeblich ist das zu versteuernde Einkommen)	17.900,00 € für Ledige 35.800,00 € für Verheiratete	20.000,00 € für Ledige 40.000,00 € für Verheiratete	

Die Arbeitnehmersparzulage wird durch das Finanzamt des Arbeitnehmers festgesetzt. Sie wird ausgezahlt, nachdem die Sperrfristen nach dem Vermögensbildungsgesetz abgelaufen sind oder der Bausparvertrag zugeteilt worden ist.

BEISPIEL

Ein Arbeitnehmer (25, ledig, keine Kinder) spart monatlich 39,00 € in einen begünstigten Bausparvertrag. Der Arbeitgeber gibt keinen Zuschuss.

Seine Gehaltsabrechnung sieht wie folgt aus:

Bruttogehalt		1.600,00 €
= steuer- und sozialversicherungspflichtiges Gehalt		
− Steuern	147,50 €	
− AN-Anteil zur Sozialversicherung	334,00 €	
− vermögenswirksame Anlage	39,00 €	603,00 €
= Auszahlungsbetrag		1.079,50 €
AG-Anteil zur Sozialversicherung		315,60 €

Buchungssätze (Bruttolohnverbuchung)

		Soll	Haben
4120/6020	Gehälter	1.600,00	
4130/6110	Gesetzl. soz. Aufwand	315,60	
an 1755/3790	Lohn- und Gehaltsverrechnung		1.915,60
1755/3790	Lohn- und Gehaltsverrechnung	1.915,60	
an 1740/3720	Verbindl. Lohn und Gehalt		1.079,50
an 1742/3740	Verbindl. soziale Sicherheit		649,60
an 1741/3730	Verbindl. aus LSt		147,50
an 1750/3770	Verbindl. Vermögensbildung		39,00

Bei Zahlung der 39,00 € an die Bausparkasse wird gebucht:

Buchungssatz

		Soll	Haben
1750/3770	Verbindl. Vermögensbildung	39,00	
an 1200/1800	Bank		39,00

Das vermögenswirksame Sparen der Arbeitnehmer kann aufgrund von Tarifverträgen, Betriebsvereinbarungen oder Einzelarbeitsverträgen durch den Arbeitgeber bezuschusst werden. Der Zuschuss des Arbeitgebers stellt ein **zusätzliches Arbeitsentgelt** dar, das **steuer- und sozialversicherungspflichtig** ist.

Kapitel 5

Teilgebiete des betrieblichen Rechnungswesens und deren Aufgaben | Einführung in die Systematik der Buchführung | Buchführung

BEISPIEL

Ein Arbeitnehmer spart monatlich 39,00 € in einen begünstigten Bausparvertrag.
Der Arbeitgeber zahlt einen Zuschuss zur vermögenswirksamen Anlage von 26,00 €.
Die Gehaltsabrechnung sieht wie folgt aus:

Bruttogehalt		1.600,00 €
+ AG-Zuschuss zur vermögenswirksamen Anlage		26,00 €
= steuer- und sozialversicherungspflichtiges Gehalt		1.626,00 €
− Steuern	153,00 €	
− AN-Anteil zur Sozialversicherung	339,43 €	
− vermögenswirksame Anlage	39,00 €	531,43 €
= Auszahlungsbetrag		1.094,57 €
AG-Anteil zur Sozialversicherung		320,73 €

Buchungssätze (Bruttolohnverbuchung)

	Soll	Haben
4120/6020 Gehälter	1.600,00	
4170/6080 Vermögenswirks. Leistungen AG	26,00	
4130/6110 Gesetzl. soz. Aufwand	320,73	
an 1755/3790 Lohn- und Gehaltsverrechnung		1.946,73
1755/3790 Lohn- und Gehaltsverrechnung	1.946,73	
an 1740/3720 Verbindl. Lohn und Gehalt		1.094,57
an 1742/3740 Verbindl. soziale Sicherheit		660,16
an 1741/3730 Verbindl. aus LSt		153,00
an 1750/3770 Verbindl. Vermögensbildung		39,00

Bei Zahlung der 39,00 € an die Bausparkasse wird gebucht:

Buchungssatz

	Soll	Haben
1750/3770 Verbindl. Vermögensbildung	39,00	
an 1200/1800 Bank		39,00

Die vermögenswirksamen Leistungen des Arbeitgebers können statt auf einem separaten Konto auch auf dem Konto „Gehälter" gebucht werden. Allerdings sind die vom Arbeitgeber geleisteten Zuschüsse dann nicht mehr direkt aus der Buchführung erkennbar.

AUFGABEN

1. Ihnen sind folgende Angaben zur Lohnabrechnung bei Ihrem Mandanten bekannt:

    a) Prognostizierte SV-Vorausleistung (Februar):   5.000,00 €
       SV-Forderung aus dem Vormonat: 120,00 €

    b)

Bruttolöhne 28.02.	Abzüge		Zuschuss zur vermögenswirks. Anlage	vermögenswirksame Anlage	Auszahlung (Banküberweisung)	AG-Anteil zur SV
	Steuern	AN-Anteil zur SV				
11.900,00 €	2.100,00 €	2.546,00 €	78,00 €	130,00 €	7.202,00 €	2.439,00 €

210

c) Banküberweisung der einbehaltenen vermögenswirksamen Anlagen am 02.03.
d) Banküberweisung der einbehaltenen Steuern am 09.03.

Nehmen Sie alle erforderlichen Buchungen vor (Bruttolohnverbuchung).

2.

Betrieb	Bruttolöhne	Zuschuss zur vermögensw. Anlage	Steuern	AN-Anteil SV	vermögensw. Anlage	Auszahlung (Bank)	AG-Anteil SV
1	47.500,00 €	338,00 €	8.230,00 €	10.165,00 €	676,00 €	?	9.737,00 €
2	30.200,00 €	234,00 €	5.180,00 €	6.462,00 €	468,00 €	?	6.191,00 €
3	68.700,00 €	640,00 €	11.790,00 €	14.701,00 €	832,00 €	?	14.083,00 €

Errechnen Sie für jeden Betrieb den Auszahlungsbetrag und bilden Sie für jeden Betrieb die Buchungssätze für
- die Lohnzahlung,
- die Banküberweisung der einbehaltenen vermögenswirksamen Anlagen und
- die Banküberweisung der einbehaltenen Steuern (Bruttolohnverbuchung).

3. Der Gehaltsabrechnung für Januar eines Arbeitnehmers entnehmen Sie folgende Angaben:

Bruttoarbeitlohn .... 2.670,00 €
vermögenswirksame Leistung AG-Zuschuss .... 30,00 €
Gesamtbruttoarbeitslohn .... 2.700,00 €

Lohnsteuer .... − 395,41 €
Solidaritätszuschlag .... − 21,74 €
Kirchensteuer .... − 35,58 €
Sozialversicherungsbeiträge .... − 563,63 €
vermögenswirksame Leistungen .... − 40,00 €
Auszahlungsbetrag .... 1.643,64 €

Der Arbeitgeberanteil zur Sozialversicherung beträgt 532,58 €.
Die Sozialversicherungsbeiträge werden pünktlich am 26.01. abgebucht und die Auszahlung des Gehalts sowie der vermögenswirksamen Leistungen am 31.01.

Bilden Sie die hierfür erforderlichen Buchungssätze (Bruttolohnverbuchung).

4. Der Gehaltsliste Ihres Mandanten entnehmen Sie die folgenden Angaben:

Bruttolöhne 31.03.	Zuschuss zur vermögensw. Anlage	Steuern	AN-Anteil SV	vermögensw. Anlage	Auszahlung (Bank)	AG-Anteil SV
30.000,00 €	400,00 €	4.300,00 €	5.105,00 €	560,00 €	20.435,00 €	5.043,00 €

Nehmen Sie alle erforderlichen Buchungen des Monats März vor, unter der Voraussetzung, dass die Löhne und vermögenswirksamen Leistungen am 31.03. gezahlt werden.

5. Ein Arbeitnehmer Ihres Mandanten erhält einen monatlichen Bruttoarbeitslohn von 1.750,00 €. An Steuern werden insgesamt 199,12 € und an Sozialversicherungsbeiträgen 373,66 € einbehalten. Er spart monatlich 78,00 € in einen vermögenswirksamen Vertrag. Hiervon übernimmt der Arbeitgeber 40,00 €. Der Arbeitgeber-Anteil zur Sozialversicherung beträgt 353,08 €.

Wie lauten die erforderlichen Buchungen für eine Lohnabrechnung (Bruttolohnverbuchung)?

5.5.7 Lohnpfändung

Hat ein Arbeitnehmer Schulden und kommt seinen Zahlungsverpflichtungen daraus nicht nach, kann/können der/die Gläubiger bei Gericht einen Pfändungs- und Überweisungsbeschluss erwirken.

Dieser wird dem Arbeitgeber zugestellt und bedeutet für ihn, dass er Teile des Arbeitslohns nicht an den Arbeitnehmer, sondern an den/die Gläubiger zu zahlen hat.

Auch wenn Teile des Arbeitslohns gepfändet sind, ist der **gesamte Arbeitslohn** dem Arbeitnehmer zugeflossen und **lohnsteuer-** und **sozialversicherungspflichtig**.

Der Arbeitgeber hat das für die Pfändung maßgebende Nettoarbeitseinkommen zu berechnen.

Die Berechnung sieht wie folgt aus:

   pfändbares Bruttoeinkommen
- Lohnsteuer, Kirchensteuer, Solidaritätszuschlag
- Arbeitnehmer-Beiträge zur Sozialversicherung, ggf. Zuschuss zur privaten Kranken- und Pflegeversicherung

= Nettoeinkommen

Manche Teile des Arbeitseinkommens sind unpfändbar, z. B.:

- zusätzliches Urlaubsgeld
- Zuwendung aus Anlass eines besonderen Betriebsereignisses
- 50 % der Gesamtvergütung für Überstunden
- Gefahren-, Schmutz- und Erschwerniszulagen
- Heirats- und Geburtsbeihilfen
- Weihnachtsgeld bis zu 50 % des monatlichen Arbeitseinkommens, maximal bis zu 500,00 €
- Zuschuss des Arbeitgebers zu vermögenswirksamen Leistungen
- Zahlung des Arbeitnehmers in einen Vertrag über vermögenswirksame Leistungen

Der Arbeitgeber hat eine **Pfändungsgrenze** zu beachten, d. h., dieser Betrag ist nicht pfändbar und richtet sich nach der Unterhaltspflicht des Arbeitnehmers z. B. für den Ehegatten, den früheren Ehegatten, Kinder und Eltern.

Ausschnitt aus der Tabelle über pfändbare Beträge

Nettolohn monatlich (in €)	pfändbarer Betrag bei Unterhaltspflicht gegenüber			
	0 Personen	1 Person	2 Personen	3 Personen
1.000,00 – 1.009,99	10,40			
1.440,00 – 1.449,99	318,40	42,05		
2.420,00 – 2.429,99	1.004,40	532,05	343,01	195,29
2.800,00 – 2.809,99	1.270,40	722,05	495,01	309,29

Bei Buchung der Lohnabrechnung sind die gepfändeten Beträge auf dem Konto „1746/3760 Verbindlichkeiten aus Einbehaltungen" zu buchen.

| Beschaffungs- und Absatzbereich | Personalwirtschaft | Finanzbereich |

Kapitel 5

BEISPIEL

Die Gehaltsabrechnung eines Arbeitnehmers sieht wie folgt aus:

Bruttogehalt	2.800,00 €
- Steuern	222,57 €
- AN-Anteil zur Sozialversicherung	584,50 €
- Pfändung	500,00 €
= Auszahlungsbetrag	1.492,93 €
AG-Anteil zur Sozialversicherung	552,30 €

Buchungssätze (Bruttolohnverbuchung)			Soll	Haben
	4120/6020	Gehälter	2.800,00	
	4130/6110	Gesetzl. soz. Aufwand	552,30	
	an 1755/3790	Lohn- und Gehaltsverrechnung		3.352,30
	1755/3790	Lohn- und Gehaltsverrechnung	3.352,30	
	an 1740/3720	Verbindl. Lohn und Gehalt		1.492,93
	an 1742/3740	Verbindl. soziale Sicherheit		1.136,80
	an 1741/3730	Verbindl. aus LSt		222,57
	an 1746/3760	Verbindl. aus Einbehaltungen		500,00

AUFGABEN

1. Ein Arbeitnehmer Ihres Mandanten erhält einen monatlichen Arbeitlohn von 2.600,00 €. An Steuerabzügen werden 165,85 €, an Sozialversicherungsbeiträgen 536,25 € einbehalten.

   Der Arbeitgeberanteil zur Sozialversicherung beträgt 512,85 €. Dem Arbeitgeber wird ein Pfändungs- und Überweisungsbeschluss zugestellt, nach dem er 500,00 € an die Gläubiger des Arbeitnehmers zu zahlen hat.

   Geben Sie die erforderlichen Buchungen (Bruttolohnverbuchung) an, wenn die Sozialversicherungsbeiträge am 26. des Monats per Bankeinzug und das Gehalt am 30. des Monats per Banküberweisung gezahlt werden.

2. Der Gehaltsliste Ihres Mandanten entnehmen Sie die folgenden Angaben:

Bruttolöhne 31.03. (in €)	Steuern	AN-Anteil SV	Gesamtabzüge	Pfändungs- u. Überw.-beschluss	Auszahlung (Bank)	AG-Anteil SV
70.000,00	14.404,10	14.171,50	28.575,60	1.300,00	40.124,40	13.541,50

Nehmen Sie alle erforderlichen Buchungen des Monats März vor, unter der Voraussetzung, dass die Löhne am 31.03. gezahlt werden.

5.6 Leistungen des Arbeitgebers

Arbeitslohn sind alle Einnahmen, die dem Arbeitnehmer aus einem Dienstverhältnis zufließen, § 2 Abs. 1 LStDV. Sie können in Geld oder Geldeswert bestehen, § 8 Abs. 1 EStG, wobei Geldzuwendungen steuer- und sozialversicherungspflichtig sind, wenn sie nicht gemäß § 3 EStG steuerfrei sind.

Kein Arbeitslohn sind
- Zuwendungen des Arbeitgebers im ganz überwiegenden betrieblichen Interesse,
- sogenannte Aufmerksamkeiten.

5.6.1 Aufwendungen im eigenbetrieblichen Interesse

Bei Zuwendungen des Arbeitgebers an den Arbeitnehmer im ganz überwiegenden eigenbetrieblichen Interesse handelt es sich nicht um Arbeitslohn. Es fehlt an einer objektiven Bereicherung des Arbeitnehmers. Ziel dieser Zuwendungen ist es, das allgemeine Betriebsklima zu verbessern.

Hierunter fallen z. B.
- Benutzung betriebseigener Bäder
- Duschgelegenheiten
- Sportanlagen
- Fitnessräume
- Parkplätze
- Büchereien
- Aufenthaltsräume
- Betriebskindergärten
- regelmäßige ärztliche Untersuchungen

Diese Leistungen erhalten in der Regel alle Arbeitnehmer im Unternehmen.

Betriebsveranstaltungen

Zuwendungen des Arbeitgebers bei üblichen Betriebsveranstaltungen (z. B. Betriebsausflug, Weihnachtsfeier) werden im ganz überwiegenden betrieblichen Interesse des Arbeitgebers erbracht und gehören daher nicht zum Arbeitslohn.

Das gilt allerdings nur für zwei Betriebsveranstaltungen pro Jahr, wenn die „übliche" Zuwendung je Arbeitnehmer die **Freigrenze** pro Veranstaltung von **110,00 €** nicht übersteigt.

Eine Betriebsveranstaltung liegt nur vor, wenn **alle** Arbeitnehmer des Betriebes daran teilnehmen können.

Bei Prüfung der 110,00-€-Freigrenze sind alle Kosten der Betriebsveranstaltung, z. B. Saalmiete, Essen, Getränke, Übernachtungen, Fahrtkosten, **einschließlich Umsatzsteuer** zu addieren und durch die Anzahl der Teilnehmer zu dividieren.

Werden die 110,00 € überschritten, ist der **gesamte Betrag** lohnsteuer- und sozialversicherungspflichtig.

Die Zuwendungen sind **nicht steuerbare** Leistungen im Sinne des UStG.

> **BEISPIEL**
>
> Ein Unternehmer richtet eine Weihnachtsfeier für seine 25 Angestellten in den eigenen Geschäftsräumen aus. Essen und Getränke werden von einem Catering-Service geliefert. Die Rechnung hierüber lautet auf 2.250,00 € zzgl. 19 % USt 427,50 € = 2.677,50 €.
>
> - Es liegt kein lohnsteuer- und sozialversicherungspflichtiger Arbeitslohn vor, da die Freigrenze von 110,00 € nicht überschritten wird.
>
> **Berechnung**
> 2.677,50 €/25 Personen = 107,10 €/Person < 110,00-€-Freigrenze
>
> | Buchungssatz | | Soll | Haben |
> |---|---|---|---|
> | 4945/6822 | Freiwillige Sozialleistungen | 2.250,00 | |
> | 1570/1400 | Vorsteuer | 427,50 | |
> | an 1200/1800 | Bank | | 2.677,50 |

Fortbildungskosten

Aufwendungen des Arbeitgebers zur Fortbildung des Arbeitnehmers gehören nicht zum steuerpflichtigen Arbeitslohn, wenn die Bildungsmaßnahme im ganz überwiegenden Interesse des Arbeitgebers durchgeführt wird. Das ist gegeben, wenn durch die Maßnahme die Einsatzfähigkeit des Arbeitnehmers im Betrieb erhöht werden soll, R 19.7 EStR.

Dabei kann die Bildungsmaßnahme auch in der Freizeit des Arbeitnehmers stattfinden.

Unter die steuer- und sozialversicherungsfreien Aufwendungen fallen z. B. Aufwendungen für Fortbildungsmaßnahmen

- am Arbeitsplatz,
- in zentralen betrieblichen Einrichtungen und
- durch fremde Unternehmen, die auf Rechnung des Arbeitgebers tätig werden.

5.6.2 Aufmerksamkeiten

Auch hier liegt kein Arbeitslohn vor.

Aufmerksamkeiten sind Sachzuwendungen des Arbeitgebers an den Arbeitnehmer von **geringem Wert** (z. B. Blumen), d. h., sie übersteigen nicht **40,00 € brutto** (= Freigrenze). Die Zuwendung muss anlässlich eines **persönlichen** Ereignisses (z. B. Hochzeit) erfolgen.

Aufmerksamkeiten sind steuer- und sozialversicherungsfrei. Die Freigrenze kann im Jahr mehrfach ausgeschöpft werden, wenn mehrere persönliche Anlässe vorliegen. Es handelt sich nicht um einen Jahresbetrag.

Wird die Freigrenze überschritten, ist der volle Betrag steuer- und sozialversicherungspflichtig.

Zu den Aufmerksamkeiten gehören auch

- Getränke und Genussmittel, z. B. Obst, Gebäck, die der Arbeitgeber **zum Verzehr im Betrieb** unentgeltlich oder verbilligt überlässt,
- Speisen bis zu 40,00 €, die der Arbeitgeber anlässlich eines außergewöhnlichen Arbeitseinsatzes **im Betrieb** dem Arbeitnehmer unentgeltlich überlässt.

Geldzuwendungen sind stets steuer- und sozialversicherungspflichtig.

Bei Gewährung von Aufmerksamkeiten handelt es sich um nicht steuerbare Umsätze im Sinne des UStG.

> **BEISPIEL**
>
> Ein Unternehmer schenkt einem Angestellten zum Geburtstag eine DVD im Wert von brutto 36,99 €.
>
> - Es liegt eine Aufmerksamkeit vor, die nicht zu Arbeitslohn führt.
>
> | Buchungssatz | | Soll | Haben |
> |---|---|---|---|
> | | 4657/6643 Aufmerksamkeiten | 31,08 | |
> | | 1570/1400 Vorsteuer | 5,91 | |
> | | an 1000/1600 Kasse | | 36,99 |

5.6.3 Sonstige Geld- und Sachzuwendungen

Handelt es sich bei den Zuwendungen des Arbeitgebers um sonstige Geld- und Sachzuwendungen, kann steuerfreier Arbeitslohn gemäß § 3 EStG oder steuerpflichtiger Arbeitslohn vorliegen.

5.6.3.1 Steuerfreie Zuwendungen

Sachzuwendungen bleiben steuerfrei, wenn sie monatlich den Wert von 44,00 € (einschließlich USt) nicht übersteigen, § 8 Abs. 2 S. 9 EStG. Hierbei handelt es sich um eine Freigrenze.

Der Arbeitgeber kann also jeden Monat ohne besonderen Anlass dem Arbeitnehmer Sachbezüge, die nach § 8 Abs. 2 S. 1 EStG zu bewerten sind, bis zu 44,00 € steuer- und sozialversicherungsfrei zuwenden.

Hierunter fallen z. B.:

- Vorteile aus verbilligter Überlassung von Wohnungen,
- Zinsersparnisse durch Arbeitgeberdarlehen,
- Überlassung von Tennisplätzen,
- Überlassung von Jobtickets,
- Sachgeschenke oder Warengutscheine.

Die Freigrenze gilt somit nur für Sachbezüge, die weder mit den amtlichen Sachbezugswerten oder der 1-%- bzw. Fahrtenbuchmethode zu bewerten noch um den Rabattfreibetrag zu kürzen sind.

Sie gilt daher nicht

- bei Überlassung von Unterkünften und Verpflegung,
- bei Privatnutzung von Firmenwagen.

Gibt der Arbeitgeber seinen Arbeitnehmern Warengutscheine aus, so kann unter folgenden Voraussetzungen ein Sachbezug vorliegen, der gemäß § 8 Abs. 2 S. 1 EStG zu bewerten ist.

- Der Gutschein ist bei einem Dritten einzulösen.
- Auf dem Gutschein ist kein anzurechnender Betrag oder Höchstbetrag angegeben.

Der BFH weicht in seiner neueren Rechtsprechung von der Auffassung der Finanzverwaltung ab. Dem BFH folgend darf auf einem Gutschein neben der Ware/Dienstleistung auch ein anzurechnender Betrag/Höchstbetrag angegeben werden. Unschädlich ist auch, wenn keine konkrete Bezeichnung der zu beziehenden Ware genannt ist. In beiden Fällen handelt es sich um Warengutscheine.

Eine Geldleistung ist nur anzunehmen, wenn der Arbeitnehmer wahlweise einen Anspruch auf einen Geldbetrag hat. Warengutscheine, die beim Arbeitgeber selbst einzulösen sind, siehe Kapitel 5.6.3.3.

Die Sachbezüge führen umsatzsteuerlich zu steuerbaren und ggf. steuerpflichtigen Umsätzen.

BEISPIEL

Ein Arbeitnehmer erhält einen Warengutschein im Wert von 41,00 € (inkl. 19 % USt).

- Die Zuwendung ist steuerfrei gemäß § 8 Abs. 2 S. 9 EStG, da sie die Freigrenze von 44,00 € nicht übersteigt.

Buchungssatz		Soll	Haben
	4140/6130 Freiw. soz. Aufwendungen lst. frei	34,45	
	1570/1400 Vorsteuer	6,55	
	an 1200/1800 Bank		41,00

Bei Prüfung der 44,00-€-Freigrenze sind alle Sachbezüge eines Monats, die nach § 8 Abs. 2 S. 1 EStG bewertet werden, zu addieren.

BEISPIEL

Ein Arbeitnehmer erhält im Januar 01 wegen besonderer Leistungen eine Kiste mit Wein im Wert von 43,00 € und außerdem einen Benzingutschein im Wert von 20,00 €.

- Insgesamt überschreiten die Zuwendungen von 63,00 € die Freigrenze von 44,00 € und sind daher steuer- und sozialversicherungspflichtig. Sie erhöhen als Sachbezug den Bruttoarbeitslohn.

Buchungssatz		Soll	Haben
	4145/6060 Freiw. soz. Aufwendungen lst. pfl.	52,94	
	1570/1400 Vorsteuer	10,06	
	an 1200/1800 Bank		63,00

Bestimmte in § 3 EStG genannte Zuwendungen des Arbeitgebers an den Arbeitnehmer sind steuerfrei und damit in der Regel auch sozialversicherungsfrei.

Hierunter fallen z. B.

- typische Berufskleidung, die der Arbeitgeber seinem Arbeitnehmer unentgeltlich oder verbilligt überlässt, § 3 Nr. 31 EStG,
- die unentgeltliche oder verbilligte Sammelbeförderung eines Arbeitnehmers zur Wohnung und Arbeitsstätte mit einem vom Arbeitgeber gestellten Beförderungsmittel, § 3 Nr. 32 EStG,
- Ausgaben des Arbeitgebers zur Zukunftssicherung des Arbeitnehmers, z. B. Arbeitgeberanteil zur Sozialversicherung, § 3 Nr. 62 EStG,
- Zuschläge für Sonntags-, Feiertags- oder Nachtarbeit, § 3 b EStG,
- Vergütungen des Arbeitgebers zur Erstattung von Reisekosten, soweit sie bestimmte Höchstbeträge nicht übersteigen, § 3 Nr. 16 EStG,
- zusätzlich zum ohnehin geschuldeten Arbeitslohn erbrachte Leistungen des Arbeitgebers zur Unterbringung und Betreuung von nicht schulpflichtigen Kindern in Kindergärten oder vergleichbaren Einrichtungen, § 3 Nr. 33 EStG,
- private Nutzung von betrieblichen PC- und Telekommunikationsgeräten, § 3 Nr. 45 EStG.

BEISPIEL

Der Arbeitgeber zahlt einem Arbeitnehmer für dessen Kind den Kindergartenbeitrag in Höhe von 150,00 €.

- Die Zahlung ist steuer- und sozialversicherungsfrei.

Buchungssatz

	Soll	Haben
4140/6130 Freiw. soz. Aufwendungen lst. frei	150,00	
an 1200/1800 Bank		150,00

5.6.3.2 Steuerpflichtige Zuwendungen

Sachbezüge, die Arbeitslohn darstellen und nicht steuerfrei sind, sind steuer- und sozialversicherungspflichtig. Sie sind entweder dem laufenden Arbeitslohn, z. B. monatliche private Nutzung eines Firmenwagens, oder den sonstigen Bezügen, z. B. einmaliger Warengutschein, zuzuordnen.

Eine Lohn- und Gehaltsabrechnung mit Sachbezügen gliedert sich wie folgt:

```
  Bruttolohn/-gehalt
+ eventuelle vermögenswirksame Leistungen des Arbeitgebers
+ Sachbezüge
= steuer- und sozialversicherungspflichtiger Arbeitslohn
− Lohn- und Kirchensteuer, Solidaritätszuschlag
− Arbeitnehmer-Anteil Sozialversicherung
= Nettolohn/-gehalt
− vermögenswirksame Leistungen Sparbetrag
− Sachbezüge
= Auszahlungsbetrag
```

BEISPIEL

Ein Arbeitnehmer erhält ein monatliches Gehalt von 2.100,00 €. Außerdem überlässt ihm der Arbeitgeber eine verbilligte Wohnung, Vorteil hieraus: 300,00 €. Die Lohnsteuer beträgt 318,58 €, die Kirchensteuer 28,67 €, der Solidaritätszuschlag 17,52 €, der AN-Anteil zur Sozialversicherung 501,00 €, der AG-Anteil zur Sozialversicherung 473,40 €.

Gehaltsabrechnung:

monatliches Gehalt	2.100,00 €
+ Sachbezug	300,00 €
= LSt- u. SV-pflichtiges Gehalt	2.400,00 €
– Lohnsteuer	318,58 €
– Solidaritätszuschlag	17,52 €
– Kirchensteuer	28,67 €
– AN-Anteil SV	501,00 €
= Nettogehalt	1.534,23 €
– Sachbezug	300,00 €
= Auszahlungsbetrag	1.234,23 €

Überlassung einer Wohnung/Unterkunft

EStG § 8 Abs. 2 S. 1
SvEV § 2 Abs. 3

Überlässt der Arbeitgeber seinem Arbeitnehmer verbilligt oder kostenlos eine Wohnung, so ist der geldwerte Vorteil mit dem ortsüblichen Mietpreis eventuell abzüglich einer Zahlung des Arbeitnehmers zu bewerten, § 8 Abs. 2 S. 1 EStG.

BEISPIEL

Der Arbeitgeber überlässt einem Arbeitnehmer eine werkseigene Wohnung zum Mietpreis von monatlich 300,00 €. Die ortsübliche Miete für eine vergleichbare Wohnung beträgt 550,00 €.

- Der steuer- und sozialversicherungspflichtige Sachbezug beträgt 250,00 €.

ortsübliche Miete	550,00 €
– Zahlung Arbeitnehmer	300,00 €
= Wert Sachbezug	250,00 €

Von der Wohnung zu unterscheiden ist eine Unterkunft: „Eine Wohnung ist eine in sich geschlossene Einheit von Räumen, in denen ein selbstständiger Haushalt geführt werden kann", R 8.1 Abs. 6 LStR.
Es müssen eine Küche oder Kochgelegenheit sowie eine Toilette vorhanden sein. Die Möglichkeit einer **Mitbenutzung** von Gemeinschaftsküche, -dusche oder -toilette reicht für das Vorliegen einer Wohnung **nicht aus**. In diesen Fällen handelt es sich um eine Unterkunft.

Der geldwerte Vorteil der Überlassung einer Unterkunft wird **zwingend** nach der Sozialversicherungsentgeltverordnung (SvEV) bestimmt.

Die Werte der SvEV werden jährlich neu festgesetzt.

Gemäß § 2 Abs. 3 SvEV wird der Wert einer Unterkunft mit monatlich 206,00 € festgesetzt.

BEISPIEL

Ein Arbeitgeber stellt einem Arbeitnehmer kostenlos eine Unterkunft zur Verfügung.

- Der steuer- und sozialversicherungspflichtige Sachbezug beträgt monatlich 206,00 €.

Der Wert einer Unterkunft vermindert sich gemäß § 2 Abs. 3 S. 2 SvEV z. B. für Jugendliche bis zur Vollendung des 18. Lebenjahres und Auszubildende um 15 %.

Die Sachbezugswerte für Wohnung und Unterkunft sind umsatzsteuerfrei. Gebucht wird der Sachbezug auf dem Konto „8590/4940 Verrechnete Sachbezüge steuerfrei".

Verpflegung

Auch die verbilligte oder freie Verpflegung des Arbeitnehmers durch den Arbeitgeber stellt einen Sachbezug dar, der mit dem Wert der SvEV zwingend anzusetzen ist, ggf. abzüglich einer Zuzahlung des Arbeitnehmers.

EStG
§ 8 Abs. 2 S. 6

SvEV
§ 2 Abs. 2

Für 2011 gelten folgende Werte inkl. Umsatzsteuer:

in €	Frühstück	Mittagessen	Abendessen	Summe
monatlich	47,00	85,00	85,00	217,00
täglich	1,57	2,83	2,83	7,23

Die Werte gelten auch für Jugendliche und Auszubildende.

BEISPIEL

Eine Angestellte, 17 Jahre alt, erhält im Juni 01 an 20 Tagen freie Verpflegung durch den Arbeitgeber.

- Der steuer- und sozialversicherungspflichtige Sachbezug beträgt monatlich 144,60 €. Die darin enthaltene Umsatzsteuer beträgt 23,09 €.

Gemäß § 2 Abs. 2 SvEV erhöhen sich die Beträge für nicht bei demselben Arbeitgeber beschäftigte Familienangehörige, die ebenfalls freie oder verbilligte Verpflegung erhalten, je Angehörigen z. B.

- um 100 %, wenn er das 18. Lebensjahr vollendet hat, oder
- um 80 % wenn er das 14., aber noch nicht das 18. Lebensjahr vollendet hat.

Kapitel 5

| Teilgebiete des betrieblichen Rechnungswesens und deren Aufgaben | Einführung in die Systematik der Buchführung | Buchführung |

BEISPIEL

Ein Arbeitnehmer erhält einen monatlichen Arbeitslohn von 2.800,00 €. Außerdem überlässt sein Arbeitgeber ihm eine Wohnung, für die er 200,00 € zahlt (ortsüblicher Mietpreis 450,00 €). Der Arbeitnehmer konnte ferner in der Kantine 21-mal kostenlos zu Mittag essen.

Die Gehaltsabrechnung sieht wie folgt aus:	€
Arbeitslohn	2.800,00
+ Sachbezug: Wohnung 450,00 € - 200,00 € =	250,00
freie Verpflegung 21 Tage · 2,83 € =	59,43
= Bruttoarbeitslohn, steuer- und sozialversicherungspflichtig	3.109,43
− Lohn- und Kirchensteuer, Solidaritätszuschlag	576,80
− AN-Anteil SV	641,32
− Sachbezüge	309,43
= Auszahlungsbetrag	1.581,88

Der AG-Anteil zur Sozialversicherung beläuft sich auf 613,34 €.
Der Sachbezug für Verpflegung beinhaltet die Umsatzsteuer. Die Umsatzsteuer beträgt demnach 9,49 €, der Nettobetrag des Sachbezugs 49,94 €.

Buchungssätze (Bruttolohnverbuchung)			Soll	Haben
	4120/6020	Gehälter	3.109,43	
	4130/6110	Gesetzl. soz. Aufwand	613,34	
	an 1755/3790	Lohn- und Gehaltsverrechnung		3.722,77
	1755/3790	Lohn- und Gehaltsverrechnung	3.722,77	
	an 1740/3720	Verbindl. Lohn und Gehalt		1.581,88
	an 1742/3740	Verbindl. soziale Sicherheit		1.254,66
	an 1741/3730	Verbindl. aus LSt		576,80
	an 8590/4940	Verrechnete Sachbezüge st.frei		250,00
	an 8595/4945	Verrechnete Sachbezüge st.pfl.		49,94
	an 1770/3800	Umsatzsteuer		9,49

Zuwendungen des Arbeitgebers an den Arbeitnehmer

| Beschaffungs- und Absatzbereich | Personalwirtschaft | Finanzbereich |

Kapitel 5

AUFGABEN

1. Für welche freien oder verbilligten Leistungen gilt die Sozialversicherungsentgeltverordnung?

2. Worin liegt der Unterschied zwischen Wohnung und Unterkunft?

3. Ein Unternehmer zahlt seinem Angestellten ein monatliches Gehalt von 2.350,00 €. Darüber hinaus isst der Angestellte in der Kantine des Arbeitgebers 19-mal im Monat Mai 01 kostenlos. Der Arbeitgeber unterhält einen Betriebskindergarten, den die vierjährige Tochter des Angestellten regelmäßig besucht. Hierfür wird kein Beitrag vom Arbeitgeber berechnet.
Die Steuerabzugsbeträge betragen 396,90 €, der AN-Beitrag zur SV 495,78 €, der AG-Anteil 474,14 €.

Erstellen Sie die Gehaltsabrechnung und nehmen Sie die im Mai erforderlichen Buchungen vor, vorausgesetzt, dass die Abbuchung der SV-Beiträge und die Auszahlung des Nettogehalts pünktlich erfolgen.

4. Ihnen sind folgende Angaben zur Lohn- und Gehaltsabrechnung Ihres Mandanten bekannt:

Arbeit-nehmer	monatl. Arbeits-lohn, Mai 01	freie Unterkunft	freie Verpflegung	Steuern	AN-Anteil SV	AG-Anteil SV
Knur	1.800,00 €	ja	ja	396,97 €	448,94 €	424,21 €
Umstadt	2.500,00 €	nein	20 Mittagessen	447,08 €	527,30 €	504,29 €
Summen	4.300,00 €			844,05 €	976,24 €	928,50 €

Nehmen Sie die erforderlichen Buchungen zum 26. und 31. Mai 01 vor, wenn alle Überweisungen und auch der Bankeinzug pünktlich erfolgen (Bruttolohnverbuchung).

5. Ihr Mandant zahlt einem Arbeitnehmer ein monatliches Gehalt von 2.350,00 €. Darüber hinaus überlässt er ihm eine Wohnung für monatlich 300,00 €; der ortsübliche Mietpreis beträgt 400,00 €. Die Miete wird direkt bei der Gehaltsabrechnung einbehalten.
Im Juni 01 hat der Arbeitnehmer vom Arbeitgeber einen Vorschuss von 2.000,00 € erhalten, den er ab Juli 01 mit monatlich 200,00 € zurückzahlt.
Außerdem besucht der Arbeitnehmer im August ein beruflich interessantes Seminar, dessen Kosten von 350,00 € der Arbeitgeber komplett übernimmt.
An Steuern werden für August 01 412,56 € fällig. Der AN-Anteil zur Sozialversicherung beträgt 505,31 €, der AG-Anteil 483,26 €.

Buchen Sie die Gehaltsabrechnung August 01. Alle Zahlungen erfolgen pünktlich per Banküberweisung oder Bankeinzug. Auf die Zahlung der Steuern ist nicht einzugehen (Bruttolohnverbuchung).

6. Sie erstellen für einen Arbeitnehmer Ihres Mandanten folgende Gehaltsabrechnung für September 01:

monatliches Gehalt	2.800,00 €
Sachbezug: Verpflegung, 20 Tage Frühstück und Mittagessen, 20 · 4,40 € = ...	88,00 €
vermögenswirksame Leistungen, AG-Beteiligung	40,00 €
Bruttoarbeitslohn	2.928,00 €
Steuerabzugsbeträge	− 574,61 €
AN-Anteil Sozialversicherung	− 611,22 €
verrechnete Sachbezüge	− 88,00 €
Vermögenswirksame Leistungen	− 40,00 €
Auszahlungsbetrag	1.614,17 €

Der AG-Anteil zur Sozialversicherung beträgt 577,55 €.

Wie buchen Sie zum 26.09. den Bankeinzug der SV-Vorauszahlung und zum 30.09. die Gehaltsabrechnung (Bruttolohnverbuchung)?

7. Ihr Mandant beschäftigt drei Arbeitnehmer. Folgende Angaben sind Ihnen bekannt:

Arbeitnehmer 1:
- monatliches Gehalt .... 2.100,00 €
- Überlassung einer Wohnung durch den Arbeitgeber für monatlich .... 400,00 €
  (ortsübliche Miete 600,00 €)
  Die Miete wird direkt vom Gehalt einbehalten.
- monatliche Zahlung in einen vermögenswirksamen Vertrag .... 40,00 €
  (Übernahme durch den Arbeitgeber 20,00 €)
- Geschenk zur Hochzeit im Wert von brutto .... 39,95 €
- Benzingutschein im Wert von .... 43,00 €
- Steuerabzugsbeträge .... 370,54 €
- AN-Anteil Sozialversicherung .... 474,38 €
- AG-Anteil Sozialversicherung .... 453,68 €

Arbeitnehmer 2:
- monatliches Gehalt .... 2.900,00 €
- Überlassung einer Wohnung durch den Arbeitgeber für monatlich .... 450,00 €
  (ortsübliche Miete 700,00 €)
- Arbeitgeber zahlt monatlich den Kindergartenbeitrag
  für den Sohn des Arbeitnehmers in Höhe von .... 110,00 €
- Steuerabzugsbeträge .... 655,86 €
- AN-Anteil Sozialversicherung .... 649,69 €
- AG-Anteil Sozialversicherung .... 621,34 €

Arbeitnehmer 3:
- monatliches Gehalt .... 2.500,00 €
- Arbeitgeber stellt ihm freie Kost und Logis
- Steuerabzugsbeträge .... 570,63 €
- AN-Anteil Sozialversicherung .... 567,81 €
- AG-Anteil Sozialversicherung .... 543,03 €

In diesem Monat hat der Arbeitgeber einen Betriebsausflug veranstaltet. Die Kosten hierfür betrugen für den Bus 120,00 € und das Abendessen in einem Restaurant 200,00 € (alle Beträge sind einschließlich USt).

Nehmen Sie die Buchung für den Bankeinzug der SV-Vorauszahlung und die Gehaltsbuchungen am Ende des Monats vor.

5.6.3.3 Bezug von Waren und Dienstleistungen

Überlässt ein Arbeitgeber seinem Arbeitnehmer verbilligt oder unentgeltlich Waren, liegt ein steuer- und sozialversicherungsfreier Sachbezug vor, wenn die Freigrenze von 44,00 € gemäß § 8 Abs. 2 EStG nicht überschritten wird.

Vertreibt der Arbeitgeber Waren oder erbringt er Dienstleistungen an Dritte und überlässt er diese Waren bzw. Dienstleistungen seinem Arbeitnehmer verbilligt oder unentgeltlich, kommt der Rabatt-Freibetrag in Höhe von 1.080,00 € zum Tragen, § 8 Abs. 3 EStG.

Der Wert des Sachbezugs bleibt bis zur Höhe dieses Betrags steuer- und sozialversicherungsfrei.

Dies gilt auch für Warengutscheine, die der Arbeitgeber seinen Arbeitnehmern über Waren/Dienstleistungen ausgibt, die er selbst vertreibt.

Diese Warengutscheine stellen selbst dann einen Sachbezug dar, wenn der Gutschein auf einen Euro-Betrag lautet.

Die Bewertung der Sachbezüge im Sinne des § 8 Abs. 3 EStG erfolgt nach folgendem Schema:

Endpreis brutto
(der vom Arbeitgeber fremden Letztverbrauchern angeboten wird, im Einzelhandel: ausgezeichneter Preis, unerheblich ist der ausgehandelte oder tatsächlich gezahlte Preis)
- Abschlag 4 %
= Wert der Ware
- vom AN gezahlter Preis
= Wert des Sachbezugs
- Rabatt-Freibetrag 1.080,00 €
= steuer- und sozialversicherungspflichtiger Arbeitslohn

BEISPIEL

Ein Fernsehhändler verkauft einem Arbeitnehmer im Januar 01 einen Flachbildbildschirm zum Preis von 1.000,00 € (einschließl. USt). Der ortsübliche Endpreis brutto beträgt 1.600,00 €.

- Es ist kein Arbeitslohn zu versteuern.

Berechnung:

Endpreis	1.600,00 €
− Abschlag 4 %	64,00 €
= Wert der Ware	1.536,00 €
− Zahlung	1.000,00 €
= Wert Sachbezug	536,00 €
− Rabatt-Freibetrag, maximal 1.080,00 €	536,00 €
= Arbeitslohn	0,00 €

- Mit dem Verkauf des Bildschirms tätigt der Arbeitgeber einen umsatzsteuerpflichtigen Umsatz.

Buchungssätze

	Soll	Haben
1200/1800 Bank	1.000,00	
an 8000/4000 Umsatzerlöse		840,34
an 1770/3800 Umsatzsteuer		159,66

Der Rabatt-Freibetrag wird nur einmal pro Kalenderjahr gewährt.

Umsatzsteuerlich ist bei der verbilligten Überlassung die Mindestbemessungsgrundlage gemäß § 10 Abs. 4, Abs. 5 UStG zu beachten. Das heißt: Wenn der tatsächlich gezahlte Preis netto unter dem Einkaufspreis bzw. den Selbstkosten liegt, sind der Einkaufspreis bzw. die Selbstkosten als Bemessungsgrundlage anzusetzen.

BEISPIEL

Der Arbeitnehmer im obigen Beispiel erhält im Mai 01 unentgeltlich einen Beamer von seinem Arbeitgeber. Der ortsübliche Endpreis beläuft sich auf brutto 1.142,40 €. Der Einkaufspreis beträgt 500,00 € netto.

- Der steuer- und sozialversicherungspflichtige Arbeitslohn beträgt 552,70 €.

Berechnung:

Endpreis	1.142,40 €
– Abschlag 4 %	45,70 €
= Wert der Ware, Wert Sachbezug	1.096,70 €
– Rabatt-Freibetrag, 1.080,00 € – 536,00 € =	544,00 €
= Arbeitslohn	552,70 €

Der Arbeitnehmer erhält ein monatliches Gehalt von 2.700,00 €. Bei einem Arbeitslohn von 3.252,70 € (2.700,00 € + 552,70 €) betragen die Steuerabzüge 706,06 €, der AN-Anteil zur Sozialversicherung 670,87 €, der AG-Anteil 641,60 €.

Gehaltsabrechnung:

Gehalt	2.700,00 €
+ Sachbezug steuerpflichtig	552,70 €
+ Sachbezug steuerfrei	544,00 €
= Bruttoarbeitslohn	3.796,70 €
– Steuerabzugsbeträge	706,06 €
– AN-Anteil SV	670,87 €
– Sachbezug st.frei	544,00 €
– Sachbezug st.pflichtig	552,70 €
= Auszahlung	1.323,07 €

Gleichzeitig liegt ein nach § 3 Abs. 1 b Nr. 2 UStG steuerbarer und steuerpflichtiger Umsatz vor. Bemessungsgrundlage ist der Einkaufspreis, § 10 Abs. 4 UStG. Er beträgt 500,00 €, die Umsatzsteuer demnach 95,00 €.

Buchungssätze Gehaltsabrechnung (Bruttolohnverbuchung)		Soll	Haben
	4120/6020 Gehälter	3.252,70	
	4130/6110 Gesetzl. soz. Aufwand	641,60	
	4140/6060 Freiw. soz. Aufwendungen	544,00	
	an 1755/3790 Lohn- und Gehaltsverrechnung		4.438,30
	1755/3790 Lohn- und Gehaltsverrechnung	4.438,30	
	an 1740/3720 Verbindl. Lohn und Gehalt		1.323,07
	an 1742/3740 Verbindl. soziale Sicherheit		1.312,47
	an 1741/3730 Verbindl. aus LSt		706,06
	an 8590/4940 Verrechnete sonst. Sachbezüge		1.001,70
	an 1770/3800 Umsatzsteuer		95,00

Kapitel 5

AUFGABEN

1. Ein Baumaschinenhändler verkauft einem Arbeitnehmer eine Bohrmaschine statt zum üblichen Verkaufspreis von 250,00 € zum Preis von 180,00 €. Der Einkaufspreis beträgt zu diesem Zeitpunkt 100,00 € zzgl. 19 % Umsatzsteuer.

   Bilden Sie die Buchungssätze
   a) für den Verkauf der Bohrmaschine,
   b) für die Gehaltsabrechnung zum 26. und 31. des Monats, unterstellt, dass der Arbeitnehmer einen monatlichen Lohn von 1.900,00 € hat, der AG-Anteil zur Sozialversicherung 374,78 €, der AN-Anteil zur Sozialversicherung 391,88 € und die Steuerabzugsbeträge 227,65 € betragen.

2. Ein Arbeitnehmer kauft im Mai 01 Waren seines Arbeitgebers zum Preis von 4.760,00 €. Der übliche Abgabepreis beträgt 7.140,00 €, der Einkaufspreis netto 2.500,00 €. Im Übrigen erhält der Arbeitnehmer ein monatliches Gehalt von 2.750,00 €.

   Bilden Sie die Buchungssätze für den Verkauf der Waren und für die Gehaltsabrechnung Mai 01 zum 26. und 31.05.01. Gehen Sie dabei von Steuerabzugsbeträgen in Höhe von 515,05 €, einem AN-Anteil zur Sozialversicherung von 784,36 € und AG-Anteil zur Sozialversicherung in Höhe von 715,96 € aus.

3. Ein Autohändler verkauft seinem Arbeitnehmer einen Pkw, den er üblicherweise für 23.800,00 € mit einem Preisnachlass von 10 % verkauft. Das Monatsgehalt des Arbeitnehmers beträgt 2.100,00 €, die Steuerabzugsbeträge 422,50 €, der AN-Anteil zur Sozialversicherung 495,11 € und der AG-Anteil zur Sozialversicherung 473,08 €.

   Ermitteln Sie die Höhe des Sachbezugs und buchen Sie die Gehaltsabrechnung zum 26. und 31. des Monats.

4. Ein Unternehmer, der einen Einzelhandel mit Elektrogeräten betreibt, überlässt seinem Arbeitnehmer unentgeltlich einen Kühlschrank, dessen Verkaufspreis 1.400,00 € beträgt. Zum Zeitpunkt der Schenkung betrug der Einkaufspreis netto 1.000,00 €. Der Arbeitnehmer erhält ein monatliches Gehalt von 2.200,00 €.

   Berechnen Sie den Sachbezug, ermitteln Sie die Umsatzsteuer und buchen Sie die Gehaltsabrechnung zum 26. und 31. des Monats, wenn die Steuerabzugsbeträge 805,38 €, der AN-Anteil zur Sozialversicherung 716,77 € und der AG-Anteil zur Sozialversicherung 684,88 € betragen.

5.6.3.4 Dienstwagengestellung

Oft ist im Anstellungsvertrag vereinbart, dass dem Arbeitnehmer ein betrieblicher Pkw zur Verfügung gestellt wird, den er auch privat und für Fahrten zwischen Wohnung und Arbeitsstätte nutzen darf.

Diese Privatnutzung ist ein Sachbezug, der nach § 8 Abs. 2, § 6 Abs. 1 Nr. 4 EStG zu bewerten ist.

Hierbei gibt es zwei Möglichkeiten.

Fahrtenbuchmethode

Anhand eines Fahrtenbuches werden die **tatsächlich gefahrenen** und die davon **privat gefahrenen** Kilometer ermittelt. Anschließend werden anhand der tatsächlichen gesamten Pkw-Kosten, die Kosten, die auf die privat gefahrenen Kilometer entfallen, ausgerechnet.

Umsatzsteuerlich handelt es sich um einen steuerbaren und steuerpflichtigen Vorgang. Als Bemessungsgrundlage ist gemäß § 10 Abs. 1 UStG das Entgelt anzusetzen, das entweder anhand eines Fahrtenbuchs oder anhand der 1-%-Regelung zu schätzen ist.

Bei der Fahrtenbuchmethode sind die tatsächlichen Kosten, die auf die Fahrten zwischen Wohnung und Arbeitsstätte entfallen, anzusetzen, unabhängig davon, ob ein Vorsteueranspruch bestand oder nicht.

BEISPIEL

Ein Arbeitnehmer nutzt einen betrieblichen Pkw auch für Privatfahrten. Im September 01 ist er laut Fahrtenbuch insgesamt 5 400 km gefahren. Davon entfallen 1 000 km auf die Privatfahrten. Außerdem fährt er an 20 Tagen von der Wohnung zur Arbeitsstätte. Die Entfernung beträgt 20 km.

Aus der Buchführung werden folgende Kosten entnommen:

laufende Kosten, Benzin	670,00 €
Reparaturen	300,00 €
AfA	250,00 €
Kfz-Steuer/Versicherung	160,00 €
Summe	1.380,00 €

- Der Sachbezug beträgt 547,40 € für die Privatfahrten und für die Fahrten zwischen Wohnung und Arbeitsstätte.

Berechnung:

insgesamt gefahren	5 400 km
davon privat	1 000 km
und Wohnung – Arbeitsstätte	
20 Tage x 20 km x 2 =	800 km
Privatanteil (1 000 + 800) =	1 800 km
Privatanteil = 1/3	
Summe der Kosten 1.380,00 € · 1/3 =	460,00 € anteilige Kosten = Bemessungsgrundlage USt
+ 19 % USt =	87,40 €
= Sachbezug/steuerpflichtiger Arbeitslohn	547,40 €

1-%-Regelung

Wird kein Fahrtenbuch geführt, so wird **1 % des Bruttolistenpreises** pro Monat angesetzt (§ 8 Abs. 2 S. 2 EStG).

Es ist der Bruttolistenpreis zum Zeitpunkt der Erstzulassung maßgebend, auch wenn der Pkw gebraucht gekauft wurde, zzgl. werksseitig eingebauter Sonderausstattung, z. B. Navigationsgerät, aber kein Autotelefon. Der Bruttolistenpreis wird auf volle 100,00 € abgerundet.

Für Fahrten zwischen Wohnung und Arbeitsstätte sind zusätzlich 0,03 % des Bruttolistenpreises pro Entfernungskilometer pro Monat als Sachbezug zu berücksichtigen, siehe § 8 Abs. 2 S. 3 EStG. (Beispiel siehe nächste Seite)

Kapitel 5

BEISPIEL

Ein Arbeitnehmer mit einem monatlichen Gehalt von 2.200,00 € fährt mit dem betrieblichen Pkw sowohl privat als auch von seiner Wohnung zur Arbeitsstätte, einfache Entfernung 20 km. Der Bruttolistenpreis hat zum Zeitpunkt der Erstzulassung 30.000,00 € betragen.

- Der Sachbezug beträgt 480,00 € (brutto).

Berechnung:

Privatfahrten

Bruttolistenpreis 30.000,00 € · 1 % =	300,00 €

+

Fahrten Wohnung – Arbeitsstätte

Bruttolistenpreis 30.000,00 € · 0,03 % · 20 km =	180,00 €
Sachbezug brutto	480,00 €

Ausgehend vom lohnsteuerlichen Wert wird die **Umsatzsteuer** aus 480,00 € **herausgerechnet**, d. h., die Bemessungsgrundlage beträgt 403,36 €, die Umsatzsteuer 76,64 €.

An Steuerabzugsbeträgen werden 500,36 € einbehalten, der AN-Anteil zur Sozialversicherung beträgt 542,03 €, der AG-Anteil zur Sozialversicherung 517,91 €.

Die Gehaltsabrechnung sieht demnach wie folgt aus:

Gehalt	2.200,00 €
+ Sachbezug Pkw	480,00 €
= Bruttoarbeitslohn	2.680,00 €
– Steuerabzugsbeträge	500,36 €
– AN-Anteil SV	542,03 €
– verrechnete Sachbezüge	480,00 €
= Auszahlungsbetrag	1.157,61 €

Buchungssätze

		Soll	Haben
1759/3759	Vorauss. Beitragsschuld	1.059,94	
an 1200/1800	Bank		1.059,94
4120/6020	Gehälter	2.680,00	
4130/6110	Gesetzl. soz. Aufwand	517,91	
an 1755/3790	Lohn- und Gehaltsverrechnung		3.197,91
1755/3790	Lohn- und Gehaltsverrechnung	3.197,91	
an 1740/3720	Verbindl. Lohn und Gehalt		1.157,61
an 1742/3740	Verbindl. soziale Sicherheit		1.059,94
an 1741/3730	Verbindl. aus LSt		500,36
an 8611/4947	Verrech. sonst. Sachbezüge 19 %		403,36
an 1770/3800	Umsatzsteuer		76,64

Praxistipp

Nutzt der Arbeitnehmer den Firmenwagen nur an einigen Tagen im Monat (weniger als 15 Tage) für Fahrten zwischen Wohnung und Arbeitsstätte, so ist nach BFH-Rechtsprechung die Berechnung dieses Vorteils statt mit 0,03 % mit 0,002 % zu berechnen[1]. Der BFH sieht in der 0,03-%-Regelung nach § 8 Abs. 2 S. 3 EStG einen Korrekturposten zum Werbungskostenabzug nach der „Pendlerpauschale". Die bisher

---

[1] BFH-Urteile vom 04.04.2008, BStBl. 2008 II S 887, BStBl. 2008 II S. 890

von der Finanzverwaltung angewandte Regelung führt zu einer nicht gerechtfertigten Besteuerung, denn der Nutzungswert wird für den Monat berechnet, während die Entfernungspauschale auf die tatsächlich durchgeführten Fahrten abstellt.

Aus diesem Grund ist bei einer Nutzung von weniger als 15 Tagen ein Ansatz von 0,002 % je Entfernungskilometer pro Tag der Nutzung anzusetzen, § 8 Abs. 2 S. 5 EStG.

Die Finanzverwaltung hat für die beiden oben genannten Urteile einen Nichtanwendungserlass verfügt. Allerdings hat der BFH seine Rechtsprechung durch zwei neue Urteile vom 22.09.2010 erneut bestätigt[1]. Es bleibt abzuwarten, wie die Finanzverwaltung auf die neue Rechtsprechung reagiert.

BEISPIEL

Ein Arbeitnehmer nutzt einen Dienstwagen, Bruttolistenpreis 40.200,00 €, im Februar 01 an 10 Tagen für Fahrten zwischen Wohnung und Arbeitsstätte, Entfernung 35 km.

Lösung nach BFH-Rechtsprechung:
40.200,00 € · 0,002 %   = 0,804 €
· 35 km = 28,14 € · 10 Tage = 281,40 € steuerpflichtiger Sachbezug für Februar 01

Lösung der Finanzverwaltung:
40.200,00 € · 0,03 % = 12,06 €
· 35 km = 422,10 € steuerpflichtiger Sachbezug für Februar 01

[1] BFH-Urteile vom 22.09.2010, VI R 54/09, VI R 55/09, VI R 57/09

AUFGABEN

1. Ein Arbeitnehmer Ihres Mandanten nutzt den ihm zur Verfügung gestellten betrieblichen Pkw für Privatfahrten und Fahrten zwischen Wohnung und Arbeitsstätte, einfache Entfernung 25 km. Der Bruttolistenpreis zum Zeitpunkt der Erstzulassung betrug 24.990,00 €.

   Berechnen Sie den monatlichen Sachbezug und nehmen Sie die erforderlichen Buchungen bei Bruttolohnverbuchung zum 26. und 31. des Monats vor, unter den Voraussetzungen, dass das monatliche Gehalt 2.100,00 €, die Steuerabzugsbeträge 440,82 €, der AN-Anteil zur Sozialversicherung 523,00 € und der AG-Anteil zur Sozialversicherung 500,18 € betragen.

2. Der Bruttoarbeitslohn eines Arbeitnehmers beträgt monatlich 2.570,00 €. Laut Arbeitsvertrag darf er mit dem Dienstwagen auch privat fahren. Dem ordnungsgemäß geführten Fahrtenbuch entnehmen Sie, dass im Mai 01 insgesamt 6 600 km gefahren wurden und davon 2 000 km privat veranlasst waren.
   Es entstanden folgende Kosten: Benzin 890,00 €, Garagenmiete 70,00 €, Reparaturen 450,00 € und AfA 800,00 €.

   Berechnen Sie den Sachbezug aufgrund der Privatnutzung des Dienst-Pkw und buchen Sie die Gehaltsabrechnung Mai 01, wenn
   - die Steuerabzugsbeträge 737,03 €,
   - der AN-Anteil Sozialversicherung 694,41 € und
   - der AG-Anteil Sozialversicherung 664,11 € betragen (Bruttolohnverbuchung).

3. Ein Angestellter mit einem monatlichen Gehalt von 2.400,00 € nutzt einen Firmenwagen, Bruttolistenpreis 28.000,00 €, auch für Privatfahrten und Fahrten zwischen Wohnung und Arbeitsstätte (Entfernung 15 km). Außerdem erhält er im Monat April 01 Ware seines Arbeitgebers zum Preis von 4.700,00 €. Die Ware ist mit 5.600,00 € im Geschäft ausgezeichnet. Der Einkaufspreis beträgt zu diesem Zeitpunkt 3.400,00 €.

   Berechnen Sie den Sachbezug und buchen Sie den Verkauf der Waren sowie die Gehaltsabrechnung (Bruttolohnverbuchung) zum 30.04.01. Die Steuerabzugsbeträge belaufen sich auf 532,68 €, der AN-Anteil Sozialversicherung auf 578,74 € und der AG-Anteil Sozialversicherung auf 553,48 €.

4. Ihr Mandant zahlt einem Angestellten ein monatliches Gehalt von 2.600,00 €. Außerdem wird ihm ein betrieblicher Pkw gestellt, Bruttolistenpreis 23.050,00 €, mit dem er auch privat fahren und den er für Fahrten zwischen Wohnung und Arbeitsstätte nutzen darf (Entfernung 30 km). Zum Geburtstag im November erhält der Arbeitnehmer drei Flaschen Wein im Wert von zusammen 38,00 € brutto.
   Die ermittelten Steuerabzugsbeträge belaufen sich auf 614,66 €, der AN-Anteil Sozialversicherung auf 626,38 € und der AG-Anteil Sozialversicherung auf 599,05 €.

   Wie lauten die Buchungen für den Monat November (Bruttolohnverbuchung)?

5. Die Gehaltsabrechnung eines Angestellten sieht wie folgt aus:

	monatliches Gehalt	2.080,00 €
+	Sachbezüge: verbilligte Wohnungsüberlassung	200,00 €
+	Pkw-Nutzung	390,00 €
=	**Bruttoarbeitslohn**	2.670,00 €
−	Steuerabzugsbeträge	485,91 €
−	AN-Anteil SV	550,69 €
−	Sachbezüge: Wohnung	200,00 €
−	Pkw-Nutzung	390,00 €
−	Verrechnung Vorschuss	50,00 €
−	Verrechnung Miete	100,00 €
=	**Auszahlungsbetrag**	**893,40 €**

   Der AG-Anteil Sozialversicherung beträgt 526,66 €.

   Buchen Sie die Gehaltsabrechnung (Bruttolohnverbuchung).

5.6.3.5 Pauschalierung der Lohnsteuer in bestimmten Fällen

In bestimmten Fällen kann der Arbeitgeber **pauschal** für Zuwendungen an den Arbeitnehmer die Lohnsteuer übernehmen. In diesen Fällen **schuldet der Arbeitgeber die Lohnsteuer**.

Gemäß § 40 Abs. 2 EStG werden mit **25 % pauschal** versteuert:

- verbilligte oder unentgeltlich arbeitstägliche Mahlzeiten im Betrieb des Arbeitgebers,
- Erholungsbeihilfen in Höhe von 156,00 € für den Arbeitnehmer, 104,00 € für dessen Ehegatten und 52,00 € für jedes Kind,
- Arbeitslohn aus Anlass von Betriebsveranstaltungen,
- der steuerpflichtige Teil bei Verpflegungsmehraufwendungen,
- unentgeltliche oder verbilligte Computerüberlassung und Zuschüsse zur Internetnutzung.

Ein Pauschalsteuersatz von 15 % gilt bei

- Fahrtkostenzuschüssen für Fahrten zwischen Wohnung und Arbeitsstätte bis zur Höhe der Entfernungspauschale.

Die Pauschalierung führt zur Beitragsfreiheit in der Sozialversicherung.

Wird die Lohnsteuer pauschal berechnet, gilt für die Kirchensteuer ein Satz von 7 %. Der Solidaritätszuschlag bleibt bei 5,5 %.

BEISPIEL 1

Ein Arbeitgeber vereinbart mit dem Kantinenbesitzer die Ausgabe von Mahlzeiten gegen Essensgutscheine. Der Wert eines Gutscheins beträgt 5,00 € und wird vom Arbeitgeber übernommen. Die Arbeitnehmer erhalten die Gutscheine kostenlos.

- Der Wert des täglichen Mittagessens beträgt 2,83 € (SvEV) und kann pauschal versteuert werden.

Das monatliche Gehalt des Arbeitnehmers beläuft sich auf 2.000,00 €, die Steuerabzugsbeträge 271,25 €, der AN-Anteil Sozialversicherung 412,50 € und der AG-Anteil Sozialversicherung 394,50 €.
Die Gehaltsabrechnung sieht wie folgt aus:

Gehalt/Bruttoarbeitslohn	2.000,00 €
= LSt.pfl. u. sozialvers.pflichtiger Arbeitslohn	2.000,00 €
− Steuerabzugsbeträge	271,25 €
− AN-Anteil SV	412,50 €
=	1.316,25 €
+ Essenszuschuss 2,83 € · 20 Tage (pauschal versteuert) =	56,60 €
= Auszahlungsbetrag	1.372,85 €

Buchungssätze

		Soll	Haben
1759/3759	Vorauss. Beitragsschuld	807,00	
an 1200/1800	Bank		807,00
4120/6020	Gehälter	2.000,00	
4130/6110	Gesetzl. soz. Aufwand	394,50	
4140/6130	Freiw. soz. Aufw. lst.frei	56,60	
an 1755/3790	Lohn- und Gehaltsverrechnung		2.451,10
1755/3790	Lohn- und Gehaltsverrechnung	2.451,10	
an 1740/3720	Verbindl. Lohn und Gehalt		1.372,85
an 1742/3740	Verbindl. soziale Sicherheit		807,00
an 1741/3730	Verbindl. aus LSt		271,25

Kapitel 5

BEISPIEL 2

Ein Arbeitgeber zahlt einem Arbeitnehmer im September 01 zusätzlich zu seinem Monatslohn von 2.360,00 € einen Fahrtkostenzuschuss für die Fahrten zwischen Wohnung und Arbeitsstätte von 264,00 € (22 Tage · 20 km). Er macht so weit wie möglich von der Pauschalversteuerung Gebrauch. Der Arbeitgeber übernimmt die Pauschsteuer.

- Der Bruttoarbeitslohn beträgt 2.624,00 €, davon unterliegen 132,00 € der Pauschalversteuerung.

Berechnung:
Pauschalversteuerung ist bis maximal in Höhe der Entfernungspauschale möglich.

22 Tage · 20 km · 0,30 € = 132,00 €

· 15 % LSt =	19,80 €
· 5,5 % SolZ (aus der LSt) =	1,09 €
· 7 % KiSt (aus der LSt) =	1,39 €
Summe Pauschalsteuer	22,28 €

Die Gehaltsabrechnung sieht demnach wie folgt aus:

Gehalt	2.360,00 €
+ Fahrtkostenzuschuss	264,00 €
= Bruttoarbeitslohn	2.624,00 €
– davon pauschal versteuert	132,00 €
= LSt-pfl. und sozialv.pflichtiger Arbeitslohn	2.492,00 €
– Steuerabzugsbeträge	426,32 €
– AN-Anteil SV	513,98 €
=	1.551,70 €
+ pauschal versteuerter Arbeitslohn	132,00 €
= Auszahlungsbetrag	1.683,70 €

Der AG-Anteil SV beträgt 491,55 €.

Buchungssätze

		Soll	Haben
1759/3759	Vorauss. Beitragsschuld	1.005,53	
an 1200/1800	Bank		1.005,53
4120/6020	Gehälter	2.360,00	
4130/6110	Gesetzl. soz. Aufwand	491,55	
4140/6130	Freiw. soz. Aufw. lst.frei	132,00	
4145/6060	Freiw. soz. Aufw. lst.pfl.	132,00	
4149/6069	Pauschale Steuer	22,28	
an 1755/3790	Lohn- und Gehaltsverrechnung		3.137,83
1755/3790	Lohn- und Gehaltsverrechnung	3.137,83	
an 1740/3720	Verbindl. Lohn und Gehalt		1.683,70
an 1742/3740	Verbindl. soziale Sicherheit		1.005,53
an 1741/3730	Verbindl. aus LSt		448,60

Anmerkung: Verbindl. LSt: 426,32 € + 22,28 € = 448,60 €

Kapitel 5

Teilgebiete des betrieblichen Rechnungswesens und deren Aufgaben | Einführung in die Systematik der Buchführung | Buchführung

Bewertung von Sachbezügen gemäß § 8 EStG

- **Einzelbewertung** mit dem üblichen Endpreis am Abgabeort
  monatliche Freigrenze von 44,00 €
  § 8 Abs. 2 S. 1, S. 9 EStG

- **private Kfz-Nutzung**
  Fahrtenbuchmethode oder 1-%-Regelung
  § 8 Abs. 2 S. 2–5 EStG

- **Unterkunft, Verpflegung**
  Sachbezugswerte
  § 8 Abs. 2 S. 6 EStG

- **Waren/Dienstleistungen des AG**
  üblicher Endpreis an Letztverbraucher
  Abschlag 4 %
  Rabattfreibetrag von 1.080,00 €
  § 8 Abs. 3 EStG

AUFGABEN

1. Ein Arbeitnehmer erhält ein monatliches Gehalt von 2.900,00 €. Zusätzlich übernimmt der Arbeitgeber den Kindergartenbeitrag für die 4-jährige Tochter in Höhe von 75,00 € monatlich. Der Arbeitnehmer war im Monat Juni 01 an 3 Tagen jeweils 10 Stunden auswärts tätig. Der Arbeitgeber zahlte ihm für zusätzliche Verpflegung pro Tag 10,00 €.
   Die Steuerabzugsbeträge betragen 565,70 €, der AN-Anteil Sozialversicherung 598,13 € und der AG-Anteil Sozialversicherung 572,03 €.

   Ermitteln Sie
   a) den steuerfreien, den pauschal zu versteuernden und den individuell zu versteuernden Arbeitslohn,
   b) die pauschale Steuer,
   c) den Auszahlungsbetrag und
   d) die Aufwendungen des Arbeitgebers.
   e) Buchen Sie die Gehaltsabrechnung (Bruttolohnverbuchung).

2. Ihr Mandant zahlt einem Arbeitnehmer
   — ein monatliches Gehalt von 2.600,00 €,
   — die Kosten für ein berufliches Seminar in Höhe von 350,00 €,
   — Reisekosten für Auswärtstätigkeiten
     - an 10 Tagen, Abwesenheit 9 Stunden, 110,00 €,
     - Fahrtkosten für 700 km mit dem privaten Pkw gefahrene Kilometer, 260,00 €.

   An Steuerabzugsbeträgen werden 462,27 € einbehalten. Der AN-Anteil Sozialversicherung beträgt 546,56 €, der AG-Anteil Sozialversicherung 522,71 €.

Der Arbeitgeber möchte so weit wie möglich von der Pauschalierung der Lohnsteuer Gebrauch machen.

Ermitteln Sie
a) den steuerfreien, den pauschal zu versteuernden und den individuell zu versteuernden Arbeitslohn,
b) die pauschale Steuer,
c) den Auszahlungsbetrag,
d) die Aufwendungen des Arbeitgebers.
e) Buchen Sie die Gehaltsabrechnung (Bruttolohnverbuchung).

3. Ein Unternehmen hat mit einer Pension an der Nordsee vereinbart, dass in den Ferien Arbeitnehmer zum üblichen Preis von 45,00 € pro Nacht pro Arbeitnehmer übernachten können. 7,00 € übernimmt der Arbeitgeber. Im Sommer 01 machen 15 Arbeitnehmer von diesem Angebot Gebrauch, die alle 14 Tage bleiben. Von den 15 Arbeitnehmern fahren 10 mit Ehegatten und 5 allein. Der Geschäftsführer des Unternehmens möchte von der Pauschalierung des § 40 Abs. 2 Nr. 3 EStG Gebrauch machen.

Berechnen Sie den pauschal zu versteuernden Arbeitslohn insgesamt für das Unternehmen und die pauschale Steuer.

4. Ihnen sind folgende Angaben zur Gehaltsabrechnung eines Arbeitnehmers bekannt:
   - monatliches Gehalt 2.450,00 €
   - Wohnungsüberlassung für 400,00 €, üblicher Mietpreis 500,00 €. Die Miete wird separat vom Arbeitnehmer gezahlt.
   - Erhalt eines ordnungsgemäßen Benzingutscheins im Wert von 41,00 €
   - Zuschuss Fahrten zwischen Wohnung und Arbeitsstätte (20 Tage, 28 km) 250,00 €
   - Verpflegungszuschuss anlässlich 5 Tage Auswärtstätigkeit (Abwesenheit pro Tag 12 Std.) 100,00 €
   - Steuerabzugsbeträge 152,28 €
   - AN-Anteil Sozialversicherung 534,19 €
   - AG-Anteil Sozialversicherung 510,88 €

   Ermitteln Sie
   a) den steuerfreien, den pauschal zu versteuernden und den individuell zu versteuernden Arbeitslohn,
   b) die pauschale Steuer,
   c) den Auszahlungsbetrag,
   d) die Aufwendungen des Arbeitgebers.
   e) Buchen Sie die Gehaltsabrechnung (Bruttolohnverbuchung).

5. Ein Arbeitnehmer erhält ein monatliches Gehalt von 2.900,00 €. Darüber hinaus erstattet der Arbeitgeber ihm Fahrtkosten für Januar 01 für die Fahrten zwischen Wohnung und Arbeitsstätte (Entfernung 35 km, 19 Tage) von 240,00 € und Verpflegungskosten anlässlich von Auswärtstätigkeiten in Höhe von 80,00 € (10 Tage, Abwesenheit jeweils 10 Std.).
   Der Arbeitgeber stellt ihm außerdem im Januar typische Berufskleidung im Wert von 100,00 € zur Verfügung und er gestattet die private Nutzung des betrieblichen PC, soweit sie nicht zulasten der Arbeitszeit geht. Vorteil hieraus sind im Januar 15,00 €.
   Zum Geburtstag erhält der Arbeitnehmer 40,00 € zusätzlich überwiesen.
   Die Steuerabzugsbeträge betragen 594,26 €, der AN-Anteil Sozialversicherung 614,73 € und der AG-Anteil Sozialversicherung 587,90 €.

   Ermitteln Sie
   a) den steuerfreien, den pauschal zu versteuernden und den individuell zu versteuernden Arbeitslohn,
   b) die pauschale Steuer,
   c) den Auszahlungsbetrag,
   d) die Aufwendungen des Arbeitgebers
   e) Buchen Sie die Gehaltsabrechnung (Bruttolohnverbuchung).

5.7 Geringfügige Beschäftigung

5.7.1 Allgemeines

Die geringfügige Beschäftigung ist in § 8 SGB IV geregelt. Danach werden geringfügig Beschäftigte eingeteilt in

- geringfügig **entlohnte** Beschäftigte und
- Beschäftigte, die wegen ihrer kurzen Beschäftigungsdauer als geringfügig anzusehen sind = **kurzfristig** Beschäftigte.

Liegen die Voraussetzungen einer geringfügigen Beschäftigung vor, besteht Versicherungsfreiheit in der Kranken-, Pflege-, Renten- und Arbeitslosenversicherung.

Das gilt für geringfügig Beschäftigte in Privathaushalten gemäß § 8 a SGB IV und auch außerhalb von Privathaushalten.

Die Versicherungsfreiheit gilt nicht für z. B. Auszubildende und Praktikanten.

Der Arbeitgeber hat für geringfügig beschäftigte Arbeitnehmer Pauschalbeiträge und eine Pauschalsteuer zusätzlich zum Arbeitslohn zu entrichten.

Die Sätze für eine geringfügige Beschäftigung betragen:

	Rentenvers.	Krankenvers.	Pauschsteuer	Summe
– außerhalb von Privathaushalten	15 %	13 %	2 %	30 %
– in Privathaushalten	5 %	5 %	2 %	12 %

Hinzu kommen die Insolvenzgeldumlage von 0 % (2010: 0,41 %), die Umlage 1 mit 0,6 % und die Umlage 2 mit 0,14 %.

Alle Pauschalbeiträge und Umlagen werden an die Minijob-Zentrale entrichtet.

5.7.2 Geringfügig entlohnte Beschäftigung

Eine geringfügig entlohnte Beschäftigung liegt vor, wenn das Arbeitsentgelt regelmäßig im Monat 400,00 € nicht übersteigt. Die wöchentliche Arbeitszeit ist dabei unerheblich.

> **BEISPIEL**
>
> Ein Unternehmer hat eine Raumpflegerin beschäftigt, die monatlich 350,00 € erhält. Die Raumpflegerin ist über ihren Ehemann in der gesetzlichen Krankenversicherung familienversichert.
>
> - Die Aufwendungen für den Unternehmer betragen 457,70 €.
>
> Die Tätigkeit ist versicherungsfrei, weil das Arbeitsentgelt 400,00 € nicht übersteigt.
> Die Aufwendungen des Unternehmers betragen
>
> | | |
> |---|---:|
> | Monatslohn | 350,00 € |
> | Rentenversicherung 15 % | 52,50 € |
> | Krankenversicherung 13 % | 45,50 € |
> | Pauschalsteuer 2 % | 7,00 € |
> | Umlage 1 0,6 % | 2,10 € |
> | Umlage 2 0,14 % | 0,49 € |
> | Insolvenzgeld 0,41 % | 1,44 € |
> | Summe | 459,03 € |

Für die Frage, ob die Grenze von 400,00 € überschritten wird, ist das **regelmäßige** Arbeitsentgelt maßgebend. **Einmalzahlungen**, die mit großer Wahrscheinlichkeit mindestens einmal im Jahr zu erwarten sind, sind bei der Berechnung der 400,00-€-Grenze zu berücksichtigen.

> **BEISPIEL**
>
> Ein Arbeitnehmer erhält monatlich 350,00 €. Im Dezember erhält er ein vertraglich vereinbartes Weihnachtsgeld von 200,00 €.
>
> - Es handelt sich trotz des Weihnachtsgeldes um eine geringfügig entlohnte Beschäftigung.
>
> **Berechnung**
> | | |
> |---|---:|
> | Monatslohn 350,00 € · 12 Monate = | 4.200,00 € |
> | Weihnachtsgeld | 200,00 € |
> | Summe | 4.400,00 € |
> | : 12 Monate = | 366,67 € |
>
> Da die Grenze von 400,00 € monatlich nicht überschritten wird, handelt es sich um eine geringfügig entlohnte Beschäftigung.

Überschreitet das Arbeitsentgelt **gelegentlich** und **unvorhersehbar** die 400,00-€-Grenze, bleibt es bei der Versicherungsfreiheit.

> **BEISPIEL**
>
> Ein Arbeitnehmer erhält regelmäßig monatlich 400,00 €. Da ein Kollege erkrankt ist, vertritt der Arbeitnehmer den Kollegen und erhält in diesem Monat 800,00 € an Arbeitsentgelt.
>
> - Die Versicherungsfreiheit bleibt bestehen.
>
> Da der Einsatz des Arbeitnehmers unvorhersehbar und auch nur gelegentlich war, bleibt es bei der Versicherungsfreiheit, obwohl das Arbeitsentgelt die 400,00-€-Grenze überschritten hat.
>
> Der Arbeitgeber hat von 800,00 € die Pauschalabgaben in Höhe von 30 % zu zahlen = 240,00 €.

Zusammenrechnung von mehreren geringfügig entlohnten Beschäftigungsverhältnissen

Übt ein Arbeitnehmer mehrere geringfügig entlohnte Beschäftigungen bei verschiedenen Arbeitgebern aus, so sind alle Arbeitsentgelte zusammenzurechnen. Wenn die Summe der Arbeitsentgelte 400,00 € im Monat nicht übersteigt, ist bei allen Beschäftigungsverhältnissen Versicherungsfreiheit gegeben.

> **BEISPIEL**
>
> Eine Raumpflegerin, die familienversichert ist, arbeitet bei Arbeitgeber Althoff für 250,00 € und bei Arbeitgeber Braun für 100,00 €.
>
> - Es liegen geringfügig entlohnte Beschäftigungsverhältnisse vor.
>
> Die addierten Arbeitsentgelte betragen 350,00 € und liegen somit unter 400,00 €. Beide Arbeitgeber haben die Pauschalbeiträge in Höhe von 30 % zu zahlen.

Übersteigt die Summe der Arbeitsentgelte die Grenze von 400,00 €, tritt Versicherungspflicht in allen Sozialversicherungszweigen ein und eine Pauschalierung der Lohnsteuer ist nicht mehr möglich.

Zusammenrechnung von Hauptbeschäftigungen und geringfügig entlohnten Beschäftigungen

Eine Nebenbeschäftigung bis zur 400,00-€-Grenze neben einer Hauptbeschäftigung ist sozialversicherungsfrei.

Übt ein Arbeitnehmer neben einer Hauptbeschäftigung **mehrere** Nebenbeschäftigungen aus, bleibt die **zeitlich zuerst aufgenommene** Nebentätigkeit versicherungsfrei. Die anderen geringfügig entlohnten Beschäftigungen werden mit der Hauptbeschäftigung zusammengerechnet. Sie sind versicherungspflichtig mit Ausnahme der Arbeitslosenversicherung. Die Pauschalsteuer von 2 % entfällt.

> **BEISPIEL**
>
> Ein Arbeitnehmer erhält beim Arbeitgeber Altmann ein monatliches Gehalt von 2.200,00 €. Bei Arbeitgeber Berns nimmt er einen Minijob ab 01.02.01 für monatlich 150,00 € an und bei Arbeitgeber Claus ab 01.07.01 einen weiteren Minijob für 180,00 € monatlich.
>
> - Die geringfügig entlohnte Beschäftigung ab 01.02.01 ist versicherungsfrei.
>
> Die zeitlich zuerst aufgenommene Nebentätigkeit bei **Arbeitgeber Berns** bleibt als Minijob sozialversicherungsfrei mit einer Pauschsteuer von 2 %.
> Arbeitgeber Berns zahlt 30 % an Pauschalabgaben von 150,00 €, somit monatlich 45,00 €.
>
> Die **zweite Nebentätigkeit** ab 01.07.01 wird mit der Haupttätigkeit zusammengerechnet und es besteht **Versicherungspflicht** in der Kranken-, Renten- und Pflegeversicherung. Arbeitgeber Claus hat die vollen Beitragssätze an die Krankenkasse abzuführen.
> In der **Arbeitslosenversicherung** besteht Versicherungsfreiheit, weil jede einzelne Nebentätigkeit die 400,00-€-Grenze nicht überschreitet und dieses Arbeitsentgelt nicht mit der Hauptbeschäftigung zusammengerechnet wird.
> Die Steuer kann bei Arbeitgeber Claus nicht mit 2 % pauschaliert werden, weil keine Pauschalbeiträge zur Rentenversicherung gezahlt werden und die Pauschalierung an die Pauschalbeiträge zur Rentenversicherung gekoppelt ist.

Pauschalbeitrag zur Krankenversicherung

Der Pauschalbeitrag zur Krankenversicherung beträgt 13 %, bei Beschäftigung in einem Privathaushalt 5 %.

Voraussetzung hierfür ist, dass der geringfügig Beschäftigte in der gesetzlichen Krankenversicherung versichert ist. Hierzu zählen auch die Versicherung im Rahmen der Familienversicherung, als Rentner, als Student und die freiwillige Versicherung. Der Pauschalbeitrag entfällt somit bei privat krankenversicherten geringfügig Beschäftigten.

Pauschalbeitrag zur Rentenversicherung

Der Pauschalbeitrag zur Rentenversicherung beträgt 15 %, bei Beschäftigung in einem Privathaushalt 5 %.

Voraussetzung für den Pauschalbeitrag ist, dass der geringfügig Beschäftigte

- in der geringfügig entlohnten Nebentätigkeit rentenversicherungsfrei ist,
- von der Rentenversicherungspflicht befreit oder
- als Rentner/Beamter nach § 5 Abs. 4 SGB VI rentenversicherungsfrei ist.

Demnach ist auch für Beamte oder z. B. Anwälte, Architekten, die in einem berufsständischen Versorgungswerk versichert sind, ein Pauschalbeitrag an die Minijob-Zentrale zu leisten.

Der geringfügig Beschäftigte kann auf die Rentenversicherungsfreiheit verzichten, d. h., er zahlt die Differenz von 15 % bis zur Höhe des allgemeinen Beitragssatzes und erwirbt dadurch die vollen Leistungsansprüche in der Rentenversicherung. Der **Arbeitgeber muss** den Arbeitnehmer **schriftlich** auf diese Option hinweisen. Macht der Arbeitnehmer davon Gebrauch, muss er dies **schriftlich** dem Arbeitgeber gegenüber erklären. Die Wahl gilt für die gesamte Dauer der Tätigkeit und kann nicht widerrufen werden.

Der Arbeitgeber zahlt in diesem Fall 15 % Pauschalbeitrag und der Arbeitnehmer übernimmt die restlichen 4,9 %. Bemessungsgrundlage ist das Arbeitsentgelt, mindestens 155,00 €.

BEISPIEL 1

Ein Arbeitnehmer erhält als geringfügig Beschäftigter einen Arbeitslohn von 400,00 € und verzichtet auf die Versicherungsfreiheit in der Rentenversicherung.

- Die Aufwendungen des Arbeitgebers betragen 520,00 €. Der Arbeitnehmer erhält 380,40 € ausbezahlt.

Berechnung
Arbeitsentgelt	400,00 €
AN-Anteil zur Rentenversicherung 4,9 %	− 19,60 €
Auszahlung	380,40 €

Pauschalabgaben
Krankenversicherung 13 % von 400,00 € =	52,00 €
Rentenversicherung 15 % von 400,00 € =	+ 60,00 €
Pauschalsteuer 2 % von 400,00 €	+ 8,00 €
Summe	120,00 €

BEISPIEL 2

Ein Arbeitnehmer erhält aus einer Nebentätigkeit 150,00 € monatlich. Er verzichtet auf die Rentenversicherungsfreiheit.

- Die Aufwendungen des Arbeitgebers betragen 194,25 €, die Auszahlung 142,40 €.

Berechnung
Arbeitsentgelt	150,00 €
4,9 % AN-Anteil von 155,00 €	− 7,60 €
Auszahlung	142,40 €

Pauschalabgaben
Krankenversicherung 13 % von 150,00 € =	19,50 €
Rentenversicherung 15 % von 155,00 € =	+ 23,25 €
Pauschalsteuer 2 % von 150,00 € =	+ 3,00 €
Summe	45,75 €

Pauschalierung der Lohnsteuer

Zahlt der Arbeitgeber den Pauschalbeitrag zur Rentenversicherung in Höhe von 15 % bzw. 5 %, kann er die Lohnsteuer mit 2 % pauschal berechnen. Mit den 2 % sind auch der Solidaritätszuschlag und die Kirchensteuer abgegolten.

Alle pauschalen Beiträge und die Umlagen sind an die Minijob-Zentrale bei der Deutschen Rentenversicherung Knappschaft-Bahn-See abzuführen.

Wird vom Arbeitnehmer eine Lohnsteuerkarte vorgelegt, kann die Lohnsteuer auch individuell berechnet werden. Die Pauschalierung ist nicht zwingend.

Bei den Steuerklassen I, II, III oder IV fällt keine Lohnsteuer an. In diesen Fällen spart der Arbeitgeber also die 2 % Pauschalsteuer, z. B. bei Schülern oder Studenten.

Kapitel 5

Teilgebiete des betrieblichen Rechnungswesens und deren Aufgaben

Einführung in die Systematik der Buchführung

Buchführung

Buchung der Gehaltsabrechnung

BEISPIEL

Ein Arbeitnehmer erhält monatlich 400,00 €. Pauschalbeiträge fallen in folgender Höhe an:

Rentenversicherung 15 % =	60,00 €
Krankenversicherung 13 % =	+ 52,00 €
Pauschalsteuer 2 % =	+ 8,00 €
Summe	120,00 €

Buchungssätze (Bruttolohnverbuchung)

		Soll	Haben
4190/6030	Aushilfslöhne	400,00	
4191/6041	Pauschalabgaben	120,00	
an 1755/3790	Lohn- und Gehaltsverrechnung		520,00
1755/3790	Lohn- und Gehaltsverrechnung	520,00	
an 1740/3720	Verbindl. Lohn und Gehalt		400,00
an 1736/3700	Verbindl. aus St. u. Abgaben		120,00

Bei Zahlung wird gebucht:

Buchungssätze

		Soll	Haben
1740/3720	Verbindl. Lohn und Gehalt	400,00	
an 1200/1800	Bank		400,00
1736/3700	Verbindl. aus St. u. Abgaben	120,00	
an 1200/1800	Bank		120,00

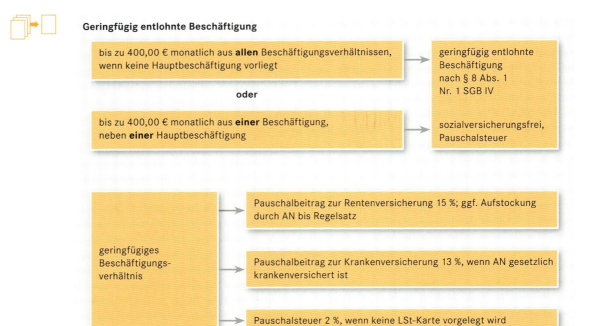

Geringfügig entlohnte Beschäftigung

bis zu 400,00 € monatlich aus **allen** Beschäftigungsverhältnissen, wenn keine Hauptbeschäftigung vorliegt

oder

bis zu 400,00 € monatlich aus **einer** Beschäftigung, neben **einer** Hauptbeschäftigung

→ geringfügig entlohnte Beschäftigung nach § 8 Abs. 1 Nr. 1 SGB IV

→ sozialversicherungsfrei, Pauschalsteuer

geringfügiges Beschäftigungsverhältnis

→ Pauschalbeitrag zur Rentenversicherung 15 %; ggf. Aufstockung durch AN bis Regelsatz

→ Pauschalbeitrag zur Krankenversicherung 13 %, wenn AN gesetzlich krankenversichert ist

→ Pauschalsteuer 2 %, wenn keine LSt-Karte vorgelegt wird

| Beschaffungs- und Absatzbereich | Personalwirtschaft | Finanzbereich |

Kapitel 5

AUFGABEN

1. Ihr Mandant beschäftigt einen Arbeitnehmer als Aushilfe, der monatlich 300,00 € erhält. Der Arbeitnehmer ist gesetzlich krankenversichert.

   Berechnen Sie die Pauschalabgaben und nehmen Sie die erforderlichen Buchungen vor. Was würde sich ändern, wenn der Arbeitnehmer privat krankenversichert wäre?

2. Eine als Kellner beschäftigte Aushilfskraft erhält monatlich 380,00 €. Er ist in der gesetzlichen Krankversicherung versichert und legt seinem Arbeitgeber eine LSt-Karte mit der LSt-Klasse I vor.

   Berechnen Sie die Pauschalabgaben und buchen Sie den Sachverhalt zum Monatsende.

3. Eine Raumpflegerin, die über ihren Ehemann familienversichert ist, erhält einen monatlichen Arbeitslohn von 400,00 €.

   Wie hoch sind die Pauschalabgaben und wie ist am Monatsende zu buchen?

4. Eine Bürokraft, die monatlich als Aushilfe 360,00 € verdient und gesetzlich krankenversichert ist, legt ihrem Arbeitgeber eine LSt-Karte mit der Steuerklasse II vor. Außerdem möchte sie den Beitrag zur Rentenversicherung aufstocken.

   Berechnen Sie die Pauschalabgaben, den Nettolohn und buchen Sie den Sachverhalt zum Monatsende.

5. Ein als Aushilfskraft bei Ihrem Mandanten beschäftigter Arbeitnehmer verdient monatlich 400,00 €. Bei einem anderen Arbeitgeber geht der Arbeitnehmer einer Hauptbeschäftigung mit einem monatlichen Arbeitslohn in Höhe von 2.200,00 € nach.

   Berechnen Sie die Pauschalabgaben für Ihren Mandanten, wenn der Arbeitnehmer gesetzlich krankenversichert ist, keine LSt-Karte vorlegt und die Rentenversicherungsbeiträge nicht aufstocken möchte. Nehmen Sie die erforderlichen Buchungen vor.

6. Ein Arbeitnehmer ist als kaufmännischer Angestellter bei einem Unternehmen mit einem monatlichen Arbeitslohn in Höhe von 5.000,00 € beschäftigt. Er ist privat krankenversichert. Am 01.03.01 nimmt er eine Nebentätigkeit auf, bei der er monatlich 200,00 € erhält. Am 01.05.01 beginnt er eine zweite Nebentätigkeit mit einem monatlichen Arbeitslohn von 150,00 €.

   Nehmen Sie eine rechtliche Beurteilung vor. Sind zwei geringfügig entlohnte Beschäftigungsverhältnisse und eine Hauptbeschäftigung möglich? Welche Abgaben sind für die zwei Nebentätigkeiten zu leisten? Berechnen Sie die Aufwendungen des Arbeitgebers aus der ersten Nebentätigkeit.

5.7.3 Kurzfristige Beschäftigungen

Eine kurzfristige Beschäftigung liegt gemäß § 8 Abs. 1 Nr. 2 SGB IV seit Beginn der Tätigkeit vor, wenn die beschäftigte Arbeitskraft nicht mehr als zwei Monate oder nicht mehr als insgesamt 50 Arbeitstage beschäftigt wird. Die Beschäftigung muss **von Beginn** an auf nicht mehr als zwei Monate oder 50 Arbeitstage, die auch das Kalenderjahr überschreitend sein können, befristet sein.

Liegt allerdings eine **berufsmäßige** Ausübung vor, handelt es sich nicht um eine kurzfristige Beschäftigung. Berufsmäßig ausgeübt wird eine kurzfristige Beschäftigung, wenn sie für den Arbeitnehmer nicht von untergeordneter wirtschaftlicher Bedeutung ist.

Sind die Voraussetzungen einer kurzfristigen Beschäftigung erfüllt, fallen **keine** Beiträge zur Sozialversicherung an, auch keine Pauschalbeiträge. Das gilt auch, wenn gleichzeitig eine geringfügig entlohnte Beschäftigung vorliegt.

Im Lohnsteuerrecht gelten andere Voraussetzungen für eine kurzfristige Beschäftigung. Nach § 40 a Abs. 1 EStG liegt eine kurzfristige Beschäftigung vor, wenn der Arbeitnehmer beim Arbeitgeber gelegentlich, nicht regelmäßig wiederkehrend, beschäftigt wird, die Dauer der Beschäftigung 18 zusammenhängende Arbeitstage nicht übersteigt und

- der Arbeitslohn 62,00 € durchschnittlich je Arbeitstag nicht übersteigt oder
- die Beschäftigung zu einem unvorhersehbaren Zeitpunkt sofort erforderlich wird.

Liegen die Voraussetzungen einer kurzfristigen Beschäftigung vor, wird die Lohnsteuer pauschal mit 25 % des Arbeitslohns, der Solidaritätszuschlag mit 5,5 % und die Kirchensteuer mit 7 % berechnet. Die Steuern werden vom Arbeitgeber getragen und an das Betriebsstätten-Finanzamt abgeführt. Der Lohnsteuerabzug kann auch bei Vorlage einer Lohnsteuerkarte individuell berechnet werden.

BEISPIEL

Im Juli 01 wird eine Aushilfskraft in der Gastronomie an 16 Arbeitstagen eingesetzt. Sie arbeitet täglich 8 Stunden zu einem Stundenlohn von 7,50 €. In den anderen Monaten wird sie nicht beschäftigt. Sie legt keine Lohnsteuerkarte vor.

- Es handelt sich um eine kurzfristig beschäftigte Aushilfskraft, die sozialversicherungsfrei ist. Der Arbeitgeber kann die Steuer pauschal berechnen.

Arbeitslohn = 8 Std. · 7,50 € = 60,00 € < 62,00 €/Tag
60,00 € · 16 Tage = 960,00 €

960,00 € · 25 % LSt	= 240,00 €
240,00 € · 5,5 % SolZ	= 13,20 €
960,00 € · 7 % KiSt	= 16,80 €
Summe	270,00 €

Buchungssätze (Bruttolohnverbuchung)

	Soll	Haben
4190/6030 Aushilfslöhne	960,00	
4199/6040 Pauschale Steuern f. Aushilfen	270,00	
an 1755/3790 Lohn- und Gehaltsverrechnung		1.230,00
1755/3790 Lohn- und Gehaltsverrechnung	1.230,00	
an 1741/3720 Verbindl. Lohn und Gehalt		960,00
an 1741/3730 Verbindl. aus LSt		270,00

Bei Zahlung wird gebucht:

Buchungssätze

	Soll	Haben
1740/3720 Verbindl. Lohn und Gehalt	960,00	
an 1200/1800 Bank		960,00
1741/3730 Verbindl. aus LSt	270,00	
an 1200/1800 Bank		270,00

Kapitel 5

Kurzfristige Beschäftigung

§ 8 Abs. 1 Nr. 2 SGB IV
- – Beschäftigung auf nicht mehr als zwei Monate oder
  – auf insgesamt 50 Arbeitstage von vornherein befristet.
- keine berufsmäßige Ausübung

→ keine Beiträge zur Sozialversicherung

§ 40 a Abs. 1 EStG
- nicht regelmäßig wiederkehrend beschäftigt
- Dauer der Beschäftigung höchstens 18 zusammenhängende Arbeitstage
- – Arbeitslohn durchschnittlich höchstens 62,00 €/Tag
  oder
  – Beschäftigung unvorhersehbar sofort erforderlich

→ **Pauschalierung**
Lohnsteuer 25 %
Solidaritätszuschlag 5,5 %
Kirchensteuer 7 %

AUFGABEN

1. Eine Aushilfskraft, die einen kranken Arbeitnehmer kurzfristig vertreten muss, arbeitet im Januar 01 10 Tage jeweils 6 Stunden. Der Stundenlohn beträgt 10,00 €.

   Wie ist am Monatsende zu buchen? Es wird keine Lohnsteuerkarte vorgelegt.

2. Im Dezember 01 wird von Ihrem Mandanten eine Aushilfskraft zum Verpacken von Geschenken eingestellt. Sie arbeitet an 15 Tagen jeweils 8 Stunden für einen Stundenlohn in Höhe von 7,00 €. Die Aushilfskraft legt keine Lohnsteuerkarte vor.

   Wie hat Ihr Mandant am Monatsende zu buchen?

5.7.4 Geringverdienergrenze

Für Auszubildende und Praktikanten, die ein vorgeschriebenes Vor- oder Nachpraktikum ableisten und monatlich nicht mehr als 325,00 € verdienen, gilt, dass der Arbeitgeber die Sozialversicherungsbeiträge allein zu tragen hat. Das gilt auch für den Kinderlosenzuschlag von 0,25 % in der Pflegeversicherung.

Wenn diese Grenze durch eine Einmalzahlung überschritten wird, tragen der Arbeitnehmer und der Arbeitgeber die Beiträge für den Betrag über 325,00 € jeweils anteilig.

Steuerabzugsbeträge fallen bei den Steuerklassen I bis IV in diesen Fällen nicht an.

BEISPIEL

Monika Meiser, die eine Ausbildung zur kaufmännischen Angestellten macht, erhält einen monatlichen Bruttoarbeitslohn von 310,00 €.

- Die Sozialversicherungsbeiträge in Höhe von 123,38 € werden vom Arbeitgeber allein getragen.

Berechnung:
KV 15,5 % + PV 1,95 % + Zuschlag 0,25 % + RV 19,9 % + ALV 3,0 % = 40,6 %
310,00 € · 40,6 % = 125,86 €

Buchungssätze (Bruttolohnverbuchung)

	Soll	Haben
4120/6020 Gehälter	310,00	
4130/6110 Ges. soz. Aufwendungen	125,86	
an 1755/3790 Lohn- und Gehaltsverrechnung		435,86
1755/3790 Lohn- und Gehaltsverrechnung	435,86	
an 1741/3720 Verbindl. Lohn und Gehalt		310,00
an 1742/3740 Verbindl. soziale Sicherheit		125,86

Bei Zahlung wird gebucht:

Buchungssätze

	Soll	Haben
1741/3720 Verbindl. Lohn und Gehalt	310,00	
an 1200/1800 Bank		310,00
1742/3740 Verbindl. soziale Sicherheit	125,86	
an 1759/3759 vorauss. Beitragsschuld		125,86

AUFGABEN

1. Ein Auszubildender erhält einen monatlichen Bruttoarbeitslohn von 320,00 €. Er hat seinem Arbeitgeber eine Lohnsteuerkarte mit Steuerklasse I vorgelegt.

   Berechnen Sie die Sozialversicherungsbeiträge, wenn kein Kind zu berücksichtigen ist, und buchen Sie zum Monatsende.

2. Eine Auszubildende, keine Kinder, erhält einen monatlichen Arbeitslohn von 280,00 €, Steuerklasse I.

   Berechnen Sie die Sozialversicherungsbeiträge und nehmen Sie die erforderlichen Buchungen vor.

5.8 Exkurs: Besonderheiten in der Personalwirtschaft

5.8.1 Gesellschafter-Geschäftsführer

Verfügt ein Gesellschafter-Geschäftsführer einer GmbH mindestens über die Hälfte des Stammkapitals, ist er nicht Arbeitnehmer im Sinne der Sozialversicherung, denn er bestimmt maßgeblich die Geschicke der GmbH.

Er ist aber Arbeitnehmer im Sinne des Lohnsteuerrechts, d. h., er bezieht Arbeitslohn, von dem Lohnsteuer einzubehalten ist.

Voraussetzung ist, dass der Arbeitslohn angemessen ist, d. h., einem Fremdgeschäftsführer würde der gleiche Arbeitslohn oder mehr bezahlt werden.

Aus arbeitsrechtlicher Sicht ist der Geschäftsführer einer GmbH kein Arbeitnehmer, egal ob er Gesellschafter ist oder nicht. Die GmbH kann daher z. B. ihrem Geschäftsführer keine vermögenswirksame Leistungen zukommen lassen.

BEISPIEL

Der alleinige Gesellschafter-Geschäftsführer der IMAC-GmbH erhält monatlich einen Bruttoarbeitslohn in Höhe von 6.000,00 €. Die Steuerabzugsbeträge belaufen sich auf 1.924,45 €, sodass ihm 4.075,55 € ausgezahlt werden.

Buchungssätze (Bruttolohn-verbuchung)		Soll	Haben
	4120/6020 Gehälter	6.000,00	
	an 1755/3790 Lohn- und Gehaltsverrechnung		6.000,00
	1755/3790 Lohn- und Gehaltsverrechnung	6.000,00	
	an 1740/3720 Verbindl. Lohn und Gehalt		4.075,55
	an 1741/3730 Verbindl. LSt		1.924,45

5.8.2 Ehegattenarbeitsverhältnis

Ein Arbeitsverhältnis mit dem Ehegatten ist steuerlich anzuerkennen, wenn es wie unter fremden Dritten durchgeführt wird (= sog. Fremdvergleich).

Dazu gehört, dass es **ernsthaft vereinbart** (sinnvollerweise mit einem schriftlichen Arbeitsvertrag) ist und entsprechend **durchgeführt** wird.

Der an den Ehegatten gezahlte Arbeitslohn darf den Arbeitslohn, den ein fremder Arbeitnehmer erhalten würde, nicht übersteigen. Im Arbeitsvertrag ist deshalb die Höhe des Arbeitslohns anzugeben.

Der Arbeitslohn muss auf ein Konto des mitarbeitenden Ehegatten überwiesen werden. Unschädlich ist, wenn der Arbeitgeber-Ehegatte über dieses Konto unbeschränkte Verfügungsvollmacht besitzt. Die Überweisung auf ein sogenanntes Oder-Konto[1] ist auch zulässig. Schädlich für die Anerkennung des Arbeitsverhältnisses ist es, wenn der Arbeitslohn auf ein Privatkonto des Arbeitgeber-Ehegatten überwiesen wird.

Der Lohnsteuerabzug erfolgt nach den allgemeinen Regeln. Auch hinsichtlich der Sozialversicherungspflicht gelten die allgemeinen Grundsätze.

---

[1] Bei einem als Oder-Konto geführten Bankkonto haben beide Ehepartner unabhängig voneinander Zugriffsberechtigung.

5.8.3 Lohnsteuerjahresausgleich

Beim Lohnsteuerjahresausgleich durch den Arbeitgeber wird die Lohnsteuer aufgrund der Jahreslohnsteuertabelle für den Jahresbruttoarbeitslohn verglichen mit den im Laufe des Jahres monatlich abgeführten Lohnsteuerbeträgen. Ist die Lohnsteuer aufgrund der Jahreslohnsteuertabelle niedriger, wird dem Arbeitnehmer die Differenz vom Arbeitgeber erstattet.

Zu unterschiedlichen Beträgen zwischen der Jahreslohnsteuer und den monatlich angemeldeten Beträgen kann es kommen, wenn der monatliche Bruttoarbeitslohn nicht immer gleich hoch ist, z. B. durch Überstundenvergütungen, Weihnachtsgeld oder durch Eintragung eines Freibetrags auf der Lohnsteuerkarte im Laufe des Jahres.

Einen Lohnsteuerjahresausgleich kann nur der Arbeitgeber durchführen, nicht das Finanzamt. Der Steuerpflichtige, der nur Arbeitnehmer ist, kann auf Antrag zur Einkommensteuer veranlagt werden (= sog. Antragsveranlagung).

Ist die Lohnsteuer aufgrund der Jahreslohnsteuertabelle höher als die bisher abgeführte Lohnsteuer, sind zwei Varianten zu unterscheiden:

- Ist die monatlich berechnete und einbehaltene Lohnsteuer zutreffend gewesen, sind keine Konsequenzen erforderlich.
- Beruht die Differenz auf einem falsch berechneten Lohnsteuerabzug im Laufe des Jahres, muss die Lohnsteuer berichtigt werden, die Mehrsteuer vom Arbeitslohn einbehalten und an das Finanzamt abgeführt werden.

Gemäß § 42 b Abs. 1 S. 2 EStG ist der Arbeitgeber zur Durchführung des Lohnsteuerjahresausgleichs **verpflichtet**, wenn er am 31.12. mindestens zehn Arbeitnehmer mit Lohnsteuerkarte beschäftigt.

Bei weniger als zehn Arbeitnehmern **kann** der Arbeitgeber einen Lohnsteuerjahresausgleich durchführen.

Voraussetzung für die Durchführung eines Lohnsteuerjahresausgleichs ist, dass der Arbeitnehmer das ganze Kalenderjahr ununterbrochen in einem Dienstverhältnis gestanden hat. Hierbei ist es ohne Bedeutung, ob der Arbeitnehmer bei einem oder mehreren Arbeitgebern hintereinander beschäftigt war.

Gemäß § 42 b Abs. 1 S. 4 EStG darf z. B. kein Lohnsteuerjahresausgleich durchgeführt werden,

- wenn der Arbeitnehmer es beantragt,
- wenn der Arbeitnehmer für das Kalenderjahr oder für einen Teil des Kalenderjahres nach den Steuerklassen V oder VI zu besteuern war,
- wenn der Arbeitnehmer **für einen Teil** des Kalenderjahres nach den Steuerklassen II, III oder IV zu besteuern war,
- wenn ein Freibetrag auf der Lohnsteuerkarte eingetragen war.

> **BEISPIELE**
>
> Ein Arbeitnehmer heiratet im November 01 und lässt die Steuerklasse von I in III ändern.
>
> - Da der Arbeitnehmer für einen Teil des Kalenderjahres nach Steuerklasse III zu besteuern war, darf kein Lohnsteuerjahresausgleich durchgeführt werden.
>
> Bei Eheleuten, die beide Arbeitnehmer sind, hat der Ehemann das gesamte Kalenderjahr die Steuerklasse III und die Ehefrau Steuerklasse V.
>
> - Für den Ehemann darf ein Lohnsteuerjahresausgleich durchgeführt werden, für die Ehefrau nicht, da sie das gesamte Kalenderjahr über die Steuerklasse V hatte.

Der Lohnsteuerjahresausgleich darf frühestens mit der Lohnabrechnung für den Monat Dezember und spätestens bei der Lohnabrechnung für den Monat März des Folgejahres durchgeführt werden.

Der für den Lohnsteuerjahresausgleich maßgebende Jahresbruttoarbeitslohn ermittelt sich wie folgt:

    Jahresbruttoarbeitslohn einschließlich Sachbezüge
- steuerfreier Arbeitslohn
- pauschal besteuerter Arbeitslohn
= steuerpflichtiger Arbeitslohn
- Altersentlastungsbetrag gemäß § 24 a EStG
- Versorgungsfreibetrag und
- Zuschlag zum Versorgungsfreibetrag gemäß § 19 Abs. 2 EStG
= maßgebender Jahresarbeitslohn

Lohnsteuer, Solidaritätszuschlag und Kirchensteuer werden dann nach der Jahreslohnsteuertabelle ermittelt. Hierbei ist die zuletzt auf der Lohnsteuerkarte eingetragene Steuerklasse maßgebend.

Die so ermittelten Beträge sind mit den bereits einbehaltenen Steuerbeträgen zu vergleichen. Die Differenz ist der zu erstattende Betrag.

BEISPIEL

Ein Angestellter, Steuerklasse I, hatte einen monatlichen Bruttoarbeitslohn von Januar bis November in Höhe von 4.000,00 €.
Die monatlichen Steuerabzugsbeträge betragen: Lohnsteuer 780,50 €, Solidaritätszuschlag 42,92 € und die Kirchensteuer 70,24 €.
Das Dezembergehalt einschließlich Weihnachtsgeld beläuft sich auf 8.000,00 €, die Lohnsteuer 2.406,00 €, der Solidaritätszuschlag 132,33 € und die Kirchensteuer 216,54 € (Summe Steuern = 2.886,25 €).

- Der Lohnsteuerjahresausgleich führt zu einer niedrigeren Steuer von insgesamt 221,42 €.

Berechnung des Lohnsteuerjahresausgleiches:

Gehalt Januar bis Dezember, Jahresarbeitslohn		52.000,00 €
Lohnsteuer laut Jahrestabelle		10.798,00 €
bisher einbehalten 11 · 780,50 € =	–	8.585,50 €
noch abzuführen für Dezember		2.212,50 €
Solidaritätszuschlag laut Jahrestabelle		593,89 €
bisher einbehalten 11 · 42,92 € =	–	472,12 €
noch abzuführen für Dezember		121,77 €
Kirchensteuer laut Jahrestabelle		971,82 €
bisher einbehalten 11 · 70,24 € =	–	772,64 €
noch abzuführen für Dezember		199,18 €
Summe der abzuführenden Beträge (2.212,50 € + 121,77 € + 199,18 €)		2.533,45 €
Summe der Steuerbeträge laut Monatstabelle für Dezember	–	2.754,87 €
Differenzbetrag	–	221,42 €

6 Finanzbereich

6.1 Zahlungsverkehr

LERNSITUATION

Die Auszubildende Meyer hat die Kontoauszüge und die Kassenbelege Februar 01 eines Einzelunternehmers vor sich liegen und soll die monatliche Buchführung erledigen. Allerdings zahlen viele Kunden des Mandanten entweder mit EC- oder Kreditkarte. Zum einen erscheinen diese Zahlungen in den Bareinnahmen, zum anderen aber auch auf den Kontoauszügen.
Da sie die Zahlungseingänge nicht doppelt erfassen möchte, wendet sie sich an die zuständige Buchhalterin und bittet um Hilfe.

Rechnungen an Kunden (= Ausgangsrechnungen) können bezahlt werden durch:

- Barzahlung
- Übergabe eines Schecks
- Zahlung durch EC-Karte
- Zahlung durch Kreditkarte
- Überweisung
- Lastschrift

6.1.1 Kasseneinnahmen

Kasseneinnahmen kommen überwiegend im Einzelhandel vor und müssen täglich aufgezeichnet werden. Bei größeren Barzahlungsvorgängen ist der Endbestand eines jeden Tages zu zählen, der mit dem rechnerischen Bestand in der Kasse (Anfangsbestand + Einnahmen – Ausgaben) übereinstimmen muss.

Stimmt der tatsächliche Endbestand nicht mit dem rechnerischen überein, ist die Ursache hierfür zu klären.
Ist der tatsächliche Endbestand niedriger als der rechnerische und kann der Fehlbetrag nicht ermittelt werden, ist eine Entnahme durch den Unternehmer zu buchen.

BEISPIEL

Der tatsächliche Kassenbestand beträgt 560,00 €, der rechnerisch ermittelte dagegen 610,00 €. Die Ursache der Differenz ist nicht zu klären.

- Die Differenz von 50,00 € ist als Entnahme zu buchen.

Buchungssatz		Soll	Haben
	1800/1200 Entnahmen	50,00	
	an 1000/1600 Kasse		50,00

Wenn der Unternehmer die Kasse nicht selbst bedient, sondern nur seine Arbeitnehmer, ist der Differenzbetrag als Aufwand zu erfassen.

BEISPIEL

Wie oben, allerdings bedienen nur Angestellte die Kasse.

- Die Differenz von 50,00 € ist als Aufwand zu buchen.

Buchungssatz		Soll	Haben
	4900/6300 Sonst. betr. Aufwand	50,00	
	an 1000/1600 Kasse		50,00

6.1.2 Bargeldlose Zahlungsvorgänge

EC-Kartenzahlung

Die Zahlung einer Rechnung erfolgt immer öfter bargeldlos durch EC-Karte, Kreditkarte oder Scheck. Auch diese Zahlungseingänge werden als Kasseneinnahmen behandelt.

BEISPIEL

Ein Unternehmer verkauft am 02.07.01 an einen Kunden Ware für insgesamt 476,00 € einschließlich 19 % USt. Der Kunde zahlt per EC-Karte.

- Es ist wie bei einer Barzahlung zu buchen.

Buchungssatz		Soll	Haben
	1000/1600 Kasse	476,00	
	an 8400/4400 Erlöse 19 %		400,00
	an 1770/3806 Umsatzsteuer		76,00

Der Betrag von 476,00 € wird dem Unternehmer in der Regel mit zeitlicher Verzögerung auf dem Bankkonto gutgeschrieben. Da der Betrag bereits als Kasseneinnahme erfasst wurde, darf er nicht nochmals als Umsatzerlös gebucht werden.

Es wird über das Konto „Geldtransit" gebucht.

BEISPIEL

Der Kassenendbestand am 02.07.01 im Beispiel oben beträgt 1.600,00 €. Hierin sind die 476,00 € Zahlung per EC-Karte enthalten.

- Die Einnahmen per EC-Karte sind über Geldtransit auszubuchen.

Buchungssatz		Soll	Haben
	1360/1460 Geldtransit	476,00	
	an 1000/1600 Kasse		476,00

Am 04.07.01 wird der Betrag von 476,00 € auf dem betrieblichen Bankkonto gutgeschrieben.

- Der Zahlungseingang auf dem Bankkonto ist über das Konto „Geldtransit" zu buchen.

Buchungssatz		Soll	Haben
	1200/1800 Bank	476,00	
	an 1360/1460 Geldtransit		476,00

Verwendung von Kreditkarten

Im Unterschied zur bargeldlosen Zahlung per EC-Karte, bei der einige Tage später die Buchung auf dem Bankkonto erfolgt, wird bei Zahlung durch Kreditkarte in der Regel einmal im Monat der Gesamtbetrag aller per Kreditkarte gezahlten Vorgänge abgebucht.

Für diese Leistung verlangen die Kreditkarteninstitute Gebühren, die nach § 4 Nr. 8 d UStG umsatzsteuerbefreit sind. Diese Kosten werden auf dem Konto „Kosten des Geldverkehrs" gebucht.

Selbstständige Leistungen der Kreditkarteninstitute, z. B. Vermietung des Kartenlesegerätes, sind nicht umsatzsteuerbefreit.

Kapitel 6

> **BEISPIEL**
>
> Ein Unternehmer zahlt folgende Vorgänge per Kreditkarte:
>
> 1. Er kauft Ware für 2.500,00 € zzgl. 19 % USt, also insgesamt 2.975,00 €, ein.
> 2. Beim betrieblichen Pkw wird die jährliche Inspektion durchgeführt: Rechnungsbetrag 714,00 € einschließlich 19 % USt.
> 3. Er schaltet eine Werbeanzeige in der Lokalzeitung: Rechnungsbetrag 416,50 € einschließlich 19 % USt.
> 4. Die Monatsabrechnung der Bank über EC-Kartenzahlungen in Höhe von 4.105,50 € geht ein und wird vom betrieblichen Bankkonto abgebucht.
>
> - Die einzelnen Vorgänge sind zunächst anhand der Belege auf den entsprechenden Aufwandskonten und auf Verbindlichkeiten zu buchen.
>
> **Buchungssätze**
>
> | | Soll | Haben |
> |---|---|---|
> | 3200/5200 Wareneingang | 2.500,00 | |
> | 1570/1400 Vorsteuer | 475,00 | |
> | an 0350/3150 Verbindlichkeiten KI | | 2.975,00 |
> | 4530/6530 Lfde. Kfz-Betriebsk. | 600,00 | |
> | 1570/1400 Vorsteuer | 114,00 | |
> | an 0350/3150 Verbindlichkeiten KI | | 714,00 |
> | 4600/6600 Werbekosten | 350,00 | |
> | 1570/1400 Vorsteuer | 66,50 | |
> | an 0350/3150 Verbindlichkeiten KI | | 416,50 |
>
> - Wenn der Kontoauszug mit der entsprechenden Lastschrift vorliegt, wird die Verbindlichkeit ausgebucht.
>
> **Buchungssatz**
>
> | | Soll | Haben |
> |---|---|---|
> | 0350/3150 Verbindlichkeiten KI | 4.105,50 | |
> | an 1200/1800 Bank | | 4.105,50 |

| Beschaffungs- und Absatzbereich | Personalwirtschaft | Finanzbereich |

Kapitel 6

Kundenzahlungen mit Kreditkarten

BEISPIEL

Der Kassenanfangsbestand eines Unternehmers beträgt am 11.06.01 450,00 €, der Kassenendbestand 1.500,00 €. Es wurden keine Barentnahmen und keine Barzahlungen getätigt.

Der Kassenendbestand setzt sich wie folgt zusammen:
Bargeld   650,00 €
Zahlungen per Kreditkarten   850,00 €

Der Unternehmer behält einen Kassenbestand von 400,00 €, den Rest bringt er zur Bank.

- Die Kasseneinnahmen von (1.500,00 € – 450,00 €) 1.050,00 € sind als Umsatzerlöse zu buchen.

Buchungs-satz

	Soll	Haben
1000/1600 Kasse	1.050,00	
an 8400/4400 Erlöse 19 %		882,35
an 1770/3806 USt		167,65

- 250,00 € Bargeld (Endbestand bar 650,00 € – verbleibender Betrag 400,00 €) und der Kreditkartenbetrag von 850,00 € sind über das Konto „Geldtransit" zu buchen.

Buchungs-satz

	Soll	Haben
1360/1460 Geldtransit	1.000,00	
an 1000/1600 Kasse		1.000,00

Aus dem Kontoauszug vom 12.06.01 ergibt sich die Gutschrift der Bareinzahlung von 250,00 €.

- Die Bareinzahlung ist über das Konto „Geldtransit" zu buchen.

Buchungs-satz

	Soll	Haben
1200/1800 Bank	250,00	
an 1360/1460 Geldtransit		250,00

Das Kreditkarteninstitut rechnet zum 15.06.01 ab.
Die Abrechnung sieht wie folgt aus:

Gutschriftsbetrag		850,00 €
5 % Gebühren		–42,50 €
Gebühr für das Kartenlesegerät	70,00 €	
zzgl. 19 % Umsatzsteuer	+ 13,30 €	
	83,30 €	–83,30 €
Überweisungsbetrag		724,20 €

- Die Kosten des Kreditkarteninstituts sind über das Konto „Nebenkosten Geldverkehr" zu buchen.

Buchungs-satz

	Soll	Haben
1200/1800 Bank	724,20	
4970/6855 Nebenkosten Geldverkehr	112,50	
1570/1400 Vorsteuer	13,30	
an 1360/1460 Geldtransit		850,00

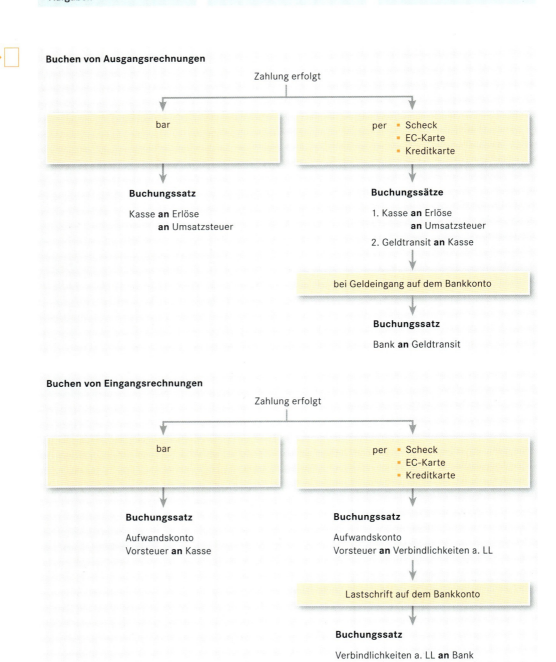

AUFGABEN

1. Auf welchem Konto sind Gebühren von Kreditkarteninstituten zu buchen?
2. Welche Vorteile bieten Bargeldzahlungen?
3. Welche Nachteile gibt es bei Bargeldzahlungen?

Aufgaben 4–7: Kasseneinnahmen
Aufgaben 8–10: Kassenausgaben

4. Ein Kunde zahlt eine bereits gebuchte Ausgangsrechnung über 1.190,00 € bar.

   Buchen Sie die Zahlung.

5. Am Ende des Tages wird ein Kassenfehlbestand von 100,00 € festgestellt. Die Kasse wird nur vom Unternehmer selbst bedient.

   Buchen Sie den Vorgang.

6. Der Kassenanfangsbestand bei Ihrem Mandanten, einem Einzelhändler, beträgt immer 750,00 €. Am 10.10.01 beträgt der Kassenendbestand 3.130,00 €. Der Differenzbetrag zu 750,00 € wird am 10.10.01 zur Bank gebracht und am 11.10.01 auf dem Bankkonto gutgeschrieben.

   Nehmen Sie alle erforderlichen Buchungen vor.

7. Der Kassenendbestand eines Unternehmers setzt sich am 05.04.01 wie folgt zusammen:

Anfangsbestand	1.000,00 €
Endbestand	4.750,00 €
davon Bargeld	1.250,00 €
Scheck	1.000,00 €
Kreditkartenzahlung	1.500,00 €

   Der Kassenbestand am Ende des Tages soll 1.200,00 € betragen. Der Restbetrag wird zur Bank gebracht.

   Am 06.04.01 werden die Schecks und das Bargeld auf dem Bankkonto gutgeschrieben.
   Am 15.04.01 werden die Kreditkartenansprüche unter Abzug von 5 % gutgeschrieben.

   Buchen Sie den gesamten Vorgang.

8. Eine bereits gebuchte Eingangsrechnung wird von einem Unternehmer mit einem Scheck über 800,00 € am 11.11.01 bezahlt. Die Abbuchung erfolgt am 15.11.01.

   Buchen Sie den Vorgang.

9. Die Telefonrechnung für Mai 01 in Höhe von 300,00 € zzgl. 19 % Umsatzsteuer (Gesamtbetrag 357,00 €) wird per Lastschrift am 03.06.01 abgebucht.

   Bilden Sie den Buchungssatz.

10. Ihr Mandant erhält folgende Kreditkartenabrechnung:

– Zahlung von Büromaterial, brutto	297,50 €
– Zahlung Zugfahrkarte Deutsche Bahn für Geschäftsreise, 19 % Umsatzsteuer	476,00 €
– Benzinkosten für betrieblichen Pkw, 19 % Umsatzsteuer	595,00 €
– Apotheke, Arzneimittel, 19 % Umsatzsteuer	64,00 €
– Kosten des Kreditkarteninstituts	75,00 €

    Der Gesamtbetrag wird vom Bankkonto abgebucht. Alle erforderlichen Belege liegen vor und sind ordnungsgemäß. Es wird kreditorisch gebucht.

    Nehmen Sie alle erforderlichen Buchungen vor, unter der Voraussetzung, dass bisher noch nichts gebucht wurde.

6.2 Kreditverkehr

LERNSITUATION

Die Fox-GmbH muss zur Finanzierung einer Maschine einen Kredit aufnehmen.
Es liegen zwei Angebote vor.
1. Darlehenssumme 50.000,00 €, Laufzeit 2 Jahre, Zinssatz 8 %.
2. Darlehenssumme 50.000,00 €, Laufzeit 2,5 Jahre, Zinsen für die gesamte Laufzeit 10.000,00 €.

Der Geschäftsführer der GmbH möchte gerne wissen, welches Angebot günstiger ist.

6.2.1 Allgemeines zum Kreditverkehr

Um ein Unternehmen betreiben zu können, benötigt man finanzielle Mittel.

Sie können aus **Eigenkapital** und/oder **Fremdkapital** bestehen. Eigenkapital wird von dem Unternehmer/Unternehmen selbst, das Fremdkapital von Dritten, z. B. von Kreditinstituten, Lieferanten, Kunden, gestellt.

Reicht das Eigenkapital nicht aus oder ist es langfristig angelegt, muss das Unternehmen Kapital aufnehmen. Andererseits kann es aber auch anderen Kapital zur Verfügung stellen, wenn das Eigenkapital nicht benötigt wird.

Der Preis, der für die Überlassung von Kapital zu zahlen ist, sind **Zinsen**.

In der Zinsrechnung spielt zu den aus der Prozentrechnung bekannten Größen die Zeit eine Rolle.

BEISPIEL

10 %	von	2.000,00 € erbringen in	180 Tagen	100,00 €
Zinssatz p		Kapital K	Zeit t (Tage) m (Monate) j (Jahre)	Zinsen z

Die Höhe der Zinsen hängt also ab
- vom Zinssatz,
- vom Kapital und
- von der Zeit.

6.2.2 Berechnung der Zinsen

Jahreszinsen

BEISPIEL

Ein Unternehmer nimmt einen Kredit über 400.000,00 € auf: Zinssatz: 8 %, Laufzeit: 4 Jahre. Wie viel Zinsen sind zu zahlen?

- Der Unternehmer hat 128.000,00 € Zinsen zu zahlen.

Berechnung:

Das Kapital beträgt 400.000,00 €.
8 % Zinsen von 400.000,00 € sind 32.000,00 € Zinsen/Jahr.

Für 4 Jahre fallen (32.000,00 € · 4 Jahre =) 128.000,00 € Zinsen an.

| Beschaffungs- und Absatzbereich | Personalwirtschaft | **Finanzbereich** |

Kapitel 6

Es ergibt sich die Formel:

$$\text{Jahreszinsen} = \frac{\text{Kapital} \cdot \text{Zinssatz} \cdot \text{Jahre}}{100} = \frac{K \cdot p \cdot j}{100}$$

Monatszinsen

BEISPIEL

Ein Unternehmer nimmt bei seiner Bank einen kurzfristigen Kredit über 80.000,00 € auf: Zinssatz: 8 %, Laufzeit: 9 Monate. Wie viel Zinsen sind zu zahlen?

- Der Unternehmer hat 4.800,00 € Zinsen zu zahlen.

Berechnung:

Das Kapital beträgt 80.000,00 €.
8 % Zinsen von 80.000,00 € sind 6.400,00 € Zinsen/Jahr.

Für 9 Monate fallen (6.400,00 € · 9/12 =) 4.800,00 € an.

$$\text{Monatszinsen} = \frac{\text{Kapital} \cdot \text{Zinssatz} \cdot \text{Monate}}{100 \cdot 12} = \frac{K \cdot p \cdot m}{100 \cdot 12}$$

Tageszinsen

BEISPIEL

Eine Bank gewährt einem Kunden einen Kredit über 40.000,00 € für 220 Tage: Zinssatz: 9 %. Wie viel Zinsen sind zu zahlen?

- Der Unternehmer hat 2.200,00 € Zinsen zu zahlen.

Berechnung:

Das Kapital beträgt 40.000,00 €.
9 % Zinsen von 40.000,00 € sind 3.600,00 € Zinsen/Jahr.

Für 220 Tage fallen (3.600,00 € · 220/360 =) 2.200,00 € an.

$$\text{Tageszinsen} = \frac{\text{Kapital} \cdot \text{Zinssatz} \cdot \text{Tage}}{100 \cdot 360} = \frac{K \cdot p \cdot t}{100 \cdot 360}$$

Für die Berechnung der Zinstage gilt in Deutschland (kaufmännische Zinsrechnung):

- 1 Jahr = 360 Tage
- 1 Monat = 30 Tage
- Monate mit 31 Tagen gelten als Monate mit 30 Tagen.

- Endet der Zinszeitraum „Ende Februar", werden die Tage des Monats Februar genau berechnet, d. h., es werden 28 Tage bzw. 29 Tage angesetzt.
- Bei der Berechnung der Zinstage wird der erste Tag nicht mitgezählt. Der letzte Tag hingegen, der Rückzahlungszeitpunkt, zählt mit. (Beispiel siehe nächste Seite)

Kapitel 6

Teilgebiete des betrieblichen Rechnungswesens und deren Aufgaben | Einführung in die Systematik der Buchführung | Buchführung

BEISPIEL

Es sind die Zinstage vom 27. Mai bis 6. Oktober zu errechnen.

1. Lösungsmöglichkeit:

27. Mai	bis	30. Mai	→	3 Tage
30. Mai	bis	30. Sept.	→	120 Tage
30. Sept.	bis	6. Okt.	→	6 Tage
				129 Tage

2. Lösungsmöglichkeit:

27. Mai	bis	27. Sept.	→	120 Tage
27. Sept.	bis	30. Sept.	→	3 Tage
30. Sept.	bis	6. Okt.	→	6 Tage
				129 Tage

Es liegen 129 Zinstage zwischen dem 27. Mai und dem 6. Oktober.

Die Berechnung der Zinstage erfolgt in einigen Ländern anders als in der Bundesrepublik Deutschland. Die folgende Tabelle gibt eine Übersicht.

	gilt für	Monatstage	Jahr	Formel
deutsche Berechnungsart	Bundesrepublik Deutschland (kaufmännische Zinsrechnung), Norwegen, Schweiz, Schweden, Dänemark, GUS	30 Tage	360 Tage	$z = \dfrac{K \cdot p \cdot t}{100 \cdot 360}$
französische Berechnungsart[1]	Frankreich, Belgien, Holland, Italien, Spanien, Österreich	genau	360 Tage	$z = \dfrac{K \cdot p \cdot t}{100 \cdot 360}$
englische Berechnungsart	Großbritannien, USA, Portugal, deutsche bürgerliche Zinsrechnung	genau	365 Tage	$z = \dfrac{K \cdot p \cdot t}{100 \cdot 365}$

Formel zur Zinsberechnung (am Beispiel von Tageszinsen)

Zinsen werden für die Überlassung von Kapital gezahlt und nach folgender Formel berechnet:

$$\text{Zinsen} = \frac{\text{Kapital} \cdot \text{Zinssatz} \cdot \text{Tage}}{100 \cdot 360} = \frac{K \cdot p \cdot t}{100 \cdot 360}$$

---

[1] Die französische Berechnungsart wird auch als „Euro-Zinsmethode" bezeichnet.

AUFGABEN

1. Errechnen Sie die Zinsen.

	Kapital	Zinssatz	Jahre
a)	12.430,00 €	6 %	3
b)	98.520,00 €	4,5 %	6
c)	22.810,00 €	3,8 %	5
d)	34.990,00 €	5,3 %	4,5
e)	47.590,00 €	4,6 %	3

| | Beschaffungs- und Absatzbereich | Personalwirtschaft | Finanzbereich |

Kapitel 6

2. Ihr Mandant hat einem Kunden für einen Forderungsbetrag von 80.500,00 € ein Zahlungsziel von 5 Monaten gewährt. Hierfür verlangt er 8 % Zinsen.

Kurz vor Ablauf des Zahlungsziels bittet der Kunde Ihren Mandanten um einen Zahlungsaufschub von weiteren drei Monaten. Er ist bereit, für diesen Zeitraum 12 % Zinsen zu zahlen.

Da nur eine vorübergehende Liquiditätsschwäche des Kunden vorliegt, akzeptiert Ihr Mandant.

Wie viel Euro hat der Kunde einschließlich Zinsen zu zahlen?

3. a) 3. April – 12. Dez.   c) 1. Febr. – 4. Juni   e) 2. Mai – 31. Juli
    b) 27. März – 19. Sept.   d) 13. April – 2. Juli   f) 6. Jan. – 2. Aug.

Errechnen Sie die Zinstage

1. nach deutscher Art (kaufmännische Zinsrechnung),
2. nach französischer Art,
3. nach englischer Art.

4.

Kapital	Zinssatz	Zeitraum
a) 98.430,00 €	8 %	2. März – 19. Sept.
b) 14.390,00 €	9 %	24. April – 20. Okt.
c) 33.360,00 €	6 %	17. März – 1. Okt.

Berechnen Sie die Zinsen

1. nach der deutschen kaufmännischen Zinsrechnung,
2. nach der französischen Art,
3. nach der englischen Art.

5. Die Kibat GmbH ist bei drei Lieferanten in Zahlungsverzug geraten.

Lieferanten	Fälligkeitsdatum	Rechnungsbeträge	Zinssatz
Thren KG	27. März	34.830,00	8 %
Muche GmbH	9. April	45.780,00	9 %
Bothe OHG	2. Mai	57.420,00	6 %

Am 8. Aug. ist die Kibat GmbH aufgrund eines Zahlungseinganges von 230.560,00 € in der Lage, ihre Lieferantenverbindlichkeiten zu begleichen.

a) Wie viel Euro sind an die drei Lieferanten jeweils zu zahlen?
b) Wie viel Euro verbleiben der Kibat GmbH an flüssigen Mitteln?

6. Errechnen Sie die Rückzahlungsbeträge einschließlich Zinsen.

Darlehen	Zinssatz	Laufzeit
a) 4.560,00 €	8 %	1. Febr. – 29. Okt.
b) 6.790,00 €	9 %	3. März – 13. Dez.
c) 2.430,00 €	5 %	25. Jan. – 2. Dez.

7. Ein Unternehmer nimmt am 04.01.01 ein Darlehen mit einem variablen Zinssatz über 80.560,00 € auf. Der Zinssatz beträgt:

vom 04.01. bis 08.03.   6 %
vom 09.03. bis 12.06.   7,5 %
vom 13.06. bis 28.08.   8 %
vom 29.08. bis 04.11.   8 $\frac{2}{3}$ %
vom 05.11. bis 13.12.   9 %

Wie hoch ist am 13.12.01 der Rückzahlungsbetrag einschließlich Zinsen?

8. Am 01.03. nimmt ein Unternehmer eine Hypothek über 230.500,00 € auf.

    Wie viel Zinsen hat der Unternehmer am 31.12. bei folgenden Zinssätzen zu zahlen?

    a) 6,5 %   b) 8 %   c) 9 $\frac{1}{11}$ %   d) 7 $\frac{3}{4}$ %

9. Bei einem Warenhandelsgeschäft über 120.630,00 € wurde folgende Zahlungsbedingung vereinbart: „Zahlungsziel 50 Tage, bei Zahlung innerhalb von 10 Tagen 1 % Skonto". Bei Inanspruchnahme von Skonto müsste der Käufer sein Bankkonto um den Zahlungsbetrag überziehen.

    Errechnen Sie, ob es bei den folgenden Überziehungszinssätzen vorteilhaft ist, das Skonto auszunutzen.

    a) 6 %   b) 10 %   c) 9 $\frac{3}{4}$ %   d) 7 %

10. Ihr Mandant hat ein Mietwohnhaus zu 900.000,00 € erworben. 40 % des Kaufpreises hat er mit Eigenkapital finanziert, 60 % mit einer Hypothek. Die Hypothekenzinsen betragen 6 %. An Kosten fallen jährlich 15.000,00 € an.

    Wie hoch müssen die monatlichen Mieteinnahmen sein, wenn eine 8%ige Verzinsung des Eigenkapitals angestrebt wird?

6.2.3 Berechnung des Kapitals, des Zinssatzes und der Zeit

Berechnung des Kapitals

> **BEISPIEL**
>
> Für ein Darlehen, das vom 01.04.01 bis zum 01.07.01 (= 90 Tage) aufgenommen wird, müssen bei einem Zinssatz von 9 % 1.620,00 € Zinsen gezahlt werden.
>
> Wie hoch ist das Darlehen?
>
> - Das Darlehen beträgt 72.000,00 €.
>
> **Berechnung:**
>
> Die Zinsformel wird in eine Formel für das Kapital umgewandelt:
>
> $$z = \frac{K \cdot p \cdot t}{100 \cdot 360} \quad \big| \cdot 100 \cdot 360$$
>
> $$z \cdot 100 \cdot 360 = K \cdot p \cdot t \quad \big| : p : t$$
>
> $$\frac{z \cdot 100 \cdot 360}{p \cdot t} = K$$
>
> $$\text{Kapital} = \frac{\text{Zinsen} \cdot 100 \cdot 360}{\text{Zinssatz} \cdot \text{Tage}} = \frac{z \cdot 100 \cdot 360}{p \cdot t}$$
>
> In diese Formel setzen wir entsprechend ein:
>
> $$K = \frac{z \cdot 100 \cdot 360}{p \cdot t} = \frac{1.620{,}00 \cdot 100 \cdot 360}{9 \cdot 90} = 72.000{,}00 \text{ €}$$

Berechnung des Zinssatzes

BEISPIEL

Für einen Kredit in Höhe von 14.400,00 € mussten vom 02.04.01 bis zum 08.11.01 Zinsen von 432,00 € gezahlt werden.

Wie hoch ist der Zinssatz?

- Der Zinssatz beträgt 5 %.

Berechnung:

Die Zinsformel wird in eine Formel für den Zinssatz umgewandelt:

$$z = \frac{K \cdot p \cdot t}{100 \cdot 360} \quad | \cdot 100 \cdot 360$$

$$z \cdot 100 \cdot 360 = K \cdot p \cdot t \quad | : K : t$$

$$\frac{z \cdot 100 \cdot 360}{K \cdot t} = p$$

$$\boxed{\text{Zinssatz} = \frac{\text{Zinsen} \cdot 100 \cdot 360}{\text{Kapital} \cdot \text{Tage}} = \frac{z \cdot 100 \cdot 360}{K \cdot t}}$$

In diese Formel setzen wir entsprechend ein:

$$p = \frac{z \cdot 100 \cdot 360}{K \cdot t} = \frac{432,00 \cdot 100 \cdot 360}{14.400,00 \cdot 216} = 5\,\%$$

Berechnung der Zeit

BEISPIEL

Bei einem Kredit von 12.000,00 € werden 5 % Zinsen fällig. Dies macht 80,00 € aus.

Wie viele Tage bestand der Kredit?

- Der Kredit bestand 48 Tage.

Berechnung:

Die Zinsformel wird in eine Formel für die Zeit umgewandelt:

$$z = \frac{K \cdot p \cdot t}{100 \cdot 360} \quad | \cdot 100 \cdot 360$$

$$z \cdot 100 \cdot 360 = K \cdot p \cdot t \quad | : K : p$$

$$\frac{z \cdot 100 \cdot 360}{K \cdot p} = t$$

$$\boxed{\text{Tage} = \frac{\text{Zinsen} \cdot 100 \cdot 360}{\text{Kapital} \cdot \text{Zinssatz}} = \frac{z \cdot 100 \cdot 360}{K \cdot p}}$$

In diese Formel setzen wir entsprechend ein:

$$t = \frac{z \cdot 100 \cdot 360}{K \cdot p} = \frac{80,00 \cdot 100 \cdot 360}{12.000,00 \cdot 5} = 48 \text{ Tage}$$

Bei Zinsgutschriften muss das Kreditinstitut grundsätzlich 25 % Kapitalertragsteuer und 5,5 % Solidaritätszuschlag (Bemessungsgrundlage = Kapitalertragsteuer) einbehalten und an das Finanzamt abführen. Der Gutschriftsbetrag auf dem Konto entspricht somit nicht dem vollen Betrag der Zinsen.

Zinsen	100,00 %
abzüglich 25 % KapESt	25,00 %
abzüglich SolZ 5,5 % von 25 %	1,375 %
Auszahlung	**73,625 %**

BEISPIEL

Ein Unternehmer tätigt eine Festgeldanlage für 150 Tage zum Zinssatz von 6 %. Er erhält dafür 552,19 € Zinsen gutgeschrieben.

Wie hoch ist das eingesetzte Kapital?

- Das eingesetzte Kapital beträgt 30.000,00 €.

Berechnung:

Zunächst muss die Höhe der Zinsen ermittelt werden.

Gutschriftsbetrag   73,625 % = 552,19 €
                     100 % = ?

$$\frac{552{,}19 \ € \cdot 100}{73{,}625} = 750{,}00 \ € \ \text{Zinsen}$$

- Im zweiten Schritt kann das Kapital nach folgender Formel berechnet werden:

$$K = \frac{z \cdot 100 \cdot 360}{p \cdot t} = \frac{750{,}00 \cdot 100 \cdot 360}{6 \cdot 150} = 30.000{,}00 \ € \ \text{Kapital}$$

AUFGABEN

Aufgaben 1-5 Berechnung des Kapitals
Aufgaben 6-10 Berechnung des Zinssatzes
Aufgaben 11-16 Berechnung der Zeit

1. Errechnen Sie das Kapital.

Zinsen	Zinssatz	Laufzeit
a) 120,00 €	8 %	1. März – 19. Dez.
b) 270,00 €	9 %	26. Febr. – 11. Okt.
c) 84,00 €	7 %	10. Jan. – 9. Aug.

2. Ihr Mandant beabsichtigt zur Kapitalanlage eine Eigentumswohnung zu kaufen. Eine infrage kommende Eigentumswohnung erbringt einen monatlichen Mietertrag von 720,00 €.
Wie viel darf diese Wohnung kosten, wenn eine Rendite von 6 % angestrebt wird?

3. Ein Handwerksmeister gibt aus Altersgründen sein Gewerbe auf. Er möchte in Zukunft nur noch von Zinsen leben, wobei er an einen monatlichen Betrag von 2.500,00 € denkt.
Wie viel müssen ihm aus der Veräußerung seiner Werkstatt verbleiben, damit er seinen Plan realisieren kann? Zinssatz: 8 %.

4. 30.000,00 € werden vom 3. Februar bis zum 19. August zu einem Zinssatz von 6 % angelegt. Ein weiterer Geldbetrag soll vom 20. Juni bis zum 4. Dez. zu 8 % angelegt werden. Wie hoch muss dieser Betrag sein, damit er denselben Zinsertrag erbringt wie die erste Kapitalanlage?

5. Ihrem Mandanten wird ein Wohnhaus zum Kauf angeboten. Eine Hypothek über 600.000,00 € könnte Ihr Mandant günstig zu 5 % Zinsen übernehmen. Die monatlichen Mieteinnahmen belaufen sich auf 7.000,00 €. Die laufenden Kosten betragen jährlich 14.400,00 €.

  a) Wie viel Eigenkapital kann Ihr Mandant höchstens einsetzen, wenn er eine Eigenkapitalverzinsung von 6 % anstrebt?
  b) Welchen Kaufpreis kann er höchstens akzeptieren?

6. Errechnen Sie jeweils den Zinssatz.

Kapital	Zinsen	Tage
a) 52.800,00 €	721,60 €	82
b) 36.400,00 €	379,17 €	75
c) 84.900,00 €	905,60 €	96

7. Am 27.03.01 nimmt Ihr Mandant ein Darlehen auf. Einschließlich der Zinsen von 1.740,00 € zahlt er am 18.12.01 31.740,00 € zurück.

Zu welchem Zinssatz hat Ihr Mandant das Darlehen aufgenommen?

8. Zu welchem Zinssatz muss ein Kapital angelegt werden, damit es sich in 15 Jahren verdoppelt?

9. Ihr Mandant beabsichtigt Kapital in Immobilien anzulegen. Von einem Makler erhält er ein Angebot über ein Mietwohnhaus. Der Kaufpreis soll 950.000,00 € betragen. Die monatlichen Mieteinnahmen belaufen sich auf 5.000,00 €. Die jährlichen Aufwendungen für Abgaben, Reparaturen und Verwaltungskosten betragen 12.000,00 €. Zur Finanzierung des Hauses müsste Ihr Mandant eine Hypothek zu 6 % aufnehmen.

  a) Mit wie viel Prozent würde sich das angelegte Eigenkapital verzinsen?
  b) Mit wie viel Prozent würde sich das eingesetzte Gesamtkapital verzinsen?

10. 40.000,00 € wachsen auf unserem Bankkonto vom 1. März bis zum 19. Dezember auf 41.920,00 € an. Ein weiterer Geldbetrag soll zum gleichen Zinssatz angelegt werden. Wie hoch muss dieser Betrag sein, damit er in 216 Tagen 1.800,00 € Zinsen erbringt?

11. Errechnen Sie jeweils die Tage.

Kapital	Zinsen	Zinssatz
a) 32.600,00 €	391,20 €	8 %
b) 43.800,00 €	788,40 €	9 %
c) 54.200,00 €	745,25 €	5 %

12. Am 01.04. nimmt Ihr Mandant einen Kredit über 45.000,00 € auf. Der Zinssatz beträgt 8 %. Es sind 960,00 € Zinsen zu zahlen. Bis zu welchem Tag (Datum) läuft der Kredit?

13. Ihr Mandant hat einem Kunden ein Darlehen über 8.500,00 € gewährt. Am 17.12.01 zahlt er dem Mandanten einschließlich Zinsen (6 %) 8.806,00 € zurück. An welchem Tag (Datum) hat Ihr Mandant dem Kunden den Kredit eingeräumt?

14. Ein kaufmännischer Angestellter legt am 1. Februar 9.000,00 € bei seiner Bank zu 8 % an. Wie lange muss er warten (Datum), bis sein Kapital auf 10.000,00 € angewachsen ist?

15. 8.514,78 € sollen ab 2. März zu 8 % so lange angelegt werden, bis sie so viele Zinsen erbringen wie 9.600,00 €, die vom 5. Januar bis zum 7. Oktober zu 6 % verzinst werden.
Bis zu welchem Tag (Datum) muss der Betrag von 8.514,78 € angelegt werden?

16. Wie lange muss ein Kapital zu 5 % Zinsen angelegt werden, damit es sich verdoppelt?

6.2.4 Zinsrechnung vom vermehrten und verminderten Wert

Manchmal lässt sich die Höhe des Kapitals nicht direkt erkennen, weil

- entweder der Rückzahlungsbetrag, d. h. einschließlich Zinsen, oder
- der Auszahlungsbetrag abzüglich direkt ein Euro behaltener Zinsen angegeben ist.

In diesen Fällen muss das Kapital erst berechnet werden.

Zinsrechnung vom vermehrten Wert

> **BEISPIEL**
>
> Für einen Kredit, den die Hausbank dem Unternehmer vom 01.03.01 bis zum 01.07.01 (= 120 Tage) zu einem Zinssatz von 6 % gewährt hat, zahlt der Unternehmer einschließlich Zinsen 40.800,00 € zurück.
>
> Wie hoch ist der Kredit und wie viel Zinsen hat der Unternehmer gezahlt?
>
> - Der Kredit beträgt 40.000,00 € und die Zinsen 800,00 €.
>
> **Berechnung:**
>
> 1. Umrechnung des Jahreszinssatzes (Bezug: 360 Tage) auf einen Zinssatz, der sich auf den Kreditzeitraum (hier: 120 Tage) bezieht:
>
>   360 Tage $\triangleq$ 6 %
>   120 Tage $\triangleq$ x %
>
> $x = \dfrac{6 \cdot 120}{360} = 2\,\%$
>
> 2. Berechnung des Kapitals mit vermehrtem Grundwert:
>
>   102 % $\triangleq$ 40.800,00 €
>   100 % $\triangleq$ x €
>
> $x = \dfrac{40.800,00 \cdot 100}{102} = 40.000,00\,€$
>
>   Der Kredit beträgt 40.000,00 €.
>
> 3. Berechnung der Zinsen:
>
>   40.800,00 € − 40.000,00 € = 800,00 €

Zinsrechnung vom verminderten Wert

BEISPIEL

Ein Unternehmer nimmt einen Kredit zu 6 % vom 01.02.01 bis 01.11.01 (= 270 Tage) auf. Die Bank zahlt dem Unternehmer abzüglich Zinsen 23.875,00 € aus.

Wie hoch ist der Kredit und wie hoch sind die Zinsen?

- Der Kredit beträgt 25.000,00 € und die Zinsen 1.125,00 €.

Berechnung:

1. Umrechnung des Jahreszinssatzes (Bezug: 360 Tage) auf einen Zinssatz, der sich auf den Kreditzeitraum (hier: 270 Tage) bezieht:

   360 Tage ≙ 6 %
   270 Tage ≙ x %

   $$x = \frac{6 \cdot 270}{360} = 4,5\ \%$$

2. Berechnung des Kapitals mit vermindertem Grundwert:

   95,5 % ≙ 23.875,00 €
   100   % ≙   x €

   $$x = \frac{23.875,00 \cdot 100}{95,5} = 25.000,00\ €$$

   Der Kredit beträgt 25.000,00 €.

3. Berechnung der Zinsen:

   25.000,00 € − 23.875,00 € = 1.125,00 €

AUFGABEN

1. Wie hoch ist jeweils der Kredit und wie viel Zinsen sind jeweils gezahlt worden?

Rückzahlung einschließlich Zinsen	Laufzeit	Zinssatz
a) 31.350,00 €	270 Tage	6 %
b) 37.152,00 €	288 Tage	4 %
c) 20.680,00 €	200 Tage	8 %
d) 25.185,60 €	240 Tage	9 %

2. In der Zeit vom 13. Februar bis 18. September wuchs ein Bankguthaben bei einem Zinssatz von $3\frac{3}{5}$ % auf 15.077,34 € an.

   Errechnen Sie das Guthaben am 13. Februar und die Zinsen.

3. Ein Kredit zu 8 % Zinsen wird vom 27. März bis zum 18. September gewährt. Einschließlich Zinsen zahlt der Kreditnehmer 49.720,20 € zurück.

   Errechnen Sie die Höhe des Kredites und die Höhe der Zinsen.

4. Ein Unternehmer nimmt bei seiner Bank vom 25.05. bis zum 25.11. einen Kredit auf. Der Zinssatz beträgt 8 %. Die Bank zahlt abzüglich Zinsen 6.392,00 €.

   Auf wie viel Euro beläuft sich der Kredit? Wie viel Euro Zinsen hat der Unternehmer zu zahlen?

6.2.5 Summarische Zinsrechnung

Sollen mehrere Beträge bis zu einem Stichtag zum gleichen Zinssatz verzinst werden, kann die Rechenarbeit durch die sogenannte **summarische Zinsrechnung** vereinfacht werden.

Dazu wird zunächst die Zinsformel umgestellt:

$$z = \frac{K \cdot p \cdot t}{100 \cdot 360} = \frac{K \cdot t}{100} \cdot \frac{p}{360} = \frac{K \cdot t}{100} : \frac{360}{p}$$

$$z = \frac{K \cdot t}{100} : \frac{360}{p}$$

$$z = \underline{\text{Zinszahl}} : \underline{\text{Zinsdivisor}}$$

$$z = \quad \# \quad : \quad Zd$$

> **BEISPIEL**
>
> Ein Unternehmer zahlt bei der Hausbank folgende Beträge ein:
>
> 1. am 4. März   12.800,00 €
> 2. am 8. Juni   13.200,00 €
> 3. am 11. August   10.500,00 €
> 4. am 20. Oktober   15.600,00 €
>
> Der Unternehmer erhält 6 % Zinsen. Wie hoch ist das Guthaben am 31. Dezember?
>
> - Das Guthaben beträgt am 31. Dezember 53.601,12 €.
>
> Abrechnungstag: 31. Dezember
>
> | Kapital | Wertstellung | Zinstage | $\# = \left(\frac{K \cdot t}{100}\right)$ |
> |---|---|---|---|
> | ❶ 12.800,00 € | 4. März | 296 | 37 888 |
> | 13.200,00 € | 8. Juni | 202 | 26 664 |
> | ❷ 10.500,00 € | 11. Aug. | 139 | 14 595 |
> | 15.600,00 € | 20. Okt. | 70 | 10 920 |
> | ❸ 52.100,00 € | | | 90 067 ❹ |
> | + 1.501,12 € | Zinsen | ❺ 90 067 : 60 = 1.501,12 € | |
> | ❻ 53.601,12 € | Guthaben am 31. Dezember | | |
>
> **Lösungsweg**
>
> ❶ Aufstellen des Rechenschemas
> ❷ Eintragen der Beträge einschließlich der Zinstage und der errechneten Zinszahlen (#)
> ❸ Errechnen der Summe der Kapitalien
> ❹ Errechnen der Summe der Zinszahlen (#)
> ❺ Errechnen der Zinsen. Dazu wird die Summe der Zinszahlen (#) durch den Zinsdivisor dividiert. Im obigen Beispiel ergibt sich der Zinsdivisor wie folgt: 360 : 6 = 60
> ❻ Ermitteln des Guthabens

Zinszahlen haben keine Dezimalstellen. Es wird immer auf ganze Zahlen auf- oder abgerundet (kaufmännische Rundung).

| Beschaffungs- und Absatzbereich | Personalwirtschaft | Finanzbereich |

Kapitel 6

Bequeme Zinssätze

Zinssätze, die in 360 ohne Rest enthalten sind, bezeichnet man als **bequeme Zinssätze**.
Sie führen zu ganzen Zinsdivisoren.

Die folgende Übersicht enthält die bequemen Zinssätze.

Zinssatz (p)	Zinsdivisor $\left(\frac{360}{p}\right)$	Zinssatz (p)	Zinsdivisor $\left(\frac{360}{p}\right)$
3/8	960	4 2/7	84
1/2	720	4 1/2	80
1	360	4 4/5	75
1 1/4	288	5	72
1 1/3	270	6	60
1 1/2	240	6 2/3	54
2	180	7 1/5	50
2 1/4	160	7 1/2	48
2 2/5	150	8	45
2 1/2	144	9	40
2 2/3	135	10	36
3	120	12	30
3 1/3	108	15	24
3 3/5	100	18	20
3 3/4	96	20	18
4	90	24	15

Unbequeme Zinssätze

Zinssätze, die in 360 nicht glatt enthalten sind, werden als **unbequeme Zinssätze** bezeichnet.

BEISPIEL

Aus der Zinszahl (#) 7 200 sollen Zinsen berechnet werden. Der Zinssatz beträgt 6,5 %.

Es bietet sich in diesem Fall an, die Zinszahl mit dem Kehrwert des Zinsdivisors zu multiplizieren.

$$z = \# : \frac{360}{p}$$

$$\boxed{z = \# \cdot \frac{p}{360}}$$

$$z = 7\,200 \cdot \frac{6{,}5}{360} = 130{,}00 \; €$$

AUFGABEN

1. Errechnen Sie aus der Zinszahl (#) 9 000 die Zinsen bei folgenden Zinssätzen:

   a) 3 1/3 %   d) 4 %   g) 7 %   j) 5,23 %   m) 7,71 %
   b) 7 1/2 %   e) 3 3/4 %   h) 4,5 %   k) 4,97 %   n) 9,13 %
   c) 2 2/3 %   f) 7 1/5 %   i) 8,3 %   l) 9,32 %   o) 3,42 %

2. Ihr Mandant eröffnet bei seiner Hausbank ein neues Konto und zahlt die folgenden Beträge ein:

   a) 8.960,00 € am 22.03.   9.870,00 € am 02.11.
      7.280,00 € am 08.04.   Zinssatz 6 %
      5.430,00 € am 18.09.

   b) 1.280,00 € am 10.02.   9.310,00 € am 02.11.
      2.730,00 € am 01.03.   Zinssatz 5 %
      4.920,00 € am 12.06.

   Wie hoch ist das Bankguthaben am 31.12.?

3. Ein Kunde schuldet Ihrem Mandanten die folgenden Beträge:

   4.921,00 €, fällig am 20.01.   6.431,00 €, fällig am 01.03.
   5.622,00 €, fällig am 19.02.   8.938,00 €, fällig am 05.04.

   Der Kunde möchte die offenen Rechnungen mit einer Gesamtzahlung am 30.06. ausgleichen. Wie hoch ist der Zahlungsanspruch am 30.06. bei den Verzugszinssätzen a) bis d)?

   a) 9 %,   b) 4 4/5 %,   c) 6,57 %,   d) 7 4/7 %.

4. Ihr Mandant hat an einen Kunden die folgenden Rechnungen geschickt:

   AR 512 am 02.03. über 4.983,00 €; Zahlungsziel: 2 Monate
   AR 783 am 08.04. über 6.714,00 €; zahlbar sofort
   AR 851 am 07.05. über 9.491,00 €; Zahlungsziel: 70 Tage
   AR 942 am 29.06. über 7.320,00 €; Zahlungsziel: 40 Tage

   Welchen Betrag muss der Kunde insgesamt einschließlich Verzugszinsen zahlen, wenn Ihr Mandant folgende Verzugszinssätze berechnet:

   a) 4 %,   b) 6 %,   c) 7 1/5 %,   d) 8 1/7 %,   e) 7,27 %?

5. Eine Autovertretung beabsichtigt ihre Reparaturwerkstatt auszubauen. Zur Finanzierung wird eine Hypothek über 200.000,00 € aufgenommen.

   Die Bank zahlt die Hypothek nach Baufortschritt in folgenden Teilbeträgen aus:
   30.000,00 € am 8. Febr.   35.000,00 € am 2. Juni
   40.000,00 € am 22. März   50.000,00 € am 8. Sept.
   20.000,00 € am 19. April   Restbetrag   am 10. Okt.

   Errechnen Sie die bis zum 31. Dez. angefallenen Hypothekenzinsen bei folgenden Zinssätzen:

   a) 5 %,   b) 6 %,   c) 6 2/3 %,   d) 7,34 %,   e) 8 1/3 %.

6. Ein Sparer eröffnet ein Konto und nimmt während des Jahres folgende Einzahlungen vor:

   am 23. Febr.   1.500,00 €   am 10. Sept.   900,00 €
   am 27. April   800,00 €   am 25. Nov.   2.000,00 €
   am 5. Aug.   1.200,00 €

   Wie hoch ist sein Sparguthaben am 31. Dez., wenn die Bank ihm folgende Zinssätze gewährt:

   a) 2 1/2 %,   b) 3 1/3 %,   c) 4 2/7 %,   d) 5,41 %,   e) 5 1/7 %?

6.2.6 Verzinsung von der Höhe nach wechselnden Ansprüchen

In der Praxis werden Eingangsrechnungen in der Regel debitorisch und Ausgangsrechnungen kreditorisch gebucht, d. h., für jeden einzelnen Kunden bzw. Lieferanten wird ein separates Konto geführt, auf dem die Rechnungen und die Zahlungen gebucht werden. So ist zu jeder Zeit erkennbar, in welcher Höhe Forderungen bzw. Verbindlichkeiten gegenüber wem bestehen.

Gelegentlich werden diese Forderungen/Verbindlichkeiten verzinst. Da sich die Ansprüche durch laufend neue Rechnungen und Zahlungen verändern, ist eine zeitlich geordnete Tabelle mit Berechnung der taggenauen Zinsen erforderlich.

BEISPIEL

Ein Landmaschinenhändler bucht die Ausgangsrechnungen für seinen Kunden Bauer auf einem separaten Kreditorenkonto (= Kontokorrentkonto). Die Forderungen sind mit 4 % zu verzinsen. Es wird quartalsweise abgerechnet.

Folgende Buchungen sind dem Konto zu entnehmen:

AR 601 über 5.355,00 €, fällig am 02.04.01
AR 653 über 3.570,00 €, fällig am 10.04.01
Zahlungseingang 5.000,00 € am 30.04.01
AR 723 über 2.975,00 €, fällig am 02.05.01
Zahlungseingang 5.000,00 € am 30.05.01
AR 779 über 7.320,00 €, fällig am 02.06.01
Zahlungseingang 5.500,00 € am 15.06.01

Der jeweilige Stand des Kreditorenkontos ist taggenau zu verzinsen.

- Die Zinsen betragen 66,86 €.

Wert	S/H	€	Tage	Soll #
02.04.	S	5.355,00	8	428
10.04.	S	3.570,00		
	S	8.925,00	20	1 785
30.04.	H	5.000,00		
	S	3.925,00	2	79
02.05.	S	2.975,00		
	S	6.900,00	28	1 932
30.05.	H	5.000,00		
	S	1.900,00	2	38
02.06.	S	7.320,00		
	S	9.220,00	13	1 199
15.06.	H	5.500,00		
	S	3.720,00	15	558
				6 019

Zinsdivisor $\frac{360}{4} = 90$

$\frac{6\,019}{90} = 66{,}88$ € Zinsen

AUFGABEN

1. Ihr Mandant hat für einen Kunden ein Kreditorenkonto (= Kontokorrentkonto) eingerichtet, auf dem folgende Buchungen vorgenommen werden:

   AR 231, fällig 10.10.01, über 28.000,00 €
   Zahlungseingang 20.10.01 über 25.000,00 €
   AR 275, fällig 02.11.01, über 35.000,00 €
   Zahlungseingang 15.11.01 über 30.000,00 €
   AR 294, fällig 05.12.01, über 10.000,00 €
   Zahlungseingang 15.12.01 über 20.000,00 €

   Berechnen Sie die Höhe der Zinsen zum 31.12.01, wenn die gegenseitigen Ansprüche mit 5 % berechnet werden.

2. Vervollständigen Sie folgende Zinsstaffel. Berechnen Sie die Zinsen bis 30.06.01 bei einem Zinssatz von 7,5 %.

Wert	S/H	€	Tage	#
06.01.	S	11.000,00	4	?
10.01.	S	5.000,00		
		?	?	?
20.03.	H	20.000,00		
		4.000,00	?	?
03.04.	S	?		
		10.000,00	?	3 000
?	S	25.000,00		
		35.000,00	57	?
30.06.				?

3. Ihr Mandant, ein Heizungs- und Sanitärgroßhändler, veräußert Waren an einen Kunden. Gelegentlich beauftragt Ihr Mandant den Kunden, Heizungsarbeiten für seinen Betrieb auszuführen. Die gegenseitigen Ansprüche werden miteinander verrechnet und ein Restbetrag gezahlt.

   Es erfolgt eine vierteljährliche Verzinsung mit 6⅔ %. Dem Debitorenkonto in der Buchführung entnehmen Sie die folgenden Vorgänge:

08.01.	Ausgangsrechnung über	30.000,00 €
02.02.	Eingangsrechnung über	6.000,00 €
15.02.	Zahlung in Höhe von	26.000,00 €
28.02.	Ausgangsrechnung über	18.000,00 €
05.03.	Ausgangsrechnung über	7.000,00 €
07.03.	Eingangsrechnung über	15.000,00 €

   Berechnen Sie die Zinsen.

6.2.7 Verzinsung von Kontokorrentkonten bei Kreditinstituten

Die unbaren Geschäftsvorfälle erfolgen beim Unternehmer über ein Kontokorrentkonto (= Geschäftskonto).

Der Bestand des Kontokorrentkontos ändert sich durch:

- Barein- und -auszahlungen
- Überweisung von Ausgangsrechnungen durch Kunden
- Überweisung von Eingangsrechnungen
- Privateinlagen und -entnahmen

Das Kontokorrentkonto wird in der Regel verzinst mit

- Soll-Zinsen, wenn der Kontostand im Minus steht (Der Unternehmer hat sich insoweit Geld geliehen.),
- mit Haben-Zinsen, wenn der Kontostand im Haben steht (Der Unternehmer stellt dem Kreditinstitut Kapital zur Verfügung.).

Im Voraus vereinbart der Unternehmer mit dem Kreditinstitut, in welcher Höhe er das Konto überziehen darf (= Höchstkredit/Kreditlimit).

Beansprucht der Unternehmer das Kontokorrentkonto über diese vereinbarte Höchstgrenze hinaus, berechnet das Kreditinstitut Überziehungszinsen.

Außerdem berechnet das Kreditinstitut für jede Buchung eine Gebühr, z. B. 0,14 €, und für entstandene Auslagen den entsprechenden Betrag, z. B. Porto.

BEISPIEL

Dem Kontokorrentkonto eines Unternehmers sind im Mai 01 folgende Kontobewegungen zu entnehmen:

Bestand 30.01.   S 1.500,00 €
03.05. Überweisung von einem Kunden   5.000,00 €
10.05. Bareinzahlung   2.000,00 €
20.05. Überweisung einer Eingangsrechnung   10.000,00 €
24.05. Barabhebung   2.500,00 €

Die Abrechnung des Kontos erfolgt monatlich. Die Guthabenzinsen betragen 1 %, die Soll-Zinsen 8 %, die Überziehungszinsen 12 % (Höchstkredit 5.000,00 €), die Postengebühr 0,15 €.
Für Mai sind 20,00 € Auslagen angefallen.

Erstellen Sie eine Monatsabrechnung.

- Die Soll-, Haben- und Überziehungszinsen sind getrennt voneinander zu berechnen. Hinzu kommen die Auslagen und die Buchungsgebühr.

Wert	S/H	€	Tage	#	Überziehung
30.04.	S	1.500,00	3	45 S	
03.05.	H	5.000,00			
	H	3.500,00	7	245 H	
10.05.	H	2.000,00			
	H	5.500,00	10	550 H	
20.05.	S	10.000,00			
	S	4.500,00	4	180 S	
24.05.	S	2.500,00			
	S	7.000,00	6	300 S	120
				525 S	120
				795 H	

- Soll-Zinsen: $\dfrac{360}{8} = 45$ $\dfrac{525}{45} = 11{,}67$ €

- Haben-Zinsen: $\dfrac{360}{1} = 360$ $\dfrac{795}{360} = 2{,}21$ €

→

BEISPIEL (Fortsetzung)

Hiervon sind 25 % Kapitalertragsteuer und 5,5 % Solidaritätszuschlag einzubehalten.
25 % = 0,55 €
5,5 % = 0,03 €

- Überziehungszinsen: $\dfrac{360}{12} = 30$ $\dfrac{120}{30} = 4,00\ €$

Abrechnung 31.05.01

Soll-Zinsen	11,67 €	S
Haben-Zinsen	2,21 €	H
KapESt	0,55 €	S
SolZ	0,03 €	S
Überziehungszinsen	4,00 €	S
Auslagen	20,00 €	S
Buchungsgebühr	0,60 €	S
	34,64 €	S
Kontostand 31.05.	7.034,64 €	S

Wechselt der Zinssatz innerhalb einer Abrechnungsperiode, ist das bei der Berechnung der Zinsen zu berücksichtigen, indem bis zum Tag des Wechsels des Zinssatzes mit den alten Konditionen gerechnet wird und danach mit den neuen.

BEISPIEL

Ein Kontokorrentkonto weist folgende Kontobewegungen aus:

Saldovortrag 31.07.	H 30.000,00 €
10.08. Überweisung auf Privatkonto	S 25.000,00 €
15.08. Überweisung Eingangsrechnung	S 20.000,00 €
19.09. Überweisung Ausgangsrechnung	H 50.000,00 €
02.10. Barabhebung	S 6.000,00 €

Die Abrechnung erfolgt zum 31.10.01. Die Soll-Zinsen betragen bis zum 31.09. 6²/₃ %, danach 7¹/₅ %, die Haben-Zinsen 1,0 %, nach dem 31.09. 1,5 %. Die Buchungsgebühr beläuft sich auf 0,15 € je Buchung. Auslagen werden nicht berechnet.

- Zunächst sind die Zinsen bis zum 30.09.01, dann bis 31.10.01 zu berechnen.

Wert	S/H	€	Tage	Soll #	Überziehung
31.07.	H	30.000,00	10	3 000	H
10.08.	S	25.000,00			
	H	5.000,00	5	250	H
15.08.	S	20.000,00			
	S	15.000,00	34	5 100	S
19.09.	H	50.000,00			
	H	35.000,00	11	3 850	H
	H	35.000,00	2	700	H
02.10.	S	6.000,00			
	H	29.000,00	28	8 120	H
			90		

bis 30.09.01

- Soll-Zinsen: $\dfrac{360}{6^{2}/_{3}} = 54$ $\dfrac{5\ 100}{54} = 94{,}44\ €$

- Haben-Zinsen: $\dfrac{360}{1} = 360$ $\dfrac{7\ 100}{360} = 19{,}72\ €$

BEISPIEL (Fortsetzung)

ab 01.10.01

- Haben-Zinsen: $\dfrac{360}{1,5} = 240$ $\qquad \dfrac{8\,820}{240} = 36{,}75\,€$

19,72 € + 36,75 € = 56,47 € Habenzinsen
Hiervon sind 25 % Kapitalertragsteuer und 5,5 % Solidaritätszuschlag einzubehalten:
56,47 · 25 % KapESt = 14,12 €
14,12 · 5,5 % SolZ = 0,78 €

Abrechnung 31.10.01

Soll-Zinsen	94,44 €	S
Haben-Zinsen	56,47 €	H
KapESt	14,12 €	S
SolZ	0,78 €	S
Buchungsgebühr	0,45 €	€
	53,32 €	S

Kontostand 31.10. 29.000,00 € H – 53,32 € = 28.946,68 € H

AUFGABEN

Nr. 1-4 Berechnung bei gleichbleibenden Zinssätzen
Nr. 5-6 Berechnung mit wechselnden Zinssätzen

1. Ihr Mandant führt ein Kontokorrentkonto zu folgenden Bedingungen: 10 % Soll-Zinsen; 1¼ % Haben-Zinsen; 0,20 € Buchungsgebühr und 10,00 € Auslagen bei Abrechnung zum Monatsende.

   Für den Monat September weist das Konto folgende Buchungen aus:

30.08.01	Saldo	10.500,00 €	H
02.09.	Überweisung einer Eingangsrechnung	8.000,00 €	S
03.09.	Barentnahme	2.600,00 €	S
15.09.	Abrechnung Kreditkarte	5.000,00 €	S
23.09.	Überweisung einer Ausgangsrechnung	6.800,00 €	H

   Berechnen Sie den Monatsabschluss.

2. Einem Kontoauszug entnehmen Sie folgende Buchungen:

31.03.01	Saldo	51.700,00 €	S
03.04.	Scheckeinreichung	16.400,00 €	H
07.04.	Bareinzahlung	5.200,00 €	H
10.04.	Bezahlung einer Eingangsrechnung	21.500,00 €	S
20.04.	Einlage	70.000,00 €	H

   Die Abrechnung erfolgt zum 30.04.01. Die Haben-Zinsen betragen 0,5 %, die Soll-Zinsen 9 % und die Überziehungszinsen 12 %. Weitere Gebühren fallen nicht an. Der Höchstkredit beträgt 40.000,00 €.

   Führen Sie den Abschluss durch.

3. Das Kontokorrentkonto Ihres Mandanten weist die folgenden Buchungen aus:

31.12.00	Saldo	12.800,00 €	H
12.01.	Scheckeinlösung	4.000,00 €	H
29.01.	Überweisung einer Eingangsrechnung	2.500,00 €	S
14.02.	Überweisung einer Eingangsrechnung	16.100,00 €	S
16.02.	Einlage	2.000,00 €	H
15.03.	Überweisung einer Ausgangsrechnung	10.900,00 €	H

Berechnen Sie den Abschluss zum 31.03.01, wenn die Haben-Zinsen 2 %, die Soll-Zinsen 8 %, die Buchungsgebühren 0,15 € und die Auslagen für die Zeit vom 01.01. bis 31.03.01 21,00 € betragen.

4. Ihr Mandant eröffnet am 03.07.01 ein Kontokorrentkonto. Der Anfangsbestand beträgt ab 04.07.01 10.000,00 € H. Es wird ein Überziehungskredit von 5.000,00 € eingeräumt. Die Guthabenzinsen betragen 1 1/3 %, die Soll-Zinsen 9 %, die Überziehungszinsen 12 %, die Buchungsgebühr 0,10 €. Sonstige Gebühren fallen nicht an.

Berechnen Sie den Abschluss für Juli 01, wenn folgende Buchungen erfolgten:

05.07.	Überweisung einer Eingangsrechnung	5.000,00 €	S
10.07.	Überweisung einer Eingangsrechnung	6.200,00 €	S
11.07.	Barabhebung	4.000,00 €	S
15.07.	Scheckeinreichung	3.000,00 €	H
21.07.	Überweisung einer Eingangsrechnung	4.300,00 €	S

5. Dem Kontokorrentkonto Ihres Mandanten entnehmen Sie folgende Buchungen:

30.09.01	Saldo	31.500,00 €	S
04.10.	Überweisung einer Ausgangsrechnung	72.300,00 €	H
08.10.	Überweisung einer Eingangsrechnung	56.400,00 €	S
13.10.	Entnahme	5.000,00 €	S
18.10.	Überweisung einer Ausgangsrechnung	49.000,00 €	H

Laut Vereinbarung mit der Bank betragen bis zum 10.10.01
– die Haben-Zinsen 0,5 %   – die Soll-Zinsen 7,5 %
und ab dem 11.10.
– die Haben-Zinsen 1 %   – die Soll-Zinsen 9 %.

Die Buchungsgebühr bleibt unverändert bei 0,20 € und die Auslagen für Oktober betragen 20,00 €.

Berechnen Sie den Abschluss.

6. Ein Kontokorrentkonto wird zu folgenden Bedingungen geführt:

Bis 31.01.01 Soll-Zinsen 8 %, Haben-Zinsen 2 %
ab 01.02.   Soll-Zinsen 7,5 %, Haben-Zinsen 1 1/3 %

Die Buchungsgebühren betragen 0,16 € und die Auslagen pro Quartal 10,00 €.

Folgende Buchungen sind dem Kontoauszug zu entnehmen:

31.12.00	Saldo	600,00 €	S
15.01.01	Scheckeinreichung	3.300,00 €	H
24.01.01	Entnahme	1.500,00 €	S
02.02.01	Überweisung einer Ausgangsrechnung	2.500,00 €	H
18.02.01	Überweisung einer Eingangsrechnung	2.000,00 €	S
24.02.01	Entnahme	2.000,00 €	S
10.03.01	Scheckeinreichung	4.100,00 €	H

Berechnen Sie den Abschluss.

6.2.8 Umrechnung eines Skontoprozentsatzes in einen Zinssatz

BEISPIEL

a) In einer Rechnung heißt es: „Zahlungsziel 30 Tage, bei Zahlung innerhalb von 10 Tagen 3 % Skonto". Welchem Zinssatz entsprechen die 3 % Skonto?

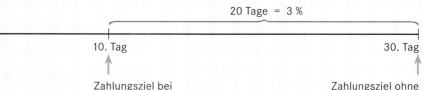

Für die **20-tägige** vorzeitige Zahlung werden **3 %** Skonto eingeräumt.
Damit besteht für den Skontoprozentsatz ein Zeitbezug (→ **20 Tage** = 3 %).

Ein Zinssatz bezieht sich auf 360 Tage.

Mit der Dreisatzrechnung erfolgt nun die Umrechnung des Skontoprozentsatzes auf einen Zinssatz:

$$\begin{array}{l} 20 \text{ Tage} \;\hat{=}\; 3\,\% \\ 360 \text{ Tage} \;\hat{=}\; x\,\% \end{array} \qquad x = \frac{3 \cdot 360}{20} = 54\,\%$$

In unserem Beispiel entspricht der Skontoprozentsatz einem Zinssatz von 54 %.

b) Lohnt die Ausnutzung des Skontozahlungsziels, wenn für den Rechnungsausgleich ein Überziehungskredit zu 15 % Zinsen in Anspruch genommen werden müsste?

Zinsvorteil (54 %) > Zinsnachteil (15 %). Daraus folgt: Die Skontoinanspruchnahme lohnt sich.

Hinweis: Die obige Umrechnung eines Skontoprozentsatzes auf einen Zinssatz erfolgt mit einer **kaufmännischen Überschlagsrechnung**, die in der betrieblichen Praxis herangezogen wird und meistens ausreichend ist. In den unten folgenden Ausführungen wird der Skontoprozentsatz mathematisch korrekt in einen effektiven Zinssatz (p_{eff}) umgerechnet.

BEISPIEL

Ein Unternehmer hat eine Rechnung über 13.000,00 € zu begleichen. Die Zahlungsbedingung lautet (wie oben): „Zahlungsziel 30 Tage, bei Zahlung innerhalb von 10 Tagen 3 % Skonto". Welchem **effektiven** Zinssatz (p_{eff}) entsprechen die 3 % Skonto?

Wenn Skonto ausgenutzt wird, sind **12.610,00 €** (= 97 % von 13.000,00 €) zu zahlen. Der Unternehmer zieht **390,00 €** Skonto (= **3** % von 13.000,00 €) vom Rechnungsbetrag ab.

Entsprechend wird in die Formel für den Zinssatz (p) eingesetzt:

$$p_{eff} = \frac{z \cdot 100 \cdot 360}{k \cdot t} = \frac{390{,}00 \cdot 100 \cdot 360}{12.610{,}00 \cdot 20} = 55{,}67\,\%$$

oder $\left(\text{da} \begin{array}{l} 390{,}00 \,€ = \;\;3\,\% \\ 12.610{,}00 \,€ = 97\,\% \end{array} \right) : \; p_{eff} = \frac{3 \cdot 100 \cdot 360}{97 \cdot 20} = 55{,}67\,\%$

Der Vergleich mit der kaufmännischen Überschlagsrechnung $\left(\frac{3 \cdot 360}{20} = 54\,\% \right)$ zeigt, dass die kaufmännische Überschlagsrechnung die lediglich **97%ige** Überweisung vernachlässigt.

Kapitel 6

Teilgebiete des betrieblichen Rechnungswesens und deren Aufgaben | Einführung in die Systematik der Buchführung | Buchführung

AUFGABEN

1. Mit einem Lieferanten wird ein Zahlungsziel von 40 Tagen vereinbart. Bei Zahlung innerhalb von 10 Tagen gewährt der Lieferant 2 % Skonto. Rechnungsbetrag: 15.000,00 €.

   Welchem Zinssatz entspricht der Skontoprozentsatz (nach der Überschlagsrechnung und nach der mathematisch korrekten Rechnung)?

2. Rechnen Sie bei den folgenden Zahlungsbedingungen die Skontoprozentsätze in Zinssätze um (nach der Überschlagsrechnung und nach der mathematisch korrekten Rechnung).

Skontoprozentsatz	Zahlungsziel ohne Inanspruchnahme von Skonto	Zahlungsziel bei Inanspruchnahme von Skonto
a) 1 %	60 Tage	10 Tage
b) 3 %	30 Tage	5 Tage
c) 2,5 %	30 Tage	10 Tage
d) 1,5 %	40 Tage	10 Tage

3. Wird von einem Lieferanten die Möglichkeit der vorzeitigen Skontozahlung angeboten, stellt sich häufig die Frage, ob zur Ausnutzung von Skonto ein Überziehungskredit in Anspruch genommen werden soll.

   1. Entscheiden Sie durch den Vergleich des umgerechneten Skontozinssatzes (nach der Überschlagsrechnung und nach der mathematisch korrekten Rechnung) mit dem Kreditzinssatz, ob es günstig ist, die vorzeitige Skontozahlung zu wählen.
   2. Errechnen Sie den Skontoabzug und den Zahlungsbetrag bei Skontoinanspruchnahme.
   3. Errechnen Sie den Finanzierungsgewinn bzw. -verlust bei Inanspruchnahme von Skonto.

Rechnungs-betrag (€)	Skonto-prozent-satz (%)	Zahlungsziel ohne Inanspruchnahme von Skonto	Zahlungsziel bei Inanspruchnahme von Skonto	Kredit-zinssatz (%)
a) 120.000,00	3	60 Tage	20 Tage	8
b) 50.000,00	1	45 Tage	5 Tage	10
c) 60.000,00	2,5	50 Tage	20 Tage	6
d) 40.000,00	1,5	60 Tage	10 Tage	12
e) 80.000,00	3	40 Tage	5 Tage	9

6.2.9 Effektivzinssatz bei Darlehen

Verschiedene Banken bieten bei der Darlehensgewährung i. d. R. unterschiedliche Konditionen an. So können sich die Kreditbedingungen hinsichtlich der Zinsen, des Disagios (Abgeld), der Bearbeitungsgebühren und der Spesen unterscheiden. Um Darlehensangebote vergleichbar zu machen, wird der sogenannte Effektivzinssatz herangezogen.

BEISPIEL

Ein Unternehmer beabsichtigt ein Darlehen über 120.000,00 € aufzunehmen.

Die Hausbank macht folgendes Angebot: Zinssatz: 9 %, Disagio: 4 %, 1 % Bearbeitungsgebühren, 100,00 € Spesen, Laufzeit: 5 Jahre.

Um dieses Darlehensangebot mit anderen Darlehensangeboten zu vergleichen, muss der Effektivzinssatz errechnet werden.

Lösung[1]

1. Ermittlung des Auszahlungsbetrags

	Darlehensbetrag	120.000,00 €
−	4 % Disagio	4.800,00 €
−	1 % Bearbeitungsgebühren	1.200,00 €
−	Spesen	100,00 €
=	Auszahlungsbetrag	113.900,00 €

2. Ermittlung der effektiven Kreditkosten

	4 % Disagio	4.800,00 €
+	1 % Bearbeitungsgebühren	1.200,00 €
+	Spesen	100,00 €
+	Zinsen = $\dfrac{120.000,00 \cdot 9 \cdot 1\,800}{100 \cdot 360}$	54.000,00 €
=	effektive Kreditkosten	60.100,00 €

3. Ermittlung des Effektivzinssatzes

Zur Ermittlung des Effektivzinssatzes wird die Zinssatzformel herangezogen. Für das Kapital wird der Auszahlungsbetrag (113.900,00 €), für die Zinsen werden die effektiven Kreditkosten (60.100,00 €) eingesetzt.

$$p = \frac{z \cdot 100 \cdot 360}{k \cdot t} = \frac{60.100,00 \cdot 100 \cdot 360}{113.900,00 \cdot 1\,800} = 10,55\,\%$$

(Im obigen Beispiel hätte man auch mit der Jahresformel rechnen können.)
Der Effektivzinssatz beträgt 10,55 %.

---

[1] Die hier dargebotene Lösung beinhaltet eine kaufmännische Überschlagsrechnung.
  Annahme: Das Darlehen wird am Ende seiner Laufzeit in einem Betrag zurückgezahlt (Fälligkeitsdarlehen).

AUFGABEN

1–3 Aufgaben zum Effektivzinssatz
4–19 gemischte Aufgaben

1. Zur Restfinanzierung einer Erweiterungsinvestition beabsichtigt ein Unternehmer, ein Darlehen über 320.000,00 € aufzunehmen. Laufzeit: 6 Jahre.

   Drei Banken haben Darlehensangebote unterbreitet:

	Bank I	Bank II	Bank III
Zinssatz	6 %	6,5 %	5,5 %
Disagio	4 %	3 %	5 %
Bearbeitungsgebühren	1 %	0,5 %	1,5 %
Spesen	120,00 €	100,00 €	140,00 €

   Entscheiden Sie auf der Grundlage des Effektivzinssatzes, welches Darlehensangebot das günstigste ist.

2. Berechnen Sie jeweils den Effektivzinssatz.

	a)	b)	c)
Darlehen	90.000,00 €	70.000,00 €	120.000,00 €
Zinssatz	6,2 %	7,4 %	8,1 %
Disagio	2 %	4 %	5 %
Bearbeitungsgebühren	0,5 %	1 %	1,5 %
Spesen	50,00 €	100,00 €	–
Laufzeit	1. Febr. – 30. Nov.	62 Monate	1 980 Tage

3. Zur Finanzierung eines vom Staat geförderten Investitionsvorhabens erhält ein Unternehmer ein Darlehen über 200.000,00 € zu folgenden Konditionen:
   Laufzeit: 6½ Jahre; Zinssatz: 5 % (die ersten 1 000 Tage sind zinsfrei); Disagio: 2 %.
   Errechnen Sie den Effektivzinssatz.

4. Wie viel Euro Zinsen erbringt ein Kapital von 8.600,00 €, wenn es vom 3. März bis zum 8. Dezember zu 6 % Zinsen angelegt ist?

5. Ein Kredit, der am 5. Februar aufgenommen wurde, wird am 28. August des gleichen Jahres einschließlich Zinsen mit 9.029,76 € zurückgezahlt. Zinssatz: 8 %.

   a) Auf wie viel Euro beläuft sich der Kredit?
   b) Wie viel Euro betragen die Zinsen?

6. Welches Kapital erbringt bei einem Zinssatz von 5 % in 212 Tagen 402,80 € Zinsen?

7. Die folgenden Kapitalien werden bis zum 31. Dezember zu 7,5 % angelegt.

   1. 9.600,00 € am 20. Februar
   2. 8.900,00 € am 3. März
   3. 7.480,00 € am 21. April
   4. 6.590,00 € am 12. Mai
   5. 5.930,00 € am 8. August

   Wie hoch ist das Guthaben am 31. Dezember?

8. In einer Rechnung steht folgende Klausel: „Zahlungsziel 40 Tage, bei Zahlung innerhalb von 10 Tagen 3 % Skonto". Welchem Zinssatz entsprechen die 3 % Skonto (nach der Überschlagsrechnung und nach der mathematisch korrekten Rechnung)?

9. Ein Darlehen über 7.920,00 € wird einschließlich Zinsen mit 8.085,00 € zurückgezahlt. Laufzeit: 125 Tage. Wie hoch ist der Zinssatz?

Beschaffungs- und Absatzbereich | Personalwirtschaft | **Finanzbereich**

Kapitel 6

10. Zur Finanzierung eines Investitionsvorhabens benötigt ein Unternehmer einen Bankkredit über 380.000,00 €. Von zwei Banken holt er Angebote ein:

	Angebot Bank 1	Angebot Bank 2
Zinssatz	5,5 %	5,9 %
Disagio	6 %	4 %
Bearbeitungsgebühren	0,5 %	0,6 %
Spesen	100,00 €	150,00 €
Laufzeit	2 010 Tage	2 010 Tage

    a) Errechnen Sie für beide Angebote den Effektivzinssatz.
    b) Welches Angebot ist das günstigere?

11. Ein Unternehmer hat eine Forderung über 24.840,00 €. Am 3. Sept. berechnet er 828,00 € Verzugszinsen (vereinbarter Verzugszinssatz: 8 %).

    Wann geriet der Kunde in Zahlungsverzug?

12. Ein Geschäftshaus ist mit folgenden Hypotheken belastet:
    a) 120.000,00 € zu $4^{4/5}$ %   c) 80.000,00 € zu 5,9 %
    b) 100.000,00 € zu 5,1 %   d) 50.000,00 € zu $6^{2/3}$ %

    Wie viel Euro sind an Hypothekenzinsen vierteljährlich zu zahlen?

13. In welcher Zeit wächst eine Spareinlage von 10.000,00 € auf 10.500,00 € (Zinssatz: 6 %)?

14. Am 30. Juni schuldet die Kibat KG der Thren GmbH noch folgende Beträge:
    a) 4.380,00 €, fällig am 10. Jan.   c) 6.730,00 €, fällig am 12. April
    b) 5.920,00 €, fällig am 2. März   d) 8.960,00 €, fällig am 28. April

    Es wurde ein Verzugszinssatz von 8 % vereinbart. Wie viel Verzugszinsen hat die Kibat KG zu zahlen?

15. Ein Kaufmann nimmt einen Kredit zu einem Zinssatz von 7,5 % vom 6. März bis zum 30. Juli auf. Seine Bank zahlt ihm abzüglich Zinsen 5.432,00 € aus. Errechnen Sie die Höhe des Kredites und die Höhe der Zinsen.

16. Die Söffgen OHG begleicht eine Rechnung über 19.800,00 € erst 30 Tage nach dem vereinbarten Zahlungsziel. Die Söffgen OHG hat 148,50 € Verzugszinsen und 11,50 € Mahngebühren zu zahlen. Welchem Effektivzinssatz entspricht die Gesamtbelastung?

17. Am 22. Aug. wird ein Kredit zu 10 % aufgenommen. Am 7. Juli des nächsten Jahres wird der Kredit einschließlich Zinsen mit 24.468,75 € zurückgezahlt. Wie hoch war der Kredit?

18. Die Emut GmbH gewährt einem Kunden auf einen Rechnungsbetrag von 23.760,00 € ein Zahlungsziel von 50 Tagen. Bei Zahlung innerhalb von 10 Tagen erhält der Kunde 3 % Skonto. Um Skonto ausnutzen zu können, muss der Kunde einen Kontokorrentkredit (Zinssatz: 10 %) in Anspruch nehmen.
    a) Rechnen Sie den Skontoprozentsatz auf einen Jahreszinssatz um (nach der Überschlagsrechnung und nach der mathematisch korrekten Rechnung). Entscheiden Sie, ob die vorzeitige Skontozahlung günstig ist.
    b) Errechnen Sie die Zinsen, die für den Kontokorrentkredit zu zahlen sind.
    c) Errechnen Sie den Finanzierungsgewinn bzw. -verlust bei Inanspruchnahme von Skonto.

19. Einem Unternehmen wird ein 20-Familien-Haus zum Kauf angeboten. Der Kaufpreis beträgt 1,2 Mio. €. Die Finanzierung könnte über eine 1. Hypothek über 400.000,00 € zu 6 % und eine 2. Hypothek über 300.000,00 € zu 7 % erfolgen. Die geschätzten jährlichen Kosten (Reparaturkosten, Abschreibungen, Steuern, Abgaben) belaufen sich auf 44.000,00 €. Die monatlichen Mieteinnahmen betragen 9.500,00 €.

    Errechnen Sie die Eigenkapitalverzinsung.

6.2.10 Anzahlungen

> **LERNSITUATION**
>
> Das Textilunternehmen Meier-GmbH hat beim Maschinenbauer Werner eine Spezialmaschine zur Anfertigung spezieller Textilien bestellt. Der Kaufpreis beträgt brutto 650.000,00 €. Werner fordert noch vor Beginn seiner Arbeiten eine Anzahlung von 119.000,00 € mit einer ordnungsgemäßen Rechnung an, die von der Meier-GmbH auch gezahlt wird. Der Buchhalter bucht die Banküberweisung als „sonstiger betrieblicher Aufwand".

HGB
§ 250 Abs. 1, § 253, § 266 Abs. 1 B Nr. 4, § 266 Abs. 3 C Nr. 3

UStG
§ 13 Abs. 1 Nr. 1 a, § 15 Abs. 1 Nr. 1

Anzahlungen liegen vor, wenn der Auftraggeber/Leistungsempfänger, **bevor** er die Leistung oder eine Teilleistung erhalten hat, bereits eine Zahlung/Gegenleistung erbringt.

Vorauszahlungen liegen vor, wenn der Auftraggeber/Leistungsempfänger bereits den gesamten vereinbarten Preis zahlt, bevor er die Leistung erhalten hat.

Die Anforderung von Anzahlungen ist bei größeren Aufträgen oder z. B. bei Anfertigung eines speziell auf die Wünsche des Kunden abgestimmten Gegenstandes, den der Auftragnehmer anderweitig nicht veräußern könnte, üblich. Auf diese Weise kann der Auftragnehmer davon ausgehen, dass der Kunde die Leistung auch abnimmt. Ferner beteiligt der Kunde sich an der Finanzierung des Auftrags.

Da der

- Auftragnehmer noch keine Leistung erbracht hat bzw.
- der Auftraggeber noch keine Leistung erhalten hat,

sind

- erhaltene Anzahlungen beim Auftragnehmer noch kein Ertrag und
- geleistete Anzahlungen beim Auftraggeber noch kein Aufwand.

Der Auftraggeber/Leistungsempfänger, der die Anzahlung leistet, hat darüber eine Forderung auszuweisen.

Die geleisteten Anzahlungen sind dabei getrennt zu buchen und auszuweisen als

- geleistete Anzahlungen für Gegenstände des Anlagevermögens und
- geleistete Anzahlungen für Gegenstände des Umlaufvermögens.

Der Auftragnehmer/Leistender, der die Anzahlung erhält, hat darüber eine Verbindlichkeit auszuweisen. Sie werden auf dem Konto „Erhaltene Anzahlungen" gebucht.

Umsatzsteuer

Wird das Entgelt (Vorauszahlung) oder ein Teil des Entgelts (Anzahlung) vereinnahmt, bevor die Leistung ausgeführt worden ist, entsteht die Steuer bereits mit Ablauf des Voranmeldungszeitraums, in dem das Entgelt vereinnahmt wurde, § 13 Abs. 1 Nr. 1 a UStG.

Auf eine ordnungsgemäße Rechnung kommt es nicht an.

Vorsteuer

Der Auftraggeber hat einen Vorsteuerabzug, wenn er die Anzahlung/Vorauszahlung geleistet und eine ordnungsgemäße Rechnung hat, § 15 Abs. 1 Nr. 1 S. 3 UStG.

| Beschaffungs- und Absatzbereich | Personalwirtschaft | **Finanzbereich** |

Kapitel 6

> **BEISPIEL**
>
> Ein Unternehmer, der Sportboote und Segeljachten verkauft, bestellt bei einem Schiffsbauer eine Segeljacht. Der Kaufpreis beträgt 1.000.000,00 € zzgl. 19 % USt. Die Auslieferung soll am 22.06.01 erfolgen.
>
> Beim Abschluss des Vertrages werden folgende Anzahlungen vereinbart:
>
> | | | | | | | |
> |---|---|---|---|---|---|---|
> | 05.03.01 | 100.000,00 € | + | 19.000,00 € USt | = | 119.000,00 € |
> | 05.04.01 | 200.000,00 € | + | 38.000,00 € USt | = | 238.000,00 € |
> | 05.05.01 | 200.000,00 € | + | 38.000,00 € USt | = | 238.000,00 € |
> | 05.06.01 | 200.000,00 € | + | 38.000,00 € USt | = | 238.000,00 € |
>
> Die Überweisungen erfolgen pünktlich. Außer für die Anzahlung am 05.04.01 liegen ordnungsgemäße Rechnungen vor. Die Auslieferung erfolgt ebenfalls pünktlich. Die Schlussrechnung wird ordnungsgemäß erstellt und geht noch im Juni beim Auftraggeber ein. Die Zahlung des Restbetrags erfolgt im Juli 01.
>
> - Die erhaltenen Anzahlungen sind auf dem Konto „Erhaltene Anzahlungen" zu buchen. Umsatzsteuer entsteht bei jeder Zahlung und ist entsprechend zu buchen.
>
> **Auftragnehmer/Leistender**
>
> | Buchungssatz 05.03.01 | | Soll | Haben |
> |---|---|---|---|
> | | 1200/1800 Bank | 119.000,00 | |
> | | an 1710/3250 Erhalt. Anzahlungen | | 100.000,00 |
> | | an 1770/3800 Umsatzsteuer | | 19.000,00 |
>
> | Buchungssatz 05.04.01 | | Soll | Haben |
> |---|---|---|---|
> | | 1200/1800 Bank | 238.000,00 | |
> | | an 1710/3250 Erhalt. Anzahlungen | | 200.000,00 |
> | | an 1770/3800 Umsatzsteuer | | 38.000,00 |
>
> | Buchungssatz 05.05.01 | | Soll | Haben |
> |---|---|---|---|
> | | 1200/1800 Bank | 238.000,00 | |
> | | an 1710/3250 Erhalt. Anzahlungen | | 200.000,00 |
> | | an 1770/3800 Umsatzsteuer | | 38.000,00 |
>
> | Buchungssatz 05.06.01 | | Soll | Haben |
> |---|---|---|---|
> | | 1200/1800 Bank | 238.000,00 | |
> | | an 1710/3250 Erhalt. Anzahlungen | | 200.000,00 |
> | | an 1770/3800 Umsatzsteuer | | 38.000,00 |
>
> | Buchungssätze 22.06.01 Lieferung | | Soll | Haben |
> |---|---|---|---|
> | | 1400/1200 Forderungen a. LL | 1.190.000,00 | |
> | | an 8400/4400 Erlöse | | 1.000.000,00 |
> | | an 1770/3800 Umsatzsteuer | | 190.000,00 |
> | | 1710/3250 Erhalt. Anzahlungen | 700.000,00 | |
> | | 1770/3800 Umsatzsteuer | 133.000,00 | |
> | | an 1400/1200 Forderungen a. LL | | 833.000,00 |

→

BEISPIEL (Fortsetzung)

oder zusammengefasst:	Soll	Haben
1400/1200 Forderungen a. LL	357.000,00	
1710/3250 Erhalt. Anzahlungen	700.000,00	
1170/3800 Umsatzsteuer	133.000,00	
an 8400/4400 Erlöse		1.000.000,00
an 1170/3800 Umsatzsteuer		190.000,00

- Die geleisteten Anzahlungen sind auf dem Konto „Geleistete Anzahlungen auf Vorräte" zu buchen. Soweit eine ordnungsgemäße Rechnung vorliegt, ist ein Vorsteuerabzug möglich.

Buchungssatz 05.03.01

	Soll	Haben
1518/1186 Geleistete Anzahlung	100.000,00	
1570/1400 Vorsteuer	19.000,00	
an 1200/1800 Bank		119.000,00

Buchungssatz 05.04.01

	Soll	Haben
1518/1186 Geleistete Anzahlung	238.000,00	
an 1200/1800 Bank		238.000,00

Buchungssatz 05.05.01

	Soll	Haben
1518/1186 Geleistete Anzahlung	200.000,00	
1570/1400 Vorsteuer	38.000,00	
an 1200/1800 Bank		238.000,00

Buchungssatz 05.06.01

	Soll	Haben
1518/1186 Geleistete Anzahlung	200.000,00	
1570/1400 Vorsteuer	38.000,00	
an 1200/1800 Bank		238.000,00

Buchungssätze 22.06.01 bei Lieferung

	Soll	Haben
3400/5400 Wareneingang	1.000.000,00	
1570/1400 Vorsteuer	190.000,00	
an 1600/3300 Verbindlichkeiten a. LL		1.190.000,00
1600/3300 Verbindlichkeiten a. LL	833.000,00	
an 1518/1186 Geleistete Anzahlung		738.000,00
an 1570/1400 Vorsteuer		95.000,00

oder zusammengefasst:	Soll	Haben
3400/5400 Wareneingang	1.000.000,00	
1570/1400 Vorsteuer	190.000,00	
an 1570/1400 Vorsteuer		95.000,00
an 1518/1186 Geleistete Anzahlung		738.000,00
an 1600/3300 Verbindlichkeiten a. LL		357.000,00

| Beschaffungs- und Absatzbereich | Personalwirtschaft | Finanzbereich |

Kapitel 6

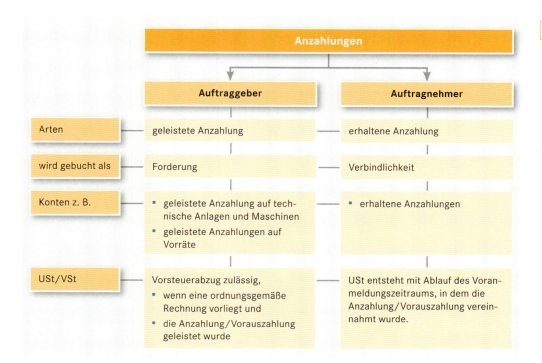

AUFGABEN

1. Wie sind erhaltene Anzahlungen bzw. geleistete Anzahlungen zu buchen?

2. Erläutern Sie die umsatzsteuerliche Behandlung von erhaltenen bzw. geleisteten Anzahlungen.

Aufgaben 3 und 4 zu geleisteten Anzahlungen
Aufgaben 5–8 zu erhaltenen Anzahlungen
Aufgaben 9–11 gemischte Aufgaben

3. Ihr Mandant, ein Einzelhändler, bestellt am 03.01.01 Waren zum Preis von 100.000,00 € zzgl. 19 % Umsatzsteuer. Vereinbarungsgemäß leistet er am 05.01.01 eine Anzahlung von 40.000,00 € zzgl. 7.600,00 € USt = 47.600,00 €. Am 03.02.01 wird die Ware geliefert. Sowohl die Anzahlungsrechnung als auch die Endrechnung sind ordnungsgemäß. Die Schlusszahlung erfolgt noch per Banküberweisung im Februar.

   Bilden Sie sämtliche Buchungssätze für Ihren Mandanten.

4. Ihr Mandant bestellt Rohstoffe für brutto 76.398,00 € (19 % USt). Laut Vereinbarung mit dem Lieferanten zahlt er am 08.08.01 eine Anzahlung in Höhe von 25.466,00 €. Es liegt keine ordnungsgemäße Anzahlungsrechnung vor. Mit Lieferung am 09.09.01 erhält Ihr Mandant gleichzeitig eine Endrechnung mit einer ordnungsgemäßen Abrechnung.

   Die Anzahlung hat Ihr Mandant
       Rohstoffe 21.400,00 €
       Vorsteuer 4.066,00 € **an** Bank 25.466,00 €
   gebucht.

   Nehmen Sie die erforderlichen Buchungen vor. Unterstellen Sie dabei, dass die Endrechnung noch nicht bezahlt wurde.

5. Ein Unternehmer erstellt am 10.01.01 folgende Anzahlungsrechnung:

Für die Anfertigung von Einbaumöbeln berechne ich vereinbarungsgemäß	12.500,00 €
zzgl. 19 % Umsatzsteuer	2.375,00 €
Summe	14.875,00 €

Der Kunde überwies zwei Tage später einen Betrag von 14.400,00 €. Im Februar erfolgt die Lieferung und die Endrechnung, die u. a. folgende Angaben enthält:

Lieferung und Einbau von Möbeln	40.800,00 €	
zzgl. 19 % USt	7.752,00 €	
	48.552,00 €	
abzgl. Anzahlung vom 12.01.	12.100,84 €	
zzgl. 19 % USt	2.299,16 €	
Summe	14.400,00 €	− 14.400,00 €
zu zahlen		34.152,00 €

Nehmen Sie die erforderlichen Buchungen vor, unter der Voraussetzung, dass die Rechnung noch nicht bezahlt wurde.

6. Ihr Mandant verkauft für 150.000,00 € zzgl. 19 % USt (28.500,00 €) einen Lkw an einen Kunden. Am 15.02.01 erhält er eine Anzahlung in Höhe von 23.800,00 €. Die Anzahlungsrechnung enthielt keinen Umsatzsteuerausweis. Bei Lieferung am 15.03.01 übergab Ihr Mandant dem Kunden mit dem Lkw gleichzeitig die ordnungsgemäße Endrechnung.

Wie hat Ihr Mandant den Vorgang zu buchen, wenn noch keine Zahlung erfolgt ist?

7. Ihr Mandant soll eine EDV-Anlage zum Preis von brutto 22.500,00 € zzgl. 4.275 € USt = 26.775,00 € liefern. Bei Bestellung am 16.09.01 erhält er eine Anzahlung von 11.900,00 €, die er wie folgt bucht:

Bank 11.900,00 € **an** erhalt. Anzahlungen 11.121,50 €
                        an USt   778,50 €

Die EDV-Anlage wird im Oktober geliefert und der Restbetrag vereinbarungsgemäß unter Abzug einer Preisminderung von 1.500,00 € im November per Banküberweisung gezahlt. In der Anzahlungsrechnung wurde keine Umsatzsteuer gesondert ausgewiesen, die Endrechnung ist ordnungsgemäß.

Nehmen Sie alle erforderlichen Buchungen vor.

8. Ihr Mandant verkauft Ware an einen Kunden für brutto 107.100,00 € (19 % USt). Am 18.01.01 erstellt er eine Anzahlungsrechnung, die u. a. folgende Angaben enthält:

Laut Vereinbarung bitten wir um eine Anzahlung in Höhe von 25 % des Warenwertes	22.500,00 €
zzgl. 19 % Umsatzsteuer	4.275,00 €
zu zahlen bis zum 25.01.01	26.775,00 €

Die Banküberweisung erfolgt rechtzeitig.

Am 18.02.01 erfolgt mit der Warenlieferung gleichzeitig die Endabrechnung mit folgenden Angaben:

Warenwert		90.000,00 €
zzgl. 19 % Umsatzsteuer		17.100,00 €
Summe		107.100,00 €
Anzahlung vom 25.01.01	22.500,00 €	
zzgl. 19 % USt	4.275,00 €	
Summe	26.775,00 €	− 26.775,00 €
noch zu zahlen		80.325,00 €

Der Restbetrag wurde nach Prüfung der Ware unter Abzug von 2 % Skonto am 25.02.01 gezahlt.

Buchen Sie den gesamten Vorgang.

Kapitel 6

9. Ihr Mandant kauft Ware beim Großhändler. Am 05.03.01 erhält er eine Anzahlungsrechnung, u. a. mit folgenden Angaben:

   25 % Anzahlung, wie vereinbart   59.500,00 €

   Die Überweisung einen Tag später bucht Ihr Mandant wie folgt:

   Wareneingang   50.000,00 €
   Vorsteuer   9.500,00 € **an** Bank 59.500,00 €

   Die Endrechnung, die am 15.04.01 mit Lieferung bei Ihrem Mandanten eingeht, sieht u. a. wie folgt aus:

Gesamtwert Ware	200.000,00 €
zzgl. 19 % Umsatzsteuer	38.000,00 €
Summe	238.000,00 €
abzüglich Anzahlung vom 06.03.01	– 59.500,00 €
noch zu zahlen	178.500,00 €

   Da die Ware zum Teil schadhaft ist, einigt man sich auf eine Preisnachlass von 10.000,00 €. Der Restbetrag wird per Überweisung am 25.05.01 gezahlt.

   Geben Sie alle erforderlichen Buchungssätze an.

10. Ein Innenarchitekt übernimmt die Planung für ein neues Verwaltungsgebäude eines Unternehmens (zum vollen Vorsteuerabzug berechtigt). Der gesamte Preis beläuft sich auf 250.000,00 € zzgl. 19 % USt (47.500,00 € = 297.500,00 €). Vereinbarungsgemäß sind folgende Anzahlungen fällig, die alle pünktlich überwiesen werden:

    08.04.01   50.000,00 € + 9.500,00 € (USt) = 59.500,00 €
    08.05.01   65.450,00 €
    08.06.01   45.000,00 € + 8.550,00 € (USt) = 53.550,00 €

    Für die Anzahlung am 08.05.01 liegt keine ordnungsgemäße Rechnung vor.
    Bei Fertigstellung der Arbeiten am 02.07.01 wird der Restbetrag fällig, der unter Abzug von 2 % Skonto gezahlt wird. Eine ordnungsgemäße Endrechnung liegt vor.

    Wie lauten sowohl für den Innenarchitekt als auch für den Unternehmer die erforderlichen Buchungen?

11. Ein Rohstofflieferant liefert Rohstoffe an einen Kunden. Der Auftrag wurde wie folgt bezahlt:

Rechnungsbetrag		davon ausgewiesene Steuer	Zahlung	Banküberweisung
1. Anzahlung	17.850,00 €	2.850,00 €	03.10.01	17.850,00 €
2. Anzahlung	24.990,00 €	3.990,00 €	03.11.01	20.000,00 €
3. Anzahlung	11.900,00 €	1.900,00 €	03.12.01	11.900,00 €
Lieferung Restbetrag	35.700,00 €	5.700,00 €	Lieferung 20.12.01	am 04.01.02 34.000,00 €

    Buchen Sie den gesamten Vorgang sowohl für den Rohstofflieferanten als auch für dessen Kunden, der ein zum vollen Vorsteuerabzug berechtigter Unternehmer ist.

6.2.11 Buchen von Kontokorrentkrediten

Bei einem Kontokorrentkonto können sowohl Guthaben- als auch Soll-Zinsen anfallen. Außerdem verlangt das Kreditinstitut oftmals Gebühren für das Führen des Kontokorrentkontos.

BEISPIEL

Zum Monatsabschluss berechnet die Bank:
- Guthabenzinsen 10,00 €
- davon 25 % KapESt 2,50 €
- und 5,5 % SolZ 0,14 €
- Buchungsgebühr 7,50 €
- Soll-Zinsen 57,00 €
- Überziehungszinsen 15,00 €

Buchungssatz	Soll	Haben
2100/7300 Zinsaufwendungen	72,00	
4970/6855 Nebenkosten Geldverkehr	7,50	
1800/2100 Privatentnahme	2,64	
an 1200/1800 Bank		72,14
an 2650/7100 Zinserträge		10,00

6.2.12 Festgelder

Von Festgeldern spricht man, wenn Kapital für einen im Voraus festgelegten Zeitraum zu einem bestimmten Zinssatz angelegt wird. Die Mindestanlagedauer beträgt 30 Tage.

Der angelegte Betrag wird höher verzinst, als es beim Kontokorrentkonto der Fall ist.

Wenn der Unternehmer davon ausgeht, dass er Kapital in naher Zukunft nicht benötigt, ist es i. d. R. sinnvoll, es als Festgeld anzulegen. Von den Zinsen werden 25 % Kapitalertragsteuer und 5,5 % Solidaritätszuschlag einbehalten, die als Vorauszahlung auf die Einkommensteuer gelten. Diese Beträge werden deshalb als Privatentnahme gebucht.

BEISPIEL

Ein Unternehmer legt einen Betrag von 30.000,00 € für 90 Tage zu einem Zinssatz von 4,5 % an.

- Der Betrag wird vom Kontokorrentkonto auf ein Festgeldkonto umgebucht.

Buchungssatz	Soll	Haben
0535/0920 Festverzinsl. Wertpapiere	30.000,00	
an 1200/1800 Bank		30.000,00

- Nach 90 Tagen werden die Zinsen und das Kapital dem Kontokorrentkonto wieder gutgeschrieben.

Berechnung Zinsen:
30.000,00 € · 90/360 = 337,50 €
337,50 € · 25 % = 84,38 € KapESt
84,38 € · 5,5 % = 4,64 € SolZ

	Soll	Haben
1200/1800 Bank	30.248,48	
1800/2100 Privatentnahmen	89,02	
an 0535/0920 Festverzinsl. Wertpapiere		30.000,00
an 2650/7110 Zinserträge		337,50

6.2.13 Aufnahme und Rückzahlung von Krediten

Die Mittel für Investitionen eines Betriebes stammen aus Eigen- oder Fremdkapital.

Bei der Fremdfinanzierung erfolgt die Mittelbeschaffung durch die Aufnahme von Krediten. Der Kreditgeber berechnet in der Regel für die Vergabe eines Kredits Bearbeitungs-, Abschluss- und/oder Verwaltungsgebühren. Bei Darlehens- bzw. Hypothekenschulden ist der Auszahlungsbetrag oft niedriger als der Rückzahlungsbetrag (= Darlehensbetrag). Die Differenz nennt man **„Disagio"** oder „Damnum".

```
  Rückzahlungsbetrag (= Darlehensbetrag)
-  Disagio
= Auszahlungsbetrag
```

Die Höhe des Disagios beeinflusst die Höhe des Zinssatzes, mit dem das Darlehen bzw. die Hypothek verzinst wird. Je höher das Disagio, desto niedriger ist der Zinssatz. Es stellt deshalb eine Art „Vorauszins" dar.

Darlehens- und Hypothekenschulden sind handelsrechtlich gem. § 253 Abs. 1 S. 2 HGB mit dem Erfüllungsbetrag und steuerlich mit dem Rückzahlungsbetrag zu passivieren.

Handelsrechtlich darf das Disagio in den Rechnungsabgrenzungsposten auf der Aktivseite aufgenommen werden, § 250 Abs. 3 HGB. Es ist durch planmäßige jährliche Abschreibungen zu tilgen, die auf die gesamte Laufzeit der Verbindlichkeit verteilt werden können.

Steuerrechtlich ist das Disagio zu aktivieren und auf die Laufzeit zu verteilen, § 5 Abs. 5 Nr. 1 EStG.

Die Auflösung wird auf dem Konto „Zinsähnliche Aufwendungen" gebucht.

Die Bearbeitungs-, Abschluss- oder Verwaltungsgebühren sind ebenfalls zu aktivieren und aufwandsmäßig auf die Laufzeit des Darlehens/der Hypothek zu verteilen. Diese Kosten nennt man **„Finanzierungskosten"**.

BEISPIEL

Ein Unternehmer nimmt einen Kredit zu folgenden Bedingungen auf:

Bankkredit	100.000,00 €
Disagio	10.000,00 €
Bearbeitungsgebühr	800,00 €
Auszahlung am 01.10.01	89.200,00 €

Rückzahlung des Darlehens in einem Betrag nach zehn Jahren (= Fälligkeitsdarlehen).
Am 31.12.01 werden 2.000,00 € Zinsen berechnet.

- Das Disagio und die Bearbeitungsgebühr sind zu aktivieren und auf die Laufzeit des Darlehens zeitanteilig zu verteilen.

Kreditaufnahme Buchungssatz

	Soll	Haben
1200/1800 Bank	89.200,00	
0986/1940 Disagio	10.800,00	
an 0630/3150 Verbindlichkeit Kl		100.000,00

Zinszahlung Buchungssatz

	Soll	Haben
2120/7320 Zinsaufwendungen	2.000,00	
an 1200/1800 Bank		2.000,00

Auflösung des Disagios
linear: 1.080,00 € / 10 Jahre = 1.080,00 € · 3/12 = 270,00 €

Buchungssatz

	Soll	Haben
2140/7330 Zinsähnliche Aufwendungen	270,00	
an 0986/1940 Disagio		270,00

Aufwendungen, die dem Darlehensnehmer im Zusammenhang mit der Darlehensaufnahme durch **Zahlungen an Dritte** entstehen sind **sofort abzugsfähige Betriebsausgaben**.

Hierunter fallen z. B.
- Vermittlungsprovisionen,
- Bürgschaftsgebühren,
- Schätzungsgebühren,
- Notarkosten für die Eintragung einer Grundschuld ins Grundbuch und
- Gerichtskosten für die Eintragung einer Grundschuld ins Grundbuch.

Sie werden auf dem Konto „Nebenkosten Geldverkehr" gebucht.

Hierbei handelt es sich um Geldbeschaffungskosten.

BEISPIEL

Ein Unternehmer kauft eine Lagerhalle für 600.000,00 € und muss dafür ein Darlehen in Höhe von 400.000,00 € aufnehmen. Das Darlehen wird durch eine Grundschuld abgesichert. Hierfür fallen Gerichtskosten in Höhe von 1.000,00 € und Notarkosten in Höhe von brutto 1.785,00 € an.

- Die Gerichts- und Notarkosten sind als Nebenkosten des Geldverkehr soforts abzugsfähige Betriebsausgaben.

Buchungssatz	Soll	Haben
4970/6855 Nebenkosten Geldverkehr	2.500,00	
1570/1400 Vorsteuer	285,00	
an 1200/1800 Bank		2.785,00

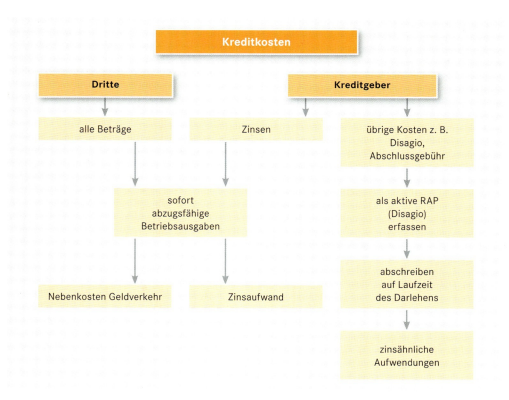

Kapitel 6

AUFGABEN

1. Unterscheiden Sie die Begriffe „Finanzierungskosten" und „Geldbeschaffungskosten".
2. Wie werden Finanzierungs- und Geldbeschaffungskosten buchhalterisch behandelt?
3. Was ist ein Disagio?
4. Wie wird ein Disagio handelsrechtlich und steuerrechtlich behandelt?
5. Die Hausbank eines Mandanten gewährt diesem einen Kredit in Höhe von 480.000,00 € zu folgenden Bedingungen:

Auszahlung:	96 % (Wertstellung: 1. Januar)
Bearbeitungsgebühr:	2.000,00 €
Zinssatz:	6 % p. a. (Zinsen sind vierteljährlich nachträglich zahlbar)
Laufzeit:	8 Jahre

   a) Nennen Sie den Buchungssatz für die Kreditauszahlung (Bankgutschrift) bei Aktivierung des Disagios und der Bearbeitungsgebühren.
   b) Nennen Sie den Buchungssatz für die jährliche lineare Abschreibung des Disagios und der Bearbeitungsgebühren.
   c) Nennen Sie den Buchungssatz für die Abbuchung der Kreditzinsen am Ende des 1. Quartals (Banklastschrift).

6.

Höhe des Bankkredites	Auszahlung (1. Jan.)	Bearbeitungsgebühr	Zinssatz p. a.	Laufzeit (Jahre)	Fälligkeit für Zinsen (nachträglich)
I 120.000,00 €	94 %	1 %	5 %	10	Quartalsende
II 300.000,00 €	95 %	1.500,00 €	6 %	8	Monatsende
III 450.000,00 €	96 %	2.000,00 €	7 %	10	Monatsende

   a) Wie lautet der Buchungssatz für die Kreditauszahlung (Bankgutschrift) bei Aktivierung des Disagios und der Bearbeitungsgebühren?
   b) Wie lautet der Buchungssatz für die lineare Abschreibung des Disagios und der Bearbeitungsgebühren?
   c) Wie lautet der Buchungssatz für die Abbuchung der Kreditzinsen am Ende des 1. Fälligkeitstermins?

7. Ihr Mandant nimmt ein Darlehen zu folgenden Bedingungen auf:
   Aufnahme 01.10.01

Darlehensbetrag	500.000,00 €
Auszahlung	95 %
Zinssatz	6 %
Laufzeit	5 Jahre, Fälligkeitsdarlehen
Zinsen fällig nachträglich, vierteljährlich	
Bearbeitungsgebühr	0,5 % vom Darlehensbetrag

   An einen Makler zahlt Ihr Mandant 2.300,00 € Provision, umsatzsteuerfrei.

   Bilden Sie die Buchungssätze bei Auszahlung des Darlehens, bei Zahlung der Maklerprovision per Banküberweisung und der Bearbeitungsgebühr am 05.10.01 und zum 31.12.01.

8. Ihr Mandant ist die Textilfabrik Konrad Fied KG in Hannover. Mit den Buchführungsunterlagen für Oktober erhalten Sie u. a. folgenden Beleg:

Konto-Nummer: **12 345** BLZ **251 901 01** IBAN: DE81 2519 0101 0000 0123 45 BIC: GENODEF1HLI				**Lindener Volksbank eG**	
Beleg	Buch.-Datum	Text		Wert	Betrag
99 927	10.10.20..	DARLEHEN 500498852 DARLEHENSBETRAG 320.000,00 - DISAGIO 9.600,00 - BEARBEITUNGSGEB. 1.600,00 - SPESEN 100,00		08.10.20..	308.700,00 +
KLAUS BACH BACHSTR. 25 30159 HANNOVER		Konto-Auszug		EUR 100.000,00 + Alter Kontostand	
		11.10.20..	218 1	EUR 408.700,00 + Neuer Kontostand	
		Datum	Nummer Blatt		

a) Welcher Geschäftsvorfall liegt dem Beleg zugrunde?
b) Wie lautet der Buchungssatz?

9. Ihr Mandant kauft zum 01.07.01 ein unbebautes Grundstück in bester Lage zum Preis von 450.000,00 €. Zur Finanzierung nimmt er ein Darlehen in Höhe von 300.000,00 € auf.

Auszahlung	293.000,00 €
Disagio	6.000,00 €
Bearbeitungsgebühr	1.000,00 €
Laufzeit	5 Jahre, in einer Summe fällig
Zinssatz	8,5 %, Zinsen nachträglich halbjährlich

Er sichert das Darlehen durch Eintragung einer Grundschuld ab. Hierfür fallen Notargebühren in Höhe von brutto 1.428,00 € und Gerichtskosten in Höhe von 900,00 € an, die sofort per Banküberweisung gezahlt werden.

Nehmen Sie alle erforderlichen Buchungen im Zusammenhang mit dem Darlehen vor.

10. Ein Unternehmer nimmt am 01.08.01 einen Kredit in Höhe von 35.000,00 € auf, der mit 34.000,00 € ausgezahlt wird. Der Kredit ist am 31.07.03 in einer Summe zurückzuzahlen. Der Zinssatz beträgt 7 %. Die Zinsen sind nachträglich monatlich fällig. Der Unternehmer hat bisher gebucht:

Bank 34.000,00 €
Zinsaufwendungen 1.000,00 € **an** Darlehen 35.000,00 €

Nehmen Sie die erforderlichen Buchungen zum 31.08.01 und zum 31.12.01 vor.

6.2.14 Leasing

Bewegliche Wirtschaftsgüter des Anlagevermögens werden oft vom Unternehmer nicht gekauft, sondern geleast. Der Unternehmer zahlt dabei einen monatlichen Betrag dafür, dass er den Gegenstand nutzen darf. Leasingverträge beinhalten Merkmale von Kauf- und Mietverträgen. Vorteile liegen darin, das dem Unternehmen keine hohen Geldmittel abfließen. Die finanziellen Mittel stehen für andere Aufgaben zur Verfügung. Ferner ist eine schnelle Anpassung an den aktuellen technischen Stand möglich. Der Unternehmer trägt kein Investitionsrisiko.

Die monatlichen Leasingraten können als Betriebsausgaben sofort gewinnmindernd berücksichtigt werden. Allerdings muss der Unternehmer auf die gesamte Zeit gesehen mehr an den Leasinggeber zahlen, als die Anschaffungskosten betragen würden.

In der Praxis kommt überwiegend das Finanzierungsleasing vor.

Nach dem BMF-Schreiben vom 19.04.1971 liegt Finanzierungsleasing vor,

- wenn der Vertrag über eine bestimmte Zeit abgeschlossen wird, während der der Vertrag nicht gekündigt werden kann (= Grundmietzeit) und
- der Leasingnehmer mit seinen zu zahlenden Raten während der Grundmietzeit mindestens die Anschaffungs- oder Herstellungskosten sowie alle Nebenkosten einschließlich der Finanzierungskosten des Leasinggebers deckt.

Zu klären ist in diesen Fällen, wem der Leasinggegenstand zu zurechnen ist, d. h., wer ihn bilanzieren muss.

- Beträgt die Grundmietzeit weniger als 40 % der betriebsgewöhnlichen Nutzungsdauer oder mehr als 90 % der betriebsgewöhnlichen Nutzungsdauer, so ist der Leasinggegenstand dem Leasingnehmer stets zuzurechnen.
  Im ersten Fall unterstellt man einen Kaufvertrag, da der Leasingnehmer alle Anschaffungskosten und Nebenkosten des Leasinggebers zahlt, und der Gegenstand nach Ablauf der Grundmietzeit noch einen erheblichen wirtschaftlichen Wert hat.
  Im letzten Fall wird der Leasingnehmer wirtschaftlicher Eigentümer des Gegenstandes, da dieser nach Ablauf der Grundmietzeit so gut wie verbraucht ist.
- Beträgt die Grundmietzeit zwischen 40 % und 90 % der betriebsgewöhnlichen Nutzungsdauer des Gegenstandes, so ist für die Zurechnung des Gegenstandes entscheidend, ob im Vertrag eine Option für die Zeit nach Ablauf der Grundmietzeit vereinbart wurde und ggf. die Bedingungen dieser Option.

Leasingverträge ohne Optionsmöglichkeit

In diesen Fällen hat der Leasingnehmer den Gegenstand nach Ablauf der Grundmietzeit an den Leasinggeber zurückzugeben. Der Gegenstand ist dem Leasinggeber zuzurechnen.

Leasingverträge mit Kaufoption

Hier hat der Leasingnehmer die Möglichkeit, den Gegenstand nach Ablauf der Grundmietzeit zu erwerben.

Ist der vereinbarte Kaufpreis niedriger als der bei linearer Abschreibung ermittelte Restbuchwert, so ist der Gegenstand dem Leasingnehmer zuzurechnen, da dieser wirtschaftlicher Eigentümer wird. Es ist davon auszugehen, dass er von seinem Optionsrecht Gebrauch machen wird.

> **BEISPIEL**
>
> Ein Unternehmer least eine Maschine, deren Anschaffungskosten 180.000,00 € betragen. Die betriebsgewöhnliche Nutzungsdauer wird mit 8 Jahren angenommen. Nach Ablauf der Grundmietzeit von 5 Jahren beträgt der vereinbarte Kaufpreis 15.000,00 €.
>
> - Da der vereinbarte Kaufpreis von 15.000,00 € unter dem Restbuchwert in Höhe von 30.000,00 € bei linearer AfA liegt, ist die Maschine dem Leasingnehmer zuzurechnen.

Leasingverträge mit Mietverlängerungsoption

Hierbei hat der Leasingnehmer das Recht, das Vertragsverhältnis auf bestimmte oder unbestimmte Zeit zu verlängern. Deckt die Anschlussmiete den Werteverzehr für den Gegenstand nicht mehr, so ist der Gegenstand dem Leasingnehmer zuzurechnen. Als Werteverzehr wird der Betrag angenommen, der sich ergibt, wenn man den Restbuchwert linear auf die Restnutzungsdauer verteilt.

> **BEISPIEL**
>
> Ein Unternehmer least eine Maschine mit Anschaffungskosten in Höhe von 120.000,00 € und einer betriebsgewöhnlichen Nutzungsdauer von 10 Jahren für eine Grundmietzeit von 6 Jahren. Der Leasingvertrag sieht eine Mietverlängerung vor, mit einer monatlichen Rate von
>
> a) 1.200,00 € und
> b) 800,00 €.
>
> - Der Restbuchwert nach 6 Jahren beträgt 48.000,00 €. Bei einer Restnutzungsdauer von 4 Jahren beträgt die jährliche lineare AfA 12.000,00 €.
>
>   a) Hier wird der Werteverzehr mit der Miete in Höhe von 14.400,00 € jährlich gedeckt. Die Zurechnung des Gegenstandes erfolgt beim Leasinggeber.
>
>   b) Die jährliche Miete beträgt 9.600,00 € und deckt nicht den Werteverzehr. Die Maschine wird dem Leasingnehmer zugerechnet.

Buch- und bilanzmäßige Behandlung der Leasingraten

Wird der Gegenstand dem Leasinggeber zugerechnet, so hat der Leasinggeber den Gegenstand zu aktivieren und gemäß § 7 EStG abzuschreiben. Die Leasingraten sind als Betriebseinnahmen zu erfassen.

Beim Leasingnehmer sind die Leasingraten sofort abzugsfähige Betriebsausgaben.

> **BEISPIEL**
>
> Ein Unternehmer least einen Pkw mit Anschaffungskosten in Höhe von 30.000,00 € bei einer betriebsgewöhnlichen Nutzungsdauer von 6 Jahren für eine Grundmietzeit von 3 Jahren. Die monatliche Leasingrate beträgt 500,00 € zzgl. 19 % Umsatzsteuer.
>
> **Behandlung beim Leasingnehmer**
>
> - Die monatlichen Raten werden gewinnmindernd erfasst.
>
> | Buchungssatz | Soll | Haben |
> |---|---|---|
> | 4570/6840 Leasingkosten | 500,00 | |
> | 1570/1400 Vorsteuer | 95,00 | |
> | an 1200/1800 Bank | | 595,00 |

Beschaffungs- und Absatzbereich | Personalwirtschaft | Finanzbereich

Kapitel 6

BEISPIEL (Fortsetzung)

Behandlung beim Leasinggeber

- Der Leasinggeber aktiviert die Anschaffungskosten von 30.000,00 € und schreibt den Pkw z. B. gemäß § 7 Abs. 1 EStG linear mit jährlich 5.000,00 € ab. Die Leasingraten sind Betriebseinnahmen.

Buchungssatz

	Soll	Haben
4830/6220 Abschreibungen auf SA	5.000,00	
an 0320/0520 Pkw		5.000,00
1200/1800 Bank	595,00	
an 8400/4400 Erlöse 19 % USt		500,00
an 1776/3806 Umsatzsteuer 19 %		95,00

Erfolgt die Zurechnung des Gegenstandes beim Leasingnehmer, so hat dieser

- die Anschaffungskosten (des Leasinggebers) für den Gegenstand zu aktivieren,
- in gleicher Höhe eine Verbindlichkeit gegenüber dem Leasinggeber zu passivieren,
- den Gegenstand gemäß § 7 EStG abzuschreiben,
- die monatlichen Leasingraten in einen Tilgungs- und einen Zinsanteil aufzuteilen und entsprechend zu buchen.

BEISPIEL

Ein Produktionsunternehmen least eine Maschine mit Anschaffungskosten in Höhe von 180.000,00 € und einer betriebsgewöhnlichen Nutzungsdauer von 12 Jahren für eine Grundmietzeit von 11 Jahren für monatlich 2.000,00 € zzgl. 19 % Umsatzsteuer. Der Tilgungsanteil beträgt 1.700,00 €, der Zinsanteil 300,00 €

- Maschine ist dem Leasingnehmer zuzurechnen, da die Grundmietzeit länger als 90 % der betriebsgewöhnlichen Nutzungsdauer ist.

Anschaffung der Maschine Buchungssatz

	Soll	Haben
0210/0440 Maschinen	180.000,00	
an 1600/3300 Verbindlichkeiten a. LL		180.000,00

monatliche Rate Buchungssatz

	Soll	Haben
1600/3300 Verbindlichkeiten a. LL	1.700,00	
2100/7300 Zinsaufwendungen	300,00	
1570/1400 Vorsteuer	380,00	
an 1200/1800 Bank		2.380,00

Abschreibung der Maschine Buchungssatz

	Soll	Haben
4830/6220 Abschreibung auf SA	15.000,00	
an 0210/0440 Maschinen		15.000,00

AUFGABEN

1. Ihr Mandant least eine Produktionsmaschine mit Anschaffungskosten in Höhe von 58.000,00 €, bei einer betriebsgewöhnlichen Nutzungsdauer von 8 Jahren für einer Grundmietzeit von 4 Jahren. Nach Ablauf der Grundmietzeit muss Ihr Mandant die Maschine wieder an den Leasinggeber zurückgeben. Die monatlichen Leasingraten betragen 1.350,00 € zzgl. 19 % Umsatzsteuer.

    a) Wem ist der Leasinggegenstand zuzurechnen?
    b) Wie hat Ihr Mandant die monatlichen Raten zu buchen?

2. Ihr Mandant least einen Pkw für monatlich 850,00 € zzgl. 19 % Umsatzsteuer. Die Anschaffungskosten betragen 36.000,00 €, die betriebsgewöhnliche Nutzungsdauer beträgt 6 Jahre. Nach Ablauf der Grundmietzeit von 4 Jahren hat Ihr Mandant das Recht, den Pkw für 15.000,00 € zzgl. 19 % Umsatzsteuer zu kaufen.

    a) Wem ist der Leasinggegenstand zuzurechnen?
    b) Wie hat Ihr Mandant die monatlichen Raten zu buchen?

3. Ein Reiseunternehmen least einen Reisebus für monatlich 3.900,00 € zzgl. 19 % Umsatzsteuer, die per Banküberweisung gezahlt werden. Die Anschaffungskosten betragen 250.000,00 € zzgl. 19 % Umsatzsteuer, die betriebsgewöhnliche Nutzungsdauer wird mit 10 Jahren angenommen. Nach Ablauf der Grundmietzeit von 6 Jahren kann der Unternehmer den Bus für 50.000,00 € zzgl. 19 % Umsatzsteuer kaufen.

    Die monatliche Rate enthält einen Tilgungsanteil von 1.800,00 € und einen Zinsanteil von 2.100,00 €.

    a) Wem ist der Leasinggegenstand zuzurechnen?
    b) Nehmen Sie die Buchungen zu Beginn des Leasingvertrages vor. Buchen Sie außerdem die erste Leasingrate.

6.3 Wertpapiere

Wertpapiere können zum Anlagevermögen oder Umlaufvermögen gehören. Zum Anlagevermögen gehören sie, wenn sie dazu bestimmt sind, auf Dauer dem Betrieb zu dienen. Dem Umlaufvermögen werden sie zugeordnet, wenn sie vorübergehend der Verstärkung des Betriebskapitals dienen.

Zu den Wertpapieren gehören z. B. Aktien, GmbH-Anteile sowie festverzinsliche Wertpapiere wie Sparbriefe und Bundesschatzbriefe.

6.3.1 Aktien

Kauf von Aktien

Möchte der Unternehmer Aktien erwerben, teilt er das seinem Kreditinstitut mit, das seinerseits den Kaufwunsch an einen Börsenmakler weiterleitet. Er kauft die gewünschten Aktien an der Börse.

Für ihre Leistungen berechnen die Kreditinstitute eine Provision und der Börsenmakler eine Courtage. Die Bankprovision und die Courtage sind von der Höhe her nicht festgelegt. In den folgenden Beispielen werden als Maklercourtage immer 0,07 % und als Bankprovision 1 % angenommen.

Eventuell fallen noch Auslagen an. Die gesamten Kosten werden dem Unternehmer als Käufer zusätzlich zum Kurswert in Rechnung gestellt und gehören zu den Anschaffungskosten der Aktien.

BEISPIEL

Ein Unternehmer erwirbt Aktien, die er als langfristige Kapitalanlage betrachtet. Die Bank erteilt folgende Abrechnung:

Kauf 100 Aktien, Kurswert 75,20 €	7.520,00 €
+ Bankprovision 1 %	75,20 €
+ Courtage 0,07 %	5,26 €
Summe	7.600,46 €

- Die Anschaffungskosten der Wertpapiere betragen 7.600,46 €.

Buchungssatz		Soll	Haben
	0525/1510 Wertpapiere	7.600,46	
	an 1200/1800 Bank		7.600,46

Verkauf von Aktien

Der Verkauf von Aktien erfolgt ebenfalls nur an der Börse. Die hierbei entstehenden Kosten, die vom Verkäufer zu zahlen sind, mindern den Veräußerungsgewinn und werden auf dem Konto „Kosten Geldverkehr" gebucht.

Außerdem muss der Abgang der Aktien auf dem entsprechenden Konto des Anlagevermögens oder des Umlaufvermögens erfasst werden.

Werden die Aktien zu einem höheren Kurswert verkauft, als sie ursprünglich gekauft wurden, wird der so entstandene Kursgewinn auf dem Konto „Zinsähnliche Erträge" gebucht.

Verluste, die durch den Verkauf entstehen, werden auf dem Konto „Verluste aus der Veräußerung von Anteilen an einer KapGes." gebucht.

Der Gewinn aus der Veräußerung von Aktien unterliegt gemäß § 43 Abs. 1 Nr. 9 EStG i. V. m. § 20 Abs. 2 Nr. 1 EStG dem Kapitalertragsteuerabzug, d. h., es werden vom Kreditinstitut 25 % Kapitalertragsteuer zuzüglich 5,5 % Solidaritätszuschlag einbehalten und an das Finanzamt abgeführt.

Im Rahmen der Einkommensteuerveranlagung werden diese Steuerabzugsbeträge auf die Einkommensteuer und auf den Solidaritätszuschlag angerechnet.

Verkauf von Aktien durch Kapitalgesellschaften

Gemäß § 8 b Abs. 2 KStG sind Veräußerungsgewinne in vollem Umfang steuerfrei. Kosten, die im Rahmen der Veräußerung entstehen, sind folglich nicht als Betriebsausgabe abzugsfähig. Veräußerungsverluste sind gemäß § 8 b Abs. 3 KStG ebenfalls nicht als Betriebsausgabe abzugsfähig.

Folglich wird kein Steuerabzug vorgenommen, wenn der Gläubiger der Kapitalerträge, d. h. der Verkäufer der Aktien, eine Kapitalgesellschaft ist, § 43 Abs. 2 S. 3 Nr. 1 EStG.

BEISPIEL

Die Altrans-GmbH verkauft Aktien, die zum Anlagevermögen gehören, zum Kurswert von 3.000,00 €. Die Aktien waren mit den Anschaffungskosten von 2.500,00 € erfasst.

Die Altrans-GmbH erhält von ihrer Bank folgende Abrechnung:

Verkauf Aktien zum Kurswert von	3.000,00 €
– Bankprovision 1 %	30,00 €
– Courtage 0,07 %	2,10 €
Gutschrift	2.966,90 €

- Die angefallenen Gebühren in Höhe von 32,10 € sind auf dem Konto „Nebenkosten Geldverkehr" zu erfassen. Die Differenz zwischen dem Veräußerungspreis von 3.000,00 € und den Anschaffungskosten von 2.500,00 € ist als Gewinn von 500,00 € auf dem Konto „Zinsähnliche Erträge" zu buchen.

Buchungssatz	Soll	Haben
1200/1800 Bank	2.966,90	
4970/6855 Nebenkosten Geldverkehr	32,10	
an 0525/0900 Wertpapiere des Anlagevermögens		2.500,00
an 2680/7120 Zinsähnliche Erträge		500,00

Verkauf von Aktien durch Einzelunternehmer/Personengesellschaften

Im betrieblichen Bereich bei Einzelunternehmern und Personengesellschaften gilt das sogenannte Teileinkünfteverfahren, d. h., ein Veräußerungsgewinn ist zu 60 % steuerpflichtig und zu 40 % steuerfrei, § 3 Nr. 40 a EStG. Dementsprechend sind Veräußerungskosten und Veräußerungsverluste auch nur zu 60 % als Betriebsausgabe abzugsfähig, § 3 c Abs. 2 EStG.

Grundsätzlich unterliegt der Veräußerungsgewinn dem Kapitalertragsteuerabzug.

Er unterbleibt allerdings, wenn die Kapitalerträge Betriebseinnahmen eines inländischen Betriebes sind und der Verkäufer der Aktien gegenüber der Bank eine Freistellungserklärung nach amtlich vorgeschriebenem Vordruck erteilt, § 43 Abs. 2 S. 3 Nr. 2 EStG.

Wird dem Kreditinstitut keine Freistellungserklärung vorgelegt, behält das Kreditinstitut die Kapitalertragsteuer und den Solidaritätszuschlag zur Abführung an das Finanzamt ein und zahlt nur den Differenzbetrag an der Verkäufer der Aktien aus.

Auch hier erfolgt eine Anrechnung der einbehaltenen Beträge auf die Einkommensteuer bzw. auf den Solidaritätszuschlag im Rahmen der Veranlagung.

BEISPIEL

Ein Einzelunternehmer, der Aktien im Anlagevermögen hält, Anschaffungskosten 10.000,00 €, veräußert sie zum Kurswert von 14.000,00 €. Es fallen 1 % Bankprovision und 0,07 % Maklergebühr an. Die Differenz in Höhe von 13.850,20 € wird auf sein betriebliches Bankkonto überwiesen. Der Unternehmer hat eine Freistellungserklärung bei der Bank abgegeben.

- Der Veräußerungsgewinn beträgt 4.000,00 €, davon sind 40 % steuerfrei. Von den Veräußerungskosten in Höhe von 149,80 € sind 40 % nicht als Betriebsausgabe abzugsfähig.

Buchungssatz

	Soll	Haben
1200/1800 Bank	13.850,20	
4970/6855 Nebenkosten Geldverkehr	149,80	
an 0525/0900 Wertpapiere des Anlagevermögens		10.000,00
an 2680/7120 Zinsähnliche Erträge		4.000,00

Außerhalb der Bilanz werden die Betriebsausgaben um 59,92 € (40 % von 149,80 €) und die Betriebseinnahmen um 1.600,00 € (40 % von 4.000,00 €) gekürzt.

AUFGABEN

Aufgaben 1–3 Kauf von Aktien
Aufgabe 4 Verkauf von Aktien
Aufgaben 5–7 gemischte Aufgaben

1. Ihr Mandant erwirbt zur langfristigen Anlage 100 Aktien der ProTec-AG zum Preis von 120,00 €/Stück. Die Abrechnung der Bank sieht wie folgt aus:

100 Aktien, Kurs 120,00 €/Stück	12.000,00 €
+ 1 % Bankprovision	120,00 €
+ 0,07 % Maklergebühr	8,40 €
Gesamtbetrag	12.128,40 €

   Buchen Sie den Vorgang.

2. Aus den Buchführungsunterlagen Ihres Mandanten entnehmen Sie, dass Ihr Mandant 80 Aktien der MIG-AG zum Kurswert von 60,00 € je Stück erworben hat. Auf Nachfrage erfahren Sie, dass Ihr Mandant mit einer Kurssteigerung rechnet und dann die Aktien wieder veräußern möchte.
   Außerdem wissen Sie, dass 1 % Bankprovision und 0,07 % Courtage angefallen sind.

   Nehmen Sie die erforderlichen Buchungen vor.

3. Ein Unternehmer hat Aktien zum Kurswert von 50.000,00 € als langfristige Geldanlage gekauft. Es sind Nebenkosten in Höhe von 535,00 € angefallen. Bisher wurde gebucht:

   Sonstige Wertpapiere   50.000,00 €
   Sonstiger betrieblicher Aufwand 535,00 € **an** Bank 50.535,00 €

   Nehmen Sie ggf. die erforderlichen Korrekturbuchungen vor.

4. Ein Einzelunternehmer verkauft 100 Aktien der T-AG zum Kurswert von 120,000 € je Stück. Es fallen 1 % Bankprovision und 0,07 % Maklercourtage an. Die Aktien werden im Anlagevermögen gehalten und waren mit 8.000,00 € bilanziert.

   Berechnen Sie die Bankgutschrift und buchen Sie den Vorgang. Unterstellen Sie, dass ein Antrag auf Freistellung gemäß § 42 Abs. 2 EStG der Bank vorliegt.

5. Aus den Buchführungsunterlagen Ihres Mandanten entnehmen Sie, dass Ihr Mandant (Einzelunternehmer) im Januar 01 250 Aktien der Home-AG zum Kurswert von 80,00 €/Stück erworben hat. Die Nebenkosten betrugen 214,00 €. Im März 01 veräußerte er 100 dieser Aktien zum Kurswert von 100,00 €/Stück. An Nebenkosten fielen 1,07 % an. Ein Freistellungsantrag liegt der Bank vor.

   Buchen Sie den Kauf und den Verkauf der Aktien.

6. Ihr Mandant, ein Einzelunternehmer, hält im Anlagevermögen 500 Aktien der Tax-AG mit einem Buchwert von 60.000,00 €. Er veräußert 250 dieser Aktien zum Kurswert von 150,00 €/Stück und erhält von seiner Bank folgende Abrechnung:

Kurswert 250 Aktien zu 150,00 €	37.500,00 €
– Provision 1 %	375,00 €
– Maklergebühr 0,07 %	26,25 €
Gutschrift	37.098,75 €

   Nehmen Sie die erforderlichen Buchungen vor.

7. Aufgrund der vorgelegten Buchführungsunterlagen 01 erstellen Sie folgende Übersicht:

Aktien	Buchwert 01.01.	Kauf			Verkauf		
		Datum	Kurswert	Nebenkosten	Stück	Kurswert/Stück	Nebenkosten
50 Stück der A-AG	2.000,00 €				50	70,00 €	1,07 %
200 Stück der B-AG		04.04.01	130,00 €	1,07 %	150	145,00 €	1,07 %
500 Stück der C-AG		30.04.01	40,00 €	1,07 %	300	50,00 €	1,07 %

   Nehmen Sie die notwendigen Buchungen vor.

Dividenden

Die Hauptversammlung einer Aktiengesellschaft bzw. die Gesellschafterversammlung einer GmbH entscheidet über die Gewinnausschüttung an die Anteilseigner. Die Gewinnausschüttung wird als Dividende bezeichnet.

Von der auszuzahlenden Dividende werden vom Kreditinstitut 25 % Kapitalertragsteuer und 5,5 % Solidaritätszuschlag einbehalten.

Der Differenzbetrag wird auf dem Bankkonto des Gläubigers gutgeschrieben.

Aktien im Betriebsvermögen von Einzelunternehmen/Personengesellschaften

Als Betriebseinnahme zu erfassen ist die gesamte Dividende, d. h. einschließlich der Steuerabzugsbeträge.

Die einbehaltene Steuer wird auf die Einkommensteuerschuld im Rahmen der Einkommensteuerveranlagung des Steuerpflichtigen/der Gesellschafter angerechnet.

Die einbehaltenen Beträge sind deshalb als Entnahme zu buchen.

Da es sich um betriebliche Erträge handelt, gilt das Teileinkünfteverfahren, d. h., 40 % sind steuerfrei.

BEISPIEL

Ein Einzelunternehmer hält Aktien im Anlagevermögen. In 01 werden 7.362,50 € nach Abzug von Kapitalertragsteuer und Solidaritätszuschlag auf dem betrieblichen Bankkonto gutgeschrieben.

- Der Gesamtbetrag, d. h. einschließlich Kapitalertragsteuer und Solidaritätszuschlag, sind Erträge, von denen 40 % steuerfrei sind.

Buchungssatz	Soll	Haben
1200/1800 Bank	7.362,50	
1800/2100 Privatentnahmen	2.637,50	
an 2625/7014 Lfd. Erträge a. Anteilen an Kap. Ges.		10.000,00

Außerhalb der Bilanz ist der Gewinn um 4.000,00 € (10.000,00 · 40 %) zu mindern.

Aktien im Betriebsvermögen von Kapitalgesellschaften

Bei Kapitalgesellschaften wird die einbehaltene Steuer auf die Körperschaftsteuer und den Solidaritätszuschlag zur Körperschaftsteuer angerechnet. Die gesamte Dividende ist somit ein betrieblicher Ertrag, der nach § 8 b Abs. 1 KStG steuerfrei ist.

BEISPIEL

Eine Kapitalgesellschaft erhält eine Dividendengutschrift nach Abzug von Kapitalertragsteuer und Solidaritätszuschlag in Höhe von 7.362,50 €.

- Die gesamte Dividende ist zunächst als Ertrag zu erfassen.

Buchungssatz	Soll	Haben
1200/1800 Bank	7.362,50	
2213/7630 KapESt 25 %	2.500,00	
2216/7633 SolZ anrechenbar	137,50	
an 2625/7014 Lfd. Ertr a. Ant. a. Kap. Ges. stfr.		10.000,00

Zur Ermittlung des Einkommens bei der Kapitalgesellschaft sind außerdem 5 % der Dividendenerträge pauschal als nicht abziehbare Betriebsausgaben hinzuzurechnen, § 8 b Abs. 5 KStG.

Kapitel 6 | Teilgebiete des betrieblichen Rechnungswesens und deren Aufgaben | Einführung in die Systematik der Buchführung | Buchführung

AUFGABEN

1. Ihr Mandant erhält eine Dividendengutschrift auf seinem betrieblichen Bankkonto in Höhe von 11.043,75 €. Laut vorliegender Steuerbescheinigung wurden 3.750,00 € Kapitalertragsteuer und 206,25 € Solidaritätszuschlag einbehalten.

   Buchen Sie die Dividendenzahlung, wenn Ihr Mandant
   a) ein Einzelunternehmer und   b) eine GmbH ist.

2. Ihr Mandant, ein Einzelunternehmer, hält im Anlagevermögen 120 Aktien der Fox-AG und erhält eine Dividende von 2,50 € pro Aktie.

   Berechnen Sie die Höhe der Dividende, der Kapitalertragsteuer, des Solidaritätszuschlags und des Auszahlungsbetrags. Buchen Sie den Bankeingang der Dividende (eine ordnungsgemäße Steuerbescheinigung liegt vor).

3. Die Blue-Point-GmbH erhält eine Gutschrift in Höhe von 14.725,00 €. Hierbei handelt es sich um eine Dividende einer Aktiengesellschaft, an der die Blue-Point-GmbH beteiligt ist. Eine ordnungsgemäße Steuerbescheinigung liegt vor.

   Buchen Sie die Dividendengutschrift.

4. Ein Einzelunternehmer hält im Anlagevermögen Aktien und erhält nach Abzug von Kapitalertragsteuer und Solidaritätszuschlag 625,81 € auf seinem betrieblichen Bankkonto gutgeschrieben.

   Bisher hat er gebucht:
   Bank 625,81 € **an** Sonstige betriebliche Erträge 625,81 €

   Nehmen Sie gegebenenfalls eine Korrekturbuchung vor.

5. Ihr Mandant, ein Einzelunternehmer, hat im Anlagevermögen folgende Aktien:

	Stück	Dividende/Stück
A-Aktien	250	2,00 €
B-Aktien	40	7,50 €

   Berechnen Sie die Dividende, die Steuerabzugsbeträge und den Auszahlungsbetrag.
   Buchen Sie den Vorgang.

6.3.2 Festverzinsliche Wertpapiere

Zu den festverzinslichen Wertpapieren gehören Anleihen der öffentlichen Hand, z. B. Bundesschatzbriefe, Pfandbriefe und Obligationen. Sie haben einen Kurswert, der in Prozent zum Nennwert angegeben wird.

Kauf von festverzinslichen Wertpapieren

Festverzinsliche Wertpapiere können an der Börse gehandelt werden. Beim Kauf an der Börse werden, wie beim Kauf von Aktien, Gebühren für die Bank und den Börsenmakler fällig. Die Höhe variiert und wird in den folgenden Beispielen stets mit 1,0 % als Bankprovision und 0,07 % für die Maklerprovision berechnet. Diese Kosten gehören als Anschaffungsnebenkosten zu den Anschaffungskosten der Wertpapiere.

Mit dem Wertpapier verbunden ist der Zinsschein, der das Recht auf Zinszahlung am festgelegten Zinszahlungstermin verbrieft.

Die Zinszahlung erfolgt einmal jährlich oder halbjährlich nachträglich zu fest vereinbarten Terminen.

Übersicht über Zinszahlungstermine

Zinszeitraum	Tage	Zinszahlung am	Zinszahlungstermin
01.07. – 31.12.	180	1. Januar	Januar/Juli
01.01. – 30.06.	180	1. Juli	J/J
01.08. – 31.01.	180	1. Februar	Februar/August
01.02. – 31.07.	180	1. August	F/A
01.09. – 28.02.	180	1. März	März/September
01.03. – 31.08.	180	1. September	M/S
01.10. – 31.03.	180	1. April	April/Oktober
01.04. – 30.09.	180	1. Oktober	A/O
01.11. – 30.04.	180	1. Mai	Mai/November
01.05. – 31.10.	180	1. November	M/N
01.12. – 31.05.	180	1. Juni	Juni/Dezember
01.06. – 30.11.	180	1. Dezember	J/D

Der **Käufer** der Wertpapiere hat einen Zinsanspruch ab dem 2. Börsentag nach dem Handelstag. Der **Verkäufer** der Wertpapiere hat einen Anspruch auf Zinsen vom letzten Zinszahlungstermin bis zum Verkauf der Wertpapiere. Am nächsten Zinszahlungstermin erhält der Wertpapierinhaber, also der Käufer, die **volle Höhe** der Zinsen gutgeschrieben. Damit der Verkäufer seine ihm zustehenden Zinsen erhält, werden sie dem Käufer in Rechnung gestellt. **(= Stückzinsen).** Diese Stückzinsen sind beim Käufer als **negativer Ertrag** zu erfassen. (Beispiel siehe nächste Seite)

BEISPIEL

Ein Unternehmer kauft am 03.05.01 5 %-Obligationen im Nennwert von 20.000,00 €, Zinszahlungstermine sind der 01.07. und der 01.01. ... Der Kurs beträgt 98 %.

Der Unternehmer erhält folgende Abrechnung der Bank:

Kurswert (20.000,00 € · 98 %)	19.600,00 €
+ Bankprovision 1 %	98,00 €
+ Courtage 0,07 %	13,72 €
Kaufpreis/Anschaffungskosten	19.711,72 €
+ Stückzinsen 5 % für die Zeit vom 01.01.–31.05.	416,67 €
Banklastschrift	20.128,39 €

- Die Stückzinsen in Höhe von 416,67 € sind als negativer Zinsertrag zu buchen.

Buchungssatz		Soll	Haben
	0525/1510 Wertpapiere des AV	19.711,72	
	2650/7100 Zinserträge	416,67	
	an 1200/1800 Bank		20.128,39

Verkauf von festverzinslichen Wertpapieren

Auch beim Verkauf von festverzinslichen Wertpapieren werden Gebühren fällig, die den Verkaufserlös mindern.

Gebucht wird der Abgang der Wertpapiere auf dem entsprechenden Bestandskonto, ein Veräußerungsgewinn auf dem Konto „Zinsähnliche Erträge", ein Veräußerungsverlust auf dem Konto „Verluste aus dem Abgang von Wertpapieren" und die Veräußerungskosten auf dem Konto „Nebenkosten des Geldverkehrs".

Die **Stückzinsen** (siehe Kauf von festverzinslichen Wertpapieren), die dem Verkäufer vom Käufer gezahlt werden, sind als **Zinserträge** zu buchen.

Grundsätzlich unterliegen die Erträge aus dem Verkauf von Wertpapieren dem Kapitalertragsteuerabzug. Verkauft ein/e **Einzelunternehmer/Personengesellschaft** die Wertpapiere, ist eine Freistellung vom Kapitalertragsteuerabzug möglich. Hierzu muss der Veräußerer der Bank eine Erklärung zur Freistellung vom Kapitalertragsteuerabzug vorlegen, § 43 Abs. 2 Nr. 2 EStG. Wird keine Freistellungserklärung abgegeben, werden Kapitalertragsteuer und Solidaritätszuschlag einbehalten und auf die Einkommensteuerschuld angerechnet.

BEISPIEL

Ein Einzelunternehmer verkauft festverzinsliche Wertpapiere zum Kurswert von 22.000,00 €. An Gebühren fallen insgesamt 125,40 € an. Außerdem erhält er noch 180,00 € Stückzinsen. Die Anschaffungskosten betragen 17.000,00 €. Es wurde kein Kapitalertragsteuerabzug vorgenommen.

- Die Differenz zwischen Anschaffungskosten und Kurswert bei Veräußerung ist auf dem Konto „Zinsähnliche Erträge" zu erfassen, die Stückzinsen auf dem Konto „Zinserträge".

Buchungssatz Lohnaufwendungen		Soll	Haben
	1200/1800 Bank	22.054,60	
	4970/6855 Nebenkosten Geldverkehr	125,40	
	an 2680/7120 Zinsähnliche Erträge		5.000,00
	an 0525/0900 Wertpapiere des AV		17.000,00
	an 2650/7110 Zinserträge		180,00

| Beschaffungs- und Absatzbereich | Personalwirtschaft | Finanzbereich |

Kapitel 6

Zinserträge aus festverzinslichen Wertpapieren

Die Zinserträge werden demjenigen ausgezahlt, der am Zinszahlungszeitpunkt den Zinsschein besitzt. Die Auszahlung der Zinsen wird über ein Kreditinstitut abgewickelt, das von den Zinserträgen 25 % Kapitalertragsteuer und 5,5 % Solidaritätszuschlag einbehält. Die Steuerabzugsbeträge werden auf die Einkommensteuer bzw. Körperschaftsteuer angerechnet.

BEISPIEL

Zum Betriebsvermögen eines Einzelunternehmers gehören 6-%-Pfandbriefe zum Nennwert von 20.000,00 €. Die Zinszahlung erfolgt halbjährlich in Höhe von 600,00 €. Die Bank behält Kapitalertragsteuer in Höhe von 150,00 € (25 % von 600,00 €) und 8,25 € Solidaritätszuschlag (5,5 % von 150,00 €) ein.

- Dem Bankkonto werden 441,75 € gutgeschrieben.

Buchungssatz		Soll	Haben
	1200/1800 Bank	441,75	
	1800/2100 Privatentnahme	158,25	
	an 2650/7110 Zinserträge		600,00

- Ist der Empfänger der Zinsen eine **Kapitalgesellschaft**, wird wie folgt gebucht:

Buchungssatz		Soll	Haben
	1200/1800 Bank	441,75	
	2213/7630 KapESt 25 %	150,00	
	2216/7633 SolZ anrechenbar	8,25	
	an 2650/7110 Zinserträge		600,00

AUFGABEN

1. Erklären Sie den Begriff „Stückzinsen".

2. Wie werden gezahlte Stückzinsen buchhalterisch erfasst?

Aufgaben 3-5 Kauf von festverzinslichen Wertpapieren
Aufgaben 6-9 Verkauf von festverzinslichen Wertpapieren
Aufgaben 10-11 Zinserträge

3. Ihr Mandant erwirbt festverzinsliche Wertpapiere im Nennwert von 5.000,00 €. Die Bank erteilt ihm folgende Abrechnung:

Kurswert	4.900,00 €
+ Bankprovision 0,5 %	24,50 €
+ Courtage 0,07 %	3,43 €
+ Stückzinsen	147,00 €
Summe	5.074,93 €

Buchen Sie den Vorgang.

4. Ihr Mandant erwirbt Pfandbriefe im Nennwert von 100.000,00 € zum Kurswert von 98 %. Der Zinssatz beträgt 6 %. Es werden ihm 1.500,00 € Stückzinsen, 500,00 € Bankprovision und 70,00 € Courtage in Rechnung gestellt.

Berechnen Sie den Abbuchungsbetrag und buchen Sie den Vorgang.

5. Ein Einzelunternehmer kauft 4 % Anleihen zum Kurswert von 99 %. Der Nennwert beträgt 12.000,00 €. Die Bank stellt ihm 60,00 € Provision und 8,40 € Courtage sowie 80,00 € Stückzinsen in Rechnung.
   Berechnen Sie den Abbuchungsbetrag und buchen Sie die Anschaffung der Wertpapiere.

6. Ein Einzelunternehmer verkauft festverzinsliche Wertpapiere des Anlagevermögens zum Kurswert von 8.300,00 €, Nennwert 8.000,00 €. Die Anschaffungskosten betrugen 7.800,00 €. An Provision und Gebühren fielen 47,31 € an. Der Unternehmer erhielt 100,00 € Stückzinsen.
   Berechnen Sie den Gutschriftsbetrag und buchen Sie den Vorgang.

7. Zum Betriebsvermögen der Klaus-GmbH gehören folgende Wertpapiere:
   a) Anleihen im Nennwert von 35.000,00 €, Zinssatz 4 %. Der Geschäftsführer verkauft die Anleihen zum Kurs von 102 %. Die Spesen betragen für die Bankprovision 0,5 % und für die Courtage 0,07 %.
   An Stückzinsen werden 580,00 € gezahlt. Die Anschaffungskosten der Wertpapiere belaufen sich auf 34.000,00 €.
   b) 20 Pfandbriefe, Anschaffungskosten gesamt 10.000,00 €, verkauft wurden 50 % der Pfandbriefe zum Kurswert von 5.500,00 €. Die Nebenkosten betragen insgesamt 31,35 €, die Stückzinsen 80,00 €.
   Berechnen Sie jeweils den Gutschriftsbetrag und buchen Sie die Vorgänge.

8. Ihr Mandant, eine GmbH, verkauft Obligationen mit Anschaffungskosten von 24.000,00 € und erhält von der Bank folgende Abrechnung:

Nennwert	25.000,00 €
Kurswert	22.800,00 €
− Provision 0,5 %	114,00 €
− Maklergebühren 0,07 %	15,96 €
+ Stückzinsen	85,00 €
− KapESt	22,42 €
− SolZ	1,17 €
Gutschrift	22.731,45 €

   Buchen Sie den Verkauf der Obligationen.

9. Aus den Unterlagen Ihrer Mandantin, einer GmbH, entnehmen Sie die folgenden Angaben:
   – Kauf von festverzinslichen Wertpapieren, Nennwert 100.000,00 €, Kurswert 98 %, Bankprovision 0,5 %, Maklercourtage 0,07 %, gezahlte Stückzinsen 2.000,00 €;
   – Verkauf von 40 % dieser Wertpapiere, Kurswert 101 %, Bankprovision 0,5 %, Maklercourtage 0,07 %, erhaltene Stückzinsen 500,00 €. Hiervon behält die Bank 311,57 € KapESt und 17,14 € SolZ ein.
   Buchen Sie den Kauf und den Verkauf der Wertpapiere.

10. Ihr Mandant hält im Anlagevermögen Obligationen mit Anschaffungskosten von 5.500,00 €. Der Nennwert beträgt 5.000,00 €, der Zinssatz 7 %. Die Zinsen werden halbjährlich nachträglich fällig.
    Berechnen Sie die Zinsen für die Zeit vom 01.02. bis 30.07. und buchen Sie die Zinszahlung unter Berücksichtigung eines Abzugs von Kapitalertragsteuer und Solidaritätszuschlag.

11. Zum Betriebsvermögen Ihrer Mandantin, einer GmbH, gehören 6-%-Anleihen, Nennwert 40.000,00 €, Anschaffungskosten 42.000,00 €. Die Zinsen werden halbjährlich zum 01.04. und 01.10. unter Abzug von Kapitalertragsteuer und Solidaritätszuschlag ausgezahlt.
    Berechnen Sie den Gutschriftsbetrag und buchen Sie die Zinszahlung zum 01.10.

7 Beschaffung und Herstellung eigengenutzter Sachanlagegüter

7.1 Beschaffung von Sachanlagegütern

Fremdbezogene Sachanlagegüter sind bei ihrer Anschaffung grundsätzlich zu Anschaffungskosten zu aktivieren.

Den Begriff „Anschaffungskosten" gibt es sowohl im Steuerrecht als auch im Handelsrecht.

Gemäß § 255 HGB sind **Anschaffungskosten** die Aufwendungen, die geleistet werden, um einen Vermögensgegenstand zu erwerben und ihn in einen betriebsbereiten Zustand zu versetzen. Voraussetzung ist, dass sie dem Vermögensgegenstand **einzeln zugeordnet** werden können.

Allgemeine Kosten, z. B. Kosten der Einkaufsabteilung, die sich nicht direkt zuordnen lassen, gehören nicht zu den Anschaffungskosten.

Zu den Anschaffungskosten gehören auch die Anschaffungsnebenkosten. Anschaffungspreisminderungen sind abzusetzen.

Gemäß § 9 b EStG gehört die als **Vorsteuer** abzugsfähige Umsatzsteuer **nicht** zu den **Anschaffungskosten.**

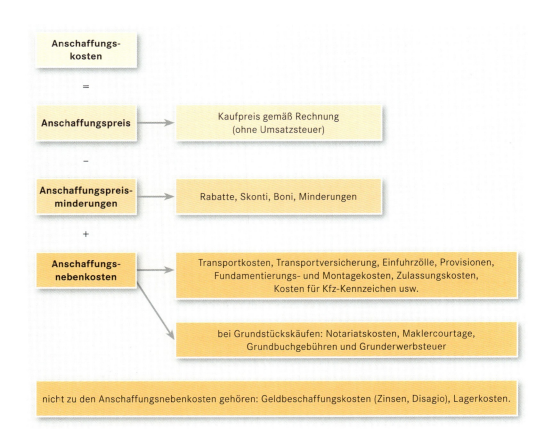

BEISPIEL

Ein Unternehmer kauft eine Maschine. Der Listenpreis beträgt 50.000,00 € zzgl. 19 % Umsatzsteuer. Der Lieferant gewährt dem Unternehmer auf den Listenpreis 10 % Rabatt. Er stellt ihm ferner die Transportkosten in Höhe von 1.900,00 € zzgl. 19 % Umsatzsteuer und die Montagekosten in Höhe von 2.000,00 € zzgl. 19 % Umsatzsteuer in Rechnung.

- Die Anschaffungskosten der Maschine betragen 48.900,00 €.

Listenpreis	50.000,00 €
– Rabatt 10 %	5.000,00 €
Zieleinkaufspreis	45.000,00 €
+ Transportkosten	1.900,00 €
+ Montagekosten	2.000,00 €
Anschaffungskosten	**48.900,00 €**
+ 19 % USt	9.291,00 €
	58.191,00 €

Buchungssatz		Soll	Haben
	0210/0440 Maschinen	48.900,00	
	1570/1400 Vorsteuer	9.291,00	
	an 1600/3300 Verbindlichkeiten a. LL		58.191,00

Der Rechnungsbetrag wird unter Abzug von 2 % Skonto per Banküberweisung bezahlt.

- Der Skontonachlass mindert die Anschaffungskosten und die abzugsfähige Vorsteuer.

58.191,00 € · 2 % Skonto = 1.163,82 € brutto → 978,00 € netto + 185,82 € Umsatzsteuer

Anschaffungskosten bisher	48.900,00 €
– Skonto	– 978,00 €
korrigierte Anschaffungskosten	47.922,00 €

Buchungssatz		Soll	Haben
	1600/3300 Verbindlichkeiten a. LL	58.191,00	
	an 1200/1800 Bank		57.027,18
	an 0210/0440 Maschinen		978,00
	an 1570/1400 Vorsteuer		185,82

Beim Kauf eines bebauten Grundstücks sind der Kaufpreis und die Anschaffungsnebenkosten aufzuteilen in einen Anteil, der auf den Grund und Boden entfällt, und in einen Anteil, der auf das Gebäude entfällt. Die Anschaffungskosten für den Grund und Boden sind auf dem Konto „**Bebaute Grundstücke**" zu buchen und **nicht abnutzbar**. Das Gebäude gehört zum **abnutzbaren Anlagevermögen.** Die Anschaffungskosten stellen die AfA-Bemessungsgrundlage dar.

| Abgrenzungen bei der Erstellung des Jahresabschlusses | Wertansätze in der Bilanz | Eigenkapitalausweis in der Bilanz |

Kapitel 7

BEISPIEL

Ein Unternehmer erwirbt ein mit einer Lagerhalle bebautes Grundstück zum Kaufpreis von 1.000.000,00 €. Außerdem fallen noch an

- 3,5 % Grunderwerbsteuer, 35.000,00 €,
- Notargebühren für den Kaufvertrag 8.000,00 € zzgl. 19 % Umsatzsteuer,
- Notargebühren für die Eintragung der Grundschuld 3.000,00 € zzgl. 19 % Umsatzsteuer,
- Kosten für das Amtsgericht zur Eintragung des Eigentums 2.000,00 €,
- Kosten für das Amtsgericht zur Eintragung der Grundschuld 600,00 €.

Vom Kaufpreis entfallen 20 % auf den Grund und Boden.

- Die Anschaffungskosten des Grund und Bodens betragen 209.000,00 €, die des Gebäudes 836.000,00 €.

Berechnung:

Kaufpreis	1.000.000,00 €
Grunderwerbsteuer	35.000,00 €
Notar Kaufvertrag	8.000,00 €
Amtsgericht Eigentumsübertragung	2.000,00 €
Summe	1.045.000,00 €
davon entfallen 20 % auf den Grund und Boden =	209.000,00 €
und 80 % auf das Gebäude =	836.000,00 €

Finanzierungskosten und damit keine Anschaffungskosten sind die Notargebühren für die Eintragung der Grundschuld in Höhe von 3.000,00 € und die Kosten des Amtsgericht in Höhe von 600,00 €.

Buchungs-satz		Soll	Haben
	0085/0235 Bebaute Grundstücke	209.000,00	
	0090/0240 Gebäude	836.000,00	
	1570/1400 Vorsteuer	2.090,00	
	an 1600/3300 Verbindlichkeiten a. LL		1.047.090,00

Wird an einem Gebäude etwas Neues, bisher nicht Vorhandenes geschaffen, z. B. ein Anbau oder Ausbau von Räumen, handelt es sich um nachträgliche Herstellungskosten, die den Buchwert des Gebäudes erhöhen.

BEISPIEL

Bei einem Bürogebäude wird das Dachgeschoss zu weiteren Büroräumen ausgebaut. Die Rechnung des Bauunternehmers lautet über 40.000,00 € zzgl. 19 % Umsatzsteuer.

- Die nachträglichen Herstellungskosten in Höhe von 40.000,00 € erhöhen den Buchwert des Gebäudes.

Buchungs-satz		Soll	Haben
	0090/0240 Geschäftsbauten	40.000,00	
	1570/1400 Vorsteuer	7.600,00	
	an 1600/3300 Verbindlichkeiten a. LL		47.600,00

Kapitel 7

| Beschaffung und Herstellung eigengenutzter Sachanlagegüter | Steuern, sonstige Betriebsausgaben | Jahresabschluss nach Handels- und Steuerrecht |

AUFGABEN

1. Mit welchem Wert sind Sachanlagegüter bei der Anschaffung zu aktivieren?
2. Erläutern Sie, wie man die Anschaffungskosten ermittelt.
3. Nennen Sie Beispiele für Anschaffungsnebenkosten.
4. Warum müssen die Anschaffungskosten beim Kauf eines bebauten Grundstücks aufgeteilt werden?

Aufgaben 5–13 Anschaffung beweglicher abnutzbarer Sachanlagegüter
Aufgaben 14–19 Anschaffung von Grundstücken
Aufgabe 20 Belegfall

5. Ein Unternehmer kauft eine innerbetriebliche Transportanlage zum Listenpreis von 180.000,00 €, netto. Der Lieferant gewährt einen Rabatt von 10 %.

   An die mit dem Transport beauftragte Spedition werden 3.570,00 € einschließlich 19 % Umsatzsteuer gezahlt.
   Mit dem Einbau der Transportanlage wird eine Montagefirma beauftragt, die für ihre Arbeitsleistung 2.380,00 € brutto erhält.

   Ermitteln Sie die Anschaffungskosten der Transportanlage und buchen Sie die Anschaffung.

6. Der Unternehmer aus Aufgabe 5 nimmt zur Finanzierung der innerbetrieblichen Transportanlage ein Darlehen über 120.000,00 € auf, 100 % Auszahlung.

   Nach der Darlehensaufnahme wird die Rechnung an die Lieferfirma unter Abzug von 2 % Skonto, die Rechnung an die Spedition ohne Abzug und die Rechnung an die Montagefirma unter Abzug von 3 % Skonto beglichen.

   Ermitteln Sie die Anschaffungskosten der Transportanlage, die sich nun ergeben, und nehmen Sie alle erforderlichen Buchungen vor.

7. Ein Unternehmer kauft einen Lkw mit Anhänger zu einem Listenpreis von 150.000,00 € zzgl. 19 % Umsatzsteuer. Das Autohaus berechnet ihm 1.547,00 € einschließlich Umsatzsteuer für die Überführung des Lkw.
   Auf den Listenpreis werden 5 % Rabatt gewährt.
   Bei der Zulassungsstelle zahlt der Unternehmer für die Anmeldung des Lkw 75,00 €.
   Im Anschaffungsjahr betragen die Kfz-Versicherung 1.600,00 € und die Kfz-Steuer 1.400,00 €.

   Ermitteln Sie die Anschaffungskosten und buchen Sie den gesamten Vorgang unter den Voraussetzungen, dass die Rechnung des Autohauses über den Kauf unter Abzug von 2 % Skonto sowie die Zulassungskosten bar gezahlt wurden und die Zahlung der Kfz-Versicherung und der Kfz-Steuer per Banküberweisung erfolgten.

8. Ihr Mandant kauft eine Maschine zum Kaufpreis von brutto 83.300,00 €. Hierauf gewährt der Verkäufer ihm einen Rabatt von 5 %.
   Ihr Mandant zahlt die Rechnung unter Abzug von 2 % Skonto.
   Außerdem fallen Transportkosten in Höhe von 1.190,00 € (19 % Umsatzsteuer) und Montagekosten von 2.975,00 € (19 % Umsatzsteuer) an, die noch nicht bezahlt worden sind.

   Buchen Sie den Vorgang.

9. Ein Unternehmer erwirbt für sein Büro eine Schrankwand zum Preis von brutto 5.355,00 €. Der Lieferant rechnet noch 238,00 € Transportkosten und 714,00 € Aufbaukosten hinzu.

   Bisher wurde gebucht:
   Büroeinrichtung   4.500,00 €
   Sonstiger betrieblicher Aufwand   800,00 €
   Vorsteuer   1.007,00 € **an** Verbindlichkeiten a. LL 6.307,00 €

| Abgrenzungen bei der Erstellung des Jahresabschlusses | Wertansätze in der Bilanz | Eigenkapitalausweis in der Bilanz |

Kapitel 7

Der Gesamtbetrag wird vom Unternehmer unter Abzug von 2 % Skonto gezahlt. Die Zahlung wurde noch nicht gebucht.

Nehmen Sie die erforderlichen Buchungen vor.

10. Ihr Mandant hat eine EDV-Anlage für brutto 14.280,00 € erworben. Der Verkäufer hat einen Sofortrabatt von 5 % gewährt. Der Restbetrag wurde unter Abzug von 2 % Skonto per Banküberweisung gezahlt.

    Nehmen Sie die erforderlichen Buchungen vor.

11. Ein Unternehmer hat eine Maschine mit Anschaffungskosten in Höhe von 75.000,00 € und Vorsteuer von 14.250,00 € erworben und die Anschaffung richtig gebucht.
    Da die Maschine kleinere Mängel aufweist, gewährt der Lieferant eine Kaufpreisminderung in Höhe von 2.000,00 €. Den Restbetrag von 87.250,00 € zahlt der Unternehmer unter Abzug von 3 % Skonto. Die Kaufpreisminderung und der Skontoabzug wurden wie folgt gebucht:

    Verbindlichkeiten a. LL 89.250,00 € **an** Bank 84.632,50 €
                                                 an Sonstige betriebliche Erträge 4.617,50 €

    Nehmen Sie die erforderlichen Korrekturbuchungen vor.

12. Ihr Mandant kauft einen Lkw für 220.000,00 € zzgl. 19 % Umsatzsteuer.
    Ihr Mandant erhält folgende Abrechnung:

	Position	Betrag
	Kaufpreis Lkw	220.000,00 €
+	Nummernschilder	60,00 €
+	Benzin	120,00 €
		220.180,00 €
−	19 % USt	41.834,20 €
		262.014,20 €
+	Zulassungsgebühren	100,00 €
	zu zahlen	262.114,20 €

    Buchen Sie die Anschaffung des Lkw.

13. Ihr Mandant erwirbt eine Produktionsmaschine zum Kaufpreis von 600.000,00 € zzgl. 19 % Umsatzsteuer.

    Außerdem fallen folgende Kosten an:
    - Transportkosten an einen Spediteur, brutto .... 11.900,00 €
    - Transportversicherung .... 2.000,00 €
    - Fundamentierungskosten, brutto .... 5.831,00 €
    - Montagekosten, brutto .... 8.330,00 €

    Der Lieferant gewährt nachträglich einen Rabatt von 3 % auf den Kaufpreis.
    Der restliche Kaufpreis wird unter Abzug von 2 % Skonto per Banküberweisung gezahlt.
    Die Anschaffungsnebenkosten wurden noch nicht bezahlt.

    Ermitteln Sie die Anschaffungskosten und buchen Sie die Anschaffung der Maschine.

14. Ein Unternehmer kauft ein unbebautes Grundstück für 180.000,00 €. An Maklercourtage fallen 4 % vom Kaufpreis (+ 19 % Umsatzsteuer) an. Die Grunderwerbsteuer beträgt 3,5 % des Kaufpreises. An den Notar entrichtet der Unternehmer für den Kaufvertrag 1.523,00 € einschließlich 19 % Umsatzsteuer.
    Die Grundbuchkosten für die Eintragung des Eigentums belaufen sich auf 250,00 €. 150.000,00 € der Anschaffungskosten finanziert der Unternehmer mit einer Hypothek bei 100%iger Auszahlung. 6.000,00 € sind im Anschaffungsjahr an Hypothekenzinsen zu zahlen.

    Ermitteln Sie die Anschaffungskosten für das unbebaute Grundstück. Geben Sie die Buchungssätze an. Gehen Sie dabei davon aus, dass der Zahlungsausgleich durch die Aufnahme der Hypothek und über das Bankkonto erfolgt. Die Maklerrechnung ist allerdings noch nicht gezahlt.

15. Ihr Mandant kauft eine Lagerhalle einschließlich Grundstück für 250.000,00 €. 20 % vom Kaufpreis entfallen auf den Grund und Boden.
Die Grunderwerbsteuer beträgt 3,5 % vom Kaufpreis.
Der Notar stellt 1.666,00 € einschließlich 19 % USt in Rechnung für Eigentumsübergang.
An Grundbuchgebühren fallen 280,00 € für die Eigentumsübertragung an. Außerdem sind noch 11.900,00 € einschließlich 19 % Umsatzsteuer an Maklergebühren zu zahlen.

Im Anschaffungsjahr fallen 14.000,00 € an Hypothekenzinsen an. 200.000,00 € der Anschaffungskosten werden mit einer Hypothek (100 % Auszahlung) finanziert.

a) Ermitteln Sie die Anschaffungskosten.
b) Nennen Sie den Buchungssatz für die Zahlung der Anschaffungskosten (Sammelbuchung).
Der Zahlungsausgleich erfolgt durch die Aufnahme der Hypothek und über das Bankkonto und für die Zahlung der Hypothekenzinsen.
Die Notarrechnung wird isoliert als Eingangsrechnung auf Ziel gebucht.

16. Ein Unternehmer kauft ein unbebautes Grundstück. Der Kaufpreis beträgt 50.000,00 €. Außerdem erhält er einen Grunderwerbsteuerbescheid und eine Notarrechnung über die Beurkundung des Kaufvertrages in Höhe von brutto 476,00 € und eine über die Eintragung einer Grundschuld in Höhe von brutto 178,50 €. Das Gericht stellt ihm 350,00 € für die Eintragung des Eigentums und 100,00 € für die Eintragung der Grundschuld in Rechnung.

Bisher wurde gebucht:

Unbebautes Grundstück	50.000,00 €		
Sonstiger betrieblicher Aufwand	1.000,00 €		
Vorsteuer	104,50 €	**an** Verbindlichkeiten a. LL	51.104,50 €

Die Grunderwerbsteuer wurde bisher weder gebucht noch bezahlt.

Nehmen Sie die erforderlichen Buchungen vor.

17. Ihr Mandant kauft ein Verwaltungsgebäude für 800.000,00 €. Laut Kaufvertrag entfallen 100.000,00 € vom Kaufpreis auf den Grund und Boden.
Ferner fallen noch 3,5 % Grunderwerbsteuer an.
Vom Notar erhält er eine Rechnung über 2.380,00 € brutto für die Beurkundung des Eigentums und über 1.428,00 € brutto für die Eintragung einer Grundschuld.
Die Gebühren für die Eintragung des Eigentums an das Gericht betragen 1.800,00 € und für die Eintragung der Grundschuld 1.000,00 €.
Ihr Mandant finanziert den Kauf durch eine Einlage in Höhe von 250.000,00 € und durch Aufnahme eines Darlehens von 500.000,00 € (100 % Auszahlung). Den Restbetrag zahlt er von seinem Bankkonto.

Ermitteln Sie die Anschaffungskosten und buchen Sie den gesamten Vorgang.

18. Ihr Mandant erwirbt in 01 ein Mehrfamilienhaus für 1.000.000,00 €, das er zulässigerweise bilanziert und umsatzsteuerfrei vermietet.
Vom Kaufpreis entfallen 20 % auf den Grund und Boden.

An Nebenkosten fallen an
- Grunderwerbsteuer
- Notarrechnung - für Beurkundung des Kaufvertrages über brutto 5.950,00 €
    - für die Eintragung einer Grundschuld über brutto 3.570,00 €
- Rechnung des Gerichts - für die Eintragung des Eigentums 4.200,00 €
    - für die Eintragung der Grundschuld 2.400,00 €.

Außerdem hat Ihr Mandant für das aufgenommene Darlehen in 01 10.000,00 € Zinsen gezahlt. Noch in 01 wurde das Dachgeschoss zu einer weiteren Wohnung ausgebaut. Die Herstellungskosten hierfür betrugen unstreitig 120.000,00 € zzgl. 19 % Umsatzsteuer und wurden noch in 01 bezahlt.

Nehmen Sie die erforderlichen Buchungen vor.

| Abgrenzungen bei der Erstellung des Jahresabschlusses | Wertansätze in der Bilanz | Eigenkapitalausweis in der Bilanz |

Kapitel 7

19. Ein Unternehmer erwirbt eine Fabrikhalle zum Preis von 450.000,00 € (Anteil Grund und Boden 25 %).
An das Gericht überweist er 3.000,00 €, wovon 2.100,00 € auf die Eintragung des Eigentums entfallen und der Restbetrag auf die Eintragung einer Grundschuld.
Vom Notar erhält er eine Rechnung über die Eintragung des Eigentums in Höhe von brutto 2.142,00 € und für die Eintragung einer Grundschuld in Höhe von brutto 952,00 €. Beide Rechnungen wurden vom Privatkonto bezahlt.
Die Grunderwerbsteuer beträgt 15.750,00 € und wurde noch nicht bezahlt.

Bisher hat der Buchhalter gebucht:

Bebautes Grundstück   450.000,00 € **an** Bank   450.000,00 €

Rechts- und Beratungskosten   3.000,00 € **an** Bank   3.000,00 €

Ermitteln Sie die Anschaffungskosten und geben Sie die Korrekturbuchungen an.

20. Ihre Mandantin, die Textilfabrik Konrad Fied KG, Goseriede 41, 30159 Hannover, legt Ihnen folgende Belege (1 bis 9) vor.
Welche Geschäftsvorfälle liegen den Belegen zugrunde?
Geben Sie die Buchungssätze an.

Beleg 1

Kapitel 7 — Beschaffung und Herstellung eigengenutzter Sachanlagegüter — Steuern, sonstige Betriebsausgaben — Jahresabschluss nach Handels- und Steuerrecht

Beleg 2

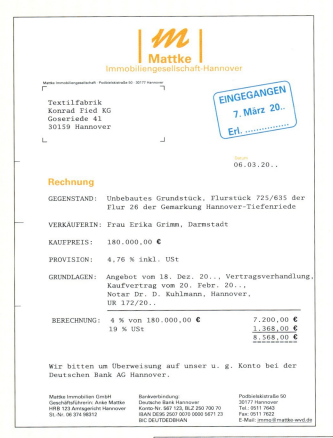

Beleg 3

| Abgrenzungen bei der Erstellung des Jahresabschlusses | Wertansätze in der Bilanz | Eigenkapitalausweis in der Bilanz |

Kapitel 7

Beleg 4

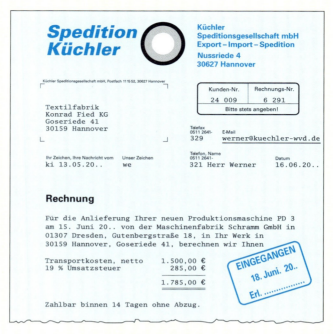

Beleg 5

Kapitel 7

Beschaffung und Herstellung eigengenutzter Sachanlagegüter

Steuern, sonstige Betriebsausgaben

Jahresabschluss nach Handels- und Steuerrecht

Beleg 6

```
Konto-Nummer: 12 345    BLZ 251 901 01                  Lindener Volksbank eG
IBAN: DE81 2519 0101 0000 0123 45    BIC: GENODEF1HLI
```

Beleg	Buch.-Datum	Text	Wert	Betrag
99 312	27.06.20..	SB-ÜBERWEISUNG, NEUMANN & WONTKE, KD.-NR. 24008, R.-NR. 385, 4.046,00 EUR - 2 % SKONTO 80,92 EUR	27.06.20..	3.965,08 -

TEXTILFABRIK
KONRAD FIED KG
GOSERIEDE 41
30159 HANNOVER

Konto-Auszug		
28.06.20..	46	1
Datum	Nummer	Blatt

EUR 50.000,00 + Alter Kontostand
EUR 46.034,92 + Neuer Kontostand

Beleg 7

```
LANDESHAUPTSTADT HANNOVER DER OBERBÜRGERMEISTER
- ORDNUNGSAMT OE 32.33 - AM SCHÜTZENPLATZ 1
30169 HANNOVER

04.08.20.. / 12 44 08  H-KF 123
                                                EUR
BERICHT.ERFASSUNGSUNTERL.ZFR            3,00
KFZ-NEUZULASSUNG                       20,00
ABSTEMPELN VON KENNZEICHEN              3,00
HU- UND AU-PLAKETTE U.PRÜFM.            1,00
HU- UND AU-PLAKETTE U.PRÜFM.            1,00
PLAKETTE MIT LANDESWAPPEN               1,00
PLAKETTE MIT LANDESWAPPEN               1,00
ZUTEILUNG WUNSCHKENNZEICHEN            10,00
ZWISCHENSUMME                          40,00
            SUMME                      40,00
                        B A R          40,00
                        ZURÜCK          0,00
```

Beleg 8

Beleg 9

7.2 Herstellung eigengenutzter Sachanlagegüter

Eigengenutzte Sachanlagegüter können auch im eigenen Betrieb hergestellt werden.

Beispiele:

- Ein Autohersteller produziert die eigenen Geschäftsfahrzeuge.
- Ein Bauunternehmen erstellt das eigene Verwaltungsgebäude.
- Ein Möbelhersteller stattet die eigenen Geschäftsräume mit selbst erstellten Möbeln aus.

Derartige innerbetriebliche Eigenleistungen sind zu Herstellungskosten zu aktivieren.

„Herstellungskosten sind Aufwendungen, die durch den Verbrauch von Gütern und die Inanspruchnahme von Diensten für die Herstellung eines Vermögensgegenstandes [...] entstehen", § 255 Abs. 2 HGB.

Man unterscheidet zwischen **Einzelkosten** und **Gemeinkosten**.

- **Einzelkosten können den betrieblichen Produkten unmittelbar zugerechnet werden.**

  Es gibt Material-, Fertigungs- und Sondereinzelkosten.

  Zu den **Materialeinzelkosten** gehört insbesondere das Fertigungsmaterial, z. B. Rohstoffaufwendungen.

  Zu den **Fertigungseinzelkosten** zählen die Löhne, die bei der Fertigung im Betrieb anfallen.

  Sondereinzelkosten der Fertigung sind z. B. Produktionslizenzen, Konstruktionskosten, Kosten zur Fertigung von Modellen.

- **Gemeinkosten werden nicht unmittelbar durch ein betriebliches Produkt, sondern durch den Betrieb als solches verursacht und können daher nur indirekt (über die Verrechnung auf Kostenstellen) dem betrieblichen Produkt zugeordnet werden.**

Man unterscheidet Material-, Fertigungs- und Verwaltungsgemeinkosten.

- Zu den **Materialgemeinkosten** gehören z. B. Kosten für die Lagerung des Materials, Transport, Prüfung des Fertigungsmaterials, Werkzeuglager und Versicherung des Materials, Gehälter und Hilfslöhne für Lagerarbeiter.
- Zu den **Fertigungsgemeinkosten** gehören u. a. Gehälter und Hilfslöhne für technische Angestellte, Meister, Maschinenführer, Betriebsstoffkosten für Schmierstoffe und Brennstoffe, Abschreibungen auf Maschinen.
- **Verwaltungsgemeinkosten** sind z. B. Abschreibungen auf Bürogebäude, auf Geschäfts- und Betriebsausstattung, Gehälter für kaufmännische Angestellte und für die Geschäftsleitung, Aufwendungen für den Betriebsrat, das Nachrichtenwesen und Ausbildungswesen.

Aufwendungen für soziale Einrichtungen sind z. B. Aufwendungen für eine Kantine einschließlich der Essenszuschüsse.

Fremdkapitalzinsen sind Zinsaufwendungen, die zur Finanzierung der Herstellung eines Vermögensgegenstandes verwendet werden, soweit sie auf den Zeitraum der Herstellung entfallen.

§ 255 Abs. 2 HGB regelt für das Handelsrecht, welche Kosten als Herstellungskosten zu aktivieren sind und für welche ein Aktivierungswahlrecht bzw. ein Aktivierungsverbot besteht. Für das Steuerrecht ist das im R 6.3 EStR geregelt. Die Abbildung auf der nächsten Seite zeigt für welche Kosten ein Aktivierungsverbot, eine Aktivierungspflicht oder ein Aktivierungswahlrecht besteht.

	§ 255 Abs. 2 HGB Handelsrecht	R 6.3 EStR Steuerrecht
Materialeinzelkosten	Pflicht	Pflicht
Fertigungseinzelkosten	Pflicht	Pflicht
Sondereinzelkosten der Fertigung	Pflicht	Pflicht
angemessene Materialgemeinkosten	Pflicht	Pflicht
angemessene Fertigungsgemeinkosten einschließlich Abschreibungen	Pflicht	Pflicht
= Bewertungsuntergrenze in Handels- und Steuerbilanz		
angemessene allgemeine Verwaltungskosten	Wahlrecht	Wahlrecht
angemessene – Aufwendungen für soziale Einrichtungen – Aufwendungen für freiwillige soziale Leistungen – Aufwendungen für die betriebliche Altersversorgung	Wahlrecht	Wahlrecht
Fremdkapitalzinsen	Wahlrecht	Wahlrecht
= Bewertungsobergrenze in Handels- und Steuerbilanz		
Vertriebskosten	Verbot	Verbot
Forschungskosten	Verbot	Verbot

Bei Aktivierung der Gemeinkosten ist darauf zu achten, dass sie durch die Fertigung veranlasst und **angemessen** sind. Ebenso dürfen nur die **angemessenen** Teile bei den Kosten, für die ein Wahlrecht besteht, aktiviert werden.

Die laufenden Aufwendungen, die bei der Herstellung eines selbst genutzten Sachanlageguts entstehen, werden zunächst als laufende Aufwendungen gebucht. Nach Fertigstellung werden die Herstellungskosten auf dem Konto „Aktivierte Eigenleistungen" und das Sachanlagegut auf dem entsprechenden Anlagekonto erfasst.

BEISPIEL

Eine Maschinenfabrik stellt eine eigengenutzte Produktionsanlage selbst her. An Aufwendungen (Aufwendungen für Rohstoffe, Aufwendungen für Hilfsstoffe, Löhne, Arbeitgeberanteil zur Sozialversicherung usw.) sind in der Finanzbuchführung hierfür insgesamt 120.000,00 € gebucht worden.

- Zunächst sind die laufenden Aufwendungen zu buchen.

Buchungssatz, stark vereinfacht	Soll	Haben
Diverse Aufwandskonten	120.000,00	
an diverse Geldkonten		120.000,00

- Bei Fertigstellung ist die Produktionsanlage zu aktivieren.

Buchungssatz	Soll	Haben
0210/0440 Maschinen	120.000,00	
an 8990/4820 Aktivierte Eigenleistung		120.000,00

Auf das GuV-Konto und das Schlussbilanzkonto haben die vorgenommenen Buchungen folgende Auswirkungen:

S	GuV-Konto	H	S	Schlussbilanzkonto	H
div. Aufwandskonten	120.000,00	Aktiv. Eigenleistungen 120.000,00	Maschinen	120.000,00	diverse Geldkonten 120.000,00

Die vorgenommenen Buchungen sind erfolgsneutral.
Die gebuchten Aufwendungen und Erträge gleichen sich aus.

| Abgrenzungen bei der Erstellung des Jahresabschlusses | Wertansätze in der Bilanz | Eigenkapitalausweis in der Bilanz |

Kapitel 7

Sind selbst hergestellte Sachanlagegüter am Bilanzstichtag noch nicht fertig, sind sie auf dem Konto „Anlagen im Bau" zu erfassen. Bei Fertigstellung werden sie auf das entsprechende Anlagekonto umgebucht.

BEISPIEL

In einem Bauunternehmen erstreckt sich der Bau des eigenen Verwaltungsgebäudes auf einen Zeitraum von zwei Jahren. Im Jahr 01 fallen dafür 250.000,00 € Herstellungskosten an, im Jahr 02 sind es 600.000,00 €.

- Im Jahr 01 sind die bis dahin angefallen Herstellungskosten als „Anlagen im Bau" zu aktivieren.

Buchungssatz, stark vereinfacht

	Soll	Haben
0120/0710 Bauten im Bau	250.000,00	
an 8990/4820 Aktivierte Eigenleistung		250.000,00

- Bei Fertigstellung ist das Konto „Bauten im Bau" aufzulösen und das Gebäude zu aktivieren.

Buchungssatz

	Soll	Haben
0090/0240 Geschäftsbauten	850.000,00	
an 0120/0710 Bauten im Bau		250.000,00
an 8990/4820 Aktivierte Eigenleistung		600.000,00

Werden bei Herstellung von selbst genutzten Sachanlagegütern nicht nur eigene Leistungen in Anspruch genommen, sondern auch Fremdleistungen (z. B. werden beim Bau eines Gebäudes die Innenarbeiten von fremden Unternehmen durchgeführt), so sind auch diese Aufwendungen auf dem Konto „Bauten im Bau" zu buchen.

- Selbst hergestellte eigengenutzte Sachanlagegüter werden nach ihrer Fertigstellung zu Herstellungskosten aktiviert.
- Die Buchungen für die Herstellung der eigengenutzten Sachanlagegüter sind insgesamt erfolgsneutral. Die zu buchenden Aufwendungen und Erträge heben sich gegeneinander auf.

AUFGABEN

1. Nennen Sie jeweils zwei Beispiele für Einzelkosten und Gemeinkosten.
2. Geben Sie an, welche der unten aufgeführten Kosten eines Industriebetriebes Einzelkosten bzw. Gemeinkosten sind.
    Fertigungsmaterial, Benzinverbrauch des Lieferwagens, Gehälter der kaufmännischen Angestellten, Hypothekenzinsen, Einkaufsprovision, Energiekosten in der Fertigung, Abschreibungen der Büromöbel und sonstigen Geschäftsausstattung, Absatzwerbung für ein Produkt, Miete für das Verwaltungsgebäude, Versandverpackung für einzelne Produkte.
3. Ein Fliesenhersteller hat sich auf die Produktion einer Standardfliese spezialisiert. Im Abrechnungszeitraum wurden 18 540 000 Fliesen produziert. Es fielen dafür folgende Kosten an: Fertigungsmaterial: 6.430.000,00 €, Materialgemeinkosten 690.000,00 €, Fertigungslöhne 530.000,00 €, Fertigungsgemeinkosten 350.000,00 €, Verwaltungsgemeinkosten 220.000,00 €, Vertriebsgemeinkosten 180.000,00 €.
    Gewinn 19 %, Skonto 3 %, Rabatt 10 %.

a) Berechnen Sie die Untergrenze der Herstellungskosten für 10 000 Fliesen, die der Unternehmer im Abrechnungszeitraum zum Fliesen in Betriebsräumen gebraucht hat.
b) Buchen Sie den Vorgang.
c) Welchen Betrag hätten Sie zu buchen, wenn der Unternehmer die höchstmöglichen Herstellungskosten ansetzen möchte?

4. Eine Ziegelei hat im Abrechnungszeitraum 14 580 000 Klinkersteine hergestellt. Davon hat sie 20 000 Klinkersteine zur Verklinkerung eines Verwaltungsgebäudes selbst genutzt.
Bei der Herstellung sind folgende Kosten angefallen:

Fertigungsmaterial	1.060.000,00 €	Fertigungsgemeinkosten	180.000,00 €
Materialgemeinkosten	140.000,00 €	Verwaltungsgemeinkosten	210.000,00 €
Fertigungslöhne	310.000,00 €	Vertriebsgemeinkosten	108.000,00 €

Der Gewinnzuschlag beträgt 10 %. Es werden 3 % Kundenskonto und 20 % Wiederverkäuferrabatt gewährt.

Berechnen Sie die Untergrenze der Herstellungskosten für die eigengenutzten Klinker und geben Sie den Buchungssatz an.

5. Eine GmbH stellt Kühlschränke in drei verschiedenen Größen her. Die Kosten sind aus folgender Tabelle zu entnehmen.

Größe	Fertigungsmaterial	Fertigungslöhne	Gemeinkosten	Produktionsmenge
150 Liter	405.000,00 €	270.000,00 €	18 %	9 000 Stück
180 Liter	840.000,00 €	560.000,00 €	40 %	16 000 Stück
200 Liter	798.000,00 €	532.000,00 €	42 %	14 000 Stück

Gewinn: 10 % für 150-Liter- und 180-Liter-Modell
7,5 % für 200-Liter-Modell
Skonto 3 % für alle Modelle
Rabatt 10 % für alle Modelle

Die GmbH stellt von jedem Modell einen Kühlschrank in die Küche ihres Bürogebäudes.

Errechnen Sie die Untergrenze der Herstellungskosten und geben Sie die notwendigen Buchungen an.

6. Ermitteln Sie die Unter- und Obergrenze der Herstellungskosten und den Listenverkaufspreis.

	a)	b)	c)	d)
Fertigungsmaterial	7.900,00 €	4.200,00 €	8.300,00 €	5.500,00 €
Fertigungslohn	4.200,00 €	3.800,00 €	2.400,00 €	3.300,00 €
MGKZ[1]	7 %	9 %	8 %	5 %
FGKZ[2]	120 %	95 %	150 %	130 %
VwGKZ[3]	10 %	8 %	9 %	7 %
VtGKZ[4]	9 %	6 %	5 %	4 %
Gewinn	10 %	8 %	20 %	12 %
Kundenskonto	2 %	3 %	1 %	2 %
Kundenrabatt	10 %	20 %	15 %	10 %

Bemessungsgrundlage für VwGKZ und VtGKZ ist die Untergrenze der Herstellungskosten.

---
1 Materialgemeinkostenzuschlag
2 Fertigungsgemeinkostenzuschlag
3 Verwaltungsgemeinkostenzuschlag
4 Vertriebsgemeinkostenzuschlag

7. An Einzelkosten sind zu berücksichtigen: Fertigungsmaterial 8.000,00 €, Fertigungslöhne 5.000,00 €, Sondereinzelkosten der Fertigung 500,00 €.

    Folgende Gemeinkostenzuschläge wurden ermittelt:
    MGKZ 10 %, FGKZ 120 %, VwGKZ 8 %, VtGKZ 5 %.
    Der Unternehmer kalkuliert mit 20 % Gewinn, 2 % Kundenskonto und 10 % Kundenrabatt.

    Ermitteln Sie die Herstellungskosten (Untergrenze) und den Listenverkaufspreis.

8. Der Hersteller von Computern nutzt einen selbst hergestellten Laptop im Büro. Für die Herstellung eines Laptops entstehen 320,00 € Fertigungsmaterialkosten und 180,00 € Fertigungslöhne. Die Gemeinkostenzuschlagssätze betragen:
    MGKZ 12 %, FGKZ 140 %, VwGKZ 11 %, VtGKZ 5 %.

    Berechnen Sie die Untergrenze der Herstellungskosten und geben Sie den erforderlichen Buchungssatz an.

9. Ein Bauunternehmen erstellt sein Verwaltungsgebäude selbst. Im September 01 ist das Verwaltungsgebäude komplett fertig. Das Bauunternehmen ermittelt dafür Herstellungskosten im Höhe von 450.000,00 €. Auf dem Immobilienmarkt wäre für das Verwaltungsgebäude ein Preis von 600.000,00 € erzielbar.

    a) Mit welchem Wert ist das selbst erstellte Verwaltungsgebäude zu aktivieren?
    b) Nennen Sie die Buchungssätze für die bei der Herstellung des Verwaltungsgebäudes angefallenen Aufwendungen (vereinfacht) und für die Aktivierung der Eigenleistung.
    c) Erklären Sie, wie sich der gesamte Sachverhalt auf das Ergebnis des Unternehmens auswirkt.

10. Bei einem Bauunternehmen erstreckt sich der Bau einer eigenen Lagerhalle auf einen Zeitraum von zwei Jahren. Im 1. Jahr fallen dafür 100.000,00 € Herstellungskosten an, im 2. Jahr 180.000,00 €. Der Grund und Boden gehörte dem Unternehmen schon drei Jahre und ist mit 25.000,00 € bilanziert.

    Nennen Sie die Buchungssätze für das 1. Jahr und das 2. Jahr.

11. Eine GmbH lässt ein neues Verwaltungsgebäude errichten. Im Jahr 01 entstehen Kosten für den Architekten von 19.000,00 € zzgl. 19 % Umsatzsteuer und für den Bauunternehmer von 260.000,00 € zzgl. Umsatzsteuer.

    In 02 fallen noch Kosten für den Bauunternehmer und für den Innenausbau in Höhe von 150.000,00 € zzgl. 19 % Umsatzsteuer an. Außerdem arbeiten eigene Arbeitnehmer der GmbH am Innenausbau. Die Kosten hierfür betragen nach internen Aufzeichnungen 30.000,00 €. Das Gebäude ist am 30.11.02 fertiggestellt.

    Das Grundstück, auf dem das Gebäude errichtet wird, ist mit Anschaffungskosten von 20.000,00 € aktiviert.

    Nehmen Sie die für 01 und 02 erforderlichen Buchungen vor.

12. Ihr Mandant, ein Textilwarenhersteller, lässt eine neue Werkhalle auf einem unbebauten Grundstück, Buchwert 12.000,00 €, errichten. In 01 fallen Kosten für einen Bauunternehmer in Höhe von 142.800,00 € (einschließl. Umsatzsteuer) an. Außerdem erhält Ihr Mandant eine Rechnung vom Architekten über brutto 17.850,00 €, die er wie folgt gebucht hat:

    Sonstiger betrieblicher Aufwand 17.850,00 € **an** Bank 17.850,00 €

    In 02 erhält Ihr Mandant noch Rechnungen über den Innenausbau von brutto 53.550,00 €. Für Eigenleistungen fallen Löhne der eingesetzten Arbeitnehmer in Höhe von 12.000,00 € an.

    Außer der angegebenen Buchung erfolgte bisher keine weitere buchhalterische Erfassung. Nehmen Sie die erforderlichen Buchungen vor.

7.3 Verkauf gebrauchter Sachanlagegüter

7.3.1 Buchhalterische Erfassung eines Buchgewinns/Buchverlusts

Gebrauchte Anlagegüter[1] können

- zum Buchwert,
- über Buchwert oder
- unter Buchwert verkauft werden.

Werden bewegliche Sachanlagegüter verkauft, liegt i. d. R. ein umsatzsteuerpflichtiger Vorgang vor. Wird ein Grundstück veräußert, handelt es sich i. d. R. um einen umsatzsteuerfreien Vorgang.

Beim Verkauf von Sachanlagegütern ist das Wirtschaftsgut auszubuchen, der Buchgewinn bzw. Buchverlust und die Umsatzsteuer sind zu erfassen. Hierbei sind die umsatzsteuerlichen Aufzeichnungspflichten zu beachten, d. h., das Entgelt ist in voller Höhe als Erlös auszuweisen, da es die Bemessungsgrundlage der Umsatzsteuer darstellt.

Dieser so ausgewiesene Ertrag stimmt mit dem tatsächlichen Buchgewinn oder Buchverlust nicht überein, sodass in einer zweiten Buchung eine Korrektur des Gewinns erfolgt.

BEISPIEL

Am 5. Juni 01 verkauft ein Unternehmer einen gebrauchten Pkw gegen Bankscheck.

Buchwert am 01.01.01	12.000,00 €
– Abschreibung vom 01.01 bis 31.05.	1.500,00 €
Restbuchwert am 31.05.01	10.500,00 €

Fall I Verkauf über Buchwert

Nettoverkaufspreis	15.000,00 €
+ 19 % Umsatzsteuer	2.850,00 €
Bruttoverkaufspreis	17.850,00 €

- Es ergibt sich ein Buchgewinn von 4.500,00 €.

Nettoverkaufspreis	15.000,00 €
– Restbuchwert	10.500,00 €
Buchgewinn	4.500,00 €

Der Verkauf wird auf dem Konto „Erlöse aus Anlagenverkäufen bei Buchgewinn" gebucht.

1. Buchung der Abschreibung

Buchungssatz		Soll	Haben
	4830/6220 Abschreibungen auf SA	1.500,00	
	an 0320/0520 Pkw		1.500,00

2. Buchung des Verkaufserlöses

Buchungssatz		Soll	Haben
	1200/1800 Bank	17.850,00	
	an 8829/4845 Erlöse a. Anlagenverk. b. Buchgewinn		15.000,00
	an 1770/3800 Umsatzsteuer		2.850,00

---

[1] Ein Sonderfall liegt vor, wenn gebrauchte Anlagegüter aus dem Jahressammelposten verkauft werden. Hier wird nur der Verkaufserlös gebucht. Die jährlichen Abschreibungen erfolgen unverändert vom Jahressammelposten.

BEISPIEL (Fortsetzung)

3. Ausbuchung des Restbuchwertes

Buchungssatz

	Soll	Haben
2315/4855 Anlagenabgänge bei Buchgewinn	10.500,00	
an 0320/0520 Pkw		10.500,00

Fall II Verkauf unter Buchwert
(Buchwert und Abschreibung des gebrauchten Pkw wie vorstehend)

Nettoverkaufspreis	8.500,00 €
+ 19 % Umsatzsteuer	1.615,00 €
Bruttoverkaufspreis	10.115,00 €

- Es ergibt sich ein Buchverlust von 2.000,00 €.

Nettoverkaufspreis	8.500,00 €
− Restbuchwert	10.500,00 €
Buchverlust	2.000,00 €

Der Verkauf wird auf dem Konto „Erlöse aus Anlagenverkäufen bei Buchverlust" gebucht.

1. Buchung der Abschreibung

Buchungssatz

	Soll	Haben
4830/6220 Abschreibungen auf SA	1.500,00	
an 0320/0520 Pkw		1.500,00

2. Buchung des Verkaufserlöses

Buchungssatz

	Soll	Haben
1200/1800 Bank	17.850,00	
an 8800/6885 Erlöse a. Anlagenverk. b. Buchverl.		8.500,00
an 1770/3800 Umsatzsteuer		1.615,00

3. Ausbuchung des Restbuchwertes

Buchungssatz

	Soll	Haben
2310/6895 Anlagenabgänge bei Buchverlust	10.500,00	
an 0320/0520 Pkw		10.500,00

Die Konten „Anlagenabgänge bei Buchgewinn" bzw. „Anlagenabgänge bei Buchverlust" sind Aufwandskonten.

Kapitel 7

| Beschaffung und Herstellung eigengenutzter Sachanlagegüter | Steuern, sonstige Betriebsausgaben | Jahresabschluss nach Handels- und Steuerrecht |

Buchhalterische Erfassung eines Buchgewinns bzw. -verlusts

1. Buchung der Verkaufserlöse

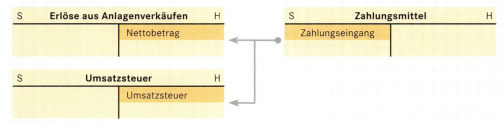

2. Ausbuchen des Restbuchwertes

3. Ermittlung von Gewinn oder Verlust

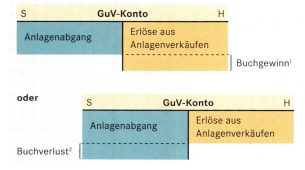

---

1 Anmerkung: Buchgewinn ist nur der Teil, der größer ist als der Aufwand, also als der grüne Teil.
2 Anmerkung: Buchverlust ist nur der Teil, der größer ist als der Erlös aus Anlagenverkäufen, also als der gelbe Teil.

AUFGABEN

Aufgaben 1–3 Verkauf gebrauchter beweglicher Sachanlagegüter
Aufgaben 4–9 Verkauf unbeweglicher Sachanlagegüter

1. Ein Unternehmer verkauft am 09.10.01 einen gebrauchten Pkw gegen Bankscheck. Der Buchwert dieses Pkw beträgt am 01.01.01 8.000,00 €. Er wird linear mit jährlich 4.000,00 € abgeschrieben.

   Der Unternehmer erzielt einen Verkaufspreis in Höhe von
   a) 5.950,00 € brutto,
   b) 8.330,00 € brutto,
   c) 3.570,00 € brutto.

   Buchen Sie den Verkauf des Pkw für die Fälle a) bis c).

2. Nennen Sie die Buchungssätze für folgende Sachverhalte:

   a) Zielkauf einer technischen Anlage   300.000,00 €
      + 19 % Umsatzsteuer   57.000,00 €

Abgrenzungen bei der Erstellung des Jahresabschlusses	Wertansätze in der Bilanz	Eigenkapitalausweis in der Bilanz

Kapitel 7

b) Die obige Rechnung über den Kauf der technischen Anlage wird abzüglich 2 % Skonto durch Banküberweisung beglichen.

c) Nach einigen Jahren wird die technische Anlage (Buchwert 20.000,00 €) für
  (a) 17.850,00 € brutto,
  (b) 5.950,00 € brutto,
  (c) 26.180,00 € brutto
  gegen Bankscheck verkauft.

Die anteilige Abschreibung des laufenden Jahres beträgt 5.000,00 €.

3. Ihr Mandant verkauft eine gebrauchte Verpackungsmaschine am 05.08.01 gegen Bankscheck für
   a) 21.420,00 € brutto,
   b) 35.700,00 € brutto.
   Der Buchwert der Verpackungsmaschine beträgt am 01.01.01 32.000,00 €, die jährliche AfA 9.000,00 €.

   Nennen Sie die erforderlichen Buchungssätze für die Fälle a) und b).

4. Ein Unternehmer, der seit Jahren ein unbebautes Grundstück mit 18.000,00 € bilanziert, verkauft dieses Grundstück am 11.06.01 für 25.000,00 €. Außerdem fallen noch Veräußerungskosten in Höhe von 1.000,00 € zzgl. 19 % Umsatzsteuer an, die durch Überweisung gezahlt werden.

   Buchen Sie den Verkauf des Grundstücks.

5. Zum Betriebsvermögen Ihres Mandanten gehört ein 1 000 m² großes unbebautes Grundstück, das als Lagerplatz genutzt wird und mit 30.000,00 € aktiviert ist. Zum 10.12.01 veräußert Ihr Mandant 250 m² zum Preis von 10.000,00 €.

   Bisher wurde gebucht: Bank 10.000,00 € **an** Sonstige betriebliche Erträge 10.000,00 €

   Nehmen Sie die erforderlichen Korrekturbuchungen vor.

6. Ihr Mandant veräußert eine Lagerhalle für 800.000,00 €. Der Grund- und Bodenanteil beträgt 20 %. Der Buchwert der Lagerhalle betrug zum Zeitpunkt der Veräußerung 480.000,00 € und der des Grundstücks 100.000,00 €.

   Geben Sie die notwendigen Buchungen an. Gehen Sie davon aus, dass der Kaufpreis bereits durch Überweisung auf das private Bankkonto gezahlt wurde.

7. Ein Unternehmer hat vor zehn Jahren ein Verwaltungsgebäude mit Anschaffungskosten von 600.000,00 € erworben und schreibt es seitdem mit 3 % linear ab. Die Anschaffungskosten des Grundstücks beliefen sich auf 40.000,00 €. Der Buchwert des Gebäudes zum 31.12.01 beträgt 420.000,00 €.
   Er veräußert das gesamte Grundstück zum 01.07.01 für 700.000,00 €.

   Wie ist zu buchen, wenn Veräußerungskosten in Höhe von brutto 2.618,00 € angefallen sind und sowohl der Kaufpreis als auch die Veräußerungskosten noch nicht bezahlt wurden?

8. Ihr Mandant bilanziert ein Bürogebäude, dessen Anschaffungskosten 500.000,00 € betrugen, mit 340.000,00 € und den dazugehörenden Grund und Boden mit 35.000,00 €. Das Gebäude wird mit 3 % jährlich abgeschrieben.

   Da auf dem Grundstück Altlasten gefunden wurden, verkauft Ihr Mandant das Grundstück am 01.11.01 zum Preis von 280.000,00 €.

   Bisher wurde nichts gebucht. Holen Sie dies nach.

9. Eine Lagerhalle ist zum 31.12.01 mit 330.000,00 € bilanziert, der dazugehörige Grund und Boden mit 40.000,00 €. Die jährliche AfA beträgt 13.500,00 €. Das Grundstück wurde zum 01.12.01 zum Preis von 415.000,00 € veräußert. Der Kaufpreis wurde noch nicht gezahlt.

   Buchen Sie den gesamten Vorgang.

7.3.2 Inzahlunggabe gebrauchter Sachanlagegüter

Häufig werden beim Kauf neuer Anlagegüter die zu ersetzenden gebrauchten Anlagegüter in Zahlung gegeben. In diesem Fall ist der Bruttoverkaufspreis des gebrauchten Anlagegutes gegen den Bruttoeinkaufspreis des neuen Anlagegutes zu verrechnen. Der Differenzbetrag muss an den Lieferanten gezahlt werden. Außerdem liegt eine Lieferung des alten Wirtschaftsguts vor, die umsatzsteuerpflichtig ist = Tausch mit Baraufgabe.

BEISPIEL

Ein Unternehmer kauft am 19.09.01 einen neuen Pkw und gibt einen gebrauchten Pkw in Zahlung.

Nettoeinkaufspreis neuer Pkw		40.000,00 €
+ 19 % Umsatzsteuer		7.600,00 €
		47.600,00 €
Nettoverkaufspreis gebrauchter Pkw	10.000,00 €	
+ 19 % Umsatzsteuer	1.900,00 €	– 11.900,00 €
Restzahlung einschl. 19 % Umsatzsteuer, Banküberweisung		35.700,00 €
Buchwert des gebrauchten Pkws am 01.01		8.000,00 €
– Abschreibung vom 01.01. bis 31.08.		– 1.600,00 €
Buchwert am 31.08.		6.400,00 €

1. Anschaffung des neuen Pkw

Buchungssatz

	Soll	Haben
0320/0520 Pkw	40.000,00	
1570/1400 Vorsteuer	7.600,00	
an 1600/3300 Verbindl. a. LL		47.600,00

2. Abschreibung des gebrauchten Pkw

Buchungssatz

	Soll	Haben
4830/6220 Abschreibungen auf SA	1.600,00	
an 0320/0520 Pkw		1.600,00

3. Rechnungsausgleich

Buchungssatz

	Soll	Haben
1600/3300 Verbindl. a. LL	47.600,00	
an 8829/4845 Erlöse a. Anlagenverk. b. Buchgewinn		10.000,00
an 1770/3800 Umsatzsteuer		1.900,00
an 1200/1800 Bank		35.700,00

4. Ausbuchung des Restbuchwertes

Buchungssatz

	Soll	Haben
2315/4855 Anlagenabgänge bei Buchgewinn	6.400,00	
an 0320/0520 Pkw		6.400,00

| Abgrenzungen bei der Erstellung des Jahresabschlusses | Wertansätze in der Bilanz | Eigenkapitalausweis in der Bilanz |

Kapitel 7

AUFGABEN

1. Ein Unternehmer kauft am 10.04.01 eine neue EDV-Anlage und gibt die gebrauchte EDV-Anlage in Zahlung.

Nettoeinkaufspreis neue EDV-Anlage		6.000,00 €
+ 19 % Umsatzsteuer		1.140,00 €
		7.140,00 €
Nettoverkaufspreis (Inzahlunggabe) gebrauchte EDV-Anlage	2.000,00 €	
+ 19 % Umsatzsteuer	380,00 €	– 2.380,00 €
Restzahlung per Banküberweisung, einschl. 19 % Umsatzsteuer		4.760,00 €
Buchwert der gebrauchten EDV-Anlage am 01.01.01		1.500,00 €
jährliche Abschreibung		600,00 €

Buchen Sie den Kauf der neuen EDV-Anlage über das Verbindlichkeitenkonto, die anteilige Abschreibung, den Rechnungsausgleich und den Verkauf der gebrauchten EDV-Anlage.

2. Wie lauten die Buchungssätze aus Aufgabe 1 für den Rechnungsausgleich und die Ausbuchung des Restwertes der gebrauchten EDV-Anlage, wenn die gebrauchte Anlage für 595,00 € brutto in Zahlung gegeben wird? Ermitteln Sie den Veräußerungsgewinn bzw. -verlust.

3. Am 08.08.01 kauft ein Unternehmer einen neuen Pkw für 41.650,00 € einschließl. 19 % Umsatzsteuer. Den alten Pkw gibt er für 9.520,00 € einschließl. 19 % Umsatzsteuer in Zahlung. Die Restzahlung von 32.130,00 € nimmt er per Banküberweisung vor.
   Der Buchwert des alten Pkw betrug am 01.01.01
   a) 6.000,00 €,
   b) 13.000,00 €.
   Die lineare jährliche Abschreibung beläuft sich auf 4.800,00 €.

   Nehmen Sie alle erforderlichen Buchungen vor, die sich aus diesem Sachverhalt ergeben.

4. Ein Pkw wird für 25.000,00 € + 4.750,00 € Umsatzsteuer gekauft.
   Ein gebrauchter Pkw, der einen Anschaffungswert von 20.000,00 € hatte und für den bis zum Verkauf eine Abschreibung in Höhe von 17.000,00 € vorgenommen wurde, wird für 5.000,00 € + 950,00 € Umsatzsteuer in Zahlung gegeben.
   Der Restbetrag wird durch Banküberweisung beglichen.

   Buchen Sie den Kauf des neuen Pkw über das Verbindlichkeitenkonto, den Rechnungsausgleich (Banküberweisung) und die Ausbuchung des gebrauchten Pkw.

5. Ihre Mandantin erwirbt von der Sauer KG mit Rechnung vom 10.11.01 einen Pkw 230 GT

zum Preis von	40.000,00 €
+ Frachtkosten	500,00 €
	40.500,00 €
+ 19 % USt	7.695,00 €
	48.195,00 €

   Der bisher gefahrene Pkw 300 SL wird der Sauer KG am 12.11.01 zum Preis von 12.000,00 € + 19 % Umsatzsteuer 2.280,00 € = 14.280,00 € in Zahlung gegeben.
   Der Buchwert des Pkw 300 SL betrug zum 31.12.00 24.000,00 €. Die Anschaffungskosten beliefen sich auf 72.000,00 €, die Nutzungsdauer wurde zutreffenderweise mit sechs Jahren angesetzt.
   Den noch zu zahlenden Betrag hat Ihre Mandantin am 08.12.01 überwiesen.

   Geben Sie die Buchungssätze an, unter der Voraussetzung, dass der neue Pkw eine Nutzungsdauer von sechs Jahren hat.

7.4 Anlagenverzeichnis

Im Hauptbuch werden die Anlagekonten i. d. R. als Sammelkonten gemäß Kontenrahmen geführt. In jedem Sammelkonto wird eine Vielzahl von einzelnen Anlagegütern erfasst.

Um nun die Abschreibungen pro Sammelkonto exakt ermitteln zu können, ist das Führen eines Anlagenbuches (= Nebenbuch) erforderlich.

Dieses Anlagenbuch kann in Form einer Anlagenkartei angelegt sein. Für jeden Gegenstand des Anlagevermögens wird dann eine Anlagenkarteikarte geführt.

Bei der EDV-Buchführung erfolgt die Speicherung auf einem elektronischen Datenträger.

Um einen Überblick über die einzelnen Wirtschaftsgüter zu erhalten, wird ein Anlagenverzeichnis erstellt. In dieses Bestandsverzeichnis müssen – mit Ausnahme der Wirtschaftsgüter mit einem Wert bis 1.000,00 € netto, gemäß § 6 Abs. 2 a EStG, und der geringwertigen Wirtschaftsgüter – alle beweglichen Gegenstände des Anlagevermögens, auch wenn sie bereits voll abgeschrieben sind, aufgenommen werden.

Die Kopfzeile eines Anlagenverzeichnisses könnte folgendermaßen aufgebaut sein:

Nr.	Bezeichnung des Anlagegutes	Bilanzwert 1. Jan.	Anschaffungs-/Herstellungs-		Abgangstag	Nutzungsdauer	AfA			Bilanzwert 31. Dez.
			tag	kosten			Methode	Satz	Betrag	
1	2	3	4	5	6	7	8	9	10	11

Die Spalten 2 und 11 beinhalten die steuerlichen Mindestanforderungen. Enthält das Bestandsverzeichnis nur diese Informationen, ist es jährlich aufgrund einer körperlichen Bestandsaufnahme zu erstellen.

Die Spalten 4 bis 6 sind erforderlich, wenn auf die jährliche körperliche Bestandsaufnahme der Gegenstände des beweglichen Anlagevermögens verzichtet werden soll.

Die Spalten 3 sowie 7 bis 10 stellen sinnvolle betriebswirtschaftliche Ergänzungsinformationen dar.

AUFGABE

Vervollständigen Sie das Anlageverzeichnis, indem Sie den AfA-Satz, den AfA-Betrag und den Buchwert zum 31. Dezember 05 berechnen.

Kto-Nr.	Bezeichnung des Anlagegutes	Bilanzwert 31.12.04	Anschaffungs-/Herstellungs-		Nutzungsdauer	AfA			Bilanzwert 31.12.05
			tag	kosten		Methode	Satz	Betrag	
0240	Geschäftsbauten	527.992,00 €	01.01.01	600.000,00 €	33⅓	lin.			
0440	Maschine 1	90.000,00 €	01.07.03	120.000,00 €	6	lin.			
	Maschine 2	28.800,00 €	01.01.04	36.000,00 €	5	lin.			
0520	Pkw	29.583,00 €	01.12.04	30.000,00 €	6	lin.			
0650	Büroeinrichtung								
	Schrank	8.750,00 €	01.10.03	10.000,00 €	10	lin.			
	Regalwand	5.250,00 €	01.10.03	6.000,00 €	10	lin.			

| Abgrenzungen bei der Erstellung des Jahresabschlusses | Wertansätze in der Bilanz | Eigenkapitalausweis in der Bilanz | Kapitel 8 |

8 Steuern, sonstige Betriebsausgaben

LERNSITUATION

Die Groß GmbH zahlt vierteljährlich sowohl Körperschaft- als auch Gewerbesteuervorauszahlungen, die vom Buchhalter als Aufwand gebucht werden. Bei einem Treffen mit einem Geschäftsfreund erzählt dieser dem Geschäftsführer der Groß GmbH, dass die Körperschaft- und die Gewerbesteuer den Gewinn nicht mindern dürfen. Der Geschäftsführer kann und will dies nicht glauben. Deshalb fragt er Sie um Rat.

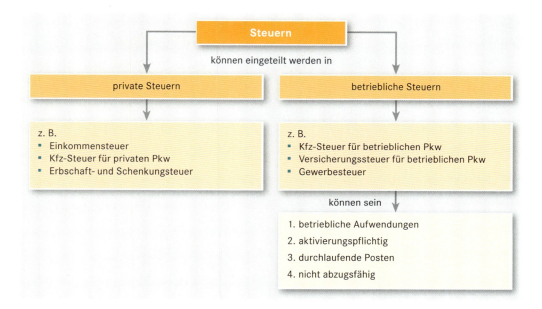

8.1 Betriebliche Steuern

8.1.1 Sofort abzugsfähige Betriebsausgaben

Manche durch den Betrieb veranlasste Steuern sind als Betriebsausgabe abzugsfähig, z. B.
- Kfz-Steuer für den betrieblichen Pkw,
- Grundsteuer für den betrieblichen Grundbesitz.

BEISPIEL

Für den betrieblichen Pkw wird die Kfz-Steuer in Höhe von 980,00 € vom Bankkonto überwiesen.

- Es handelt sich um abzugsfähige Betriebsausgaben.

Buchungssatz		Soll	Haben
	4510/7685 Kfz-Steuern	980,00	
	an 1200/1800 Bank		980,00

Zu Steuernachzahlungen bzw. -erstattungen kann es kommen, wenn Vorauszahlungen in dem/den Vorjahr/-en entweder zu niedrig oder zu hoch waren.

Zu Steuernachzahlungen bzw. -erstattungen kann es auch in Zusammenhang mit der Umsatzsteuer kommen.

BEISPIEL

Ein Unternehmer behandelt einen Umsatz als steuerfreie Ausfuhrlieferung. Im Rahmen einer Umsatzsteuersonderprüfung wird festgestellt, dass der Umsatz steuerpflichtig ist. Es kommt zu einer Umsatzsteuernachzahlung von 1.756,30 €, die nicht an den Kunden weitergegeben werden kann.

- Aufgrund der niedrigeren Umsätze wirkt sich die Umsatzsteuernachzahlung gewinnmindernd aus.

Buchungssatz		Soll	Haben
vor Prüfung	1200/1800 Bank	11.000,00	
	an 8110/4110 Steuerfreie Umsätze		11.000,00
nach Prüfung	8110/4110 Steuerfreie Umsätze	11.000,00	
	an 8400/4400 Steuerpflichtige Umsätze		9.243,70
	an 1770/3800 Umsatzsteuer		1.756,30

Steuerliche Nebenleistungen

Steuerliche Nebenleistungen sind gemäß § 3 Abs. 3 AO:

- Verspätungszuschläge, § 152 AO
- Zinsen, § 233 ff. AO
- Säumniszuschläge, § 240 ff. AO
- Zwangsgelder, § 329 ff. AO
- Kosten, § 178, 337 ff. AO
- Verzögerungsgeld, § 146 Abs. 2 b AO

Sind die zugrunde liegenden Steuern sofort abzugsfähig, sind es auch die steuerlichen Nebenleistungen.

Gebucht werden

- die Säumniszuschläge als zinsähnliche Aufwendungen,
- Zinsen als Zinsaufwand,
- Verspätungszuschläge, Zwangsgelder und Kosten als steuerlich abzugsfähige Nebenleistungen zu Steuern oder steuerlich nicht abzugsfähige Nebenleistungen zu Steuern.

Die Buchung ist davon abhängig, ob die zugrunde liegende Steuer abzugsfähig ist oder nicht.

BEISPIEL

Da die Kfz-Steuer für den betrieblichen Pkw zu spät gezahlt wurde, müssen 15,00 € Säumniszuschläge gezahlt werden.

- Die Kfz-Steuer ist eine sofort abzugsfähige Betriebsausgabe. Die Säumniszuschläge hierzu sind somit auch sofort abzugsfähig.

Buchungssatz		Soll	Haben
	2140/7330 Zinsähnliche Aufwendungen	15,00	
	an 1200/1800 Bank		15,00

8.1.2 Aktivierungspflichtige Steuern

Wirtschaftsgüter des Anlage- und Umlaufvermögens sind gemäß § 255 Abs. 1 und Abs. 2 HGB mit den Anschaffungs- oder Herstellungskosten zu bewerten. Zu den Anschaffungsnebenkosten gehören die aktivierungspflichtigen Steuern.

> **BEISPIEL**
>
> Ein Unternehmer, der zum vollen Vorsteuerabzug berechtigt ist, erwirbt ein unbebautes Grundstück zum Kaufpreis von 30.000,00 €. Als Nebenkosten fallen 3,5 % Grunderwerbsteuer, Notarkosten für den Grundstückskaufvertrag in Höhe von 500,00 € zzgl. 95,00 € USt = 595,00 € und Gerichtskosten für die Eintragung im Grundbuch von 400,00 € an. Das Grundstück wird als Lagerplatz genutzt.
>
> - Die Grunderwerbsteuer, die Notarkosten und die Gerichtskosten gehören zu den Anschaffungsnebenkosten und sind zu aktivieren. Die gemäß § 15 Abs. 1 Nr. 1 UStG abzugsfähige Vorsteuer gehört nicht zu den Anschaffungskosten, § 9 b EStG.
>
> | Buchungssatz | | Soll | Haben |
> |---|---|---|---|
> | | 0065/0215 Unbebaute Grundstücke | 31.950,00 | |
> | | 1570/1400 Vorsteuer | 95,00 | |
> | | an 1200/1800 Bank | | 32.045,00 |

Ist die **Vorsteuer** aus der Anschaffung oder der Herstellung eines Wirtschaftsguts nicht abzugsfähig, weil das Wirtschaftsgut zu Umsätzen verwendet wird, die den Vorsteuerabzug ausschließen, gehört sie zu den Anschaffungs- bzw. Herstellungskosten gemäß § 9 b EStG.

> **BEISPIEL**
>
> Zum Betriebsvermögen des Unternehmers gehört ein Mietwohngrundstück, das er ausschließlich zur Verwendung von steuerfreien Mietumsätzen verwendet. Um den Rasen im Garten des Mietwohngrundstücks zu mähen, kauft er einen Aufsitzmäher für 1.600,00 € zzgl. 19 % USt 304,00 € = 1.904,00 €.
>
> - Die Umsatzsteuer von 304,00 € gehört zu den Anschaffungskosten.
>
> | Buchungssatz | | Soll | Haben |
> |---|---|---|---|
> | | 0490/0690 Sonstige BGA | 1.904,00 | |
> | | an 1200/1800 Bank | | 1.904,00 |

Steuerliche Nebenleistungen

Steuerliche Nebenleistungen, die zu den aktivierungspflichtigen Steuern anfallen, gehören ebenfalls zu den Anschaffungsnebenkosten.

> **BEISPIEL**
>
> Im Zusammenhang mit dem Erwerb eines unbebauten Grundstücks wurde Grunderwerbsteuer in Höhe von 1.400,00 € festgesetzt. Da der Unternehmer die Grunderwerbsteuer verspätet gezahlt hat, entstand ein Säumniszuschlag von 14,00 €, den der Unternehmer zusammen mit der Grunderwerbsteuer gezahlt hat.
>
> - Der Säumniszuschlag ist zu aktivieren, da die Grunderwerbsteuer zu den Anschaffungsnebenkosten gehört.
>
> | Buchungssatz | | Soll | Haben |
> |---|---|---|---|
> | | 0065/0215 Unbebaute Grundstücke | 1.414,00 | |
> | | an 1200/1800 Bank | | 1.414,00 |

8.1.3 Durchlaufende Posten

Hat der Unternehmer Arbeitnehmer beschäftigt, so behandelt er den Bruttoarbeitslohn als Aufwand. Vom Bruttoarbeitslohn muss der Unternehmer ans Finanzamt Lohnsteuer, Kirchensteuer und Solidaritätszuschlag zahlen. Allerdings ist nicht er Steuerschuldner, sondern der Arbeitnehmer. Der Unternehmer bezahlt die **Steuerschuld** des **Arbeitnehmers**. Es handelt sich somit um einen durchlaufenden Posten.

BEISPIEL

Der monatliche Bruttoarbeitslohn des Arbeitnehmers beträgt 3.100,00 €, die Lohnsteuer, Kirchensteuer und der Solidaritätszuschlag 437,80 €. (verkürzte Darstellung)

- Die Lohnsteuer, Kirchensteuer und der Solidaritätszuschlag sind als Verbindlichkeit zu erfassen (Bruttolohnverbuchung).

Buchungssätze (verkürzt)

		Soll	Haben
4120/6020	Gehälter	3.100,00	
an 1740/3720	Verbindl. Lohn und Gehalt		3.100,00
1740/3720	Verbindl. Lohn und Gehalt	437,80	
an 1741/3730	Verbindlichkeit Lohn- u. KiSt		437,80
1741/3730	Verbindlichkeit Lohn- u. KiSt	437,80	
an 1200/1800	Bank		437,80

8.1.4 Nicht abzugsfähige Steuern

Manche betrieblich verursachte Steuern dürfen den Gewinn nicht mindern, § 12 Nr. 3 EStG, § 10 Nr. 2 KStG.

Dazu gehören:

- Steuern vom Einkommen
- sonstige Personensteuern
- Umsatzsteuer auf unentgeltliche Wertabgaben oder verdeckte Gewinnausschüttungen
- Vorsteuerbeträge auf Aufwendungen, für die das Abzugsverbot des § 4 Abs. 5 Nr. 1–4, 7 oder Abs. 7 EStG gilt
- Gewerbesteuer, § 10 Nr. 2 KStG, § 4 Abs. 5 b EStG

Handelsrechtlich handelt es sich um Aufwand, der zur Ermittlung des steuerlichen Gewinns außerbilanziell hinzuzurechnen ist.

BEISPIEL

Im Laufe des Jahres wurden von einer GmbH Gewerbesteuervorauszahlungen von 4.800,00 € gezahlt. Der Gewinn beträgt 32.000,00 €.

- Die Vorauszahlungen sind handelsrechtlich als Aufwand zu erfassen. Um den steuerlichen Gewinn zu ermitteln, werden sie außerbilanziell wieder hinzugerechnet.

Buchungssatz vierteljährliche Buchung

		Soll	Haben
4320/7610	Gewerbesteuer	1.200,00	
an 1200/1800	Bank		1.200,00

Gewinnermittlung:

Gewinn	32.000,00 €
+ nicht abzugsfähige Aufwendungen Gewerbesteuer	+ 4.800,00 €
steuerlicher Gewinn	36.800,00 €

| Abgrenzungen bei der Erstellung des Jahresabschlusses | Wertansätze in der Bilanz | Eigenkapitalausweis in der Bilanz |

Kapitel 8

Steuerliche Nebenleistungen

Auch hier werden die steuerlichen Nebenleistungen so behandelt wie die Steuern selbst, also handelsrechtlich als Aufwand gebucht und zur Ermittlung des steuerlichen Gewinns außerbilanziell wieder hinzugerechnet.

- Steuern werden in einen betrieblichen und einen privaten Bereich aufgeteilt. Betriebliche Steuern können abzugsfähig, aktivierungspflichtig, durchlaufende Posten oder nicht abzugsfähig sein.
- Steuerliche Nebenleistungen werden so behandelt wie die zugrunde liegende Steuer.

AUFGABEN

1. Wie sind nicht abzugsfähige Betriebsausgaben handelsrechtlich und steuerrechtlich zu behandeln?

2. Welche steuerlichen Nebenleistungen kennen Sie?

3. Ihr Mandant zahlt am 10.10.01 die Kfz-Steuer für den betrieblichen Pkw in Höhe von 1.070,00 € per Banküberweisung.
   Buchen Sie den Vorgang.

4. Ihr Mandant, der nur steuerpflichtige Umsätze tätigt, lässt in 01 eine Werkhalle errichten. Die Herstellungskosten betragen 500.000,00 € zzgl. 19 % USt 95.000,00 € = 595.000,00 €, Fertigstellung am 10.12.01.

   Bilden Sie den Buchungssatz, wenn die Kosten bisher noch nicht gezahlt wurden.

5. Ein Unternehmer erwirbt ein Verwaltungsgebäude. Es fallen folgende Kosten an:

   - Kaufpreis   1.200 000,00 €
   - Grunderwerbsteuer   42.000,00 €
   - Notarkosten   9.000,00 €
     19 % USt   1.710,00 €
     Summe   10.710,00 €
   - 7.500,00 € zur Eintragung des Eigentums an das Amtsgericht

   Der Anteil des Grund und Bodens beträgt 20 %.

   Bilden Sie die erforderlichen Buchungssätze. Unterstellen Sie, dass alle Beträge per Banküberweisung gezahlt worden sind, und dass der Unternehmer zum vollen Vorsteuerabzug berechtigt ist.

6. Ihr Mandant, Allgemeinmediziner, erwirbt im Februar 01 einen Pkw für 28.000,00 € zzgl. 19 % USt 5.320,00 € = 33.320,00 €. Er zahlt den Betrag durch Banküberweisung.
   Bilden Sie den Buchungssatz.

7. Ein Unternehmer kauft einen Pkw für 22.000,00 € zzgl. 19 % USt 4.180,00 € = 26.180,00 €. Er nutzt den Pkw zu 30 % für steuerfreie Umsätze, die den Vorsteuerabzug ausschließen, und zu 70 % für steuerpflichtige Umsätze. Die Zahlung erfolgt per Banküberweisung.

   Wie hat der Unternehmer die Anschaffung zu buchen?

8. Ein Unternehmer errichtet ein Gebäude, das er seinem Betriebsvermögen zuordnet. Die Herstellungskosten betragen 730.000,00 € zzgl. 138.700,00 € Umsatzsteuer, Gesamtsumme 868.700,00 €. Er nutzt es zu 60 % für eigenbetriebliche Zwecke und zu 40 % für fremde Wohnzwecke. Das gesamte Gebäude wird bilanziert.

   Bilden Sie den zur Fertigstellung notwendigen Buchungssatz. Gehen Sie dabei davon aus, dass bereits alle Kosten durch Banküberweisung gezahlt wurden.

9. Ihr Mandant erwirbt eine EDV-Anlage für 10.000,00 € zzgl. 1.900,00 € = 11.900,00 €. Er nutzt sie zu 80 % für steuerpflichtige Umsätze. Er zahlt den Rechnungsbetrag unter Abzug von 2 % Skonto.

   Bilden Sie die notwendigen Buchungssätze.

10. Ein Unternehmer hat in 01 folgende Gewerbesteuerzahlungen als Betriebsausgabe behandelt:
    Gewerbesteuer-Vorauszahlung 01   20.000,00 €
    Gewerbesteuer-Nachzahlung 00   2.500,00 €
    Gewinn laut GuV-Rechnung   84.500,00 €

    Ermitteln Sie den steuerlichen Gewinn.

11. Auf dem betrieblichen Bankkonto Ihres Mandanten, einer GmbH, werden folgende Beträge abgebucht:
    Körperschaftsteuer-Vorauszahlung III/01   2.600,00 €
    SolZ zur Körperschaftsteuervorauszahlung   143,00 €
    Körperschaftsteuernachzahlung 00   4.180,00 €
    SolZ zur Körperschaftsteuernachzahlung   229,90 €
    Gewerbesteuernachzahlung 00   570,00 €

    Es wurden keine Rückstellungen gebildet.

    Buchen Sie die Zahlungen. Was müssen Sie zur Ermittlung des steuerlichen Gewinns beachten?

12. Ihr Mandant erhält am 15.01.01 eine Gewerbesteuererstattung für das vorausgegangene Jahr in Höhe von 5.000,00 €. Zum 15.02.01 wird die Gewerbesteuervorauszahlung in Höhe von 4.500,00 € vom betrieblichen Bankkonto eingezogen.

    Bilden Sie die notwendigen handelsrechtlichen Buchungssätze zum 15.01.01 und 15.02.01.

13. Ihr Mandant reicht den Abschluss 01 mit der Körperschaft-, Gewerbe- und Umsatzsteuererklärung zu spät beim Finanzamt ein. Daraufhin setzt das Finanzamt zulässigerweise einen Verspätungszuschlag für die Körperschaft- und Gewerbesteuer fest.
    Es wurde eine Körperschaftsteuerrückstellung in Höhe von 6.200,00 € und eine Gewerbesteuerrückstellung von 3.400,00 € gebildet, die tatsächlichen Nachzahlungen laut Steuerbescheide vom 15.03.03 betragen:
    Körperschaftsteuer 6.100,00 €, Gewerbesteuer 3.000,00 €, Körperschaftsteuerverspätungszuschlag 200,00 € und Gewerbesteuerverspätungszuschlag 50,00 €.

    Wie lauten alle erforderlichen handelsrechtlichen Buchungssätze für Ihren Mandanten?

14. Die Grunderwerbsteuer für ein unbebautes Grundstück wurde von Ihrem Mandanten verspätet gezahlt, sodass das Finanzamt einen Säumniszuschlag von 50,00 € anfordert. Die Anschaffung des Grundstücks wurde korrekt gebucht.

    Bilden Sie den Buchungssatz. Vorausgesetzt wird, dass die Säumniszuschläge noch nicht gezahlt worden sind.

15. Für die verspätete Zahlung der Umsatzsteuervoranmeldung 11/01 entstehen Säumniszuschläge in Höhe von 43,00 €, die vom Finanzamt angemahnt werden.

    Wie lautet der Buchungssatz?

8.2 Private Steuern

Private Steuern, z. B. Einkommensteuer, Kfz-Steuer für den privaten Pkw, Grundsteuer für ein privates Grundstück, Umsatzsteuer auf unentgeltliche Wertabgaben gemäß § 3 Abs. 1 b Nr. 1, Abs. 9 a Nr. 1 UStG, stellen keine Betriebsausgaben dar, § 12 Nr. 3 EStG.

Werden sie vom betrieblichen Bankkonto gebucht, handelt es sich um Entnahmen.

Steuerliche Nebenleistungen

Steuerliche Nebenleistungen auf private Steuern sind keine Betriebsausgaben, sondern Entnahmen.

BEISPIEL

Die Einkommensteuervorauszahlung I/01 wird vom betrieblichen Bankkonto überwiesen: Einkommensteuer 2.300,00 €, Kirchensteuer 207,00 €, SolZ 126,50 € und Säumniszuschlag 23,00 €.

- Es handelt sich um private Aufwendungen, die nicht als Betriebsausgaben zu erfassen sind. Es liegen Entnahmen vor.

Buchungssatz		Soll	Haben
	1800/2100 Privatentnahmen	2.656,50	
	an 1200/1800 Bank		2.656,50

- Private Steuern sind keine Betriebsausgaben. Es handelt sich um Entnahmen.
- Steuerliche Nebenleistungen gehören ebenfalls zu den Entnahmen.

AUFGABEN

1. Nennen Sie Beispiele für betriebliche und private Steuern.

2. Wie werden private Steuern behandelt, wenn sie vom betrieblichen Bankkonto überwiesen werden?

3. Vom betrieblichen Bankkonto Ihres Mandanten werden die Einkommensteuervorauszahlungen II/01 in Höhe von 2.486,00 € und die Kfz-Steuer für den betrieblichen Pkw über 846,00 € abgebucht.

   Bilden Sie den Buchungssatz.

4. Ihr Mandant, eine GmbH, zahlt Körperschaftsteuervorauszahlungen III/01 in Höhe von 5.000,00 € zzgl. SolZ 275,00 € und die Umsatzsteuervorauszahlung 6/01 8.730,00 € zzgl. 87,00 € Säumniszuschläge per Überweisung.

   Wie ist der Vorgang zu buchen? Was ist bei der Ermittlung des steuerlichen Gewinns zu beachten?

5. Ihr Mandant gibt den Jahresabschluss 01 mit den Einkommen-, Umsatz-, und Gewerbesteuererklärung beim Finanzamt in 02 ab. Er möchte die Umsatzsteuererstattung von 810,00 € mit der Einkommensteuernachzahlung in Höhe von 1.430,00 € verrechnen lassen.

    Buchen Sie die Verrechnung zzgl. der noch verbleibenden Zahlung vom
    a) betrieblichen Bankkonto,
    b) privaten Bankkonto.

6. Der Unternehmer erhält im Mai 02 eine Umbuchungsmitteilung vom Finanzamt. Das Einkommensteuerguthaben 01 in Höhe von 14.820,00 € wurde verrechnet mit:

Umsatzsteuervorauszahlung 2/02	1.350,00 €
Säumniszuschläge zur Umsatzsteuervorausz. 2/02	26,00 €
LSt, KiSt, SolZ für Arbeitnehmer April 02	1.770,00 €
Grundsteuer für privates Einfamilienhaus	400,00 €
Kfz-Steuer für betrieblichen Pkw	1.020,00 €
Einkommensteuervorauszahlung I/02	4.732,00 €
Säumniszuschläge hierzu	94,00 €

    Wie hat der Unternehmer zu buchen, wenn der Restbetrag auf das betriebliche Konto überwiesen wurde?

7. Der Bankauszug Ihres Mandanten vom 15.09.01 zeigt folgende Lastschrift:

– Gewerbesteuernachzahlung 01	750,00 €
– Lohn-, Kirchensteuer und SolZ für Arbeitnehmer	1.430,00 €
– Umsatzsteuer Juli 01	2.310,00 €
– Säumniszuschläge wegen verspäteter Zahlung der Grundsteuer für ein betriebliches Grundstück	25,00 €
– Säumniszuschläge wegen verspäteter Zahlung von Grunderwerbsteuer bei privatem Grundbesitz	90,00 €

    Geben Sie die notwendigen Buchungen an.

8. Ihr Mandant beantragt die Verrechnung des Umsatzsteuerguthabens 5/01 in Höhe von 2.740,00 € mit:

– Einkommensteuervorauszahlung II/01	1.300,00 €
– Säumniszuschläge hierzu	10,00 €
– Lohn-, Kirchensteuer, SolZ für Arbeitnehmer	312,00 €

    Der Restbetrag wird auf das betriebliche Bankkonto überwiesen.

    Wie lautet die erforderliche Buchung?

9. Aus der Umbuchungsmitteilung des Finanzamtes können Sie Folgendes entnehmen:

Guthaben Einkommensteuer 00	4.790,00 €
umgebucht auf	
– Lohn-, Kirchensteuer, SolZ f. Arbeitnehmer	1.780,00 €
– Säumniszuschläge hierzu	15,00 €
– Grunderwerbsteuer, betriebliches Grundstück, unbebaut	525,00 €
– Säumniszuschläge hierzu	10,50 €
– Umsatzsteuernachzahlung 00	440,00 €
– Verspätungszuschlag zur Umsatzsteuererklärung 00	15,00 €

    Bilden Sie den notwendigen Buchungssatz, wenn die Erstattung auf ein privates Konto erfolgt.

8.3 Umsatzsteuer bei grenzüberschreitenden Leistungen

LERNSITUATION

Hans Ente e. K. hat sich auf Warenexporte in alle Welt spezialisiert. Er liefert seine Waren in andere EU-Länder, aber auch nach Asien und Amerika. Den Wareneinkauf tätigt er innerhalb Deutschlands. Er wundert sich darüber, dass bei den Eingangsrechnungen 19 % Umsatzsteuer ausgewiesen ist, er aber in seinen Ausgangsrechnungen keine Umsatzsteuer auszuweisen hat.
Er fragt sich, warum das so ist.

8.3.1 Einfuhr von Gegenständen

Gemäß § 1 Abs. 1 Nr. 4 UStG unterliegt der Umsatzsteuer die Einfuhr von Gegenständen aus dem Drittland in das Inland. Diese Umsatzsteuer wird auch Einfuhrumsatzsteuer genannt.

UStG
§ 1 Abs.1 Nr. 4

Die Festsetzung der Einfuhrumsatzsteuer erfolgt durch die Zollbehörde und ist auch an sie zu zahlen.

Schuldner der Einfuhrumsatzsteuer kann entweder der Lieferant oder der Lieferungsempfänger sein.

Wenn die Lieferbedingungen

- unverzollt und unversteuert lauten, schuldet der Lieferungsempfänger die Einfuhrumsatzsteuer (er ist Zollbeteiligter),
- verzollt und versteuert lauten, schuldet der Lieferant die Einfuhrumsatzsteuer (diesmal ist der Lieferant Zollbeteiligter).

Ist der Lieferant Zollbeteiligter, verlagert sich der Ort der Lieferung vom Drittland ins Inland, sodass er eine Rechnung mit Umsatzsteuerausweis an den Leistungsempfänger zu erstellen hat, § 3 Abs. 8 UStG.

Die Lieferung ist steuerbar und steuerpflichtig.

Die gezahlte Einfuhrumsatzsteuer ist als Vorsteuer abzugsfähig, § 15 Abs. 1 Nr. 2 UStG. Die Zahlung muss durch einen zollamtlichen Beleg nachgewiesen sein.

BEISPIEL

Ein Unternehmer, der in Russland ansässig ist, liefert an einen Spirituosenhändler mit Sitz in Augsburg 50 Kisten erstklassigen Wodka zum Preis von netto 5.000,00 €. Die Lieferbedingungen lauten „unverzollt und unversteuert".

- Da die Lieferung „unverzollt und unversteuer" erfolgt, muss der Unternehmer aus Augsburg die Einfuhrumsatzsteuer zahlen: 5.000,00 € · 19 % = 950,00 €.

Buchungssätze

	Soll	Haben
3200/5200 Wareneingang	5.000,00	
an 1600/3300 Verbindl. a. LL		5.000,00
1588/1433 Bezahlte EUSt	950,00	
an 1200/1800 Bank		950,00

BEISPIEL

Beispiel wie auf Seite 331, nur lauten diesmal die Lieferbedingungen „verzollt und versteuert". Der Unternehmer aus Russland stellt eine Rechnung an den deutschen Unternehmer aus mit offenem Steuerausweis. Auszug aus der Rechnung:

Kaufpreis	5.000,00 €
19 % USt	950,00 €
zu zahlen	5.950,00 €

- Der russische Unternehmer zahlt die Einfuhrumsatzsteuer und kann sie als Vorsteuer geltend machen.

Buchungssatz für den russischen Unternehmer

	Soll	Haben
1588/1433 Bezahlte EUSt	950,00	
an 1200/1800 Bank		950,00

- Der deutsche Unternehmer erhält eine Lieferung, die im Inland steuerbar und steuerpflichtig ist. Die Eingangsrechnung enthält alle erforderlichen Angaben, sodass er die Vorsteuer geltend machen kann.

Buchungssatz für den deutschen Unternehmer

	Soll	Haben
3200/5200 Wareneingang	5.000,00	
1570/1400 Vorsteuer	950,00	
an 1600/3300 Verbindl. a. LL		5.950,00

8.3.2 Ausfuhr von Gegenständen

UStG § 4 Nr. 1 a, § 6

Zu einer gemäß § 4 Nr. 1 a UStG i. V. m. § 6 UStG steuerfreien Ausfuhrlieferung kommt es, wenn ein Gegenstand in ein Drittland geliefert wird. Aus dem Wareneinkauf hat der Unternehmer trotz der steuerfreien Lieferung einen Vorsteuerabzug, § 15 Abs. 3 Nr. 1 UStG.

BEISPIEL

Ein Unternehmer erwirbt im Inland von einem Großhändler LCD-Bildschirme zum Preis von 10.000,00 € zzgl. 19 % USt 1.900,00 € = 11.900,00 €, die er zwei Wochen später nach Ägypten exportiert. Der Verkaufspreis beträgt 15.000,00 €.

- Aus dem Einkauf hat der Unternehmer einen Vorsteueranspruch. Die Lieferung ist eine steuerfreie Ausfuhrlieferung.

Buchungssätze

	Soll	Haben
3200/5200 Wareneingang	10.000,00	
1570/1400 Vorsteuer	1.900,00	
an 1200/1800 Bank		11.900,00
1200/1800 Bank	15.000,00	
an 8120/4120 St.freie Umsätze § 4 Nr. 1 a UStG		15.000,00

8.3.3 Innergemeinschaftlicher Erwerb

Gemäß § 1 Abs. 1 Nr. 5 UStG liegt ein steuerbarer und i. d. R. steuerpflichtiger innergemeinschaftlicher Erwerb vor, wenn ein Unternehmer im Inland einen Gegenstand von einem anderen Unternehmer aus einem anderen EU-Mitgliedstaat erwirbt und der Gegenstand von einem anderen Mitgliedstaat nach Deutschland gelangt.

Folge ist, dass der erwerbende Unternehmer für den Erwerb Umsatzsteuer (= Erwerbsteuer) zu zahlen hat. Die Umsatzsteuer entsteht grundsätzlich mit Rechnungsausstellung. Gleichzeitig hat der Unternehmer gemäß § 15 Abs. 1 Nr. 3 UStG einen Vorsteueranspruch.

Da sowohl die Umsatzsteuer als auch die Vorsteuer in **einer** Voranmeldung angemeldet werden, entsteht i. d. R. **keine Zahllast.**

BEISPIEL

Ein Unternehmer mit Sitz in Aachen erwirbt von einem französischen Unternehmer Waren für 100.000,00 €. Die Waren werden von dem französischen Unternehmer von Lyon aus nach Aachen transportiert. Eine ordnungsgemäße Rechnung liegt vor.

- Es handelt sich um einen steuerpflichtigen innergemeinschaftlichen Erwerb mit gleichzeitigem Vorsteueranspruch.

Buchungssatz		Soll	Haben
	3200/5200 Wareneingang	100.000,00	
	an 1200/1800 Bank		100.000,00
	1572/1402 Vorsteuer innerg. Erwerb	19.000,00	
	an 1772/3802 USt innerg. Erwerb		19.000,00

8.3.4 Innergemeinschaftliche Lieferung

Entsprechend dem innergemeinschaftlichen Erwerb liegt eine steuerfreie innergemeinschaftliche Lieferung gemäß § 4 Nr. 1 b UStG i. V. m. § 6 a UStG vor, wenn ein Unternehmer aus Deutschland an einen Unternehmer in einem anderen EU-Mitgliedstaat liefert und der Gegenstand von Deutschland in einen anderen Mitgliedstaat transportiert wird.
Ein Vorsteuerabzug aus dem Einkauf des Gegenstandes bleibt erhalten, § 15 Abs. 3 Nr. 1 UStG.

BEISPIEL

Ein Unternehmer aus Köln verkauft an einen Unternehmer mit Sitz in Brüssel eine Maschine für 15.000,00 € und transportiert sie von Deutschland nach Belgien.

- Der deutsche Unternehmer tätigt eine steuerfreie innergemeinschaftliche Lieferung.

Buchungssatz		Soll	Haben
	1200/1800 Bank	100.000,00	
	an 8125/4125 St.freie innerg. Lieferung		100.000,00

Umsatzsteuer bei grenzüberschreitenden Leistungen

AUFGABEN

1. Erläutern Sie die Begriffe „Einfuhr" und „Ausfuhrlieferung".

2. Erläutern Sie die Begriffe „innergemeinschaftlicher Erwerb" und „innergemeinschaftliche Lieferung".

3. Ein Fahrradhändler aus Aachen erwirbt Fahrräder von einem Unternehmer aus Kerkrade (NL) für 3.600,00 €. Er holt sie in Kerkrade ab.

    Bilden Sie den Buchungssatz.

4. Ein Unternehmer aus Lörrach liefert Kuckucksuhren an einen Unternehmer in Frankreich für 8.000,00 €. Das Material zum Bau der Uhren bezieht er teilweise aus Österreich. Er zahlt an seinen österreichischen Lieferanten 750,00 €.

    Buchen Sie sowohl den Einkauf als auch den Verkauf. Gehen Sie davon aus, dass beide Beträge sofort per Banküberweisung gezahlt wurden.

5. Ihr Mandant aus Köln liefert Holzpuppen
    - an Unternehmer nach Belgien für 800,00 €,
    - an Privatpersonen nach Belgien für 1.300,00 € (keine weiteren Lieferungen geplant),
    - an Unternehmer in der Schweiz für 980,00 €.

    Alle erforderlichen Nachweise sind erbracht.

    Wie haben Sie zu buchen?

6. Ein Unternehmer aus Düsseldorf erwirbt Waren aus den folgenden Ländern:
    - aus Italien für 12.000,00 €,
    - aus den USA, verzollt und versteuert, für insgesamt 11.900,00 €,
    - aus Hongkong, unverzollt und unversteuert, für insgesamt 30.000,00 €,
    - aus Spanien für 7.500,00 €.
    Außerdem erwirbt er Waren aus Hamburg für insgesamt 20.230,00 €.

    Alle Lieferanten sind Unternehmer und alle erforderlichen Nachweise liegen vor. Wenn erforderlich, beträgt der Umsatzsteuersatz 19 %.

    Wie hat der Unternehmer die Sachverhalte zu buchen, wenn er sofort alle Lieferungen per Banküberweisung zahlt?

8.4 Nicht abzugsfähige Betriebsausgaben

LERNSITUATION

Klaus Hirsch, der ein Maschinenbauunternehmen in Rosenheim betreibt, hat in Ruhpolding ein Gästehaus. Dort verbringt er mit seiner Familie so manches schöne Wochenende. Außerdem lädt er Geschäftsfreunde dorthin ein. Während dieser Tage in angenehmer Atmosphäre hat Klaus Hirsch schon so manchen Geschäftsabschluss getätigt und möchte deshalb die Kosten in Zusammenhang mit dem Gästehaus als Betriebsausgaben geltend machen.
Hat er damit Erfolg?

Bei den Aufwendungen gemäß § 4 Abs. 5 EStG handelt es sich um betrieblich veranlasste Aufwendungen. Deshalb liegen Betriebsausgaben vor. Da sie aber privat mit veranlasst sind, sind sie nicht abzugsfähig.

Dazu gehören Aufwendungen gemäß § 4 Abs. 5
- Nr. 1 EStG für Geschenke > 35,00 € an Personen, die nicht Arbeitnehmer des Steuerpflichtigen sind,
- Nr. 2 EStG für Bewirtungsaufwendungen von Personen aus geschäftlichem Anlass, soweit sie 70 % der angemessenen Aufwendungen übersteigen,
- Nr. 3 EStG für Gästehäuser,
- Nr. 5 EStG für Verpflegung bei Geschäftsreisen, Abzug nur begrenzt möglich.

Der Teil der Betriebsausgaben, der abzugsfähig ist, muss gemäß **§ 4 Abs. 7 EStG einzeln und getrennt** von den sonstigen Betriebsausgaben aufgezeichnet werden. Wenn diese Aufzeichnungspflichten nicht erfüllt werden, sind sie vom Abzug ausgeschlossen.

Die Aufwendungen sind handelsrechtlich gewinnmindernd zu berücksichtigen. Sie müssen aber dem handelsrechtlichen Gewinn außerbilanziell wieder hinzugerechnet werden, um den steuerrechtlichen Gewinn zu erhalten.

8.4.1 Geschenke über 35,00 €

Mit Geschenken an Geschäftsfreunde ist die Erwartung des Unternehmers verbunden, dass der Kunde die Geschäftsbeziehung beibehält, wenn nicht sogar vertieft. Deshalb liegen Betriebsausgaben vor. Trotzdem sind Geschenke nur bis zu 35,00 € als Betriebsausgabe abzugsfähig, um Missbrauch vorzubeugen.

Die Vorsteuer ist gemäß § 15 Abs. 1 a UStG nicht abziehbar.

EStG
§ 4 Abs. 5 Nr. 1

BEISPIEL

Ein Unternehmer schenkt einem Kunden ein Lederetui mit einem exklusiven Kugelschreiber. Er hat dafür 250,00 € zzgl. 47,50 € = 297,50 € bezahlt.

- Es handelt sich um ein Geschenk > 35,00 €. Es liegen nicht abzugsfähige Betriebsausgaben vor.

Buchungs-satz		Soll	Haben
	4635/6620 Geschenke nicht abzugsfähig	250,00	
	4300/6860 Nicht abziehbare Vorsteuer	47,50	
	an 1200/1800 Bank		297,50

Die Konten „Geschenke nicht abzugsfähig" und „Nicht abziehbare Vorsteuer" sind Aufwandskonten, sodass diese Buchung den Gewinn um 297,50 € (Beispiel) mindert. Außerbilanziell muss der Gewinn um 297,50 € erhöht werden.

Der Unternehmer **kann** gemäß § 37 b EStG die Einkommensteuer **einheitlich für alle** innerhalb eines Wirtschaftsjahres gewährten Sachzuwendungen und Geschenke an Geschäftspartner und eigene oder fremde Arbeitnehmer mit einem Pauschsteuersatz von 30 %, zuzüglich Solidaritätszuschlag und Kirchensteuer, erheben.

Bemessungsgrundlage sind die Aufwendungen des Unternehmers einschließlich Umsatzsteuer.

Die Pauschalierung ist ausgeschlossen,
- sofern die Aufwendungen je Empfänger und Wirtschaftsjahr oder
- wenn die Aufwendungen für die einzelne Zuwendung

den Betrag von 10.000,00 € übersteigen, § 37 b Abs. 1 Nr. 2 EStG.

8.4.2 Bewirtungsaufwendungen

§ 4 Abs. 5 Nr. 2

Geht ein Unternehmer mit seinen Geschäftsfreunden essen, sind die Aufwendungen zwar betrieblich veranlasst, aber nicht in voller Höhe abzugsfähig.

Die nach der allgemeinen Verkehrsauffassung **unangemessenen** Aufwendungen einschließlich Umsatzsteuer sind nicht abzugsfähig.

Die verbleibenden **angemessenen** Aufwendungen sind **zu 70 % abzugsfähig** und zu 30 % nicht. Die **Vorsteuer** kann in **voller Höhe** geltend gemacht werden, § 15 Abs. 1 a S. 2 UStG.

Die Rechnung über die Bewirtungsaufwendungen muss bestimmte Angaben enthalten, § 4 Abs. 5 Nr. 2 S. 2 EStG, so z. B. den Ort, den Tag und die Teilnehmer der Bewirtung.

BEISPIEL

Ein Unternehmer lädt Geschäftsfreunde zum Essen ein. Die Aufwendungen betragen 650,00 € zzgl. 19 % USt 123,50 € = 773,50 €. Hiervon sind 200,00 € netto unangemessen.

- Die unangemessenen Aufwendungen sind keine Betriebsausgabe. Von den angemessenen Aufwendungen (450,00 €), sind nur 70 % (315,00 €) abzugsfähig. Ein Vorsteuerabzug ist in voller Höhe auf die angemessenen Aufwendungen zulässig (450,00 € · 19 % = 85,50 €). Die nicht abzugsfähigen Bewirtungskosten ermitteln sich wie folgt:

unangemessen	200,00 €
19 % USt hierauf	38,00 €
30 % nicht abzugsfähig	135,00 €
Summe	373,00 €

Buchungssatz		Soll	Haben
	4650/6640 Bewirtungskosten	315,00	
	1570/1400 Vorsteuer	85,50	
	4654/6644 Nicht abzugsf. Bewirtungskosten	373,00	
	an 1200/1800 Bank		773,50

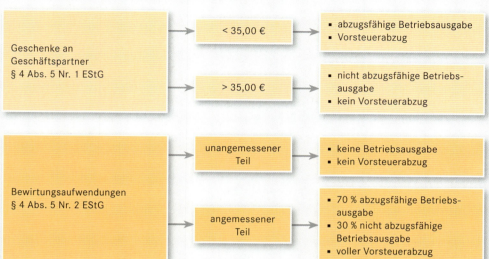

AUFGABEN

1. Nennen Sie Beispiele für nicht abzugsfähige Betriebsausgaben.
2. Wie sind die nicht abzugsfähigen Betriebsausgaben handelsrechtlich zu behandeln?
3. Erläutern Sie den Steuerabzug von Geschenken an Geschäftsfreunde.
4. Erläutern Sie die handelsrechtliche und steuerrechtliche Behandlung von Bewirtungsaufwendungen.

Aufgaben 5-11 Aufwendungen für Geschenke
Aufgaben 12-15 Bewirtungsaufwendungen

Vorbemerkung zu den Fällen 5–15: Alle erforderlichen Belege liegen vor und sind ordnungsgemäß.

5. Ihr Mandant schenkt einem guten Kunden einen Aktenkoffer für brutto 214,20 €. Der Einkauf des Koffers wurde bar bezahlt. Bisher ist noch nichts gebucht worden.

   Holen Sie die Buchung nach.

6. Aus den Unterlagen Ihres Mandanten entnehmen Sie, dass er folgende Geschenke getätigt hat:
   - an einen Kunden zum Geburtstag eine CD für brutto 35,70 €
   - an einen anderen Kunden einen Korb mit Weinflaschen für brutto 95,20 €
   - an einen langjährigen Geschäftsfreund ein Geschenk in Höhe von brutto 33,32 € und zwei Monate später einen Geldbetrag in Höhe von 150,00 €

   Buchen Sie die Vorgänge. Alle Einkäufe wurden durch Banküberweisung gezahlt.

Kapitel 8

Beschaffung und Herstellung eigengenutzter Sachanlagegüter

Steuern, sonstige Betriebsausgaben

Jahresabschluss nach Handels- und Steuerrecht

7. Aus den Buchführungsunterlagen entnehmen Sie folgende Buchung:

   Geschenke abzugsfähig   100,00 €
   Vorsteuer   19,00 €   **an** Bank 119,00 €

   Auf Nachfrage erfahren Sie, dass es sich hierbei um ein Geschenk, einen Aktenkoffer, an einen Kunden handelt.

   Nehmen Sie die eventuell erforderliche Korrekturbuchung vor.

8. Zum 10-jährigen Firmenjubiläum schenkt Ihr Mandant einem Kunden eine Hi-Fi-Anlage zum Preis von brutto 1.428,00 €.

   Ihr Mandant hat gebucht: Wareneingang   1.200,00 €
                              Vorsteuer   228,00 €
              an Bank   1.428,00 €

   Geben Sie die erforderliche Korrekturbuchung an.

9. Einem Geschäftskunden überreicht Ihr Mandant ein Geburtstagsgeschenk im Wert von brutto 36,89 €. Den Einkauf hatte Ihr Mandant durch Banküberweisung gezahlt.

   Buchen Sie den Vorgang. Wie wird der steuerliche Gewinn ermittelt?

10. Ihr Mandant erwirbt im Dezember 01 in einer Buchhandlung
    - 20 Bücher zum Preis von je 15,00 € zzgl. 1,05 € USt = 16,05 €,
    - 20 Bücher zum Preis von je 42,00 € zzgl. 2,94 € USt = 44,94 €.

    Er zahlt die Bücher bar. Anschließend verschenkt er alle Bücher als Weihnachtspräsente an unterschiedliche Kunden.

    Geben Sie die Buchungssätze an.

11. Ein Unternehmer schenkt einem Kunden zum 40. Geburtstag eine Sammeltasse für 30,00 € zzgl. 19 % USt und einem weiteren Kunden erlesene Spirituosen für 75,00 € zzgl. 19 % USt. Beide Einkäufe wurden bar bezahlt.

    Buchen Sie die Einkäufe.

12. Ihr Mandant geht mit einem Geschäftsfreund nach erfolgreichem Abschluss eines Vertrages essen. Er zahlt dafür brutto 221,34 €. Die Kosten sind angemessen. Die Zahlung erfolgt bar.

    Bilden Sie den Buchungssatz.

13. Ein Unternehmer bewirtet in einem Restaurant Geschäftsfreunde. Die Aufwendungen hierfür betragen brutto 1.249,50 € und wurden vom betrieblichen Bankkonto gezahlt. Als angemessen sind 800,00 € anzusehen.

    Nehmen Sie die erforderliche Buchung vor.

14. Um eine zukünftige Zusammenarbeit zu besprechen, lädt Ihr Mandant einen Kunden in ein exklusives Restaurant ein. Die Rechnung lautet über brutto 535,60 € und wird bar gezahlt. Das Finanzamt sieht 350,00 € als angemessen an.

    Wie muss Ihr Mandant buchen?

15. Zu Weihnachten lädt Ihr Mandant mehrere Kunden zu einem Weihnachtsessen ein. Die Rechnung, die bar gezahlt wird, lautet über 182,00 € zzgl. 19 % USt 34,58 € = 216,58 €. Die Aufwendungen sind angemessen.

    Wie lautet der Buchungssatz?

8.5 Reisekosten

Es wird unterschieden zwischen

- Geschäftsreisen = Reisen eines Unternehmers und
- Dienstreisen = Reisen eines Arbeitnehmers.

Zu den Reisekosten gehören

- Fahrtkosten,
- Verpflegungsmehraufwendungen,
- Übernachtungskosten und
- Nebenkosten.

Fahrtkosten
Geschäftsreisen

- Bei Nutzung des **betrieblichen** Pkw: Alle anfallenden Kosten werden als Betriebsausgabe mit Vorsteuerabzug gebucht.
- Bei Nutzung eines **privaten** Pkw: Als Betriebsausgabe können 0,30 € pro gefahrenem Kilometer geltend gemacht werden. Es ist kein Vorsteuerabzug möglich.

Dienstreisen

Fährt der **Arbeitnehmer** mit **seinem** privaten Pkw, kann der Arbeitgeber ihm bis zu 0,30 € pro gefahrenen Kilometer lohn- und sozialversicherungsfrei erstatten.

Fahrausweise der Deutschen Bahn

Bei Fahrausweisen der Deutschen Bahn reicht zum Vorsteuerabzug aus, wenn

- der vollständige Name und die vollständige Anschrift des Leistenden,
- das Ausstellungsdatum,
- das Entgelt und der darauf entfallende Steuerbetrag in einer Summe
- und die Tarifentfernung auf dem Fahrausweis angegeben ist. (Steuersatz 19 % bei einer Tarifentfernung von mehr als 50 Kilometern, §§ 34, 35 UStDV).

Verpflegungsmehraufwendungen

Als Betriebsausgabe abzugsfähig sind die in Rechnung gestellten Beträge, höchstens aber die in § 4 Abs. 5 Nr. 5 EStG genannten Pauschbeträge. Sie betragen bei einer Dauer

- von 24 Stunden 24,00 €,
- von mindestens 14 Stunden, aber weniger als 24 Stunden 12,00 €,
- von mindestens 8 Stunden, aber weniger als 14 Stunden 6,00 €.

Liegt eine ordnungsgemäße Rechnung vor (auf den Unternehmer ausgestellt), ist ein Vorsteuerabzug möglich.

Einem Arbeitnehmer können Verpflegungsmehraufwendungen bis zu den Pauschbeträgen des § 4 Abs. 5 Nr. 5 EStG lohnsteuer- und sozialversicherungsfrei erstattet werden. Ein Vorsteuerabzug ist i. d. R. ausgeschlossen.

Übernachtungskosten

Bei Vorlage einer ordnungsgemäßen Rechnung sind die tatsächlichen Kosten als Betriebsausgabe abzugsfähig. Der Vorsteuerabzug ist zulässig. Seit dem 1. Januar 2010 gilt für die Übernachtungsleistung ein Steuersatz von 7 % und für die übrigen Leistungen des Hotels, wie z. B. Frühstück, Bereitstellung von Nebenleistungen der allgemeine Steuersatz von 19 %.

Ist in der Rechnung neben der Übernachtungsleistung ein Sammelposten für andere, dem regulären Steuersatz unterliegende Nebenleistungen ausgewiesen, und ist der Preis für das Frühstück nicht erkennbar, so sind für das Frühstück 20 % des maßgebenden Pauschbetrags für Verpflegungsmehraufwendungen, d. h. 4,80 €, anzusetzen und vom Sammelposten abzuziehen. Der Rest des Sammelpostens ist als Reisenebenkosten anzusehen, wenn kein Anlass für die Vermutung besteht, dass der Posten steuerlich nicht anzuerkennende Leistungen enthält, wie z. B. Massagen, Minibar.

Der Arbeitgeber kann seinem Arbeitnehmer die Kosten für Übernachtung

- in Höhe der nachgewiesenen tatsächlichen Aufwendungen oder
- ohne Nachweis mit einem Pauschbetrag bis zu 20,00 € pro Übernachtung

lohnsteuer- und sozialversicherungsfrei zeitlich unbegrenzt ersetzen.

Nebenkosten

Nebenkosten können z. B. Parkgebühren, Autobahngebühren, Kosten für Ferngespräche mit Geschäftspartner/Arbeitgeber sein.

Wird eine ordnungsgemäße Rechnung vorgelegt, sind die Kosten als Betriebsausgabe zu berücksichtigen, ein Vorsteuerabzug ist möglich.

Der Arbeitgeber kann seinem Arbeitnehmer die entstandenen Kosten steuer- und sozialversicherungsfrei erstatten, soweit die tatsächlichen Aufwendungen nicht überschritten werden.

> **BEISPIEL**
>
> Ein Arbeitnehmer legt seinem Arbeitgeber folgende Reisekostenabrechnung vor:
> Fahrt von Köln nach München 11.01.01 bis 12.01.01
> - Fahrt mit eigenem Pkw 1 260 km
> - Übernachtung 150,00 € zzgl. 7 % USt 10,50 € = 160,50 €, Zusatzleistungen 30,00 € zzgl. 19 % = 35,70 €. Eine ordnungsgemäße Rechnung auf den Namen des Arbeitgebers liegt vor.
> - Verpflegung
>   Abwesenheit 1. Tag 05:30 Uhr – 24:00 Uhr = 18:30 Stunden
>   Abwesenheit 2. Tag 00:00 Uhr – 21:10 Uhr = 21:10 Stunden
>
> Der Arbeitgeber erstattet die Verpflegungsmehraufwendungen in Höhe der zulässigen Pauschbeträge.
>
> - Der Arbeitgeber kann in folgender Höhe dem Arbeitnehmer die Reisekosten steuer- und sozialversicherungsfrei ersetzen und als Betriebsausgaben geltend machen:
>
> **Fahrtkosten: 1 260 km · 0,30 € = 378,00 €**
>
> | Buchungs-satz | | Soll | Haben |
> |---|---|---|---|
> | | 4660/6650 Reisekosten Arbeitnehmer | 378,00 | |
> | | an 1200/1800 Bank | | 378,00 |
>
> **Übernachtungskosten**
>
> | Buchungs-satz | | Soll | Haben |
> |---|---|---|---|
> | | 4660/6650 Reisekosten Arbeitnehmer | 150,00 | |
> | | 1570/1400 Vorsteuer | 10,50 | |
> | | an 1200/1800 Bank | | 160,50 |
>
> **Verpflegungsmehraufwand: 2 · 12,00 € = 24,00 €**
>
> | Buchungs-satz | | Soll | Haben |
> |---|---|---|---|
> | | 4660/6650 Reisekosten Arbeitnehmer | 24,00 | |
> | | an 1200/1800 Bank | | 24,00 |
>
> **Reisenebenkosten: 35,70 € abzüglich eines Frühstückanteils von 4,80 € = 30,90 €**
>
> | Buchungs-satz | | Soll | Haben |
> |---|---|---|---|
> | | 4660/6650 Reisekosten Arbeitnehmer | 25,97 | |
> | | 1570/1400 Vorsteuer | 4,93 | |
> | | an 1200/1800 Bank | | 30,90 |

| Abgrenzungen bei der Erstellung des Jahresabschlusses | Wertansätze in der Bilanz | Eigenkapitalausweis in der Bilanz |

Kapitel 8

AUFGABEN

1. Nennen Sie die vier Arten von Reisekosten.

2. Wie können Fahrtkosten geltend gemacht werden?

3. Was ist bei den Verpflegungsmehraufwendungen zu beachten?

4. Ihr Mandant macht aufgrund einer Geschäftsreise folgende Aufwendungen geltend:
   - Fahrtkosten: 400 km mit dem privaten Pkw
   - Verpflegung: Abwesenheit von zu Hause von 06:30 Uhr bis 22:00 Uhr

   Ermitteln Sie die als Betriebsausgabe abzugsfähigen Reisekosten und buchen Sie diese Kosten.

5. Ein Unternehmer macht eine eintägige Geschäftsreise, Beginn 07:00 Uhr, Ende 16:00 Uhr. Er fährt mit dem betrieblichen Pkw 450 km und legt eine Tankquittung von diesem Tag über 102,34 € vor. Außerdem hat er einen Beleg für Parkgebühren, 19 % USt, in Höhe von 8,92 € und eine Rechnung über ein Essen von 19,28 €.

   Bilden Sie die erforderlichen Buchungssätze. Gehen Sie dabei davon aus, dass der Unternehmer alle Kosten bar gezahlt hat.

6. Ein Arbeitnehmer Ihres Mandanten fährt mit dem eigenen Pkw zu einem Kunden. Er legt folgende Reisekostenabrechnung Ihrem Mandanten vor:
   - gefahrene Kilometer 360
   - Abwesenheit 1. Tag Beginn 06:00 Uhr, 2. Tag Ende 18:00 Uhr
   - Hotelrechnung: Nettobetrag 160,00 € zzgl. 7 % USt 11,20 € = 171,20 € Gesamtbetrag. Das Hotel wurde von Ihrem Mandanten gebucht und die Rechnung lautet auf seinen Namen.

   Nehmen Sie die erforderlichen Buchungen vor. Unterstellen Sie dabei, dass Ihr Mandant die höchstmöglichen Beträge erstatten möchte.

7. Ihr Mandant besucht einen guten Kunden, um die weitere Zusammenarbeit zu besprechen. Er fährt mit dem betrieblichen Pkw insgesamt 1 240 Kilometer. Er legt Ihnen drei Tankquittungen über insgesamt 235,00 € zzgl. 19 % USt 44,65 € = 279,65 € vor. Er übernachtet zweimal in einem Hotel vor Ort. Die ordnungsgemäße Rechnung lautet über 340,00 € zzgl. 7 % USt 23,80 € = 363,80 €. Die Verpflegungsmehraufwendungen macht er entsprechend den Pauschbeträgen geltend. Die Abwesenheit betrug am 1. Tag 10 Stunden, am 2. Tag 24 Stunden und am 3. Tag 21 Stunden. Er zahlt alle anfallenden Kosten bar.

   Buchen Sie den gesamten Vorgang.

8. Ein Arbeitnehmer legt einem Unternehmer folgende Reisekostenabrechnung vor:
   - Fahrtkosten mit der Deutschen Bahn 240,00 €, über 50 Kilometer
   - eine Übernachtung. Die ordnungsgemäße Rechnung lautet über 180,00 € zzgl. 7 % 12,60 € = 192,60 €.
   - Verpflegungsmehraufwendungen nach Pauschbeträgen, Abwesenheit am 1. Tag 11 Stunden und am 2. Tag 15 Stunden

   Wie hat der Unternehmer zu buchen, wenn er alles per Banküberweisung zahlt und er die Reisekosten in maximaler Höhe erstattet?

9. Ein Arbeitnehmer Ihres Mandanten fährt zu einem Kunden mit der Deutschen Bahn, Entfernung über 50 Kilometer. Der Dauer-Spezial-Preis beträgt 59,00 €. Außerdem fährt er am Ziel noch Taxi. Die Quittung lautet über insgesamt 11,23 € bei 7 % USt. Der Arbeitnehmer ist von 05:00 Uhr bis 23:30 Uhr unterwegs.

   Berechnen Sie die Höhe der höchstzulässigen Erstattungsbeträge. Erstellen Sie die erforderlichen Buchungssätze. Unterstellen Sie, dass Ihr Mandant die Beträge bar erstattet.

8.6 Steuerberatungskosten

Steuerberatungskosten können für den betrieblichen Bereich (Betriebsausgaben), in Zusammenhang mit der Ermittlung von Einkünften (Werbungskosten) oder für den privaten Bereich (Lebenshaltungskosten) anfallen. Im betrieblichen Bereich unterscheidet man zwischen Buchführungskosten, Kosten für die Lohnbuchführung, Jahresabschlusskosten und übrigen Kosten.

BEISPIEL

Ein Steuerberater stellt für die monatliche Buchführung 100,00 € zzgl. 19 % USt 19,00 € = 119,00 € und für die monatliche Lohnbuchführung 36,00 € zzgl. 19 % 6,84 € = 42,84 € in Rechnung.

- Die Steuerberatungskosten stehen im Zusammenhang mit dem Betrieb und sind deshalb Betriebsausgabe.

Buchungssatz

		Soll	Haben
4955/6830	Buchführungskosten	100,00	
4101/6001	Lohnbuchführung[1]	36,00	
1570/1400	Vorsteuer	25,84	
an 1200/1800	Bank		161,84

1 auch Konto „Buchführungskosten" möglich

AUFGABEN

1. Ihr Mandant erhält eine Rechnung seines Steuerberaters mit folgenden Angaben:

– Erstellung Einkommensteuererklärung	1.200,00 €
– Erstellung Umsatzsteuererklärung	800,00 €
– Erstellung Gewerbesteuererklärung	1.000,00 €
zzgl. 19 % USt	570,00 €
Summe	3.570,00 €

   Buchen Sie den Rechnungseingang und die spätere Zahlung vom betrieblichen Konto. Es wurde keine Rückstellung gebildet.

2. Ein Steuerberater erstellt eine Rechnung über betriebswirtschaftliche Beratung in Höhe von 1.500,00 €, Unternehmensnachfolgeregelung 1.000,00 € und schenkungssteuerliche Beratung 1.000,00 €, jeweils zzgl. 19 % USt.

   Bilden Sie den Buchungssatz bei Rechnungseingang.

9 Jahresabschluss nach Handels- und Steuerrecht

9.1 Abschlüsse nach Handels- und Steuerrecht

LERNSITUATION

Der Einzelunternehmer Kurz betreibt in München ein Einzelhandelsgeschäft mit exklusiven Damen- und Herrenschuhen. Um das Honorar seines Steuerberaters zu sparen, will er den Abschluss selbst machen. Dabei geht er von folgenden Überlegungen aus: Er erstellt nur eine Bilanz, keine Gewinn- und Verlustrechnung, er erstellt die Bilanz auf Spanisch, eines seiner betrieblichen Bankkonten führt er nicht mit auf und das Eigenkapital lässt er offen, da es nur der Ausgleich zwischen Aktiva und Passiva ist (das kann schließlich das Finanzamt selbst ausrechnen).
Mit diesen Überlegungen kommt er zu Ihnen. Wie verhalten Sie sich?

HGB
§§ 242–247,
264–267, 275

9.1.1 Bestandteile des Jahresabschlusses

Der Kaufmann hat zum Schluss eines jeden Geschäftsjahres den Jahresabschluss aufzustellen, § 242 Abs. 2 HGB.

Für Einzelunternehmer/Personenhandelsgesellschaften besteht der Jahresabschluss aus Bilanz und Gewinn- und Verlustrechnung. Das HGB gibt in § 247 Abs. 1 HGB vor, dass in der Bilanz

- das Anlagevermögen,
- das Umlaufvermögen,
- das Eigenkapital,
- die Schulden und
- die Rechnungsabgrenzungsposten auszuweisen sind.

Darüber hinaus gibt es keine vorgeschriebene Bilanz- und Gewinn- und Verlustrechnungs-Gliederungsschemata. Gleichwohl muss der Abschluss den **GoB** entsprechen, § 243 Abs. 1 HGB.

Bei Kapitalgesellschaften und bestimmten Personenhandelsgesellschaften ist die Form, Gliederung und die Postenbezeichnung vorgegeben, §§ 265, 266, 275 HGB. Die Bilanzgliederung richtet sich nach der Größenordnung der Kapitalgesellschaft, § 267 HGB.

Kapitalgesellschaften müssen gemäß § 264 Abs. 1 HGB neben der Bilanz und Gewinn- und Verlustrechnung einen Anhang aufstellen. Im Anhang werden zusätzliche Informationen über die Bilanz und GuV-Rechnung der Kapitalgesellschaft gemacht. Zu den Pflichtangaben im Anhang gehören gemäß § 284 Abs. 2 Nr. 1 HGB z. B. die Angaben zu den Bilanzierungs- und Bewertungsmethoden oder nach § 285 HGB die Angabe der Verbindlichkeiten mit einer Restlaufzeit von mehr als fünf Jahren, Angaben über die Aufgliederung der Umsatzerlöse nach Tätigkeitsbereichen sowie nach geografisch bestimmten Märkten sowie die durchschnittliche Zahl der während des Geschäftsjahres beschäftigten Arbeitnehmer getrennt nach Gruppen. Kleine und mittelgroße Kapitalgesellschaften erfahren hier Erleichterungen, § 288 HGB.

Außerdem müssen Kapitalgesellschaften einen Lagebericht erstellen, der aber kein Bestandteil des Jahresabschlusses ist. Hierin werden weitere Informationen über die zukünftigen Erfolgsaussichten und die Einschätzung der künftigen Vermögens-, Finanz- und Ertragslage gegeben. (Übersicht zum Jahresabschluss nach HGB siehe nächste Seite)

9.1.2 Allgemeine Grundsätze

§ 243 Abs. 3 HGB für Einzelunternehmen und Personenhandelsgesellschaften und § 264 Abs. 1 HGB für Kapitalgesellschaften schreiben unterschiedliche Zeiträume zur Erstellung des Jahresabschlusses vor.

Folgende Grundsätze sind zu beachten:

Der Jahresabschluss

- ist nach den GoB zu erstellen, § 243 Abs. 1 HGB,
- muss klar und übersichtlich sein, § 243 Abs. 2 HGB, und
- ist in Euro und in deutscher Sprache aufzustellen, § 244 HGB,
- muss vom Kaufmann unter Angabe des Datums unterzeichnet werden,
- bei Personenhandelsgesellschaften müssen alle vollhaftenden Gesellschafter unterschreiben, § 245 HGB,
- bei Kapitalgesellschaften der bzw. die gesetzlichen Vertreter;
- muss alle Vermögensgegenstände, Schulden, Rechnungsabgrenzungsposten, Aufwendungen und Erträge enthalten, § 246 Abs. 1 HGB.

9.1.3 Aufgaben des Jahresabschlusses nach HGB

Die Handelsbilanz ist der nach handelsrechtlichen Vorschriften aufgestellte Jahresabschluss i. S. d. § 242 Abs. 1 HGB.

Der Jahresabschluss soll über die wirtschaftliche Lage des Unternehmens informieren, d. h., er soll die tatsächliche

- Vermögenslage,
- Finanzlage und
- Ertragslage des Unternehmens offenlegen, § 264 Abs. 2 HGB.

Vermögenslage, § 249 Abs. 1 HGB

Hiernach hat

- der Kaufmann seine Grundstücke, seine Forderungen und Schulden, den Betrag seines baren Geldes sowie seine sonstigen Vermögensgegenstände genau zu verzeichnen und dabei den Wert der einzelnen Vermögensgegenstände und Schulden anzugeben und
- nach § 240 Abs. 2 HGB ein Inventar aufzustellen.

Finanzlage

Sie wird durch die Darstellung des Eigenkapitals und des Fremdkapitals ausgedrückt. Die Höhe des Eigenkapitals bzw. Fremdkapitals ist u. a. für Kreditgeber und eventuelle Anleger interessant. Kreditgeber möchten wissen, mit welchem Risiko ein eventueller Kredit behaftet ist und potenzielle Anleger möchten Klarheit über die finanzielle Situation des Unternehmens haben, in das sie investieren.

Ertragslage

Gemäß § 242 Abs. 2 HGB hat der Kaufmann für den Schluss eines jeden Geschäftsjahres eine Gegenüberstellung der Aufwendungen und Erträge des Geschäftsjahres aufzustellen.

9.1.4 Adressaten des Jahresabschlusses nach HGB

Adressaten des Jahresabschlusses	Gründe
Anteilseigner/Eigentümer	Sie haben ein Interesse am Ertrag ihrer Anlage und an deren Sicherheit sowie an der Entwicklung ihres Vermögens. Informationen dienen zur Beurteilung der Arbeit der Geschäftsführung.
Gläubiger	Schutz der Gläubiger, sie erhalten Informationen über die aktuelle und künftige wirtschaftliche Lage und Liquidität des Unternehmens und über mögliche Sicherheiten. Die Informationen erleichtern Entscheidungen über Kreditvergabe, Kreditkonditionen usw.
Kunden, Lieferanten, Arbeitnehmer, kommunale Behörden, Handelsregister bei bestimmten Unternehmen	Lieferanten haben unter Umständen das berechtigte Interesse zu wissen, ob auf Ziel geliefert werden kann. Ein potenzieller Arbeitnehmer möchte die Zukunftsperspektiven seines neuen Arbeitgebers beurteilen können.
angestellte Geschäftsführung	Der Jahresabschluss hilft bei Entscheidungen über Zukunftsplanungen der Beurteilung, ob die Geschäftsführungstätigkeit zufriedenstellend war, und hilft bei der Beurteilung, ob gewinnabhängige Zahlungen, z. B. Tantiemen gezahlt werden können.

9.1.5 Aufgaben des Jahresabschlusses nach Steuerrecht

Ziel der Steuerbilanz ist es, den periodengerechten Gewinn zu ermitteln, um ihn der Besteuerung zugrunde zu legen (Einkommensteuer, Körperschaftsteuer, Gewerbesteuer).

Das Prinzip der Leistungsfähigkeit kommt hier zum Ausdruck.

9.1.6 Adressat des Jahresabschlusses nach Steuerrecht

Da die Steuerbilanz der Besteuerung zugrunde gelegt wird, sind in erster Linie die Steuerbehörden Adressat. Aber auch Banken und der Eigentümer bzw. Anteilseigner haben ein natürliches Interesse an der Steuerbilanz.

1. **Einzelunternehmer/Personenhandelsgesellschaften müssen eine Bilanz und eine Gewinn- und Verlustrechnung (Jahresabschluss) erstellen.**

2. **Kapitalgesellschaften/Personenhandelsgesellschaften, die keine natürliche Person als Vollhafter haben, müssen eine Bilanz, eine Gewinn- und Verlustrechnung und einen Anhang sowie einen Lagebericht erstellen.**

3. **Aufgabe des Jahresabschlusses nach HGB ist die tatsächliche Vermögens-, Finanz- und Ertragslage des Unternehmens offenzulegen.**

4. **Aufgabe des Jahresabschlusses nach Steuerrecht ist, den periodengerechten Gewinn zu ermitteln und ihn der Besteuerung zugrunde zu legen.**

AUFGABEN

1. Welche Aufgaben hat die Handelsbilanz und welche die Steuerbilanz zu erfüllen?
2. In welchem Verhältnis stehen Handels- und Steuerbilanz zueinander?
3. Muss der Kaufmann eine Handelsbilanz erstellen?
4. Ihr Mandant, ein Einzelunternehmer, legt Ihnen im Januar 02 ganz stolz folgende Bilanz vor:

Aktiva	Bilanz zum 31.12.01 in €		Passiva
Verbindlichkeiten, langfristig	150.000,00	Eigenkapital	209.200,00
Forderungen a. LL	10.500,00	Bank (Guthaben)	7.800,00
Rohstoffe	36.000,00	Hilfsstoffe	13.600,00
Gebäude	200.000,00	Aktien, langfristig	12.000,00
Kasse	500,00	Verbindlichkeiten a. LL	47.700,00
Betriebsstoffe	24.300,00	Bank (Schuld)	8.600,00
Grundstück	100.000,00		
Lizenzen	45.000,00		
Rückstellungen	25.000,00		
Passive RAP[1]	9.200,00		
Summe Aktiva	600.500,00	Summe Passiva	298.900,00

Worauf müssen Sie Ihren Mandanten hinweisen? Erstellen Sie eine gemäß § 247 HGB ordnungsgemäße Bilanz.

---

[1] RAP = Rechnungsabgrenzungsposten, siehe hierzu auch Kapitel 10.2

9.2 Maßgeblichkeit

Der Maßgeblichkeitsgrundsatz der Handelsbilanz für die Steuerbilanz gemäß § 5 Abs. 1 S. 1 EStG besagt, dass für den Schluss eines Wirtschaftsjahres in der Steuerbilanz das Betriebsvermögen anzusetzen ist, das nach handelsrechtlichen GoB auszuweisen ist.

9.2.1 Voraussetzungen

Der Maßgeblichkeitsgrundsatz gilt für Gewerbetreibende, die Bücher führen und regelmäßig Abschlüsse machen.

- Es müssen Einkünfte gemäß § 15 EStG erzielt werden. Für Land- und Forstwirte und selbstständig Tätige im Sinne des § 18 EStG gilt der Maßgeblichkeitsgrundsatz nicht.
- Gewerbetreibende, die Bücher führen und regelmäßig Abschlüsse machen
  - aufgrund gesetzlicher Vorschriften entweder als Kaufmann nach HGB, § 242 HGB oder für andere gewerbliche Unternehmen gemäß § 141 AO oder
  - die freiwillig Bücher führen.

9.2.2 Grundsätze der Maßgeblichkeit

Soweit Vermögensgegenstände und Schulden in der Handelsbilanz nach handelsrechtlichen Bilanzierungs- und Bewertungsvorschriften zutreffend angesetzt wurden, sind sie unverändert in die Steuerbilanz zu übernehmen, wenn nicht spezielle Vorschriften des EStG dem entgegenstehen oder ein steuerliches Wahlrecht anders ausgeübt wurde.

Die Steuerbilanz wird also aus der Handelsbilanz abgeleitet, § 60 Abs. 2 EStDV.

Bestehen keine Unterschiede zwischen handelsrechtlichen und steuerrechtlichen Bilanzierungs- und Bewertungsansätzen, wird eine **Einheitsbilanz** aufgestellt.

Handelsrechtliche Ansatzwahlrechte sind grundsätzlich nur maßgeblich, wenn nach einkommensteuerrechtlichen Vorschriften ein gleichartiges Wahlrecht besteht.

Die Bilanzierungsgrundsätze lassen sich wie folgt zusammenfassen:

Handelsrecht		Steuerrecht
Aktivierungs**gebot**	→	Aktivierungs**gebot**
Aktivierungs**verbot**	→	Aktivierungs**verbot**
Aktivierungs**wahlrecht**	→	Aktivierungs**gebot**
Passivierungs**gebot**	→	Passivierungs**gebot**
Passivierungs**verbot**	→	Passivierungs**verbot**
Passivierungs**wahlrecht**	→	Passivierungs**verbot**

Die Maßgeblichkeit betrifft die

- Aktivierung,
- Passivierung,
  insoweit spricht man von Bilanzierungsfähigkeit,
und
- die Bewertung von Positionen in der Bilanz.

Abschaffung der umgekehrten Maßgeblichkeit

Durch die Einführung des Bilanzrechtsmodernisierungsgesetzes wurde die umgekehrte Maßgeblichkeit, d. h., steuerliche Wahlrechte wurden in Übereinstimmung mit dem handelsrechtlichen Abschluss ausgeübt, aufgehoben.

Dies gilt grundsätzlich für Wirtschaftsjahre ab 2010, wenn Wirtschaftsjahr = Kalenderjahr ist, bei abweichendem Wirtschaftsjahr ab dem Wirtschaftsjahr 2010/2011. Eine freiwillige frühere Anwendung ab 2009 bzw. 2009/2010 ist möglich.

Werden Wahlrechte, die **nur** in der Steuerbilanz bestehen, ausgeübt, z. B. wird in der Steuerbilanz eine Rücklage gemäß § 6 b EStG auf ein begünstigtes Wirtschaftsgut übertragen, so ist nach § 5 Abs. 1 S. 2 EStG ein Verzeichnis zur Steuerbilanz zu erstellen, in dem die Wirtschaftsgüter, die nicht mit den handelsrechtlich maßgeblichen Werten in der steuerlichen Gewinnermittlung bilanziert sind, aufgenommen werden. In diesem Verzeichnis sind anzugeben:

- Tag der Anschaffung oder Herstellung,
- Anschaffungs- oder Herstellungskosten,
- Abschreibungen und
- relevante Rechtsvorschriften.

Die laufende Führung des Verzeichnisses ist Tatbestandsmerkmal für die wirksame Ausübung des steuerlichen Wahlrechts. Wird das Verzeichnis nicht oder nur unvollständig geführt, ist der Gewinn so zu ermitteln, als wäre das Wahlrecht nicht ausgeübt worden.

Für die Bildung von steuerlichen Rücklagen ist eine Aufnahme in das besondere Verzeichnis nicht erforderlich, weil die Rücklage in der Bilanz abgebildet wird. Wird die Rücklage in einem folgenden Wirtschaftsjahr auf die Anschaffungs- oder Herstellungskosten eines Wirtschaftsguts übertragen, ist dieses Wirtschaftsgut mit den erforderlichen Angaben in das Verzeichnis aufzunehmen.

Dem Gesetzeswortlaut nach gilt der Wegfall der umgekehrten Maßgeblichkeit auch für **Wahlrechte,** die in der Steuer- **und** Handelsbilanz bestehen, d. h., Wahlrechte, die sowohl handelsrechtlich als auch steuerrechtlich bestehen, können aufgrund des § 5 Abs. 1 S. 1 HS 2 EStG in der Handelsbilanz und in der Steuerbilanz unterschiedlich ausgeübt werden.

9.2.3 Durchbrechung der Maßgeblichkeit

Abweichungen zwischen Handelsbilanz und Steuerbilanz sind das Ergebnis einer Durchbrechung des Maßgeblichkeitsgrundsatzes und kommen vor, wenn spezielle handelsrechtliche oder steuerrechtliche Vorschriften anzuwenden sind, die nur eine Bilanz betreffen, oder Wahlrechte unterschiedlich ausgeübt werden.

Beispiele für Unterschiede zwischen Handelsbilanz und Steuerbilanz:

Sachverhalt	Handelsbilanz	Steuerbilanz
vorübergehende Wertminderung bei Finanzanlagen	Abschreibungswahlrecht § 253 Abs. 3 S. 4 HGB	Verbot der Teilwertabschreibung § 6 Abs. 1 Nr. 1 EStG
vorübergehende Wertminderung bei Vermögensgegenständen des Umlaufvermögens	strenges Niederstwertprinzip, Abschreibungspflicht § 253 Abs. 4 HGB	Verbot der Teilwertabschreibung § 6 Abs. 1 Nr. 1 EStG
Drohverlustrückstellung	Ansatzpflicht § 249 Abs. 1 HGB	Verbot von Drohverlustrückstellungen § 5 Abs. 4 a EStG

1. Die Wertansätze in der Handelsbilanz sind maßgebend für die Steuerbilanz = Maßgeblichkeitsgrundsatz.

2. Sind spezielle handelsrechtliche oder steuerrechtliche Vorschriften anzuwenden, die sich nur auf eine Bilanz beziehen, kommt es zu unterschiedlichen Bilanzen = Durchbrechung der Maßgeblichkeit.

| Abgrenzungen bei der Erstellung des Jahresabschlusses | Wertansätze in der Bilanz | Eigenkapitalausweis in der Bilanz |

Kapitel 9

AUFGABEN

1. Was bedeutet die Maßgeblichkeit der Handelsbilanz für die Steuerbilanz?

2. Ihr Mandant kauft ein Einzelunternehmen. Dabei entsteht ein bilanzierungsfähiger entgeltlich erworbener Geschäfts- und Firmenwert von 200.000,00 €. Der Buchhalter Ihres Mandanten schätzt die voraussichtliche Nutzungsdauer auf 10 Jahre. Dementsprechend setzt er in der Handelsbilanz und in der Steuerbilanz diesen Geschäfts- und Firmenwert an und schreibt ihn über 10 Jahre ab.

   Ist der Ansatz und die Abschreibung in der Handelsbilanz und Steuerbilanz zulässig?
   (Hinweis auf §§ 246 Abs. 1 S. 4, 253 Abs. 5 S. 2 HGB, §§ 5 Abs. 2, 7 Abs. 1 S. 3 EStG)

3. Ihr Mandant nimmt aus betrieblichen Gründen ein Darlehen über 100.000,00 € auf, das zu 98 % ausgezahlt wird. In der Handelsbilanz wird das Disagio sofort als Aufwand gebucht.
   (Hinweis auf § 250 Abs. 3, § 6 Abs. 1 Nr. 3 EStG)

   Wie ist in der Steuerbilanz zu verfahren? Gilt das Prinzip der Maßgeblichkeit?

4. Eine GmbH passiviert gemäß § 249 Abs. 1 HGB eine Drohverlustrückstellung, die der Buchhalter in die Steuerbilanz übernimmt.
   (Hinweis auf § 5 Abs. 4 a EStG)

   Durfte der Buchhalter die Rückstellung in die Steuerbilanz übernehmen?
   Gilt hier das Prinzip der Maßgeblichkeit?

9.3 Bewertungsgrundsätze

HGB § 252 Abs. 1

§ 252 Abs. 1 HGB enthält allgemeine Bilanzierungs- und Bewertungsgrundsätze.

Die Bewertungsgrundsätze sind:

Bilanzidentität	Die Wertansätze in der Eröffnungsbilanz müssen mit denen der Schlussbilanz des vorhergehenden Geschäftsjahres übereinstimmen.
Unternehmensfortführung	Bei der Bewertung der Vermögensgegenstände ist von der Fortführung des Unternehmens (going concern) auszugehen.
Einzelbewertung	Vermögensgegenstände und Schulden sind einzeln zu bewerten. Für gleichartige Vermögensgegenstände des Vorratsvermögens kann auf Durchschnittswerte oder aber auf Verbrauchs- bzw. Veräußerungsfolgeunterstellungen, die den GoB entsprechen müssen, zurückgegriffen werden, § 256 HGB. Vom Grundsatz der Einzelbewertung darf nur im Rahmen des § 240 Abs. 3, 4 i. V. m. § 256 HGB abgewichen werden durch Ansatz eines Festwertes oder durch eine Gruppenbewertung als Bewertungsvereinfachungsverfahren.
Vorsichtsprinzip Realisationsprinzip	Das Realisationsprinzip bedeutet, dass Gewinne erst ausgewiesen werden dürfen, wenn sie realisiert sind, d. h., wenn der Umsatz abgeschlossen ist.
Imparitätsprinzip	Am Bilanzstichtag noch nicht realisierte Verluste sind zu berücksichtigen, im Gegensatz zu nicht realisierten Gewinnen, die nicht ausgewiesen werden dürfen.
Wertaufhellung	Alle Risiken und Verluste, die bis zum Abschlussstichtag entstanden sind, müssen berücksichtigt werden; auch wenn sie erst später, d. h. nach dem Bilanzstichtag, aber vor Bilanzaufstellung bekannt werden.
Periodengerechte Abgrenzung	Aufwendungen und Erträge sind unabhängig von der Zahlung im Geschäftsjahr ihrer wirtschaftlichen Zugehörigkeit zu erfassen.
Bewertungsstetigkeit	Die einmal angewandten Bewertungsmethoden sollen bei der Bewertung von Vermögensgegenständen und Schulden beibehalten werden.

AUFGABEN

1. Was versteht man unter dem Realisationsprinzip und was unter dem Imparitätsprinzip?
2. Erläutern Sie den Grundsatz der Einzelbewertung. Kann dieser Grundsatz durchbrochen werden?
3. Erläutern Sie den Begriff der Wertaufhellung.

10 Abgrenzungen bei der Erstellung des Jahresabschlusses

10.1 Zeitliche Erfolgsabgrenzung

> **LERNSITUATION**
>
> Die Pelz GmbH aus Kiel, die Heizkörper herstellt und vertreibt, stellt im Dezember 02 fest, dass ihr Gewinn wesentlich höher ist als im Jahr 01. Daraufhin beschließt sie, Leistungen, die sie im Dezember erbracht hat, nicht abzurechnen und die Miete für die betrieblichen Räume für Januar 03 bereits im Dezember 02 zu zahlen. Damit will sie die Einnahmen in das Jahr 03 und den Mietaufwand in das Jahr 02 verschieben, um so den Gewinn des Jahres 02 zu mindern.

Der Gesetzgeber fordert in § 252 Abs. 1 Nr. 5 HGB, § 250 HGB im Rahmen der Buchführungs- und Bilanzierungspflicht, dass alle Aufwendungen und Erträge – unabhängig vom Zeitpunkt der Geldausgabe bzw. Geldeinnahme – in dem Geschäftsjahr/Wirtschaftsjahr (Gj/Wj) zu erfassen sind, dem sie verursachungsgemäß zuzurechnen sind.

HGB § 252 Abs. 1

Da in der Praxis i. d. R. nach Zahlungsvorgängen gebucht wird, können Korrekturen erforderlich werden, nämlich immer dann, wenn der Zahlungsvorgang, also die Geldeinnahme bzw. Geldausgabe, in einer anderen Rechnungsperiode liegt als der dazugehörende Erfolgsvorgang, also der Ertrag bzw. Aufwand.

Mit der zeitlichen Abgrenzung werden Erfolgsvorgänge periodengerecht erfasst.

Die periodengerechte Erfassung aller Aufwendungen und Erträge durch die zeitliche Abgrenzung

- ist nötig, um den tatsächlichen Periodenerfolg zu ermitteln,
- dient der genauen Erfassung der Kalkulationsgrundlagen und
- ermöglicht innerbetriebliche und zwischenbetriebliche Vergleiche.

Deshalb sind Aufwands- und Ertragskonten dahingehend zu überprüfen, ob die gebuchten Beträge das abzurechnende Geschäftsjahr/Wirtschaftsjahr betreffen.

Zum Abschlussstichtag können sich folgende korrekturbedürftige Fälle ergeben:

1. a) Die Einnahme für einen Ertrag, der verursachungsgerecht ins **alte** Gj/Wj gehört, erfolgt erst im **neuen** Gj/Wj.
   b) Die Ausgabe für einen Aufwand, der verursachungsgerecht ins **alte** Gj/Wj gehört, erfolgt erst im **neuen** Gj/Wj.
2. a) Die Ausgabe für einen Aufwand, der verursachungsgerecht ins **neue** Gj/Wj gehört, erfolgt bereits im **alten** Gj/Wj.
   b) Die Einnahme für einen Ertrag, der verursachungsgerecht ins **neue** Gj/Wj gehört, erfolgt bereits im **alten** Gj/Wj.

Im Fall 1. a) und b) ist im alten Gj/Wj ein Aufwand bzw. Ertrag noch nicht buchungsmäßig erfasst, weil er noch nicht zu einer Ausgabe bzw. Einnahme geführt hat. Entsprechend ist hier der Aufwand bzw. der Ertrag noch in die Erfolgsrechnung des alten Jahres einzubringen. Man spricht hier von einer **antizipativen Jahresabgrenzung** (antizipieren = vorwegnehmen).

Im Fall 2. a) und 2. b) muss ein bereits buchungsmäßig erfasster Aufwand bzw. Ertrag aus der Erfolgsrechnung des alten Jahres in die Erfolgsrechnung des neuen Jahres gebracht werden. Man spricht hier von einer **transitorischen Jahresabgrenzung** (transire = hinüberführen).

10.1.1 Sonstige Vermögensgegenstände

Ein Ertrag,
- der durch das laufende Geschäftsjahr wirtschaftlich begründet ist,
- dessen Zahlungsvorgang jedoch erst im neuen Geschäftsjahr erfolgt,

wird am Bilanzstichtag als „Sonstige Vermögensgegenstände" (Sonstige Forderungen) buchungsmäßig erfasst. Dadurch wird er im alten Gj/Wj erfolgswirksam.

Hierunter fallen u. a. am Bilanzstichtag noch zu erhaltende Zinsen, Mieten, Provisionen, Boni.

BEISPIEL

für eine vollständige zeitliche Abgrenzung

Ein Mieter überweist die Miete in Höhe von 5.000,00 € für Dezember 01 erst im Januar 02.

- Die komplette Miete ist Ertrag des Jahres 01 und muss in voller Höhe erfasst werden.

Buchungssatz zum 31.12.01

	Soll	Haben
1500/1300 Sonstige Vermögensgegenstände	5.000,00	
an 2750/4860 Grundstückserträge		5.000,00

Buchungssatz bei Zahlungseingang im Januar 02

	Soll	Haben
1200/1800 Bank	5.000,00	
an 1500/1300 Sonstige Vermögensgegenstände		5.000,00

Die Buchung zum 31.12. bewirkt eine Ergebnisverbesserung im Abschlussjahr. Bei Zahlungseingang im Januar des neuen Jahres wird das Konto „Sonstige Vermögensgegenstände" ausgeglichen.

BEISPIEL

für eine anteilige zeitliche Abgrenzung

Die halbjährlich fälligen Darlehenszinsen vom 1. September 01 bis zum 28. Februar 02 in Höhe von 1.200,00 € werden vom Darlehensschuldner am 28.02. an den Unternehmer überwiesen (monatlich 200,00 € Zinsen).

- Die anteiligen Zinsen September 01 bis Dezember 01 sind Ertrag des Jahres 01 und müssen erfasst werden.

Buchungssatz zum 31.12.01

	Soll	Haben
1500/1300 Sonstige Vermögensgegenstände	800,00	
an 2650/7100 Zinserträge		800,00

Buchungssatz bei Zahlungseingang am 28.02.02

	Soll	Haben
1200/1800 Bank	1.200,00	
an 1500/1300 Sonstige Vermögensgegenstände		800,00
an 2650/7100 Zinserträge		400,00

Bei Zahlungseingang im Jahr 02 wird das Konto „Sonstige Vermögensgegenstände" aufgelöst. Der anteilige Zinsertrag für die Monate Januar und Februar 02 wird erfolgswirksam gebucht.

10.1.2 Sonstige Verbindlichkeiten

Ein Aufwand,
- der durch das laufende Geschäftsjahr wirtschaftlich begründet ist,
- dessen Zahlungsvorgang jedoch erst im neuen Geschäftsjahr erfolgt,

wird am Bilanzstichtag als „Sonstige Verbindlichkeit" buchungsmäßig erfasst. Dadurch wird er im alten Gj/Wj erfolgswirksam.

Unter die sonstigen Verbindlichkeiten fallen u. a. am Bilanzstichtag noch zu zahlende Zinsen, Mieten, Provisionen, Boni, Löhne und Gehälter, Steuern, Gebühren und Beiträge.

BEISPIEL

für eine vollständige zeitliche Abgrenzung

Die Lagerhallenmiete für Dezember 01 in Höhe von 3.000,00 € zahlt der Unternehmer erst im Januar 02 per Banküberweisung.

- Die komplette Miete ist Aufwand des Jahres 01 und muss in voller Höhe erfasst werden.

Buchungssatz zum 31.12.01		Soll	Haben
	4210/6310 Miete	3.000,00	
	an 1700/3500 Sonstige Verbindlichkeiten		3.000,00

Buchungssatz bei Zahlungseingang im Januar 02		Soll	Haben
	1700/3500 Sonstige Verbindlichkeiten	3.000,00	
	an 1200/1800 Bank		3.000,00

Durch die Buchung am 31.12.01 wird die Lagerhallenmiete in 01 aufwandswirksam. Sie bewirkt somit eine Ergebnisverschlechterung im Abschlussjahr.

Die „sonstige Verbindlichkeit" wird bei Zahlung im Januar 02 aufgelöst.

BEISPIEL

für eine anteilige zeitliche Abgrenzung

Die Grundsteuer in Höhe von 600,00 € halbjährlich für das Betriebsgebäude des Unternehmers zahlt er am 1. April 01 für die Zeit von Oktober 00 bis März 01 per Banküberweisung.

- Die anteilige Grundsteuer, die auf die Monate Oktober bis Dezember 00 entfällt, wird aufwandswirksam gebucht.

Buchungssatz zum 31.12.01		Soll	Haben
	2375/7680 Grundsteuer	300,00	
	an 1700/3500 Sonstige Verbindlichkeiten		300,00

Buchungssatz bei Zahlung am 01.04.01		Soll	Haben
	1700/3500 Sonstige Verbindlichkeiten	300,00	
	2375/7680 Grundsteuer	300,00	
	an 1200/1800 Bank		600,00

Mit der Buchung in 01 wird das Konto „Sonstige Verbindlichkeiten" aufgelöst. Die Grundsteuer für die Monate Januar bis März 01 wird in 01 aufwandswirksam erfasst.

AUFGABEN

1. Erklären Sie den Unterschied zwischen Einnahmen und Erträgen bzw. zwischen Ausgaben und Aufwendungen.

2. Warum sind die Abgrenzungen von Aufwand und Ertrag notwendig?

3. Welche Voraussetzungen zur Bilanzierung von sonstigen Vermögensgegenständen und sonstigen Verbindlichkeiten müssen vorliegen?

4. Formulieren Sie einen allgemeingültigen Buchungssatz zur Bildung einer antizipativen Rechnungsabgrenzung (Aufwand und Ertrag).

5. Wie lauten die Buchungssätze für die folgenden Geschäftsvorfälle, die sich bei Ihrem Mandanten ereignet haben:
   5.1 am Bilanzstichtag, 31.12.01
   5.2 beim Zahlungsvorgang im Folgejahr?
   (Alle Zahlungsvorgänge sind über das Bankkonto zu buchen.)

   a) Die Pachtzahlung für das Betriebsgelände Ihres Mandanten für 01 in Höhe von 5.000,00 € wird erst im Januar 02 entrichtet.
   b) Gemäß Mietvertrag zahlt der Mieter Ihres Mandanten die Garagenmiete für Oktober, November und Dezember 01 von insgesamt 450,00 € im Januar 02.
   c) Ende Februar 02 begleicht ein Darlehensschuldner Ihres Mandanten die vierteljährlichen Darlehenszinsen (Dezember bis Februar) in Höhe von 900,00 €.
   d) Der Handelskammerbeitrag in Höhe von 600,00 € für die Monate November, Dezember und Januar wird erst im Januar 02 gezahlt.
   e) Am 1. März 02 geht eine Pachtzahlung eines Pächters in Höhe von 6.000,00 € für die Monate März 01 bis Februar 02 ein.
   f) Die Stadtkasse gewährt Ihrem Mandanten einen Zahlungsaufschub für eine am 15.12.01 fällige Gewerbesteuernachzahlung in Höhe von 1.300,00 € bis zum 10.01.02.
   g) Die Grundsteuer von 840,00 € auf das Betriebsgebäude ist am 01.03. eines jeden Jahres für das vorangegangene Halbjahr (September bis Februar) fällig.
   h) Einem Kunden wird ein Darlehen in Höhe von 15.000,00 € mit einer Verzinsung von 6 % gewährt. Gemäß Darlehensvertrag hat er die Zinsen halbjährlich nachträglich am 31. Januar und am 31. Juli zu entrichten.

i) Ein Lieferant Ihres Mandanten überweist den Bonus auf eingekaufte Rohstoffe für das Jahr 01 in Höhe von 11.900,00 € vereinbarungsgemäß erst am 15.01.02.

j) Für 01 überweist Ihr Mandant vereinbarungsgemäß am 20.01.02 einen Bonus in Höhe von 9.520,00 € an eine Kundin.

6. Ihr Mandant legt Ihnen im Rahmen der monatlichen Buchführung folgende Belege vor:

Beleg 1

Konrad Fied KG Hannover
Buchungsdatum: 30.12.02
Beleg-Nr.: 8 912

für: Die Zinsen für unser Darlehen 60 251 für den Monat Dezember werden von der Lindener Volksbank im Januar des neuen Jahres eingezogen . . . . 387,35 €.

Beleg 2

Konto-Nummer: 12 345   BLZ 251 901 0
IBAN: DE81 2519 0101 0000 0123 45   BIC: GENODEF1HLI
Lindener Volksbank eG

Beleg	Buch.-Datum	Text	Wert	Betrag
97 363	02.01.03	DARLEHEN 60 251 TILGUNG 112,65 EUR ZINSEN 387,35 EUR FÜR DEZEMBER	02.01.03	500,00 −

TEXTILFABRIK
KONRAD FIED KG
GOSERIEDE 41
30159 HANNOVER

Konto-Auszug
02.01.03 1 1
Datum Nummer Blatt

EUR   80.000,00 +
Alter Kontostand
EUR   79.500,00 +
Neuer Kontostand

Beleg 3

Konrad Fied KG Hannover
Buchungsdatum: 30.12.02
Beleg-Nr.: 8 913

für: Unser Mieter Dieter Bremer zahlt die Garagenmiete für die Monate November, Dezember und Januar nachträglich Anfang Februar des neuen Jahres. Monatsmiete . . . . 75,00 €.

Beleg 4

Konto-Nummer: 12 345   BLZ 251 901 0
IBAN: DE81 2519 0101 0000 0123 45   BIC: GENODEF1HLI
Lindener Volksbank eG

Beleg	Buch.-Datum	Text	Wert	Betrag
98 694	03.02.03	DIETER BREMER GARAGENMIETE FÜR NOVEMBER, DEZEMBER, JANUAR	02.02.03	225,00 +

TEXTILFABRIK
KONRAD FIED KG
GOSERIEDE 41
30159 HANNOVER

Konto-Auszug
04.02.03 13 1
Datum Nummer Blatt

EUR   90.000,00 +
Alter Kontostand
EUR   90.225,00 +
Neuer Kontostand

Bilden Sie die erforderlichen Buchungssätze.

7. Ihr Mandant bucht die Geschäftsvorfälle seines Betriebes selbst. Er übergibt Ihnen im Januar 02 die Buchführungsunterlagen, damit Sie die Bilanz und die GuV-Rechnung für das Jahr 01 (Bilanzstichtag 31.12.01) erstellen.

   Bei der Durchsicht der Buchführung stellen Sie Folgendes fest:
   a) Die am 01.10.01 fällige Kfz-Steuer wurde Ihrem Mandanten gestundet und per Lastschrift durch das Finanzamt vom betrieblichen Bankkonto am 30.01.02 abgebucht: 1.800,00 €, Besteuerungszeitraum vom 01.10.01 bis 30.09.02.
   b) Die Zinsen für ein betriebliches Darlehen in Höhe von 1.000,00 € für den Zeitraum Dezember 01 bis Februar 02 wurden am 10.02.02 vom betrieblichen Girokonto abgebucht.
   c) Die Bank schrieb am 10.01.02 840,00 € Zinsen aus einer betrieblichen Geldanlage gut. Der Zinszeitraum betrifft die Monate Juli bis Dezember 01.
   d) Der Mieter eines Bürotraktes im Betriebsgebäude Ihres Mandanten überwies am 02.01.02 auf das betriebliche Bankkonto die Mieten für Dezember 01, Januar, Februar und März 02 (insgesamt 6.000,00 €).

   Nehmen Sie die zum 31.12.01 notwendigen Buchungen unter der Voraussetzung, dass Ihr Mandant bisher nichts gebucht hat, vor.

8. Ihr Mandant hat bei der Kredit GmbH einen Kredit in Höhe von 40.000,00 € aufgenommen. Die Zinsen sind vierteljährlich nachträglich zu zahlen. Der Zinssatz beträgt 7 %. Die Zinsen für die Monate November 01 bis Januar 02 sind am 31.01.02 fällig.

   Die Kredit GmbH bucht den entsprechenden Betrag vom Bankkonto Ihres Mandanten ab. Die Gutschrift bei der Kredit GmbH erfolgt am 02.02.02.

   Wie lauten die Buchungen (Wirtschaftsjahr = Kalenderjahr)
   a) für Ihren Mandanten für die Jahre 01 und 02,
   b) für die Kredit GmbH für die Jahre 01 und 02?

9. Ihr Mandant hat ein betriebliches Darlehen in Höhe von 70.000,00 € aufgenommen, Zinssatz 8 %. Die Zinsen sind halbjährlich, nachträglich am 01.02. und 01.08. eines jeden Jahres zu zahlen. Bisher hat Ihr Mandant alle Zahlungen pünktlich geleistet.

   Wie ist am Bilanzstichtag 31.12.01 und bei Zahlung am 01.02.02 zu buchen?

10. Ihr Mandant hat am 01.03.01 ein Darlehen in Höhe von 100.000,00 € zur Anschaffung einer Maschine aufgenommen, Zinssatz 9 %. Die Zinsen, die von der jeweiligen Restschuld berechnet werden, sind vierteljährlich, nachträglich zu leisten. Die Tilgung erfolgt ebenfalls vierteljährlich mit 5.000,00 €. Tilgungs- und Zinszahlungstermine sind 31.05., 31.08., 30.11. und 28.02.

    Nehmen Sie die erforderlichen Buchungen am Bilanzstichtag 31.12.01 und bei Zahlung am 28.02.02 vor.

11. Im Anlagevermögen Ihres Mandanten befinden sich Bundesschatzbriefe im Nennwert von 36.000,00 €, für die Ihr Mandant 30.000,00 € gezahlt hat. Zinszahlungszeitpunkt ist der 01.10. eines jeden Jahres, Restlaufzeit noch 3 Jahre, maßgeblicher Zinssatz 4,25 %. Die letzte Zinszahlung erfolgte am 01.10.01.

    Welche Buchungen sind zum Bilanzstichtag am 31.12.01 und bei Zahlung am 01.10.02 notwendig?

12. Ihr Mandant hält im Anlagevermögen 5%ige Pfandbriefe im Nennwert von 20.000,00 €, die er in 00 für 18.000,00 € angeschafft hat. Die Zinsen werden halbjährlich, nachträglich jeweils am 01.05. und 01.11. ausgezahlt. Die letzte Zinszahlung erfolgte am 01.11.01.

    Wie ist am 31.12.01 und am 01.05.02 zu buchen?

10.2. Rechnungsabgrenzungsposten

Ein Aufwand bzw. Ertrag
- dessen Zahlungsvorgang im alten Geschäftsjahr erfolgt,
- der jedoch erst durch das neue Geschäftsjahr wirtschaftlich begründet ist,

muss im Abschlussjahr zeitlich aktiv bzw. passiv abgegrenzt werden.

Dadurch wird die Erfolgswirksamkeit in das Folgejahr übertragen.

Rechnungsabgrenzungsposten (RAP) sind keine Vermögensgegenstände, sondern stellen nur Verrechnungsposten zur zeitlich richtigen Gewinnermittlung dar.

HGB § 250 Abs. 1
EStG § 5 Abs. 5

10.2.1 Aktive Rechnungsabgrenzungen

Der Ansatz eines aktiven Rechnungsabgrenzungspostens setzt gemäß § 250 Abs. 1 HGB, § 5 Abs. 5 EStG
- eine **Ausgabe**
- **vor** dem Abschlussstichtag voraus,
- die **Aufwand** für eine **bestimmte** Zeit nach dem Abschlussstichtag darstellt.

Eine bestimmte Zeit liegt vor, wenn die abzugrenzenden Ausgaben für einen **bestimmten** nach dem Kalenderjahr bemessenen Zeitraum bezahlt werden.

In Betracht kommen z. B. folgende Ausgaben:
- Vorauszahlungen für Zinsaufwendungen
- Vorauszahlungen für Mietaufwendungen
- Vorauszahlungen für Versicherungsprämien
- Vorauszahlungen für Kfz-Steuer

BEISPIEL

Die Leistung betrifft nur das neue Wirtschaftsjahr:

Wegen der Betriebsferien zwischen Weihnachten und Neujahr hat der Unternehmer die Januarmiete 02 für Betriebsräume in Höhe von 1.400,00 € schon am 24.12.01 überwiesen.

- Die komplette Miete ist Aufwand des Jahres 02 und muss in voller Höhe abgegrenzt werden.

Buchungssatz 31.12.01		Soll	Haben
	0980/1900 Aktive RAP	1.400,00	
	an 1200/1800 Bank		1.400,00

Buchungssatz 02.01.02		Soll	Haben
	4210/6310 Miete	1.400,00	
	an 0980/1900 Aktive RAP		1.400,00

Manche Zahlungen betreffen sowohl das alte als auch das neue Gj./Wj. Der Betrag, der auf das neue Gj./Wj. entfällt, ist abzugrenzen. Er darf nicht aufwandswirksam im Abschlussjahr erfasst werden.

BEISPIEL

Die Leistung erstreckt sich auf beide Jahre:

Der Unternehmer überweist die Kfz-Haftpflichtversicherung für den Zeitraum 01.10.01 bis zum 30.09.02 in Höhe von 6.000,00 € für einen zu seinem Fuhrpark gehörenden Lkw am 01.10.01.

- Auf das Wirtschaftsjahr 01 entfallen lediglich 1.500,00 €, der Restbetrag von 4.500,00 € ist als aktiver RAP anzusetzen.

Buchungssatz 01.10.01

		Soll	Haben
4520/6520	Kfz-Versicherung	6.000,00	
an 1200/1800	Bank		6.000,00

Buchungssatz 31.12.01

		Soll	Haben
0980/1900	Aktive RAP	4.500,00	
an 4520/6520	Kfz-Versicherung		4.500,00

Buchungssatz 02.01.02

		Soll	Haben
4520/6520	Kfz-Versicherung	4.500,00	
an 0980/1900	Aktive RAP		4.500,00

Die aktive Rechnungsabgrenzung kann auch bereits mit der Buchung der Ausgabe vorgenommen werden.

BEISPIEL

Im Beispiel oben lautet der Buchungssatz zum 01.10.01 dann wie folgt:

Buchungssatz

		Soll	Haben
4520/6520	Kfz-Versicherung	1.500,00	
0980/1900	Aktive RAP	4.500,00	
an 1200/1800	Bank		6.000,00

Aktive Rechnungsabgrenzungsposten verringern die Aufwendungen im Abschlussjahr (Ergebnisverbesserung im Abschlussjahr) und erhöhen die Aufwendungen im Folgejahr (Ergebnisverschlechterung im Folgejahr).

10.2.2 Passive Rechnungsabgrenzungen

Der Ansatz eines passiven Rechnungsabgrenzungspostens setzt gemäß § 250 Abs. 2 HGB, § 5 Abs. 5 S. 1 Nr. 2 EStG

- eine **Einnahme**
- vor dem Abschlussstichtag voraus,
- die **Ertrag** für eine **bestimmte** Zeit nach dem Abschlussstichtag ist.

Eine bestimmte Zeit liegt vor, wenn die abzugrenzenden Einnahmen für einen **bestimmten** nach dem Kalenderjahr bemessenen Zeitraum vereinnahmt werden.

In Betracht kommen z. B. folgende Einnahmen:

- Vorauszahlungen für Mieterträge,
- Vorauszahlungen für Zinserträge.

| Abgrenzungen bei der Erstellung des Jahresabschlusses | Wertansätze in der Bilanz | Eigenkapitalausweis in der Bilanz |

Kapitel 10

BEISPIEL

Die Leistung betrifft nur das neue Wirtschaftsjahr:

Ein Mieter überweist die Anfang Januar 02 fällige Monatsmiete von 700,00 € schon am 31.12.01 auf das Bankkonto des Unternehmers.

- Die komplette Miete ist Ertrag des Jahres 02 und muss in voller Höhe abgegrenzt werden.

Buchungssatz 31.12.01		Soll	Haben
	1200/1800 Bank	700,00	
	an 0990/3900 Passive RAP		700,00

Im Folgejahr ist der abgegrenzte Betrag als Ertrag zu erfassen:

Buchungssatz 02.01.02		Soll	Haben
	0990/3900 Passive RAP	700,00	
	an 2750/4860 Grundstückserträge		700,00

Betreffen Einnahmen nur zum Teil das Abschlussjahr, muss der nicht das Abschlussjahr betreffende Anteil berechnet und dann zeitlich abgegrenzt werden.

BEISPIEL

Die Leistung erstreckt sich auf beide Jahre:

Der Unternehmer erhält von seinem Mieter die am 01.11.01 fällige Miete für den Zeitraum vom 01.11.01 bis 31.01.02 in Höhe von 9.000,00 € am 01.11.01 in bar.

- Soweit die Miete den Januar 02 betrifft, handelt es sich um Einnahmen vor dem Abschlussstichtag, die Ertrag (3.000,00 €) für eine bestimmte Zeit nach diesem Tag darstellen. In dieser Höhe ist daher zum 31.12.01 ein passiver Rechnungsabgrenzungsposten anzusetzen.

Buchungssatz 01.11.01		Soll	Haben
	1000/1600 Kasse	9.000,00	
	an 2750/4860 Grundstückserträge		9.000,00

Buchungssatz 31.12.01		Soll	Haben
	2750/4860 Grundstückserträge	3.000,00	
	an 0990/3900 Passive RAP		3.000,00

Buchungssatz 02.01.02		Soll	Haben
	0990/3900 Passive RAP	3.000,00	
	an 2750/4860 Grundstückserträge		3.000,00

Die passive Rechnungsabgrenzung kann auch bereits mit der Buchung der Einnahme vorgenommen werden.

BEISPIEL

Im Beispiel oben lautet der Buchungssatz zum 01.11.01 dann wie folgt:

Buchungssatz		Soll	Haben
	1000/1600 Kasse	9.000,00	
	an 2750/4860 Grundstückserträge		6.000,00
	an 0990/3900 Passive RAP		3.000,00

Passive Rechnungsabgrenzungsposten verringern die Erträge im Abschlussjahr (Ergebnisverschlechterung im Abschlussjahr) und erhöhen die Erträge im Folgejahr (Ergebnisverbesserung im Folgejahr).

> **Hinweis:**
>
> Nach dem BFH-Urteil vom 18.03.2010 – XR 20/09 darf auf die Bildung von Rechnungsabgrenzungsposten nach Maßgabe des Grundsatzes der Wesentlichkeit verzichtet werden, wenn die abzugrenzenden Beträge nur von untergeordneter Bedeutung sind und eine unterlassene Abgrenzung das Jahresergebnis nur unwesentlich beeinflussen würde.
>
> Ebenso wie nach § 6 Abs. 2 EStG bei geringwertigen Wirtschaftsgütern auf eine planmäßige Abschreibung nach Maßgabe der voraussichtlichen Nutzungsdauer verzichtet werden kann, kann auch in Fällen, in denen der Wert des einzelnen Abgrenzungspostens 410,00 € nicht übersteigt, auf eine Abgrenzung verzichtet werden (Leitsatz).

BEISPIEL

Die Kfz-Steuer für einen betrieblichen Pkw wird am 01.11.01 in Höhe von 300,00 € für den Zeitraum 01.11.01 bis 31.10.02 gezahlt.
- Die Kfz-Steuer ist grundsätzlich zum 31.12.01 für die Zeit vom 01.01.02 bis 31.10.02 in Höhe von 250,00 € abzugrenzen.

Der Unternehmer kann auf die Bildung des Rechnungsabgrenzungsposten verzichten, da dieser unter 410,00 € liegt.

Rechnungsabgrenzungen

AUFGABEN

1. Welche Voraussetzungen zur Bilanzierung von aktiven und passiven Rechnungsabgrenzungsposten müssen vorliegen?
2. Formulieren Sie einen allgemeingültigen Buchungssatz zur Bildung von transitorischen Rechnungsabgrenzungen.
3. Worin unterscheiden sich antizipative und transitorische Jahresabgrenzungen?
4. Wie lauten die Buchungssätze für die folgenden Geschäftsvorfälle
   4.1 zum Zeitpunkt des Zahlungsvorgangs,
   4.2 am Bilanzstichtag 31.12.01,
   4.3 bei Auflösung der transitorischen Jahresabgrenzung?
   Alle Zahlungsvorgänge sind über das Bankkonto zu buchen.

Abgrenzungen bei der Erstellung des Jahresabschlusses | Wertansätze in der Bilanz | Eigenkapitalausweis in der Bilanz

Kapitel 10

a) Gemäß Mietvertrag zahlt der Mieter Ihres Mandanten die Garagenmiete für Januar, Februar und März 02 in Höhe von insgesamt 900,00 € am 15.12.01 im Voraus.
b) Die Pachtzahlung für das Jahr 02 (Januar bis Dezember) für das Betriebsgrundstück über 8.000,00 € begleicht Ihr Mandant gemäß Pachtvertrag jährlich am 1. Dezember im Voraus.
c) Die Kfz-Steuer für Betriebsfahrzeuge in Höhe von 2.400,00 € wird am 1. November 01 für die Zeit vom 01.11. bis 31.10. im Voraus überwiesen.
d) Am 1. März 01 zahlt Ihr Mandant die ADAC-Beiträge von 360,00 € für Betriebsfahrzeuge für ein Jahr (März 01 bis Februar 02) im Voraus.
e) Gemäß Darlehensvertrag begleicht ein Darlehensschuldner die halbjährlichen Darlehenszinsen von 2.000,00 € für das erste Halbjahr 02 im Voraus am 1. Dezember 01.
f) Die Halbjahresmiete (September 01 bis Februar 02) für vermietete Geschäftsräume in Höhe von 9.000,00 € erhält Ihr Mandant am 1. September 01 im Voraus.
g) Die Feuerversicherungsprämie für das Geschäftsgebäude von 980,00 € wird am 1. Juli 01 für ein Jahr (Juli bis Juni) im Voraus bezahlt.
h) Am 1. November 01 gehen Darlehenszinsen in Höhe von 360,00 € für ein Vierteljahr (01.11. bis 31.01.) im Voraus auf dem Bankkonto ein.
i) Am 1. November 01 zahlt Ihr Mandant die Miete für eine Produktionsstätte von 18.000,00 € für ein Jahr (01.11. bis 31.10.) im Voraus.
j) Am 1. Dezember 01 zahlt Ihr Mandant die vierteljährlichen Zinsen in Höhe von 1.200,00 € für einen Bankkredit (01.12. bis 28.02.) im Voraus.

5. Formulieren Sie die Buchungssätze zu den Sachverhalten aus Aufgabe 4 so, als ob Sie bereits zum Zeitpunkt der Zahlung die zeitliche Abgrenzung vornehmen würden.

6. Ihr Mandant legt Ihnen mit der Buchführung u. a. die unten angegebenen Belege vor. Geben Sie die Buchungen bei Zahlung/Zahlungseingang am 31.12.01 und zu Beginn des Jahres 02 an.

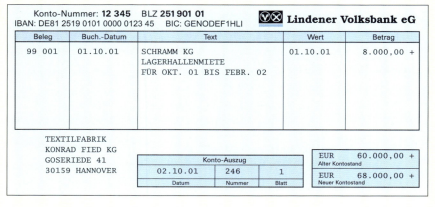

7. Ihr Mandant mietet zum 01.12.01 Büroräume von der Link GmbH mit Sitz in Hamburg. Die Monatsmiete für die Gewerberäume beträgt 10.000,00 €.
Ihr Mandant zahlt per Banküberweisung vom 22.11.01 folgende Mieten im Voraus: Dezember 01, Januar 02, Februar 02. Der Betrag wurde dem Bankkonto der Link GmbH am 23.11.01 gutgeschrieben. Ihr Mandant und die Link GmbH haben den 31.12. als Abschlussstichtag.

Wie lauten die Buchungen:
a) für Ihren Mandanten für die Jahre 01 und 02,   b) für die Link GmbH für die Jahre 01 und 02?

8. Ihr Mandant hat einen Investitionskredit bei seiner Bank zu folgenden Konditionen am 01.04.01 aufgenommen: 85.000,00 € Kreditsumme, Zinssatz 8 %, Laufzeit 6 Jahre, Disagio 3 %. Die Zinsen werden jeweils im Voraus für ein Jahr fällig, erstmalig am 01.04.01. Sie werden direkt bei Auszahlung des Darlehens einbehalten. Die Tilgung erfolgt in einer Summe am Ende der Laufzeit. Alle Zahlungen erfolgen über das betriebliche Bankkonto.

Welche Buchungen sind zum 01.04.01 bei Auszahlung und am 31.12.01 erforderlich?

9. Ein Fälligkeitsdarlehen in Höhe von 57.000,00 € wird mit 9 % verzinst. Die Zinsen sind halbjährlich im Voraus jeweils am 01.02. und 01.08. zu entrichten. Der Buchhalter Ihres Mandanten hat die Zahlung am 01.08.01 wie folgt gebucht:
Zinsaufwendungen 2.565,00 € **an** Bank 2.565,00 €

Nehmen Sie die erforderlichen Korrekturbuchungen vor.

10. Ihr Mandant hat zum 01.08.01 ein Darlehen über 150.000,00 € bei der Bank aufgenommen. Es ist mit 6 % jährlich im Voraus zu verzinsen, hat eine Laufzeit von 15 Jahren und ist in einem Betrag zurückzuzahlen. Die Bank hat ein Disagio von 3 % und die erste Zinszahlung einbehalten und den Differenzbetrag dem Bankkonto Ihres Mandanten am 01.08.01 gutgeschrieben.

Welche Buchungen sind zum 01.08.01 und zum 31.12.01 vorzunehmen?

11. Für ein betriebliches Darlehen von 40.000,00 € hat Ihr Mandant am 01.12.01 Zinsen in Höhe von 3.200,00 € für die Zeit vom 01.12.01 bis 30.11.02 und 4.000,00 € Tilgung geleistet. Der Buchhalter Ihres Mandanten hat wie folgt gebucht:
Darlehen 7.200,00 € **an** Bank 7.200,00 €

Nehmen Sie die am 01.12.01 und am 31.12.01 erforderlichen Buchungen vor.

12. Ihr Mandant hat zum 01.05.00 ein Darlehen in Höhe von 60.000,00 € aufgenommen. Der Zinssatz beträgt 9 % der jeweiligen Restschuld. Die Zinsen sind im Voraus halbjährlich zum 01.05. und 01.11. fällig. Die jährliche Tilgung beträgt 12.000,00 €, erstmals am 01.05.01.

Nehmen Sie die erforderlichen Buchungen in 01 vor. Vorausgesetzt wird, dass der Vorgang im Jahr 00 korrekt erfasst worden ist.

13. Wie lauten die Buchungssätze für die nachfolgenden Geschäftsvorfälle Ihrer Mandantin im Jahr 02, wenn am 31.12.01 alle Abgrenzungen korrekt vorgenommen wurden? (Wirtschaftsjahr = Kalenderjahr)

a) Die Kfz-Steuer für den Geschäftswagen wurde am 01.10.01 im Voraus für ein Jahr vom Bankkonto abgebucht: 360,00 €.
b) Am 01.12.01 wurden dem Bankkonto Mieten für Dezember 01 und Januar 02 in Höhe von insgesamt 1.200,00 € gutgeschrieben.
c) Am 01.11.01 wurden die Jahreszinsen für ein erhaltenes Darlehen im Voraus vom Bankkonto in Höhe von 1.800,00 € überwiesen.
d) Am 01.10.01 wurde die Betriebshaftpflichtversicherung für ein Jahr im Voraus in Höhe von 8.400,00 € per Banküberweisung bezahlt.

14. Aufgrund einer Werbekampagne für ein neues Produkt sind Ihrem Mandanten im Jahr 01 Werbekosten in Höhe von 42.000,00 € entstanden. Um das Betriebsergebnis nicht zu sehr damit zu belasten, hat der Buchhalter Ihres Mandanten zum 31.12.01 wie folgt gebucht:
Aktive RAP 35.000,00 € **an** Werbekosten 35.000,00 €

Er rechtfertigt einen aktiven RAP damit, dass die Werbekampagne erst im Jahr 02 so richtig Wirkung zeigt, was sich an den steigenden Umsatzzahlen auch nachweisen lässt.

Sind zum 31.12.01 Korrekturbuchungen erforderlich? Wenn ja, nehmen Sie alle erforderlichen Buchungen vor.

10.3 Abgrenzungen bei der Vor- und Umsatzsteuer

Bei den Leistungen, die den Abgrenzungen zugrunde liegen, kann es sich um steuerbare und steuerpflichtige Leistungen im Sinne UStG handeln. Die bereits entstandene Umsatzsteuer ist auszuweisen und die Vorsteuer kann der Unternehmer bereits geltend machen.

10.3.1 Abgrenzung bei der Vorsteuer

UStG
§ 15 Abs. 1

Nach § 15 Abs. 1 Nr. 1 UStG kann der Unternehmer die Vorsteuer in dem Voranmeldungszeitraum geltend machen, in dem

- er die Leistung erhalten hat

oder

- er eine Zahlung vor Ausführung der Leistung geleistet hat

und

- er eine nach den §§ 14, 14 a UStG ausgestellte ordnungsgemäße Rechnung vorliegen hat.

Folgende Varianten sind möglich:

	Variante 1 im Jahr (siehe Beispiel 1)	Variante 2 im Jahr (siehe Beispiel 2)	Variante 3 im Jahr (siehe Beispiel 3)	Variante 4 im Jahr (siehe Beispiel 4)
Ausführung der Leistung	01	01/02	01/02	02
Eingang der Rechnung	02	01	01	01
Zahlung erfolgt	02	02	01	01
Folge	Vorsteuer in 02	Vorsteuer z. T. in 01, z. T. in 02	Vorsteuer in 01	Vorsteuer in 01
Begründung	in 01 fehlt Rechnung	Vorsteuer in 01, soweit Rechnung vorliegt und Leistung erbracht	Rechnung und Zahlung in 01	Rechnung und Zahlung in 01

BEISPIEL 1

Eine EDV-Firma wartet die EDV-Anlage des Unternehmers. Für die Zeit vom 01.11.01 bis 31.12.01 geht die ordnungsgemäße Rechnung am 05.01.02 über 1.000,00 € zzgl. 190,00 € USt beim Unternehmer ein, der sie sofort per Banküberweisung zahlt.

- Ein Vorsteuerabzug in 01 ist nicht möglich, weil keine ordnungsgemäße Rechnung vorliegt.

Buchungssatz 31.12.01

	Soll	Haben
4806/6495 Wartungskosten	1.000,00	
an 1700/3500 Sonstige Verbindlichkeiten		1.000,00

Buchungssatz 05.01.02

	Soll	Haben
1570/1400 Vorsteuer	190,00	
1700/3500 Sonstige Verbindlichkeiten	1.000,00	
an 1200/1800 Bank		1.190,00

BEISPIEL 2

Eine EDV-Firma wartet die EDV-Anlage des Unternehmers. Für die Zeit vom 01.11.01 bis 31.01.02 geht die ordnungsgemäße Rechnung am 28.12.01 über 1.200,00 € zzgl. 228,00 € USt beim Unternehmer ein, der sie am 10.01.02 per Banküberweisung zahlt.

- Ein Vorsteuerabzug kann für 11/01 und 12/01 vorgenommen werden, da insoweit die Leistung ausgeführt wurde und eine ordnungsgemäße Rechnung vorliegt.

Buchungssatz 31.12.01

	Soll	Haben
4806/6495 Wartungskosten	800,00	
1570/1400 Vorsteuer	152,00	
an 1600/3300 Verbindlichkeiten		952,00

Buchungssatz 10.01.02

	Soll	Haben
4806/6495 Wartungskosten	400,00	
1570/1400 Vorsteuer	76,00	
1600/3300 Verbindlichkeiten	952,00	
an 1200/1800 Bank		1.428,00

BEISPIEL 3

Eine EDV-Firma wartet die EDV-Anlage des Unternehmers. Für die Zeit vom 01.11.01 bis 31.01.02 geht die ordnungsgemäße Rechnung am 15.12.01 über 1.200,00 € zzgl. 228,00 € USt beim Unternehmer ein, der sie am 28.12.01 per Banküberweisung zahlt.

- Die Vorsteuer kann in voller Höhe in 01 geltend gemacht werden, da eine ordnungsgemäße Rechnung vorliegt, die Leistung für 11/01 und 12/01 erbracht wurde und für 01/02 in 01 bezahlt wurde.

Buchungssatz 31.12.01

	Soll	Haben
4806/6495 Wartungskosten	800,00	
1570/1400 Vorsteuer	228,00	
0980/1900 Aktive RAP	400,00	
an 1200/1800 Bank		1.428,00

Buchungssatz 02.01.02

	Soll	Haben
4806/6495 Wartungskosten	400,00	
an 0980/1900 Aktive RAP		400,00

| Abgrenzungen bei der Erstellung des Jahresabschlusses | Wertansätze in der Bilanz | Eigenkapitalausweis in der Bilanz |

Kapitel 10

BEISPIEL 4

Eine EDV-Firma wartet die EDV-Anlage des Unternehmers. Für die Zeit vom 01.01.02 bis 28.02.02 geht die ordnungsgemäße Rechnung am 28.02.02 über 1.000,00 € zzgl. 190,00 € USt beim Unternehmer ein. Aufgrund einer nicht ordnungsgemäßen Anzahlungsrechnung vom 15.12.01 zahlt der Unternehmer bereits am 16.12.01 den Betrag von 1.190,00 €.

- Ein Vorsteuerabzug für 01 ist nicht gegeben, da keine ordnungsgemäße Rechnung vorliegt und die Leistung erst in 02 erbracht wird.

Buchungssatz 31.12.01

	Soll	Haben
0980/1900 Aktive RAP	1.000,00	
1548/1434 Vorsteuer im Folgejahr abziehbar	190,00	
an 1200/1800 Bank		1.190,00

Buchungssatz 28.02.02

	Soll	Haben
4806/6495 Wartungskosten	1.000,00	
1570/1400 Vorsteuer	190,00	
an 0980/1900 Aktive RAP		1.000,00
an 1548/1434 Vorsteuer im Folgejahr abziehbar		190,00

10.3.2 Abgrenzung bei der Umsatzsteuer

Nach § 13 Abs. 1 UStG entsteht die Umsatzsteuer bei Berechnung nach vereinbarten Entgelten mit Ablauf des Voranmeldungszeitraums, in dem

UStG
§ 13 Abs. 1

- die Leistung ausgeführt worden ist

oder

- eine Anzahlung vereinnahmt worden ist.

Folgende Varianten sind möglich:

	Variante 1 im Jahr (siehe Beispiel 1)	Variante 2 im Jahr (siehe Beispiel 2)	Variante 3 im Jahr (siehe Beispiel 3)	Variante 4 im Jahr (siehe Beispiel 4)
Ausführung der Leistung	01	01/02	01/02	01/02
Ausgangsrechnung	02	02	01	01
Zahlung erfolgt	02	02	01	02
Entstehung der USt	01	01/02	01	01/02
Begründung	Leistung in 01 ausgeführt	Ausgeführte Teilleistung 01 → USt 01 Ausgeführte Teilleistung 02 → USt 02	z. T. Leistung ausgeführt, z. T. Zahlung erhalten	Ausgeführte Teilleistung 01 → USt 01 Ausgeführte Teilleistung 02 → USt 02

BEISPIEL 1

Der Unternehmer verkauft am 31. Dezember 01 einen Pkw für 25.000,00 € zzgl. 4.750,00 € USt. Die Rechnung schreibt er erst am 05.01.02 und schickt sie seinem Kunden zu. Der Kunde bezahlt den Kaufpreis am 10.01.02.

- Die Umsatzsteuer ist in voller Höhe im Jahr 01 entstanden, weil der Unternehmer die Leistung in 01 erbracht hat.

Buchungssatz 31.12.01

	Soll	Haben
1400/1200 Forderungen a. LL	29.750,00	
an 8000/4000 Verkaufserlöse		25.000,00
an 1770/3800 Umsatzsteuer		4.750,00

BEISPIEL 2

Ein Unternehmer übernimmt die Reinigung von Büroräumen. Für die Monate Dezember 01 und Januar 02 stellt der Unternehmer die Rechnung im Januar 02 über insgesamt 1.000,00 € zzgl. 190,00 € USt. Der Zahlungseingang erfolgt am 31.01.02.

- Die Umsatzsteuer für die Teilleistung Dezember 01 entsteht im Abschlussjahr, weil die Leistung ausgeführt worden ist.

Buchungssatz 31.12.01

	Soll	Haben
1500/1300 Sonstige Vermögensgegenstände	595,00	
an 8000/4000 Umsatzerlöse		500,00
an 1770/3800 Umsatzsteuer		95,00

Buchungssatz 31.01.02

	Soll	Haben
1200/1800 Bank	1.190,00	
an 1500/1300 Sonstige Vermögensgegenstände		595,00
an 8000/4000 Umsatzerlöse		500,00
an 1770/3800 Umsatzsteuer		95,00

BEISPIEL 3

Ein Unternehmer übernimmt die Reinigung von Büroräumen. Für die Monate Dezember 01 und Januar 02 stellt er die Rechnung im Dezember 01 über insgesamt 800,00 € zzgl. 152,00 € USt. Der Kunde zahlt noch im Dezember.

- Die Umsatzsteuer entsteht komplett im Abschlussjahr, weil die Leistung im Dezember ausgeführt wurde bzw. die Zahlung (Januar 02) vereinnahmt wurde.

Buchungssatz 31.12.01

	Soll	Haben
1200/1800 Bank	952,00	
an 0990/3900 Passive Rechnungsabgrenzung		400,00
an 8000/4000 Umsatzerlöse		400,00
an 1770/3800 Umsatzsteuer		152,00

Buchungssatz 31.12.01

	Soll	Haben
0990/3900 Passive Rechnungsabgrenzung	400,00	
an 8000/4000 Umsatzerlöse		400,00

| Abgrenzungen bei der Erstellung des Jahresabschlusses | Wertansätze in der Bilanz | Eigenkapitalausweis in der Bilanz |

Kapitel 10

BEISPIEL 4

Ein Unternehmer übernimmt die Reinigung von Büroräumen. Für die Monate Dezember 01 und Januar 02 stellt der Unternehmer die Rechnung am 12.12.01 über insgesamt 1.400,00 € zzgl. 266,00 € USt. Der Zahlungseingang erfolgt am 31.01.02.

- Die Umsatzsteuer für die Teilleistung Dezember 01 entsteht im Abschlussjahr, weil die Leistung ausgeführt worden ist. Die Umsatzsteuer für die Teilleistung Januar 02 entsteht mit Ablauf Januar, weil die Leistung erbracht wurde.

Buchungssatz 12.12.01

	Soll	Haben
1400/1200 Forderungen a. LL	833,00	
an 8000/4000 Umsatzerlöse		700,00
an 1770/3800 Umsatzsteuer		133,00

Buchungssatz 31.01.02

	Soll	Haben
1200/1800 Bank	1.666,00	
an 1400/1200 Forderungen a. LL		833,00
an 8000/4000 Umsatzerlöse		700,00
an 1770/3800 Umsatzsteuer		133,00

1. Der Unternehmer kann, unabhängig von der Behandlung der zugrunde liegenden Leistung als Verbindlichkeit oder als Aufwand, die Vorsteuer bereits geltend machen, wenn die Voraussetzungen des § 15 UStG erfüllt sind.

2. Die Umsatzsteuer entsteht bereits mit Leistungserbringung oder erhaltener Zahlung. Auf die Behandlung der Leistung als Forderung oder als Erlös kommt es nicht an.

AUFGABEN

1. Welche Aussagen sind richtig?

    a) Die Umsatzsteuer für Leistungen, die im Abschlussjahr ausgeführt worden sind, entsteht mit der Rechnungserteilung im Folgejahr.
    b) Die Umsatzsteuer für Leistungen, die im Abschlussjahr ausgeführt worden sind, entsteht mit dem Zahlungseingang im Folgejahr.
    c) Die Umsatzsteuer entsteht mit Ablauf des Umsatzsteuervoranmeldungszeitraums, in dem die Leistung ausgeführt worden ist.
    d) Die Vorsteuer für erhaltene Leistungen ist in dem Voranmeldungszeitraum abziehbar, in dem die Leistung ausgeführt worden ist. Die Rechnung muss noch nicht vorliegen.
    e) Die Vorsteuer für bereits erhaltene Leistungen ist abziehbar, wenn die Rechnung vorliegt.

Aufgaben 2–8 Abgrenzung Vorsteuer
Aufgaben 9–13 Abgrenzung Umsatzsteuer
Aufgaben 14 und 15 Wiederholung zu Kapitel 10

2. Wie lauten die Buchungssätze für die folgenden Geschäftsvorfälle
    a) am Bilanzstichtag,
    b) beim Zahlungsvorgang im Folgejahr?
    (Alle Zahlungsvorgänge sind über das Bankkonto zu buchen.) →

1) Am Bilanzstichtag ist eine Rechnung für eingekauftes Büromaterial über 500,00 € zzgl. 19 % Umsatzsteuer 95,00 € noch nicht eingegangen. Die Zahlung erfolgt erst im Januar bei Rechnungseingang.
2) Dem Handelsvertreter Ihres Mandanten wird die Dezemberprovision von 3.500,00 € zzgl. 19 % Umsatzsteuer 665,00 € erst im Januar überwiesen. Die Provisionsabrechnung liegt vor.

3. Ihr Mandant hat mit einer Reinigungsfirma einen Vertrag über die Reinigung der betrieblichen Räume abgeschlossen. Er erhielt am 24.01.02 eine Rechnung für die Monate November 01 bis Januar 02 in Höhe von insgesamt 900,00 € zzgl. 171,00 € Umsatzsteuer, die er noch am gleichen Tag bezahlt.

   Wie ist am 31.12.01 und am 24.01.02 zu buchen?

4. Die Wartungsarbeiten an der EDV-Anlage, die eine Wartungsfirma für Ihren Mandanten übernommen hat, werden mit Rechnung vom 10.12.01 für die Zeit vom 01.11.01 bis 31.01.02 mit 750,00 € zzgl. 142,50 € Umsatzsteuer abgerechnet. Die Zahlung erfolgt erst am 09.01.02.

   Bilden Sie alle erforderlichen Buchungssätze.

5. Ihr Mandant erhält die Rechnung über eine monatlich erscheinende Fachzeitschrift am 15.12.01 für das gesamte Jahr 02. Der Rechnungsbetrag lautet über 300,00 € zzgl. 21,00 € Umsatzsteuer. Er zahlt den Rechnungsbetrag per Überweisung noch am 15.12.01.

   Wie ist am 15.12.01 zu buchen?

6. Eine Werbeagentur führt eine Werbekampagne für Ihren Mandanten in den Monaten Oktober bis Dezember 01 durch. Hierfür berechnet sie mit ordnungsgemäßer Rechnung vom 20.01.02 30.000,00 € zzgl. 5.700,00 € USt = 35.700,00 €, die Ihr Mandant per Überweisung sofort zahlt.

   Wie hat Ihr Mandant zum 31.12.01 und 20.01.02 zu buchen?

7. Ihr Mandant hat die Miete Januar 02 für betriebliche Räume bereits am 20.12.01 gezahlt. Im Mietvertrag wurde vereinbart, dass die Vermietung umsatzsteuerpflichtig erfolgt, § 9 UStG. Die monatliche Miete beträgt 750,00 € zzgl. 142,50 USt. Ihr Mandant hat folgende Buchung vorgenommen:
   Miete 892,50 € **an** Bank 892,50 €

   Beurteilen Sie, ob Ihr Mandant die Buchung zu Recht vorgenommen hat. Nehmen Sie eventuelle Umbuchungen vor.

8. Eine Firma führt regelmäßig die Wartungsarbeiten der betrieblichen Maschinen Ihres Mandanten durch. Aufgrund finanzieller Schwierigkeiten stellt die Wartungsfirma bereits mit Rechnung vom 15.12.01 die Arbeiten für Januar 02 Ihrem Mandanten in Rechnung. Den Betrag von 800,00 € zzgl. 152,00 € = 952,00 € zahlt Ihr Mandant am 20.12.01 per Überweisung.

   Nehmen Sie die erforderlichen Buchungen am 20.12.01 und am 02.01.02 vor.

9. Ihr Mandant vermietet umsatzsteuerpflichtig gewerbliche Räume. Die Miete für Dezember 01 und Januar 02 von je 1.000,00 € zzgl. 190,00 € = 1.190,00 € geht auf dem Bankkonto Ihres Mandanten am 28.12.01 ein.

   Wie hat Ihr Mandant zu buchen?

10. Ihr Mandant hat die Wartung einer EDV-Anlage für ein Dienstleistungsunternehmen übernommen. Mit Rechnung vom 31.01.02 rechnet er die Wartungsarbeiten November 01 bis Januar 02 in Höhe von 1.500,00 € zzgl. 285,00 € = 1.785,00 € ab. Der Kunde zahlt am 31.01.02 bar.

    Nehmen Sie die erforderlichen Buchungen zum 31.12.01 und 15.01.02 vor.

11. Ein Mieter Ihres Mandanten zahlt die Dezembermiete 01 für die gemietete Lagerhalle in Höhe von 400,00 € zzgl. 76,00 € = 476,00 € versehentlich erst am 07.01.02.

    Wie ist am 31.12.01 zu buchen?

| Abgrenzungen bei der Erstellung des Jahresabschlusses | Wertansätze in der Bilanz | Eigenkapitalausweis in der Bilanz |

Kapitel 10

12. Für eine Lieferung im Dezember 01 erhält Ihr Mandant die Zahlung am 20.12.01 von brutto 1.785,00 € (19 % USt) auf seinem Bankkonto gutgeschrieben. Eine ordnungsgemäße Rechnung stellt er allerdings erst im Januar 02 aus. Aus diesem Grund hat Ihr Mandant bisher nichts gebucht.

    Holen Sie die erforderlichen Buchungen nach.

13. Ihr Mandant liefert am 29.12.01 an einen Kunden, von dem er seine Geschäftsräume gemietet hat, einen Laptop im Wert von brutto 595,00 €. Er verrechnet den Kaufpreis mit der Januarmiete 02, die 700,00 € (netto umsatzsteuerfrei) beträgt. Den Differenzbetrag überweist er am 29.12.01.

    Nehmen Sie die erforderlichen Buchungen zum 31.12.01 vor.

14. Wie lauten die Buchungssätze zur zeitlichen Abgrenzung am Bilanzstichtag?
    1. Die Feuerversicherungsprämie für das Lager für den Zeitraum Dezember bis Februar wurde am 30. November bezahlt .... 450,00 €
    2. Gemäß Mietvertrag zahlt ein Mieter die Garagenmiete für den Zeitraum Oktober bis März nachträglich am 31. März .... 900,00 €
    3. Die Grundsteuer auf das Betriebsgebäude für den Zeitraum Oktober bis März ist halbjährlich nachträglich am 31. März fällig .... 660,00 €
    4. Am 1. Dez. wurde die Miete für das Lagergebäude vierteljährlich (Dezember bis Februar) im Voraus bezahlt .... 3.000,00 €
    5. Der Handelskammerbeitrag für den Zeitraum November bis Januar wird erst am 31. Januar an die IHK überwiesen .... 420,00 €
    6. Die Vierteljahresmiete für vermietete Werkswohnungen erhält der Unternehmer für die Monate Dezember, Januar und Februar am 1. Dezember im Voraus ...... 4.500,00 €
    7. Ein Darlehensnehmer überweist am 5. April Zinsen für das vergangene Halbjahr (1. Oktober bis 31. März) auf das Postbankkonto .... 1.200,00 €
    8. Für ein Darlehen über 100.000,00 müssen Zinsen vierteljährlich nachträglich gezahlt werden. Die Hausbank belastet das Konto am 31. Jan. mit den Vierteljahreszinsen (Zinssatz: 9 %); Zeitraum vom 1. Nov. bis 31. Jan. ...... ?
    9. Der Unternehmer zahlt per Banküberweisung am 28. Okt. Kfz-Versicherungsprämien (betrieblicher Fuhrpark); Versicherungszeitraum vom 1. Nov. bis 30. April .... 4.800,00 €
    10. Die Darlehensnehmerin Bettina Meyer überweist die Darlehenszinsen für das 1. Quartal des neuen Jahres (1. Januar bis 31. März) bereits am 20. Dezember auf das Bankkonto .... 180,00 €
    11. Die Dezembermiete für eine Doppelgarage zahlt Klaus Breitfeld am 5. Januar bar .... 80,00 €
    12. Gemäß Mietvertrag zahlen die Mieter die Wohnungsmiete vierteljährlich im Voraus. Am 30. Oktober überweisen sie die Miete für die Monate November, Dezember, Januar .... 3.600,00 €

15. Geben Sie in den nachfolgenden vier Fällen
    – das Abgrenzungskonto,
    – die erforderlichen Buchungssätze im alten Geschäftsjahr,
    – die Auswirkung der Erfolgsverlagerung im alten Geschäftsjahr,
    – den Buchungssatz im neuen Geschäftsjahr und
    – die Auswirkung der Erfolgsverlagerung im neuen Geschäftsjahr an.

    a) Aufwand ist dem alten Geschäftsjahr zuzuordnen, Zahlungsausgang liegt im neuen Geschäftsjahr.
    b) Ertrag ist dem alten Geschäftsjahr zuzuordnen, Zahlungseingang liegt im neuen Geschäftsjahr.
    c) Zahlungsausgang liegt im alten Geschäftsjahr, Aufwand ist dem neuen Geschäftsjahr zuzuordnen.
    d) Zahlungseingang liegt im alten Geschäftsjahr, Ertrag ist dem neuen Geschäftsjahr zuzuordnen.

11 Wertansätze in der Bilanz

11.1 Anlagevermögen

11.1.1 Bewertung von immateriellen Wirtschaftsgütern

> **LERNSITUATION**
>
> Einzelunternehmer Schnell betreibt in Dortmund ein Taxiunternehmen. Dazu benötigt er eine Konzession. Er möchte die Aufwendungen hierfür sofort als Betriebsausgabe buchen, um seinen Gewinn zu mindern.
> Er bittet Sie bei diesem Problem um Auskunft.

HGB
§§ 246 Abs. 1, 248 Abs. 2, 253 Abs. 2, 279 Abs. 1, 280 Abs. 1, 255 Abs. 4

EStG
§§ 5 Abs. 2, 6 Abs. 1 Nr. 1, 7 Abs. 1

Nach Handelsrecht gehören zu den immateriellen Vermögensgegenständen u. a. Konzessionen, gewerbliche Schutzrechte und ähnliche Rechte und Werte, Lizenzen an solchen Rechten sowie der Geschäfts- oder Firmenwert.

Immaterielle Vermögensgegenstände sind nicht fassbar. Sie stellen jedoch einen wirtschaftlichen Wert dar, der selbstständig bewertbar ist.

Die EStR sehen folgende immaterielle Wirtschaftsgüter vor:

- **Rechte:** Dazu zählen Markenrechte, Patente, Gebrauchsmuster, Urheberrechte, Lizenzen, Leistungsschutzrechte.
- **Rechtsähnliche Werte:** Hierzu zählen Nutzungsrechte, Konzessionen, Wettbewerbsrechte, Vertriebsrechte und Vorkaufsrechte.
- **Sonstige Vorteile:** Darunter fallen z. B. Geheim- oder Fertigungsverfahren und Know-how.

Entgeltlich erworbene immaterielle Vermögensgegenstände

Werden immaterielle Vermögensgegenstände **entgeltlich erworben**, besteht eine **Aktivierungspflicht** in der Handels- und Steuerbilanz, § 248 Abs. 2 HGB, § 5 Abs. 2 EStG.

Selbst geschaffene immaterielle Vermögensgegenstände

Selbst geschaffene immaterielle Vermögensgegenstände des Anlagevermögens **können** gemäß § 248 Abs. 2 HGB als Aktivposten in die **Handelsbilanz** aufgenommen werden. Es besteht also ein **Aktivierungswahlrecht**. Hierunter fallen z. B. Patente, Software oder Know-how.

Das Aktivierungswahlrecht besteht **nur für** die in der **Entwicklungsphase** angefallenen Herstellungskosten. Für die **Herstellungskosten in der Forschungsphase** gilt ein **Aktivierungsverbot**, § 255 Abs. 2, Abs. 2 a HGB.

Gemäß § 248 Abs. 2 S. 2 HGB dürfen allerdings selbst geschaffene Marken, Drucktitel, Verlagsrechte, Kundenlisten oder vergleichbare immaterielle Vermögensgegenstände des Anlagevermögens **nicht aktiviert** werden.

Selbst geschaffene immaterielle Vermögensgegenstände dürfen in der **Steuerbilanz** gemäß § 5 Abs. 2 EStG nicht aktiviert werden. Die Kosten bleiben Aufwendungen.

Man unterscheidet zwischen **abnutzbaren** und **nicht abnutzbaren** immateriellen Wirtschaftsgütern.

Bleibt das immaterielle Wirtschaftsgut für die Dauer seines Bestehens im Betrieb, erfolgt keine Abschreibung.

Wird der Nutzen des immateriellen Wirtschaftsguts mit der Zeit geringer, gehört es zu den abnutzbaren immateriellen Wirtschaftsgütern. Die Abschreibung erfolgt gemäß § 7 Abs. 1 EStG.

Grundsätzlich erfolgt die Bewertung mit den Anschaffungskosten bzw. den Anschaffungskosten abzüglich Abschreibung.

Wertminderungen

Grundsätze in der Handelsbilanz

Liegt am Bilanzstichtag eine **dauerhafte Wertminderung** vor, **muss** handelsrechtlich auf den **niedrigeren Wert** abgeschrieben werden, § 253 Abs. 3 HGB = **strenges Niederstwertprinzip**.

Bei einer nur **vorübergehenden Wertminderung** besteht bei immateriellen Vermögensgegenständen ein **Abschreibungsverbot** gemäß § 253 Abs. 3 HGB.

Grundsätze in der Steuerbilanz

Steuerlich besteht bei dauerhafter Wertminderung ein **Abschreibungswahlrecht**, § 6 Abs. 1 Nr. 1 EStG.

> **Beachte:** Da für die Handelsbilanz bei dauerhafter Wertminderung eine Abschreibungspflicht, für die Steuerbilanz aber ein Wahlrecht besteht, kann es über § 5 Abs. 1 S. 1 HS 2 EStG zu unterschiedlichen Bilanzansätzen kommen.

Bei **vorübergehender Wertminderung** ist eine Abschreibung **unzulässig.**

BEISPIEL

Ein Produktionsunternehmen, eine GmbH, zahlt in 01 80.000,00 € für ein Produktionsverfahren. Gegen Ende des Jahres bringt ein Konkurrenzunternehmen ein ähnliches aber verbessertes Produkt heraus. Dadurch sinkt der Wert dauerhaft auf 25.000,00 €.

- Das Produktionsunternehmen hat ein immaterielles Wirtschaftsgut = Know-how entgeltlich erworben. Es ist mit den Anschaffungskosten zu aktivieren und am Bilanzstichtag mit dem niedrigeren Wert in der Handelsbilanz zu bewerten.

Buchungssatz bei Zahlung

	Soll	Haben
0010/0100 Immaterielle Vermögensg.	80.000,00	
an 1200/1800 Bank		80.000,00

Buchungssatz am 31.12.01

	Soll	Haben
4826/6210 Außerplanm. Abschr. auf immat. Vermögensg.	55.000,00	
an 0010/0100 Immaterielle Vermögensg.		55.000,00

Wertsteigerungen

Steigt der Wert eines immateriellen Wirtschaftsguts nach einer außerplanmäßigen Abschreibung wieder, so besteht sowohl **handels- als auch steuerrechtlich eine Zuschreibungspflicht,** § 253 Abs. 5 HGB, § 6 Abs. 1 Nr. 1 S. 4 EStG.

BEISPIEL

Das oben genannte Konkurrenzunternehmen muss seinen Betrieb wegen schlechter wirtschaftlicher Planung im Jahr 02 aufgeben. Die Produkte des Produktionsunternehmens können daraufhin wesentlich besser verkauft werden und der Wert des immateriellen Wirtschaftsguts steigt auf 85.000,00 €.

- Handelsrechtlich und steuerrechtlich besteht eine Zuschreibungspflicht. Die Obergrenze sind die Anschaffungskosten von 80.000,00 €.

Buchungssatz am 31.12.02

	Soll	Haben
0010/0100 Immaterielle Vermögensg.	55.000,00	
an 2710/4910 Erträge a. Zuschr. d. AV		55.000,00

11.1.1.1 Bewertung von Computerprogrammen

Computerprogramme sind immaterielle Wirtschaftsgüter unter der Voraussetzung, dass sie eine eigene Befehlsstruktur enthalten. Enthalten sie nur Daten, sind diese Programme als bewegliche abnutzbare Wirtschaftsgüter zu aktivieren und abzuschreiben, z. B. Rechtschreibprogramme oder Nachschlagewerke (Trivialprogramme).

Betragen die Anschaffungskosten des Computerprogramms nicht mehr als 150,00 €, sind sie als sofort abzugsfähige Betriebsausgabe zu behandeln. Liegen die Anschaffungskosten zwischen 150,00 € und 1.000,00 € ohne USt, sind die Anschaffungskosten zu aktivieren und auf 5 Jahre abzuschreiben, § 6 Abs. 2 EStG.

Alternativ kann der Unternehmer Computerprogramme bis 410,00 € netto als geringwertige Wirtschaftsgüter sofort als Aufwand erfassen (siehe auch Kapitel 11.1.4).

11.1.1.2 Bewertung des Geschäfts- oder Firmenwertes

Der Geschäfts- oder Firmenwert ist der Unterschied zwischen Reinvermögen und Preis eines Unternehmens. Er wird für den guten Ruf, den Kundenstamm, den Standort, eine erfahrene Belegschaft, gutes Management, gute Auftragslage und/oder gute innerbetriebliche Organisation eines Unternehmens gezahlt.

Die Berechnung des Geschäfts- oder Firmenwertes erfolgt gemäß § 246 Abs. 1 HGB. Er gilt als **zeitlich begrenzt nutzbarer Vermögensgegenstand.**

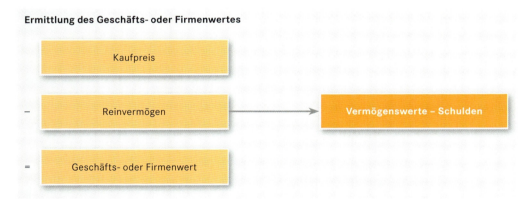

Man nennt den selbst geschaffenen Geschäfts- oder Firmenwert auch **originären** Geschäfts- oder Firmenwert, beim entgeltlich erworbenen Geschäfts- oder Firmenwert spricht man vom **derivativen** Geschäfts- oder Firmenwert.

Grundsätze in der Handelsbilanz

Handelsrechtlich **muss** ein **entgeltlich erworbener** Geschäfts- oder Firmenwert **aktiviert** werden, da er als zeitlich begrenzt nutzbarer Vermögensgegenstand gemäß § 246 Abs. 1 gilt. Der Ausweis erfolgt als immaterieller Vermögenswert.

Er ist planmäßig abzuschreiben, i. d. R über fünf Jahre. Für außerplanmäßige Abschreibungen gelten die Regelungen für immaterielle Vermögensgegenstände des § 253 Abs. 3 HGB, d. h.

- bei dauernder Wertminderung muss abgeschrieben werden,
- bei vorübergehender Wertminderung besteht ein Abschreibungsverbot.

Allerdings ist eine **Wertaufholung** gemäß § 253 Abs. 5 S. 2 HGB **nicht zulässig.**

Ein **selbst geschaffener** Geschäfts- oder Firmenwert **darf nicht bilanziert** werden.

Grundsätze in der Steuerbilanz

Steuerrechtlich besteht gemäß § 5 Abs. 2 EStG eine **Aktivierungspflicht** für den derivativen Geschäfts- oder Firmenwert. Er ist zwingend auf 15 Jahre abzuschreiben, § 7 Abs. 1 S. 3 EStG. Eine Übereinstimmung zwischen Handels- und Steuerbilanz ist somit nur gegeben, wenn in der Handelsbilanz eine Nutzungsdauer von 15 Jahren zugrunde gelegt wird.

BEISPIEL

Ein Einzelunternehmer kauft ein Konkurrenzunternehmen auf. Der Kaufpreis beträgt 1.000.000,00 €, die Vermögensgegenstände des Konkurrenzunternehmens 900.000,00 €, die Schulden 200.000,00 €. Der Einzelunternehmer zahlt per Banküberweisung am 15.06.01.

- Der Unterschiedsbetrag zwischen Kaufpreis 1.000.000,00 € und 700.000,00 € (900.000,00 € abzgl. 200.000,00 €) ist als entgeltlich erworbener Geschäfts- oder Firmenwert zu bilanzieren.

Buchungssatz am 15.06.01		Soll	Haben
	0035/0150 Geschäfts- oder Firmenwert	300.000,00	
	an 1200/1800 Bank		300.000,00

Bewertung der immateriellen Vermögensgegenstände

	Handelsbilanz	Steuerbilanz
1. Grundlage der Bewertung	Anschaffungs- oder Herstellungskosten, ggf. abzgl. Abschreibung = Obergrenze der Bewertung	
2. voraussichtlich dauernde Wertminderung	Pflicht zur außerplanmäßigen Abschreibung = strenges Niederstwertprinzip	Wahlrecht zur TW-Abschreibung
3. vorübergehende Wertminderung	Abschreibungsverbot	Abschreibungsverbot
4. Grund für die außerplanmäßige Abschreibung entfällt	Zuschreibungspflicht **Ausnahme:** Geschäfts- oder Firmenwert: Zuschreibungsverbot	

| Kapitel 11 | Beschaffung und Herstellung eigengenutzter Sachanlagegüter | Steuern, sonstige Betriebsausgaben | Jahresabschluss nach Handels- und Steuerrecht |

AUFGABEN

1. Welche immateriellen Vermögensgegenstände nennt das HGB und unter welcher Position sind sie auszuweisen?

2. Wie sind immaterielle Vermögensgegenstände grundsätzlich zu bewerten?

3. Wie sind immaterielle Vermögensgegenstände bei vorübergehender Wertminderung zu bilanzieren?

4. Wie berechnet sich der Geschäfts- oder Firmenwert?

5. Wie wird handelsrechtlich der Geschäfts- oder Firmenwert behandelt?

6. Was ist in der Steuerbilanz hinsichtlich des Geschäfts- oder Firmenwertes zu beachten?

7. Ihr Mandant, ein Einzelunternehmer, erwirbt im Jahr 01 eine Lizenz, die ihn zu einer Produktion von neuen Waren berechtigt. Er zahlt dafür 60.000,00 €. Da im Jahr 02 eine ähnliche Ware aus dem Ausland billiger auf dem Markt angeboten wird, sinkt der Wert des Patents nachhaltig auf 20.000,00 €.

   Wie ist die Lizenz zum 31.12.01 und 31.12.02 in der Handels- und Steuerbilanz zu bilanzieren? Geben Sie zum 31.12.02 den handelsrechtlichen Buchungssatz und die Gewinnauswirkungen in der Handels- und Steuerbilanz an.

8. Eine GmbH benötigt neue EDV-Programme. Sie erwirbt die Programme im Juni 01 für 10.000,00 € zzgl. 19 % USt. Die Nutzungsdauer der Programme wird auf drei Jahre geschätzt.

   Wie ist die Zahlung für die EDV-Programme zu buchen und mit welchem Wert werden die Programme am 31.12.01 bilanziert?

9. Im Unternehmen Ihres Mandanten wird aufgrund intensiver Forschung und Entwicklung ein neues Verfahren zur Verbesserung von Produktionsmaschinen entwickelt. Um die Ertragslage besser aussehen zu lassen, will der Geschäftsführer die Aufwendungen für dieses Verfahren als immaterielles Wirtschaftsgut aktivieren.

   Der Geschäftsführer fragt Sie um Rat. Kann er die Kosten aktivieren?

10. Ihr Mandant, eine GmbH, kauft zum 01.10.01 ein Konkurrenzunternehmen auf und zahlt dafür 1,2 Mio €. Die Vermögenswerte des Konkurrenzunternehmens betragen 1,5 Mio € und die Schulden 600.000,00 €.

    Berechnen Sie den Geschäfts- oder Firmenwert. Wie ist er in der Handels- und Steuerbilanz zum 31.12.01 auszuweisen, wenn unterstellt wird, dass die Nutzungsdauer fünf Jahre beträgt?

11. Eine KG kauft zur Erweiterung ihres Angebots ein Einzelunternehmen auf und zahlt dafür am 01.05.01 550.000,00 €. Die Vermögensgegenstände des Einzelunternehmens haben einen Wert von 400.000,00 € und die Schulden von 30.000,00 €.

    Berechnen Sie den Geschäfts- oder Firmenwert und stellen Sie die möglichen Folgen in der Handelsbilanz und Steuerbilanz zum 31.12.01 und 31.12.02 dar. Unterstellen Sie dabei eine Nutzungsdauer von zehn Jahren.

11.1.2 Bewertung des nicht abnutzbaren Anlagevermögens

LERNSITUATION

Einzelunternehmer Neumann betreibt in Hamburg ein Speditionsunternehmen. Zu seinem Unternehmen gehört u. a. ein unbebautes Grundstück, das als Parkplatz für seine Lkws dient. Außerdem hat er GmbH-Anteile an der Burges GmbH, die einen Importhandel betreibt und von der er regelmäßig Aufträge erhält. Das Grundstück ist im Wert dauerhaft gesunken, nachdem eine wichtige Straßenverbindung gesperrt wurde. Die GmbH-Anteile steigen stetig im Wert, nachdem der Import von Waren aufgrund des guten Euro-Kurses steigt. Neumann ist sich unsicher, wie er das Grundstück und die Beteiligung in seiner Bilanz auszuweisen hat, und fragt Sie um Rat.

11.1.2.1 Allgemeines

Grund und Boden sowie Finanzanlagen, die langfristig angelegt sind, gehören zum nicht abnutzbaren Anlagevermögen.

HGB
§§ 253 Abs. 3, Abs. 5

EStG
§ 6 Abs. 1 Nr. 2

Zum Finanzanlagevermögen gehören Beteiligungen, Wertpapiere und Ausleihungen.

- **Beteiligungen:** Sie liegen vor, wenn dem Unternehmen mehr als 20 % des Nennkapitals einer Kapitalgesellschaft gehören. Ziel ist die Beeinflussung des Beteiligungsunternehmens durch den Kapitalgeber.
Beteiligungen sind gemäß § 271 HGB an Kapitalgesellschaften, aber auch an Personengesellschaften möglich.
- **Wertpapiere:** Hierzu gehören u. a. festverzinsliche Wertpapiere, z. B. Bundesobligationen, und Dividendenpapiere, z. B. Aktien, vorausgesetzt es besteht keine Beteiligung oder Ausleihung.
- **Ausleihungen:** Dies sind langfristige Forderungsdarlehen. Bei der Entscheidung, ob die Zurechnung zum Anlagevermögen erfolgt, ist die vereinbarte Mindestlaufzeit von Bedeutung. Ein Darlehen mit einer Mindestlaufzeit von vier Jahren zählt stets zum Anlagevermögen. Bei einer Laufzeit von einem Jahr oder weniger gehört das Darlehen zum Umlaufvermögen. Bei einer vereinbarten Laufzeit von mehr als einem Jahr und weniger als vier Jahren muss ermittelt werden, ob die Kapitalforderung dazu bestimmt ist, dauernd dem Geschäftsbetrieb zu dienen und damit zum Anlagevermögen gehört. Entscheidend hierbei ist die Absicht des Kaufmanns.

Grundsätze in der Handelsbilanz

Grundsätzlich ist das nicht abnutzbare Anlagevermögen mit den **Anschaffungskosten** zu bewerten, die zugleich die **Wertobergrenze** bilden (Anschaffungskostenprinzip, § 253 Abs. 1 S. 1 HGB).

Liegt eine **dauernde Wertminderung** vor, **müssen handelsrechtlich** außerplanmäßige Abschreibungen gemäß § 253 Abs. 3 S. 3 HGB vorgenommen werden = **strenges Niederstwertprinzip**.

Liegt nur eine **vorübergehende Wertminderung** vor, **können handelsrechtlich** außerplanmäßige Abschreibungen nur für Finanzanlagen vorgenommen werden, § 253 Abs. 3 S. 4 HGB. Darüber hinaus besteht für das nicht abnutzbare Anlagevermögen bei **vorübergehender** Wertminderung ein **Abschreibungsverbot**, § 253 Abs. 3 S. 3 HGB.

Grundsätze in der Steuerbilanz

Steuerrechtlich besteht ein **Wahlrecht**, außerplanmäßige Abschreibungen vorzunehmen, wenn sie durch eine voraussichtliche **dauernde Wertminderung** veranlasst sind. Nach § 5 Abs. 1 S. 1 HS 2 EStG kann das Wahlrecht unabhängig vom Handelsbilanzansatz ausgeübt werden.

Bei einer **vorübergehenden Wertminderung** besteht steuerrechtlich ein **Abschreibungsverbot,** § 6 Abs. 1 Nr. 2 EStG.

Kapitel 11 | Beschaffung und Herstellung eigengenutzter Sachanlagegüter | Steuern, sonstige Betriebsausgaben | Jahresabschluss nach Handels- und Steuerrecht

BEISPIEL

Ein Grundstück wurde bisher zu seinen Anschaffungskosten von 200.000,00 € aktiviert. Aufgrund der Stilllegung der Straße, die am Grundstück vorbeiführt, sinkt der Wert des Grundstücks auf 150.00,000 €.

- Da eine voraussichtlich dauernde Wertminderung des Grundstücks vorliegt, wird das Grundstück handels- und steuerrechtlich auf 150.000,00 € abgeschrieben.[1]

Buchungssatz

	Soll	Haben
4840/6230 Außerplanmäßige Abschr. auf SA	50.000,00	
an 0065/0215 Unbebaute Grundstücke		50.000,00

Wertsteigerungen

Sind außerplanmäßige Abschreibungen vorgenommen worden und **steigt** nun der Wert der entsprechenden nicht abnutzbaren Anlagegüter, gilt **handelsrechtlich** ein **Wertaufholungsgebot**. Es muss eine Zuschreibung erfolgen, § 253 Abs. 5 HGB.

Ebenso muss steuerrechtlich eine Zuschreibung erfolgen, § 6 Abs. 1 Nr. 2 EStG.

BEISPIEL

Das Grundstück des obigen Beispiels wurde nach der vorgenommenen außerplanmäßigen Abschreibung jahrelang mit 150.000,00 € bilanziert.
Die im obigen Beispiel stillgelegte Straße wird wider Erwarten neu ausgebaut und dabei verbessert und verbreitert. Dadurch steigt der Wert des Grundstücks auf 240.000,00 €.

- Es muss eine Wertzuschreibung **bis zu den Anschaffungskosten** (200.000,00 €) vorgenommen werden.

Buchungssatz

	Soll	Haben
0065/0215 Unbebaute Grundstücke	50.000,00	
an 2710/4910 Erträge a. Zuschr. d. AV		50.000,00

Auf diese Weise wird die außerplanmäßige Abschreibung rückgängig gemacht. Dadurch verbessert sich einerseits die in der Bilanz ausgewiesene Vermögensstruktur des Unternehmens, andererseits erhöht sich der steuerpflichtige Gewinn.

11.1.2.2 Besonderheiten bei der Bewertung von Anteilen an Kapitalgesellschaften im Steuerrecht

Anteile im Besitz eines Einzelunternehmers bzw. einer Personengesellschaft

Liegt eine dauerhafte Wertminderung vor, ist eine Abschreibung auf diesen niedrigeren Wert möglich, § 6 Abs. 1 Nr. 2 EStG. Eine dauerhafte Wertminderung von börsennotierten Anteilen, die im Anlagevermögen gehalten werden liegt nach dem Anwendungserlass vom 23.03.2009, BStBl. I 2009, 514 nur vor, wenn der Börsenkurs zu dem jeweils aktuellen Bilanzstichtag um mehr als 40 % unter die Anschaffungskosten gesunken ist oder zu dem jeweils aktuellen Bilanzstichtag und dem vorangegangenen Bilanzstichtag um mehr als 25 % unter die Anschaffungskosten gesunken ist.

---

[1] Zu beachten ist, dass § 5 Abs. 1 S. 1 HS 2 EStG für das Steuerrecht ein Wahlrecht besteht, d. h., das Grundstück kann auch mit 200.000,00 € bilanziert werden.

| Abgrenzungen bei der Erstellung des Jahresabschlusses | **Wertansätze in der Bilanz** | Eigenkapitalausweis in der Bilanz |

Kapitel 11

> **Hinweis:**
> Nach einem Urteil des FG Münster vom 31.8.2010 – 9 K 3466/09 K, G, liegt eine voraussichtlich dauernde Wertminderung dann vor, wenn der Börsenkurs am Bilanzstichtag entweder um mehr als 20 % unter dem Kurs beim Erwerb des Wertpapiers liegt, oder dieser an zwei aufeinander folgenden Bilanzstichtagen jeweils um mehr als 10 % unter den ursprünglichen Ankaufskurs des Papiers gesunken ist. Eine dauernde Wertminderung würde unter diesen Voraussetzungen viel früher vorliegen als nach Auffassung der Finanzverwaltung.
>
> Das Revisionsverfahren wird beim BFH unter dem Aktenzeichen I R 89/10 geführt.

Gewinnausschüttungen, Veräußerungsgewinne, Teilwertabschreibungen und Zuschreibungen aus Anteilen an Kapitalgesellschaften die nach dem 31.12.2008 zufließen, werden zu 60 % als steuerpflichtig behandelt = **Teileinkünfteverfahren.** Aufwendungen, die hiermit im Zusammenhang stehen, sind auch nur zu 60 % steuermindernd zu berücksichtigen.

BEISPIEL

Ein Einzelunternehmer hat im Jahr 01 GmbH-Anteile für 10.000,00 € erworben. Am 31.12.01 sinkt der Wert der Anteile nachhaltig auf 4.000,00 €.

- Da eine dauerhafte Wertminderung vorliegt, kann der niedrigere Wert in der Bilanz angesetzt werden.

Buchungssatz zum 31.12.01		Soll	Haben
	4870/7200 Abschr. auf Finanzanlagen	6.000,00	
	an 0525/0900 Wertpapiere d. AV		6.000,00

Außerbilanziell sind nach dem Teileinkünfteverfahren 40 % von 6.000,00 € = 2.400,00 € dem Gewinn wieder hinzuzurechnen.

BEISPIEL

Die GmbH-Anteile im obigen Beispiel steigen aufgrund einer unerwartet wirtschaftlich verbesserten Situation der GmbH zum 31.12.04 auf 12.000,00 €.

- Gemäß § 6 Abs. 1 Nr. 2 S. 3 EStG besteht eine Zuschreibungspflicht, aber nur bis maximal zu den Anschaffungskosten.

Buchungssatz zum 31.12.04		Soll	Haben
	0525/0900 Wertpapiere d. AV	6.000,00	
	an 2710/4910 Erträge a. Zuschr. d. AV		6.000,00

Aufgrund des Teileinkünfteverfahrens ist außerbilanziell der Gewinn um 40 % von 6.000,00 € = 2.400,00 € zu kürzen.

Anteile im Besitz einer Kapitalgesellschaft

Ist eine unbeschränkt steuerpflichtige Körperschaft an einer anderen Körperschaft beteiligt, wird gemäß § 8 b KStG auf die Besteuerung der Gewinnausschüttungen dieser Körperschaft auf der Ebene der beteiligten Körperschaft verzichtet. Das bedeutet umgekehrt, dass sämtliche Gewinnminderungen, in diesem Zusammenhang z. B. durch Teilwertabschreibungen auf die Anteile, bei der Gewinnermittlung nicht berücksichtigt werden. Sie sind außerbilanziell wieder hinzuzurechnen.

Kapitel 11

> Beschaffung und Herstellung eigengenutzter Sachanlagegüter
>
> Steuern, sonstige Betriebsausgaben
>
> Jahresabschluss nach Handels- und Steuerrecht

BEISPIEL

Eine AG ist an einer GmbH beteiligt. Die Anschaffungskosten dieser Beteiligung betrugen in 01 25.000,00 €. Aufgrund einer dauernden Wertminderung sinkt der Wert der GmbH-Anteile in 03 auf 15.000,00 €.

- Da eine dauerhafte Wertminderung vorliegt, kann der niedrigere Wert in der Bilanz angesetzt werden.

Buchungssatz zum 31.12.03	Soll	Haben
4870/7200 Abschr. auf Finanzanlagen	10.000,00	
an 0525/0900 Wertpapiere d. AV		10.000,00

Über § 8 b KStG ist der Gewinn der AG außerbilanziell um 10.000,00 € zu erhöhen.

Bewertung der nicht abnutzbaren Sach- und Finanzanlagen

	Handelsbilanz	Steuerbilanz
1. Grundlage der Bewertung	Anschaffungs- oder Herstellungskosten = Obergrenze der Bewertung	
2. voraussichtlich dauernde Wertminderung	Pflicht zur außerplanmäßigen Abschreibung = strenges Niederstwertprinzip	Wahlrecht zur TW-Abschreibung
3. vorübergehende Wertminderung	Abschreibungsverbot **Ausnahme:** Wahlrecht zur außerplanmäßigen Abschreibung bei Finanzanlagen	Abschreibungsverbot
4. Grund für die außerplanmäßige Abschreibung entfällt	Zuschreibungspflicht	

AUFGABEN

1. Mit welchem Wert sind Finanzanlagen grundsätzlich in der Handels- bzw. Steuerbilanz auszuweisen?

2. Wie ist ein unbebautes Grundstück in der Handels- bzw. Steuerbilanz zu bewerten, wenn der Wert vorübergehend unter die Anschaffungskosten sinkt?

3. Wie ist in Aufgabe 2. zu verfahren, wenn die Wertminderung von Dauer ist?

4. Der Wert von Finanzanlagen steigt nach einer vorhergehenden Abschreibung wieder. Mit welchem Wert sind die Finanzanlagen in der Handels- bzw. Steuerbilanz anzusetzen?

5. In welche Gruppen werden Finanzanlagen gemäß § 266 Abs. 2 HGB eingeteilt?

Vorbemerkung: In den folgenden Aufgaben ist das Abschreibungswahlrecht gemäß § 6 Abs. 1 Nr. 2 EStG bei dauerhafter Wertminderung stets in Übereinstimmung mit der Handelsbilanz auszuüben.

Aufgaben 6–12: Bewertung von unbebauten Grundstücken
Aufgaben 13–18: Bewertung von Finanzanlagen

6. Ihr Mandant, eine GmbH, hat bisher zwei vor drei Jahren angeschaffte unbebaute Grundstücke zu ihren Anschaffungskosten bilanziert (Grundstück I: 60.000,00 €, Grundstück II: 70.000,00 €). Zum Abschlussstichtag ist der Verkehrswert des Grundstücks I auf 90.000,00 € gestiegen. Aufgrund einer Straßenverlegung verliert hingegen Grundstück II dauerhaft 20.000,00 € an Wert.

a) Mit welchem Wert sind die beiden Grundstücke zu bilanzieren?
   Begründen Sie Ihre Entscheidung.
b) Nennen Sie den/die entsprechenden Buchungssatz/Buchungssätze.
c) Fünf Jahre später wird die für das Grundstück II nachteilige Straßenverlegung rückgängig gemacht und die Straße neu ausgebaut. Dadurch steigt gemäß Sachverständigengutachten der Wert von Grundstück II auf 100.000,00 €.
   1) Muss oder kann handelsrechtlich eine Wertzuschreibung erfolgen?
   2) Welcher Wert ist in der Steuerbilanz auszuweisen?
   3) Auf welchen Wert kann höchstens eine Wertzuschreibung erfolgen?

7. In der Bilanz Ihres Mandanten ist ein unbebautes Grundstück mit Anschaffungskosten in Höhe von 40.000,00 € erfasst. Neben dem Grundstück Ihres Mandanten wird im Jahr 02 eine Großbaustelle zum Bau eines Einkaufszentrums eingerichtet. Dadurch kommt es zu einer Straßensperrung für den Durchgangsverkehr und der Wert des Grundstücks sinkt auf 30.000,00 €. Ihr Mandant rechnet damit, dass die Sperrung nach Ende der Baustelle wieder entfällt.
   a) Mit welchem Wert ist das Grundstück zum 31.12.02 in der Handels- und Steuerbilanz zu erfassen?
   b) Nach Beendigung der Baustelle ist der Wert des Grundstücks aufgrund der guten Einkaufsmöglichkeiten auf 55.000,00 € gestiegen.
      Wie ist das Grundstück in der Handels- und Steuerbilanz zu bewerten?

8. Ihr Mandant, eine GmbH, weist in der Bilanz seit Jahren ein unbebautes Grundstück aus. Die ursprünglichen Anschaffungskosten betrugen 60.000,00 €. Vor drei Jahren wurde zu Recht eine Abschreibung auf 20.000,00 € vorgenommen. Aufgrund neuer straßenbaulicher Veränderungen steigt der Wert des Grundstücks zum 31.12.02 auf 32.000,00 €.

   Mit welchem Wert ist das Grundstück zum 31.12.02 in der Handels- bzw. Steuerbilanz zu bilanzieren? Buchungssätze sind nach Handelsrecht vorzunehmen. Geben Sie auch die Gewinnauswirkung in der Handels- und Steuerbilanz an.

9. Ein unbebautes Grundstück ist mit den Anschaffungskosten von 30.000,00 € bilanziert. Zum 31.12.03 mindert sich der Wert des Grundstücks wegen Altlasten um 5.000,00 €. Nachdem die Altlasten entfernt wurden und in der Nachbarschaft ein Wohngebiet ausgeschrieben wurde, steigt der Wert zum 31.12.05 auf 32.000,00 €.

   Mit welchem Wert ist das Grundstück zum 31.12.03 und 31.12.05 in der Handels- und Steuerbilanz auszuweisen?

10. Ein Einzelunternehmer bilanziert seit Jahren ein unbebautes Grundstück mit den AK von 150,00 €/m². Das Grundstück ist 500 m² groß. Im Jahr 01 wurden Altlasten im Erdreich entdeckt, die zu einer dauerhaften Wertminderung führen. Der Preis beträgt nun 20,00 €/m².

    Mit welchem Wert ist das Grundstück zum 31.12.01 in der Handels- und Steuerbilanz zu bewerten? Geben Sie den ggf. erforderlichen handelsrechtlichen Buchungssatz und die Gewinnauswirkung in der Handels- und Steuerbilanz an.

11. Ihr Mandant, ein Einzelunternehmer, hat im Jahr 01 ein unbebautes Grundstück für 22.000,00 € gekauft. Vorübergehend wird in 02 die Zufahrtsstraße gesperrt. Daraufhin sinkt der Wert des Grundstücks auf 5.000,00 €.

    Mit welchem Wert ist das Grundstück in der Handels- bzw. Steuerbilanz zu bilanzieren?

12. In der Bilanz zum 31.12.02 eines Einzelunternehmers wurde zulässigerweise ein unbebautes Grundstück, 200 m², Anschaffungskosten 45.000,00 €, wegen einer dauerhaften Wertminderung mit 30.000,00 € angesetzt. Um einen noch größeren Verlust zu vermeiden, verkauft der Einzelunternehmer in 03 die Hälfte des Grundstücks für 15.000,00 €. Kurz nach dem Verkauf, noch im Jahr 03, sinkt der Wert des Grundstücks dauerhaft auf 100,00 €/m².

    Wie ist das Grundstück in der Handels- und Steuerbilanz zum 31.12.03 zu bewerten?
    Nennen Sie den Buchungssatz und geben Sie die Gewinnauswirkung in der Handels- und Steuerbilanz an.

13. Eine KG hat vor zehn Jahren Wertpapiere zu Anschaffungskosten von 150.000,00 € erworben. Der Wert dieser Wertpapiere ist aufgrund der derzeitigen Konjunkturlage vorübergehend auf 100.000,00 € gesunken.
    a) Besteht handelsrechtlich und steuerrechtlich ein Abschreibungsgebot oder Abschreibungswahlrecht auf den niedrigeren Wert?
    b) Wie lautet der handelsrechtliche Buchungssatz, wenn die außerplanmäßige Abschreibung bis zur Wertuntergrenze der Wertpapiere vorgenommen wird?
    c) Der Wert der Wertpapiere steigt auf 180.000,00 €. Besteht ein Zuschreibungsgebot oder kann zugeschrieben werden? Entscheiden Sie für die Handels- und die Steuerbilanz und geben Sie den Buchungssatz an.

14. Ihr Mandant, eine KG, hat eine Beteiligung an einer GmbH bilanziert, die vor Jahren für 50.000,00 € angeschafft worden war. Nach einer zulässigen Abschreibung im Jahr 03 ist diese Beteiligung mit 35.000,00 € bilanziert. Die branchenbedingte Verschlechterung der wirtschaftlichen Lage führt zu einer weiteren Wertminderung der Beteiligung im Jahr 04 auf 25.000,00 €. Eine Besserung der Ertragslage ist nicht in Sicht.

    Wie muss bzw. kann die GmbH-Beteiligung zum 31.12.04 in der Handels- bzw. Steuerbilanz bilanziert werden? Bilden Sie den Buchungssatz nach handelsrechtlichen Grundsätzen und geben Sie die handels- und steuerrechtliche Gewinnauswirkung an.

15. Unter den Wertpapieren Ihres Mandanten (Einzelunternehmer) befinden sich folgende Aktien:

	Stück	AK/Stück	letzter Bilanzansatz	aktueller Wert
Aktie A	120	100,00 €	100,00 €	50,00 €, von Dauer
Aktie B	60	250,00 €	140,00 €	230,00 €
Aktie C	200	320,00 €	180,00 €	150,00 €, von Dauer
Aktie D	70	120,00 €	65,00 €	50,00 €, nicht von Dauer

    Mit welchem Wert können/müssen die Aktien in der Handels- und Steuerbilanz ausgewiesen werden? Bilden Sie die erforderlichen handelsrechtlichen Buchungssätze und geben Sie die Gewinnauswirkung in der Handels- und Steuerbilanz an. Gehen Sie davon aus, dass die Wertminderungen beim letzten Bilanzansatz jeweils von Dauer waren.

16. Eine GmbH hält im Anlagevermögen Bundesobligationen im Nennwert von 15.000,00 €, die sie im Jahr 01 zum Kurswert von 98 % zzgl. 0,45 % Nebenkosten erworben hat. Zum 31.12.01 sinkt der Kurs dauerhaft auf 97 %.

    Ermitteln Sie die AK. Wie muss bzw. kann die GmbH die Bundesobligationen zum 31.12.01 in der Handels- bzw. Steuerbilanz bilanzieren? Bilden Sie den Buchungssatz nach handelsrechtlichen Grundsätzen und geben Sie die Gewinnauswirkung in der Handels- und Steuerbilanz an.

17. Im Anlagevermögen eines Einzelunternehmers befindet sich eine GmbH-Beteiligung. Die ursprünglichen Anschaffungskosten im Jahr 01 betrugen 100.000,00 €. Im Jahr 03 mindert sich der Wert der Beteiligung vorübergehend auf 60.000,00 €. Bereits im April 04 erholt sich die Auftragslage der GmbH und der Wert der Anteile steigt auf 110.000,00 €.

    Wie ist die Beteiligung zum 31.12.03 und 31.12.04 zu bilanzieren, wenn der Einzelunternehmer einen möglichst geringen Gewinn ausweisen möchte? Bilden Sie die erforderlichen handelsrechtlichen Buchungssätze und geben Sie die Gewinnauswirkungen in der Handels- und Steuerbilanz an.

18. Ihr Mandant hat seit Jahren 100 Aktien im Anlagevermögen. Die AK betrugen 70.000,00 €. Im Jahr 02 sinkt der Wert dauerhaft auf 40.000,00 €. Daraufhin verkauft er 75 % dieser Aktien im Mai 03 für 42.000,00 €. Der Restbestand hat zum 31.12.03 einen Wert von 15.000,00 €.

    Mit welchem Wert sind die Aktien zum 31.12.02 und 31.12.03 handels- und steuerrechtlich zu bewerten? Buchen Sie den Verkauf im Jahr 03. Den Verkaufspreis hat der Käufer sofort bei Kauf auf das Bankkonto Ihres Mandanten überwiesen.
    Buchungen sind nach handelsrechtlichen Vorschriften vorzunehmen. Geben Sie auch die Gewinnauswirkungen in der Handels- und Steuerbilanz an.

11.1.3 Bewertung des abnutzbaren Sachanlagevermögens

LERNSITUATION

Die Kurz GmbH kauft zum 10.05.01 ein bebautes Grundstück. Die Anschaffungskosten betragen insgesamt 960.000,00 €. Davon entfallen 20 % auf den Grund und Boden. Im Anlagevermögen der Kurz GmbH befindet sich außerdem eine Maschine, die im Dezember 01 nach einem Brand nur noch eine verkürzte Nutzungsdauer hat.

Der Leiter der Rechnungswesenabteilung bucht die Anschaffung des Gebäudes auf dem Konto „Gebäude" mit 960.000,00 € und schreibt die unbrauchbar gewordene Maschine weiterhin linear ab.
Der Geschäftsführer wird stutzig, als er dies entdeckt, und bittet Sie um Hilfe.

11.1.3.1 Planmäßige Abschreibungen auf das abnutzbare Sachanlagevermögen

Anlagegüter, z. B. Gebäude, Maschinen, Kraftfahrzeuge, Betriebs- und Geschäftsausstattung, stehen dem Unternehmen längerfristig zur Verfügung. Ihre Nutzungsdauer ist jedoch zeitlich begrenzt. Der Wert der Anlagegüter nimmt im Zeitablauf ab, ausgenommen hiervon sind Grund und Boden.

HGB § 253 Abs. 3

EStG §§ 6 Abs. 1 Nr. 1, 7 Abs. 1

Die Ursachen der Wertminderung der Anlagegüter liegen hauptsächlich begründet

- im technischen Verschleiß, verursacht durch Gebrauch, Abgabe von Nutzungen,
- im natürlichen Verschleiß, z. B. Verrosten, Verwitterung, und
- im technischen Fortschritt, ein neues, technisch verbessertes Produkt kommt auf den Markt.

Der buchhalterische Vorgang, Wertminderungen der Anlagegüter zu erfassen, wird Abschreibung genannt. Im Einkommensteuerrecht spricht man von „Absetzung für Abnutzung" (= AfA). Die Wertminderungen werden als Aufwand erfasst.

In der Praxis wird nicht bis auf 0,00 € abgeschrieben, sondern es bleibt ein Erinnerungswert von 1,00 € pro Anlagegut auf dem jeweiligen Konto stehen.

Möglichkeiten der planmäßigen Abschreibung

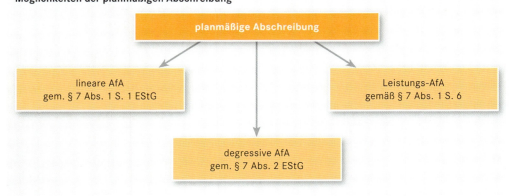

Lineare Abschreibungsmethode

Bei der linearen Abschreibungsmethode wird mit gleichbleibenden Beträgen von den Anschaffungs- oder Herstellungskosten abgeschrieben, § 7 Abs. 1 EStG.

Abschreibungsprozentsatz und Abschreibungsbetrag werden nach folgenden Formeln ermittelt:

$$\text{Abschreibungsprozentsatz} = \frac{100\,\%}{\text{Nutzungsdauer}} \qquad \text{Abschreibungsbetrag} = \frac{\text{Anschaffungswert}}{\text{Nutzungsdauer}}$$

BEISPIEL

Ein Pkw mit einem Anschaffungswert von 60.000,00 € soll abgeschrieben werden. Die voraussichtliche Nutzungsdauer beträgt 6 Jahre.

Die folgende Tabelle zeigt den linearen Abschreibungsplan vom 1. bis zum 6. Nutzungsjahr.

Abschreibungs-prozentsatz	$= \frac{100\,\%}{6} = 16\tfrac{2}{3}\,\%$	**Abschreibungs-betrag**	$= \frac{60.000,00\ €}{6} = 10.000,00\ €$

	lineare Abschreibung (16⅔ %)	
Anschaffungswert – Abschreibung 1. Jahr	60.000,00 € 10.000,00 €	
Buchwert am Anfang des 2. Jahres – Abschreibung 2. Jahr	50.000,00 € 10.000,00 €	
Buchwert am Anfang des 3. Jahres – Abschreibung 3. Jahr	40.000,00 € 10.000,00 €	
Buchwert am Anfang des 4. Jahres – Abschreibung 4. Jahr	30.000,00 € 10.000,00 €	
Buchwert am Anfang des 5. Jahres – Abschreibung 5. Jahr	20.000,00 € 10.000,00 €	
Buchwert am Anfang des 6. Jahres – Abschreibung 6. Jahr	10.000,00 € 10.000,00 €	(9.999,00 €)
Buchwert am Ende des 6. Jahres	0,00 €	(1,00 €)

Nach 6 Jahren erreicht die lineare Abschreibung den Nullwert. Falls der Pkw weiterhin betrieblich genutzt wird, wird er mit **1,00 € Erinnerungswert** in den Büchern weitergeführt. Der Abschreibungsbetrag beträgt dann im letzten Jahr **9.999,00 €**.

Lineare Abschreibung bei Gebäuden und Außenanlagen

§ 7 Abs. 4 EStG unterscheidet zwei lineare AfA-Möglichkeiten bei Gebäuden.

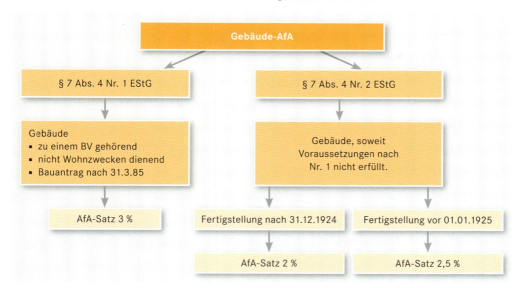

Der 3%ige AfA-Satz des § 7 Abs. 4 Nr. 1 EStG ist anzuwenden, wenn der Kaufvertrag bzw. der Beginn der Herstellung nach dem 31.12.2000 liegt, davor gilt der AfA-Satz von 4 %.

Die AfA-Sätze sind zwingend anzusetzen, auch wenn die tatsächliche Nutzungsdauer länger ist. Wird eine kürzere Nutzungsdauer **nachgewiesen,** so kann sie zugrunde gelegt werden.

BEISPIEL

Eine Werkhalle einer GmbH wurde im Januar 06 fertiggestellt, Bauantrag 2005. Die Herstellungskosten betragen 720.000,00 €.

- Die Werkhalle ist gemäß § 7 Abs. 4 Nr. 1 EStG mit 3 % abzuschreiben.
  720.000,00 € · 3 % = 21.600,00 €/Jahr

Buchungssatz am 31.12.07		Soll	Haben
	4830/6220 Abschreibungen auf Sachanlagen	21.600,00	
	an 0100/0250 Fabrikbauten		21.600,00

Bei Außenanlagen, z. B. Hofbefestigungen, Parkplätzen, Umzäunungen, ist die AfA gemäß § 7 Abs. 1 EStG vorzunehmen.

BEISPIEL

Ein Unternehmer lässt seinen bisher unbefestigten Hof pflastern. Die Kosten hierfür betragen 30.000,00 € zzgl. 5.700,00 € USt. Der Hof ist am 02.01.01 fertiggestellt. Die betriebsgewöhnliche Nutzungsdauer beträgt 10 Jahre.

- Die Hofbefestigung ist mit den Herstellungskosten von 30.000,00 € zu bilanzieren. Zum 31.12.01 erfolgt eine AfA von 30.000,00 € · 10 % = 3.000,00 €/Jahr.

Buchungssatz am 31.12.01		Soll	Haben
	4830/6220 Abschreibungen auf Sachanlagen	3.000,00	
	an 0147/0285 Hofbefestigungen		3.000,00

Lineare Abschreibung bei beweglichen abnutzbaren Anlagegütern

Die lineare AfA erfolgt gemäß § 7 Abs. 1 EStG.

Da die Abschreibungen einen betrieblichen Aufwand darstellen, schmälern sie den steuerpflichtigen Gewinn. Die Höhe muss daher in einem von der Finanzverwaltung anerkannten Rahmen liegen.

Das Bundesministerium der Finanzen hat AfA-Tabellen herausgegeben. In diesen Tabellen sind für die Nutzungsdauer einzelner Wirtschaftsgüter Erfahrungswerte angegeben, die Richtgrößen darstellen. In begründeten Fällen kann hiervon abgewichen werden.

BEISPIEL

Anlagegut	Nutzungsdauer in Jahren	linearer AfA-Satz
Vermessungsgeräte	8	12½ %
Überwachungsanlagen	11	9 1/11 %
Maschinen		
- Drehbänke	16	6¼ %
- Fräsmaschinen	15	6⅔ %
Kraftwagen		
- Lastwagen	9	11 1/9 %
- Personenwagen	6	16⅔ %
Fotokopiergeräte	7	14 2/7 %

Degressive Abschreibungsmethode

Die degressive AfA erfolgt gemäß § 7 Abs. 2 EStG und gilt für **bewegliche Wirtschaftsgüter des Anlagevermögens.** Die degressive Abschreibungsmethode schreibt mit fallenden Beträgen vom Buch- oder Restwert ab. Der Abschreibungsbetrag wird mithilfe eines gleichbleibenden Prozentsatzes vom Buch- oder Restwert errechnet, § 7 Abs. 2 EStG.

$$\text{Abschreibungsbetrag} = \frac{\text{Buchwert} \cdot \text{Abschreibungssatz}}{100}$$

Für in 2008 angeschaffte oder hergestellte bewegliche Anlagegüter entfällt die Möglichkeit einer degressiven Abschreibung.

Der degressive Abschreibungsprozentsatz für bewegliche Anlagegüter, die zwischen dem 01.01.2009 und dem 31.12.2010 angeschafft oder hergestellt worden sind, darf

- nicht größer sein als der zweieinhalbfache lineare Satz und
- 25 % nicht übersteigen.

Die Möglichkeit der degressiven Abschreibung entfällt für Wirtschaftsgüter, die nach dem 31.12.2010 angeschafft wurden.

Entscheidet sich der Unternehmer, Wirtschaftsgüter mit Anschaffungskosten zwischen 150,01 € und 1.000,00 € in den Sammelpool einzustellen, kann die degressive AfA nur bei Wirtschaftsgütern mit Anschaffungskosten über 1.000,00 € genutzt werden, weil die Regelungen für den Sammelpool verpflichtend sind.

BEISPIEL

Ein Pkw (Anschaffung am 10.01.01) mit einem Anschaffungswert von 60.000,00 € ist mit 25 % degressiv abzuschreiben.

Die folgende Tabelle zeigt einen degressiven Abschreibungsplan für 6 Jahre.

	degressive Abschreibung (25 %)
Anschaffungswert − Abschreibung 1. Jahr	60.000,00 € 15.000,00 €
Buchwert am Anfang des 2. Jahres − Abschreibung 2. Jahr	45.000,00 € 11.250,00 €
Buchwert am Anfang des 3. Jahres − Abschreibung 3. Jahr	33.750,00 € 8.437,50 €
Buchwert am Anfang des 4. Jahres − Abschreibung 4. Jahr	25.312,50 € 6.328,13 €
Buchwert am Anfang des 5. Jahres − Abschreibung 5. Jahr	18.984,37 € 4.746,09 €
Buchwert am Anfang des 6. Jahres − Abschreibung 6. Jahr	14.238,28 € 3.559,57 €
Buchwert am Ende des 6. Jahres	10.678,71 €

Der Nullwert wird bei der degressiven Abschreibungsmethode nach 6 Nutzungsjahren nicht erreicht. Um in der Nutzungszeit zum Nullwert zu gelangen, wird in der Regel von der degressiven zur linearen Abschreibungsmethode übergegangen. Wird nicht zur linearen Abschreibungsmethode gewechselt, wird im letzten Nutzungsjahr auf 0,00 € bzw. 1,00 € Erinnerungswert abgeschrieben.

Ein Übergang von der degressiven Abschreibungsmethode zur linearen Abschreibungsmethode ist möglich. Umgekehrt ist es nicht zulässig, von der linearen auf die degressive Abschreibungsmethode überzugehen.

Wechsel der Abschreibungsmethode

Abschreibungen stellen einen betrieblichen Aufwand dar und schmälern den steuerpflichtigen Gewinn. Um den steuerpflichtigen Gewinn gering zu halten, wird – im Rahmen der steuerrechtlichen Vorschriften – Jahr für Jahr angestrebt, möglichst hohe Abschreibungsbeträge gewinnmindernd anzusetzen.

Da der degressive Abschreibungsprozentsatz meistens höher ist als der lineare, ist die degressive Abschreibungsmethode unter steuerlichen Gesichtspunkten in den ersten Jahren i. d. R. günstiger. Ein späterer Wechsel von der degressiven Abschreibung zur linearen ist dann sinnvoll, wenn die linearen Abschreibungsbeträge die degressiven übersteigen.

Von der degressiven zur linearen Abschreibungsmethode wird in dem Nutzungsjahr übergegangen, in dem folgende Bedingungen erstmals erfüllt sind:

$$\frac{\text{Buchwert bei degressiver Abschreibung}}{\text{Restnutzungsdauer}} \geq \text{Abschreibungsbetrag bei degressiver Abschreibung}$$

bzw.

$$\frac{\text{linearer Abschreibungsprozentsatz}}{\text{(bezogen auf die Restnutzungsdauer)}} \geq \text{degressiver Abschreibungsprozentsatz}$$

Kapitel 11

| Beschaffung und Herstellung eigengenutzter Sachanlagegüter | Steuern, sonstige Betriebsausgaben | Jahresabschluss nach Handels- und Steuerrecht |

BEISPIEL

Die Anschaffungskosten einer Maschine, Anschaffung am 15.01.00, belaufen sich auf 150.000,00 €. Die Nutzungsdauer gemäß AfA-Tabellen der Finanzverwaltung beträgt 10 Jahre. Für jedes Jahr soll die Abschreibungsmethode gewählt werden, die den steuerlich höchstzulässigen Abschreibungsbetrag gewährleistet.

Es ergibt sich folgender Abschreibungsplan:

	degressiv 25 %	linearer Abschreibungsprozentsatz	
Anschaffungskosten – AfA 1. Jahr	150.000,00 € 37.500,00 €	10 % = 15.000,00 €	–
Buchwert Anfang des 2. Jahres – AfA 2. Jahr	112.500,00 € 28.125,00 €	Restnutzungsdauer 9 Jahre → 112.500,00 : 9 = 12.500,00 €	–
Buchwert Anfang des 3. Jahres – AfA 3. Jahr	84.375,00 € 21.093,75 €	Restnutzungsdauer 8 Jahre → 84.375,00 : 8 = 10.546,88 €	–
Buchwert Anfang des 4. Jahres – AfA 4. Jahr	63.281,25 € 15.820,31 €	Restnutzungsdauer 7 Jahre → 63.281,25 : 7 = 9.040,18 €	–
Buchwert Anfang des 5. Jahres – AfA 5. Jahr	47.460,94 € 11.865,24 €	Restnutzungsdauer 6 Jahre → 47.460,94 : 6 = 7.910,16 €	–
Buchwert Anfang des 6. Jahres – AfA 6. Jahr	35.595,70 € 8.898,93 €	Restnutzungsdauer 5 Jahre → 35.595,70 : 5 = 7.119,14 €	–
Buchwert Anfang des 7. Jahres – AfA 7. Jahr	26.696,77 € 6.674,19 €	Restnutzungsdauer 4 Jahre → 26.696,77 : 4 = 6.674,19 €	–
Buchwert Anfang des 8. Jahres – AfA 8. Jahr	20.022,58 € 5.005,65 € Übergang zur linearen AfA, weil sie höher ist (Wechsel hätte auch schon im Vorjahr erfolgen können)	Restnutzungsdauer 3 Jahre → 20.022,58 : 3 = 6.674,19 €	20.022,58 € 6.674,19 €
Buchwert 31.12.08 – AfA 9. Jahr			13.348,39 € 6.674,19 €
Buchwert 31.12.09 – AfA 10. Jahr Buchwert 31.12.10			6.674,20 € 6.673,20 € 1,00 €

Zeitanteilige Abschreibungen

Anlagegüter, die während des Wirtschaftsjahres

- **angeschafft** bzw. **hergestellt** (= Zugang) oder
- **veräußert** bzw. **entnommen** (= Abgang)

werden, sind grundsätzlich **zeitanteilig** abzuschreiben.

In der Praxis wird dabei nach **Nutzungsmonaten** abgeschrieben.

Zugang von Anlagegütern (zeitanteilige Abschreibungen im Zugangsjahr)

Im Zugangsjahr wird die zeitanteilige Abschreibung so gehandhabt, dass das angeschaffte bzw. hergestellte Anlagegut ab dem Monat des Zugangs abgeschrieben wird.

BEISPIEL

Bei Anschaffung eines Betriebsgebäudes am 27. März werden $^{10}/_{12}$ der Jahresabschreibung angesetzt (**Annahme:** Wirtschaftsjahr entspricht Kalenderjahr).

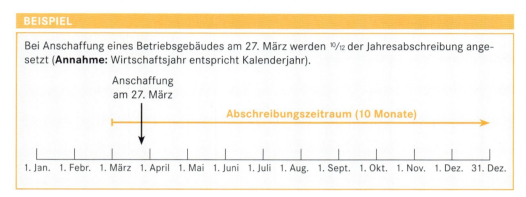

Abgang von Anlagegütern (zeitanteilige Abschreibungen im Abgangsjahr)

Wird ein Anlagegut **veräußert oder entnommen,** wird auf volle Monate abgeschrieben. Endet die Nutzung eines Anlagegutes im Laufe eines Monats, ist es nach herrschender Rechtsauffassung zulässig, **wahlweise auf volle Monate auf- oder abzurunden.** Da bei Ausscheiden eines Anlagegutes sein Wert ohnehin auf null gebracht wird, hat die Höhe der Abschreibung im Abgangsjahr keinen Einfluss auf den zu versteuernden Gewinn.

BEISPIEL

Eine Maschine wird am 3. August veräußert (Betriebszugehörigkeit im Abgangsjahr: 1. Januar bis 3. August). Der Abschreibungsbetrag beträgt nun im Jahr des Ausscheiden $^{7}/_{12}$ oder $^{8}/_{12}$ der Jahresabschreibung (**Annahme:** Wirtschaftsjahr entspricht Kalenderjahr).

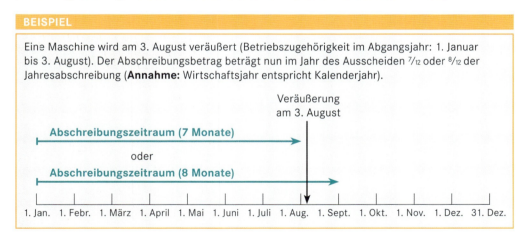

Leistungsabschreibung

Bei der Leistungsabschreibung wird die Nutzungsdauer des abzuschreibenden Anlagegutes nicht in Jahren ausgedrückt, sondern in Leistungseinheiten, z. B. Stückzahl, Maschinenstunden, Kilometer, die das Anlagegut in seiner Nutzungszeit erbringt. Der Abschreibungsbetrag ergibt sich aus der jährlichen Leistung gemessen an der voraussichtlichen Gesamtleistung.

$$\text{Abschreibungsbetrag} = \frac{\text{Anschaffungskosten} \cdot \text{Ist-Leistung pro Jahr}}{\text{Soll-Gesamtleistung}}$$

Kapitel 11

- Beschaffung und Herstellung eigengenutzter Sachanlagegüter
- Steuern, sonstige Betriebsausgaben
- Jahresabschluss nach Handels- und Steuerrecht

> **BEISPIEL**
>
> Ein Lkw mit einem Anschaffungswert von 100.000,00 € soll nach Leistungseinheiten abgeschrieben werden. Der Lkw ist insgesamt 250 000 km einsetzbar. Laut Fahrtenbuch ergeben sich folgende jährliche Fahrleistungen:
>
> 1. Jahr: 70 000 km
> 2. Jahr: 45 000 km
> 3. Jahr: 42 000 km
> 4. Jahr: 55 000 km
> 5. Jahr: 38 000 km
>
> - Die folgende Tabelle zeigt die Errechnung der jährlichen Abschreibungsbeträge:
>
> | Abschreibungsjahr | Abschreibungsbetrag |
> |---|---|
> | 1. | $\dfrac{100.000,00 \cdot 70\,000}{250\,000} = 28.000,00\ €$ |
> | 2. | $\dfrac{100.000,00 \cdot 45\,000}{250\,000} = 18.000,00\ €$ |
> | 3. | $\dfrac{100.000,00 \cdot 42\,000}{250\,000} = 16.800,00\ €$ |
> | 4. | $\dfrac{100.000,00 \cdot 55\,000}{250\,000} = 22.000,00\ €$ |
> | 5. | $\dfrac{100.000,00 \cdot 38\,000}{250\,000} = 15.200,00\ €$ |
>
> Summe der Abschreibungsbeträge = 100.000,00 €
>
> **Buchungssatz am 31.12.01**
>
> | | Soll | Haben |
> |---|---|---|
> | 4830/6220 Abschreibungen aus Sachanlagen | 28.000,00 | |
> | an 0350/0540 Lkw | | 28.000,00 |

Die Leistungsabschreibung berücksichtigt die technische Abnutzung von allen Abschreibungsmethoden am stärksten. Steuerlich ist die Leistungsabschreibung zulässig, wenn die folgenden zwei Bedingungen erfüllt sind:

1. Die Leistungsabschreibung muss **wirtschaftlich begründet** sein. Das ist gegeben, wenn die jährlichen Leistungsabgaben **erheblich schwanken**.

2. Die auf das einzelne Jahr entfallende Leistungsabgabe muss **nachweisbar** sein, z. B. durch Kilometerzähler eines Kraftfahrzeuges, Zählwerk einer Maschine.

| Abgrenzungen bei der Erstellung des Jahresabschlusses | **Wertansätze in der Bilanz** | Eigenkapitalausweis in der Bilanz |

Kapitel 11

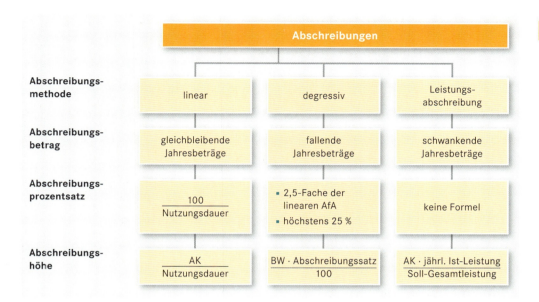

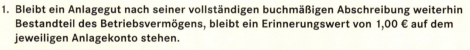

1. Bleibt ein Anlagegut nach seiner vollständigen buchmäßigen Abschreibung weiterhin Bestandteil des Betriebsvermögens, bleibt ein Erinnerungswert von 1,00 € auf dem jeweiligen Anlagekonto stehen.
2. Anlagegüter, deren Zugang oder Abgang während des Wirtschaftsjahres erfolgt, sind zeitanteilig abzuschreiben.

AUFGABEN

1. Warum wird der Kauf eines Anlagegutes nicht als Aufwand gebucht?
2. Welche Bilanzveränderung liegt z. B. beim Barkauf eines Telefaxgerätes vor?
3. Nennen Sie die Ursachen für die Wertminderungen von Anlagegütern.
4. Wie werden die Wertminderungen des Anlagevermögens buchhalterisch erfasst?
5. Was für ein Konto ist das Abschreibungskonto?
6. Welchen Vorteil bringen hohe Abschreibungen?
7. Wie wird ein Anlagegut buchhalterisch erfasst, das über seine Nutzungsdauer hinaus benutzt wird?

Aufgaben 8–15: Bewertung von Grundstücken, Außenanlagen
Aufgaben 16–27: Bewertung von beweglichen abnutzbaren Anlagegütern

8. Die Herstellungskosten einer Fabrikhalle Ihres Mandanten betragen im Jahr 01 820.000,00 € und wurden auf dem Konto „Fabrikbauten" erfasst. Fertigstellung der Halle war am 15.08.01, der Bauantrag wurde 2002 gestellt.

   Berechnen Sie die AfA des Jahres 01 und nehmen Sie die erforderlichen Buchungen zum 31.12.01 vor.

Kapitel 11

Beschaffung und Herstellung eigengenutzter Sachanlagegüter | Steuern, sonstige Betriebsausgaben | Jahresabschluss nach Handels- und Steuerrecht

9. Ihr Mandant erwirbt ein mit einer Lagerhalle bebautes Grundstück für 950.000,00 €. Davon entfallen auf den Grund und Boden 20 %, Übergang von Nutzen und Lasten am 01.12.01 (Bauantrag 2002).

   In diesem Zusammenhang fielen noch folgende Kosten an:
   - 3,5 % Grunderwerbsteuer
   - 560,00 € zzgl. 106,40 € = 666,40 € Notargebühren für die Umschreibung des Eigentums
   - 400,00 € zzgl. 76,00 € = 476,00 € Notargebühren für die Eintragung der Grundschuld
   - 350,00 € Gerichtskosten für die Eintragung des Eigentums
   - 200,00 € Gerichtskosten für die Eintragung der Grundschuld

   Alle Beträge wurden erst im Januar 02 bezahlt.

   Buchen Sie den Anschaffungsvorgang und die Abschreibung zum 31.12.01.

10. Zum Betriebsvermögen Ihres Mandanten gehört ein Mehrfamilienhaus, in dem fünf Wohnungen an Arbeitnehmer Ihres Mandanten vermietet sind. Die Anschaffungskosten des Grundstücks betragen 620.000,00 €, die über ein Darlehen finanziert werden, der Grund- und Bodenanteil beträgt 20 %. Der Notarvertrag über den Kauf des Grundstücks wurde am 23.11.00 unterschrieben, Übergang von Nutzen und Lasten ist am 01.02.01, die Eintragung ins Grundbuch erfolgt am 17.05.01.
    Ferner muss Ihr Mandant noch 3,5 % Grunderwerbsteuer sowie Notarkosten für den Kaufvertrag von 600,00 € zzgl. 19 % USt, Gerichtskosten für die Eintragung des Eigentums von 320,00 € und Maklerkosten von 18.600,00 € zzgl. 19 % USt zahlen.

    Buchen Sie den Kauf des Grundstücks und nehmen Sie die erforderlichen Buchungen zum 31.12.01 vor.

11. Ihr Mandant errichtet eine Produktionshalle, deren Herstellungskosten 1.150.000,00 € zzgl. 19 % USt betragen, Fertigstellung 13.08.01. Er finanziert die Halle über ein Darlehen. Der Grund und Boden wurde bisher auf dem Konto „Unbebaute Grundstücke" mit 60.000,00 € erfasst.

    Wie hat Ihr Mandant die Fertigstellung zu buchen und welche Buchungen sind am 31.12.01 erforderlich?

12. Eine GmbH erwirbt am 17.09.01 ein Verwaltungsgebäude zum Kaufpreis von 240.000,00 €, Grund- und Bodenanteil 25 % (Baujahr 2002). Der Kaufpreis wird durch ein Darlehen finanziert. Das Gebäude wurde durch den Vorbesitzer stark beschädigt, sodass nur noch von einer Nutzungsdauer von 20 Jahren auszugehen ist.

    Berechnen Sie die Abschreibung für 01 und nehmen Sie die erforderlichen Buchungen vor.

13. Mit Wirkung vom 05.04.01 erwirbt Ihr Mandant eine Lagerhalle zum Preis von 420.000,00 €, Grund- und Bodenanteil 15 %, Baujahr 1974. Die Zahlung an den Verkäufer erfolgt durch die Aufnahme eines Darlehens.

    Welche Buchungen muss Ihr Mandant im Jahr 01 aufgrund der Anschaffung der Lagerhalle vornehmen?

14. Ihr Mandant lässt auf seinem Betriebsgrundstück, das durch einen Bach geteilt wird, eine Brücke bauen, um den hinteren Teil des Grundstücks nutzen zu können. Die Herstellungskosten der Brücke betragen 250.000,00 € zzgl. 19 % USt, Fertigstellung am 01.04.01, voraussichtliche Nutzungsdauer 30 Jahre. Die Brücke wird aus dem Eigenkapital bezahlt.

    Nehmen Sie alle erforderlichen Buchungen vor.

15. Ein Unternehmer lässt seinen bisher unbefestigten Hof asphaltieren, damit seine Kunden ihn als Parkplatz nutzen können, Fertigstellung 07.02.01. Hierfür werden ihm 11.000,00 € zzgl. 19 % USt in Rechnung gestellt, die er sofort per Banküberweisung zahlt. Die Nutzungsdauer schätzt der Unternehmer auf 10 Jahre.

    Welche Buchungen muss der Unternehmer im Jahr 01 vornehmen?

Abgrenzungen bei der Erstellung des Jahresabschlusses | **Wertansätze in der Bilanz** | **Eigenkapitalausweis in der Bilanz**

Kapitel 11

16. Abschreibungen mindern den steuerpflichtigen Gewinn. Errechnen Sie für die Fälle a) bis e) die durch die linearen Abschreibungen erzielte Steuerersparnis jeweils im Anschaffungsjahr (volle Jahresabschreibung) und ebenso für die gesamte Nutzungsdauer.

	Anschaffungs-kosten	betriebs-gewöhnliche Nutzungsdauer	Steuersatz	Steuerersparnis im Anschaffungsjahr	Steuerersparnis im gesamten Abschreibungszeitraum
a)	100.000,00 €	5 Jahre	50 %	?	?
b)	60.000,00 €	6 Jahre	40 %	?	?
c)	320.000,00 €	8 Jahre	25 %	?	?
d)	200.000,00 €	4 Jahre	32 %	?	?
e)	210.000,00 €	7 Jahre	30 %	?	?

17. Errechnen Sie für die unten stehenden Anlagegüter
    a) den linearen Abschreibungsbetrag,   b) den linearen Abschreibungsprozentsatz.

	betriebsgewöhnliche Nutzungsdauer	Anschaffungswert
Klimageräte	11 Jahre	77.000,00 €
Drucker	6 Jahre	1.500,00 €
Lastkraftwagen	9 Jahre	90.000,00 €

18. Die Anfangsbestände zum 01.01.02 folgender Konten betragen
    0050/0210 Bebaute Grundstücke .... 470.000,00 €
    0210/0440 Maschinen .... 180.000,00 €
    0320/0520 Pkw .... 120.000,00 €
    0410/0690 Geschäftsausstattung .... 85.000,00 €

    Die Anschaffungskosten betrugen:
    0050/0210 Bebaute Grundstücke .... 500.000,00 €
    0210/0440 Maschinen .... 250.000,00 €
    0320/0520 Pkw .... 240.000,00 €
    0410/0690 Geschäftsausstattung .... 150.000,00 €

    Buchen Sie die Abschreibungen nach der linearen Methode bei folgenden betriebsgewöhnlichen Nutzungsdauern:
    0050/0210 Bebaute Grundstücke .... 50 Jahre
    0210/0440 Maschinen .... 10 Jahre
    0320/0520 Pkw .... 6 Jahre
    0410/0690 Geschäftsausstattung .... 5 Jahre

19. Der Anfangsbestand auf dem Konto „Büroeinrichtung" beträgt 40.000,00 €. Die Anschaffungskosten, die bereits zwei Jahre linear abgeschriebenen wurden, betrugen 80.000,00 €.
    Der Kauf von 12 PCs im Januar 01 bewirkt eine Bestandsmehrung auf dem Konto „Büromaschinen" von insgesamt 20.000,00 €. Für die PCs gilt eine betriebsgewöhnliche Nutzungsdauer von 3 Jahren.

    a) Wie hoch sind der Abschreibungsprozentsatz und der jährliche Abschreibungsbetrag für den bereits 2 Jahre abgeschriebenen Anfangsbestand des Kontos „Büroeinrichtung" bei linearer Abschreibung?
    b) Wie hoch sind der Abschreibungsprozentsatz und der jährliche Abschreibungsbetrag für die 12 neu angeschafften PCs bei linearer Abschreibung?
    c) Wie hoch ist der Abschreibungsbetrag insgesamt nach der Neuanschaffung der 12 PCs?

20. Die Anschaffungskosten eines im Januar 01 angeschafften Pkw betragen 36.000,00 €, betriebsgewöhnliche Nutzungsdauer: 6 Jahre.

    a) Errechnen Sie den linearen Abschreibungsprozentsatz (und den maximal möglichen degressiven Abschreibungsprozentsatz bei Anschaffung in 2009).

b) Stellen Sie in einer Abschreibungstabelle die lineare und die degressive Abschreibungsmethode mit den errechneten Abschreibungsbeträgen bis zum Ende des 6. Jahres dar.
c) Wie lautet der Abschreibungsbuchungssatz am Ende des 3. Nutzungsjahres bei linearer und bei degressiver Abschreibung?
d) Wie lautet der Abschreibungsbuchungssatz am Ende des 6. Jahre bei linearer Abschreibung, wenn der Pkw weiterhin genutzt wird?
e) Wann wäre ein Wechsel der AfA-Methoden sinnvoll?

21. In der Buchführung Ihres Mandanten Konrad Fied KG befindet sich u. a. folgender Beleg.

    Buchen Sie diesen Beleg und die Abschreibung am Abschlussstichtag bei einer unterstellten Nutzungsdauer von 6 Jahren.

22. Berechnen Sie die linearen Abschreibungsbeträge für das Anschaffungsjahr.

Anlagegut	Anschaffungsdatum	Anschaffungskosten	Nutzungsdauer
Pkw	27. Juni	48.000,00 €	6 Jahre
Fernsprechanlagen	9. Dezember	8.000,00 €	8 Jahre

23. Berechnen Sie die linearen Abschreibungsbeträge für das Veräußerungsjahr.

Anlagegut	Anschaffungsdatum	Anschaffungskosten	Nutzungsdauer
Pkw	11. Juli	48.000,00 €	6 Jahre
Maschine	2. März	100.000,00 €	10 Jahre
Schreibtisch	21. September	1.500,00 €	8 Jahre

24. Wie hoch sind bei Anschaffung der Anlagegüter zwischen dem 01.01.2009 und 31.12.2010 die degressiven Abschreibungssätze

    a) bei folgenden linearen Abschreibungssätzen:
       2 %, 5 %, 6 %, 8 %, 10 %, 12 %, 15 %, 18 %, 20 %,
    b) bei folgenden betriebsgewöhnlichen Nutzungsdauern:
       4 Jahre, 5 Jahre, 8 Jahre, 10 Jahre, 20 Jahre, 25 Jahre, 50 Jahre?

25. Eine Maschine mit einem Anschaffungswert von 90.000,00 € (110.000,00 €) soll nach Leistungseinheiten abgeschrieben werden. Die Maschine kann insgesamt 20 000 Stück (25 000 Stück) produzieren. Die jährlichen Leistungen betragen:

1. Jahr 6 000 Stück (7 000 Stück)
2. Jahr 4 000 Stück (3 000 Stück)
3. Jahr 7 000 Stück (11 000 Stück)
4. Jahr 3 000 Stück (4 000 Stück)

Erstellen Sie eine Abschreibungstabelle für die 4 Nutzungsjahre.

26. Ein Unternehmer erwirbt im September 01 eine Maschine mit Anschaffungskosten von 24.000,00 €. Die betriebsgewöhnliche Nutzungsdauer beträgt 5 Jahre. Der Unternehmer möchte die Maschine degressiv abschreiben.

    a) Berechnen Sie die degressive AfA.
       Wann ist ein Wechsel zur linearen AfA sinnvoll?
    b) Erstellen Sie eine Abschreibungstabelle bis zum Ende des Jahres 06.

27. Ihr Mandant kauft am 06.03.01 einen Lkw für brutto 142.800,00 €. Eine ordnungsgemäße Rechnung liegt vor. Die Gesamtfahrleistung beträgt 200 000 km. Im Jahr 01 werden 50 000 km, im Jahr 02 80 000 km, im Jahr 03 60 000 km und im Jahr 04 10 000 km gefahren.

Berechnen Sie die Leistungsabschreibung für die Jahre 01 bis 04.

11.1.3.2 Außerplanmäßige Abschreibungen auf das abnutzbare Sachanlagevermögen

Neben der planmäßigen Abschreibung können auch außerplanmäßige Abschreibungen berücksichtigt werden, um den Buchwert des Anlagegutes an einen niedrigeren Wert anzupassen. Sie sind nur in dem Jahr, in dem sie eingetreten sind, geltend zu machen. Eine **Nachholung ist nicht möglich.**

Handelsrecht

Außerplanmäßige Abschreibungen werden

- aufgrund einer außergewöhnlichen **technischen** Abnutzung, z. B. verursacht durch Explosion, Brand, Unfall, Bruch, oder
- aufgrund einer außergewöhnlichen **wirtschaftlichen** Entwertung, z. B. Preisverfall infolge veränderter Marktbedingungen infolge Geschmackswandel oder Unrentabilität durch eine neue Erfindung,

vorgenommen, § 253 Abs. 3 S. 3 HGB.

Steuerrecht

Außerplanmäßige Abschreibungen sind die Absetzungen

- für **außergewöhnliche** technische oder wirtschafltiche Abnutzung i. S. d. § 7 Abs. 1 S. 7 EStG = Absetzung für außergewöhnliche Abnutzung, AfaA, und
- die Teilwertabschreibung, § 6 Abs. 1 Nr. 1 EStG.

Voraussetzung bei der AfaA ist, dass die geltend gemachten Gründe geeignet sind, die voraussichtliche Nutzungsdauer zu kürzen. Eine bloße Wertminderung, die die Nutzungsdauer des Gegenstandes nicht beeinflusst, ist keine außergewöhnliche Abnutzung, sondern kann lediglich zu einer Teilwertabschreibung führen.

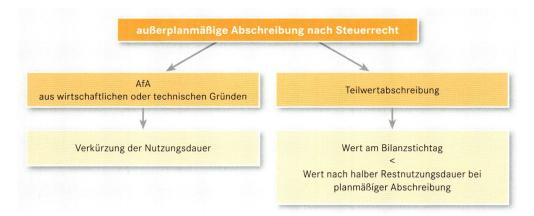

Bewertung zum Abschlussstichtag

Grundsätzlich ist das abnutzbare Anlagevermögen sowohl steuer- als auch handelsrechtlich mit den **fortgeführten Anschaffungskosten** (Herstellungskosten) zu bewerten. Die fortgeführten Anschaffungskosten (Herstellungskosten) stellen zugleich die **Wertobergrenze** dar.

Sie ergeben sich wie folgt:

Handelsrecht	Steuerrecht

Anschaffungskosten (Herstellungskosten)
− planmäßige Abschreibung
   (§ 253 Abs. 2 S. 1 HGB)
= fortgeführte Anschaffungskosten
   (fortgeführte Herstellungskosten)
	Anschaffungskosten (Herstellungskosten)
	− Absetzung für Abnutzung (AfA)
	   (§ 6 Abs. 1 Nr. 1 S. 1 und § 7 EStG)
	= fortgeführte Anschaffungskosten
	   (fortgeführte Herstellungskosten)

Dauernde Wertminderungen des abnutzbaren Anlagevermögens, die über die planmäßigen Abschreibungen (AfA) hinausgehen, **müssen handelsrechtlich zusätzlich** durch außerplanmäßige Abschreibungen berücksichtigt werden, § 253 Abs. 3 S. 3 HGB = **strenges Niederstwertprinzip.**

Liegt nur eine **vorübergehende Wertminderung** vor, **besteht handelsrechtlich ein Abschreibungsverbot.**

Steuerrechtlich können außerplanmäßige Abschreibungen nur vorgenommen werden, wenn sie durch eine voraussichtlich **dauernde Wertminderung** veranlasst werden. Bei einer **vorübergehenden Wertminderung** besteht steuerrechtlich ein **Abschreibungsverbot,** § 6 Abs. 1 Nr. 1 EStG.

Sind außerplanmäßige Abschreibungen vorgenommen worden und **steigt** nun der Wert der entsprechenden abnutzbaren Anlagegüter, **besteht handels- und steuerrechtlich eine Zuschreibungspflicht,** § 253 Abs. 5 HGB, § 6 Abs. 1 Nr. 1 S. 4 EStG.

Degressive Abschreibung und außerplanmäßige Abschreibung

Werden bewegliche abnutzbare Anlagen degressiv abgeschrieben, sind Absetzungen für außergewöhnliche technische oder wirtschaftliche Abnutzungen und Teilwertabschreibungen **nicht** zulässig, § 7 Abs. 2 S. 4 EStG. Sind die Voraussetzungen für derartige Absetzungen gegeben, ist dann zunächst zur linearen Abschreibung überzugehen, bevor eine außerplanmäßige Abschreibung vorgenommen werden kann.

Außergewöhnliche AfA bei Gebäuden

Gemäß § 7 Abs. 4 S. 2 i. V. m. § 7 Abs. 1 S. 7 EStG ist eine AfaA für Gebäude zulässig.

Sie ist vorzunehmen, wenn die Nutzung des Gebäudes z. B. durch Abbruch, Brand oder ähnliche Ereignisse beeinträchtigt ist. Allerdings muss durch die Beeinträchtigung die Nutzungsdauer verkürzt werden. Eine Wertminderung ohne gleichzeitige Beeinträchtigung der gewöhnlichen Nutzungsdauer reicht nicht aus.

BEISPIEL

Die Lagerhalle eines Unternehmers, in der hochgiftige und entzündbare Giftstoffe gelagert waren, wurde durch eine Explosion im Juli 02 völlig zerstört. Die Anschaffungskosten der Lagerhalle betrugen 280.000,00 €. Bei einem AfA-Satz von 3 % betrug der Buchwert zum 31.12.01 271.600,00 €.

- Da die Lagerhalle völlig zerstört wurde, ist neben der linearen AfA noch eine außergewöhnliche Abschreibung vorzunehmen.

Buchungssatz am 31.12.02		Soll	Haben
	4830/6220 Abschreibungen auf Sachanlagen	4.200,00	
	4840/6230 Außerplanmäßige Abschr. auf SA	267.400,00	
	an 0100/0250 Fabrikbauten		271.600,00

Teilwertabschreibung bei Gebäuden

Gebäude sind mit dem Teilwert anzusetzen, wenn der tatsächliche Wert unter dem **Buchwert** (= Anschaffungskosten – AfA) liegt.

Die Teilwertabschreibung ist nur zum Bilanzstichtag zulässig. Wertänderungen im Laufe des Jahres bleiben unberücksichtigt.

Eine außerplanmäßige Abschreibung ist handelsrechtlich bei dauerhafter Wertminderung Pflicht, § 253 Abs. 3 S. 3 HGB. Steuerrechtlich besteht ein Wahlrecht, § 6 Abs. 1 Nr. 1 EStG. Eine dauerhafte Wertminderung liegt vor, wenn der Wert des Gebäudes zum Bilanzstichtag mindestens für die halbe Restnutzungsdauer unter dem planmäßigen Restbuchwert liegt.

> **BEISPIEL**
>
> Der Unternehmer hat ein Verwaltungsgebäude mit einem Buchwert von 319.800,00 € zum 31.12.01 in seiner Bilanz ausgewiesen, ursprüngliche Anschaffungskosten 390.000,00 €, AfA-Satz 2 %, bisher wurden 9 Jahre abgeschrieben.
> Im März 02 werden Bauschäden entdeckt. Daraufhin sinkt der Wert des Gebäudes auf 75.000,00 €.
>
> - Es ist zu prüfen, ob eine dauerhafte Wertminderung gegeben und damit eine Teilwertabschreibung erforderlich ist. Dabei ist zunächst die planmäßige AfA zu berücksichtigen.
>
> | | |
> |---|---|
> | Buchwert 01.01.02 | 319.800,00 € |
> | lineare AfA 02 | – 7.800,00 € |
> | vorläufiger Buchwert 31.12.02 | 312.000,00 € |
> | | |
> | Restnutzungsdauer 40 Jahre | |
> | halbe Restnutzungsdauer 20 Jahre | |
> | 20 · 7.800,00 € = | – 156.000,00 € |
> | planmäßiger Restbuchwert | 156.000,00 € |
> | Vergleich mit Teilwert | 75.000,00 € |
>
> Der Teilwert ist niedriger als der planmäßige Restbuchwert nach halber Restnutzugsdauer. Daher erfolgt eine Teilwertabschreibung.
>
> | Buchungssatz am 31.12.02 | Soll | Haben |
> |---|---|---|
> | 4830/6220 Abschreibungen auf Sachanlagen | 7.800,00 | |
> | 4840/6230 Außerplanmäßige Abschr. auf SA | 237.000,00 | |
> | an 0100/0250 Fabrikbauten | | 244.800,00 |

Steigt der Wert des Gebäudes nach einer außerplanmäßigen Abschreibung wieder, ist sowohl für die Handels- als auch für die Steuerbilanz eine Zuschreibung bis zu den fortgeführten Anschaffungskosten (Anschaffungkosten abzüglich planmäßiger Abschreibung) vorzunehmen.

| Abgrenzungen bei der Erstellung des Jahresabschlusses | **Wertansätze in der Bilanz** | Eigenkapitalausweis in der Bilanz |

Kapitel 11

Außergewöhnliche AfA bei beweglichen abnutzbaren Anlagegütern

Abschreibungen für außergewöhnliche technische oder wirtschaftliche Abnutzung sind gemäß § 7 Abs. 1 S. 7 EStG möglich.

Um den Wert der AfaA zu ermitteln, wird die AfA aufgrund der verkürzten Nutzungsdauer neu berechnet. Die Differenz zwischen bisher in Anspruch genommener Abschreibung und der neu berechneten (höheren) Abschreibung stellt die AfaA dar.

BEISPIEL

In einem Unternehmen beläuft sich der Buchwert einer Maschine zum 31.12.01 auf 96.000,00 €. Die planmäßige Abschreibung beträgt linear 24.000,00 €, ursprüngliche AK 120.000,00 €, betriebsgewöhnliche Nutzungsdauer 5 Jahre. Durch nicht sachgemäße Handhabung leidet die Maschine und die Nutzungsdauer verkürzt sich auf 3 Jahre.

- Die Nutzungsdauer hat sich verkürzt, sodass die Abschreibung aufgrund der dreijährigen Nutzungsdauer neu zu berechnen ist.

Buchwert 01.01.02	96.000,00 €
lineare AfA 02	− 24.000,00 €
vorläufiger Buchwert 31.12.02	72.000,00 €
AfaA	− 32.000,00 €
Buchwert 31.12.02	40.000,00 €

Ermittlung AfaA

lineare AfA bei 3 Jahren Nutzungsdauer =	40.000,00 €/Jahr
für die Jahre 01, 02 =	80.000,00 €
bisher in Anspruch genommen 01, 02	48.000,00 €
somit mehr	32.000,00 € = AfaA siehe Ermittlung Buchwert 31.12.02

Buchungssatz am 31.12.02

	Soll	Haben
4830/6220 Abschreibungen auf Sachanlagen	24.000,00	
4840/6230 Außerplanmäßige Abschr. auf SA	32.000,00	
an 0210/0440 Maschinen		56.000,00

Teilwertabschreibung bei beweglichen abnutzbaren Anlagegütern

Unter der Teilwertabschreibung ist die Anpassung des Buchwertes eines Wirtschaftsguts an den tatsächlich gesunkenen Wert zu verstehen.

Gründe für eine Teilwertabschreibung können bei gesunkenen Wiederbeschaffungskosten, bei einer Fehlinvestition oder bei einer nachhaltig gesunkenen Rentabilität des Unternehmens vorliegen.

BEISPIEL

Ein Unternehmer hat im Januar 01 eine Maschine angeschafft, Anschaffungskosten 48.000,00 €, betriebsgewöhnliche Nutzungsdauer 8 Jahre. Im Jahr 02 stellt sich heraus, dass die Maschine kaum genutzt werden kann, weil ein Großkunde zum Konkurrenten gewechselt ist. Eine anderweitige Nutzung ist nicht möglich. Der Teilwert der Maschine sinkt deshalb auf 15.000,00 €.

- Da die Wertminderung von Dauer ist, muss handelsrechtlich eine Abschreibung erfolgen. Steuerrechtlich liegt eine dauerhafte Wertminderung vor, wenn der Wert des Wirtschaftsguts zum Bilanzstichtag mindestens für die halbe Restnutzungsdauer unter dem planmäßigen Restbuchwert liegt.

Anschaffungskosten 01	48.000,00 €
AfA 01	– 6.000,00 €
Buchwert 31.12.01	42.000,00 €
AfA 02	– 6.000,00 €
vorläufiger Buchwert 31.12.02	36.000,00 €
TW-Abschreibung	– 21.000,00 €
Buchwert 31.12.02	15.000,00 €

Berechnung, ob steuerrechtlich eine dauernde Wertminderung vorliegt:

planmäßiger Buchwert 31.12.02	36.000,00 €
Restnutzungdauer 6 Jahre	
halbe Restnutzungsdauer 3 Jahre	
3 · 6.000,00 € =	– 18.000,00 €
planmäßiger Restbuchwert	18.000,00 €
Vergleich mit Teilwert	15.000,00 €

Der Teilwert ist niedriger als der planmäßige Restbuchwert nach halber Restnutzugsdauer. Es erfolgt daher eine Teilwertabschreibung auf 15.000,00 €.

Buchungssatz am 31.12.02	Soll	Haben
4830/6220 Abschreibungen auf Sachanlagen	6.000,00	
4840/6230 Außerplanmäßige Abschr. auf SA	21.000,00	
an 0210/0440 Maschinen		27.000,00

Nach einer Teilwertabschreibung ist bei beweglichen Wirtschaftsgütern die AfA nur noch vom Buchwert möglich (Verteilung des Restbuchwertes auf die verbleibende Nutzungsdauer bei der linearen AfA).

BEISPIEL

Der Unternehmer im obigen Beispiel kann die Maschine trotz intensiver Bemühungen nicht verkaufen, so dass sie am 31.12.03 immer noch im Betriebsvermögen vorhanden ist.

- Die Abschreibung beträgt für das Jahr 03 2.500,00 €.

$$\frac{\text{Restbuchwert 31.12.03}}{\text{Restnutzungsdauer}} \quad \frac{15.000,00\ €}{6\ \text{Jahre}} = 2.500,00\ €$$

Buchungssatz am 31.12.03

	Soll	Haben
4830/6220 Abschreibungen auf Sachanlagen	2.500,00	
an 0210/0440 Maschinen		2.500,00

Entfällt der Grund für die Wertminderung, besteht handelsrechtlich und steuerrechtlich eine Zuschreibungspflicht, § 253 Abs. 5 HGB, § 6 Abs. 1 Nr. 1 S. 4 EStG.

Hierbei ist der Restbuchwert mit dem **planmäßigen** Restbuchwert ohne Teilwertabschreibung zu vergleichen. Der Differenzbetrag ist die Zuschreibung.

BEISPIEL

Im Jahr 04 kann der Unternehmer (Beispiel oben) die Maschine voll einsetzen, weil er einen neuen Kunden geworben hat. Der Wert der Maschine steigt daraufhin auf 24.000,00 €.

- Die Zuschreibung beträgt 14.000,00 €.

Restbuchwert 31.12.02	15.000,00 €
AfA 03	− 2.500,00 €
Buchwert 31.12.03	12.500,00 €
AfA 04	− 2.500,00 €
Vorläufiger BW 31.12.04	10.000,00 €
Zuschreibung	+ 14.000,00 €
Buchwert 31.12.04	24.000,00 €

Berechnung Zuschreibungsbetrag

Anschaffungskosten	48.000,00 €
Abschreibung 01–04 4 · 6.000,00 €	− 24.000,00 €
Planmäßiger BW ohne TW-Abschreibung = Wertobergrenze für Zuschreibung	24.000,00 €
Tatsächlicher Buchwert	10.000,00 €
Zuschreibung	14.000,00 €

Buchungssatz am 31.12.04

	Soll	Haben
0210/0440 Maschinen	14.000,00	
an 2710/4910 Erträge aus Zuschreibungen des AV		14.000,00

Kapitel 11

| Beschaffung und Herstellung eigengenutzter Sachanlagegüter | Steuern, sonstige Betriebsausgaben | Jahresabschluss nach Handels- und Steuerrecht |

Bewertung des abnutzbaren Sachanlagevermögens

	Handelsbilanz	Steuerbilanz
1. Grundlage der Bewertung	Anschaffungs- oder Herstellungskosten abzüglich planmäßige Abschreibungen = fortgeführte AK bzw. HK = Obergrenze der Bewertung	
2. voraussichtlich dauernde Wertminderung	Pflicht zur außerplanmäßigen Abschreibung = strenges Niederstwertprinzip	Wahlrecht zur TW-Abschreibung
3. vorübergehende Wertminderung	Abschreibungsverbot	
4. Grund für die außerplanmäßige Abschreibung entfällt	Zuschreibungspflicht	

Abschreibungen

1. Sonderabschreibungen sind neben der normalen AfA möglich, erhöhte Abschreibungen treten an die Stelle der normalen AfA.
2. Die AfaA ist nur bei abnutzbaren Wirtschaftsgütern des Anlagevermögens möglich, die Teilwertabschreibung bei allen Wirtschaftsgütern des Anlage- und Umlaufvermögens.

AUFGABEN

1. Welche AfA-Methoden gibt es bei Gebäuden?
2. Wann kommt eine Absetzung für außergewöhnliche Abnutzung in Betracht?
3. Was versteht man unter einer Teilwertabschreibung?

Aufgaben 4–6: Berechnung AfaA
Aufgaben 7–11: TW-Abschreibungen

Vorbemerkung: Das steuerliche Abschreibungswahlrecht bei dauernder Wertminderung gemäß § 6 Abs. 1 Nr. 1 EStG wird in den folgenden Aufgaben stets in Übereinstimmung mit der HB ausgeübt.

| Abgrenzungen bei der Erstellung des Jahresabschlusses | **Wertansätze in der Bilanz** | Eigenkapitalausweis in der Bilanz |

Kapitel 11

4. Eine Maschine des Unternehmers, die er im Januar 01 erworben hat, Anschaffungskosten 72.000,00 €, betriebsgewöhnliche Nutzungsdauer 8 Jahre, bisher lineare Abschreibung, wird aufgrund eines Brandes im Jahr 04 in der Maschinenhalle stark beschädigt. Die Nutzungsdauer verkürzt sich dadurch um 2 Jahre.

   Berechnen Sie den Buchwert zum 31.12.04 und buchen Sie zum 31.12.04 und 31.12.05.

5. Ein Bus, der zum Betriebsvermögen Ihres Mandanten gehört, erleidet durch einen Unfall in 05 einen schweren Schaden. Die ursprünglichen Anschaffungskosten 01 betragen 180.000,00 €, Anschaffung Januar 01, betriebsgewöhnliche Nutzungsdauer 12 Jahre. Durch den Schaden verkürzt sich die Nutzungsdauer auf 9 Jahre.

   Wie ist am 31.12.05 und 31.12.06 zu buchen? Ermitteln Sie den Buchwert zum 31.12.05.

6. Ihr Mandant hat im Juli 01 einen Hochleistungsdrucker für netto 20.000,00 € angeschafft, betriebsgewöhnliche Nutzungsdauer 5 Jahre. Durch unsachgemäße Bedienung im Jahr 02 ist der Drucker nicht mehr voll leistungsfähig und die Nutzungsdauer halbiert sich.

   Wie ist am 31.12.02 und 31.12.03 zu buchen? Ermitteln Sie den Buchwert zum 31.12.02.

7. Ihr Mandant hat im Januar 01 eine EDV-Anlage zum Preis von 21.000,00 € netto angeschafft, betriebsgewöhnliche Nutzungsdauer 5 Jahre. Im Jahr 03 sinkt der Wert der Anlage aufgrund neuerer Programme auf
   a) 2.000,00 €,   b) 7.000,00 €.

   Wie ist handelsrechtlich zum 31.12.03 zu buchen? Geben Sie die Gewinnauswirkung auf die Handels- und Steuerbilanz an.

8. Ihr Mandant hat am 15.07.01 einen Lkw zum Preis von 250.000,00 € zzgl. 19 % USt erworben, betriebsgewöhnliche Nutzungsdauer 10 Jahre. Der Wert des Busses sinkt aufgrund modernerer Busse im Jahr 07 dauerhaft auf 30.000,00 €.

   Wie ist handelsrechtlich zum 31.12.07 und 31.12.08 zu buchen? Geben Sie die Buchwerte und die Gewinnauswirkungen in der Handels- und Steuerbilanz an.

9. Eine Maschine, die Ihr Mandant, eine GmbH, im Januar 01 erworben hat (Anschaffungskosten 64.000,00 €, betriebsgewöhnliche Nutzungsdauer 8 Jahre) sinkt im Jahr 03 auf einen Wert von 15.000,00 €. Im Jahr 05 entfällt der Grund für die Wertminderung und der Wert steigt auf
   a) 20.000,00 €,   b) 27.000,00 €.

   Berechnen Sie die Buchwerte der Maschine zum 31.12.03, 31.12.04 und 31.12.05. Buchen Sie zu den entsprechenden Abschlussstichtagen und geben Sie die Gewinnauswirkung in der Handels- und Steuerbilanz an.

10. Ihr Mandant hat im Januar 01 eine Maschine mit Anschaffungskosten von 43.000,00 € erworben, betriebsgewöhnliche Nutzungsdauer 10 Jahre. Die Abschreibung erfolgte linear. Zum 31.12.02 wurde die Maschine auf den dauerhaft niedrigeren Wert von 12.000,00 € abgeschrieben. Im Jahr 04 steigt der Wert der Maschine wieder.

    Mit welchem Wert ist die Maschine am 31.12.04 in der Handels- bzw. Steuerbilanz zu erfassen,
    a) bei einem Einzelunternehmer, wenn der gestiegene Wert 15.000,00 € beträgt,
    b) bei einem Einzelunternehmer, wenn der gestiegene Wert 28.000,00 € beträgt,
    c) bei einer GmbH und einem Wert von 20.000,00 €?

11. Auf dem Konto „Büroeinrichtung" ist eine Schrankwand mit Anschaffungskosten von 5.000,00 € bilanziert, Anschaffung im Juli 01, betriebsgewöhnliche Nutzungsdauer 10 Jahre. Da sich im Laufe der Zeit der Modetrend geändert hat, ist der Wert im Jahr 08 auf 400,00 € gesunken.

    Wie hat der Unternehmer am 31.12.07 handelsrechtlich zu buchen und mit welchem Wert steht die Schrankwand in der Handels- bzw. Steuerbilanz?

11.1.4 Abschreibung geringwertiger Wirtschaftsgüter/Bildung von Sammelposten

LERNSITUATION

Die Kurz KG erwirbt im August 02 drei Nähmaschinen, die von ihren Näherinnen genutzt werden. Der Gesamtkaufpreis liegt bei 1.249,50 €. Nach einem Jahr wird eine der Nähmaschinen verkauft.

Die Gesellschafter möchten die kompletten Anschaffungskosten als Betriebsausgabe geltend machen.

EStG
§ 6 Abs. 2, Abs. 2 a

Abschreibung geringwertiger Wirtschaftsgüter gemäß § 6 Abs. 2 EStG

Bewegliche Wirtschaftsgüter des abnutzbaren Anlagevermögens **können** (Wahlrecht) im Anschaffungs- oder Herstellungsjahr vollständig abgeschrieben werden, wenn

- die Anschaffungs- oder Herstellungskosten für das einzelne Wirtschaftsgut 410,00 € (netto) nicht übersteigen und wenn
- sie selbstständig bewertbar und nutzbar sind.

Diese Regelung gilt für Wirtschaftsgüter, die ab dem 01.01.2010 angeschafft oder hergestellt wurden. Alternativ können sie auch aktiviert und über die betriebsgewöhnliche Nutzungsdauer abgeschrieben werden.

Wirtschaftsgüter, deren Wert 150,00 € übersteigt, sind unter Angabe des Tages der Anschaffung oder Herstellung und der Anschaffungs- oder Herstellungskosten in ein besonderes, laufend zu führendes Verzeichnis aufzunehmen. Das Verzeichnis braucht nicht geführt zu werden, wenn diese Angaben aus der Buchführung ersichtlich sind.

Die Abschreibung über die Nutzungsdauer und auch die Sofortabschreibung können handelsrechtlich übernommen werden. Der Steuerpflichtige kann das Wahlrecht nach § 6 Abs. 2 EStG bei jedem Wirtschaftsgut neu ausüben, da das Wahlrecht wirtschaftsgutbezogen ist.

Alle Wirtschaftsgüter, deren Anschaffungs- oder Herstellungskosten über 410,00 € liegen, sind durch Abschreibungen gemäß § 7 EStG abzuschreiben.

BEISPIEL

Ein Unternehmer kauft einen Büroschrank für 375,00 € zzgl. 19 % USt. Die Zahlung erfolgt per Banküberweisung.

- Es handelt sich um ein geringwertiges Wirtschaftsgut, das als Betriebsausgabe zu erfassen ist.

		Soll	Haben
Buchungssatz bei Zahlung	4855/6260 Sofortabschreibung GWG	375,00	
	1570/1400 Vorsteuer	71,25	
	an 1200/1800 Bank		446,25
Alternativ: 1. Schritt:	Aktivierung des geringw. Wirtschaftsguts		
	0480/0670 Geringw. Wirtschaftsgüter	375,00	
	1570/1400 Vorsteuer	71,25	
	an 1200/1800 Bank		446,25
2. Schritt:	Abschreibung		
	4860/6262 Abschr. auf akt. geringw. Wirtschaftsg.	375,00	
	an 0480/0670 Geringw. Wirtschaftsgüter		375,00

Sammelpostenregelung gemäß § 6 Abs. 2 a EStG

Anschaffungs- bzw. Herstellungskosten bis 150,00 €

Bewegliche Wirtschaftsgüter des abnutzbaren Anlagevermögens **können** im Anschaffungs- oder Herstellungsjahr **vollständig** abgeschrieben werden, wenn

- die Anschaffungs- oder Herstellungskosten für das einzelne Wirtschaftsgut **150,00 €** ohne die darin enthaltene Vorsteuer **nicht übersteigen** und wenn
- sie selbstständig bewertbar und nutzbar sind, § 6 Abs. 2 a EStG.

Es ist kein besonderes Verzeichnis zu führen. Alternativ können sie auch über die Nutzungsdauer abgeschrieben werden.

BEISPIEL

Ein Unternehmer, der zum vollen Vorsteuerabzug berechtigt ist, erwirbt einen Kopierer zum Preis von 145,00 € zzgl. 19 % USt. Er zahlt sofort per Banküberweisung.

- Es handelt sich um ein geringwertiges Wirtschaftsgut, das als Betriebsausgabe zu erfassen ist.

Buchungssatz bei Zahlung		Soll	Haben
	4855/6260 Sofortabschreibung GWG	145,00	
	1570/1400 Vorsteuer	27,55	
	an 1200/1800 Bank		172,55

Anschaffungs- bzw. Herstellungskosten ab 150,00 € bis 1.000,00 €

Für abnutzbare bewegliche Wirtschaftsgüter des Anlagevermögens, die selbstständig genutzt werden können, muss im Wirtschaftsjahr der Anschaffung, Herstellung oder Einlage des Wirtschaftsguts oder der Eröffnung des Betriebs ein **Sammelposten** (Pool) gebildet werden, wenn die Anschaffungs- oder Herstellungskosten, vermindert um einen darin enthaltenen Vorsteuerbetrag, für das einzelne Wirtschaftsgut **150,00 €, aber nicht 1.000,00 € übersteigen**, § 6 Abs. 2 a EStG.

Diese Regelung ist für alle Wirtschaftsgüter verbindlich. Es besteht kein wirtschaftsgutbezogenes Wahlrecht.

Dieser **Sammelposten** ist im Wirtschaftsjahr der Bildung und in den folgenden vier Wirtschaftsjahren mit jeweils **einem Fünftel gewinnmindernd** aufzulösen.

Dabei ist unerheblich

- zu welchem Zeitpunkt die Wirtschaftsgüter im Anschaffungsjahr erworben werden (keine zeitanteilige Abschreibung im Anschaffungsjahr),
- wann die Wirtschaftsgüter aus dem Betriebsvermögen ausscheiden (konstante Abschreibungen auf den Jahressammelposten im Fünfjahreszeitraum auch bei vorzeitigem oder nachträglichem Ausscheiden der Wirtschaftsgüter).

→

BEISPIEL

Ein Unternehmer kauft für seine Außendienstmitarbeiter 150 Aktenkoffer zum Preis von je 238,00 € auf Ziel.

- Die Anschaffungskosten eines einzelnen Koffers betragen 200,00 €, sodass ein Sammelposten zu bilden ist. Die Abschreibung erfolgt auf 5 Jahre.

Buchungssatz bei Kauf		Soll	Haben
	0485/0675 Sammelposten GWG	30.000,00	
	1570/1400 Vorsteuer	5.700,00	
	an 1600/3300 Verbindl. a. LL		35.700,00
Buchungssatz 31.12		Soll	Haben
	4862/6264 Abschr. auf den Sammelp. GWG	6.000,00	
	an 0485/0675 Sammelposten GWG		6.000,00

Die beiden Regelungen des § 6 Abs. 2 und Abs. 2 a EStG sind nicht nebeneinander in einem Wirtschaftsjahr anzuwenden, d. h., entweder wird für alle Wirtschaftsgüter, die in einem Wirtschaftsjahr angeschafft oder hergestellt werden, die Regelung des § 6 Abs. 2 EStG oder die des § 6 Abs. 2 a EStG angewandt.

Nachträgliche Anschaffungs- oder Herstellungskosten

Nachträgliche Anschaffungs- oder Herstellungskosten von Wirtschaftsgütern im Sinne des § 6 Abs. 2 a EStG erhöhen den Sammelposten des Wirtschaftsjahres, in dem die Aufwendungen entstehen (R 6.13 Abs. 5 S. 2 EStR). Beabsichtigt der Steuerpflichtige, in diesem Wirtschaftsjahr § 6 Abs. 2 a EStG nicht anzuwenden, beschränkt sich der Sammelposten auf die nachträglichen Anschaffungs- oder Herstellungskosten der in § 6 Abs. 2 a S. 1 EStG genannten Wirtschaftsgüter.

Fallen die nachträglichen Anschaffungs- oder Herstellungskosten bereits im Wirtschaftsjahr der Investition an, und übersteigt die Summe der Gesamtkosten in diesem Wirtschaftsjahr die Betragsgrenze von 1.000,00 €, kann § 6 Abs. 2 a EStG nicht angewendet werden. Das Wirtschaftsgut ist nach § 6 Abs. 1 Nr. 1 EStG einzeln zu bewerten.

Scheidet ein Wirtschaftsgut im Jahr der Anschaffung oder Herstellung aus dem Betriebsvermögen aus, liegen die Voraussetzungen für die Berücksichtigung des Wirtschaftsgutes im Sammelposten zum Schluss dieses Wirtschaftsjahres nicht vor; BMF-Schreiben vom 30.09.2010, Rn 10.

BEISPIEL

Variante 1

Ein Unternehmer, der zum vollen Vorsteuerabzug berechtigt ist, kauft am 15.04.01 eine Digitalkamera für netto 950,00 € zzgl. 19 % Umsatzsteuer. Im Juni 01 erwirbt er ein Weitwinkelobjektiv dazu für netto 100,00 € zzgl. 19 % Umsatzsteuer.

- Die Anschaffungskosten der Digitalkamera betragen insgesamt 1.050,00 € und liegen somit über 1.000,00 €. Sie dürfen nicht im Sammelposten erfasst werden. Die Kamera ist über die betriebsgewöhnliche Nutzungsdauer abzuschreiben.

Variante 2

Der Unternehmer erwirbt das Weitwinkelobjektiv erst im März 02.

- Die Anschaffungskosten des Jahres 01 in Höhe von 950,00 € sind im Sammelposten zu erfassen und mit jährlich ⅕ abzuschreiben. Die nachträglichen Anschaffungskosten sind im Sammelposten des Jahres 02 zu erfassen, auch wenn sonst von der Möglichkeit des Sammelpostens kein Gebrauch gemacht wird.

| Abgrenzungen bei der Erstellung des Jahresabschlusses | Wertansätze in der Bilanz | Eigenkapitalausweis in der Bilanz |

Kapitel 11

Behandlung von geringwertigen Wirtschaftsgütern

§ 6 Abs. 2 EStG → AK/HK bis 410,00 € ohne Vorsteuer → Betriebsausgabe in voller Höhe im Jahr der Anschaffung/Herstellung

§ 6 Abs. 2 a EStG → AK/HK bis 150,00 € → Betriebsausgabe in voller Höhe im Jahr der Anschaffung/Herstellung

§ 6 Abs. 2 a EStG → AK/HK 150,01 € bis 1.000,00 € → Sammelposten bilden, im Wirtschaftsjahr der Bildung und den vier folgenden Wirtschaftsjahren mit jeweils ⅕ auflösen

1. Für die Frage, ob sofort abzugsfähige Betriebsausgaben vorliegen oder ein Sammelposten zu bilden ist, sind die Anschaffungskosten ohne Vorsteuer zu berücksichtigen, auch wenn der Unternehmer nicht zum Vorsteuerabzug berechtigt ist.
2. Scheidet ein Wirtschaftsgut aus dem Betriebsvermögen aus, bleibt der Sammelposten unverändert

Kapitel 11

Beschaffung und Herstellung eigengenutzter Sachanlagegüter | Steuern, sonstige Betriebsausgaben | Jahresabschluss nach Handels- und Steuerrecht

AUFGABEN

1. Wie werden selbstständig nutzbare Wirtschaftsgüter mit Anschaffungs- bzw. Herstellungskosten
   a) bis 150,00 € netto,
   b) von mehr als 150,00 € netto und höchstens 1.000,00 € netto
   gemäß § 6 Abs. 2 a EStG buchhalterisch behandelt?

2. Es gibt verschiedene Abschreibungskategorien für selbstständig nutzbare Wirtschaftsgüter, die ab dem 01.01.2008 angeschafft bzw. selbst hergestellt wurden.

   Ordnen Sie den unter A stehenden Anschaffungs- bzw. Herstellungskosten der Wirtschaftsgüter die unter B stehende vorgeschriebene steuerliche Behandlung zu.

A Anschaffungs- bzw. Herstellungskosten	B mögliche steuerliche Behandlung
1. bis 150,00 € (netto) 2. über 150,00 € (netto) bis 1.000,00 € (netto) 3. über 1.000,00 € (netto) 4. bis 410,00 € (netto) 5. über 410,00 € (netto)	1. Jahressammelposten (Pool), gemeinsame Abschreibung über 5 Jahre (20 % linear) 2. lineare Abschreibung gemäß Abschreibungstabellen, degressive Abschreibung bzw. Leistungsabschreibung 3. Betriebsausgabe (Sofortaufwand)

3. Folgende Geschäftsvorfälle entnehmen Sie den Buchführungsunterlagen Mai 01 Ihres Mandanten:

   1) Kauf eines Fotokopiergerätes mit EC-Karte zum Listenpreis von .... 500,00 €
      – 25 % Rabatt .... 125,00 €
      + 19 % Umsatzsteuer .... 71,25 €
   2) Barkauf eines Schreibtisches zum Listenpreis von .... 300,00 €
      + 19 % Umsatzsteuer .... 57,00 €
   3) Kauf eines Telefaxgerätes mit EC-Karte zum Listenpreis von .... 375,00 €
      + 19 % Umsatzsteuer .... 71,25 €
   4) Barkauf einer Schreibtischauflage für .... 25,00 €
      + 19 % Umsatzsteuer .... 4,75 €

   a) Nehmen Sie die erforderlichen laufenden Buchungen und die zum Abschlussstichtag 31.12.01 vor, unter der Voraussetzung, dass Ihr Mandant von der Regelung des § 6 Abs. 2 a EStG Gebrauch macht.
   b) Wie wäre die Lösung, wenn Ihr Mandant die Vorschrift des § 6 Abs. 2 EStG in Anspruch nimmt?

4. Ihr Mandant, ein Versicherungsmakler, erwirbt im Juli 01 einen Kopierer für 142,00 € zzgl. 19 % USt und eine neue Aktentasche für 210,00 € zzgl. 19 % USt. Beides zahlt er sofort bei Kauf.

   Wie sind die beiden Anschaffungen gemäß § 6 Abs. 2 a EStG zu buchen?

5. Eine GmbH kauft im April 01 zehn Rasenmäher zum Preis von je 800,00 € zzgl. 19 % USt. Die betriebsgewöhnliche Nutzungsdauer beträgt 8 Jahre. Im Jahr 02 veräußert sie drei dieser Rasenmäher, da die Geschäfte rückläufig sind.

   a) Wie ist
      1) die Anschaffung,
      2) zum 31.12.01 und
      3) zum 31.12.02 gemäß § 6 Abs. 2 a EStG zu buchen?
   b) Wie ist
      1) die Anschaffung und
      2) zum 31.12.01 gemäß § 6 Abs. 2 EStG zu buchen?

6. Ein Unternehmer schafft in den Jahren 01 bis 03 laufend abnutzbare bewegliche Wirtschaftsgüter des Anlagevermögens an, deren Anschaffungskosten zwischen 150,01 € und 1.000,00 € betragen.

   Die Sammelposten der einzelnen Jahre haben folgende Höhe:
   01: 42.000,00 €
   02: 16.000,00 €
   03: 24.000,00 €

   Stellen Sie die Entwicklung der einzelnen Sammelposten tabellarisch dar.

7. Das Maschinenbauunternehmen Stahl & Eisen GmbH, Rohrstr. 41, 30159 Hannover, legt Ihnen folgende Belege (1 bis 5) im Rahmen der Buchführung vor.

   a) Welche Geschäftsvorfälle liegen den Belegen zugrunde?
   b) Wie lauten die Buchungssätze gemäß § 6 Abs. 2 a EStG?
      Welche Buchungssätze ändern sich, wenn von der Möglichkeit des § 6 Abs. 2 EStG Gebrauch gemacht wird?

Beleg 1

Beleg 2

Beleg 3

Beleg 4

Beleg 5

11.1.5 Investitionsabzugsbetrag

> **LERNSITUATION**
>
> Ein Rechtsanwalt beabsichtigt im nächsten Jahr eine neue EDV-Anlage zu erwerben, die voraussichtlich 100.000,00 € kosten wird. Da es sich um eine erhebliche Investition handelt, fragt er Sie, ob er bereits im laufenden Jahr seinen Gewinn „irgendwie" mindern kann, um Steuern zu sparen.

EStG § 7 g

11.1.5.1 Allgemeines

Abzugsbetrag

Bei der Inanspruchnahme der Regelungen des § 7 g EStG handelt es sich um die Ausübung eines **steuerlichen Wahlrechts** im Sinne des § 5 Abs. 1 S. 1 HS 2 EStG, d. h. sie sind **nur steuerlich** zu berücksichtigen.

Das kann durch die Aufstellung einer separaten Steuerbilanz erfolgen oder durch eine Korrekturrechnung zur Handelsbilanz und die Aufnahme dieser Wirtschaftsgüter in laufend zu führende Verzeichnisse gemäß § 5 Abs. 1 S. 2, 3 EStG. Die Handelsbilanz wird nicht verändert.

Die Verzeichnisse müssen

- den Tag der Anschaffung oder Herstellung,
- die Anschaffungs- oder Herstellungskosten,
- die Vorschrift des ausgeübten steuerlichen Wahlrechts
- und die vorgenommenen Abschreibungen nachweisen.

Steuerpflichtige können für die künftige Anschaffung oder Herstellung eines abnutzbaren beweglichen Wirtschaftsguts des Anlagevermögens **bis zu 40 %** der voraussichtlichen Anschaffungs- oder Herstellungskosten gewinnmindernd abziehen, § 7 g Abs. 1 EStG.

Der Abzugsbetrag wird **außerbilanziell** vom Gewinn abgezogen. Das Eigenkapital in der Bilanz wird nicht gemindert. Der Abzugsbetrag kann auch weniger als 40 % betragen.

Der absolute Höchstbetrag für **alle** im laufenden Wirtschaftsjahr und in den drei vorangegangenen Wirtschaftsjahren vorgenommenen Abzüge beträgt 200.000,00 €.

Der Abzugsbetrag wird **betriebsbezogen**, nicht personenbezogen gewährt.

Begünstigte Wirtschaftsgüter

Begünstigt sind sowohl **neue** wie auch **gebrauchte** Wirtschaftsgüter.

Nicht begünstigt sind immaterielle Wirtschaftsgüter und Finanzanlagen.

Größenmerkmale

Der Investitionsabzugsbetrag kann nur in Anspruch genommen werden, wenn

1. bei bilanzierenden Betrieben das steuerliche Betriebsvermögen 235.000,00 € (31.12.2008 bis 31.12.2010: 335.000,00 €) zum Schluss des Wirtschaftsjahres, in dem der Abzug vorgenommen wird, nicht übersteigt,
2. der Wirtschaftswert bei Land- und Forstwirtschaftsbetrieben nicht mehr als 125.000,00 € (31.12.2008 bis 31.12.2010: 175.000,00 €) beträgt und
3. der Gewinn bei Gewerbebetrieben oder bei der selbstständigen Arbeit dienenden Betrieben, die ihren Gewinn nach § 4 Abs. 3 EStG ermitteln, nicht mehr als 100.000,00 € (31.12.2008 bis 31.12.2010: 200.000,00 €) beträgt.

Mit Betriebsvermögen in diesem Sinne ist das Eigenkapital aus der Bilanz gemeint. Bei Personengesellschaften gilt das Kapital aus der Gesamthandsbilanz zzgl. dem Kapital aus Sonder- und Ergänzungsbilanzen.

Investitionsabsicht

Der Steuerpflichtige beabsichtigt, das begünstigte Wirtschaftsgut voraussichtlich in den dem Wirtschaftsjahr des Abzugs folgenden **drei Wirtschaftsjahren** anzuschaffen bzw. herzustellen = **Investitionsfrist somit drei Jahre.**

Nutzung

Das Wirtschaftsgut muss bis zum Ende des dem Wirtschaftsjahr der Anschaffung oder Herstellung folgenden Wirtschaftsjahres in einer inländischen Betriebsstätte fast ausschließlich (90 %) betrieblich genutzt werden.

Der Steuerpflichtige muss das begünstige Wirtschaftsgut seiner Funktion nach benennen und die Höhe der voraussichtlichen Anschaffungs- oder Herstellungskosten angeben.

Der Zeitpunkt der Investition muss nicht angegeben werden.

BEISPIEL

Seit Jahren betreibt ein Unternehmer einen Möbeleinzelhandel und erzielte in den letzten Jahren Gewinne in Höhe von 45.000,00 € für 01 und 47.000,00 € für 02. Das Betriebsvermögen zum 31.12.01 beträgt 70.000,00 € und zum 31.12.02 65.000,00 €.
Der Unternehmer möchte einen neuen Lkw anschaffen. Er schätzt die Anschaffungskosten auf 100.000,00 €. Der Lkw wird ausschließlich zu betrieblichen Zwecken genutzt.

- Der Lkw ist ein bewegliches abnutzbares Wirtschaftsgut des Anlagevermögens, das ausschließlich betrieblichen Zwecken dienen soll. Die Größenmerkmale werden eingehalten. Der Unternehmer kann einen Investitionsabzugsbetrag in 02 bis zu maximal 40 % von 100.000,00 € = 40.000,00 € außerbilanziell geltend machen.

HB-Gewinn	47.000,00 €
Investitionsabzugsbetrag, außerhalb der Bilanz	40.000,00 €
steuerlicher Gewinn	7.000,00 €

Die Inanspruchnahme des Investitionsabzugsbetrags kann auch zu einem Verlust führen.

11.1.5.2 Anschaffung eines begünstigten Wirtschaftsguts

Der Steuerpflichtige **muss** im Wirtschaftsjahr der Anschaffung des begünstigten Wirtschaftsguts **40 % der tatsächlichen Anschaffungs- bzw. Herstellungskosten,** höchstens den geltend gemachten Investitionsabzugsbetrag, dem Gewinn **außerbilanziell hinzurechnen.**

Außerdem **können** die Anschaffungs- oder Herstellungskosten des Wirtschaftsguts in dem Wirtschaftsjahr der Anschaffung um **bis zu 40 %, höchstens** jedoch um den **Hinzurechnungsbetrag,** gewinnmindernd herabgesetzt werden. Das bedeutet, dass sich auch die AfA-Bemessungsgrundlage entsprechend mindert, § 7 g Abs. 2 EStG.

BEISPIEL (Fortsetzung)

Der Unternehmer erwirbt in 03 einen Lkw für 100.000,00 € zzgl. 19 % USt.

- Außerhalb der Bilanz werden 40 % der Anschaffungskosten, d. h. 40.000,00 €, dem Gewinn 03 hinzugerechnet.

1. Alternative: Es wird eine Steuerbilanz erstellt.

Die Anschaffungskosten können in der Steuerbilanz gewinnmindernd um bis zu 40.000,00 € herabgesetzt werden.

Buchungssatz

	Soll	Haben
4853/6243 Kürzung der AK o. HK gem. § 7 g Abs. 2 EStG, ohne Kfz	40.000,00	
an 0350/0540 Lkw		40.000,00

2. Alternative: Es wird keine separate Steuerbilanz erstellt.

Die Gewinnminderung durch die Herabsetzung der Anschaffungskosten um bis zu 40.000,00 € erfolgt außerbilanziell zur Ermittlung des steuerlichen Gewinns.

Sonderabschreibung

Gemäß § 7 g Abs. 5 **können** bei abnutzbaren beweglichen Wirtschaftsgütern des Anlagevermögens im Jahr der Anschaffung oder Herstellung und in den vier folgenden Jahren Sonderabschreibungen **bis zu insgesamt 20 %** der Anschaffungs- oder Herstellungskosten in Anspruch genommen werden.

Voraussetzungen hierfür sind,
- dass der Betrieb zum Schluss des Wirtschaftsjahres **vor** der Anschaffung/Herstellung die oben erwähnten Größenmerkmale nicht überschreitet und
- das Wirtschaftsgut im Jahr der Anschaffung oder Herstellung und im darauf folgenden Wirtschaftsjahr in einer **inländischen** Betriebsstätte **ausschließlich** oder **fast ausschließlich** (90 %) betrieblich genutzt wird.

BEISPIEL (Fortsetzung)

Der Unternehmer möchte die Sonderabschreibung bereits im Jahr der Anschaffung voll in Anspruch nehmen.

- Im Jahr 03 beträgt die Sonderabschreibung 12.000,00 €.

Die AfA-Bemessungsgrundlage ermittelt sich wie folgt:

ursprüngliche Anschaffungskosten	100.000,00 €
AK-Minderung 40 %	– 40.000,00 €
AfA-Bemessungsgrundlage	60.000,00 €
hiervon 20 % Sonderabschreibung	12.000,00 €

1. Alternative: Es wird eine Steuerbilanz erstellt.

Die Sonderabschreibung wird in der Steuerbilanz gewinnmindernd erfasst.

Buchungssatz

	Soll	Haben
4851/6241 S-Abschr. nach § 7 g Abs. 5, ohne Kfz	12.000,00	
an 0350/0540 Lkw		12.000,00

2. Alternative: Es wird keine separate Steuerbilanz erstellt.

Die Sonderabschreibung in Höhe von 12.000,00 € wird außerbilanziell zur Ermittlung des steuerlichen Gewinns berücksichtigt.

Zusätzlich zur Sonderabschreibung konnte die **lineare** Abschreibung und **bei Erwerben seit dem 01.01.2009** auch die **degressive** Abschreibung in Anspruch genommen werden. Die Möglichkeit der degressiven AfA war auf zwei Jahre befristet. Sie galt also für Anschaffungen bis zum 31.12.2010.

Nicht notwendig ist, dass für das abnutzbare bewegliche Wirtschaftsgut zuvor ein Investitionsabzugsbetrag gebildet wurde.

11.1.5.3 Rückgängigmachung § 7 g Abs. 3 EStG

Die Inanspruchnahme des Investitionsabzugsbetrags wird im Ursprungsjahr rückgängig gemacht, d. h. rückwirkend, wenn

- keine Investition getätigt wird oder
- das Investitionsgut nicht funktionsgleich ist oder
- die tatsächlichen Anschaffungs- oder Herstellungskosten niedriger sind als ursprünglich geplant.

| Abgrenzungen bei der Erstellung des Jahresabschlusses | **Wertansätze in der Bilanz** | Eigenkapitalausweis in der Bilanz |

Kapitel 11

BEISPIEL

Es wird keine Investition getätigt.

Ein Unternehmer plant die Anschaffung einer Maschine mit voraussichtlichen Anschaffungskosten von 50.000,00 €. Er nimmt zulässigerweise einen Investitionsabzugsbetrag für 01 in Höhe von 40 % von 50.000,00 € = 20.000,00 € in Anspruch. Er mindert also seinen Gewinn außerbilanziell um 20.000,00 €.
Der Unternehmer nimmt in 04 von seiner Investitionsabsicht Abstand, da die wirtschaftliche Situation seines Unternehmens eine Neuanschaffung nicht mehr erfordert.

- Der **ursprüngliche** Investitionsabzug ist rückwirkend rückgängig zu machen.

Der Gewinn des Jahres 01 ist um den Ursprungsbetrag von 20.000,00 € zu erhöhen.
Für diese Fälle enthält § 7 g EStG eine spezielle Korrekturvorschrift, die es erlaubt, eine bereits bestandskräftige Steuerfestsetzung zu ändern.

Die sich durch die Rückgängigmachung des Abzugs ergebende Steuernachzahlung ist nach § 233 a AO mit 6 % jährlich zu verzinsen. Auf Antrag des Steuerpflichtigen können Investitionsabzugsbeträge innerhalb des Investitionszeitraums jederzeit freiwillig ganz oder teilweise nach § 7 g Abs. 3 EStG rückgängig gemacht werden.

BEISPIEL

tatsächliche Anschaffungs- oder Herstellungskosten < unterstellte Anschaffungs- oder Herstellungskosten

Ein Unternehmer plant die Anschaffung eines Pkw für 60.000,00 € und nimmt deshalb für 01 einen Abzugsbetrag in Höhe von 24.000,00 € in Anspruch. Die tatsächlichen Anschaffungskosten betragen in 02 45.000,00 €.

- Für 02 sind außerbilanziell 18.000,00 € hinzuzurechnen. Der Gewinn des Jahres 01 ist um 6.000,00 € außerbilanziell zu erhöhen.

Jahr 02: Anschaffungskosten 45.000,00 € · 40 % = 18.000,00 €.
Der Gewinn 02 ist außerbilanziell um 18.000,00 € zu erhöhen.
Gewinnminderung um bis zu 18.000,00 € durch Minderung der Anschaffungskosten möglich.
Sonderabschreibung bis zu 20 % von 27.000,00 €
(45.000,00 € - 18.000,00 €) = 5.400,00 € möglich.
Lineare Abschreibung ist zusätzlich möglich.

Jahr 01: Es ist nur ein Abzugsbetrag von 18.000,00 € zulässig.
In Anspruch genommen wurden 24.000,00 €.
Gewinn um 6.000,00 € erhöhen.
Steuernachzahlung führt zu einer Verzinsung gemäß § 233 a EStG.

Nichterfüllung der Nutzungsvoraussetzungen

Wird das angeschaffte/hergestellte Wirtschaftsgut z. B. nicht im vorgeschriebenen Zeitraum überwiegend betrieblich genutzt oder nicht in einer inländischen Betriebsstätte, so sind

- der gewinnmindernde Investitionsabzugsbetrag im Jahr der Bildung,
- die Herabsetzung der Anschaffungs- oder Herstellungskosten,
- die Verringerung der AfA-Bemessungsgrundlage,
- die Hinzurechnung und
- die Sonderabschreibung rückgängig zu machen.

ZUSAMMENFASSENDES BEISPIEL

Ein Unternehmer, der die Voraussetzungen des § 7 g EStG erfüllt, plant im Jahr 01 eine Maschine im Jahr 03 anzuschaffen. Die voraussichtlichen Anschaffungskosten betragen 80.000,00 €. Die Handelsbilanz weist einen Gewinn von 120.000,00 € aus.

- Der Unternehmer kann außerbilanziell einen Investitionsabzugsbetrag in Höhe von 32.000,00 € in Anspruch nehmen.

HB-Gewinn	120.000,00 €
– Investitionsabzugsbetrag (80.000,00 € · 40 %)	– 32.000,00 €
steuerlicher Gewinn	88.000,00 €

Im Juli 03 erwirbt der Unternehmer die entsprechende Maschine für 80.000,00 € zzgl. 19 % USt. Die betriebsgewöhnliche Nutzungsdauer der Maschine beträgt 10 Jahre. Sie soll linear abgeschrieben werden. Der HB-Gewinn beträgt ohne Berücksichtigung der Abschreibung 90.000,00 €. Der Unternehmer möchte die Anschaffungskosten gemäß § 7 g Abs. 2 EStG soweit wie möglich mindern und auch die Sonderabschreibung gemäß § 7 g Abs. 5 EStG in Anspruch nehmen.

Handelsrecht

- In der Handelsbilanz wird die Maschine linear abgeschrieben.

Ermittlung Abschreibung

Anschaffungskosten 80.000,00 €
: 10 Jahre = 8.000,00 € · 6/12 = 4.000,00 € Abschreibung für 03

Buchungssatz

	Soll	Haben
4830/6220 Abschreibungen auf Sachanlagen	4.000,00	
an 0210/0440 Maschinen		4.000,00

Ermittlung HB-Gewinn

vorläufiger HB-Gewinn	90.000,00 €
lineare Abschreibung	– 4.000,00 €
endgültiger HB-Gewinn	86.000,00 €

Buchwert der Maschine in der Handelsbilanz

Anschaffungskosten	80.000,00 €
lineare Abschreibung	– 4.000,00 €
Buchwert 31.12.03	76.000,00 €

Steuerrecht

1. Alternative: Es wird eine Steuerbilanz erstellt:

- Gemäß § 7 g Abs. 2 EStG erfolgt eine Minderung der Anschaffungskosten um 32.000,00 € (80.000,00 € · 40 %), die gewinnmindernd gebucht wird.

Buchungssatz

	Soll	Haben
4853/6243 Kürzung der AK oder HK gem. § 7 g Abs. 2 EStG	32.000,00	
an 0210/0440 Maschinen		32.000,00

- Gemäß § 7 g Abs. 5 EStG wird eine Sonderabschreibung in Höhe von 9.600,00 € in Anspruch genommen.

Ermittlung Sonderabschreibung

Anschaffungskosten	80.000,00 €
AK-Mindeurng	– 32.000,00 €
AfA-Bemessungsgrundlage	48.000,00 €
· 20 %	9.600,00 €

BEISPIEL (Fortsetzung)

Buchungssatz

	Soll	Haben
4851/6241 S-Abschreibung nach § 7 g Abs. 5 EStG	9.600,00	
an 0210/0440 Maschinen		9.600,00

- Die lineare AfA beträgt 2.400,00 €.

Berechnung der linearen AfA
AfA-Bemessungsgrundlage   48.000,00 €
: 10 Jahre = 4.800,00 € · 6/12 = 2.400,00 €

Buchungssatz

	Soll	Haben
4830/6220 Abschreibungen auf Sachanlagen	2.400,00	
an 0210/0440 Maschinen		2.400,00

Gewinnauswirkungen
HB-Gewinn	86.000,00 €
steuerliche Gewinnänderungen	
Kürzung der Anschaffungskosten	− 32.000,00 €
S-Abschreibung	− 9.600,00 €
lineare Abschreibung	− 2.400,00 €
StB-Gewinn	42.000,00 €

StB-Ansatz der Maschine
Anschaffungskosten	80.000,00 €
AK-Minderung	− 32.000,00 €
S-Abschreibung	− 9.600,00 €
lineare Abschreibung	− 2.400,00 €
Buchwert 31.12.03	36.000,00 €

- Der ursprüngliche Investitionsabzugsbetrag ist außerbilanziell gewinnerhöhend zu berücksichtigen.

StB-Gewinn	42.000,00 €
Gewinnerhöhung Investitionsabzugsbetrag aus 01, maximal 80.000,00 € · 40% =	+ 32.000,00 €
steuerlicher Gewinn	74.000,00 €

2. Alternative: Es wird keine Steuerbilanz erstellt:

- Die Minderung der Anschaffungskosten, die Sonderabschreibung und die lineare Abschreibung sind außerbilanziell zu erfassen. Buchungssätze sind nicht erforderlich.

HB-Gewinn	86.000,00 €
Gewinnminderung durch AK-Minderung	− 32.000,00 €
S-Abschreibung	− 9.600,00 €
lineare Abschreibung	− 2.400,00 €
Hinzurechnung Investitionsabzugsbetrag	+ 32.000,00 €
steuerlicher Gewinn	74.000,00 €

11.1.5.4 Investitionsabzugsbetrag und geringwertige Wirtschaftsgüter/Sammelposten

Durch die Inanspruchnahme des Investitionsabzugsbetrags und der daraus resultierenden Minderung der Anschaffungs- bzw. Herstellungskosten kann ein Wirtschaftsgut mit Anschaffungs- bzw. Herstellungskosten innerhalb der Grenzen des § 6 Abs. 2 bzw. § 6 Abs. 2 a EStG entstehen.

> **BEISPIEL**
>
> Ein Unternehmer, Rechtsanwalt, hat zulässigerweise in 01 einen Investitionsabzugsbetrag in Höhe von 480,00 € (40 % aus 1.200,00 €) in Anspruch genommen. Die Investition, ein PC, tätigt er im Januar 02. Die Anschaffungskosten betragen 1.200,00 €. Sie werden mit Überweisung gezahlt. Eine ordnungsgemäße Rechnung liegt vor. Die Nutzungsdauer wird mit drei Jahren angegeben. Die Abschreibung erfolgt linear.
>
> **Buchungssatz Kauf**
>
> | | Soll | Haben |
> |---|---|---|
> | 0420/0650 Büroeinrichtung | 1.200,00 | |
> | 1570/1400 Vorsteuer | 228,00 | |
> | an 1200/1800 Bank | | 1.428,00 |
>
> **Handelsrecht**
>
> - Die lineare Abschreibung beträgt 400,00 €.
>
> **Buchungssatz**
>
> | | Soll | Haben |
> |---|---|---|
> | 4830/6220 Abschreibungen auf Sachanlagen | 400,00 | |
> | an 0420/0650 Büroeinrichtung | | 400,00 |
>
> **Steuerrecht**
>
> - Die Minderung der Anschaffungskosten beträgt 480,00 €. Die Anschaffungskosten des PC betragen somit 720,00 € (1.200,00 € − 480,00 €) und sind in einen Sammelposten einzustellen, wenn von der Regelung des § 6 Abs. 2 a EStG Gebrauch gemacht wird. Eine Sonderabschreibung ist unzulässig.
>
> **1. Alternative:** Eine Steuerbilanz wird erstellt.
>
> Minderung der Anschaffungskosten
>
> **Buchungssatz**
>
> | | Soll | Haben |
> |---|---|---|
> | 4853/6243 Kürzung der AK oder HK gem. § 7 g Abs. 2 EStG | 480,00 | |
> | an 0420/0650 Büroeinrichtung | | 480,00 |
>
> Einstellung Sammelposten
>
> **Buchungssatz**
>
> | | Soll | Haben |
> |---|---|---|
> | 0485/0675 Sammelposten GWG | 720,00 | |
> | an 0420/0650 Büroeinrichtung | | 720,00 |
>
> Abschreibung Sammelposten
>
> **Buchungssatz**
>
> | | Soll | Haben |
> |---|---|---|
> | 4862/6264 Abschr. auf den Sammelp. GWG | 144,00 | |
> | an 0485/0675 Sammelposten GWG | | 144,00 |
>
> **außerbilanziell:** Gewinnerhöhung um 480,00 €
>
> **Ermittlung Gewinnauswirkung:**
>
> in der Steuerbilanz:
> Anschaffungskostenminderung − 480,00 €
> Abschreibung Sammelposten − 144,00 €
> Gewinnminderung − 624,00 €
>
> außerbilanziell:
> Hinzurechnung Investitionsabzugsbetrag + 480,00 €
> steuerliche Gewinnauswirkung − 144,00 €

> **BEISPIEL (Fortsetzung)**
>
> **2. Alternative:** Es wird keine Steuerbilanz erstellt.
>
> Die außerbilanziellen Gewinnänderungen betragen:
>
> | | |
> |---|---:|
> | Anschaffungskostenminderung | – 480,00 € |
> | Abschreibung Sammelposten | – 144,00 € |
> | Hinzurechnung Investitionsabzugsbetrag | + 480,00 € |
> | außerbilanzielle Gewinnminderung | – 144,00 € |
>
> Buchungssätze sind nicht erforderlich. Die Korrekturen erfolgen nach steuerlichen Vorschriften und sind außerhalb der Handelsbilanz zu erfassen.
>
> - Alternativ kann der Unternehmer den PC auch über die gewöhnliche Nutzungsdauer abschreiben, wenn er die Regelung des § 6 Abs. 2 EStG in Anspruch nimmt.
>   Die AfA-Bemessungsgrundlage beträgt in diesem Fall 720,00 € (1.200,00 € – 480,00 €).

Betragen die Anschaffungs- bzw. Herstellungskosten eines begünstigten Wirtschaftsguts nach Herabsetzung der Anschaffungs- bzw. Herstellungskosten nicht mehr als 150,00 € im Fall des § 6 Abs. 2 a EStG bzw. nicht mehr als 410,00 € bei § 6 Abs. 2 EStG, liegt ein geringwertiges Wirtschaftsgut vor, das sofort als Betriebsausgabe geltend gemacht werden kann.

1. Für die beabsichtigte Anschaffung oder Herstellung von beweglichen abnutzbaren Wirtschaftsgütern des Anlagevermögens kann der Unternehmer außerbilanziell gewinnmindernd einen Investitionsabzugsbetrag vom Gewinn abziehen.
2. Der Investitionsabzugsbetrag beträgt 40 % der voraussichtlichen Anschaffungs- oder Herstellungskosten.
3. Im Jahr der Anschaffung werden 40 % der Anschaffungs- bzw. Herstellungskosten, höchstens der ursprüngliche Abzugsbetrag außerbilanziell dem Gewinn wieder hinzugerechnet.
4. Der Unternehmer kann im Jahr der Anschaffung oder Herstellung die Anschaffungs- bzw. Herstellungskosten um bis zu 40 % gewinnmindernd herabsetzen.
5. Der Unternehmer kann im Jahr der Anschaffung oder Herstellung und in den vier folgenden Jahren Sonderabschreibungen bis zu insgesamt 20 % der Anschaffungs- oder Herstellungskosten in Anspruch nehmen.
6. Ein zu Unrecht in Anspruch genommener Investitionsabzugsbetrag ist im Ursprungsjahr rückgängig zu machen.

Kapitel 11

Beschaffung und Herstellung eigengenutzter Sachanlagegüter | Steuern, sonstige Betriebsausgaben | Jahresabschluss nach Handels- und Steuerrecht

AUFGABEN

1. Für welche Wirtschaftsgüter kann ein Unternehmer den Investitionsabzugsbetrag in Anspruch nehmen?

2. In welcher Höhe kann ein Investitionsabzugsbetrag angesetzt werden und wie erfolgt die Inanspruchnahme?

3. In welchem Zeitraum muss die Investition getätigt werden?

4. Welche steuerlichen Vergünstigungen kann der Unternehmer im Wirtschaftsjahr der Anschaffung geltend machen?

5. Erläutern Sie den Begriff der Sonderabschreibung gemäß § 7 g Abs. 5 und Abs. 6 EStG.

6. Erläutern Sie die Konsequenzen, wenn keine Investition nach Abzug eines Investitionsabzugsbetrags erfolgt.

Vorbemerkung: Die in den folgenden Fällen genannten Unternehmer erfüllen alle die Voraussetzungen des § 7 g EStG. Ordnungsgemäße Rechnungen liegen in allen Fällen vor.

7. Ihr Mandant beabsichtigt in den nächsten zwei Jahren einen neuen Lkw anzuschaffen, den er ausschließlich betrieblich nutzen wird. Die voraussichtlichen Anschaffungskosten betragen 120.000,00 € zzgl. 19 % USt 22.800,00 €, Gesamtbetrag 142.800,00 €.

   In welcher Höhe kann Ihr Mandant einen Abzugsbetrag geltend machen?
   Erläutern Sie die Vorgehensweise.

8. Ein Unternehmer hat im Jahr 01 zulässigerweise einen Investitionsabzugsbetrag in Höhe von 20.000,00 € für den Kauf einer Maschine geltend gemacht. Im Januar 03 erwirbt er diese Maschine für 60.000,00 € zzgl. 19 % USt. Den Kaufpreis zahlt er per Banküberweisung. Die Nutzungsdauer beträgt 10 Jahre.

   Stellen Sie die handels- und steuerrechtlichen Konsequenzen im Jahr 03 dar, unter der Voraussetzung, dass der Unternehmer einen möglichst geringen Gewinn in 03 erzielen möchte.

9. Ihr Mandant, ein Reiseunternehmen, hat für eine beabsichtigte Investition (Reisebus) im Jahr 01 zulässigerweise einen Investitionsabzugsbetrag in Höhe von 36.000,00 € in Anspruch genommen. Im Januar 04 kauft er einen Reisebus für 80.000,00 € zzgl. 19 % USt auf Ziel. Die Nutzungsdauer wird mit 8 Jahren geschätzt.

   a) Ermitteln Sie den Buchwert des Busses zum 31.12.04 in der Handels- und Steuerbilanz. Unterstellen Sie, dass Ihr Mandant einen möglichst niedrigen Gewinn wünscht.

   b) Stellen Sie auch die Auswirkungen auf den Gewinn dar.

   c) Geben Sie die Buchungssätze für das Jahr 04 an.

10. Ein Unternehmer kauft im Juni 02 einen Kleintransporter auf Ziel von einem ortsansässigen Autohändler. Der Kaufpreis beträgt 41.650,00 €. Die betriebsgewöhnliche Nutzungsdauer wird mit 8 Jahren angegeben.

    Ermitteln Sie die steuerlichen Abschreibungen (der Unternehmer wünscht lineare Abschreibung) und den Buchwert in der Steuerbilanz zum 31.12.02. Bilden Sie die erforderlichen Buchungssätze.

11. Ihr Mandant möchte eine Werkhalle kaufen, die neben seinem Betrieb steht. Der Kaufpreis soll 1.000.000,00 € für die Halle und 200.000,00 € für den Grund und Boden betragen. Da noch einige Verhandlungen nötig sind, rechnet Ihr Mandant mit dem Kauf im nächsten Jahr. Er möchte aber schon für das laufende Wirtschaftsjahr einen Investitionsabzugsbetrag in Anspruch nehmen.

    Kann Ihr Mandant einen Investitionsabzugsbetrag geltend machen und wenn ja, in welcher Höhe?

12. Seit Jahren betreibt Ihr Mandant, ein Arzt, seine Praxis. Er möchte in zwei Jahren ein neues Röntgengerät anschaffen, voraussichtliche Anschaffungskosten 80.000,00 €. Bereits im laufenden Jahr 01 überlegt er, ob er seinen Gewinn mindern kann, um so weniger Steuern zu zahlen und die geplante Investition zu finanzieren.

    Beurteilen Sie die Jahre 01 bis 03. Stellen Sie die Gewinnauswirkungen dar und berechnen Sie die jeweiligen Buchwerte zum 31.12. Unterstellen Sie, dass Ihr Mandant wie geplant im Januar 03 das Röntgengerät erwirbt, die Nutzungsdauer mit 10 Jahren angegeben wird und er einen möglichst geringen Gewinn anstrebt.

13. Ein Unternehmer plant im Jahr 01, einen Schreibtisch in 03 zu erwerben. Die voraussichtlichen Anschaffungskosten betragen 1.500,00 €. Am 10.06.03 erwirbt er den Schreibtisch für brutto 1.785,00 € (Nutzungsdauer 8 Jahre). Er möchte in 01 einen Investitionsabzugsbetrag in Anspruch nehmen und in 03 von der Herabsetzung der Anschaffungskosten Gebrauch machen.

    Berechnen Sie den Investitionsabzugsbetrag 01, bilden Sie die erforderlichen Buchungssätze 03 für die Handelsbilanz und für den Fall, dass eine Steuerbilanz erstellt wird. Geben Sie die Gewinnauswirkungen 03 an. Der Unternehmer wendet die Regelung des § 6 Abs. 2 a EStG an.

14. Ihr Mandant hat zulässigerweise für die Anschaffung von drei Aktenkoffern einen Investitionsabzugsbetrag in 01 in Höhe von 204,00 € in Anspruch genommen.
    In 03 erwirbt er drei Aktenkoffer zu je 170,00 € zzgl. 19 % USt.
    Er zahlt die Koffer bar.

    Bilden Sie die erforderlichen handels- und steuerrechtlichen Buchungssätze für das Jahr 03 und geben Sie die Gewinnauswirkung an, unter der Voraussetzung, dass Ihr Mandant eine Steuerbilanz aufstellt und die Herabsetzung der Anschaffungskosten wünscht.

11.2 Umlaufvermögen

HGB §§ 253 Abs. 4, Abs. 5, 256
EStG § 6 Abs. 1 Nr. 2

Zum Umlaufvermögen gehören die Wirtschaftsgüter, die zur Veräußerung, Verarbeitung oder zum Verbrauch angeschafft oder hergestellt worden sind, insbesondere Roh-, Hilfs- und Betriebsstoffe, Erzeugnisse und Waren, Kassenbestände; R 6.1 Abs. 2 EStR.

Grundsätzlich ist das Umlaufvermögens sowohl steuer- als auch handelsrechtlich mit den **Anschaffungskosten** bzw. **Herstellungskosten** zu bewerten. Sie stellen zugleich die Wertobergrenze dar.

Handelsrechtlich besteht bei dauernder **und** bei vorübergehender Wertminderung eine Abschreibungspflicht, § 253 Abs. 4 HGB.

Steuerrechtlich sieht § 6 Abs. 1 Nr. 2 S. 2 EStG bei dauernder Wertminderung ein Abschreibungswahlrecht vor. Bei nur vorübergehender Wertminderung besteht ein Abschreibungsverbot.

> **BEISPIEL**
>
> Der Rohstoffverbrauch wurde aufgrund von Materialentnahmescheinen buchhalterisch erfasst. Auf dem Rohstoffkonto ergibt sich zum 31.12.01 ein saldenmäßiger Schlussbestand von 500.000,00 €. Der Marktpreis des Rohstoffschlussbestands beträgt am Bilanzstichtag 450.000,00 €. Es handelt sich um eine dauerhafte Wertminderung.
>
> - 50.000,00 € sind handelsrechtlich abzuschreiben. Steuerrechtlich besteht ein Abschreibungswahlrecht.
>
> | Buchungssatz 31.12.01 | Soll | Haben |
> |---|---|---|
> | 3000/5100 Roh-, Hilfs- und Betriebsstoffe | 50.000,00 | |
> | an 3970/1000 Rohstoffe | | 50.000,00 |

Sind außerplanmäßige Abschreibungen vorgenommen worden und steigt der **Wert** des Umlaufvermögens wieder, besteht handels- und steuerrechtlich ein **Wertaufholungsgebot**, § 253 Abs. 5 HGB, § 6 Abs. 1 Nr. 2 S. 3 EStG.

	Umlaufvermögen	
	Handelsbilanz	Steuerbilanz
1. Bewertungsgrundsatz	AK oder HK = Wertobergrenze	AK oder HK = Wertobergrenze
2. Börsen- oder Marktpreis/ beizulegender Wert < AK/HK Dauernde Wertminderung	Abschreibungsgebot = Niederstwertprinzip	Abschreibungswahlrecht
3. Börsen- oder Marktpreis/ beizulegender Wert < AK/HK Vorübergehende Wertminderung	Abschreibungsgebot = Niederstwertprinzip	Abschreibungsverbot
4. Gründe für eine Abschreibung auf den niedrigeren Wert entfallen	Zuschreibungspflicht	

11.2.1 Vereinfachungsverfahren für die Bewertung der Vorräte

> **LERNSITUATION**
>
> Die Bau AG erwirbt im Laufe des Jahres Gerüst- und Schalungsteile im Wert von 3.000,00 €. Der Buchhalter erfasst die Zahlung gewinnmindernd. Allerdings kommen ihm bei den Jahresabschlussarbeiten Zweifel an der Richtigkeit dieser Buchung.
> Außerdem befinden sich auf Lager mehrere Kisten mit Hunderten unterschiedlichen Schrauben. Der Buchhalter weiß, dass er zum Bilanzstichtag eine Inventur durchführen und die Schrauben bewerten muss. Allerdings weiß er nicht, welche der vorhandenen Schrauben er zu welchem Preis eingekauft hat.
> Können Sie dem Buchhalter hinsichtlich seiner Buchung und der Bewertung helfen?

Zur Bewertung der Vorräte gibt es besondere Verfahren. Grundsätzlich gilt das **Einzelbewertungsprinzip,** § 252 Abs. 1 Nr. 3 HGB. Nach dem Einzelbewertungsprinzip sind alle Vermögensgegenstände und Schulden einzeln zu bewerten.

Da aber Vorräte zu **unterschiedlichen Zeitpunkten** zu **verschiedenen Preisen** angeschafft und mit bereits eingelagerten Vorräten **vermischt** werden, lassen sich am Abschlussstichtag die **Anschaffungskosten einzelner Vorratslieferungen nicht** mehr feststellen.

Eine Einzelbewertwertung würde zu einem Arbeitsaufwand führen, den die Bewertungsexaktheit nicht rechtfertigt. Aus diesem Grund sind als Bewertungsvereinfachungsverfahren gemäß § 240 Abs. 3 und Abs. 4 HGB **Festbewertungen** und **Sammelbewertungen,** auch **Gruppenbewertungen** erlaubt. Diese zum Inventar ergangenen Vorschriften gelten nach § 256 S. 2 HGB auch für die Bilanz. Als Verfahren der Sammelbewertung erlaubt das Gesetz die **Durchschnittsbewertung,** § 240 Abs. 4 HGB, und die **Verbrauchsfolgebewertung,** § 256 HGB.

11.2.1.1 Festbewertung

Nach § 240 Abs. 3 HGB können Vorräte
- mit gleichbleibender Menge und
- mit gleichbleibendem Wert

mit einem Festwert angesetzt werden.

Das ist möglich, wenn der Bestand nur geringen wert-, mengen- und zusammensetzungsmäßigen Änderungen unterliegt. Weitere Bedingung ist, dass der Gesamtwert des entsprechenden Vorrates für das Unternehmen von nachrangiger Bedeutung ist, d. h. ≤ 5 % der Bilanzsumme.

In der Regel ist jedoch alle drei Jahre eine körperliche Bestandsaufnahme durchzuführen, § 240 Abs. 3 S. 2 HGB.

- **Übersteigt** der für diesen Bilanzstichtag ermittelte Wert den bisherigen Festwert **um mehr als 10 %, ist** der ermittelte Wert als neuer Festwert maßgebend.

- Übersteigt der ermittelte Wert den bisherigen Festwert um **nicht mehr als 10 %, kann** der bisherige Festwert beibehalten werden.
- Ist der ermittelte Wert **niedriger** als der bisherige Festwert, **kann** der Steuerpflichtige den ermittelten Wert als neuen Festwert ansetzen.

Steuerrechtlich ist der Ansatz von Festwerten sowohl für das Anlagevermögen als auch für Roh-, Hilfs- und Betriebsstoffe des Vorratsvermögens zulässig, R 5.4 Abs. 4 EStR.

Festwerte können gebildet werden z. B. für Formen, Modelle, Fässer, Flaschen, Flaschenkästen, Hotelgeschirr und –wäsche, Beleuchtungsanlagen, Gerüst- und Schalungsteile.

Der Festwert beträgt i. d. R. 50 % des Neuwertes der Wirtschaftsgüter, bei Gerüst- und Schalungsteilen 40 %.

BEISPIEL

Ein Unternehmer weist für Gerüst- und Schalungsteile im Anlagevermögen der Bilanz zum 31.12.08 einen Festwert in Höhe von 100.000,00 € aus. Zum 31.12.08 wird eine körperliche Bestandsaufnahme und Bewertung durchgeführt. Die Anschaffungskosten und Anschaffungsjahre der noch vorhandenen Gerüst- und Schalungsteile sind aus folgender Tabelle zu entnehmen:

04	AK 25.000,00 €		07	AK 45.000,00 €
05	AK 32.000,00 €		08	AK 56.000,00 €
06	AK 19.000,00 €			

- Zum 31.12.08 kann der niedrigere Wert als Festwert angesetzt werden.

Der Wert der noch vorhandenen Gerüst- und Schalungsteile wird mit 40 % der Anschaffungskosten ermittelt: 177.000,00 € · 40 % = 70.800,00 €. Der aktuelle Wert liegt somit unter dem bisherigen Bilanzansatz von 100.000,00 €.

Buchungssatz 31.12.08	Soll	Haben
4840/6230 Außerplanmäßige Abschr. auf SA	29.200,00	
an 0460/0660 Gerüst- und Schalungsteile		29.200,00

Die Zugänge im Laufe des Wirtschaftsjahres werden als Aufwand erfasst. Ergibt sich beim Bewertungsstichtag ein höherer Wert, ist zur Aufstockung des Festwertes dieser gebuchte Aufwand rückgängig zu machen.

BEISPIEL

Ein Unternehmer weist für Gerüst- und Schalungsteile im Anlagevermögen der Bilanz zum 31.12.06 einen Festwert in Höhe von 75.000,00 € aus. Im April 06 werden Gerüstteile in Höhe von 6.000,00 € zzgl. 19 % USt hinzugekauft.

Buchungssatz April 06	Soll	Haben
4805/6485 Instandh. von anderen Anlagen	6.000,00	
1570/1400 Vorsteuer	1.140,00	
an 1200/1800 Bank		7.140,00

Zum 31.12.06 wird eine körperliche Bestandsaufnahme und Bewertung durchgeführt. Die Anschaffungskosten und Anschaffungsjahre der noch vorhandenen Gerüst- und Schalungsteile sind folgender Tabelle zu entnehmen:

02	AK 62.000,00 €		05	AK 54.000,00 €
03	AK 58.000,00 €		06	AK 6.000,00 €
04	AK 37.000,00 €			

- Die Wertveränderung beträgt mehr als 10 % nach oben.
  Der Festwert muss zum 31.12.06 angepasst werden.

217.000,00 € · 40 % = 86.800,00 € Wert zum 31.12.06
bisher   75.000,00 €
Mehrbestand   11.800,00 €

Die Zukäufe des Jahres 06 sind umzubuchen.

Buchungssatz 31.12.06	Soll	Haben
0460/0660 Gerüst- und Schalungsteile	6.000,00	
an 4805/6485 Instandh. von anderen Anlagen		6.000,00

Bilanzansatz: Gerüst- und Schalungsteile 31.12.06 81.000,00 €

| Abgrenzungen bei der Erstellung des Jahresabschlusses | Wertansätze in der Bilanz | Eigenkapitalausweis in der Bilanz |

Kapitel 11

Reichen die Zukäufe des Jahres nicht aus, um auf den neu ermittelten Festwert zu kommen, werden die Zukäufe des folgenden Jahres so lange dem Festwert zugebucht, bis er erreicht ist.

BEISPIEL

Der Unternehmer aus dem vorangegangenen Beispiel erwirbt im August 07 auf Ziel Gerüstteile in Höhe von brutto 20.230,00 €.

- Zunächst muss der Festwert aufgestockt werden, der Restbetrag wird als Aufwand erfasst.

Buchungssatz August 07

	Soll	Haben
0460/0660 Gerüst- und Schalungsteile	5.800,00	
4805/6485 Instandh. von anderen Anlagen	11.200,00	
1570/1400 Vorsteuer	3.230,00	
an 1600/3300 Verbindl. a. LL		20.230,00

1. **Festwerte können für Sachanlagen, Roh-, Hilfs- und Betriebsstoffe gebildet werden, wenn sich der Bestand in Menge, Wert und Zusammensetzung nur geringfügig verändert.**
2. **Gemäß § 240 Abs. 3 HGB muss in der Regel an jedem dritten Bilanzstichtag eine körperliche Inventur erfolgen, um festzustellen, ob der Ansatz der bisherigen Mengen und Werte noch gerechtfertigt ist.**
3. **Zukäufe können sofort in voller Höhe als Aufwand gebucht werden.**
4. **Ist ein höherer Bestand in der Bilanz auszuweisen, ist der in diesem Jahr gebuchte Aufwand bis zur Höhe des neuen Festwertes umzubuchen. Eventuell erhöhen die Zukäufe aus dem Folgejahr noch den Festwert.**

AUFGABEN

1. Welche Voraussetzungen müssen vorliegen, damit ein Festwert gebildet werden kann?
2. Nach welchem Zeitraum sind eine körperliche Bestandsaufnahme und eine neue Bewertung vorzunehmen?
3. Wie werden Ergänzungen des Bestands bei unverändertem Festwert behandelt?
4. Ein Einzelunternehmer, der ein Hotel betreibt, weist in seiner Bilanz für Hotelwäsche einen Festwert von 38.000,00 € aus.

    Zum 31.12.05 wird eine körperliche Bestandsaufnahme und Bewertung durchgeführt. Die Anschaffungskosten und Anschaffungsjahre der noch vorhandenen Hotelwäsche sind aus folgender Tabelle zu entnehmen:
    01 AK 37.000,00 €   04 AK   9.000,00 €
    02 AK 23.000,00 €   05 AK 11.000,00 €
    03 AK   5.000,00 €

    Wie ist am 31.12.05 zu buchen, wenn der Wert der Hotelwäsche mit 50 % zu bewerten ist?
5. Ein Unternehmer hat für Beleuchtungsanlagen einen Festwert von 65.000,00 € gebildet. Drei Jahre später beträgt der Festwert nur noch 43.000,00 €.

    Wie muss der Unternehmer am Bilanzstichtag buchen, wenn er einen möglichst niedrigen Gewinn ausweisen möchte?

11.2.1.2 Durchschnittsbewertung

Eine Durchschnittsbewertung kann in zwei Formen,

- als jährliche Durchschnittswertermittlung (gewogener Durchschnitt) oder
- als laufende Durchschnittswertermittlung (gleitender Durchschnitt),

durchgeführt werden.

Bei der jährlichen Durchschnittswertermittlung wird der Schlussbestand mit durchschnittlichen Anschaffungsstückkosten bewertet.

$$\text{durchschnittliche Anschaffungsstückkosten} = \frac{\text{AB in Euro} + \text{Zugänge in Euro}}{\text{AB in Stück} + \text{Zugänge in Stück}}$$

$$\text{SB in Euro} = \text{durchschnittliche Anschaffungsstückkosten} \cdot \text{SB in Stück}$$

BEISPIEL

		Stück	Anschaffungsstückkosten	AK
AB	01.01.	1 500	10,00 €	15.000,00 €
Zugang	15.03.	800	8,00 €	6.400,00 €
Zugang	08.08.	700	9,00 €	6.300,00 €
Zugang	12.10.	1 000	11,00 €	11.000,00 €
Zugang	20.12.	500	7,00 €	3.500,00 €
Summe		4 500		42.200,00 €

Schlussbestand: 1 200 Stück

- Die durchschnittlichen Anschaffungsstückkosten betragen 9,38 € (42.200,00 €/4 500 Stück).

Bei einem Schlussbestand von 1 200 Stück ergeben sich duchschnittliche Anschaffungskosten von 11.256,00 € (1 200 Stück · 9,38 €).

Liegt der Börsen- oder Marktpreis am Abschlussstichtag bei beispielsweise 9,00 € pro Stück, sind handelsrechtlich gemäß Niederstwertprinzip allerdings 10.800,00 € (1 200 Stück · 9,00 €) als Schlussbestand zu bilanzieren.

Die laufende Durchschnittswertermittlung ist aufwendiger, aber exakter. Dieses Verfahren wird insbesondere bei einer EDV-mäßigen Bestandsfortschreibung angewandt.

Bei der laufenden Durchschnittswertermittlung wird nach jeder Bestandsveränderung ein aktueller Durchschnittswert ermittelt. Jeder Abgang wird mit dem letzten aktuellen Durchschnittswert bewertet.

		Stück	Anschaffungsstückkosten	AK
AB	01.01.	1 500	10,00 €	15.000,00 €
+ Zugang	15.03.	800	8,00 €	6.400,00 €
= Bestand	15.03.	2 300	9,30 €	21.400,00 €
− Abgang	02.07.	900	9,30 €	8.370,00 €
= Bestand	02.07.	1 400	9,31 €	13.030,00 €
+ Zugang	08.08.	700	9,00 €	6.300,00 €
= Bestand	08.08.	2 100	9,20 €	19.330,00 €
− Abgang	01.10.	800	9,20 €	7.360,00 €
= Bestand	01.10.	1 300	9,21 €	11.970,00 €
+ Zugang	12.10.	1 000	11,00 €	11.000,00 €
= Bestand	12.10.	2 300	9,99 €	22.970,00 €
− Abgang	11.11.	1 600	9,99 €	15.984,00 €
= Bestand	11.11.	700	9,98 €	6.986,00 €
+ Zugang	20.12.	500	7,00 €	3.500,00 €
= SB		1 200	8,74 €	10.486,00 €

BEISPIEL

Wie oben, aber unter Einbeziehung der Abgänge

- Die durchschnittlichen Anschaffungsstückkosten betragen 8,74 €. Bei einem Schlussbestand von 1 200 Stück ergeben sich durchschnittliche Anschaffungskosten von 10.486,00 €.

Liegt der Börsen- oder Marktpreis am Abschlussstichtag wiederum bei beispielsweise 9,00 € pro Stück, sind bei diesem Bewertungsverfahren die oben ermittelten Anschaffungskosten von 10.486,00 € zu bilanzieren.

11.2.1.3 Verbrauchsfolgebewertung

Grundlage der Verbrauchsfolgebewertung gemäß 256 HGB ist die Bewertung der Abgänge.

Das **Fifo-Verfahren** (first in – first out) unterstellt, dass die zuerst angeschafften Vorräte auch zuerst veräußert oder verbraucht werden. Der Schussbestand ist daher auf der Wertbasis der zuletzt eingekauften Vorräte zu bewerten.

Im Gegensatz dazu geht das **Lifo-Verfahren** (last in – first out) davon aus, dass die zuletzt angeschafften Vorräte zuerst veräußert oder verbraucht werden. Der Schlussbestand wird bei diesem Verfahren auf der Wertbasis der zuerst eingekauften Vorräte bewertet.

BEISPIEL

		Stück	Anschaffungsstückkosten	AK
AB	01.01.	1 500	10,00 €	15.000,00 €
Zugang	15.03.	800	8,00 €	6.400,00 €
Zugang	08.08.	700	9,00 €	6.300,00 €
Zugang	12.10.	1 000	11,00 €	11.000,00 €
Zugang	20.12.	500	7,00 €	3.500,00 €

Der Schlussbestand beträgt 1 200 Stück, der Markt- oder Börsenpreis 9,50 €.

- Bewertung des Schlussbestands nach Fifo-Verfahren:
    500 Stück zu 7,00 € = 3.500,00 €
    700 Stück zu 11,00 € = 7.700,00 €
  1 200 Stück   11.200,00 €
  durchschnittlicher Stückpreis: 9,33 € Anschaffungskosten = Wertobergrenze
  Wertansatz: 9,33 € · 1 200 = 11.200,00 €

- Bewertung des Schlussbestands nach Lifo-Verfahren:
  1 200 Stück zu 10,00 € = 12.000,00 € Anschaffungskosten
  Wertansatz nach Niederstwertprinzip: 11.400,00 € (1 200 · 9,50 €)

Handelsrechtlich dürfen Fifo-Verfahren und Lifo-Verfahren angewandt werden.

Steuerrechtlich ist nur das Lifo-Verfahren zulässig. Die Lifo-Methode muss dabei den handelsrechtlichen GoB entsprechen. Sie darf nicht völlig unvereinbar mit dem betrieblichen Geschehensablauf sein.

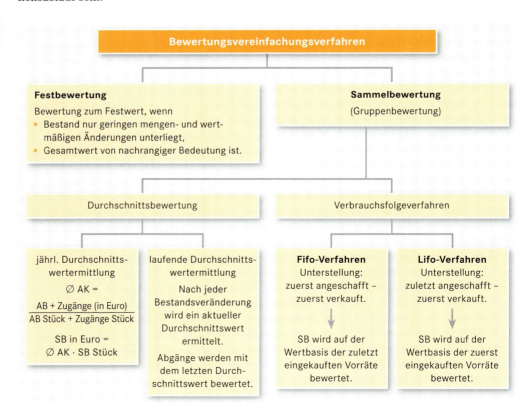

| Abgrenzungen bei der Erstellung des Jahresabschlusses | Wertansätze in der Bilanz | Eigenkapitalausweis in der Bilanz |

Kapitel 11

AUFGABEN

1. Mit welchem Wert sind Vorräte handels- bzw. steuerrechtlich zum Bilanzstichtag zu erfassen, wenn die Wiederbeschaffungskosten niedriger als die Anschaffungskosten sind?

2. Mit welchem Wert sind die Vorräte zu bilanzieren, wenn der Grund für eine Abschreibung nachträglich entfällt?

3. Welche Bewertungsvereinfachungsverfahren sind zulässig?

4. Welche der folgenden Aussagen sind richtig? Begründen Sie Ihre Meinung.
   a) Die Bewertung von Vorräten erfolgt grundsätzlich in Form einer Gruppenbewertung.
   b) Eine Bewertung von Vorräten zum Festwert (gleichbleibender Wert, gleichbleibende Menge) darf vorgenommen werden, wenn der entsprechende Vorrätebestand keinen Änderungen unterliegt und wenn der entsprechende Vorrätewert von nachrangiger Bedeutung ist.
   c) Durchschnittsbewertung und Verbrauchsfolgebewertung sind Verfahren der Festbewertung.
   d) Bei der jährlichen Durchschnittswertermittlung wird nach jeder Bestandsveränderung ein aktueller Durchschnittswert ermittelt. Abgänge werden mit dem letzten (aktuellen) Durchschnittswert bewertet.
   e) Beim Lifo-Verfahren wird unterstellt, dass die zuerst verkauften (verbrauchten) Vorräte zuletzt angeschafft wurden.
   f) Beim Fifo-Verfahren wird unterstellt, dass die zuerst angeschafften Vorräte zuerst verkauft (verbraucht) werden.
   g) Die jährliche Durchschnittswertermittlung ist aufwendiger, aber exakter als die laufende Durchschnittswertermittlung.
   h) Das Lifo-Verfahren ist steuerlich zugelassen.

5. Am Bilanzstichtag wird eine Einzelbewertung zweier Rohstoffe vorgenommen. Die Rohstoffe wurden zu folgenden Bedingungen angeschafft (Skonto wurde in Anspruch genommen):

	Rohstoff I	Rohstoff II
Listeneinkaufspreis (netto)	100.000,00 €	50.000,00 €
Lieferantenrabatt	20 %	10 %
Lieferantenskonto	2 %	3 %
Rollgeld (netto)	800,00 €	250,00 €

   Zum Bilanzstichtag beträgt der Marktpreis von Rohstoff I 82.000,00 und von Rohstoff II 40.000,00 €.
   a) Mit welchem Wert sind Rohstoff I und Rohstoff II zu aktivieren?
   b) Nennen Sie den erforderlichen Buchungssatz/die erforderlichen Buchungssätze („Just-in-time-Verfahren"). Gehen Sie bei Ihrer Lösung von dauerhaften Wertminderungen aus. Der Steuerbilanzansatz wird in Übereinstimmung mit dem Handelsbilanzansatz gewählt.

6. Bewerten Sie für die Bilanzierung den Schlussbestand des Rohstoffes A mithilfe der „jährlichen Durchschnittswertermittlung". Gehen Sie bei Ihrer Lösung davon aus, dass Wertminderungen von Dauer sind und der Steuerbilanzansatz in Übereinstimmung mit dem Handelsbilanzansatz erfolgen soll.

Rohstoff A		Menge	Anschaffungsstückkosten (€)
AB	1. Januar	2 000 (1 500)	8,00 (9,00)
Zugang	27. März	700 (800)	10,00 (11,00)
Zugang	11. Mai	500 (400)	6,00 (8,00)
Zugang	19. September	800 (700)	9,00 (7,00)
Zugang	12. Dezember	1 000 (900)	7,00 (10,00)

   Schlussbestand: 2 500 Mengeneinheiten (1 300 Mengeneinheiten)
   Börsenpreis am Bilanzstichtag: a) 8,50 € (8,70 €) b) 7,50 € (9,40 €)

7. Bewerten Sie für die Bilanzierung den Schlussbestand des Rohstoffes B mithilfe der laufenden Durchschnittswertermittlung, dem Lifo-Verfahren und dem Fifo-Verfahren.
Welches Verbrauchsfolgeverfahren ist steuerlich zulässig?
Prüfen Sie die Bilanzansätze einmal für dauerhafte und einmal für vorübergehende Wertminderungen.

Rohstoff B		Menge	Anschaffungsstückkosten (€)
AB	1. Januar	200 (180)	40,00 (30,00)
Zugang	11. März	50 (60)	38,00 (32,00)
Abgang	15. Juni	60 (40)	
Zugang	17. August	40 (70)	41,00 (34,00)
Abgang	2. Oktober	30 (50)	
Abgang	8. November	60 (40)	
Zugang	1. Dezember	70 (60)	42,00 (28,00)
Abgang	20. Dezember	80 (70)	

Marktpreis (für Wiederbeschaffung) am Bilanzstichtag:
a) 43,00 € (33,00 €)   b) 38,00 € (28,00 €)

8. Bewerten Sie den Schlussbestand von 1 000 ME (800 ME) für die Bilanzierung
   a) nach dem Fifo-Verfahren und
   b) nach dem Lifo-Verfahren. Unterstellen Sie dauerhafte Wertminderungen und dass der Steuerbilanzansatz mit dem Handelsbilanzansatz übereinstimmen soll.

		Menge	Anschaffungsstückkosten (€)
AB	1. Januar	800 (600)	25,00 (28,00)
Zugang	1. März	900 (800)	22,00 (24,00)
Zugang	13. Juni	500 (600)	17,00 (27,00)
Zugang	18. August	600 (400)	21,00 (26,00)
Zugang	15. Dezember	200 (300)	19,00 (23,00)

Marktpreis am Bilanzstichtag:
a) 25,00 € (28,00 €)   b) 18,00 € (23,00 €)

9. Laut Inventur ergibt sich zum 31.12.01 ein Bestand an Rohren (Rohstoffe) von 1 000 m.
Der Bestand zum 01.01.01 betrug 2 500 m zu 10,30 €/m.
Es erfolgten folgende Zukäufe im Laufe des Jahres:
Mai   4 800 m zu 13,20 €/m
Oktober   1 000 m zu 15,30 €/m

Ermitteln Sie den Bilanzansatz für die Handels- und Steuerbilanz zum 31.12.01 nach
a) dem gewogenen Durchschnittsverfahren,
b) nach der Lifo-Methode und
c) nach der Fifo-Methode.
Die Wiederbeschaffungskosten zum 31.12.01 betragen 13,10 €/m. Bei gesunkenen Wiederbeschaffungskosten ist eine dauerhafte Wertminderung zu unterstellen. Steuerrechtliche Wahlrechte sind in Übereinstimmung mit dem Handelsbilanzansatz auszuüben.

10. Ihr Mandant bilanzierte am 31.12.01 Rohstoffe mit den Anschaffungskosten von 65.000,00 €. Am 31.12.02 wies er den Bestand zulässigerweise mit 42.000,00 € aus. Im Jahr 03 steigt der Wert auf 67.500,00 €.

    a) Mit welchem Wert sind die Rohstoffe am 31.12.03 zu bilanzieren?
    b) Beurteilen Sie den Ansatz in der Handels- und der Steuerbilanz.

11. Aus den Buchführungsunterlagen Ihres Mandanten entnehmen Sie folgende Angaben:

Kauf und Verbrauch von Nägeln (Betriebsstoffe)

AB	1. Januar	5 700	Stück zu 0,70 €
Zukauf	15. Januar	2 000	Stück zu 0,75 €
Abgang	Januar	4 300	Stück
Zukauf	2. Februar	3 300	Stück zu 0,65 €
Zukauf	30. März	2 800	Stück zu 0,75 €
Abgang	April	9 000	Stück
Zukauf	27. Juli	4 600	Stück zu 0,74 €
Zukauf	5. Oktober	350	Stück zu 1,64 €
Abgang	November	1 500	Stück

Ermitteln Sie den Wert zum Bilanzstichtag für die Handels- und Steuerbilanz nach dem gleitenden Durchschnitt. Berücksichtigen Sie dabei, dass die Wiederbeschaffungskosten am 31.12.01 0,65 €/Stück betragen. Bei Bilanzaufstellung am 15.02.02 betragen sie 0,81 €/Stück.

12. Über das Rohstofflager des Rohstoffes I liegen für ein Wirtschaftsjahr folgende Daten vor:

Anfangsbestand		500 t zu 25,00 €/t
Zugänge	Februar 01	600 t zu 27,00 €/t
	August 01	850 t zu 28,00 €/t
Abgänge	Januar 01	300 t
	März 01	550 t
	Dezember 01	700 t

a) Bewerten Sie den Endbestand mihilfe des gewogenen Durchschnitts und des gleitenden Durchschnitts. Berechnen Sie den Rohstoffaufwand.

b) Ermitteln Sie den Bilanzansatz unter Anwendung der Lifo- und Fifo-Methode und den Rohstoffverbrauch.

c) Unterstellen Sie Wiederbeschaffungskosten am Bilanzstichtag von 28,10 € (27,43 €). Welche Konsequenzen ergeben sich hieraus für Ihre Handels- und Steuerbilanzansätze?

11.2.2 Bewertung von Forderungen

LERNSITUATION

Die Securitas GmbH hat zum Bilanzstichtag eine Forderung an einen Kunden, der zahlungsunfähig geworden ist. Außerdem besteht aufgrund der Erfahrungen in der Vergangenheit ein allgemeines Ausfallrisiko bei den Forderungen von 2 %.

Die Securitas GmbH möchte die Forderung des zahlungsunfähigen Kunden stehen und das allgemeine Ausfallrisiko unberücksichtigt lassen, um den Gewinn nicht zu mindern. Ist dies handels- und steuerrechtlich zulässig?

HGB
§§ 252 Abs. 1 Nr. 4, 253 Abs. 1

EStG
§ 6 Abs. 1 Nr. 2

Forderungen entstehen durch die Lieferung von z. B. Waren, fertigen Erzeugnissen oder die Erbringung von Dienstleistungen, die auf Ziel erbracht werden. Es handelt sich also um noch ausstehende Gelder, auf die der Unternehmer einen Anspruch hat. Dieser Anspruch entsteht mit der Leistungserbringung und nicht erst mit der Ausstellung der Rechnung.

Der Anspruch wird vom bilanzierenden Unternehmer als Forderung in der Bilanz ausgewiesen.

Da das HGB und auch das EStG keine besonderen Vorschriften über die Bewertung von Forderungen enthalten, gelten die allgemeinen Bestimmungen. Danach sind Forderungen gemäß § 253 Abs. 1 HGB und § 6 Abs. 1 Nr. 2 EStG grundsätzlich mit den Anschaffungskosten zu erfassen. Sie stimmen mit dem in der Ausgangsrechnung genannten Betrag einschließlich USt **(= Nennwert)** überein.

Zum Bilanzstichtag ist es erforderlich, die Forderungen hinsichtlich ihrer Bonität zu überprüfen.

Entscheidend für die Bewertung sind die tatsächlichen Verhältnisse am Bilanzstichtag.

Gemäß § 252 Abs. 1 Nr. 4 HGB sind alle vorhersehbaren Risiken und Verluste, die bis zum Abschlussstichtag entstanden sind, bei der Bewertung zu berücksichtigen, auch wenn dem Unternehmer diese Umstände erst nach dem Abschlussstichtag und vor Aufstellung der Bilanz bekannt werden. Mit dieser Regelung sollen die Wertverhältnisse zum Abschlussstichtag besser dargestellt werden. Die neuen Informationen müssen die tatsächlichen, am Bilanzstichtag bestehenden Verhältnisse erhellen (sog. **Wertaufhellung**).

Hinsichtlich der Bewertung gelten die in Kapitel 11.2. dargestellten Grundsätze.

BEISPIEL

Ein Unternehmer erstellt seine Bilanz zum 31.12.01 am 15.05.02. Unter anderem hat er eine Forderung gegen den Kunden Adels in Höhe von 10.000,00 €. Im April erfährt er, dass ein Insolvenzverfahren über das Vermögen von Adels bereits im Dezember 01 mangels Masse nicht eröffnet wurde.

- Adels war bereits im Dezember und somit auch zum Abschlussstichtag zahlungsunfähig, sodass der Unternehmer die Forderung zum 31.12.01 in der Bilanz mit dem niedrigeren Wert, d. h. mit null, bewerten muss.

Treten die wertbeeinflussenden Umstände erst nach dem Bilanzstichtag ein, liegt keine Wertaufhellung vor.

BEISPIEL

Ein Unternehmer erstellt seine Bilanz zum 31.12.01 am 02.08.02. Bei Aufstellung der Bilanz erfährt er, dass sein Kunde Bertram, gegen den er eine Forderung von 5.000,00 € hat, im Juni 02 zahlungsunfähig geworden ist.

- Die Zahlungsunfähigkeit ist erst in 02 aufgetreten und damit zum 31.12.01 nicht zu berücksichtigen. Eine Abschreibung der Forderung ist nicht zulässig.

Nach dem Grad ihrer Bonität werden die Forderungen für die Bewertung in drei Gruppen unterteilt:

1. **Uneinbringliche** Forderungen: Diese Forderungen sind nicht einzutreiben.
2. **Zweifelhafte** (= dubiose) Forderungen: Aufgrund vorliegender Informationen nimmt der Gläubiger an, dass eine zweifelhafte Forderung ganz oder teilweise ausfällt.
3. **Einwandfreie** Forderungen: Der Zahlungseingang von einwandfreien Forderungen scheint festzustehen.

11.2.2.1 Uneinbringliche Forderungen

Bei uneinbringlichen Forderungen steht fest, dass nicht mehr mit einem Zahlungseingang gerechnet werden kann. Sie werden **in voller Höhe abgeschrieben,** nachdem ihr Wert zum Bilanzstichtag 0,00 € beträgt. Außerdem erfolgt eine USt-Korrektur gemäß § 17 Abs. 2 Nr. 1 UStG, da feststeht, dass der Unternehmer kein Entgelt erhält (nachträgliche Änderung der Bemessungsgrundlage).

In folgenden Fällen sind Forderungen uneinbringlich:

- Abschluss eines Insolvenzverfahrens mit zwangsweiser Auflösung des Unternehmens; das Insolvenzverfahren wurde mangels Masse abgelehnt,
- Zwangsvollstreckung über das Vermögen eines Kunden ist fruchtlos verlaufen,
- Verjährung der Forderung,
- der Schuldner ist verstorben, verzogen oder anderweitig nicht mehr auffindbar und hat keine Vermögenswerte hinterlassen,
- der Schuldner hat eine eidesstattliche Versicherung abgegeben,
- Forderungsverzicht seitens des Gläubigers/ des Unternehmers oder
- ein Gericht hat die Forderung für unberechtigt erklärt.

BEISPIEL

Ein Insolvenzverfahren gegen einen Kunden des Unternehmers wird mangels Masse eingestellt. Die Forderung beträgt 5.950,00 €.

- Die Forderung an den Kunden wird uneinbringlich und ist auszubuchen.

Buchungssatz	Soll	Haben
2400/6930 Forderungsverluste	5.000,00	
1770/3800 Umsatzsteuer	950,00	
an 1400/1200 Forderungen a. LL		5.950,00

11.2.2.2 Zweifelhafte Forderungen

Bei zweifelhaften Forderungen rechnet man mit Zahlung eines Teils der Forderung.

Eine Forderung wird zweifelhaft, wenn:
- ein Kunde seine Zahlungen einstellt,
- ein Insolvenzverfahen über das Vermögen des Schuldners eröffnet worden ist,
- der Kunde Mahnbescheiden widersprochen hat oder
- der Kunde trotz mehrfacher Mahnungen nicht gezahlt hat.

Eine zweifelhafte Forderung wird wegen des Grundsatzes der Bilanzklarheit von den einwandfreien Forderungen abgegrenzt und gesondert ausgewiesen. Das geschieht durch Umbuchung auf das Konto „Zweifelhafte Forderungen".

BEISPIEL

Ein Kunde stellt im November 01 seine Zahlungen ein. Die Forderungen an den Kunden betragen 5.950,00 €.

- Die zweifelhafte Forderung ist von den einwandfreien Forderungen abzugrenzen.

Buchungssatz	Soll	Haben
1460/1240 Zweifelhafte Forderungen	5.950,00	
an 1400/1200 Forderungen a. LL		5.950,00

Auch hier gilt der Grundsatz der Einzelwertberichtigung, d. h., jede einzelne zweifelhafte Forderung ist auf ihre Bonität zu prüfen. Dazu muss der vermutete Forderungsausfall am Bilanzstichtag **geschätzt** werden.

Zu beachten ist bei der **Umsatzsteuer,** dass sie gemäß § 17 Abs. 2 Nr. 1 UStG erst zu kürzen ist, wenn der Forderungsausfall **endgültig** feststeht.

- **Ausnahme:** Wird über das Vermögen eines Unternehmers das Insolvenzverfahren eröffnet, werden die Forderungen spätestens zu diesem Zeitpunkt, unbeschadet einer möglichen Insolvenzquote, in **voller** Höhe uneinbringlich; siehe Abschnitt 17.1 Abs. 5 S. 5 UStAE.

Buchhalterisch gibt es zwei Möglichkeiten, den Forderungsausfall darzustellen:

Indirekte Methode

Der Nettoforderungsbestand ist entsprechend zu korrigieren und in der Bilanz mit seinem wahrscheinlichen Wert anzusetzen. Hierzu wird auf den Konten „Forderungsverlust" bzw. „Einzelwertberichtigung" zu Forderungen gebucht. Der ursprüngliche Forderungsbetrag bleibt somit ungekürzt erhalten. Die Angleichung der Forderungshöhe erfolgt durch die Bildung des passivischen Wertberichtigungspostens „Einzelwertberichtigung zu Forderungen". Diese Position wird auch Delkredere genannt und stellt einen Korrekturposten zum Forderungsbestand dar.

Diese indirekte Methode hat den Vorteil, dass
- der Nennwert der zweifelhaften Forderung und
- der vermutete Forderungsausfall

auf den Konten erkennbar sind.

Zudem wird der tatsächliche Rechtsanspruch gegenüber dem Kunden in der Bilanz ausgewiesen.

Nach § 266 HGB dürfen Kapitalgesellschaften in der offenlegungspflichtigen Bilanz keine Wertberichtigungen auf den Forderungsbestand ausweisen. Um sowohl der Vorschrift des HGB als auch dem innerbetrieblichen Informationsbedürfnis zu genügen, wird bei Kapitalgesellschaften häufig das Konto „Einzelwertberichtigungen" intern geführt, aber für die externe Dokumentation gegen den Forderungsbestand verrechnet.

Direkte Methode

Hierbei erfolgt eine Anpassung der Forderungshöhe unmittelbar auf dem Konto „Zweifelhafte Forderungen". Der Nachteil dieser

Methode liegt darin, dass der vollständige Ausweis des ursprünglichen Forderungsbetrags nicht mehr gegeben ist, da nach direkter Abschreibung nur noch der um diesen Betrag geminderte Forderungsbetrag auf dem Konto zu erkennen ist.

BEISPIEL

Am 10.12.01 wird bekannt, dass der Kunde Adels sämtliche Zahlungen eingestellt hat. Die Forderung beträgt 2.380,00 € (inkl. 19 % USt). Zum Geschäftsjahresabschluss (31.12.) rechnet der Unternehmer mit einem Ausfall von 80 %.

Indirekte Methode

Buchungssatz am 10.12.01		Soll	Haben
	1460/1240 Zweifelhafte Forderungen	2.380,00	
	an 1400/1200 Forderungen a. LL		2.380,00

Buchungssätze am 31.12.01		Soll	Haben
	2400/6930 Forderungsverluste	1.600,00	
	an 1478/1246 Einzelwertberichtigung zu Ford.		1.600,00
	GuV-Konto	1.600,00	
	an 2400/6930 Forderungsverluste		1.600,00
	1478/1246 Einzelwertberichtigung zu Ford.	1.600,00	
	an SBK		1.600,00
	SBK	2.380,00	
	an 1460/1240 Zweifelhafte Forderungen		2.380,00

Direkte Methode

Buchungssatz am 10.12.01		Soll	Haben
	1460/1240 Zweifelhafte Forderungen	2.380,00	
	an 1400/1200 Forderungen a. LL		2.380,00

Buchungssatz am 31.12.01		Soll	Haben
	2400/6930 Forderungsverluste	1.600,00	
	an 1460/1240 Zweifelhafte Forderungen		1.600,00

Wird nun in einem der nachfolgenden Wirtschaftsjahre die genaue Höhe des Forderungsausfalls endgültig geklärt, ist eine Neubewertung notwendig. Der endgültig feststehende Forderungsausfall führt zur Berichtigung der Umsatzsteuer.

Folgende Fälle können eintreten:
- Der geschätzte Forderungsausfall und der tatsächliche Forderungsausfall stimmen überein.
- Der geschätzte Forderungsausfall ist kleiner als der tatsächliche Forderungsausfall.
- Der geschätzte Forderungsausfall ist größer als der tatsächliche Forderungsausfall.

Es kann also zu weiteren Forderungsausfällen oder zu periodenfremden Erträgen kommen.

Der geschätzte Forderungsausfall und der tatsächliche Forderungsausfall stimmen überein

BEISPIEL

Der Kunde Adels (siehe Beispiel oben) zahlt 20 %. 476,00 € werden auf das Bankkonto überwiesen.

- Die Einzelwertberichtigung ist aufzulösen und die Umsatzsteuer zu korrigieren.

Zweifelhafte Forderung	2.380,00 €
− Zahlungseingang	**476,00 €**
= tatsächlicher Forderungsausfall, brutto	1.904,00 €
− anteiliger Umsatzsteuerausfall	**304,00 €**
= tats. Forderungsausfall, netto	1.600,00 €
− Einzelwertberichtigung	**1.600,00 €**
=	0,00 €

Buchungssatz des Zahlungseingangs

1200/1800 Bank	476,00
an 1460/1240 Zweifelhafte Ford.	476,00

Buchungssatz der Umsatzsteuerkorrektur

1770/3800 USt	304,00
an 1460/1240 Zweifelhafte Ford.	304,00

Auflösung der Einzelwertberichtigung

1478/1246 EWB zu Ford.	1.600,00
an 1460/1240 Zweifelhafte Ford.	1.600,00

Der geschätzte Forderungsausfall ist kleiner als der tatsächliche Forderungsausfall

Der Kunde zahlt weniger als ursprünglich angenommen.

BEISPIEL

Der Kunde Adels (siehe Beispiel oben) zahlt 10 %. 238,00 € werden auf das Bankkonto überwiesen.

Zweifelhafte Forderung	2.380,00
− Zahlungseingang	**238,00**
= tatsächlicher Forderungsausfall, brutto	2.142,00
− anteiliger Umsatzsteuerausfall	**342,00**
= tats. Forderungsausfall, netto	1.800,00
− Einzelwertberichtigung	**1.600,00**
= sonstiger betrieblicher Aufwand	200,00

Buchungssatz des Zahlungseingangs

1200/1800 Bank	238,00
an 1460/1240 Zweifelhafte Ford.	238,00

Buchungssatz der Umsatzsteuerkorrektur

1770/3800 USt	342,00
an 1460/1240 Zweifelhafte Ford.	342,00

Auflösung der Einzelwertberichtigung

1478/1246 EWB zu Ford.	1.600,00
an 1460/1240 Zweifelhafte Ford.	1.600,00

Buchung des sonst. betriebl. Aufw.

2400/6390 Forderungsverluste	200,00
an 1460/1240 Zweifelhafte Ford.	200,00

Der geschätzte Forderungsausfall ist größer als der tatsächliche Forderungsausfall

Der Kunde zahlt mehr als ursprünglich angenommen.

BEISPIEL

- Der Kunde Adels (siehe Beispiel oben) zahlt 25 %. 595,00 € werden auf das Bankkonto überwiesen.

Zweifelhafte Forderung	2.380,00
− Zahlungseingang	595,00
= tatsächlicher Forderungsausfall, brutto	1.785,00
− anteiliger Umsatzsteuerausfall	285,00
= tats. Forderungsausfall, netto	1.500,00
− Einzelwertberichtigung	1.600,00
= sonstiger betrieblicher Ertrag	100,00

Buchungssatz des Zahlungseingangs

1200/1800	Bank	595,00
an 1460/1240	Zweifelhafte Ford.	595,00

Buchungssatz der Umsatzsteuerkorrektur

1770/3800	USt	285,00
an 1460/1240	Zweifelhafte Ford.	285,00

Auflösung der Einzelwertberichtigung

1478/1246	EWB zu Ford.	1.600,00
an 1460/1240	Zweifelhafte Ford.	1.500,00
an 2732/4925	Erträge aus abg. Ford.	100,00

11.2.2.3 Einwandfreie Forderungen

Erfahrungsgemäß gibt es über die bekannten zweifelhaften Einzelforderungen hinaus weitere Forderungen, deren Einbringlichkeit gefährdet ist. Aufgrund fehlender Informationen oder wegen der Unüberschaubarkeit der Vielzahl der einzelnen Forderungen sind solche gefährdeten Forderungen oft nicht gesondert zu ermitteln.

Auf diesen Teil des Forderungsbestands wird zum Bilanzstichtag eine **Pauschalwertberichtigung** gebildet.

Da die gefährdeten Forderungen im Einzelnen nicht bekannt sind, wird die Pauschalwertberichtigung nach einem **betrieblichen Erfahrungssatz** vorgenommen.

Bereits einzelwertberichtigte Forderungen dürfen nicht noch einmal pauschal abgeschrieben werden. Deshalb ist der Gesamtforderungsbestand zur Berechnung der Pauschalwertberichtigung um die zweifelhaften Forderungen zu bereinigen.

Wie bei der Einzelwertberichtigung ist eine Umsatzsteuerkorrektur am Bilanzstichtag nicht möglich, weil der tatsächliche Forderungsausfall noch nicht feststeht.

BEISPIEL

Gesamtforderungsbestand am Bilanzstichtag 31.12.01, brutto	366.520,00 €
− zweifelhafte Forderungen, brutto (wurden einzeln wertberichtigt)	9.520,00 €
= Bruttoforderungsbestand für die Pauschalwertberichtigung	357.000,00 €
− anteilige Umsatzsteuer	57.000,00 €
= Nettoforderungsbestand für die Pauschalwertberichtigung	300.000,00 €

Der betriebliche Erfahrungssatz für Forderungsausfälle beträgt 4 %.

- Die Pauschalwertberichtigung beträgt 12.000,00 €.

Buchungssatz 31.12.01		Soll	Haben
	2450/6920 Einstellung in PWB zu Ford.	12.000,00	
	an 0096/1248 PWB zu Ford.		12.000,00

§ 266 HGB sieht für die offenlegungspflichtige Bilanz von Kapitalgesellschaften die Passivposition „Wertberichtigungen" nicht vor (= **Passivierungsverbot**). Bei Kapitalgesellschaften sind daher die Pauschalwertberichtigungen ebenso wie die Einzelwertberichtigungen aktivisch abzusetzen.

Anpassung von Pauschalwertberichtigungen

In der Praxis ist es üblich, das Konto „Pauschalwertberichtigung zu Forderungen" mit seinem Anfangsbestand bis zum Bilanzstichtag fortzuführen.

Tatsächliche Forderungsausfälle während des Geschäftsjahres werden **zeitnah abgeschrieben.** Die Umsatzsteuer wird entsprechend anteilig korrigiert.

BEISPIEL

Auf eine zum pauschalwertberichtigten Forderungsbestand gehörende Forderung von 3.570,00 € brutto werden am 15.05.01 1.190,00 € auf das Bankkonto eingezahlt. Die Restforderung von 2.380,00 € ist uneinbringlich.

- Der Forderungsausfall ist als Forderungsverlust zu erfassen. Die Umsatzsteuer ist anteilig zu korrigieren.

Buchungssatz 15.05.01		Soll	Haben
	1200/1800 Bank	1.190,50	
	2400/6930 Forderungsverluste	2.000,00	
	1770/3800 Umsatzsteuer	380,00	
	an 1400/1200 Forderungen a. LL		3.570,00

Am Geschäftsjahresende wird die bestehende Pauschalwertberichtigung dem neuen, zu erwartenden Forderungsausfall angepasst (= **Anpassungsmethode**).

BEISPIEL

Die zum 31.12.01 ermittelte Pauschalwertberichtigung beträgt 14.000,00 €, die zum 31.12.00 12.000,00 €.

- Die Pauschalwertberichtigung zum 31.12.01 ist um 2.000,00 € zu erhöhen.

Buchungssatz 31.12.01		Soll	Haben
	2450/6920 Einstellung in PWB zu Ford.	2.000,00	
	an 0096/1248 PWB zu Ford.		2.000,00

In diesem Beispiel wird die **Bestandsmehrung** auf dem passiven Bestandskonto „Pauschalwertberichtigungen zu Forderungen" gebucht. Als Schlussbestand ergibt sich der neu errechnete Wert der Pauschalwertberichtigung.

Die Pauschalwertberichtigung zum aktuellen Bilanzstichtag kann auch niedriger sein als zum letzten Bilanzstichtag. Dann ist das Konto „Pauschalwertberichtigung zu Forderungen" gewinnerhöhend anzupassen.

BEISPIEL

Die zum 31.12.02 ermittelte Pauschalwertberichtigung beträgt 9.000,00 €, die zum 31.12.01 14.000,00 €.

- Die Pauschalwertberichtigung zum 31.12.02 ist um 5.000,00 € zu mindern.

Buchungssatz 31.12.02

	Soll	Haben
0096/1248 PWB zu Ford.	5.000,00	
an 2730/4920 Erträge a.d. Herabs. d. PWB zu For.		5.000,00

Die Pauschalwertberichtigung kann auch angepasst werden, indem man den Anfangsbestand erfolgserhöhend auflöst und die neue Pauschalwertberichtigung zum Bilanzstichtag komplett erfolgsmindernd bucht.

BEISPIEL

Die zum 31.12.01 ermittelte Pauschalwertberichtigung beträgt 10.000,00 €, die zum 31.12.02 13.000,00 €.

- Die Pauschalwertberichtigung in Höhe von 10.000,00 € wird erfolgserhöhend aufgelöst und in Höhe von 13.000,00 € erfolgsmindernd gebucht.

Buchungssatz 31.12.02

	Soll	Haben
0096/1248 PWB zu Ford.	10.000,00	
an 2730/4920 Erträge a.d. Herabs. d. PWB zu For.		10.000,00
2450/6920 Einstellung in PWB zu Ford.	13.000,00	
an 0096/1248 PWB zu Ford.		13.000,00

1. Wird die Einbringlichkeit einer Einzelforderung zweifelhaft, ist sie auf das Konto „Zweifelhafte Forderungen" umzubuchen.

2. Wird eine Einzelforderung uneinbringlich oder teileinbringlich, ist sie ganz bzw. teilweise abzuschreiben. Die Umsatzsteuer ist anteilig zu korrigieren.

3. Steht am Bilanzstichtag die Höhe des Ausfalles einer zweifelhaften Einzelforderung nicht fest, wird sie geschätzt. Die Umsatzsteuer ist noch nicht zu korrigieren.

4. Steht der Ausfall einer zweifelhaften Einzelforderung im neuen Wirtschaftsjahr fest, wird die zum Ende des alten Wirtschaftsjahres gebildete Einzelwertberichtigung aufgelöst. Die Umsatzsteuer wird anteilig korrigiert.

5. Für den nicht einzelwertberichtigten Teil des Forderungsbestands kann am Bilanzstichtag für den vermuteten Ausfall eine Pauschalwertberichtigung gebildet werden. Die Umsatzsteuer darf nicht anteilig berichtigt werden, da der tatsächliche Forderungsausfall noch nicht feststeht.

AUFGABEN

1. Welche drei Gruppen von Forderungen unterscheidet man nach dem Grad ihrer Güte (Bonität)?

2. Entscheiden Sie, ob in den unten aufgeführten Fällen zweifelhafte oder uneinbringliche Forderungen vorliegen.
   a) Das Insolvenzverfahren über das Vermögen eines Kunden ist abgeschlossen.
   b) Das Insolvenzverfahren über das Vermögen eines Kunden wird eröffnet.
   c) Die Zwangsvollstreckung über das Vermögen eines Kunden ist fruchtlos verlaufen.
   d) Eine Forderung ist verjährt.
   e) Ein Kunde stellt seine Zahlungen ein.
   f) Forderungsverzicht (Restschuldbefreiung) im Rahmen eines Insolvenzverfahrens

3. Im neuen Geschäftsjahr steht der tatsächliche Forderungsausfall einer einzelwertberichtigten Forderung fest. Die am Bilanzstichtag des alten Geschäftsjahres gebildete Einzelwertberichtigung wird aufgelöst.
   a) Welche drei Fälle sind bei der Auflösung der Einzelwertberichtigung möglich?
   b) Der Zahlungseingang auf eine einzelwertberichtigte Forderung ist höher/niedriger als erwartet. Auf welchem Konto wird die nicht erwartete Mehrzahlung/Minderzahlung gegengebucht?
   c) Welche Buchungen sind bei Auflösung einer Einzelwertberichtigung auf Forderungen vorzunehmen? (Buchungen mit Worten beschreiben, keine Buchungssätze nennen.)

4. Ihr Mandant, das Produktionsunternehmen Clauser GmbH, Weltstr. 42, 30159 Hannover, legt Ihnen mit der Buchführung nebenstehende Belege (1 und 2) vor.

   Bilden Sie die erforderlichen Buchungssätze.

Beleg 1

Martina Kohlenberg & Patrick Czerny
RECHTSANWÄLTE • NOTARE • INSOLVENZVERWALTER • VEREIDIGTE BUCHPRÜFER

Mitgliedschaften:
• Arbeitskreis der Insolvenzverwalter e. V.
• Arbeitskreis für Insolvenzrecht und Sanierung im DAV
• Institut für Insolvenzrecht
• Insol Europe – Europäische Insolvenzverwaltervereinigung

Clauser GmbH
Weltstraße 42
30159 Hannover

bitte stets angeben
603/18IN 03/POs

Datum
05.08.20..

Rundschreiben an die Insolvenzgläubiger

(IN) Insolvenzverfahren über das Vermögen des Insolvenzschuldners:
Hüttner KG, Fössestraße 3, 30449 Hannover
Amtsgericht Hannover -910IN/882-3-
Zeichen: 29640517

Sehr geehrte Damen und Herren,

über das Vermögen des oben genannten Schuldners wurde durch das Amtsgericht Hannover – Insolvenzgericht - am 01.08.20.. das (IN) Insolvenzverfahren eröffnet und der Unterzeichner zum Treuhänder bestellt.

In der Anlage füge ich eine Kopie des Eröffnungsbeschlusses sowie ein Merkblatt nebst Vordrucken zur Forderungsanmeldung bei und bitte Sie, die darin genannten Termine zu beachten (Fristablauf: 27.09.20..).

Hinweis: Die Zustellung gilt mit der am 06.08.20.. erfolgten Aufgabe zur Post als bewirkt.

Mit freundlichem Gruß

Czerny
Anlagen erwähnt

EINGEGANGEN
7. Aug. 20..
Erl. ....

Buchungsvermerk:
Unsere Forderung an den Insolvenzschuldner, die Hüttner KG, beträgt 8.925,00 € (einschl. 19 % USt). Siehe beigefügte Ausgangsrechnungen AR 408 und AR 597.

30449 Hannover
Rosebeckstraße 12
St.-Nr. 17 127 38567

Tel.: 0511 21527
Fax: 0511 21528
E-Mail:
kohlenberg@czerny-wvd.de

Bankverbindung:
Stadtsparkasse Hannover
Kto.-Nr.: 975 313, BLZ 250 501 80
IBAN DE23 2505 0180 0000 9753 13
BIC SPKHDE2H

| Abgrenzungen bei der Erstellung des Jahresabschlusses | **Wertansätze in der Bilanz** | Eigenkapitalausweis in der Bilanz |

Kapitel 11

Beleg 2

5. Ein Unternehmer beantragt beim zuständigen Amtsgericht am 01.03.01 die Eröffnung des Insolvenzverfahrens. Ihr Mandant hat an den Unternehmer eine Forderung vom 3.570,00 €. Am 01.11.01 wird das Insolvenzverfahren gegen den Unternehmer mangels Masse eingestellt.

   Nehmen Sie die erforderlichen Buchungen vor.

6. Ein Kunde Ihres Mandanten ist in Zahlungsschwierigkeiten geraten. Ihr Mandant verzichtet auf 45 % seiner Forderung, die 4.760,00 € beträgt. Den Differenzbetrag überweist der Kunde.

   Wie lauten die Buchungssätze?

7. Der Unternehmer erfährt am 07.08.01, dass eine Kundin ihr Geschäft und ihre Wohnung unerwartet und kurzfristig aufgegeben hat und mit unbekanntem Ziel ins Ausland verzogen ist. Es besteht keine Hoffnung, die Forderung gegen diese Kundin in Höhe von 2.380,00 € einzutreiben.

   Welche Buchungen muss der Unternehmer vornehmen?

8. Am 05.09.01 erhält ein Unternehmer unerwartet eine Postbanküberweisung über 2.975,00 € von einem Kunden. Der Unternehmer hatte die Forderung bereits im vergangenen Jahr als uneinbringlich abgeschrieben.

   Wie hat der Unternehmer zum Bilanzstichtag zu buchen?

9. Im November 01 gerät ein Kunde in Zahlungsschwierigkeiten. Ihr Mandant hat an diesen Kunden eine Forderung von 3.570,00 €. Ihr Mandant schätzt den Forderungsausfall am Bilanzstichtag auf 55 %.

   Wie lauten die erforderlichen Buchungen im November und am Bilanzstichtag?

10. Auf die in Aufgabe 9 einzelwertberichtigte Forderung erfolgt am 03.02.02 folgender Zahlungseingang:
    a) 1.606,50 €,
    b 1.428,00 €,
    c) 1.785,00 €.

    1) Erstellen Sie für die Fälle a) bis c) ein Rechenschema wie in den Beispielen von Kapitel 11.2.2.2 dargestellt.
    2) Wie lauten die Buchungen in den Fällen a) bis c)
        - für den Zahlungseingang,
        - für die anteilige Umsatzsteuerkorrektur,
        - für die Auflösung der Einzelwertberichtigung und
        - für die Erfassung des sonstigen betrieblichen Aufwandes bzw. Ertrages?

11. Welcher Geschäftsvorfall liegt der folgenden Buchung zugrunde?

Bank	476,00 €	
USt	684,00 €	
EWB zu Forderungen	3.200,00 €	
Forderungsverluste	400,00 €	
an Zweifelhafte Forderungen		4.760,00 €

12. Ihr Mandant verkauft am 01.10.01 eigene Erzeugnisse an einen Kunden für insgesamt 11.900,00 €, Zahlungsziel 40 Tage.
    Am 15.11.01 leistet der Kunde die eidesstattliche Versicherung.
    Am 28.12.01 steht fest, dass mit einem Forderungsausfall von ca. 70 % gerechnet werden muss.
    Am 27.02.02 überweist der Kunde
    a) 2.380,00 €,
    b) 3.570,00 €,
    c) 4.165,00 € auf das Konto Ihres Mandanten.

    Nehmen Sie alle erforderlichen Buchungen vor.

13. Eine Forderung von 9.520,00 € (inkl. 19 % USt) wurde am Bilanzstichtag des Vorjahres bereits zu 60 % einzelwertberichtigt. Am Bilanzstichtag des laufenden Jahres rechnet der Unternehmer mit einem Forderungsausfall von 90 %.
    a) Errechnen Sie den Betrag, um den die Einzelwertberichtigung im laufenden Jahr aufzustocken ist.
    b) Nennen Sie den Buchungssatz für die Aufstockung der Einzelwertberichtigung.

14. Stellen Sie – ausgehend vom Gesamtforderungsbestand – ein Rechenschema zur Ermittlung der Pauschalwertberichtigung auf (unter Berücksichtigung von Einzelwertberichtigungen).

15. Bei Ihrem Mandanten beträgt die Summe der Schlussbestände des Kontos „Forderungen a. LL" der letzten fünf Jahre 3.808.000,00 €. Die innerbetriebliche Statistik weist für diese fünf Jahre einen Forderungsausfall von insgesamt 171.360,00 € aus.

    Errechnen Sie den Prozentsatz für eine vorzunehmende Pauschalwertberichtigung auf Forderungen.

    Nennen Sie den Buchungssatz zum Bilanzstichtag, wenn das Konto „Forderungen a. LL" einen Bestand von 856.800,00 € ausweist.

16. Am Bilanzstichtag beträgt der Gesamtforderungsbestand 297.500,00 €. Darin ist eine Forderung an einen Kunden in Höhe von 11.900,00 € enthalten. Dieser Kunde ist in Zahlungsschwierigkeiten geraten. Der Unternehmer rechnet mit einem Forderungsausfall von 55 %.

    Über welchen Betrag ist eine Einzelwertberichtigung zu bilden? Bilden Sie den Buchungssatz über die Bildung der Einzelwertberichtigung und die Pauschalwertberichtigung.

17. Im Jahr der Betriebsgründung macht der um die einzelwertberichtigten Forderungen korrigierte Forderungsbestand 404.600,00 € aus.
    Es soll erstmals am Bilanzstichtag eine Pauschalwertberichtigung mit einem Wertberichtigungssatz von 4 % gebildet werden.
    a) Nehmen Sie die entsprechende Buchung vor.
    b) Am Bilanzstichtag des folgenden Jahres beträgt der um die einzelwertberichtigten Forderungen korrigierte Forderungsbestand 487.900,00 €. Der Wertberichtigungssatz von 4 % aus dem Vorjahr hat weiterhin Gültigkeit. Nehmen Sie die Anpassungsbuchung für die Pauschalwertberichtigung vor. Der Anfangsbestand wird fortgeschrieben.

18. Der Anfangsbestand auf dem Pauschalwertberichtigungskonto beläuft sich auf 5.000,00 €. Welche Anpassungsbuchung ist erforderlich, wenn die neue errechnete Pauschalwertberichtigung a) 7.000,00 € und b) 4.000,00 € beträgt?

19. Das Konto „Pauschalwertberichtigungen" weist einen Bestand von 6.000,00 € auf. Der Forderungsbestand am Ende des laufenden Geschäftsjahres beträgt 190.400,00 €. Es ist eine Pauschalwertberichtigung von 4,5 % zu bilden.

    Nennen Sie den Buchungssatz zur Anpassung der Pauschalwertberichtigung.

20. Aus der Summen- und Saldenliste Ihres Mandanten können Sie folgende Angaben entnehmen:
    Forderungen a. LL   357.000,00 €
    Pauschalwertberichtigungen   13.500,00 €
    Am 01.12.01 wird das Insolvenzverfahren über das Vermögen eines Kunden Ihres Mandanten eröffnet. Eine Forderung an diesen Kunden beträgt 10.710,00 €. Zum 31.12.01 wird diese Forderung einzelwertberichtigt. Ihr Mandant rechnet mit einem Forderungsausfall von 90 %. Der Rest des Forderungsbestands soll mit 3 % pauschalwertberichtigt werden.

    Nehmen Sie alle erforderlichen Buchungen vor.

21. Der Summen- und Saldenliste Ihres Mandanten entnehmen Sie die folgenden Angaben:
    Forderungen a. LL   666.400,00 €
    zweifelhafte Forderungen   38.080,00 €
    Pauschalwertberichtigungen 14.000,00 €
    45 % der zweifelhaften Forderungen schätzt Ihr Mandant als uneinbringlich ein.

    Wie lautet der Buchungssatz zur Bildung der Einzelwertberichtigung und zur Anpassung der Pauschalwertberichtigung?

22. Sind die folgenden Aussagen richtig? Begründen Sie Ihre Antwort.
    a) Das Konto „Einzelwertberichtigungen" ist ein aktives Bestandskonto.
    b) Die Buchung „Zweifelhafte Forderungen **an** Forderungen a. LL" trennt uneinbringliche Forderungen von einwandfreien Forderungen.
    c) Die Buchung „Forderungsverluste Umsatzsteuer **an** zweifelhafte Forderungen" weist die Uneinbringlichkeit einer zweifelhaften Forderung aus.
    d) Das Konto „Pauschalwertberichtigungen" weist die Korrekturposten zum Konto „Zweifelhafte Forderungen" aus.
    e) Die Umsatzsteuer wird anteilig korrigiert, wenn im laufenden Geschäftsjahr eine Forderung uneinbringlich wird.
    f)   Bank
          Umsatzsteuer
          Einzelwertberichtigungen
       an Zweifelhafte Forderungen

          Einzelwertberichtigungen
       an Erträge aus abgeschriebenen Forderungen

       Die obige Buchung wird bei Zahlungseingang auf eine zweifelhafte Forderung vorgenommen, wenn bei Bildung der Einzelwertberichtigung am Bilanzstichtag des vergangenen Jahres der Forderungsausfall zu hoch geschätzt wurde.

    g) Am Bilanzstichtag wird bei Bildung sowohl der Einzelwertberichtigung als auch der Pauschalwertberichtigung die Umsatzsteuer anteilig korrigiert.
    h) Mit der Buchung „Pauschalwertberichtigung zu Ford. **an** Erträge aus der Herabsetzung der PWB zu Ford." wird der Bestand auf dem Konto „PWB zu Ford." aufgestockt.
    i) Der Buchung „Bank **an** Erträge aus abg. Forderungen
                        an Umsatzsteuer"
       liegt ein Zahlungseingang auf eine im Vorjahr bereits abgeschriebene Forderung zugrunde.
    j) Der Buchung „Forderungsverluste **an** EWB zu Ford." liegt der folgende Geschäftsvorfall zugrunde: Eine zweifelhafte Forderung wird uneinbringlich.
    k) Der einzelwertberichtigte Forderungsbestand unterliegt nicht der Pauschalwertberichtigung.
    l) Uneinbringliche Forderungen werden indirekt abgeschrieben.

11.3 Verbindlichkeiten

LERNSITUATION

Die ExImAG, die Waren aller Art ex- und importiert, hat zum Bilanzstichtag 31.12.01 Fremdwährungsverbindlichkeiten. In der Buchführung hat der Buchhalter den Umrechnungskurs zum Zeitpunkt der Entstehung der Verbindlichkeit zugrunde gelegt.

Bei Bewertung der Verbindlichkeiten zum Jahresabschluss stellt er sich folgende Frage: Gilt weiterhin der Umrechnungskurs zum Zeitpunkt der Entstehung der Verbindlichkeit oder der Kurs zum Bilanzstichtag oder vielleicht der Kurs zum Zahlungszeitpunkt im nächsten Jahr?

HGB
§§ 250 Abs. 3, 253 Abs. 1

EStG
§ 6 Abs. 1 Nr. 2, Nr. 3

Verbindlichkeiten sind Verpflichtungen bzw. Schulden des Unternehmens, die sowohl der Höhe als auch der Fälligkeit nach feststehen. Sie entstehen mit dem Zeitpunkt der Leistungsverpflichtung, z. B. mit dem Zeitpunkt der Lieferung oder Leistung durch einen Lieferanten.

Gemäß § 253 Abs. 1 S. 2 HGB sind

- Verbindlichkeiten mit dem Erfüllungsbetrag,
- Rentenverpflichtungen mit ihrem Barwert

anzusetzen.

Im Steuerrecht sind Verbindlichkeiten nach § 6 Abs. 1 Nr. 3 EStG unter sinngemäßer Anwendung der Regelungen in § 6 Abs. 1 Nr. 2 EStG anzusetzen, d. h. mit dem Rückzahlungsbetrag. Allerdings hat bei **unverzinslichen Verbindlichkeiten** eine **Abzinsung** zu erfolgen (Zinssatz 5,5 %).

Ausnahmen hierzu:
- Laufzeit der Verbindlichkeit < 12 Monate,
- Verbindlichkeiten aufgrund von Anzahlungen oder Vorausleistungen.

Bei Bewertung von Verbindlichkeiten gilt das **Höchstwertprinzip. Dauernde Werterhöhungen müssen handelsrechtlich** und **können steuerrechtlich** berücksichtigt werden. Durch die Werterhöhung entsteht ein Verlust und aufgrund des Imparitätsprinzips ist er auszuweisen.

Liegt nur eine **vorübergehende Werterhöhung** vor, muss **handelsrechtlich** auf den **höheren Wert** zugeschrieben werden, **steuerrechtlich** ist eine Erhöhung **unzulässig,** § 253 Abs. 1 HGB, § 6 Abs. 1 Nr. 3 EStG.

Sinkt der Wert der Verbindlichkeit nach einer vorhergehenden Werterhöhung wieder, ist **handels- und auch steuerrechtlich** eine **Abschreibung zwingend,** maximal bis zum Erfüllungsbetrag (= Anschaffungskosten). Ein niedrigerer Ansatz als die Anschaffungskosten würde einen Ertrag ausweisen. Nicht realisierte Gewinne dürfen aber nicht ausgewiesen werden.

11.3.1 Fremdwährungsverbindlichkeiten

Ist die Höhe der Rückzahlungsverpflichtung von einem bestimmten Kurswert abhängig, ist grundsätzlich der Wert zum Zeitpunkt des Entstehens der Verbindlichkeit maßgebend, d. h. bei Fremdwährungsverbindlichkeiten der entsprechende Wechselkurs.

Nur unter der Voraussetzung einer voraussichtlich **dauernden Erhöhung** des Kurswertes muss an den nachfolgenden Bilanzstichtagen der höhere Wert angesetzt werden. Bei der Umrechnung zum Abschlussstichtag ist der Devisenkassamittelkurs maßgebend.

Handelt es sich um Verbindlichkeiten des laufenden Geschäftsverkehrs, ist von einer dauernden Erhöhung auszugehen, wenn

- bis zur Aufstellung der Bilanz oder
- bis zur Tilgung bzw. Entnahme der Verbindlichkeit

die Wechselkurserhöhung anhält.

Zusätzliche Erkenntnisse bis zu diesen Zeitpunkten, z. B. Wechselkursschwankungen, sind bei der Bewertung zum Bilanzstichtag mit einzubeziehen.

| Abgrenzungen bei der Erstellung des Jahresabschlusses | **Wertansätze in der Bilanz** | Eigenkapitalausweis in der Bilanz |

Kapitel 11

BEISPIEL

Am 01.12.01 kaufte der Unternehmer Rohstoffe aus den USA für 70.000,00 € ein. Der Kurs zu diesem Zeitpunkt betrug 1,00 EUR = 1,3475 USD.
Zum 31.12.01 betrug der Wechselkurs 1,3710 USD. Die Verbindlichkeit wurde erst am 15.01.02 gezahlt. Der Kurswert zu diesem Zeitpunkt betrug 1,4012 USD.

- Zum 31.12.01 ist die Verbindlichkeit mit 95.970,00 € zu bewerten. Es handelt sich um eine dauerhafte Werterhöhung, da bei Zahlung die Kurserhöhung noch anhielt.

Buchungssatz 01.12.01		Soll	Haben
	3000/5100 Einkauf von Rohstoffen	94.325,00	
	an 1600/3300 Verbindlichkeiten a. LL		94.325,00

Buchungssatz 31.12.01		Soll	Haben
	2140/7330 Aufwendungen aus Kursdifferenzen	1.645,00	
	an 1600/3300 Verbindlichkeiten a. LL		1.645,00

Buchungssatz 15.01.02		Soll	Haben
	1600/3300 Verbindlichkeiten a. LL	95.970,00	
	2140/7330 Aufwendungen aus Kursdifferenzen	2.114,00	
	an 1200/1800 Bank		98.084,00

Da bei Zahlung der Kurs weiter gestiegen war, musste der Unternehmer mehr zahlen, als er an Verbindlichkeiten zum 31.12.01 ausgewiesen hatte. Diese Differenz ist als „Aufwendungen aus Kursdifferenzen" zu erfassen.

Sinkt der Wert der Verbindlichkeit zu einem späteren Bilanzstichtag wieder, ist eine Abschreibung bis maximal zu den Anschaffungskosten zwingend.

BEISPIEL

Am 22.11.01 kaufte der Unternehmer Rohstoffe aus England für 15.000,00 £ (engl. Pfund) ein. Der Kurs zu diesem Zeitpunkt betrug 1,00 EUR = 0,7841 GBP.
Zum 31.12.01 betrug der Kurs 0,7101 GBP, **dauernde Wertminderung.** Die Verbindlichkeit wurde erst im Januar 04 wegen Unstimmigkeiten mit dem Lieferanten gezahlt. Der Kurs zum 31.12.02 betrug 0,7923 GBP.

- Die Anschaffungskosten betragen 19.130,21 €. Zum 31.12.01 ist die Verbindlichkeit mit 21.123,79 € zu bewerten. Zum 31.12.02 beträgt der Wert der Verbindlichkeit 18.932,22 €, der Ansatz erfolgt mit den Anschaffungskosten von 19.130,21 €. Ein niedrigerer Wert ist nicht zulässig.

Buchungssatz 22.11.01		Soll	Haben
	3000/5100 Einkauf von Rohstoffen	19.130,21	
	an 1600/3300 Verbindlichkeiten a. LL		19.130,21

Buchungssatz 31.12.01		Soll	Haben
	2140/7330 Aufwendungen aus Kursdifferenzen	1.993,58	
	an 1600/3300 Verbindlichkeiten a. LL		1.993,58

Buchungssatz 31.01.02		Soll	Haben
	1600/3300 Verbindlichkeiten a. LL	1.993,58	
	an 2660/4840 Erträge aus Kursdifferenzen		1.993,58

Bei kurzfristigen Fremdwährungsverbindlichkeiten mit einer Restlaufzeit von einem Jahr oder weniger darf bei der Umrechnung zum Stichtagskurs das Vorsichtsprinzip nicht angewandt werden, § 256 a S. 2 HGB, d. h., **handelsrechtlich** wird ein Wert unter den Anschaffungskosten angesetzt und damit ein Ertrag ausgewiesen.

BEISPIEL

Beispiel wie oben, nur wird die Verbindlichkeit im Januar 03 gezahlt.

- Zum 31.12.02 beträgt die Restlaufzeit weniger als ein Jahr, sodass die Verbindlichkeit handelsrechtlich mit 18.932,22 € bewertet wird.

Buchungssatz 31.12.02		Soll	Haben
	1600/3300 Verbindlichkeiten a. LL	2.191,57	
	an 2660/4840 Erträge aus Kursdifferenzen		2.191,57

Bei Verbindlichkeiten, die **nicht dem laufenden Geschäftsverkehr** zuzuordnen sind, liegt eine voraussichtlich dauernde Erhöhung des Kurswertes nur bei einer **nachhaltigen** Erhöhung des Wechselkurses vor. Hierbei müssen aus Sicht eines sorgfältigen und gewissenhaften Kaufmanns mehr Gründe für als gegen die Nachhaltigkeit sprechen. Übliche Wechselkursschwankungen berechtigen nicht zum Ansatz eines höheren Wertes der Verbindlichkeit.

11.3.2 Darlehen

Ein Darlehen ist ein i. d. R. schriftlicher Vertrag zwischen einem Darlehensgeber und einem Darlehensnehmer. Es wird vereinbart, dass der Darlehensgeber einen bestimmten Geldbetrag dem Darlehensnehmer zur Verfügung stellt. Im Regelfall geschieht dies gegen Zahlung von Zinsen = Entgelt für die Überlassung des Kapitals. Es kann auch zinslos gewährt werden.

Man unterscheidet drei Arten von Darlehen:

- **Fälligkeitsdarlehen**
  Hierbei wird das Darlehen am Ende der Laufzeit in einem Betrag zurückgezahlt.
- **Tilgungsdarlehen**
  Mit dem Darlehensnehmer wird eine gleichbleibende, lineare Tilgungsleistung über die gesamte Laufzeit vereinbart. Die Leistungsrate setzt sich aus der Tilgungsrate und den jeweils auf die Restschuld errechneten Zinsen zusammen. Das Tilgungsdarlehen nennt man auch Abzahlungsdarlehen.

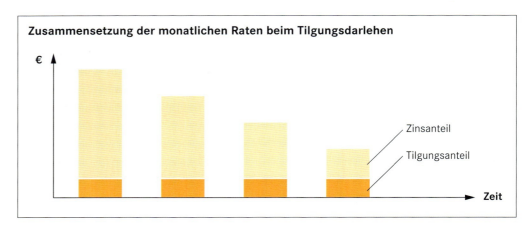

- **Annuitätendarlehen**

  Beim Annuitätendarlehen bleibt die Höhe der monatlich zu zahlenden Rate konstant. Sie setzt sich wie beim Tilgungsdarlehen aus einem Tilgungs- und einem Zinsanteil zusammen. Da mit jeder Rate die Restschuld geringer wird, verringert sich der Zinsanteil der Rate laufend. Der Tilgungsanteil wird größer.

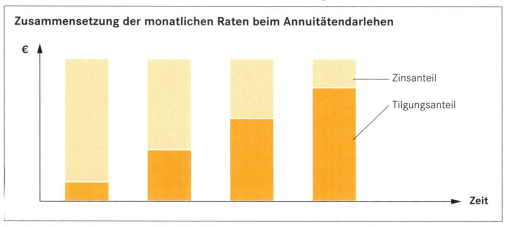

Zusammensetzung der monatlichen Raten beim Annuitätendarlehen

Der Unterschied zwischen Rückzahlungs- und Ausgabebetrag (Agio, Disagio, Damnum) ist als Rechnungsabgrenzungsposten auf den **Zinsfestschreibungszeitraum** bzw. die Laufzeit des Darlehens **zu verteilen.**

Auszahlungsbetrag = Rückzahlungsbetrag − Disagio

Handelsrechtlich kann das Disagio im Jahr der Anschaffung vollständig **aufwandswirksam** gebucht oder auf der **Aktivseite** der Bilanz als **Korrekturposten** zur Kreditverbindlichkeit ausgewiesen werden. Im letzteren Fall ist das Disagio durch **planmäßige jährliche Abschreibungen** zu tilgen, die auf die gesamte Laufzeit der Verbindlichkeit verteilt werden können, § 250 Abs. 3 HGB.

Steuerrechtlich ist nur die **Aktivierung** des Disagios (als Rechnungsabgrenzungsposten) mit entsprechenden jährlichen Abschreibungen zulässig. **Bearbeitungs- oder Verwaltungsgebühren** sind ebenfalls zu **aktivieren** und aufwandsmäßig auf die Zinsfestschreibung des Darlehens zu verteilen.

Beim Fälligkeitsdarlehen erfolgt eine lineare Auflösung des Rechnungsabgrenzungsposten.

BEISPIEL

Der Unternehmer nimmt am 02.07.01 ein Darlehen in Höhe von 50.000,00 € auf, das zu 98 % ausgezahlt wird. Die Rückzahlung erfolgt in einem Betrag in vier Jahren.

- Das Darlehen ist mit dem Erfüllungsbetrag/Rückzahlungsbetrag zu passivieren. Das Disagio ist steuerrechtlich als aktiver Rechnungsabgrenzungsposten zu erfassen und linear über die Laufzeit zu verteilen. 1.000,00 €/4 Jahre · 6/12 = 125,00 € zeitanteilig.

Buchungssatz 02.07.01		Soll	Haben
	1200/1800 Bank	49.000,00	
	0986/1940 Disagio	1.000,00	
	an 0630/3150 Verbindlichkeiten Kl		50.000,00

Buchungssatz 31.12.01		Soll	Haben
	2140/7330 Zinsähnliche Aufwendungen	125,00	
	an 0986/1940 Disagio		125,00

Beim Tilgungsdarlehen erfolgt eine degressive Auflösung des Rechnungsabgrenzungspostens, Zinszahlenstaffelmethode.

Die Auflösung des Disagios erfolgt nach der Formel: $\text{Disagio} \cdot \dfrac{x}{\text{Anteilzahl}}$

$\text{Anteilzahl} = (1 + \text{Laufzeit des Darlehens}) \cdot \dfrac{\text{Laufzeit}}{2}$

x = Anzahl der restlichen Raten + 1

BEISPIEL

Der Unternehmer nimmt einen Kredit am 05.01.01 von 100.000,00 € auf, der in fünf Jahresraten, immer am 31.12., zurückzuzahlen ist. Das Disagio beträgt 5 %, also 5.000,00 €.

- Zum Jahresabschluss ist das Disagio anteilig aufzulösen.
  Anteilzahl = (1+5) · 5/2 = 15
  Zinsaufwand: x = 4 (Anzahl der restlichen Raten) + 1 = 5
  Berechnung: 5.000,00 € · 5/15 = 1.666,67 €

2. Jahr: x = 3 (Anzahl der restlichen Raten) + 1 = 4
           5.000,00 € · 4/15 = 1.333,33 €
3. Jahr: x = 2 +1 = 3
           5.000,00 € · 3/15 = 1.000,00 €
4. Jahr: x = 1 + 1 = 2
           5.000,00 € · 2/15 =   666,66 €
5. Jahr: x = 0 + 1 =1
           5.000,00 € · 1/15 =   333,34 €

Buchungssatz 31.12.01		Soll	Haben
	2140/7330 Zinsähnliche Aufwendungen	1.666,67	
	an 0986/1940 Disagio		1.666,67

Stand Disagio am 31.12.01   5.000,00 €
Auflösung 01   − 1.666,67 €
Buchwert 31.12.01   3.333,33 €

	Handelsbilanz	Steuerbilanz
1. Grundlage der Bewertung	Erfüllungsbetrag	Rückzahlungsbetrag
2. voraussichtlich dauernde Wertminderung	Pflicht zur Zuschreibung	Wahlrecht zur Zuschreibung
3. vorübergehende Wertminderung	Pflicht zur Zuschreibung	Zuschreibungsverbot
4. Grund für die außerplanmäßige Zuschreibung entfällt	Abschreibungspflicht	
5. Unverzinslichkeit gegeben, keine Anzahlung oder Restlaufzeit < 12 Monate	Erfüllungsbetrag	mit 5,5 % abgezinster Rückzahlungsbetrag
6. Fremdwährungsverbindlichkeit Restlaufzeit < 1 Jahr	Ansatz unter Anschaffungskosten möglich (Ausweis eines nicht realisierten Gewinns)	Ansatz nicht unter Anschaffungskosten

1. Es gilt das Höchstwertprinzip.
2. Ein Disagio und die Bearbeitungs- und Verwaltungsgebühren müssen steuerrechtlich und können handelsrechtlich aktiviert und durch Abschreibungen auf den Zinsfestschreibungszeitraum aufwandswirksam verteilt werden.

Kapitel 11

AUFGABEN

1. Welches Prinzip gilt bei der Bewertung von Verbindlichkeiten?
2. Mit welchem Wert sind Verbindlichkeiten grundsätzlich und bei dauernder Wertminderung anzusetzen?
3. Wie ist ein Disagio handels- bzw. steuerrechtlich zu behandeln?

Aufgaben 4–13: Fremdwährungsverbindlichkeiten
Aufgaben 14–21: Darlehen

4. Ein Unternehmer kauft Waren in England für 25.000,00 GBP auf Ziel ein. Der Kurs für 1,00 EUR betrug bei Lieferung 0,6432 GBP.

   Wie ist die Ware am Bilanzstichtag 31.12. zu bewerten, wenn der Kurs
   a) 0,6829 GBP,
   b) 0,5993 GBP beträgt?
   Bei Zahlung am 28.01. dotiert der Kurs 0,5714 GBP.

   Nehmen Sie die erforderlichen handelsrechtlichen Buchungen am Bilanzstichtag vor.

5. Ihr Mandant kauft im Oktober 01 in der Schweiz Rohstoffe für 32.000,00 CHF. Die Zahlung erfolgt im Januar 02. Die Rohstoffe wurden noch in 01 komplett verbraucht.

   Wie ist die Verbindlichkeit am 31.12.01 zu bewerten, wenn der Kurs
   beim Kauf der Rohstoffe 1,5271 CHF,
   am 31.12.01 1,4389 CHF und
   bei Zahlung 1,3890 CHF je 1,00 EUR betrug?

   Nehmen Sie die erforderlichen Buchungen zum 31.12.01 und bei Zahlung vor.

6. Ein Unternehmer kauft im Dezember 01 in Australien Obst für 40.000,00 AUD zum Kurs von 1,4307 AUD je 1,00 EUR.
   Die Ware wird noch im Dezember verkauft. Die Rechnung wird am 01.02.02 bezahlt.

   Bestimmen Sie den handels- und steuerrechtlichen Bilanzansatz und nehmen Sie die erforderlichen handelsrechtlichen Buchungen zum 31.12.01 und bei Zahlung vor, wenn der Kurs
   am 31.12.01
   a) 1,5776 AUD
   b) 1,3976 AUD
   und bei Zahlung 1,4196 AUD je 1,00 EUR beträgt.

7. Im Dezember 01 kauft ein Unternehmer in Schweden für 10.000,00 SEK Waren auf Ziel ein. Der Kurs zu diesem Zeitpunkt beträgt 9,3477 SEK je 1,00 EUR.

   Welcher Handels- bzw. Steuerbilanzansatz ergibt sich zum 31.12.01 für die Verbindlichkeit und für die Waren, die noch komplett auf Lager sind, wenn der Kurs zum 31.12.01 9,2019 SEK und bei Zahlung 9,1023 SEK je 1,00 EUR beträgt?
   Geben Sie die handelsrechtlichen Buchungssätze an.

8. Ein Unternehmer kauft im August in Dänemark Waren auf Ziel für 15.000,00 DKK. Der Kurs zu diesem Zeitpunkt beträgt 7,4595 DKK je 1,00 EUR. Am Bilanzstichtag sind sämtliche Waren bereits verkauft, der Kurs am 31.12.01 beträgt 7,5315 DKK. Da der Unternehmer Zahlungsschwierigkeiten hat, besteht die Verbindlichkeit am 31.12.02 immer noch. Der Kurs beträgt zu diesem Zeitpunkt 7,3194 DKK. Die Zahlung erfolgt am 20.01.03 bei einem Kurs von 7,2538 DKK je 1,00 EUR.

   Bestimmen Sie den Bilanzansatz der Verbindlichkeit zum 31.12.01 und 31.12.02 und geben Sie den handelsrechtlichen Buchungssatz zu den jeweiligen Bilanzstichtagen und bei Zahlung an.

9. Ihr Mandant kauft in den USA im September 01 Betriebsstoffe für 37.000,00 USD zum Kurs von 1,3742 USD je 1,00 EUR. Am 31.12.01 ist die Hälfte der Betriebsstoffe verbraucht.

   Wie sind die Betriebsstoffe und wie die Verbindlichkeit am 31.12.01 handels- und steuerrechtlich zu bewerten, wenn der Kurs
   a) am 31.12.01 1,2552 USD und
   b) bei Zahlung am 05.01.02 1,2911 USD je 1,00 EUR beträgt?

   Nehmen Sie die erforderlichen handelsrechtlichen Buchungen vor.

10. Ein Unternehmer kauft im November 01 in England Ware auf Ziel für 75.000,00 GBP zum Kurs von 0,5896 GBP je 1,00 EUR. Die Ware ist am Bilanzstichtag 31.12.01 noch komplett am Lager.

    Wie ist die Ware bzw. die Verbindlichkeit am 31.12.01 in der Handels- bzw. Steuerbilanz zu bilanzieren, wenn der Kurs
    a) am 31.12.01 0,6171 GBP und
    b) bei Zahlung am 30.01.02 0,6293 GBP je 1,00 EUR beträgt?

    Geben Sie auch die erforderlichen handelsrechtlichen Buchungssätze an.

11. Ein Unternehmer bezieht am 06.12.01 Rohstoffe aus Norwegen. Die Eingangsrechnung lautet über 15.600,00 NOK (norwegische Kronen). Die Kurse betragen
    a) am 06.12.01 7,9484 NOK,
    b) am 31.12.01 7,8313 NOK,
    c) am 06.01.02 bei Zahlung 7,9095 NOK je 1,00 EUR.

    Mit welchem Wert wird die Verbindlichkeit bzw. werden dir Rohstoffe am 31.12.01 in der Handels- und Steuerbilanz ausgewiesen, vorausgesetzt dass die Rohstoffe noch zu einem Viertel vorhanden sind?

    Geben Sie auch die erforderlichen handelsrechtlichen Buchungssätze an.

12. Am 01.05.01 wird ein Bankdarlehen über 100.000,00 CAD (kanadische Dollar) zum Kurs von 1,3497 CAD je 1,00 EUR aufgenommen. Es handelt sich um ein Fälligkeitsdarlehen, das am 30.04.04 zurückzuzahlen ist.

    Bestimmen Sie die Handels- und Steuerbilanzansätze zum 31.12.01, 31.12.02 und 31.12.03, wenn die Kurse am
    a) 31.12.01 1,4583 CAD,
    b) 31.12.02 1,2359 CAD,
    c) 31.12.03 1,1402 CAD je 1,00 EUR betragen.
    Bis zur Rückzahlung des Darlehens steigt der Kurs noch weiter.
    Nehmen Sie die erforderlichen handelsrechtlichen Buchungen vor.

13. Aus den Unterlagen Ihres Mandanten entnehmen Sie folgende Angaben über zwei Darlehen, die Ihr Mandant im Jahr 01 aufgenommen hat:

Betrag	Kurs je EUR bei Darlehensaufnahme	Kurs je EUR 31.12.01	Kurs je EUR 31.12.02	Kurs je EUR 31.12.03	Kurs je EUR bei Zahlung
70.000,00 GBP	0,6896	0,7342	0,6631	0,5789	0,5634
22.000,00 CAD	1,3497	1,2219	1,3538	1,4005	1,3986

    Bestimmen Sie die Handels- bzw. Steuerbilanzansätze und buchen Sie handelsrechtlich zu den einzelnen Bilanzstichtagen.

14. Die Hausbank gewährt einem Unternehmer einen Kredit über 480.000,00 € zu folgenden Bedingungen:
    Auszahlung: 96 %, Wertstellung 01.01.01
    Bearbeitungsgebühr: 2.000,00 €
    Zinssatz: 6 % p. a., Zinsen sind vierteljährlich nachträglich zahlbar
    Laufzeit: 8 Jahre

    Nennen Sie den Buchungssatz für die Kreditauszahlung bei Aktivierung des Disagios und der Bearbeitungsgebühren, für die Abbuchung der Kreditzinsen am Ende des 1. Quartals und die Abschreibung des Disagios einschl. Bearbeitungsgebühren am 31.12.01.

15.

	Höhe des Bankkredites	Auszahlung (1. Januar)	Bearbeitungs- gebühr	Zinssatz p. a.	Laufzeit (Jahre)	Fälligkeit für Zinsen (nachträglich)
I	120.000,00 €	94 %	1 %	5 %	10	Quartalsende
II	300.000,00 €	95 %	1.500,00 €	6 %	18	Monatsende
III	450.000,00 €	96 %	2.000,00 €	7 %	10	Monatsende

a) Wie lautet der Buchungssatz für die Kreditauszahlung (Bankgutschrift) bei Aktivierung des Disagios und der Bearbeitungsgebühren?
b) Wie lautet der Buchungssatz für die lineare Abschreibung des Disagios und der Bearbeitungsgebühren?
c) Wie lautet der Buchungssatz für die Abbuchung der Kreditzinsen am Ende des 1. Fälligkeitstermins?

16. Bei den Buchführungsunterlagen Ihres Mandanten Klaus Bach, Bachstr. 25 in 30159 Hannover, finden Sie folgenden Beleg:

Welcher Geschäftsvorfall liegt dem Beleg zugrunde? Wie lautet der Buchungssatz?

17. Ihr Mandant nimmt zur Finanzierung einer Maschine am 01.10.01 ein Darlehen in Höhe von 100.000,00 € zu folgenden Konditionen auf:
    Auszahlung 97 %
    Zinssatz 8 %, vierteljährlich nachträglich zu zahlen
    Zinsfestschreibung 6 Jahre
    Darlehenslaufzeit 10 Jahre
    Das Darlehen ist nach Ablauf der 10 Jahre in einem Betrag zurückzuzahlen.

    Bilden Sie die Buchungssätze bei Darlehensaufnahme und am 31.12.01.

    Wie wäre die handelsrechtliche Buchung bei Darlehensaufnahme, wenn der Unternehmer einen möglichst geringen Gewinn erzielen möchte?

18. Am 01.04.01 wird ein Bankdarlehen über 80.000,00 € aufgenommen, das am 30.03.06 in einer Summe zurückzuzahlen ist.
    Auszahlung 97 %
    6,5 % Zinsen
    zahlbar vierteljährlich nachträglich
    zum 30.06., 30.09., 31.12. und 31.03.
    Die Zinszahlungen erfolgen stets pünktlich.
    a) Welche Buchungen sind steuerrechtlich bei der Darlehensaufnahme zum 01.04.01 und zum 31.12.01 erforderlich? Geben Sie auch die Gewinnauswirkung an.
    b) Mit welchem Betrag erscheint das Disagio in der Bilanz zum 31.12.02?
    c) Welches Wahlrecht besteht in der Handelsbilanz hinsichtlich des Disagios?
       Geben Sie den Buchungssatz an.

19. Bei Durchsicht der Buchführung finden Sie folgende Buchung, die Ihr Mandant vorgenommen hat, Datum 01.07.01:
    Bank   33.840,00 €
    an Verbindlichkeiten KI   33.840,00 €.

    Aus dem dazugehörenden Beleg entnehmen Sie folgende Angaben:
    Darlehensbetrag 36.000,00 €
    Auszahlung zu 98 %
    Zinssatz 8 %
    halbjährlich im Voraus zu zahlen
    Rückzahlung in einem Betrag am 30.06.05

    Führen Sie die erforderliche Berichtigungsbuchung durch.

20. Ihr Mandant nimmt am 01.07.01 ein Darlehen in Höhe von 50.000,00 € auf.
    Die Tilgung erfolgt halbjährlich mit 5.000,00 €, beginnend mit dem 31.12.01.
    Die Zinsen betragen 7,5 % nachträglich, halbjährlich für den jeweiligen zurückliegenden Darlehensbestand.
    a) Mit welchem Wert ist das Darlehen am 31.12.04 zu bilanzieren?
    b) Buchen Sie die Zinszahlungen am 30.06.02 und 31.12.02.

21. Ein Darlehen in Höhe von 150.000,00 € wird am 01.04.01 zu folgenden Konditionen aufgenommen:
    Auszahlung 100 %
    Tilgung jährlich mit 10 % der ursprünglichen Darlehenssumme, erstmals am 01.04.02
    Zinssatz 6 %, Zinsen fällig vierteljährlich im Voraus von der jeweiligen Restschuld
    Zinszahlungstermine 01.04., 01.07., 01.10., 01.01.
    a) Buchen Sie
       aa) die Darlehensaufnahme am 01.04.01,
       ab) die Zinszahlung am 01.07.01,
       ac) die Tilgung am 01.04.02,
       ad) die Zinszahlung am 01.04.02,
       ae) die Zinszahlung am 01.07.02.
    b) Wie hoch ist der Darlehensstand am 31.12.01 und am 31.12.02?

11.4 Private Vorgänge

LERNSITUATION

Der Einzelunternehmer Klaus Hansen e. K. benutzt einen Pkw zu 60 % privat und zu 40 % betrieblich. Er hat den Pkw nicht bilanziert und bisher auch keine laufenden Kosten betrieblich berücksichtigt. Darüber hinaus hat er seinem Sohn einen betrieblichen PC geschenkt, der ihn nun für sein Studium nutzt. Dieser PC ist immer noch im Anlagevermögen erfasst.

Gemäß § 246 Abs. 1 HGB haben Kaufleute alle Vermögensgegenstände und Schulden zu bilanzieren. Allerdings werden nur die Vermögensgegenstände im Betriebsvermögen erfasst, die im Eigentum des Unternehmers stehen, entscheidend ist hierbei das wirtschaftliche Eigentum.

HGB § 246 Abs. 1

EStR R 4.2

11.4.1 Abgrenzung Betriebs- und Privatvermögen

Betriebsvermögen bei Einzelkaufleuten

Man unterscheidet

- notwendiges Betriebsvermögen,
- Privatvermögen und
- gewillkürtes Betriebsvermögen.

Notwendiges Betriebsvermögen

Wirtschaftsgüter, die **ausschließlich** und **unmittelbar** für **eigenbetriebliche Zwecke** des Steuerpflichtigen genutzt werden oder dazu bestimmt sind, sind notwendiges Betriebsvermögen, R 4.2 Abs. 1 EStR. Dazu gehören z. B. Maschinen eines Produktionsunternehmens, Waren, Forderungen aus Lieferungen und Leistungen, Verbindlichkeiten, die betrieblich verursacht sind.

Es handelt sich also um Wirtschaftsgüter, die zur Fortführung des Betriebes notwendig sind.

Wirtschaftsgüter, die **teilweise betrieblichen** und **teilweise privaten Zwecken** dienen, sind entweder komplett dem Betriebsvermögen oder dem Privatvermögen zuzuordnen. Eine Aufteilung erfolgt nicht. Maßgebend hierbei ist die **Nutzung des Wirtschaftsguts.**

Wirtschaftsgüter, die nicht Grundstücke oder Grundstücksteile sind und die zu mehr als 50 % eigenbetrieblich genutzt werden, sind in vollem Umfang notwendiges Betriebsvermögen, R 4.2 Abs. 1 EStR.

BEISPIEL

Der Unternehmer erwirbt einen Pkw, den er sowohl betrieblich als auch privat nutzt. Laut Fahrtenbuch entfallen im Jahr 01 auf den betrieblichen Teil 40 000 km und auf den privaten Teil 10 000 km.

- Gemessen an der Gesamtkilometerleistung von 50 000 km entfallen 80 % auf betriebliche Kilometer. Der Pkw wird somit zu mehr als 50 % betrieblich genutzt und gehört zum notwendigen Betriebsvermögen. Sämtliche Kosten in Zusammenhang mit dem Pkw sind Betriebsausgaben. Die Privatfahrten werden über die Erfassung von Privatentnahmen berücksichtigt.

Eigenbetrieblich genutzte Wirtschaftsgüter sind auch dann notwendiges Betriebsvermögen, wenn sie nicht in der Buchführung und in den Bilanzen ausgewiesen sind, R 4.2 Abs. 1 EStG. Ist ein Wirtschaftsgut des notwendigen Betriebsvermögens nicht bilanziert, ist die Bilanz falsch und muss korrigiert werden.

Schulden gehören zum Betriebsvermögen, wenn die Aufnahme der Schuld betrieblich veranlasst war. Entscheidend ist somit die tatsächliche Verursachung, d. h., stehen sie in Zusammenhang mit einem Wirtschaftsgut des Betriebsvermögens, sind die Schulden ebenfalls Betriebsvermögen. Stehen Sie in Zusammenhang mit einem Wirtschaftsgut des Privatvermögens, sind die Schulden Privatvermögen.

Es kommt nicht darauf an, wie die Schuld gesichert ist.

Privatvermögen

Stehen Wirtschaftsgüter nicht in einem gewissen objektiven Zusammenhang mit dem Betrieb, gehören sie zum Privatvermögen. Hierzu zählen sämtliche Wirtschaftsgüter, die privat genutzt werden. Wirtschaftsgüter, die sowohl privat als auch betrieblich genutzt werden, z. B. Pkws, gehören zum Privatvermögen, wenn sie zu mehr als 90 % privat genutzt werden, R 4.2 Abs. 1 EStR.

Wird ein Wirtschaftsgut des Privatvermögens in der Bilanz ausgewiesen, ist die Bilanz falsch und muss berichtigt werden. Es liegt keine Entnahme vor, denn entnommen werden kann nur etwas, was Betriebsvermögen dem Grunde nach war.

Bei einem Wirtschaftsgut, das Privatvermögen ist, aber zu weniger als 10 % betrieblich genutzt wird, können die betrieblich veranlassten Kosten als Betriebsausgabe berücksichtigt werden.

BEISPIEL

Ein Pkw wird zu 92 % privat und zu 8 % betrieblich genutzt. Die jährlich anfallenden laufenden Kosten betragen 2.400,00 €, die AfA 4.500,00 €.

- Der Pkw gehört zum notwendigen Privatvermögen. Die anteiligen Kosten können als Einlage gewinnmindernd berücksichtigt werden.
  2.400,00 € · 8 % = 192,00 €
  4.500,00 € · 8 % = 360,00 €
  Gewinnminderung 552,00 €

Gewillkürtes Betriebsvermögen

Bei einer betrieblichen Nutzung eines Wirtschaftsguts von mindestens 10 % bis zu 50 % ist eine Zuordnung zum gewillkürten Betriebsvermögen in vollem Umfang möglich. Entscheidet sich der Unternehmer gegen die Zuordnung zum Betriebsvermögen, ist das Wirtschaftsgut in vollem Umfang Privatvermögen. Eine Aufteilung in einen betrieblichen und einen privaten Teil ist nicht zulässig.

Die Zuordnung zum gewillkürten Betriebsvermögen geschieht, indem der Unternehmer das Wirtschaftsgut in seiner Bilanz ausweist. Wird es nicht in der Bilanz ausgewiesen, gehört das Wirtschaftsgut zum Privatvermögen. In beiden Fällen ist die Bilanz richtig.

BEISPIEL

Ein Pkw wird zu 25 % betrieblich und zu 75 % privat genutzt.

- Wird der Pkw in der Bilanz ausgewiesen, gehört er zum gewillkürten Betriebsvermögen. Alle Kosten in Zusammenhang mit dem Pkw sind gewinnmindernd zu berücksichtigen. Privatfahrten sind als Privatentnahmen zu erfassen.

- Wird der Pkw nicht in der Bilanz ausgewiesen, gehört er zum Privatvermögen. Nur die Kosten, die betrieblich veranlasst sind, sind als Einlage gewinnmindernd zu berücksichtigen.

Ist eine Entscheidung anhand der Nutzung nicht möglich und stehen Wirtschaftsgüter in einem gewissen objektiven Zusammenhang mit dem Betrieb und sind sie dazu bestimmt und geeignet, ihn zu fördern, können sie als gewillkürtes Betriebsvermögen behandelt werden.

| Abgrenzungen bei der Erstellung des Jahresabschlusses | Wertansätze in der Bilanz | Eigenkapitalausweis in der Bilanz |

Kapitel 11

BEISPIEL

Ein Einzelunternehmer weist in seiner Bilanz Aktien als Anlagevermögen aus.

- Aktien können als gewillkürtes Betriebsvermögen behandelt werden, da ein gewisser objektiver Zusammenhang zum Betrieb besteht. Die Aktien dienen zur Stärkung des Betriebskapitals. Da sie der Einzelunternehmer in seiner Bilanz ausgewiesen hat, hat er sein Wahlrecht dahingehend ausgeübt, dass die Aktien nun zum Betriebsvermögen gehören.

Betriebsvermögen/Privatvermögen bei Grundstücken

Grundstücke können, anders als andere Wirtschaftsgüter, nach ihrer Nutzung aufgeteilt werden.

Ein Grundstück kann in bis zu **maximal vier Wirtschaftsgüter** aufgeteilt werden.

Nutzung zu eigenbetrieblichen Zwecken

Wird ein Grundstücksteil zu eigenen betrieblichen Zwecken genutzt, liegt insoweit notwendiges Betriebsvermögen vor. Eine Ausnahme gibt es nur, wenn der Grundstücksteil von untergeordneter Bedeutung ist. Eine untergeordnete Bedeutung liegt vor, wenn der Grundstücksteil nicht mehr als

- 20 % des Wertes des ganzen Grundstücks und
- nicht mehr als 20.500,00 € beträgt.

Gleichwohl kann der Unternehmer den Grundstücksteil als gewillkürtes Betriebsvermögen ansetzen.

Nutzung zu fremdbetrieblichen Zwecken

Wird ein Grundstücksteil zu fremden betrieblichen Zwecken vermietet, z. B. an einen Rechtsanwalt, besteht die Möglichkeit, diesen Grundstücksteil als gewillkürtes Betriebsvermögen zu behandeln.

Nutzung zu fremden Wohnzwecken

Wird ein Teil des Grundstücks zu fremden Wohnzwecken vermietet, kann auch dieser Teil als gewillkürtes Betriebsvermögen oder Privatvermögen behandelt werden.

Nutzung zu eigenen Wohnzwecken

Bewohnt der Unternehmer selbst einen Teil, so liegt Privatvermögen vor. Eine Bilanzierung ist nicht zulässig.

Die Anschaffungs- bzw. Herstellungskosten des Grundstücks werden nach der genutzten Fläche zur Gesamtfläche aufgeteilt.

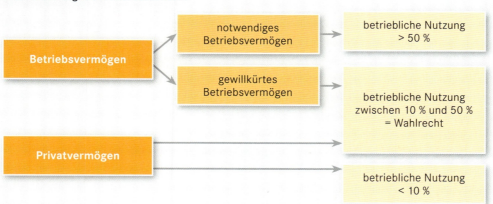

1. Eine Aufteilung eines Wirtschaftsguts in einen betrieblichen und einen privaten Bereich ist nicht zulässig.
2. Ausnahme hierzu: Grundstücke können in bis zu vier Wirtschaftsgüter aufgeteilt werden. Entscheidend ist die Nutzung des Grundstücks. Eine Aufteilung erfolgt nach m².

Kapitel 11

Beschaffung und Herstellung eigengenutzter Sachanlagegüter | Steuern, sonstige Betriebsausgaben | Jahresabschluss nach Handels- und Steuerrecht

AUFGABEN

1. Wann gehört ein Wirtschaftsgut zum notwendigen bzw. zum gewillkürten Betriebsvermögen, wann zum Privatvermögen?

2. In wie viel Wirtschaftsgüter kann ein Grundstück eingeteilt werden?

3. Müssen folgende Wirtschaftsgüter als Betriebsvermögen, ggf. als notwendiges oder gewillkürtes Betriebsvermögen oder als Privatvermögen behandelt werden?
    a) Ein Pkw wird zu 75 % betrieblich genutzt.
    b) Eine EDV-Anlage wird zu 40 % privat genutzt.
    c) Ein Kopierer wird zu 40 % betrieblich genutzt.
    d) Ein Fahrrad wird aus betrieblichen Mitteln bezahlt, aber zu 98 % privat benutzt.
    e) Rohstoffe werden eingekauft.
    f) Aus betrieblichen Mitteln werden Aktien erworben, die auf absehbare Zeit nur Dividenden ausschütten und im Kurs steigen.
    g) Die Anschaffung einer Eigentumswohnung für die Tochter wird durch eine Grundschuld auf das betrieblich genutzte Grundstück gesichert.

4. Ihr Mandant erwirbt eine Maschine, die er zur Produktion seiner Produkte zwingend benötigt, Anschaffung im Mai 01 zum Kaufpreis von 47.600,00 €. Da er den Kaufpreis vom privaten Bankkonto gezahlt hat, hat er bisher keine Buchung vorgenommen.

    Beurteilen Sie den Sachverhalt und nehmen Sie ggf. die erforderlichen Buchungen vor.

5. Ein Unternehmer kauft einen Pkw, den ausschließlich sein Sohn für private Fahrten nutzt. Der Kaufpreis betrug 29.750,00 €. Der Vorgang wurde bisher wie folgt in der Buchführung erfasst:

    | Pkw | 25.000,00 € | |
    | Vorsteuer | 4.750,00 € | |
    | **an** Bank | | 29.750,00 € |

    Was haben Sie zu veranlassen? Begründen Sie Ihre Entscheidung.

6. Entscheiden Sie in den folgenden Fällen, ob es sich um notwendiges Betriebsvermögen, gewillkürtes Betriebsvermögen oder Privatvermögen handelt:
    a) Wertpapiere, die jährlich mit 6 % verzinst werden und keinen Kursschwankungen unterliegen
    b) Für das Foyer wird eine Sitzgruppe angeschafft, damit Kunden dort eventuelle Wartezeiten in gemütlicher Atmosphäre verbringen können.
    c) Kauf einer Wohnzimmereinrichtung
    d) Erwerb von Fremdbauteilen
    e) Der Kauf einer notwendigen Maschine wird mit einem Darlehen finanziert.
    f) Ein PC wird zu 35 % betrieblich genutzt, die restliche Zeit für private Zwecke.

7. Ihr Mandant hat vor einigen Jahren ein unbebautes Grundstück für 45.000,00 € erworben und seitdem entsprechend bilanziert. Im Jahr 01 lässt er ein Gebäude darauf errichten, das wie folgt ab dem 01.11.01 genutzt wird:
    Erdgeschoss: 100 m², eigene betriebliche Zwecke
    1. Obergeschoss: 100 m², Vermietung als Praxis an einen Arzt
    2. Obergeschoss: 100 m², Vermietung als Wohnung an einen fremden Dritten
    Alle Etagen sind gleich groß.

    Die Herstellungskosten betrugen 300.000,00 € zzgl. 19 % USt und wurden durch die Aufnahme eines Darlehens finanziert. Ihr Mandant ist zum vollen Vorsteuerabzug berechtigt.

    Was ist zu bilanzieren, wenn Ihr Mandant so viel wie möglich als Betriebsvermögen ausweisen möchte? Nehmen Sie die erforderlichen Buchungen vor.

11.4.2 Entnahmen

Entnahmen sind gemäß § 4 Abs. 1 S. 2 EStG alle Wirtschaftsgüter, die ein Unternehmer oder ein Gesellschafter einer Personengesellschaft aus dem Betriebsvermögen für sich, seinen Haushalt oder andere betriebsfremde Zwecke entnimmt und dem Privatvermögen zuführt. Sie sind mit dem Teilwert zu bewerten, § 6 Abs. 1 Nr. 4 EStG.

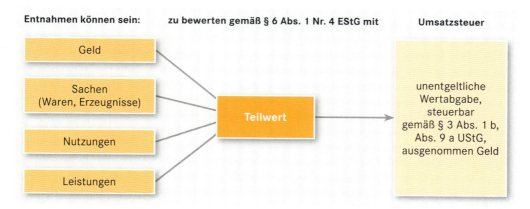

11.4.2.1 Entnahme von Gegenständen

Entnimmt der Unternehmer Gegenstände aus dem Betriebsvermögen für unternehmensfremde Zwecke, liegt in der Regel ein steuerbarer und steuerpflichtiger Umsatz vor, § 3 Abs. 1 b UStG.

Bemessungsgrundlage ist gemäß § 10 Abs. 4 Nr. 1 UStG der Einkaufspreis zzgl. Nebenkosten bzw. bei Herstellung die Selbstkosten, jeweils zum Zeitpunkt des Umsatzes. Das entspricht grundsätzlich dem Teilwert.

Wird ein Gegenstand des abnutzbaren Anlagevermögens entnommen, ist zunächst die zeitanteilige Abschreibung zu buchen, dann der **komplette** Umsatz und die Umsatzsteuer (zur Erfüllung der umsatzsteuerlichen Aufzeichnungspflichten) und schließlich die Korrektur im Konto „Anlagenabgänge" zu erfassen.

BEISPIEL

Ein Unternehmer entnimmt seinem Betriebsvermögen einen Büroschrank und schenkt ihn seiner Tochter. Der Buchwert zum Zeitpunkt der Entnahme beträgt 300,00 €. In einem Einzelhandelsgeschäft hätte der Unternehmer für einen vergleichbaren Schrank 750,00 € zzgl. 19 % USt zahlen müssen (= Einkaufspreis).

- Es handelt sich um eine Entnahme, die mit dem Teilwert gemäß § 6 Abs. 1 Nr. 4 EStG zu bewerten ist und die gemäß § 3 Abs. 1 b Nr. 1 UStG steuerbar und steuerpflichtig ist.

Buchungssatz

	Soll	Haben
1800/2100 Privatentnahmen allgemein	892,50	
an 8900/4600 Unentgeltl. Wertabgaben		750,00
an 1770/3800 Umsatzsteuer		142,50
2315/4855 Anlagenabgang Sachanlagen	300,00	
an 0420/0650 Büroeinrichtung		300,00

BEISPIEL

Ein Unternehmer nutzt ein bisher dem Betriebsvermögen zugeordnetes Gebäude nach einem Umbau als Wohnung für sich selbst.
Zum Zeitpunkt der Entnahme beträgt der Buchwert des Grund und Bodens 28.000,00 € und des Gebäudes 75.000,00 €.
Der Teilwert beträgt für den Grund und Boden 35.00000 € und für das Gebäude 97.000,00 €. Es wurde keine Vorsteuer für das Grundstück in Anspruch genommen.

- Es handelt sich um eine Entnahme, die gemäß § 6 Abs. 1 Nr. 4 EStG mit dem Teilwert zu bewerten ist. Die Entnahme ist nicht steuerbar.

Buchungssatz

	Soll	Haben
1800/2100 Privatentnahmen allgemein	132.000,00	
an 0085/0235 Bebaute Grundstücke		28.000,00
an 0090/0240 Geschäftsbauten		75.000,00
an 2720/4900 Erträge a. d. A. v. G. d. AV[1]		29.000,00

Pauschbeträge für unentgeltliche Sachentnahmen

Es ist üblich, dass Unternehmer, die Waren des täglichen Bedarfs vertreiben, sie auch für ihren eigenen Bedarf entnehmen. Aus diesem Grund setzt die Finanzverwaltung für bestimmte Branchen Werte für die Sachentnahmen fest.

Sie beruhen auf Erfahrungswerten und bieten dem Steuerpflichtigen die Möglichkeit, die Warenentnahmen monatlich pauschal zu verbuchen. Sie entbinden ihn damit von der Aufzeichnung einer Vielzahl von Einzelentnahmen.

Diese Regelung dient der Vereinfachung und lässt keine Zu- und Abschläge wegen individueller persönlicher Ess- oder Trinkgewohnheiten zu. Auch Krankheit und Urlaub rechtfertigen keine Änderung der Pauschbeträge.

Die Pauschbeträge sind Jahreswerte für eine Person. Für Kinder bis zum vollendeten 2. Lebensjahr entfällt der Ansatz eines Pauschbetrags. Bis zum vollendeten 12. Lebensjahr ist die Hälfte des jeweiligen Wertes anzusetzen. Tabakwaren sind in den Pauschbeträgen nicht enthalten. Soweit sie entnommen werden, sind die Pauschbeträge entsprechend zu erhöhen (Schätzung).

Die pauschalen Werte berücksichtigen im jeweiligen Gewerbezweig das allgemein übliche Warensortiment.

Auszug aus der Tabelle der Finanzverwaltung

Gewerbezweig	Jahreswerte 2011 für eine Person ohne USt in €		
	ermäßigter Steuersatz	voller Steuersatz	insgesamt
Bäckerei	847,00	430,00	1.277,00
Fleischerei	672,00	1.008,00	1.680,00
Gast- und Speisewirtschaften			
a) mit Abgabe von kalten Speisen	807,00	1.210,00	2.017,00
b) mit Abgabe von kalten und warmen Speisen	1.116,00	1.989,00	3.105,00
Getränkeeinzelhandel	0,00	363,00	363,00
Café und Konditorei	860,00	739,00	1.599,00
Nahrungs- und Genussmittel (Einzelhandel)	1.169,00	565,00	1.734,00

[1] Erträge a.d.A.v.G.d.AV = Erträge aus dem Abgang von Gegenständen des Anlagevermögens

| Abgrenzungen bei der Erstellung des Jahresabschlusses | **Wertansätze in der Bilanz** | Eigenkapitalausweis in der Bilanz |

Kapitel 11

BEISPIEL

Ein Unternehmer betreibt eine Bäckerei. Er ist verheiratet und hat ein Kind unter 12 Jahren.

- Die Entnahme beträgt jährlich 2.117,50 € (847,00 € + 847,00 € + 423,50 €) zzgl. 7 % USt und 1.075,00 € (430,00 € + 430,00 € + 215,00 €) zzgl. 19 % USt.

Buchungssatz

	Soll	Haben
1800/2100 Privatentnahmen allgemein	3.544,98	
an 8900/4600 Unentgeltl. Wertabgabe		2.117,50
an 1771/3801 USt 7 %		148,23
an 8900/4600 Unentgeltl. Wertabgabe		1.075,00
an 1770/3800 USt 19 %		204,25

1. Entnahmen können aus Geld, Sachen, Nutzungen und Leistungen bestehen.
2. Sie werden gemäß § 6 Abs. 1 Nr. 4 EStG mit dem Teilwert bewertet.
3. Umsatzsteuerlich kann eine steuerbare und steuerpflichtige unentgeltliche Wertabgabe vorliegen, deren Bemessungsgrundlage entweder der Einkaufspreis oder die Selbstkosten zzgl. Nebenkosten zum Zeitpunkt der Entnahme ist.

AUFGABEN

1. Geben Sie an, in welcher Form Privatentnahmen getätigt werden können.

2. Ein Unternehmer entnimmt seinem Betriebsvermögen einen PC für seinen Sohn. Zum Zeitpunkt der Entnahme hatte der PC einen Buchwert von 800,00 €, der Einkaufspreis betrug 1.200,00 € zzgl. 19 % USt.

    Wie ist der Vorgang zu buchen?

3. Ein Unternehmer entnimmt aus seinem Warenlager Waren (19 %) für den privaten Gebrauch.
    Der Verkaufspreis zu diesem Zeitpunkt inkl. USt beträgt   595,00 €,
    die ursprünglichen Anschaffungskosten betragen   275,00 €,
    der aktuelle Einkaufspreis beträgt   a)   260,00 €,
        b)   275,00 €.

    Wie hat der Unternehmer zu buchen?

4. Ihr Mandant entnimmt seinem Betriebsvermögen ein bisher ausschließlich betrieblich genutztes Gebäude. Der Buchwert zum Zeitpunkt der Entnahme beträgt für den Grund und Boden 80.000,00 €, für das Gebäude 210.000,00 €.
    Die zutreffend ermittelten Teilwerte betragen für den Grund und Boden 100.000,00 €, für das Gebäude 250.000,00 €.

    Buchen Sie den Vorgang.

5. Ihr Mandant entnimmt im Juli 03 einen Pkw, um ihn seinem Sohn zu schenken. Der Pkw wurde im Dezember 01 für 30.000,00 € netto angeschafft, Nutzungsdauer 6 Jahre.
    Zum Zeitpunkt der Entnahme beträgt der Einkaufspreis 23.200,00 € zzgl. 19 % USt. Bisher wurde der gesamte Vorgang nicht erfasst.

    Nehmen Sie die erforderlichen Buchungen vor.

6. Ein PC, der im August 01 für 2.100,00 € zzgl. 19 % USt angeschafft wurde, wird von Ihrem Mandanten im März 02 dem Betriebsvermögen entnommen, da er sich eine neue EDV-Anlage angeschafft hat, Nutzungsdauer 3 Jahre. Der Einkaufspreis zu diesem Zeitpunkt beträgt 1.800,00 €. Bisher wurde gebucht:

   Privatentnahme   2.000,00 €
   an Betriebsausstattung   2.000,00 €

   Nehmen Sie die Berichtigungsbuchungen vor.

7. Ihr Mandant schenkt seinem Patenkind zur Hochzeit ein unbebautes Grundstück, das bisher zum Betriebsvermögen gehörte, Buchwert 55.000,00 €. Der Teilwert zu diesem Zeitpunkt beträgt 62.000,00 €.

   Buchen Sie den Vorgang.

8. Einer Ihrer Mandanten betreibt eine Metzgerei. Zu seiner Familie gehören seine Ehefrau und zwei Kinder, 13 Jahre und 10 Jahre alt.

   Buchen Sie die monatlichen Entnahmen.

9. Ein Buchhändler entnimmt zu Beginn des neuen Schuljahres für seine Kinder Schulbücher:
   – Verkaufspreis zu diesem Zeitpunkt, Summe   58,85 €
   – Einkaufpreis zu diesem Zeitpunkt   25,00 € zzgl. USt
   – ursprünglicher Einkaufspreis   23,00 € zzgl. USt

   Wie ist zu buchen?

11.4.2.2 Entnahme von Nutzungen

Werden **Gegenstände** des Betriebsvermögens vom Unternehmer **für private Zwecke genutzt**, z. B. Pkw-Nutzung, liegt eine Entnahme vor, die gemäß § 6 Abs. 1 Nr. 4 EStG mit dem Teilwert zu bewerten ist. Umsatzsteuerlich werden gemäß § 10 Abs. 4 Nr. 2 UStG die entstandenen Ausgaben angesetzt.

Private Pkw-Nutzung

Nutzt ein Unternehmer seinen betrieblichen Pkw privat, sind die hierfür entstandenen Ausgaben als Entnahme zu erfassen.

Hierbei sind zwei Methoden zur Ermittlung der anteiligen Ausgaben zulässig:
- Fahrtenbuchmethode
- 1-%-Regelung

Zu beachten ist gemäß BMF-Schreiben vom 21.01.2002, dass
- die bloße Behauptung, das betriebliche Kfz werde nicht für Privatfahrten genutzt oder Privatfahrten würden ausschließlich mit anderen Fahrzeugen durchgeführt, nicht ausreicht, von der Anwendung der Regelung des § 6 Abs. 1 Nr. 4 Sätze 2 und 3 EStG abzusehen,
- ein Methodenwechsel im Wirtschaftsjahr bei einem Fahrzeug nicht zulässig ist, Ausnahme: Fahrzeugwechsel im Wirtschaftsjahr,
- bei mehreren Fahrzeugen, die zum Betriebsvermögen gehören, die alle gelegentlich vom Unternehmer für private Fahrten genutzt werden, die 1-%-Regelung für jedes genutzte Fahrzeug anzusetzen ist.

Fahrtenbuchmethode

Hierbei werden die tatsächlich angefallenen Ausgaben entsprechend dem Verhältnis der tatsächlich gefahrenen Kilometer zu den privat gefahrenen Kilometern aufgeteilt.

Zu unterscheiden ist zwischen Ausgaben mit und ohne Vorsteuerabzug. In die Bemessungsgrundlage für die Umsatzsteuer fließen nur die Ausgaben mit Vorsteuer-Abzug ein.

| Abgrenzungen bei der Erstellung des Jahresabschlusses | **Wertansätze in der Bilanz** | Eigenkapitalausweis in der Bilanz |

Kapitel 11

Als Ausgaben kommen in Betracht:
- Benzinkosten
- Kfz-Versicherung
- Inspektionen
- Garagenmiete
- Kfz-Reinigung
- Kfz-Steuer
- Abschreibung
- TÜV

Bei der Abschreibung wird grundsätzlich die ertragsteuerliche Abschreibung angesetzt. Allerdings gelten gemäß § 10 Abs. 4 Nr. 2 UStG abweichend von der ertragsteuerlichen Abschreibung die **gleichmäßig über fünf Jahre zu verteilenden Anschaffungskosten**.

BEISPIEL

Ein Unternehmer nutzt den betrieblichen Pkw auch für private Fahrten. Laut ordnungsgemäß geführtem Fahrtenbuch wurden im Jahr 02 insgesamt 25 000 km gefahren, davon 5 000 km privat. Der Pkw wurde im Jahr 01 für 33.000,00 € zzgl. USt angeschafft, Nutzungsdauer 6 Jahre.

Die Ausgaben betrugen in 02:	mit VSt-Abzug		ohne VSt-Abzug
Abschreibung ertragsteuerlich	5.500,00 €		
Garagenmiete	840,00 €		
Laufende Betriebskosten	9.200,00 €		
Kfz-Steuer			350,00 €
Kfz-Versicherung			970,00 €

- Die auf die Privatfahrten entfallenden Ausgaben sind als Entnahme zu erfassen. Hierbei sind die Ausgaben mit Vorsteuerabzug umsatzsteuerpflichtig zu behandeln. Zur Ermittlung der Umsatzsteuerbemessungsgrundlage sind die Anschaffungskosten auf 5 Jahre zu verteilen.

Berechnung der USt-Bemessungsgrundlage

Ausgaben mit Vorsteuer-Abzug	10.040,00 €
Abschreibung	6.600,00 €
Summe	16.640,00 €
20 % privat	3.328,00 €
19 % USt	**632,32 €**

Berechnung des Entnahmewertes

Ausgaben mit Vorsteuer-Abzug	10.040,00 €	Ausgaben ohne Vorsteuer-Abzug	1.320,00 €
Abschreibung ertragssteuerlich	5.500,00 €		
Summe	15.540,00 €		
20 % privat	**3.108,00 €**		**264,00 €**

Buchungssatz

		Soll	Haben
1800/2100	Privatentnahmen allgemein	4.004,32	
8901/4601	Korrektur Entnahmewert[1]	220,00	
an 8900/4600	Unentgeltl. Wertabgabe		3.328,00
an 1770/3800	USt		632,32
an 8906/4637	Unentgeltl. Wertabgabe ohne USt[2]		264,00

Konnte aus dem Kauf des Fahrzeugs keine Vorsteuer geltend gemacht werden, gehört die Abschreibung auch nicht zur Bemessungsgrundlage für die Umsatzsteuer.

Das ist der Fall, wenn der Pkw von einem
- Nichtunternehmer oder
- Kleinunternehmer erworben wurde.

---
1 8901/4601 Korrektur Entnahmewert = individuelle Beschriftung
2 8906/4637 Verwendung von Gegenständen für Zwecke außerhalb des Unternehmens ohne Umsatzsteuer

BEISPIEL

Ein Unternehmer nutzt einen betrieblichen Pkw, den er von einer Privatperson für 25.000,00 € gekauft hat, Nutzungsdauer 5 Jahre, auch für private Fahrten. Laut Fahrtenbuch entfallen auf die Privatnutzung 25 %. Die umsatzsteuerpflichtigen Ausgaben betragen:

Garagenmiete	960,00 €
Laufende Betriebskosten	8.200,00 €

Kosten ohne Vorsteuer:

Abschreibung	5.000,00 €
Kfz-Steuer	320,00 €
Kfz-Versicherung	1.020,00 €

- Die Abschreibung gehört nicht zur Bemessungsgrundlage für die Umsatzsteuer, da aus dem Kauf keine Vorsteuer geltend gemacht werden konnte.

Ausgaben mit Vorsteuer-Abzug	9.160,00 €	Kosten ohne Vorsteuer-Abzug	6.340,00 €
Privatanteil 25 %	2.290,00 €		1.585,00 €
· 19 % USt	435,10 €		

Buchungssatz

	Soll	Haben
1800/2100 Privatentnahmen allgemein	4.310,10	
an 8900/4600 Unentgeltl. Wertabgaben		2.290,00
an 1770/3800 USt		435,10
an 8906/4637 Unentgeltl. Wertabgaben ohne USt		1.585,00

Fahrten zwischen Wohnung und Betrieb

Wenn der Unternehmer das Fahrzeug auch für Fahrten zwischen Wohnung und Betrieb nutzt, liegt eine unternehmerische Nutzung vor. Somit entsteht keine Umsatzsteuer. Allerdings sind die Ausgaben hierfür nur in Höhe der Entfernungspauschale als Betriebsausgaben abzugsfähig.

BEISPIEL

Ein Unternehmer nutzt den betrieblichen Pkw auch für Fahrten zwischen Wohnung und Betrieb, 30 Entfernungskilometer. Er fährt die Strecke an 220 Tagen im Jahr. Laut Fahrtenbuch betragen die Kosten pro gefahrenen Kilometer 0,65 €.

- Abzugsfähige Betriebsausgaben sind nur die Ausgaben in Höhe der Entfernungspauschale.

tatsächliche Ausgaben	
220 Tage · 2 · 30 km · 0,65 € =	8.580,00 €
Entfernungspauschale	
220 Tage · 30 km · 0,30 € =	1.980,00 €
nicht abzugsfähige Betriebsausgabe	6.600,00 €

Buchungssatz

	Soll	Haben
4655/6645 Nicht abzugsfähige BA	6.600,00	
an 2700/4850 Sonstige Erträge		6.600,00

1-%-Regelung

Die private Nutzung des Pkw kann, wenn kein Fahrtenbuch geführt wird, nach der 1-%-Methode ermittelt werden. Voraussetzung ist, dass das Fahrzeug zu mehr als 50 % betrieblich genutzt wird.

Kapitel 11

Berechnung:

  Bruttolistenpreis im Inland zum Zeitpunkt der Erstzulassung
+ Sonderausstattung brutto
= Summe, auf volle Hundert Euro abrunden
· 1 % pro Monat
= Aufwendungen für private Fahrten, § 6 Abs. 1 Nr. 4 EStG
· 80 % = Bemessungsgrundlage für die USt
· 20 % = Entnahme ohne USt

BEISPIEL

Ein Unternehmer nutzt seinen betrieblichen Pkw, betriebliche Nutzung > 50 %, auch für Privatfahrten. Er hat den Pkw gebraucht von einem Händler für 23.800,00 € brutto erworben. Der Bruttolistenpreis zum Zeitpunkt der Erstzulassung betrug 33.320,00 €.

- Als Wert der privaten Nutzung ist 1 % des auf volle 100,00 € abgerundeten Bruttolistenpreises zum Zeitpunkt der Erstzulassung anzusetzen.

Bruttolistenpreis 33.320,00 €, abgerundet	33.300,00 €
· 1 % =	333,00 €
Abschlag 20 % für steuerfreie Ausgaben	66,60 €
Bemessungsgrundlage für die USt	266,40 €
· 19 % USt	50,62 €

Buchungssatz

	Soll	Haben
1800/2100 Privatentnahmen allgemein	383,62	
an 8900/4600 Unentgeltl. Wertabgaben		266,40
an 1770/3800 USt		50,62
an 8906/4637 Unentgeltl. Wertabgaben ohne USt		66,60

Fahrten zwischen Wohnung und Betrieb

Nutzt der Unternehmer den betrieblichen Pkw auch für Fahrten zwischen Wohnung und Betrieb, so ist auch hier nur die Entfernungspauschale als Betriebsausgabe abzugsfähig. Die Differenz zwischen den Aufwendungen und der Entfernungspauschale ist nicht abzugfähig.

Als Aufwendungen für Fahrten zwischen Wohnung und Betrieb werden 0,03 % des Bruttolistenpreises je Kalendermonat und Entfernungskilometer angesetzt.

Da es sich um betriebliche Fahrten handelt, entsteht keine Umsatzsteuer.

BEISPIEL

Der Unternehmer im obigen Beispiel nutzt den Pkw an 220 Tagen für Fahrten zwischen Wohnung und Betrieb, einfache Entfernung 35 km.

- Für Fahrten zwischen Wohnung und Betrieb kommt es zu nicht abzugsfähigen Betriebsausgaben.

Bruttolistenpreis 33.320,00 €, abgerundet 33.300,00 € · 0,03 % = 9,99 €

9,99 € · 35 km =	349,65 €/Monat
– Entfernungspauschale	
35 km · 0,30 € · 20 Tage =	210,00 €
nicht abzugfähig	139,65 €

Buchungssatz

	Soll	Haben
4655/6645 Nicht abzugsfähige BA	139,65	
an 2700/4850 Sonstige Erträge		139,65

Kostendeckelung

Ist der Wert nach der 1-%-Methode größer als die tatsächlich angefallenen Kosten für das Fahrzeug, sind höchstens die tatsächlichen Kosten anzusetzen (= sog. Kostendeckelung).

> **BEISPIEL**
>
> Ein Unternehmer ermittelt den privaten Nutzungsanteil nach der 1-%-Methode. Der Bruttolistenpreis seines Pkw beträgt 65.000,00 €, die im Jahr 01 angefallenen Gesamtkosten 4.000,00 € zzgl. USt und 800,00 € ohne USt.
>
> - Da die tatsächlichen Kosten geringer sind als der Wert der 1-%-Regelung, werden als Entnahme höchstens die tatsächlichen Kosten angesetzt.
>
> 65.000,00 € · 1 % = 650,00 € · 12 Monate = 7.800,00 €
> tatsächliche Kosten nur 4.800,00 €
>
> | Buchungssatz | | Soll | Haben |
> |---|---|---|---|
> | 1800/2100 | Privatentnahmen allgemein | 5.560,00 | |
> | an 8900/4600 | Unentgeltl. Wertabgabe | | 4.000,00 |
> | an 1770/3800 | USt | | 760,00 |
> | an 8906/4637 | Unentgeltl. Wertabgabe ohne USt | | 800,00 |

1. Die private Nutzung des betrieblichen Pkw kann nach der Fahrtenbuchmethode oder der 1-%-Regelung ermittelt werden.

2. Bei der Fahrtenbuchmethode werden die tatsächlich gefahrenen Kilometer für den Privatanteil und die darauf entfallenden tatsächlichen Ausgaben zugrunde gelegt.

3. Bei der 1-%-Regelung wird pauschal für den Privatanteil 1 % des Bruttolistenpreises (abgerundet auf volle Hundert Euro) pro Monat zugrunde gelegt.

4. Die Ausgaben, bei denen kein Vorsteuerabzug möglich war, gehen nicht in die umsatzsteuerliche Bemessungsgrundlage ein. Bei der 1-%-Regelung wird für diese Ausgaben pauschal ein Abzug von 20 % vorgenommen.

5. Für Fahrten zwischen Wohnung und Betrieb ist nur die Entfernungspauschale abzugsfähig. Darüber hinausgehende Kosten stellen nicht abzugsfähige Betriebsausgaben dar.

AUFGABEN

1. Nach welchen Methoden kann der Anteil für die privat gefahrenen Kilometer ermittelt werden?

   Erläutern Sie beide Methoden.

2. Wie sind Fahrten zwischen Wohnung und Betriebsstätte zu erfassen?

3. Ihr Mandant nutzt einen betrieblichen Pkw auch für Privatfahrten. Er hat ihn im Vorjahr von einem Unternehmer gebraucht für 20.000,00 € zzgl. 3.800,00 € USt gekauft. Der Bruttolistenpreis zum Zeitpunkt der Erstzulassung betrug 34.510,00 €. Die Nutzungsdauer wird auf sechs Jahre geschätzt.
   Es wurden folgende Aufwendungen korrekt gebucht:
   - Kfz-Steuer   550,00 €   - Kfz-Versicherung   1.420,00 €
   - Reparaturen   1.200,00 €   - laufende Betriebskosten   2.430,00 €

   Laut Fahrtenbuch beträgt der Anteil für private Fahrten 12 %.

   Wie hat Ihr Mandant zu buchen
   a) nach der Fahrtenbuchmethode,   b) nach der 1-%-Regelung?

4. Aus dem Fahrtenbuch Ihres Mandanten entnehmen Sie folgende Angaben:
   gesamt gefahrene Kilometer 42 000, davon privat 7 980.

   Aus der Buchführung sind folgende Aufwendungen ersichtlich:
   - laufende Betriebskosten   4.536,00 €   - Garagenmiete, umsatzsteuerfrei   960,00 €
   - Kfz-Steuer   430,00 €   - Kfz-Versicherung   1.310,00 €
   - Abschreibung   7.100,00 €

   Der Pkw wurde von einem Händler erworben und auf 5 Jahre abgeschrieben.

   Ermitteln und buchen Sie die Privatnutzung nach der Fahrtenbuchmethode.

5. Ihr Mandant nutzt einen betrieblichen Pkw auch für Privatfahrten, Bruttolistenpreis zum Zeitpunkt der Erstzulassung 21.420,00 €.

   Ermitteln Sie die Privatnutzung und bilden Sie den Buchungssatz.

6. Ein Unternehmer nutzt einen betrieblichen Pkw auch für Privatfahrten. Er hat den Pkw von einem Händler zum Bruttolistenpreis von 83.300,00 € in 01 erworben. Die Kfz-Kosten belaufen sich im Jahr 01 auf
   5.000,00 € mit Vorsteuer,
   2.100,00 € ohne Vorsteuer.

   Buchen Sie die Privatnutzung für das Jahr 01.

7. Ihr Mandant nutzt den betrieblichen Pkw, Bruttolistenpreis 30.840,00 €, auch für Fahrten zwischen Wohnung und Betrieb.

   Berechnen Sie die monatlich nicht abzugsfähigen Betriebsausgaben, wenn Ihr Mandant an 20 Tagen pro Monat zwischen Wohnung und Betrieb fährt (Entfernung 31 Kilometer), und nehmen Sie die erforderliche Buchung vor.

8. Ihr Mandant ermittelt laut Fahrtenbuch, dass er insgesamt mit seinem betrieblichen Pkw 54 000 km im Jahr 01 gefahren ist, davon privat 8 100 km. Außerdem fuhr er im Jahr 01 an 230 Tagen von seiner Wohnung zum Betrieb, Entfernung 42 km.
   Folgende Kosten sind entstanden:
   - Garagenmiete, umsatzsteuerpflichtig 1.200,00 €   - laufende Betriebskosten 5.300,00 €
   - Kfz-Steuer   870,00 €   - Kfz-Versicherung   1.100,00 €
   - Abschreibung   5.000,00 €

   Der Pkw wurde von einem Händler zum Bruttolistenpreis von 35.700,00 € erworben, Nutzungsdauer sechs Jahre.
   Buchen Sie den Vorgang. Unterstellen Sie, dass für 01 nichts gebucht wurde.

11.4.3 Einlagen

§§ 4 Abs. 1,
6 Abs. 1 Nr. 5

Einlagen sind alle Wirtschaftgüter, die der Steuerpflichtige dem Betrieb im Laufe des Wirtschaftsjahres zugeführt hat, § 4 Abs. 1 S. 7 EStG.
Das können Geld- und Sacheinlagen und auch Einlagen von Nutzungen und Leistungen sein.

Wenn durch die Einlage nur Verluste aus dem Privatvermögen ins Betriebsvermögen verlagert werden sollen, ist die Einlage nicht zulässig.

Einlagen sind gemäß § 6 Abs. 1 Nr. 5 EStG mit dem Teilwert zu bewerten. Wertsteigerungen bis zum Zeitpunkt der Einlage bleiben somit im Privatbereich.

§ 6 Abs. 1 Nr. 5 S. 1 a EStG bestimmt allerdings, dass bei einer Einlage innerhalb von drei Jahren seit der Anschaffung/Herstellung die Einlage höchstens mit

- den Anschaffungs-/Herstellungskosten bei nicht abnutzbarem Anlagevermögen und
- den Anschaffungs-/Herstellungekosten vermindert um die zeitanteilige AfA (fortgeführte Anschaffungskosten)

zu bewerten ist.

Zu beachten ist, dass der Teilwert stets ein Nettobetrag ist, bei Ermittlung der Anschaffungs-/Herstellungskosten bzw. der fortgeführten Anschaffungs-/Herstellungskosten sie brutto anzusetzen sind, da im Privatbereich kein Vorsteueranspruch bestand.

BEISPIEL

Ein Unternehmer erwirbt für sein Privatvermögen ein unbebautes Grundstück für 35.000,00 €. Nach zwei Jahren will er das Grundstück als Lagerplatz nutzen und legt es in sein Betriebsvermögen ein. Der Teilwert zu diesem Zeitpunkt beträgt
a) 30.000,00 €,   b) 42.000,00 €.

- Die Einlage erfolgt innerhalb von drei Jahren seit Anschaffung und ist mit dem Teilwert, höchstens mit den Anschaffungskosten zu bewerten.

Buchungssatz zu a)		Soll	Haben
	0065/0215 Unbebaute Grundstücke	30.000,00	
	an 1890/2180 Privateinlagen		30.000,00
Buchungssatz zu b)		Soll	Haben
	0065/0215 Unbebaute Grundstücke	35.000,00	
	an 1890/2180 Privateinlagen		35.000,00

BEISPIEL

Ein Unternehmer hat im Januar 01 einen Pkw für 22.000,00 € zzgl. 4.180,00 € USt privat erworben. Im Juli 02 legt er den Pkw in sein Betriebsvermögen ein, ursprüngliche Nutzungsdauer sechs Jahre, Teilwert 21.000,00 €.

- Die Einlage erfolgt innerhalb von drei Jahren seit Anschaffung und ist mit dem Teilwert, höchstens mit den fortgeführten Anschaffungskosten zu bewerten.

Anschaffungskosten   26.180,00 €
Abschreibung 18 Monate =   6.545,00 €
fortgeführte AK =   19.635,00 € < Teilwert 21.000,00 €

Buchungssatz		Soll	Haben
	0320/0520 Pkw	19.635,00	
	an 1890/2180 Privateinlagen		19.635,00

Legt der Unternehmer ein Wirtschaftsgut in das Betriebsvermögen ein, das er zuvor bereits aus dem Betriebsvermögen entnommen hatte, gilt diese ursprüngliche Entnahme als Anschaffung im privaten Bereich.

An die Stelle der Anschaffungs-/Herstellungskosten tritt der Entnahmewert, an die Stelle des Anschaffungs- bzw. Herstellungszeitpunkts tritt der Zeitpunkt der Entnahme.

BEISPIEL

Ein Unternehmer entnimmt im Jahr 01 ein unbebautes Grundstück, um dort sein Wohnhaus zu errichten. Der Teilwert zum Zeitpunkt der Entnahme beträgt 45.000,00 €, der Buchwert 40.000,00 €. im Jahr 03 ändert er seine Pläne und legt das immer noch unbebaute Grundstück wieder in sein Betriebsvermögen ein, Teilwert nun 50.000,00 €.

- Die Entnahme in 01 ist mit dem Teilwert zu bewerten und gilt als Anschaffung. Die Einlage erfolgt innerhalb von drei Jahren nach der fiktiven Anschaffung und ist mit den Anschaffungskosten zu bewerten.

Buchungssatz in 01

	Soll	Haben
1800/2100 Privatentnahmen	45.000,00	
an 0065/0215 Unbebaute Grundstücke		40.000,00
an 2720/4900 Erträge a. d. A. v. G. d. AV		5.000,00

Buchungssatz in 03

	Soll	Haben
0065/0215 Unbebaute Grundstücke	45.000,00	
an 1890/2180 Privateinlagen		45.000,00

Abschreibung nach Einlage

Die Abschreibung nach einer Einlage berechnet sich nach dem Einlagewert verteilt auf die Restnutzungsdauer.

Wurde das Wirtschaftsgut, das eingelegt wurde, bisher zur Einkunftserzielung genutzt, ist eine vom Einlagewert nach § 6 Abs. 1 Nr. 5 EStG abweichende AfA-Bemessungsgrundlage zu ermitteln.

Hierbei sind laut BMF-Schreiben vom 27.10.2010 IV C 3 – S 2190/09/10007 vier Fallgruppen zu unterscheiden:

Fallgruppe 1

Ist der Einlagewert des Wirtschaftsguts gleich hoch oder höher als die historischen Anschaffungs- oder Herstellungskosten, ist die AfA ab dem Zeitpunkt der Einlage nach dem um die bereits in Anspruch genommene AfA geminderten Einlagewert zu bemessen.

BEISPIEL

Ein Unternehmer legt ein bebautes Grundstück, das bisher zur Erzielung von Einkünften aus Vermietung und Verpachtung diente, ins Betriebsvermögen ein. Der Teilwert des Gebäudes zum Zeitpunkt der Einlage beträgt 700.000,00 €, die historischen Anschaffungskosten betrugen 600.000,00 € und die bisher in Anspruch genommene AfA beträgt 250.000,00 €.

Das Gebäude wird nach Einlage nicht zu Wohnzwecken genutzt.

- Die Einlage erfolgt mit dem Teilwert in Höhe von 700.000,0 €. Die AfA-Bemessungsgrundlage beträgt 450.000,00 €.

Historische Anschaffungskosten	600.000,00 €
Teilwert bei Einlage	700.000,00 €

Die Einlage ist mit dem Teilwert von 700.000,00 € zu bewerten.

> **BEISPIEL (Fortsetzung)**
>
> Da der Einlagewert höher ist als die historischen Anschaffungskosten, ermittelt sich die AfA-Bemessungsgrundlage wie folgt:
>
> | | |
> |---|---|
> | Einlagewert | 700.000,00 € |
> | – bisher in Anspruch genommene AfA | 250.000,00 € |
> | AfA-Bemessungsgrundlage | 450.000,00 € |
> | · 3 % AfA | 13.500,00 €/Jahr |
>
> Zum Schluss verbleibt ein Restbuchwert in Höhe von 250.000,00 € (= im Privatbereich vorgenommene Abschreibung), der nicht abgeschrieben werden darf. Bei einer Veräußerung ist dieser Restbuchwert gewinnmindernd zu berücksichtigen.

Fallgruppe 2

Ist der Einlagewert des Wirtschaftsguts geringer als die historischen Anschaffungs- oder Herstellungskosten, aber nicht geringer als die fortgeführten Anschaffungs- oder Herstellungskosten, ist die AfA ab dem Zeitpunkt der Einlage nach den fortgeführten Anschaffungs- oder Herstellungskosten zu bemessen.

> **BEISPIEL (Fortsetzung)**
>
> Ein Unternehmer legt ein bebautes Grundstück, das bisher zur Erzielung von Einkünften aus Vermietung und Verpachtung diente, ins Betriebsvermögen ein. Der Teilwert des Gebäudes zum Zeitpunkt der Einlage beträgt 400.000,00 €, die historischen Anschaffungskosten betrugen 660.000,00 € und die bisher in Anspruch genommene AfA beträgt 360.000,00 €.
>
> Das Gebäude wird nach Einlage nicht zu Wohnzwecken genutzt.
>
> - Die Einlage erfolgt mit dem Teilwert in Höhe von 400.000,00 €.
>   Die AfA-Bemessungsgrundlage beträgt 300.000,00 €.
>
> | | |
> |---|---|
> | Historische Anschaffungskosten | 660.000,00 € |
> | Teilwert bei Einlage | 400.000,00 € |
> | Fortgeführte Anschaffungskosten (660.000,00 € - 360.000,00 €) | 300.000,00 € |
>
> Die Einlage ist mit dem Teilwert von 400.000,00 € zu bewerten.
> Der Einlagewert ist niedriger als die historischen Anschaffungskosten in Höhe von 660.000,00 € und höher als die fortgeführten Anschaffungskosten in Höhe von 300.000,00 €. Deshalb sind als AfA-Bemessungsgrundlage die fortgeführten Anschaffungskosten anzusetzen.
>
> | | |
> |---|---|
> | AfA-Bemessungsgrundlage | 300.000,00 € |
> | · 3 % AfA | 9.000,00 €/Jahr |
>
> Zum Schluss verbleibt ein Restbuchwert in Höhe von 100.000,00 € (= Differenz zwischen Teilwert und fortgeführte Anschaffungskosten), der nicht abgeschrieben werden darf. Bei einer Veräußerung ist dieser Restbuchwert gewinnmindernd zu berücksichtigen.

Fallgruppe 3

Ist der Einlagewert des Wirtschaftsguts geringer als die fortgeführten Anschaffungs- oder Herstellungskosten, bemisst sich die weitere AfA nach diesem ungeminderten Einlagewert.

BEISPIEL

Ein Unternehmer legt ein bebautes Grundstück, das bisher zur Erzielung von Einkünften aus Vermietung und Verpachtung diente, in das Betriebsvermögen ein. Der Teilwert des Gebäudes zum Zeitpunkt der Einlage beträgt 300.000,00 €, die historischen Anschaffungskosten betrugen 800.000,00 € und die bisher in Anspruch genommene AfA beträgt 420.000,00 €.

Das Gebäude wird nach Einlage nicht zu Wohnzwecken genutzt.

- Die Einlage erfolgt mit dem Teilwert in Höhe von 300.000,00 €.
  Die AfA-Bemessungsgrundlage beträgt 300.000,00 €.

Historische Anschaffungskosten	800.000,00 €
Teilwert bei Einlage	300.000,00 €
Fortgeführte Anschaffungskosten (800.000,00 € – 420.000,00 €)	380.000,00 €

Die Einlage ist mit dem Teilwert von 300.000,00 € zu bewerten.
Der Einlagewert ist niedriger als die fortgeführten Anschaffungskosten in Höhe von 380.000,00 €. Deshalb ist als AfA-Bemessungsgrundlage der Einlagewert in Höhe von 300.000,00 € anzusetzen.

AfA-Bemessungsgrundlage	300.000,00 €
· 3 % AfA	9.000,00 €/Jahr

Insgesamt werden für das Gebäude 720.000,00 € (420.000,00 € AfA bei Vermietung und Verpachtung und 300.000,00 € im betrieblichen Bereich) geltend gemacht. Im Vergleich zu den historischen Anschaffungskosten in Höhe von 800.000,00 € werden somit 80.000,00 € nicht abgeschrieben. Dies stellt einen einkommensteuerlich unbeachtlichen Wertverlust im Privatbereich dar.

Fallgruppe 4

Wird ein Gebäude innerhalb von 3 Jahren nach Anschaffung oder Herstellung in ein Betriebsvermögen eingelegt, so gilt gemäß § 6 Abs. 1 Nr. 5 S. 2 HS 2 a als Einlagewert der Teilwert, höchstens aber die fortgeführten Anschaffungskosten. Dieser Wert gilt gleichzeitig auch als AfA-Bemessungsgrundlage gemäß § 7 Abs. 1 S. 5 EStG.

Diese Grundsätze sind in allen noch offenen Fällen anzuwenden. Fallgruppe 3 ist erstmals auf Einlagen anzuwenden, die nach dem 31.12.2010 vorgenommen werden, siehe Tz7 BMF-Schreiben a. a. O..

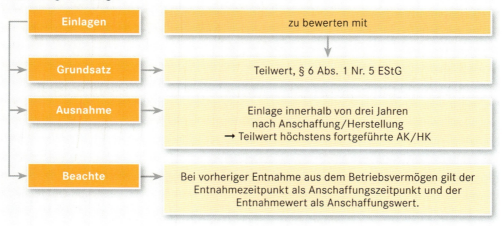

Kapitel 11

Beschaffung und Herstellung eigengenutzter Sachanlagegüter | Steuern, sonstige Betriebsausgaben | Jahresabschluss nach Handels- und Steuerrecht

Ermittlung der AfA-Bemessungsgrundlage bei Einlage von Gebäuden, die vorher zur Einkunftserzielung genutzt wurden:

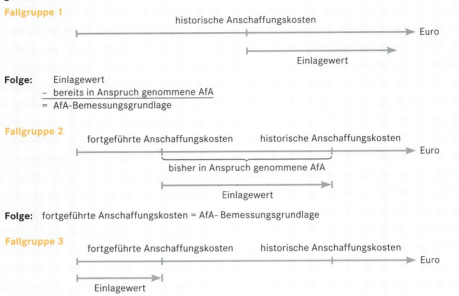

Fallgruppe 1

Folge: Einlagewert
− bereits in Anspruch genommene AfA
= AfA-Bemessungsgrundlage

Fallgruppe 2

Folge: fortgeführte Anschaffungskosten = AfA-Bemessungsgrundlage

Fallgruppe 3

Folge: Einlagewert = AfA-Bemessungsgrundlage

AUFGABEN

1. Geben Sie an, in welcher Form Einlagen getätigt werden können.

2. Mit welchem Wert sind Einlagen zu bewerten? Nennen Sie die gesetzliche Grundlage.

3. Was ist zu beachten, wenn die Einlage innerhalb von drei Jahren nach Anschaffung/Herstellung erfolgt?

4. Ihr Mandant tätigt im Jahr 05 folgende Einlagen:
   a) Er hatte im Jahr 01 ein Aquarell für sein Privathaus zum Kaufpreis von 6.000,00 € erworben. Im Jahr 05 legt er es in sein Betriebsvermögen ein. Es hängt nun im Foyer seines Verwaltungsgebäudes. Der Teilwert zu diesem Zeitpunkt beträgt 6.800,00 €.
   b) Ihr Mandant hatte im Jahr 04 ein unbebautes Grundstück für private Zwecke erworben, Anschaffungskosten 48.000,00 €. Ab Mai 05 nutzt er das Grundstück als Lagerplatz für sein Unternehmen, Teilwert 52.000,00 €.
   c) Eine Regalwand, die der Unternehmer im Juli 03 für 10.000,00 € zzgl. 1.900,00 € USt erworben hat, Nutzungsdauer zehn Jahre, legt er im Januar 05 in sein Betriebsvermögen ein. Der Teilwert zu diesem Zeitpunkt beträgt 8.500,00 €.
   d) Ein Pkw, den Ihr Mandant im Mai 01 für 22.000,00 € zzgl. 4.180,00 € USt für private Zwecke gekauft hat, wird ab Juni 05 ausschließlich betrieblich genutzt, Nutzungsdauer sechs Jahre, Teilwert im Juni 05 9.500,00 €.

   Bewerten und buchen Sie die einzelnen Sachverhalte.

5. Ein bebautes Grundstück, das ein Unternehmer im August 01 für 300.000,00 € (20 % davon entfallen auf den Grund und Boden) erworben hat, nutzt er ab März 03 ausschließlich betrieblich. Bisher hat er es für eigene Wohnzwecke genutzt. Die Teilwerte im März 03 betragen für den Grund und Boden 67.000,00 € und für das Gebäude 250.000,00 €.

a) Bewerten Sie die Einlage und nehmen Sie die erforderliche Buchung vor.
b) Wie hoch ist die AfA-Bemessungsgrundlage?

6. Ihr Mandant hat im Juli 01 ein bebautes Grundstück erworben, Anschaffungskosten Gebäude 320.000,00 €, Anschaffungskosten Grund und Boden 70.000,00 €, und es bisher zur Erzielung von Einkünften gemäß § 21 EStG genutzt, Abschreibung 2 %. Ab Juli 07 nutzt er es ausschließlich für betriebliche Zwecke, Teilwert zu diesem Zeitpunkt für den Grund und Boden 80.000,00 € und für das Gebäude 350.000,00 €.

   a) Nehmen Sie die erforderlichen Buchungen für das Jahr 07 vor.
   b) Geben Sie die AfA-Bemessungsgrundlage an und berechnen Sie die AfA bei einem AfA-Satz von 3 %.

7. Ihr Mandant legt einen Pkw, den er im Jahr 01 für 25.000,00 € privat erworben hat, im April 05 in sein Betriebsvermögen ein. Der Teilwert zu diesem Zeitpunkt beträgt 20.000,00 €, Restnutzungsdauer zwei Jahre.
   Bisher hat er gebucht: Pkw   10.000,00 €
                            an Privateinlagen   10.000,00 €

   Nehmen Sie die erforderlichen Buchungen vor.

8. Ihr Mandant hat im Dezember 01 einen antiken Edelholzschreibtisch privat für 6.100,00 € gekauft, Nutzungsdauer zehn Jahre. Im Mai 04 legt er ihn ins Betriebsvermögen ein, Teilwert zu diesem Zeitpunkt 6.200,00 €.
   Er hat bisher gebucht: Betriebsausstattung   6.100,00 €
                            an Privateinlagen   6.100,00 €

   Wie lauten die notwendigen Buchungssätze?

9. Ihr Mandant hat im Jahr 01 ein unbebautes Grundstück zum Kaufpreis von 12.000,00 € erworben. Außerdem fielen noch 3,5 % Grunderwerbsteuer und 2 % sonstige Nebenkosten an. Er möchte dieses Grundstück ab Februar 02 als Parkplatz für seinen Betrieb nutzen. Der Teilwert im Februar 02 beträgt 12.500,00 €.

   Buchen Sie den Vorgang.

10. Ein Unternehmer hatte bisher einen Kastenwagen im Privatvermögen, Anschaffung März 01, Anschaffungskosten 21.000,00 €, Nutzungsdauer sechs Jahre. Ab Juli 03 nutzt er ihn nur noch für betriebliche Zwecke. Der Teilwert beträgt zu diesem Zeitpunkt 18.000,00 €.
    Bisher wurde gebucht: Pkw   18.000,00 €
                            an Privateinlagen   18.000,00 €

    Bilden Sie die erforderlichen Buchungen.

11. Ein bebautes Grundstück, das Ihr Mandant im Januar 01 für 212.000,00 € (hiervon entfallen auf den Grund und Boden 12.000,00 €) erworben hat, nutzt er ab Januar 11 nur noch für betriebliche Zwecke. In den zehn Jahren hatte Ihr Mandant das Grundstück verpachtet, 2 % AfA. Die Teilwerte betragen im Januar 11 für den Grund und Boden 15.000,00 € und für das Gebäude 180.000,00 €.

    Buchen Sie den Vorgang.

12. Ein Unternehmer erwirbt im März 01 eine Fabrikhalle mit Anschaffungskosten in Höhe von 750.000,00 €. Die Anschaffungskosten für den Grund und Boden betragen 80.000,00 €. Im August 11 legt er das Grundstück ein. Die Teilwerte betragen für das Gebäude 400.000,00 € und für den Grund und Boden 25.000,00 €.

    a) Bewerten Sie die Einlage.
    b) Wie hoch ist die AfA-Bemessungsgrundlage?
    c) Berechnen Sie die AfA und geben Sie sämtliche erforderliche Buchungssätze für das Jahr 11 an.

11.5 Rückstellungen

LERNSITUATION

Die Berg GmbH ist von einem ihrer Kunden in 01 verklagt worden, weil sie angeblich schadhafte Ware geliefert hat. Am Bilanzstichtag 31.12.01 rechnet die Berg GmbH mit voraussichtlichen Anwalts- und Gerichtskosten in Höhe von 8.000,00 €. Das Urteil erwartet sie Mitte 02.
Wenn möglich, sollen bereits zum Bilanzstichtag 31.12.01 Aufwendungen für den Prozess gewinnmindernd berücksichtigt werden.

HGB
§§ 249, 252 Abs. 1 Nr. 4, 266 Abs. 3

EStG
§§ 5, 6 Abs. 1 Nr. 3 a

Rückstellungen dienen der **periodengerechten Erfolgsermittlung.** Sie sind verwandt mit den „Übrigen sonstigen Verbindlichkeiten" der antizipativen Rechnungsabgrenzung. Der Unterschied besteht darin, dass Rückstellungen am Bilanzstichtag für noch ausstehende Ausgaben gebildet werden, deren Höhe und/oder Fälligkeitstermin ungewiss sind.

Rückstellungen werden am Bilanzstichtag für Aufwendungen gebildet, die im Wirtschaftsjahr verursacht wurden, nicht aber der Höhe und/oder der Fälligkeit nach feststehen.

Da die Höhe der Rückstellung nicht feststeht, muss sie geschätzt werden. Die Schätzung muss einer vernünftigen kaufmännischen Beurteilung entsprechen.

Hierbei sind die tatsächlichen Verhältnisse am Bilanzstichtag entscheidend, auch dann, wenn sie nach dem Bilanzstichtag bis zur Bilanzaufstellung dem Unternehmer bekannt werden, Wertaufhellung, § 252 Abs. 1 Nr. 4 HGB.

11.5.1 Rückstellungen nach Handelsrecht

Passivierungspflicht

Nach den handelsrechtlichen Grundsätzen ordnungsmäßiger Buchführung sind Rückstellungen zu bilden für

- ungewisse Verbindlichkeiten und für drohende Verluste aus schwebenden Geschäften, § 249 Abs. 1 S. 1 HGB,
- im Geschäftsjahr unterlassene Aufwendungen für Instandhaltung, die im folgenden Geschäftsjahr innerhalb von drei Monaten nachgeholt werden, oder für Abraumbeseitigung, die im folgenden Geschäftsjahr nachgeholt wird, § 249 Abs. 1 S. 2 Nr. 1 HGB, und
- Gewährleistungen, die ohne rechtliche Verpflichtung erbracht werden, § 249 Abs. 1 S. 2 Nr. 2 HGB, z. B. Kulanzrückstellung.

Rückstellung wegen ungewisser Verbindlichkeiten

Voraussetzung für die Bildung von Rückstellungen wegen **ungewisser Verbindlichkeiten** sind gemäß R 5.7 EStR

- eine hinreichend konkretisierte Verpflichtung gegenüber einem **anderen,**
- die wirtschaftliche Verursachung der Verpflichtung vor dem Bilanzstichtag,
- die **Wahrscheinlichkeit der Inanspruchnahme,** d. h., der Unternehmer muss spätestens bei der Bilanzerstellung ernsthaft damit rechnen, aus der Verpflichtung in Anspruch genommen zu werden.

Beispiele: Rückstellung für Jahresabschlusskosten, Garantieverpflichtungen, rückständiger Urlaub von Arbeitnehmern, Steuerrückstellungen.

Rückstellung wegen drohender Verluste aus schwebenden Geschäften

Ein schwebendes Geschäft besteht vom Zeitpunkt des Vertragsabschlusses (= Verpflichtungsgeschäft) bis zur Erfüllung des Vertrages (= Erfüllungsgeschäft). Buchhalterisch wird ein schwebendes Geschäft nicht erfasst. Wenn aber am Bilanzstichtag feststeht, dass aus einem schwebenden Geschäft ein Verlust droht, ist aus Gründen der kaufmännischen Vorsicht eine entsprechende Rückstellung zu bilden.

Auf der Seite des Leistungsempfängers (Beschaffungsseite) ergeben sich drohende Verluste aus schwebenden Geschäften, wenn der vertraglich vereinbarte Einkaufspreis am Bilanzstichtag über den Wiederbeschaffungskosten der bestellten Wertstoffe/Waren liegt.

Auf Lieferantenseite (Absatzseite) ergeben sich drohende Verluste aus schwebenden Geschäften, wenn der vertraglich vereinbarte Verkaufspreis am Bilanzstichtag unter den zu erwartenden Selbstkosten liegt.

Rückstellung für im Geschäftsjahr unterlassene Aufwendungen für Instandhaltung

Hierbei muss es sich um Erhaltungsarbeiten handeln, die bis zum Bilanzstichtag bereits erforderlich gewesen wären, aber erst nach dem Bilanzstichtag durchgeführt werden.

Höhe der Rückstellung

Gemäß § 253 Abs. 1 HGB sind Rückstellungen in Höhe des nach vernünftiger kaufmännischer Beurteilung notwendigen Erfüllungsbetrags anzusetzen, d. h., künftige Preis- und Kostensteigerungen sind zu berücksichtigen.

Rückstellungen mit einer Restlaufzeit von mehr als einem Jahr sind mit dem ihrer Restlaufzeit entsprechenden durchschnittlichen Marktzinssatz der vergangenen sieben Geschäftsjahre abzuzinsen. Die Abzinsungssätze werden von der Deutschen Bundesbank ermittelt und monatlich bekannt gegeben.

11.5.2 Rückstellungen nach Steuerrecht

Im Steuerrecht besteht grundsätzlich für Rückstellungen, für die nach Handelsrecht eine Rückstellungspflicht besteht, ebenfalls eine Rückstellungspflicht.

Zu beachten ist allerdings, dass die handelsrechtliche Verpflichtung zur Bildung von Rückstellungen für drohende Verluste aus schwebenden Geschäften steuerrechtlich nicht zulässig ist, § 5 Abs. 4 a EStG.

Das Gleiche gilt für Rückstellungen gemäß § 5 Abs. 3, Abs. 4, Abs. 4 b EStG.

Höhe der Rückstellung

In der Steuerbilanz gilt das Stichtagsprinzip, d. h., die Wertverhältnisse am Bilanzstichtag sind maßgebend, künftige Preis- und Kostensteigerungen dürfen nicht berücksichtigt werden, § 6 Abs. 1 Nr. 3 a EStG.

Ferner sind gemäß § 6 Abs. 1 Nr. 3 a EStG Rückstellungen für Verpflichtungen mit einer Laufzeit länger als zwölf Monate mit 5,5 % abzuzinsen.

11.5.3 Bildung von Rückstellungen

BEISPIEL

Im Dezember 01 konnte eine defekte Maschine nicht mehr repariert werden. Es liegt ein unverbindlicher Kostenvoranschlag über 9.000,00 € netto vor. Die Reparatur soll im Februar 02 nachgeholt werden.

- Es ist eine Rückstellung wegen unterlassener Instandhaltung zu bilden.

Buchungssatz

	Soll	Haben
4806/6460 Rep./Instandh. v. Maschinen	9.000,00	
an 0971/3075 Rückst. f. unterl. Instandhaltung		9.000,00

Das Konto „Rückstellung" ist ein passives Bestandskonto.

11.5.4 Auflösung von Rückstellungen

Entfällt der Grund für die Rückstellung, ist sie aufzulösen, § 249 Abs. 3 HGB.

Dabei sind drei Fälle zu unterscheiden:

Fall 1: Die geschätzte Höhe der Rückstellung entspricht der tatsächlichen Zahlungsverpflichtung.

Fall 2: Die geschätzte Höhe der Rückstellung ist größer als die tatsächliche Zahlungsverpflichtung.

Fall 3: Die geschätzte Höhe der Rückstellung ist kleiner als die tatsächliche Zahlungsverpflichtung.

BEISPIEL

Fortführung des Beispiels von Seite 451

zu Fall 1: Der Unternehmer im Beispiel oben begleicht im Jahr 02 nach Durchführung der Reparatur die Rechnung über insgesamt 10.710,00 € mit einem Bankscheck.

- Der entsprechende Betrag wird vom Bankkonto abgebucht und die Rückstellung wird aufgelöst.

Buchungssatz		Soll	Haben
0971/3075	Rückst. f. unterl. Instandhaltung	9.000,00	
1570/1400	Vorsteuer	1.710,00	
an 1200/1800	Bank		10.710,00

zu Fall 2: Der Unternehmer begleicht in 02 nach Durchführung der Reparatur die Rechnung über insgesamt 8.330,00 € mit einem Bankscheck.

- In diesem Fall entsteht im Jahr 02 ein Ertrag.

Buchungssatz		Soll	Haben
0971/3075	Rückst. f. unterl. Instandhaltung	9.000,00	
1570/1400	Vorsteuer	1.330,00	
an 1200/1800	Bank		8.330,00
an 2735/4930	Erträge a. d. A. v. R.		2.000,00

zu Fall 3: Der Unternehmer begleicht im Jahr 02 nach Durchführung der Reparatur die Rechnung über insgesamt 14.280,00 € mit einem Bankscheck.

- Im Jahr 02 entsteht nun ein Aufwand.

Buchungssatz		Soll	Haben
0971/3075	Rückst. f. unterl. Instandhaltung	9.000,00	
1570/1400	Vorsteuer	2.280,00	
4806/6460	Rep./Instandh. v. Maschinen	3.000,00	
an 1200/1800	Bank		14.280,00

11.5.5 Garantierückstellung

Für Verpflichtungen aufgrund vertraglicher oder gesetzlicher Gewährleistungen ist eine Rückstellung zu bilanzieren. Hierbei können die bis zur Bilanzaufstellung bekannt gewordenen Garantiefälle angesetzt werden oder es wird eine Pauschalrückstellung gebildet.

Gewährleistungen erstrecken sich oft über mehrere Jahre. Bereits ausgeführte Garantieleistungen dürfen in die Berechnungen nicht mehr mit einbezogen werden. Je weiter das Garantiejahr zurückliegt, desto mehr Garantieleistungen sind erbracht und die Wahrscheinlichkeit der Inanspruchnahme nimmt ab. Entsprechend ist der Prozentsatz für die weiter zurückliegenden Jahre zu reduzieren.

BEISPIEL

Zum 31.12.02 bestehen noch folgende garantiebehaftete Umsätze, Garantiezeit zwei Jahre:
01: 1.200.000,00 €, 02: 1.600.000,00 €.
Aus der Vergangenheit ist mit einer Garantieverpflichtung von 2 % zu rechnen. Zum 31.12.01 wurde eine Rückstellung in Höhe von 38.000,00 € gebildet.

- Zum 31.12.02 ist die Höhe der Rückstellung anzupassen.

Berechnung: 1 % von 1.200.000,00 € = 12.000,00 €
             2 % von 1.600.000,00 € = 32.000,00 €
             Summe   44.000,00 €
             bisher   38.000,00 €
             Erhöhung   6.000,00 €

Buchungssatz

	Soll	Haben
4790/6790 Aufwand für Gewährleistungen	6.000,00	
an 0974/3090 Rückst. für Gewährleistung		6.000,00

11.5.6 Kulanzrückstellung

Es besteht auch bei freiwilliger Gewährleistung ein Passivierungsgebot. Steuerrechtlich sind sie nur zulässig, soweit sich der Kaufmann den Gewährleistungen aus geschäftlichen Erwägungen nicht entziehen kann.

Geschäftliche Erwägungen sind gegeben, wenn am Bilanzstichtag unter Berücksichtigung des pflichtgemäßen Ermessens eines vorsichtigen Kaufmanns anzunehmen ist, dass Kulanzleistungen auch in Zukunft erbracht werden müssen.

11.5.7 Urlaubsverpflichtung

Für den bis zum Bilanzstichtag nicht genommenen Urlaub eines Arbeitnehmers ist eine Rückstellung zu bilden. In die Rückstellung sind einzubeziehen:

- Bruttoarbeitslohn,
- AG-Anteil Sozialversicherungen,
- Urlaubsentgelte und
- andere lohnabhängige Nebenkosten.

Nicht einzubeziehen sind Sondervergütungen wie z. B. Weihnachtsgeld, Tantiemen, Gehaltssteigerungen nach dem Bilanzstichtag.

BEISPIEL

Ein Arbeitnehmer hat am 31.12.01 von seinen 28 Tagen Urlaub 7 Tage noch nicht genommen. Den Lohnunterlagen sind folgende Angaben zu entnehmen:
- Bruttoarbeitslohn   40.000,00 €   – AG-Anteil SV   7.440,00 €
- Weihnachtsgeld   2.000,00 €   – Urlaubsgeld für 28 Tage 1.400,00 €

- Zum 31.12.01 ist eine Rückstellung für Urlaubsverpflichtung zu bilden.

Berechnung: Bruttoarbeitslohn   40.000,00 €
             AG-Anteil SV   7.440,00 €
             Summe   47.440,00 €/220 Tage · 7 Tage = 1.509,00 €
             Urlaubsgeld 1.400,00 €/28 Tage · 7 Tage   350,00 €
             Rückstellung   1.859,00 €

Buchungssatz

	Soll	Haben
4100/6000 Löhne und Gehälter	1.859,00	
an 0970/3070 Sonstige Rückstellung		1.859,00

ZUSAMMENFASSENDES BEISPIEL

Ein Unternehmer ist von einem Konkurrenten wegen Patentrechtsverletzung verklagt worden. Zum 31.12.01 rechnet der Unternehmer mit Kosten einschließlich Kostensteigerungen in Höhe von 50.000,00 € (= Erfüllungsbetrag). Ohne Kostensteigerungen werden die Kosten zutreffend mit 45.000,00 € geschätzt.
Es ist mit einem Urteil in drei Jahren zu rechnen. Der durchschnittliche Marktzinssatz beträgt 4 %.

- Sowohl handels- als auch steuerrechtlich ist eine Rückstellung zu bilden.

Handelsrecht

Die Rückstellung ist mit dem auf drei Jahre abgezinsten Erfüllungsbetrag zu bewerten.

Berechnung 31.12.01

$$100 : 1{,}04 = 96{,}15385$$
$$96{,}15385 : 1{,}04 = 92{,}45563$$
$$92{,}45563 : 1{,}04 = 88{,}89964$$

$$\frac{50.000{,}00\ €\ \cdot\ 88{,}89964}{100} = 44.449{,}82\ €\ \text{abgezinster Betrag}$$

Der Differenzbetrag ist als Zinsertrag zu erfassen.

Buchungssatz

	Soll	Haben
4950/ 6825 Rechts- und Beratungskosten	50.000,00	
an 0970/3070 Sonstige Rückstellungen		44.449,82
an 2650/7110 Sonstige Zinsen		5.550,18

Berechnung 31.12.02

Die Rückstellung ist neu zu bewerten. Der Marktzinssatz wird mit 3,5 % unterstellt. Der Erfüllungsbetrag bleibt unverändert bei 50.000,00 €.

$$100 : 1{,}035 = 96{,}61836$$
$$96{,}61836 : 1{,}035 = 93{,}35107$$

$$\frac{50.000{,}00\ €\ \cdot\ 93{,}35107}{100} = 46.675{,}54\ €\ \text{abgezinster Betrag}$$

Wert 31.12.02	46.675,54 €
Wert 31.12.01	44.449,82 €
Somit mehr	2.225,72 €

Die Rückstellung erhöht sich um 2.225,72 € und ist auf dem Konto „Zinsaufwendungen" zu buchen.

Buchungssatz

	Soll	Haben
2100/7300 Zinsaufwendungen	2.225,72	
an 0970/3070 Sonstige Rückstellungen		2.225,72

Steuerrecht

Die Rückstellung ist mit 5,5 % abzuzinsen.

Berechnung 31.12.01

Maßgebend sind die Wertverhältnisse zum 31.12.01.

$$100 : 1{,}055 = 94{,}78673$$
$$94{,}78673 : 1{,}055 = 89{,}84524$$
$$89{,}84524 : 1{,}055 = 85{,}16136$$

$$\frac{45.000{,}00\ €\ \cdot\ 85{,}16136}{100} = 38.322{,}61\ €\ \text{abgezinster Betrag}$$

Abgrenzungen bei der Erstellung des Jahresabschlusses	**Wertansätze in der Bilanz**	Eigenkapitalausweis in der Bilanz

Kapitel 11

ZUSAMMENFASSENDES BEISPIEL (Fortsetzung)

Buchungssatz

		Soll	Haben
4950/6825	Rechts- und Beratungskosten	45.000,00	
an 0970/3070	Sonstige Rückstellungen		38.322,61
an 2650/7110	Sonstige Zinsen		6.677,39

Berechnung 31.12.02

$$\frac{45.000,00\ € \cdot 89{,}84524}{100} = 40.430{,}36\ €\ \text{abgezinster Betrag}$$

Wert 31.12.02   40.430,36 €
Wert 31.12.01   38.322,61 €
Somit mehr   2.107,75 €

Die Rückstellung erhöht sich um 2.107,75 €.

Buchungssatz

		Soll	Haben
2100/7300	Zinsaufwendungen	2.107,75	
an 0970/3070	Sonstige Rückstellungen		2.107,75

	Merkmale	Beispiele
Rückstellung für ungewisse Verbindlichkeiten	• Verpflichtung gegenüber Dritten • wirtschaftliche Verursachung vor Bilanzstichtag • Wahrscheinlichkeit der Inanspruchnahme	Jahresabschlusskosten Garantieverpflichtung Urlaubsverpflichtung Prozesskosten
Rückstellung wegen drohender Verluste aus schwebenden Geschäften = Drohverlustrückstellung	• Verpflichtungsgeschäft besteht • Erfüllungsgeschäft noch nicht begonnen	• **Beschaffungsseite:** vereinbarter Einkaufspreis > aktueller Einkaufspreis oder • **Absatzseite:** vertraglicher Verkaufspreis < aktuelle Selbstkosten
Rückstellung wegen betrieblicher Lasten	innerbetriebliche Verursachung	unterlassene Instandhaltung Nachholung • innerhalb von drei Monaten Rückstellungspflicht sowohl in Handels- als auch Steuerbilanz

Kapitel 11

Bewertung von Rückstellungen

	Grundsatz	**Restlaufzeit > 1 Jahr**
Handelsrecht	Erfüllungsbetrag einschließlich künftiger Preis- und Kostensteigerungen	Erfüllungsbetrag mit durchschnittlichem Marktzinssatz der letzten sieben Jahre abzinsen, wird von der Deutschen Bank vorgegeben.
Steuerrecht	• Wert zum Stichtag • Preis- und Kostensteigerungen werden nicht berücksichtigt	abzinsen mit 5,5 %
Buchungssatz	Aufwand **an** Rückstellungen	• **erstmalige Bildung** Aufwand **an** Rückstellungen **an** Sonstige Zinsen • **Folgejahre/Erhöhung Rückstellungen** Zinsaufwendungen **an** Rückstellungen

AUFGABEN

1. Für welche Rückstellungen besteht nach HGB eine Passivierungspflicht?

2. Welche Rückstellungen müssen nach Steuerrecht gebildet werden?

3. Übertragen Sie die Tabelle in Ihr Arbeitsheft und füllen Sie sie dann aus.

	übrige sonst. Verbindl.	Rückstellungen
Höhe des Betrags ist (bekannt/unbekannt)		
Fälligkeitstermin ist (bekannt/unbekannt)		
Kontenart		

4. Am Bilanzstichtag 31.12.01 wird mit einer Nachzahlung in Höhe von 10.000,00 € für die Berufshaftpflichtversicherung des Unternehmers gerechnet.
   Die Nachzahlung wird am 1. März 02 durch Banküberweisung beglichen:
   a) 14.000,00 €   b) 8.000,00 €   c) 10.000,00 €
   Buchen Sie die Bildung der Rückstellung zum 31.12.01.
   Buchen Sie die Auflösung der Rückstellung für die Varianten a) bis c).

5. Ihr Mandant schätzt am Bilanzstichtag 31.12.01 die Beitragsnachzahlung für die Unfallversicherung seiner Arbeitnehmer auf 9.000,00 €.
   Am 16. Mai 02 überweist er aufgrund des Beitragsbescheides an die Berufsgenossenschaft:
   a) 9.000,00 €   b) 9.500,00 €   c) 8.400,00 €
   Buchen Sie die Bildung der Rückstellung und die Auflösung.

| Abgrenzungen bei der Erstellung des Jahresabschlusses | **Wertansätze in der Bilanz** | Eigenkapitalausweis in der Bilanz |

Kapitel 11

6. Am 10.12.01 ist durch Hochwasser ein erheblicher unversicherter Schaden am Betriebsgebäude entstanden. Jahreszeitlich bedingt lässt sich die Reparatur erst im Februar durchführen. Es liegt ein unverbindlicher Kostenvoranschlag über 8.000,00 € netto vor. Im Februar 02 wird die Reparatur ausgeführt. Bei Rechnungseingang am 27.02.02 wird der Rechnungsbetrag per Banküberweisung beglichen:

   a) Rechnungsbetrag netto   8.000,00 €   b) Rechnungsbetrag netto   10.000,00 €
       + 19 % Umsatzsteuer   1.520,00 €   + 19 % Umsatzsteuer   1.900,00 €
       Betrag brutto   9.520,00 €   Betrag brutto   11.900,00 €

   c) Rechnungsbetrag netto   7.000,00 €
       + 19 % Umsatzsteuer   1.330,00 €
       Betrag brutto   8.330,00 €

   Nehmen Sie die Buchungen zum 31.12.01 und am 27.02.02 für die Fälle a) bis c) vor.

7. Die Honorarrechnung an den Steuerberater steht am Bilanzstichtag 31.12.01 noch aus. Der Unternehmer rechnet mit etwa 7.000,00 €, netto. Bei Rechnungseingang am 20.01.02 wird die Rechnung per Banküberweisung beglichen:

   a) Rechnungsbetrag netto   5.000,00 €   b) Rechnungsbetrag netto   7.000,00 €
       + 19 % Umsatzsteuer   950,00 €   + 19 % Umsatzsteuer   1.330,00 €
       Betrag brutto   5.950,00 €   Betrag brutto   8.330,00 €

   c) Rechnungsbetrag netto   8.000,00 €
       + 19 % Umsatzsteuer   1.520,00 €
       Betrag brutto   9.520,00 €

   Nehmen Sie die Buchung zum 31.12.01 und 20.01.02 für die Fälle a) bis c) vor.

8. Im Jahr 01 hat Ihr Mandant für einen Kunden einen größeren Auftrag ausgeführt. Am Bilanzstichtag rechnet er aufgrund einer Reklamation des Kunden mit einer Gewährleistungsverpflichtung, der er im Jahr 02 nachkommen muss. Er schätzt die Gewährleistungsverpflichtung auf ca. 8.000,00 €.
   Im Februar 02 lässt er entsprechende Nachbesserungsarbeiten von einem anderen Unternehmer durchführen. Die Rechnung des anderen Unternehmers über
   a) 9.520,00 €,
   b) 8.806,00 €,
   c) 10.472,00 €, jeweils brutto, einschließl. 19 % USt, begleicht Ihr Mandant durch Banküberweisung.
   Nennen Sie den Buchungssatz für die Bildung der Gewährleistungsrückstellung und für die Auflösung in den Fällen a) bis c).

9. Ein Unternehmer macht seinen beiden Abteilungsleitern eine Pensionszusage von jeweils monatlich 2.500,00 €. Die Pensionszahlung soll beginnen, wenn die Abteilungsleiter ihr 65. Lebensjahr vollendet haben.
   Eine Pensionsrückstellung wurde bisher nicht gebildet.
   Bei jedem Abschluss wird auf versicherungsmathematischem Weg der Gegenwartswert der Verpflichtung ermittelt und die Pensionsrückstellung entsprechend aufgestockt oder ermäßigt.
   a) Der versicherungsmathematische Gegenwartswert der Pensionsrückstellung beträgt im Jahr 01 50.000,00 €. Buchen Sie die Bildung der Pensionsrückstellung.
   b) Beim Abschluss des Jahres 02 wird ein versicherungsmathematischer Gegenwartswert von 55.000,00 € ermittelt. Buchen Sie die Aufstockung der Pensionsrückstellung.
   c) Im dritten Jahr erlischt der Pensionsanspruch eines der beiden Abteilungsleiter durch Tod bei einem Verkehrsunfall. Der versicherungsmathematische Gegenwartswert der Pensionsrückstellung ermäßigt sich dadurch auf 30.000,00 €. Buchen Sie die Herabsetzung der Pensionsrückstellung.

10. Sind die folgenden Aussagen richtig? Begründen Sie Ihre Antwort.
    a) Rückstellungskonten sind Aufwandskonten.
    b) Für einen Betriebsausflug im Sommer des Folgejahres ist eine Rückstellung zu bilden.
    c) Für die in ihrer Höhe und Fälligkeit noch nicht feststehende Versicherungsnachzahlung ist eine Rückstellung zu bilden.

→

d) Die transitorische und antizipative Jahresabgrenzung und die Bildung von Rückstellungen dienen der periodengerechten Erfolgsermittlung.
e) Die vom Unternehmer für das 4. Quartal noch zu zahlende Lagerraummiete wird als Rückstellung passiviert.
f) Wenn die geschätzte Höhe einer Steuerrückstellung kleiner ist als die tatsächliche Zahlungsverpflichtung, wird bei Auflösung der Rückstellung gebucht:

        Steuerrückstellungen
  an Bank
  an Erträge a. d. Auflösung von Rückstellungen

g) Rückstellungen und sonstige Verbindlichkeiten unterscheiden sich darin, dass bei Rückstellungen die Höhe und/oder der Fälligkeitstermin der zu passivierenden Schulden ungewiss sind.
h) Es wird für das Folgejahr mit einer Rezession gerechnet. Für das dadurch bedingte erhöhte unternehmerische Risiko wird eine Rückstellung gebildet.
i) Für zu erwartende Forderungsausfälle ist am Bilanzstichtag eine Rückstellung zu bilden.
j) Eine Rückstellung erhöht die für das Abschlussjahr zu zahlende Ertragsteuer.
k) Die Bildung einer Rückstellung verändert nicht die Bilanzsumme.
l) Rückstellungen werden gebildet für wirtschaftlich bereits verursachte zukünftige Ausgaben, deren Höhe und/oder Fälligkeitstermin ungewiss sind.

11. Übertragen Sie die Tabelle in Ihr Arbeitsheft und ordnen Sie die Konten 1 bis 5 den Abschlussangaben a) bis e) zu.

Abschlussangaben am 31.12.	
a) Die Kfz-Steuer wurde am 1. Nov. für ein Jahr im Voraus bezahlt.	
b) Unverbindlicher Kostenvoranschlag für Reparatur am Betriebsgebäude	
c) Die Zinsgutschrift der Bank steht noch aus.	
d) Die Dezembermiete wird erst im Januar bezahlt.	
e) Der Mieter hat die Garagenmiete für Januar bereits am 15.12. überwiesen.	

Konten der zeitlichen Abgrenzung:
- Sonstige Forderungen = 1
- Sonstige Verbindlichkeiten = 2
- Aktive Rechnungsabgrenzung = 3
- Passive Rechnungsabgrenzung = 4
- Rückstellungen = 5

12. Aus den innerbetrieblichen Unterlagen ergibt sich für Ihren Mandanten, dass Gewährleistungsverpflichtungen in Höhe von 1,5 % seines Umsatzes auf ihn zukommen. Sein Umsatz in 01 beträgt 950.000,00 €.

Wie ist zu buchen, wenn die Rückstellung für Gewährleistung zum 31.12.00
a) 8.400,00 € und b) 17.100,00 € beträgt? Geben Sie die Gewinnauswirkung an.

13. Ein Arbeitnehmer Ihres Mandanten hat am Bilanzstichtag noch 15 Tage Resturlaub (240 Arbeitstage, 30 Tage Urlaub/Jahr). Aus den Lohnunterlagen sind folgende Angaben zu entnehmen:
- Bruttoarbeitslohn 65.000,00 €
- AG-Anteil SV 5.980,00 €
- Weihnachtsgeld 5.400,00 €
- Urlaubsgeld 5.400,00 €
- Lohnerhöhung in 02 2 %

Berechnen Sie die Rückstellung und geben Sie den Buchungssatz und die Gewinnauswirkung an.

14. Eine Maschine Ihres Mandanten muss im Dezember 01 gewartet werden. Durch Krankheit Ihres Mandanten konnte er diesen Auftrag aber im Dezember 01 nicht mehr erteilen. Der vorliegende Kostenvoranschlag geht von 12.000,00 € zzgl. 19 % USt aus.
Der Auftrag wird im Januar 02 erteilt, ausgeführt und bezahlt. Der Rechnungsbetrag weicht vom Kostenvoranschlag nicht ab.

Beurteilen Sie den Sachverhalt handelsrechtlich und steuerrechtlich.
Bilden Sie die erforderlichen Buchungssätze der Jahre 01 und 02 und geben Sie die Gewinnauswirkung an.

| Abgrenzungen bei der Erstellung des Jahresabschlusses | **Wertansätze in der Bilanz** | Eigenkapitalausweis in der Bilanz |

Kapitel 11

15. Die Werkhalle Ihres Mandanten muss dringend instand gesetzt werden. Im Dezember 01 können die Arbeiten nicht durchgeführt werden und auch in 02 verzögert sich die Durchführung. Erst im August 02 wird mit den Reparaturen begonnen, Fertigstellung im September. Ihr Mandant ging zunächst aufgrund eines Kostenvoranschlags von 28.000,00 € zzgl. 19 % USt aus.
Die Rechnung vom September 02 weist einen Betrag von 25.000,00 € zzgl. 19 % USt aus.

Nehmen Sie für die Jahre 01 und 02 alle erforderlichen handelsrechtlichen Buchungen vor.

16. Für ein im Jahr 01 anhängiges Gerichtsverfahren rechnet Ihr Mandant am Bilanzstichtag 31.12.01 mit 1.300,00 € zzgl. 19 % USt an Notarkosten und 1.700,00 € an Gerichtskosten. Im September 02 wird der Prozess abgeschlossen. Ihr Mandant muss an Gerichtskosten 1.900,00 € und an Anwaltskosten 1.420,00 € zzgl. 19 % USt zahlen.

Bilden Sie die Buchungssätze zum 31.12.01 und für das Jahr 02 und geben Sie die Gewinnauswirkung an.

17. Ihr Mandant hat im Dezember 01 mit einem Lieferanten einen Vertrag über die Lieferung von 100 000 Stück bestimmter Rohre zum Preis von 0,30 €/Stück netto abgeschlossen. Die Lieferung erfolgt Ende Januar 02. Zum 31.12.01 fällt der Einkaufspreis auf 0,27 €/Stück.

Welche Buchungen sind zum 31.12.01 vorzunehmen?
Geben Sie die Gewinnauswirkung in der Handels- und Steuerbilanz an.

18. Ihr Mandant sichert im Dezember 01 auf freiwilliger Basis einem guten Kunden zu, Mängel an einer gelieferten Ware, die aufgrund unsachgemäßer Behandlung beim Kunden entstanden sind, im Februar 02 zu beheben. Wegen des starken Konkurrenzkampfes ist Ihr Mandant hierzu gezwungen. Die voraussichtlichen Kosten betragen 2.400,00 €.

Buchen Sie den Vorgang nach handelsrechtlichen Grundsätzen und geben Sie die Gewinnauswirkung für die Handels- und Steuerbilanz an.

19. Aus den Erfahrungswerten der Vergangenheit zeigt sich, dass Ihr Mandant jedes Jahr mit Aufwendungen in Höhe von 0,8 % seines Umsatzes für freiwillige Gewährleistung rechnen muss. Die entsprechende Rückstellung zum 31.12.01 beträgt 7.340,00 €, der Umsatz 02 870.000,00 €.

Geben Sie den handelrechtlichen Buchungssatz an und die Gewinnauswirkung in der Handels- und Steuerbilanz.

20. Ihr Mandant hat im Dezember 01 einen Liefervertrag mit einem Kunden über die Lieferung von 50 Tischen und 200 Stühlen zum Preis von netto 13.500,00 € abgeschlossen, Lieferungstermin März 02. Aufgrund steigender Energiekosten betragen die Selbstkosten zum 31.12.01 17.800,00 €.

Geben Sie den handelsrechtlichen Buchungssatz an und die Gewinnauswirkung in der Handels- und Steuerbilanz.

21. Aufgrund einer Betriebsprüfung muss Ihr Mandant, eine GmbH, folgende Steuern nachzahlen:

GewSt 01	1.500,00 €	KSt 01	2.300,00 €	SolZ 01	126,50 €
GewSt 02	700,00 €	KSt 02	1.900,00 €	SolZ 02	104,50 €
GewSt 03	1.100,00 €	KSt 03	2.500,00 €	SolZ 03	137,50 €

Die Bescheide sind vom Mai 05 und nicht zu beanstanden.
Bisher wurden zurückgestellt:

GewSt 01	1.000,00 €	KSt 01	2.000,00 €	SolZ 01	110,00 €
GewSt 02	800,00 €	KSt 02	1.000,00 €	SolZ 02	55,00 €
GewSt 03	1.200,00 €	KSt 03	2.800,00 €	SolZ 03	154,00 €

Buchen Sie den Vorgang unter der Voraussetzung, dass für 04 mit einer Gewerbesteuernachzahlung von 400,00 €, Körperschaftsteuernachzahlung von 700,00 € und SolZ-Nachzahlung 38,50 € gerechnet wird. Geben Sie auch die Gewinnauswirkung in der Handels- und Steuerbilanz an.

11.6 Rückstellung für latente Steuern

LERNSITUATION

Der Buchhalter der New-Come GmbH passiviert eine Rückstellung wegen drohender Verluste aus schwebenden Geschäften. Der Handelsbilanzgewinn ist somit niedriger als der Steuerbilanzgewinn, da Drohverlustrückstellungen steuerrechtlich unzulässig sind.

Die Steuern, die vom Finanzamt festgesetzt werden, sind aus handelsrechtlicher Sicht somit zu hoch.
Der Buchhalter fragt sich, ob er die beiden Bilanzen nun so erstellen kann.

HGB § 274

Aufgrund unterschiedlicher Bilanzierung in der Handels- und Steuerbilanz entstehen unterschiedliche steuerliche Be- und Entlastungen in der Zukunft. Sie nennt man latente Steuern.

11.6.1 Passive latente Steuern

Ist der nach den steuerrechtlichen Vorschriften zu versteuernde Gewinn niedriger als das handelsrechtliche Ergebnis und gleicht sich der zu niedrige Steueraufwand des Geschäftsjahres in späteren Geschäftsjahren voraussichtlich aus, ist in Höhe der voraussichtlichen Steuerbelastung nachfolgender Geschäftsjahre eine Rückstellung zu bilden, § 274 Abs. 1 S. 1 HGB.

BEISPIEL

Eine GmbH entwickelt eine neue Software im Bereich der Verfahrenstechnologie. Im Jahr 01 fallen hierfür 120.000,00 € Forschungskosten an. Außerdem entstehen im Jahr 01 für diese Software Entwicklungskosten in Höhe von 90.000,00 €. Die voraussichtliche Nutzungsdauer beträgt drei Jahre.

- Handelsrechtlich und steuerrechtlich ist im Jahr 01 ein Aufwand von 120.000,00 € (Forschungskosten) erfasst. Die Entwicklungskosten können handelsrechtlich aktiviert und über die Nutzungsdauer abgeschrieben werden. Steuerrechtlich besteht ein Aktivierungsverbot.

Aktiviert werden daher in der Handelsbilanz 90.000,00 €. Die aktivierten Entwicklungskosten sind handelsrechtlich auf drei Jahre abzuschreiben, d. h. pro Jahr mit 30.000,00 €. In den Folgejahren ist also das handelsrechtliche Ergebnis um diese Abschreibung geringer im Vergleich zum steuerlichen Gewinn.

Übersicht Jahresüberschuss/Gewinn ohne Steuerbelastung

	01		02		03	
	HB	StB	HB	StB	HB	StB
Jahresüberschuss/Gewinn	1.000.000,00 €	1.000.000,00 €	1.000.000,00 €	1.000.000,00 €	1.000.000,00 €	1.000.000,00 €
Aktivierung Entwicklungskosten	+ 90.000,00 €	–	–	–	–	–
Abschreibung ⅓	– 30.000,00 €	–	– 30.000,00 €	–	– 30.000,00 €	–
Jahresüberschuss/Gewinn vor Steuern	1.060.000,00 €	1.000.000,00 €	970.000,00 €	1.000.000,00 €	970.000,00 €	1.000.000,00 €

| Abgrenzungen bei der Erstellung des Jahresabschlusses | Wertansätze in der Bilanz | Eigenkapitalausweis in der Bilanz |

Kapitel 11

BEISPIEL (Fortsetzung)

Übersicht Jahresüberschuss/Gewinn bei einer unterstellten steuerlichen Belastung von 30 %, ohne latente Steuern

	01		02		03	
	HB	StB	HB	StB	HB	StB
korrigierter Jahresüberschuss/ Gewinn	1.060.000,00 €	1.000.000,00 €	970.000,00 €	1.000.000,00 €	970.000,00 €	1.000.000,00 €
Steuerliche Belastung	− 300.000,00 €	− 300.000,00 €	− 300.000,00 €	− 300.000,00 €	− 300.000,00 €	− 300.000,00 €
Jahresüberschuss/Gewinn nach Steuern	760.000,00 €	700.000,00 €	670.000,00 €	700.000,00 €	670.000,00 €	700.000,00 €

- Die steuerliche Belastung von 30 % stimmt mit dem Ergebnis vor Steuern in der Handelsbilanz nicht überein.
- Die Mehrbelastung an Steuern ist zu schätzen (Körperschaftsteuer, Gewerbesteuer) und als Rückstellung in der Handelsbilanz auszuweisen.

Es ergibt sich eine geschätzte steuerliche Belastung von
15 % Körperschaftsteuer von 60.000,00 € = 9.000,00 €
5,5 % SolZ = 495,00 €
13 % GewSt = 7.800,00 €

Buchungssatz in 01

	Soll	Haben
2200/7900 Körperschaftsteuer	9.000,00	
2208/7608 Solidaritätszuschlag	495,00	
4320/7610 Gewerbesteuer	7.800,00	
an 0969/3060 Rückst. f. latente Steuern		17.295,00

Die Rückstellung ist in den Jahren 02 und 03 anteilig aufzulösen.

Buchungssatz in 02 und 03

	Soll	Haben
0969/3060 Rückst. f. latente Steuern	8.647,50	
an 2200/7900 Körperschaftsteuer		4.500,00
an 2208/7608 Solidaritätszuschlag		247,50
an 4320/7610 Gewerbesteuer		3.900,00

BEISPIEL (Fortsetzung)

Übersicht Jahresüberschuss/Gewinn mit Ansatz latenter Steuern

	01		02		03	
	HB	StB	HB	StB	HB	StB
Jahresüberschuss/Gewinn	1.000.000,00 €	1.000.000,00 €	1.000.000,00 €	1.000.000,00 €	1.000.000,00 €	1.000.000,00 €
Aktivierung Entwicklungskosten	+ 90.000,00 €	–	–			
Abschreibung ⅓	– 30.000,00 €	–	– 30.000,00 €	–	– 30.000,00 €	–
Jahresüberschuss/Gewinn vor Steuern	1.060.000,00 €	1.000.000,00 €	970.000,00 €	1.000.000,00 €	970.000,00 €	1.000.000,00 €
laufend. Steuern	– 288.250,00 €	– 288.250,00 €	– 288.250,00 €	– 288.250,00 €	– 288.250,00 €	– 288.250,00 €
latente Steuern	– 17.295,00 €		+ 8.647,00 €		+ 8.647,00 €	
Jahresüberschuss/Gewinn nach Steuern	754.455,00 €	711.750,00 €	690.397,00 €	711.750,00 €	690.397,00 €	711.750,00 €

Berechnung Steuerbelastung:
Gewinn 1.000.000,00 €
15 % Körperschaftsteuer = 150.000,00 €, 5,5 % Solidaritätszuschlag = 8.250,00 €
13 % Gewerbesteuer = 130.000,00 €, Gesamtbelastung 288.250,00 €
Die steuerliche Belastung beträgt somit 28,825 %.

Vergleich Steuerbelastung mit Handelsbilanzergebnis vor Steuern:
HB-Gewinn vor Steuern in 01:
1.060.000,00 € · 28,825 % = 305.545,00 € Steuern

Berücksichtigt wurden: 288.250,00 € laufende Steuern
　　　　　　　　　　　　 17.295,00 € latente Steuern
　　　　　　　　　　　　305.545,00 € Steuerbelastung

- Der Steuersatz passt betragsmäßig zum Ergebnis in der Handelsbilanz.

Zur Abgrenzung passiver latenter Steuern gemäß § 274 Abs. 1 S. 1 HGB kommt es also, wenn die spätere Ertragsteuerbelastung höher ist als die, die sich aus späteren Handelsbilanzergebnissen ergeben würde. Das ist z. B. der Fall, wenn

- Entwicklungskosten handelsrechtlich aktiviert werden,
- gemäß § 255 Abs. 3 HGB Fremdkapitalzinsen als Herstellungskosten behandelt werden (steuerrechtlich ist dies unzulässig),
- ein Investitionsabzugsbetrag in Anspruch genommen wird und bei späterer Investition die AK/HK herabgesetzt werden, § 7 g Abs. 1, Abs. 2 EStG,
- eine Sonderabschreibung gemäß § 7 g Abs. 5 EStG in Anspruch genommen wird,
- steuerliche Rücklagen gemäß § 6 b EStG bzw. gemäß R 6.6 EStR (RfE) gebildet werden und später die AK/HK der erworbenen Wirtschaftsgüter gemindert werden.

11.6.2 Aktive latente Steuern

§ 274 Abs. 1 S. 2 HGB regelt, dass ein Abgrenzungsposten gebildet werden **darf,** wenn die spätere Ertragsteuerbelastung niedriger ist als die, die sich nach dem handelsrechtlichen Ergebnis ergeben würde.

> **BEISPIEL**
>
> Ein Unternehmer bildet in der Handelsbilanz zum 31.12.01 eine Rückstellung für drohende Verluste aus schwebenden Geschäften in Höhe von 12.000,00 €. Im Jahr 03 entsteht dieser Verlust, sodass die Rückstellung zum 31.12.03 aufzulösen ist.
>
> - Der handelsrechtliche Gewinn ist im Jahr 01 um 12.000,00 € niedriger als der steuerliche Gewinn, da eine Drohverlustrückstellung steuerlich nicht gebildet werden darf. Die steuerliche Belastung 01 ist im Vergleich zum handelsrechtlichen Ergebnis zu hoch. Im Jahr 03 ergibt sich eine Steuerminderung, weil der Verlust steuerlich berücksichtigt wird. Diese zu erwartende Steuerminderung stellt einen Steuerertrag dar und **kann** als aktive latente Steuern aktiviert werden.
>
> Die steuerliche Belastung auf die Differenz ist wie folgt zu berechnen:
> 15 % Körperschaftsteuer von 12.000,00 € = 1.800,00 €
> 5,5 % Soli   =   99,00 €
> 13 % GewSt   = 1.560,00 €
>
> Zum 31.12.01 darf ein Abgrenzungsposten in der Handelsbilanz eingestellt werden.
>
> | Buchungssatz in 01 | | Soll | Haben |
> |---|---|---|---|
> | | 0983/1950 Aktive latente Steuern | 3.459,00 | |
> | | an 2200/7900 Körperschaftsteuer | | 1.800,00 |
> | | an 2208/7608 Solidaritätszuschlag | | 99,00 |
> | | an 4320/7610 Gewerbesteuer | | 1.560,00 |
>
> Der Abgrenzungsposten ist aufzulösen, sobald die Steuerentlastung eintritt oder mit ihr voraussichtlich nicht mehr zu rechnen ist.
>
> | Buchungssatz in 02 | | Soll | Haben |
> |---|---|---|---|
> | | 2200/7900 Körperschaftsteuer | 1.800,00 | |
> | | 2208/7608 Solidaritätszuschlag | 99,00 | |
> | | 4320/7610 Gewerbesteuer | 1.560,00 | |
> | | an 0983/1950 Aktive latente Steuern | | 3.459,00 |

Ein Abgrenzungsposten für aktive latente Steuern kommt in Betracht, wenn

- der entgeltlich erworbene Firmenwert handelsrechtlich über eine kürzere Nutzungsdauer abgeschrieben wird, als dies steuerrechtlich zulässig ist,
- ein Disagio, das steuerrechtlich aktiviert werden muss, handelsrechtlich als Aufwand erfasst wird,
- Rückstellungen wegen drohender Verluste aus schwebenden Geschäften handelsrechtlich gebildet werden, aber steuerrechtlich unzulässig sind,
- handelsrechtlich Finanzanlagen und Vermögensgegenstände des Vorratsvermögens bei vorübergehender Wertminderung mit dem niedrigeren Wert angesetzt werden, das aber steuerrechtlich unzulässig ist.

Liegen die Voraussetzungen für passive **und** aktive latente Steuern vor, kann eine sich insgesamt ergebende Steuerentlastung als aktive latente Steuer angesetzt werden. Ergibt sich bei Verrechnung insgesamt eine Steuerbelastung, muss sie als passive latente Steuern in der Handelsbilanz angesetzt werden.

Die Steuerbelastungen und Steuerentlastungen können auch unverrechnet angesetzt werden.

Steuerliche Verlustvorträge bei der Berechnung aktiver latenter Steuern sind in Höhe der innerhalb der nächsten fünf Jahre zu erwartenden Verlustverrechnung zu berücksichtigen.

Ausweis latenter Steuern

Aktive latente Steuern sind gemäß § 266 Abs. 2 HGB in der Bilanz nach den Rechnungsabgrenzungsposten unter D auszuweisen.

Passive latente Steuern sind gemäß § 266 Abs. 3 HGB in der Bilanz ebenfalls nach den Rechnungsabgrenzungsposten unter E auszuweisen.

Der Aufwand bzw. Ertrag aus der Veränderung latenter Steuern wird unter dem GuV-Posten „Steuern vom Einkommen und vom Ertrag" ausgewiesen.

Die aktiven und passiven latenten Steuern müssen im Anhang erläutert werden.

Kleine Kapitalgesellschaften sind vom Ausweis latenter Steuern befreit, § 274 a Nr. 5 HGB.

1. Kapitalgesellschaften haben Rückstellungen für latente Steuern zu bilden, wenn die Ertragsteuerbelastung in den Folgejahren höher ist als die, die sich aus den späteren Handelsbilanzergebnissen ergeben würde, § 274 Abs. 1 S. 1 HGB.
2. Die Rückstellung darf nur in der Handelsbilanz gebildet werden.
3. Kapitalgesellschaften dürfen Abgrenzungsposten bilden, wenn die Ertragsteuerbelastung in den Folgejahren niedriger ist als die, die sich aus den späteren Handelsbilanzergebnissen ergeben würde, § 274 Abs. 1 S. 2 HGB.
4. Der Abgrenzungsposten darf nur in der Handelsbilanz gebildet werden.

AUFGABEN

1. Eine GmbH hat in 01 Entwicklungskosten in Höhe von 120.000,00 € aktiviert. Die Nutzungsdauer beträgt vier Jahre.

   Buchen Sie den Vorgang in den Jahren 01 und 02. Berechnen Sie dabei die Körperschaftsteuer mit 15 %, den SolZ mit 5,5 % und die Gewerbesteuer mit 13 %.

2. Eine GmbH hat am 31.12.01 zulässigerweise eine Rückstellung für drohende Verluste aus schwebenden Geschäften in Höhe von 30.000,00 € gebildet. Steuerrechtlich besteht ein Passivierungsverbot.

   Bilden Sie die erforderlichen Buchungen, wenn Sie unterstellen,
   – dass im Jahr 02 das schwebende Geschäft erfüllt wird
   – und die Steuerbelastung für Körperschaftsteuer 15 %, SolZ 5,5 % und Gewerbesteuer 13 % beträgt.

3. Ihr Mandant, eine GmbH, hat eine Drohverlustrückstellung in Höhe von 50.000,00 € zum 31.12.01 bilanziert. Der Verlust wird voraussichtlich im August 02 eintreten. Steuerrechtlich ist die Bildung der Rückstellung unzulässig.
   Die Steuerbelastung beträgt 15 % KSt, SolZ 5,5 % und GewSt 15 %.

   Nehmen Sie die erforderlichen Buchungen für die Jahre 01 und 02 vor.

11.7 Sonderposten mit Rücklageanteil

LERNSITUATION

Peter Klotz betreibt ein Produktionsunternehmen auf seinem eigenem Grundstück. Außerdem gehört zu seinem Betriebsvermögen noch ein unbebautes Grundstück, das er im Jahr 01 mit einem Gewinn von 45.000,00 € verkauft. Er plant ein neues Grundstück zu erwerben, das näher zu seinem Betrieb gelegen ist. Er möchte diesen Kauf aus dem Verkauf des alten Grundstücks finanzieren. Deshalb ist ihm daran gelegen, so wenig wie möglich von dem Veräußerungsgewinn zu versteuern. Welche Möglichkeiten hat Peter Klotz?

§ 6 EStG, R 6.6

Das Steuerrecht sieht unter bestimmten Voraussetzungen die Bildung von sog. steuerfreien Rücklagen (z. B. nach § 6 b EStG oder die Rücklage für Ersatzbeschaffung) vor, bei denen aufgedeckte stille Reserven unversteuert auf andere Wirtschaftsgüter übertragen werden können.

Handelsrechtlich kann eine solche Rücklage nicht übernommen werden.

Die eingestellten Beträge unterliegen erst bei ihrer Auflösung der Besteuerung. Der Anteil, der später als Steuer abgeführt werden muss, stellt Fremdkapital dar. Nur der restliche Betrag ist dem Eigenkapital zuzurechnen. Rücklagen werden daher in der Steuerbilanz vor den Rückstellungen, also zwischen Eigen- und Fremdkapital, ausgewiesen.

11.7.1 Rücklage für Ersatzbeschaffung

Grundsätzlich erhöht die Aufdeckung von stillen Reserven den Gewinn und muss versteuert werden.

Stille Reserven entstehen dadurch, dass der Buchwert eines Wirtschaftsguts niedriger ist als der tatsächliche Wert, z. B. durch planmäßige Abschreibungen oder niedrigere Bewertung. Sie werden durch Veräußerung, Ausscheiden oder Entnahme des Wirtschaftsguts aus dem Betriebsvermögen aufgedeckt.

Unter bestimmten Voraussetzungen kommt es nicht zu einer Versteuerung des aufgedeckten Gewinns, sondern der Gewinn kann auf **ein „Ersatzwirtschaftsgut" übertragen werden.**

Voraussetzungen sind:

- **Ausscheiden** eines Wirtschaftsguts infolge **höherer Gewalt** oder **behördlichen Eingriffs,** z. B. Unfall, Brand, Diebstahl, Sturm, Überschwemmungen, drohende bzw. erfolgte Enteignung, Beschlagnahme.
- Es muss eine **Entschädigung** gezahlt werden, die größer als der Buchwert des Wirtschaftsguts ist.

- Ein **Ersatzwirtschaftsgut** wird **im gleichen Jahr** angeschafft. Es muss dieselbe Aufgabe erfüllen wie das ausgeschiedene Wirtschaftsgut, technische Erneuerung ist zulässig **(sofortige Übertragung** der stillen Reserven auf **das neue Wirtschaftsgut)**

  oder

- **die Ersatzbeschaffung ist geplant,** wird aber erst nach Ablauf des Wirtschaftsjahres durchgeführt. In diesem Fall kann eine **Rücklage für Ersatzbeschaffung** (= RfE) gebildet werden.

Bei Entnahme eines Wirtschaftsguts ist keine RfE möglich.

Eine Übertragung der stillen Reserven bzw. Bildung einer RfE ist zulässig beim Anlage- und Umlaufvermögen.

Die Übertragung der stillen Reserven auf ein Wirtschaftsgut bzw. die Bildung der Rücklage und spätere Übertragung werden nur in der Steuerbilanz erfasst (wenn eine separate Steuerbilanz erstellt wird). Ansonsten müssen die Wirtschaftsgüter mit abweichenden Anschaffungskosten in einem Verzeichnis gemäß § 5 Abs. 1 S. 2, 3 EStG geführt werden.

BEISPIEL

Ausscheiden und Ersatzbeschaffung im selben Jahr

Eine Maschine wird durch Brand völlig zerstört, Buchwert zum Zeitpunkt des Ausscheidens im Juni 01 45.000,00 €. Die Versicherung zahlt im Juli 55.000,00 €. Im August 01 erwirbt der Unternehmer eine Ersatzmaschine für 70.000,00 € zzgl. 19 % USt.

- Die aufgedeckten stillen Reserven können auf die neue Maschine übertragen werden.

stille Reserven:	Entschädigung	55.000,00 €
	Buchwert	45.000,00 €
	stille Reserven	10.000,00 €

Die Übertragung erfolgt durch eine außerplanmäßige Abschreibung.

Buchungssätze		Soll	Haben
Abgang alte Maschine	4840/6230 Außerplanmäßige Abschr.	45.000,00	
	an 0210/0440 Maschinen		45.000,00
Zahlung Entschädigung	1200/1800 Bank	55.000,00	
	an 2742/4970 Versicherungsentsch.		55.000,00
Kauf neue Maschine	0210/0440 Maschinen	70.000,00	
	1570/1400 Vorsteuer	13.300,00	
	an 1200/1800 Bank		83.300,00

Die Steuerbilanz wird erstellt.

Übertragung stille Reserven	4840/6230 Außerplanmäßige Abschr.	10.000,00	
	an 0210/0440 Maschinen		10.000,00

Wird keine Steuerbilanz erstellt, entfällt die letzte Buchung.

Die handelsrechtliche Abschreibung richtet sich nach den Anschaffungskosten in Höhe von 70.000,00 €.

Die steuerrechtliche Abschreibung für die Ersatzmaschine berechnet sich nach den um die stillen Reserven geminderten Anschaffungskosten, die auf die Restnutzungsdauer verteilt werden, § 6 Abs. 1 Nr. 1 S. 1 EStG.

| Abgrenzungen bei der Erstellung des Jahresabschlusses | **Wertansätze in der Bilanz** | Eigenkapitalausweis in der Bilanz |

Kapitel 11

BEISPIEL (Fortsetzung)

Die neu angeschaffte Maschine im Beispiel von Seite 486 hat eine Nutzungsdauer von sechs Jahren.

Handelsrecht

- Die Abschreibung beträgt 4.861,11 €.

Berechnung: 70.000,00 € : 6 Jahre · $5/12$ = 4.861,11 €.

Buchungssatz

	Soll	Haben
4830/6220 Abschreibungen auf Sachanlagen	4.861,11	
an 0210/0440 Maschinen		4.861,11

Steuerrecht

1. Alternative: Eine Steuerbilanz wird erstellt.

- Die um die stillen Reserven geminderten Anschaffungskosten von 60.000,00 € werden auf 6 Jahre verteilt.

Berechnung für 01: 60.000,00 € : 6 Jahre · $5/12$ = 4.166,67 €

Buchungssatz

	Soll	Haben
4830/6220 Abschreibungen auf Sachanlagen	4.166,67	
an 0210/0440 Maschinen		4.166,67

2. Alternative: Es wird keine Steuerbilanz erstellt.

In diesem Fall erfolgt keine Buchung. Die Maschine ist in ein gesondertes, laufend zu führendes Verzeichnis aufzunehmen, siehe auch Kapitel 11.1.5 Investitionsabzugsbetrag

---

Soweit am Ende des Wirtschaftsjahres, in dem das Wirtschaftsgut aus dem Betriebsvermögen ausgeschieden ist, noch keine Ersatzbeschaffung vorgenommen wurde, kann in Höhe der aufgedeckten stillen Reserven eine steuerfreie Rücklage gebildet werden, wenn zu diesem Zeitpunkt eine Ersatzbeschaffung **ernstlich geplant und zu erwarten ist.** Die Nachholung der Rücklage für Ersatzbeschaffung (RfE) in einem späteren Wirtschaftsjahr ist nicht zulässig, siehe R 6.6 Abs. 4 EStR.

Zum Zeitpunkt der Ersatzbeschaffung ist die Rücklage durch Übertragung auf die Anschaffungs- oder Herstellungskosten des Ersatzwirtschaftsguts aufzulösen.

BEISPIEL

Ausscheiden und Bilden einer Rücklage

Am 15.06.01 wird eine Maschine durch Überschwemmung zerstört, Buchwert 31.12.00 140.000,00 €, Jahres-AfA 19.920,00 €. Die Versicherung zahlt im Juli 01 eine Entschädigung von 165.000,00 €. Eine Ersatzmaschine wird für 200.000,00 € zzgl. 19 % USt im September 02 erworben, Nutzungsdauer zehn Jahre.

- Eine Übertragung der aufgedeckten stillen Reserven im Jahr 01 ist nicht möglich. Deshalb wird zum 31.12.01 eine RfE gebildet.

Zunächst ist der Buchwert zum Zeitpunkt des Ausscheidens zu ermitteln, d. h., die Abschreibung bis zu diesem Zeitpunkt ist zu erfassen.

Berechnung: Jahres-AfA 19.920,00 € · $5/12$ = 8.300,00 €
Eine Abschreibung für sechs Monate ist auch zulässig.

Buchungssätze		Soll	Haben
	4830/6220 Abschreibungen auf Sachanlagen	8.300,00	
	an 0210/0440 Maschinen		8.300,00
Abgang Maschine	4840/6230 Außerplanmäßige Abschr.	131.700,00	
	an 0210/0440 Maschinen		131.700,00
Zahlung Entschädigung	1200/1800 Bank	165.000,00	
	an 2742/4970 Versicherungsentsch.		165.000,00

1. Alternative: Eine Steuerbilanz wird erstellt.
Bildung RfE
Berechnung: Entschädigung 165.000,00 € – Buchwert 131.700,00 € = 33.300,00 €

Buchungssatz	Soll	Haben
2340/6925 Einstellung in SoPo m. Rückl.	33.300,00	
an 0932/2982 SoPo m. Rückl.		33.300,00

2. Alternative: Es wird keine Steuerbilanz erstellt.
Eine Buchung erfolgt nicht. Der handelsrechtliche Gewinn wird für steuerliche Zwecke um 33.300,00 € gemindert.

Jahr 02		Soll	Haben
Kauf neue Maschine	0210/0440 Maschinen	200.000,00	
	1570/1400 Vorsteuer	38.000,00	
	1200/1800 Bank		238.000,00

Handelsrecht

Planmäßige Abschreibung
Anschaffungskosten 200.000,00 € : 10 Jahre · $4/12$ = 6.666,67 €

Buchungssatz	Soll	Haben
4830/6220 Abschreibungen auf Sachanlagen	6.666,67	
an 0210/0440 Maschinen		6.666,67

| Abgrenzungen bei der Erstellung des Jahresabschlusses | **Wertansätze in der Bilanz** | Eigenkapitalausweis in der Bilanz |

Kapitel 11

BEISPIEL (Fortsetzung)

Steuerrecht

1. Alternative: Eine Steuerbilanz wird erstellt.

Übertr. Sonderposten mit Rücklageanteil

	Soll	Haben
0932/2982 SoPo m. Rückl.	33.300,00	
an 0210/0440 Maschinen		33.300,00

oder

0932/2982 SoPo m. Rückl.	33.300,00	
an 2740/4935 Erträge a. d. A. v. SoPo m. Rückl.		33.300,00
4840/6230 Außerplanmäßige Abschr.	33.300,00	
an 0210/0440 Maschinen		33.300,00

Planmäßige Abschreibung

Berechnung: 200.000,00 € − 33.300,00 € = 166.700,00 € AfA-BMG : 10 Jahre $^{4}/_{12}$ = 5.556,67 €

Buchungssatz

	Soll	Haben
4830/6220 Abschreibungen auf Sachanlagen	5.556,67	
an 0210/0440 Maschinen		5.556,67

2. Alternative: Eine Steuerbilanz wird nicht erstellt.

Buchungen erfolgen nicht. Zur Ermittlung des steuerlichen Gewinns sind Gewinnkorrekturen zum Handelsbilanzgewinn vorzunehmen. Das gesondert geführte Verzeichnis ist fortzuführen.

Gewinnauswirkungen:

Erträge aus Auflösung der Rücklage		+ 33.300,00 €
außerplanmäßige Abschreibung		− 33.300,00 €
handelsrechtl. Abschreibung	6.666,67 €	
steuerrechtl. AfA	5.556,67 €	
Differenz	1.110,00 €	+ 1.110,00 €
Summe		+ 1.110,00 €

Das Konto „Einstellung in Sonderposten mit Rücklageanteil" ist ein Aufwandskonto.

Fristen

Eine Rücklage, die aufgrund des Ausscheidens eines **beweglichen** Wirtschaftsguts gebildet wurde, ist am Schluss des **ersten auf ihre Bildung folgenden Wirtschaftsjahres** gewinnerhöhend aufzulösen, wenn bis dahin ein Ersatzwirtschaftsgut weder angeschafft oder hergestellt noch bestellt worden ist. Die Frist von einem Jahr **verdoppelt** sich bei einer Rücklage, die aufgrund des **Ausscheidens eines Grundstücks oder Gebäudes** gebildet wurde. Die Frist von einem oder zwei Jahren **kann im Einzelfall** angemessen **verlängert** werden, wenn der Steuerpflichtige glaubhaft macht, dass die Ersatzbeschaffung noch ernstlich geplant und zu erwarten ist, aber aus besonderen Gründen noch nicht durchgeführt werden konnte, siehe R 6.6 Abs. 4 EStR.

BEISPIEL

Ein Unternehmer hat im Jahr 01 zulässigerweise eine RfE für das Ausscheiden einer Maschine in Höhe von 15.000,00 € in der Steuerbilanz gebildet. Im Jahr 02 stellt sich heraus, dass er kein Ersatzwirtschaftsgut anschaffen wird.

- Zum 31.12.02 ist die Rücklage für Ersatzbeschaffung aufzulösen.

Buchungssatz

	Soll	Haben
0932/2982 SoPo m. Rückl.	15.000,00	
an 2740/4935 Erträge a. d. A. v. SoPo m. Rückl.		15.000,00

Wird keine Steuerbilanz erstellt, ist der Handelsbilanzgewinn zur Ermittlung des steuerlichen Gewinns um 15.000,00 € zu erhöhen.

Anteilige Übertragung

Sind die Anschaffungskosten des neuen Wirtschaftsguts niedriger als die Entschädigung, ist die RfE nur anteilig übertragbar.

Der **übertragbare Anteil** wird wie folgt ermittelt:

$$\frac{AK \cdot RfE}{Entschädigung} = \text{übertragbarer Teil}$$

Der restliche Betrag der RfE ist als Ertrag zu erfassen.

BEISPIEL

Am 15.02.01 wird eine Maschine durch Brand zerstört, Anschaffungskosten 60.000,00 €, Buchwert zum Zeitpunkt des Ausscheidens 44.000,00 €. Zum 31.12.01 wurde zulässigerweise eine RfE in Höhe von 15.000,00 € gebildet. Die Versicherungsentschädigung betrug 59.000,00 €. Im Januar 02 wird eine Ersatzmaschine für 49.000,00 € angeschafft.

- Die Versicherungsentschädigung in Höhe von 59.000,00 € übersteigt die Anschaffungskosten der neuen Maschine, 49.000,00 €, um 10.000,00 €. Die RfE ist nur anteilig übertragbar.

Übertragen werden können $\frac{49.000,00 \text{ €} \cdot 15.000,00 \text{ €}}{59.000,00 \text{ €}} = 12.457,63 \text{ €}$

Buchungssatz in der Steuerbilanz

	Soll	Haben
0932/2982 SoPo m. Rückl.	15.000,00	
an 2740/4935 Erträge a. d. A. v. SoPo m. Rückl.		2.542,37
an 0210/0440 Maschinen		12.457,63

Wird keine Steuerbilanz erstellt, so sind
- die Anschaffungskosten von 49.000,00 €,
- die Minderung der Anschaffungskosten um 12.457,63 € und
- die Abschreibung in einem Verzeichnis

aufzuführen, § 5 Abs. 1 S. 2 und 3 EStG.

Der steuerliche Gewinn ist aus dem HB-Gewinn abzuleiten.

1. Stille Reserven können auf ein Ersatzwirtschaftsgut übertragen werden, wenn
   – ein Wirtschaftsgut infolge höherer Gewalt oder behördlichen Eingriffs aus dem Betriebsvermögen ausscheidet,
   – eine Entschädigung gezahlt wird, die größer ist als der Buchwert des Wirtschaftsguts bei Ausscheiden, und
   – eine Ersatzbeschaffung im gleichen Wirtschaftsjahr erfolgt.
2. Erfolgt eine Ersatzbeschaffung erst im Folgejahr, kann im Erstjahr ein Rücklage für Ersatzbeschaffung (= RfE) gebildet werden.
3. Die Auflösung der RfE erfolgt im ersten Jahr nach der Bildung bei beweglichen Wirtschaftsgütern und im zweiten Jahr nach der Bildung bei Grundstücken und Gebäuden, wenn kein Ersatzwirtschaftsgut angeschafft wird.

AUFGABEN

1. Unter welchen Voraussetzungen ist die Übertragung von stillen Reserven auf ein Ersatzwirtschaftsgut zulässig?
2. Wann kann eine RfE gebildet werden?
3. In welchem Fall wird die RfE nur anteilig übertragen?
4. Wie wird die AfA des neuen Wirtschaftsguts berechnet?

Vorbemerkung: Gehen Sie in den folgenden Aufgaben davon aus, dass neben der Handels- auch eine Steuerbilanz erstellt wird.

5. Eine Maschine scheidet im März 01 aufgrund höherer Gewalt aus dem Betriebsvermögen aus. Der Buchwert zu diesem Zeitpunkt beträgt 20.000,00 €. Im März 01 zahlt die Versicherung eine Entschädigung von 25.000,00 € und bereits im April wird eine vergleichbare Maschine für 33.000,00 € zzgl. 19 % USt angeschafft. Die Nutzungsdauer beträgt 6 Jahre.

   Buchen Sie den Vorgang.

6. Ein unbebautes Grundstück, Buchwert 34.500,00 €, wird durch die Gemeinde im Jahr 01 enteignet, da dort die neue Autobahn gebaut werden soll. Sie zahlt an Ihren Mandanten dafür 52.000,00 €. Ihr Mandant plant ein Ersatzgrundstück in der Nähe seines Betriebes zu erwerben. Im Jahr 03 findet er ein geeignetes Grundstück und erwirbt es im Dezember 03 für 63.000,00 €.

   Buchen Sie den gesamten Vorgang.

7. Die EDV-Anlage Ihres Mandanten, Buchwert am 31.12.00 12.500,00 €, Anschaffungskosten im Juli 00 15.000 €, Nutzungsdauer 3 Jahre, wird in der Nacht vom 11. zum 12. Dezember 01 gestohlen. Die Versicherung zahlt noch im Dezember 01 eine Entschädigung von 16.000,00 €. Ihr Mandant bestellt im Dezember 01 eine neue EDV-Anlage, die im Januar 02 geliefert wird, Anschaffungskosten 17.000,00 € zzgl. 19 % USt, Nutzungsdauer drei Jahre.

   Bilden Sie sämtliche Buchungssätze für die Jahre 01 und 02.

8. Ein Lkw brennt durch Blitzeinschlag im Oktober 01 aus, Buchwert zum 31.12.00 128.000,00 €, ursprüngliche Anschaffungskosten 160.000,00 €, Nutzungsdauer 10 Jahre. Die Versicherung erkennt den Schaden sofort an und zahlt im November 01 175.000,00 €. Der Unternehmer plant die Anschaffung eines neuen Lkw. Er bestellt ihn im Februar 02 zum Preis von 180.000,00 € zzgl. 19 % USt. Die Lieferung erfolgt im März 02, die Zahlung im April 02 unter Abzug von 2 % Skonto. Die Nutzungsdauer beträgt zehn Jahre.

   Buchen Sie den gesamten Vorgang für die Jahre 01 und 02.

9. Eine Maschine wird im November 01 durch einen Brand zerstört, Buchwert am 31.12.00 70.000,00 €. Die ursprünglichen Anschaffungskosten betrugen 100.000,00 €, die Nutzungsdauer 5 Jahre. Eine Entschädigung von 90.000,00 € wird von der Versicherung Ende November 01 gezahlt. Der Unternehmer plant eine Ersatzbeschaffung spätestens im Sommer 02. Durch Auftragsrückgänge stellt sich im Jahr 02 heraus, dass er keine neue Maschine benötigt.

   Buchen Sie den Vorgang für 01 und 02.

10. Im März 01 wird eine Maschine durch einen Wasserschaden (Buchwert 31.12.00 44.000,00 €, Jahres-AfA 12.000,00 €) zerstört. Die Versicherung zahlt im April 01 eine Entschädigung von 63.000,00 €. Eine Ersatzmaschine wird für 100.000,00 € zzgl. 19 % USt bei einer Nutzungsdauer von 8 Jahren erworben im a) Oktober 01, alternativ b) Mai 02.

    Buchen Sie den Vorgang für die Jahre 01 und 02.

11. Durch ein Feuer im Juli 01 wird ein Gebäude, das zum Betriebsvermögen Ihres Mandanten gehört, zerstört, Buchwert am 31.12.00 240.000,00 €, Jahresabschreibung 6.000,00 €. Die Versicherung erkennt den Schaden an und zahlt im September 01 300.000,00 €. Ihr Mandant beginnt im Jahr 02 mit dem Bau eines neuen Gebäudes, das im Dezember 03 fertiggestellt wird. Die Herstellungskosten betragen 380.000,00 €, der AfA-Satz 3 %.

    Bilden Sie die erforderlichen Buchungssätze für die Jahre 01 bis 03.

12. Ihr Mandant verkauft im August 01 an die Stadt ein Betriebsgrundstück, um einer drohenden Enteignung zu entgehen. Die Buchwerte bei Ausscheiden betragen für den Grund und Boden 36.000,00 €, für das Gebäude 416.000,00 €. Die Stadt zahlt 570.000,00 € an Ihren Mandanten, wovon auf den Grund und Boden 50.000,00 € entfallen und der Rest auf das Gebäude. Ihr Mandant plant ein neues Grundstück zu kaufen, wird aber erst im Jahr 03 fündig. Er erwirbt das neue Grundstück mit Wirkung vom 01.07.03. Die Anschaffungskosten betragen 640.000,00 €. Davon entfallen 10 % auf den Grund und Boden, der AfA-Satz beträgt 3 %.

    Wie hat Ihr Mandant den Vorgang zu buchen?

13. Am 15.08.01 wird ein Lkw durch einen unverschuldeten Unfall zerstört. Der Buchwert zum 31.12.00 betrug 180.000,00 €, der AfA-Satz 10 % und die ursprünglichen Anschaffungskosten 200.000,00 €. Die Versicherung überweist eine Entschädigung von 210.000,00 € im September 01. Zum 31.12.01 ist eine Ersatzbeschaffung ernsthaft geplant. Ein neuer Lkw wird am 02.05.02 für 168.000,00 € zzgl. 19 % Umsatzsteuer erworben. Die Nutzungsdauer beträgt 10 Jahre.

    Geben Sie alle erforderlichen Buchungen für die Jahre 01 und 02 an.

14. Eine Schrankwand mit Anschaffungskosten von 15.000,00 €, Anschaffung Januar 01, Nutzungsdauer 10 Jahre, wird durch einen Hochwasserschaden im Mai 01 zerstört. Am 20.06.01 geht die Versicherungsentschädigung in Höhe von 18.000,00 € auf dem Bankkonto des Unternehmers ein. Er beabsichtigt eine neue Schrankwand anzuschaffen und bestellt sie im Oktober 01. Wegen Lieferschwierigkeiten erfolgt die Auslieferung im Januar 02. Der Kaufpreis beträgt 14.000,00 € zzgl. 19 % USt, die Nutzungsdauer 10 Jahre.

    Buchen Sie den gesamten Vorgang.

15. Ein im Juli 01 angeschaffter Pkw, Anschaffungskosten 21.000,00 €, Nutzungsdauer 6 Jahre, wird im Juli 06 durch einen Hagelschaden zerstört. Die Versicherung zahlt im August 06 22.000,00 €. Ein neuer Pkw, dessen Anschaffung von Beginn an geplant war, wird im Februar 07 gekauft, Anschaffungskosten 20.000,00 € zzgl. 19 % USt. Die Nutzungsdauer beträgt 6 Jahre.

    Geben Sie alle erforderlichen Buchungen an.

11.7.2 Rücklage gemäß § 6 b EStG, Reinvestitionsrücklage

Gewinne, die sich aufgrund einer Veräußerung von Grund und Boden und/oder Gebäuden ergeben, können unversteuert entweder im Jahr der Veräußerung auf eine Ersatzbeschaffung übertragen oder in eine Rücklage gemäß § 6 b EStG eingestellt werden.

Ziel dieser Vorschrift ist es, dem Unternehmer einen Liquiditätsvorteil zu verschaffen, um damit Investitionen zu erleichtern.

Handelsrechtlich ist ein Rücklage gemäß § 6 b EStG nicht möglich. Gemäß § 5 Abs. 1 S. 2 EStG ist ein besonderes Verzeichnis zu führen.

Voraussetzungen sind:

- die **Veräußerung** von Grund und Boden und/oder Gebäuden. Die **Entnahme** ist **nicht** begünstigt. Die Veräußerung kann freiwillig oder unter Zwang, z. B. wegen drohender Enteignung, erfolgen;
- die veräußerten Wirtschaftsgüter müssen mindestens **sechs Jahre zum Anlagevermögen** einer inländischen Betriebsstätte gehört haben, § 6 b Abs. 4 Nr. 2 EStG;
- der Nettoverkaufspreis muss größer als der Buchwert zum Zeitpunkt des Ausscheidens sein. Es müssen also **stille Reserven aufgedeckt** werden;

- die Ersatzbeschaffung erfolgt bereits im Jahr der Veräußerung. In diesem Fall werden die aufgedeckten stillen Reserven im Jahr der Veräußerung übertragen

oder

- die Ersatzbeschaffung ist geplant und folgt in einem späteren Wirtschaftsjahr. Die Bildung einer Rücklage gemäß § 6 b EStG ist möglich.

Übertragungsmöglichkeiten

Die aufgedeckten stillen Reserven können gemäß § 6 b Abs. 2 EStG übertragen werden auf die Anschaffungs- oder Herstellungskosten von:

- Grund und Boden, soweit der Gewinn bei der Veräußerung von Grund und Boden entstanden ist,
- Gebäuden, soweit der Gewinn bei der Veräußerung von Grund und Boden oder Gebäuden entstanden ist.

Eine Verrechnung mit den Anschaffungs- oder Herstellungskosten geschieht durch den Abzug der stillen Reserven bei den im Wirtschaftsjahr der Veräußerung oder im vorangegangenen Wirtschaftsjahr entstandenen Anschaffungs- oder Herstellungskosten.

BEISPIEL

Ein Unternehmer veräußert ein unbebautes Grundstück I, Buchwert 16.000,00 €, für 20.000,00 € im Mai 01. Das Grundstück I gehört schon seit zehn Jahren zum Betriebsvermögen. Im Jahr 00 hat der Unternehmer ein unbebautes Grundstück II für 30.000,00 € erworben.

- Der Unternehmer kann in der Steuerbilanz die aufgedeckten stillen Reserven von 4.000,00 € im Jahr 01 auf das im Jahr 00 angeschaffte Grundstück übertragen.

Buchungssatz	Soll	Haben
1200/1800 Bank	20.000,00	
an 0065/0215 Unbebaute Grundstücke		16.000,00
an 2720/4900 Erträge a.d.A.v. Ged. AV		4.000,00
4840/6230 Außerplanmäßige Abschr.	4.000,00	
an 0065/0215 Unbebaute Grundstücke		4.000,00

Wird keine Steuerbilanz erstellt, so ist das Grundstück mit den Anschaffungskosten und der Minderung der Anschaffungskosten in ein gesondertes Verzeichnis aufzunehmen, § 5 Abs. 1 S. 2 und 3 EStG.

Besteht im Jahr der Veräußerung die Absicht, eine Ersatzbeschaffung vorzunehmen, kann am Bilanzstichtag eine gewinnmindernde §-6-b-EStG-Rücklage gebildet werden.

> **BEISPIEL**
>
> Ein unbebautes Grundstück, das seit vielen Jahren zum Betriebsvermögen gehört, ist mit 6.000,00 € bilanziert. Der Unternehmer veräußert im Jahr 01 das Grundstück für 10.000,00 €. Er plant ein neues Grundstück zu erwerben. Im Mai 02 findet er ein geeignetes Grundstück und kauft es für 15.000,00 €.
>
> - Da das neue Grundstück erst im Folgejahr gekauft wird, kann zum 31.12.01 in der Steuerbilanz eine §-6-b-EStG-Rücklage gebildet werden.
>
> | Buchungssätze | | Soll | Haben |
> |---|---|---|---|
> | **Verkauf altes Grundstück** | 1200/1800 Bank | 10.000,00 | |
> | | an 0065/0215 Unbebaute Grundstücke | | 6.000,00 |
> | | an 2720/4900 Erträge a. d. A. v. G. d. AV | | 4.000,00 |
> | **Bildung der Rücklage** | 2340/6925 Einst. in SoPo m. Rückl. | 4.000,00 | |
> | | an 0932/2982 SoPo m. Rückl. | | 4.000,00 |
> | **Jahr 02 Kauf neues Grundstück** | 0065/0215 Unbebaute Grundstücke | 15.000,00 | |
> | | an 1200/1800 Bank | | 15.000,00 |
> | **Übertragung stille Reserven** | 0932/2982 SoPo m. Rückl. | 4.000,00 | |
> | | an 0065/0215 Unbebaute Grundstücke | | 4.000,00 |
> | **oder** | 0932/2982 SoPo m. Rückl. | 4.000,00 | |
> | | an 2740/4935 Erträge a. d. A. v. SoPo m. Rückl. | | 4.000,00 |
> | | 4840/6230 Außerplanmäßige Abschr. | 4.000,00 | |
> | | an 0065/0215 Unbebaute Grundstücke | | 4.000,00 |
>
> Wird keine Steuerbilanz erstellt, ist das Grundstück in ein gesondertes Verzeichnis aufzunehmen, § 5 S. 2, 3 EStG, und der Handelsbilanz-Gewinn um die steuerlichen Gewinnauswirkungen zu korrigieren.

Fristen

Hinsichtlich der Rücklage gemäß § 6 b EStG sind die Fristen des § 6 b Abs. 3 EStG zu beachten.

Ist eine Rücklage am Schluss des vierten auf ihre Bildung folgenden Wirtschaftsjahres noch vorhanden, so ist sie zu diesem Zeitpunkt **gewinnerhöhend** aufzulösen.

Wird die Rücklage aufgelöst, **ohne** dass eine **Übertragung** auf die Anschaffungs- oder Herstellungskosten eines anderen Wirtschaftsguts erfolgt, ist der **Gewinn** des Wirtschaftsjahres, in dem die Rücklage aufgelöst wird, für jedes volle Wirtschaftsjahr, in dem die Rücklage bestanden hat, **um 6 % des aufgelösten Betrags zu erhöhen,** § 6 b Abs. 7 EStG.

Die Frist verlängert sich bei neu hergestellten Gebäuden von vier auf sechs Jahre, wenn mit der Herstellung vor Ablauf der Vierjahresfrist begonnen wurde.

| Abgrenzungen bei der Erstellung des Jahresabschlusses | **Wertansätze in der Bilanz** | Eigenkapitalausweis in der Bilanz |

Kapitel 11

BEISPIEL

Zum 31.12.01 wurde aufgrund der Veräußerung eines unbebauten Grundstücks eine Rücklage gemäß § 6 b EStG in Höhe von 25.000,00 € gebildet. Obwohl zunächst die Absicht bestand, ein anderes Grundstück zu kaufen, wurde dennoch bis Ende 05 kein Grundstück erworben.

- Die Rücklage gemäß § 6 b EStG ist zum 31.12.05 gewinnerhöhend aufzulösen und mit 6 % pro Jahr zu verzinsen.

Berechnung Zinsen: 25.000,00 € · 6 % · 4 Jahre = 6.000,00 €

Buchungssatz

	Soll	Haben
0932/2982 SoPo m. Rückl.	25.000,00	
an 2740/4935 Erträge a. d. A. v. SoPo m. Rückl.		25.000,00

Der Gewinnzuschlag in Höhe von 6.000,00 € erfolgt außerbilanziell. Er wird also nicht in der Buchführung erfasst.

Wird keine Steuerbilanz erstellt, ist zur Ermittlung des steuerlichen Gewinns der Handelsbilanz-Gewinn um 31.000,00 € (25.000,00 € + 6.000,00 €) zu erhöhen.

AfA-Bemessungsgrundlage nach Übertragung

Wird der aufgedeckte Gewinn auf ein abnutzbares Wirtschaftsgut (= Gebäude) übertragen, so ist AfA-Bemessungsgrundlage die Anschaffungs- bzw. Herstellungskosten abzüglich der übertragenen stillen Reserven.

Übertragungsmöglichkeiten

stille Reserven aufgedeckt bei → übertragbar auf

Grund und Boden → Grund und Boden
Gebäude → Gebäude

§-6-b-Rücklage möglich

- bei Veräußerung von Grund und Boden und/oder Gebäuden
  - Veräußerung freiwillig oder unter Zwang
  - nicht Entnahme

- wenn veräußertes Wirtschaftsgut mindestens sechs Jahre zum Anlagevermögen einer inländischen Betriebsstätte gehört hat

- wenn der Nettoverkaufspreis > Buchwert
  - Aufdeckung von stillen Reserven

- wenn die Anschaffung/Herstellung von Grund und Boden bzw. Gebäude geplant, aber bis zum Bilanzstichtag noch nicht realisiert ist.

Wird eine §-6-b-EStG-Rücklage gewinnerhöhend ohne Übertragung aufgelöst, ist sie für jedes Jahr des Bestehens mit 6 % zu verzinsen.

| Kapitel 11 | Beschaffung und Herstellung eigengenutzter Sachanlagegüter | Steuern, sonstige Betriebsausgaben | Jahresabschluss nach Handels- und Steuerrecht |

AUFGABEN

1. Unter welchen Voraussetzungen kann eine Rücklage gemäß § 6 b EStG gebildet werden?
2. Welche Übertragungen sind möglich?
3. Welche Folge löst eine Auflösung der §-6-b-EStG-Rücklage aus, wenn sie nicht auf ein neues Wirtschaftsgut übertragen wird?

Vorbemerkung: Unterstellen Sie bei den nachfolgenden Fällen, dass der Unternehmer einen möglichst geringen Gewinn erzielen möchte, zum vollen Vorsteuerabzug berechtigt ist und stets eine Steuerbilanz erstellt wird.

4. Ein Unternehmer verkauft ein unbebautes Grundstück im Jahr 02 für 35.000,00 €. Der Buchwert beträgt 26.000,00 €. Bereits im Jahr 01 hatte er ein unbebautes Grundstück für 38.000,00 € erworben.

   Bilden Sie alle erforderlichen Buchungssätze.

5. Ein Unternehmer verkauft ein Grundstück aus seinem Betriebsvermögen, das mit einer Werkhalle bebaut ist, im Jahr 01 für 2,8 Mio. €. Davon entfallen auf den Grund und Boden 240.000,00 €. Der Grund und Boden hat einen Buchwert von 180.000,00 €, das Gebäude von 1,0 Mio. € zum Zeitpunkt des Ausscheidens. Im Jahr 04 erwirbt er ein unbebautes Grundstück für 250.000,00 €. Er beginnt mit dem Bau einer neuen Werkhalle, die im Februar 05 fertiggestellt wird. Die Herstellungskosten betragen 3,5 Mio. € zzgl. 19 % USt, der AfA-Satz 3 %. Alle Rechnungen wurden bereits bezahlt.

   Erstellen Sie alle erforderlichen Buchungen für die Jahre 01 bis 05.

6. Ihr Mandant veräußert im Jahr 01 sein Verwaltungsgebäude für 631.000,00 €. Davon entfallen 31.000,00 € auf den Grund und Boden. Die Buchwerte zum Zeitpunkt der Veräußerung betragen für den Grund und Boden 25.000,00 € und für das Gebäude 550.000,00 €. Im Oktober 03 kauft er ein neues Grundstück für 1.027.000,00 € (Grund- und Bodenanteil 27.000,00 €). Das Gebäude wird mit 3 % abgeschrieben.

   Erstellen Sie alle Buchungssätze für die Jahre 01 bis 03.

7. Ihr Mandant veräußert im Jahr 01 ein zum Betriebsvermögen gehörendes bebautes Grundstück. Der Buchwert zu diesem Zeitpunkt beträgt für den Grund und Boden 10.000,00 €, für das Gebäude 640.000,00 €. Als Verkaufspreis wurden 870.000,00 € vereinbart, wovon 50.000,00 € auf den Grund und Boden entfallen. Ihr Mandant beabsichtigt ein neues Grundstück zu kaufen, das er im Jahr 03 findet und zum 01.07.03 erwirbt, Anschaffungskosten des Grund und Bodens 20.000,00 € und des Gebäudes 950.000,00 €.

   Buchen Sie den Vorgang für die Jahre 01 bis 03.

8. Der Unternehmer hat zum 31.12.00 eine §-6-b-EStG-Rücklage in Höhe von 250.000,00 € gebildet (entfällt nur auf Geschäftsbauten). Im Jahr 04 beginnt er mit der Herstellung eines neuen Gebäudes auf einem unbebauten Grundstück, das schon sieben Jahre zu seinem Betriebsvermögen gehört, Buchwert 24.000,00 €. Am 15.03.06 ist das Gebäude fertiggestellt. Die Herstellungskosten betragen 1.200.000,00 € zzgl. 19 % Umsatzsteuer. Alle Rechnungen wurden bereits bezahlt. Das Gebäude wird mit 3 % abgeschrieben.

   Buchen Sie den gesamten Vorgang.

9. Ihr Mandant hat zum 31.12.01 eine Rücklage gemäß § 6 b EStG in Höhe von 100.000,00 € gebildet. Wider Erwarten kommt es zu keiner neuen Investition.

   a) Wann ist spätestens die Rücklage aufzulösen?
   b) Welche Folgen ergeben sich aus der Auflösung?
   c) Bilden Sie die notwendigen Buchungssätze.

12 Eigenkapitalausweis in der Bilanz

12.1 Eigenkapital bei Einzelunternehmern und Personengesellschaften

12.1.1 Allgemeines

Unternehmen können als Einzelunternehmen, Personengesellschaften oder Kapitalgesellschaften vorkommen. Der Entscheidung, in welcher Rechtsform das Unternehmen betrieben wird, liegen viele unterschiedliche Erwägungen zugrunde, z. B. die Frage, ob man bei der Führung des Unternehmens allein alle Entscheidungen treffen möchte oder ob man lieber andere Personen beteiligt. Steuerliche Aspekte und die Haftungsfrage spielen ebenfalls eine Rolle.

12.1.2 Offene Handelsgesellschaft (OHG)

Eine Personengesellschaft, deren Zweck auf den Betrieb eines Handelsgewerbes unter gemeinschaftlicher Firma gerichtet ist, ist gemäß § 105 Abs. 1 HGB eine **Offene Handelsgesellschaft (OHG),** wenn bei keinem der Gesellschafter die Haftung gegenüber den Gesellschaftsgläubigern beschränkt ist.

Merkmale einer OHG sind:
- Vertretung der Gesellschaft durch jeden Gesellschafter
- Geschäftsführung der Gesellschaft durch jeden Gesellschafter
- Alle Gesellschafter haften persönlich und unmittelbar als Gesamtschuldner, § 128 HGB.

Eine OHG erzielt gewerbliche Einkünfte, wenn sie ein gewerbliches Unternehmen i. S. d. § 15 Abs. 2 EStG ausübt.

Alle Gesellschafter sind als Mitunternehmer anzusehen, da sie Mitunternehmerrisiko tragen und Mitunternehmerinitiative entfalten. Sie erzielen Einkünfte gemäß § 15 Abs. 1 Nr. 2 EStG.

12.1.3 Kommanditgesellschaft (KG)

Eine Gesellschaft, deren Zweck auf den Betrieb eines Handelsgewerbes unter gemeinschaftlicher Firma gerichtet ist, ist eine **Kommanditgesellschaft (KG),** wenn bei einem oder bei einigen von den Gesellschaftern die Haftung gegenüber den Gesellschaftsgläubigern beschränkt ist, während die Haftung bei einem oder mehreren Gesellschaftern unbeschränkt ist, § 161 HGB.

Im Gegensatz zur OHG haftet also bei der KG nur ein Gesellschafter bzw. einzelne Gesellschafter unbeschränkt (= Komplementär). Die anderen Gesellschafter haften nur in Höhe ihrer noch ausstehenden Vermögenseinlage (= Kommanditist).

Merkmale einer KG sind:
- Vertretung der Gesellschaft nur durch den Komplementär
- Geschäftsführung der Gesellschaft nur durch den Komplementär
- Der Kommanditist hat bestimmte Kontrollrechte.

Die Gesellschafter erzielen Gewinneinkünfte, wenn die KG einen Gewerbebetrieb gemäß § 15 Abs. 2 EStG unterhält. Eine KG kann auch Einkünfte gemäß § 2 EStG oder § 21 EStG erzielen.

12.1.4 GmbH & Co. KG

Ist bei einer KG der Komplementär eine GmbH, liegt eine GmbH & Co. KG vor, die als Personengesellschaft behandelt wird. Die GmbH als Vollhafter haftet mit ihrem gesamten Gesellschaftsvermögen.

Bei der Jahresabschlusserstellung hat sie allerdings oft die Verpflichtungen einer Kapitalgesellschaft zu erfüllen.

12.1.5 Kapitalkonten bei Personengesellschaften

Die Buchführung und der Abschluss einer Personengesellschaft gleichen zum größten Teil der Buchführung und dem Abschluss eines Einzelunternehmers. Es besteht allerdings **nicht ein gemeinsames**, sondern **für jeden Gesellschafter ein eigenes** Kapitalkonto. Oft besteht für jeden Gesellschafter ein festes Kapitalkonto, das die Höhe der Beteiligung ausweist (= **Kapitalkonto I**) und ein variables Konto, auf dem Entnahmen, Einlagen und Gewinnanteile ausgewiesen werden (= **Kapitalkonto II**). Bei einer KG gilt das nur für den Komplementär. Die Kommanditisten haben kein Entnahmerecht. Deshalb kann kein variables Kapitalkonto geführt werden. Für sie wird nur das Kapitalkonto I geführt.

Die Summe der Kapitalkonten aller Gesellschafter entspricht dem Saldo zwischen Vermögenswerten und Schulden in der Bilanz der Gesellschaft.

Kommanditisten haben einen Anspruch auf Auszahlung ihres Gewinnanteils gemäß § 169 HGB. Dieser Gewinnanspruch ist in der Bilanz auszuweisen als

- Darlehen, wenn der Gewinn nicht entnommen wird und somit der KG als Fremdkapital zur Verfügung gestellt wird,
- sonstige Verbindlichkeit, wenn der Gewinnanteil ausgezahlt werden soll.

Gewinnverteilung

Der Gewinn bzw. Verlust ist sowohl bei der OHG als auch bei der KG dem Gesellschaftsvertrag entsprechend auf die Gesellschafter zu verteilen. Über § 15 Abs. 1 Nr. 2 EStG unterliegt der Gewinnanteil beim Gesellschafter der Einkommensteuer.

Für die OHG gibt es eine gesetzliche Regelung zur Gewinnverteilung für den Fall, dass der Gesellschaftsvertrag keine Regelung hierüber enthält.

Sie sieht eine 4%ige Verzinsung der Kapitalanteile und eine Verteilung des Restgewinns nach Köpfen vor. Verluste sind zu gleichen Teilen auf die Gesellschafter zu verteilen.

BEISPIEL

Gewinnverteilung bei einer OHG

An der A-B OHG ist der Gesellschafter A mit 50.000,00 € und der Gesellschafter B mit 20.000,00 € beteiligt. Der Gesellschaftsvertrag sieht eine Verzinsung des Kapitals zum 01.01. mit 3 % vor, der Restgewinn wird $^5/_7$ zu $^2/_7$ verteilt.

Die Bilanz zum 01.01.02 weist folgende Kapitalkonten aus:

Aktiva	Bilanz zum 01.01.02 in €		Passiva
Anlagevermögen	100.000,00	Eigenkapital	
Umlaufvermögen	50.000,00	– Festkapital A	50.000,00
		– Festkapital B	20.000,00
		Verbindlichkeiten	80.000,00
	150.000,00		150.000,00

Die A-B OHG erzielt einen Gewinn in 02 von 72.100,00 €. Gesellschafter A hat eine Einlage von 12.000,00 €, Gesellschafter B eine Entnahme von 4.000,00 € getätigt.

- Die Verteilung des Gewinns sieht wie folgt aus:

Beträge in €

Gesellschafter	Kap.konto I zum 01.01.	Verzinsung 3 %	Restgewinn	Gewinnanteil	Entnahmen	Einlagen	Kap.konto II
A	50.000,00	1.500,00	50.000,00	**51.500,00**		12.000,00	**63.500,00**
B	20.000,00	600,00	20.000,00	**20.600,00**	4.000,00		**16.600,00**
Summe	70.000,00	2.100,00	70.000,00	72.100,00	4.000,00	12.000,00	80.100,00

Aktiva	Bilanz zum 31.12.02 in €		Passiva
Anlagevermögen	120.000,00	Eigenkapital	
Umlaufvermögen	80.000,00	– Festkapital A	50.000,00
		– Festkapital B	20.000,00
		– variables Kapital A	63.500,00
		– variables Kapital B	16.600,00
		Verbindlichkeiten	49.900,00
	200.000,00		200.000,00

BEISPIEL

Gewinnverteilung bei einer KG

Bei der A-KG ist der Gesellschafter A Komplementär und Gesellschafter B Kommanditist. A ist mit 90.000,00 € beteiligt. Die Einlage des Gesellschafters B beträgt 30.000,00 € und ist voll eingezahlt.
Die Bilanz zum 01.01.02 weist folgende Kapitalkonten aus:

Aktiva	Bilanz zum 01.01.02 in €		Passiva
Anlagevermögen	100.000,00	Eigenkapital	
Umlaufvermögen	50.000,00	– Kapitalkonto I A	90.000,00
		– Kapitalkonto I B	30.000,00
		Verbindlichkeiten	80.000,00
	150.000,00		200.000,00

Laut Gesellschaftsvertrag ist das Kapitalkonto I (Stand 01.01.) mit 3 % zu verzinsen, der Restgewinn ist im Verhältnis ¾ zu ¼ zu verteilen. Der Gewinn des Jahres 02 beträgt 63.600,00 € Gesellschafter A hat im Laufe des Jahres 02 24.000,00 € entnommen und 5.000,00 € eingelegt. Der Gewinnanteil des Gesellschafters B soll nicht ausgezahlt werden.

- Die Verteilung des Gewinns sieht wie folgt aus:

Beträge in €

Gesell-schaf-ter	Kap.konto I zum 01.01.	Verzin-sung 3 %	Rest-gewinn	Gewinn-anteil	Ent-nahmen	Einlagen	Kap.konto II	Darlehen
A	90.000,00	2.700,00	45.000,00	**47.700,00**	24.000,00	5.000,00	**28.700,00**	
B	30.000,00	900,00	15.000,00	**15.900,00**				15.900,00
Summe	120.000,00	3.600,00	60.000,00	63.600,00	24.000,00	5.000,00	28.700,00	15.900,00

Aktiva	Bilanz zum 31.12.02 in €		Passiva
Anlagevermögen	114.600,00	Eigenkapital	
Umlaufvermögen	90.000,00	– Kapitalkonto I A	90.000,00
		– Kapitalkonto I B	30.000,00
		– Kapitalkonto II A	28.700,00
		Darlehen B	15.900,00
		Verbindlichkeiten	40.000,00
	204.600,00		204.600,00

Sondervergütungen

Gemäß § 15 Abs. 1 Nr. 2 EStG gehören zu den Einkünften auch die Vergütung für

- eine Tätigkeit im Dienst der Gesellschaft (Geschäftsführertätigkeit),
- die Hingabe von Darlehen (Zinsen),
- Überlassung von Wirtschaftsgütern (Miete).

Diese Vergütungen sind handelsrechtlich keine Privatentnahmen, sondern **mindern den handelsrechtlichen Gewinn.** Sie sind diesem Gewinn wieder **hinzuzurechnen, um den steuerlichen Gewinn** zu erhalten. Jedem Gesellschafter wird seine Vergütung zugerechnet. Es handelt sich insoweit also um Gewinnanteile. Im Ergebnis mindern diese Vergütungen nicht den steuerlichen Gewinn

| Abgrenzungen bei der Erstellung des Jahresabschlusses | Wertansätze in der Bilanz | Eigenkapitalausweis in der Bilanz |

Kapitel 12

BEISPIEL

Die A-B OHG erzielt in 01 einen handelsrechtlichen Gewinn von 100.000,00 €. A erhält für seine Geschäftsführertätigkeit in 01 12.000,00 €, die als Betriebsausgabe gebucht wurden. Der Restgewinn wird 50 : 50 aufgeteilt.

- Die Geschäftsführervergütung ist handelsrechtlich Betriebsausgabe. Sie wird aber zur Ermittlung des steuerlichen Gewinns wieder hinzugerechnet und A bei Verteilung des Gewinns zugeordnet.

		A	B
handelsrechtl. Gewinn OHG	100.000,00 €		
Geschäftsführertätigkeit	+ 12.000,00 €		
steuerl. Gewinn	112.000,00 €		
Geschäftsführertätigkeit	– 12.000,00 €	12.000,00 €	
Rest 50 : 50	100.000,00 €	50.000,00 €	50.000,00 €
Gewinnanteile	0,00 €	62.000,00 €	50.000,00 €

1. Personengesellschaften haben mehrere Kapitalkonten.
2. Oft werden zwei Kapitalkonten pro Gesellschafter geführt. Kapitalkonto I als Festkapital gibt die Höhe der Beteiligung an und Kapitalkonto II fungiert als variables Konto. Hier werden Gewinnanteile, Entnahmen und Einlagen erfasst.
3. Für den/die Kommanditist(en) einer KG wird nur ein Kapitalkonto geführt, mit seiner/ihrer Einlage. Gewinnanteile werden als Darlehen (wenn sie nicht ausgezahlt werden) oder als sonstige Verbindlichkeiten (bei geplanter Auszahlung) ausgewiesen.

AUFGABEN

1. Wie sieht die gesetzliche Gewinnverteilung bei einer OHG aus?
2. Warum werden oft pro Gesellschafter einer OHG zwei Kapitalkonten geführt?
3. Wie werden Gewinnanteile eines Kommanditisten in der Bilanz ausgewiesen?
4. Worin besteht ein wesentlicher Unterschied zwischen einer OHG und einer KG?
5. Für die Gesellschafter der A-B OHG haben Sie folgende Angaben ermittelt:
   (Endbestände in 01)
   Kapitalkonto I A 100.000,00 €
   Kapitalkonto I B 50.000,00 €
   Die Kapitalkonten werden mit 4 % verzinst, der Restgewinn ist 50 : 50 zu verteilen. Die Entnahmen betragen für A 5.000,00 €, für B 8.000,00 €, die Einlagen für A 13.000,00 € und für B 2.000,00 €.

   Ermitteln Sie die Gewinnanteile für 02 und das Kapitalkonto II für A und B, wenn der handelsrechtliche Gewinn 58.000,00 € beträgt.

6. Der Gesellschafter X der X-Y-Z OHG erhält für seine Geschäftsführertätigkeit von der OHG monatlich 2.500,00 €. Eine Verzinsung der Kapitalkonten findet nicht statt. Der Gewinn wird 40 : 40 : 20 aufgeteilt. (weitere Angaben siehe nächste Seite) →

Ermitteln Sie die Gewinnanteile der Gesellschafter X, Y und Z und deren Kapitalkonten II, wenn folgende Entnahmen und Einlagen getätigt wurden:

	Entnahmen	Einlagen
X	60.000,00 €	40.000,00 €
Y	–	10.000,00 €
Z	20.000,00 €	–

Der handelsrechtliche Gewinn beträgt 220.000,00 €.

7. Eine KG hat die Komplementäre P und K und den Kommanditisten A. Der handelsrechtliche Gewinn der KG im Jahr 02 beträgt 120.000,00 €. P erhält für seine Geschäftsführertätigkeit jeden Monat 3.000,00 €. K gewährt der KG ein Darlehen und bekommt dafür monatlich 500,00 € Zinsen. Zum Lebensunterhalt entnehmen P monatlich 1.500,00 € und K 1.800,00 €.
Der Gewinn nach Berücksichtigung der Vergütung für die Geschäftsführertätigkeit und der Zinsen wird 45 : 45 : 10 aufgeteilt.

Ermitteln Sie den Gewinnanteil der Gesellschafter X, Y und Z und deren Kapitalkonten II. Der Gewinnanteil des A soll ausgezahlt werden.

8. Die A-B KG ist bei Ihnen Mandantin. Die Gesellschafter A und B sind Komplementäre, C ist Kommanditist. Der handelsrechtliche Gewinn beträgt 650.000,00 €. Laut Gesellschaftsvertrag sind die festen Kapitalkonten mit 6 % zu verzinsen, der Restgewinn wird 35 : 35 : 30 verteilt.
Der Anteil des C soll ausgezahlt werden.
Aus den Buchführungsunterlagen der A-B KG entnehmen Sie folgende Angaben:

(Beträge in €)	A	B	C
Entnahmen	130.000,00	120.000,00	
Einlagen	50.000,00	37.000,00	
Geschäftsführertätigkeit Vergütung monatlich	4.000,00	4.000,00	
Zinsen für ein Darlehen monatlich			200,00
Miete für Überlassung eines unbebauten Grundstücks monatlich			500,00
Kapitalkonto I	420.000,00	380.000,00	210.000,00
Kapitalkonto II 01.01.02	350.000,00	170.000,00	

Ermitteln Sie den Gewinnanteil der einzelnen Gesellschafter und deren Kapitalkonten.

9. Die A-B OHG erzielt in 02 einen handelsrechtlichen Gewinn von 70.000,00 €. Jeder der beiden Gesellschafter A und B erhalten für ihre Geschäftsführertätigkeit 1.500,00 € monatlich. Die festen Kapitalkonten (A: 40.000,000 €, B: 30.000,00 €) werden mit 5 % verzinst. Der Restgewinn wird nach Köpfen verteilt. A hat in 02 Entnahmen von 2.000,00 € getätigt. Die Einlagen betragen für A 50.000,00 € und für B 38.000,00 €.

Ermitteln Sie den Gewinnanteil des A und B und die variablen Kapitalkonten.

10. Von der A-B OHG mit den Gesellschaftern A und B sind Ihnen folgende Angaben bekannt:

	A	B
Kapitalkonto I	50.000,00 €	40.000,00 €
Kapitalkonto II 01.01.02	19.500,00 €	32.000,00 €
Einlagen 02	1.000,00 €	10.000,00 €
Entnahmen	4.000,00 €	–

Der handelsrechtliche Gewinn 02 beträgt 44.500,00 €. Laut Gesellschaftsvertrag werden die Kapitalkonten I mit 5 % verzinst, der Restgewinn wird 50 : 50 verteilt.

Ermitteln Sie den Gewinnanteil der einzelnen Gesellschafter und deren Kapitalkonten.

12.2 Eigenkapital bei Kapitalgesellschaften

§ 266 Abs. 3 HGB sieht für Kapitalgesellschaften die folgende Unterteilung des Eigenkapitals in der Bilanz vor:

A. Eigenkapital
   I. **Gezeichnetes Kapital**
   II. **Kapitalrücklage**
   III. **Gewinnrücklagen**
      1. gesetzliche Rücklage
      2. Rücklage Anteile an einem herrschenden oder mehrheitlich beteiligten Unternehmen
      3. satzungsmäßige Rücklagen
      4. andere Gewinnrücklagen
   IV. **Gewinnvortrag/Verlustvortrag**
   V. **Jahresüberschuss/Jahresfehlbetrag**

Zu I.:

Das **gezeichnete Kapital** ist bei Aktiengesellschaften das Grundkapital, bei einer GmbH das Stammkapital.

Das gezeichnete Kapital ist das im Handelsregister zu seinem Nennwert (NW) eingetragene Haftungskapital, § 272 Abs. 1 S. 1 HGB. Noch nicht eingeforderte Einlagen auf das gezeichnete Kapital sind von diesem Posten offen auf der Passivseite in einer Vorspalte abzusetzen und der Saldo als „Eingefordertes Kapital" auszuweisen, § 272 Abs. 1 S. 3 HGB. Der eingeforderte, aber noch nicht eingezahlte Betrag ist unter den Forderungen gesondert auszuweisen und entsprechend zu bezeichnen.

BEISPIEL

Eine GmbH hat ein Stammkapital von 100.000,00 €. Davon stehen noch 40.000,00 € aus. Eingefordert sind 15.000,00 €.

- Der Ausweis in der Bilanz sieht wie folgt aus:

Aktiva		Bilanz zum 31.12. .. in €		Passiva
Forderungen: Eingeforderte, aber noch nicht eingezahlte ausstehende Einlagen	15.000,00	Gezeichnetes Kapital Ausstehende, nicht eingeforderte Einlagen Eingefordertes Kapital	100.000,00 – 25.000,00	75.000,00

Werden eigene Anteile erworben, ist der Nennbetrag dieser Anteile in der Vorspalte offen von dem Posten „Gezeichnetes Kapital" abzusetzen, § 272 Abs. 1 a HGB. Dadurch verringert sich der Posten „Gezeichnetes Kapital", was eine Verschlechterung der Eigenkapitalquote zur Folge hat.

Übersteigen die Anschaffungskosten der eigenen Anteile den Nennbetrag, ist die Differenz mit den frei verfügbaren Rücklagen zu verrechnen, § 272 Abs. 1 a S. 2 HGB.

Zu II.:

Bei Ausgabe von Anteilen über dem Nennwert entsteht ein Agio (Aufgeld). Es wird der **Kapitalrücklage** zugewiesen. „Zuzahlungen, die Gesellschafter gegen Gewährung eines Vorzuges für ihre Anteile leisten", werden ebenfalls als Kapitalrücklage ausgewiesen, § 272 Abs. 2 Nr. 3 HGB. Das gilt auch für Nachschüsse, die von der GmbH erhoben werden.

BEISPIEL

Ausgabe junger Aktien: Nennwert: 1.000.000,00 €, Kurswert 1.200.000,00 €.

- Der über dem Nennwert gezahlte Betrag von 200.000,00 € wird als Kapitalrücklage ausgewiesen.

Buchungssatz	Soll	Haben
1200/1800 Bank	1.200.000,00	
an 0800/2900 Gezeichnetes Kapital		1.000.000,00
an 0841/2925 Kapitalrückl. d. Ausgabe v. Ant. ü. NW		200.000,00

Zu III.:

Gewinnrücklagen werden aus dem versteuerten Gewinn gebildet.

Hierzu zählen:

1. **Gesetzliche Rücklagen.** Für die AG gilt: 5 % des um den Verlustvortrag geminderten Jahresüberschusses sind der gesetzlichen Rücklage zuzuweisen, bis diese mit der Kapitalrücklage zusammen 10 % des Grundkapitals ausmacht, § 150 Abs. 2 AKtG.
2. **Rücklagen für eigene Anteile** an einem herrschenden oder mit Mehrheit beteiligten Unternehmen sind auf der Aktivseite der Bilanz auszuweisen. Damit die Aktivierung nicht zulasten des Eigenkapitals geht, wird eine entsprechende Korrektur auf der Passivseite der Bilanz vorgenommen, § 272 Abs. 4 HGB.
3. **Satzungsmäßige Rücklagen.** Es handelt sich hierbei um im Gesellschaftsvertrag bzw. in der Satzung festgelegte Rücklagen, § 272 Abs. 3 S. 2 HGB.
4. **Andere Gewinnrücklagen.** Sie werden nach freiem Ermessen gebildet.

12.2.1 Ausweis vor Ergebnisverwendung

Zu IV.: (siehe Kapitel 12.2)

Wurde im Vorjahr/in den Vorjahren der Jahresüberschuss nicht oder nicht vollständig ausgeschüttet bzw. in Kapital- oder Gewinnrücklagen eingestellt, ist der verbleibende Betrag als Gewinnvortrag zu erfassen. Ein Jahresfehlbetrag aus dem Vorjahr wird als Verlustvortrag ausgewiesen.

Zu V.: (ebenda)

Bei Aufstellung des Jahresabschlusses wird nur die Höhe des Jahresergebnisses festgestellt, ohne eine Bestimmung darüber, in welchem Umfang das Jahresergebnis einbehalten oder ausgeschüttet werden soll.

Über die Verwendung des Jahresergebnisses wird erst im nächsten Geschäftsjahr beschlossen und auch dann erst gebucht.

In der Bilanz wird der Jahresüberschuss/Jahresfehlbetrag des abgeschlossenen Geschäftsjahres ausgewiesen.

Der Jahresüberschuss/Jahresfehlbetrag ist der Gewinn bzw. Verlust des laufenden Geschäftsjahres vor Verwendung des Jahresergebnisses.

12.2.2 Ausweis nach teilweiser Ergebnisverwendung

Während der Jahresabschlussarbeiten werden bereits Entscheidungen getroffen, ob das Jahresergebnis oder Teile davon in die Gewinnrücklagen eingestellt werden oder Entnahmen aus den Gewinnrücklagen oder Entnahmen aus Kapitalrücklagen vorgenommen werden.

Die erforderlichen Buchungen werden dann zum Bilanzstichtag vorgenommen.

Bei Aufstellung der Bilanz unter Berücksichtigung der **teilweisen** Verwendung des Jahresergebnisses wird der vom Jahresüberschuss/Jahresfehlbetrag und Gewinnvortrag/Verlustvortrag verbleibende Restbetrag als **Bilanzgewinn/Bilanzverlust** ausgewiesen. Über seine Verwendung entscheidet die Hauptversammlung/Gesellschafterversammlung auf Basis des Gewinnverwendungsvorschlags des Vorstands, Aufsichtsrats bzw. Geschäftsführers.

Wird die Bilanz unter Berücksichtigung der vollständigen Verwendung des Jahresergebnisses aufgestellt, entfällt der Posten „Bilanzgewinn/Bilanzverlust".

Gemäß § 158 Abs. 1 HGB ergibt sich folgende Berechnung des Bilanzgewinns/Bilanzverlusts:

    Jahresüberschuss/Jahresfehlbetrag
+/- Gewinnvortrag/Verlustvortrag aus dem Vorjahr
+ Entnahmen aus der Kapitalrücklage
+ Entnahmen aus der Gewinnrücklage
− Einstellungen in Gewinnrücklagen

= **Bilanzgewinn**

12.2.3 Nicht durch Eigenkapital gedeckter Fehlbetrag

Ist das Eigenkapital durch Verluste aufgebraucht und ergibt sich ein Überschuss der Passivposten über die Aktivposten, ist dieser Betrag zum Bilanzstichtag auf der Aktivseite gesondert unter der Bezeichnung „Nicht durch Eigenkapital gedeckter Fehlbetrag" auszuweisen, § 268 Abs. 3 HGB.

Wenn die Kapitalgesellschaft auch unter Berücksichtigung aller stiller Reserven überschuldet ist, sind die Geschäftsführer einer GmbH bzw. der Vorstand einer AG verpflichtet, die Eröffnung des Insolvenzverfahrens zu beantragen, § 64 GmbHG, § 92 AktG.

Unterteilung des Eigenkapitals in einer Bilanz

Eigenkapital der Kapitalgesellschaft
I Gezeichnetes Kapital
II Kapitalrücklagen
III Gewinnrücklagen

IV Gewinnvortrag/Verlustvortrag
V Jahresüberschuss/Jahresfehlbetrag

IV Bilanzgewinn/Bilanzverlust

Anmerkung:
Wird die Bilanz unter teilweiser Verwendung des Jahresergebnisses aufgestellt, tritt an die Stelle des Gewinn-/Verlustvortrags und des Jahresüberschusses/-fehlbetrags der Bilanzgewinn/Bilanzverlust.

Kapitel 12

Abgrenzungen bei der Erstellung des Jahresabschlusses | **Wertansätze in der Bilanz** | **Eigenkapitalausweis in der Bilanz**

 AUFGABEN

1. Jeder der unter A stehenden Begriffe passt inhaltlich zu einer der unter B stehenden Angaben. Nehmen Sie die jeweiligen Zuordnungen vor.

   A 1. Eigenkapital
      2. Gewinnvortrag/Verlustvortrag
      3. Gewinnrücklagen
      4. Kapitalrücklagen
      5. Satzungsmäßige Rücklagen
      6. Jahresüberschuss/Jahresfehlbetrag
      7. Gesetzliche Rücklagen

   B 1. Sie gehören zu den Gewinnrücklagen. Bei der AG sind ihnen 5 % des um den Verlustvortrag geminderten Jahresüberschusses so lange zuzuweisen, bis sie mit der Kapitalrücklage zusammen 10 % des Grundkapitals ausmachen.
      2. Sie sind im Gesellschaftsvertrag bzw. in der Satzung festgelegt.
      3. Es handelt sich um den Gewinn bzw. Verlust des laufenden Geschäftsjahres.
      4. Es besteht aus dem gezeichneten Kapital, der Kapitalrücklage, den Gewinnrücklagen, dem Gewinnvortrag/Verlustvortrag und dem Jahresüberschuss/Jahresfehlbetrag. Es handelt sich also um einen Oberbegriff.
      5. Sie werden aus dem versteuerten Gewinn gebildet.
      6. Es handelt sich um den Gewinnrest bzw. Verlustrest, der sich aufgrund des Ergebnisverwendungsbeschlusses des vergangenen Jahres ergeben hat.
      7. Hier werden Aufgelder (Agio) und Zuzahlungen von Gesellschaftern gegen Gewährung von Vorzügen ausgewiesen.

2. Die A GmbH hat folgendes Eigenkapital zum 01.01.01 ausgewiesen:
   Gezeichnetes Kapital 250.000,00 €, Kapitalrücklagen 40.000,00 €, Gewinnrücklagen 110.000,00 € und Gewinnvortrag 30.000,00 €.
   Für das Jahr 01 wird ein Jahresüberschuss von 80.000,00 € erzielt.

   Stellen Sie den Eigenkapitalausweis in der Bilanz zum 31.12.01 dar
   a) vor Ergebnisverwendung,
   b) nach teilweiser Ergebnisverwendung.
   Die Gesellschafterversammlung beschließt, 10 % des Jahresüberschusses in die Gewinnrücklage einzustellen.

3. Die X GmbH weist zum 31.12.01 in der Schlussbilanz die folgenden Zahlen aus:
   Gezeichnetes Kapital 400.000,00 €, Kapitalrücklagen 60.000,00 €, Gewinnrücklagen 100.000,00 €, Gewinnvortrag 20.000,00 €.
   Der Jahresüberschuss des Jahres 02 beträgt 160.000,00 €. Die Gesellschafterversammlung beschließt vor Bilanzaufstellung, den Jahresüberschuss wie folgt zu verwenden:
   20 % werden der Gewinnrücklage zugeführt.

   Stellen Sie den Eigenkapitalausweis in der Bilanz zum 31.12.02 nach teilweiser Ergebnisverwendung dar.

4. Die K GmbH weist zum 31.12.02 in der Schlussbilanz folgende Zahlen aus:
   Gezeichnetes Kapital 150.000,00 €, Kapitalrücklagen 100.000,00 €, Gewinnrücklagen 75.000,00 €, Gewinnvortrag 50.000,00 €.
   Der Jahresfehlbetrag des Jahres 03 beträgt 25.000,00 €.
   Die Gesellschafterversammlung beschließt, 10.000,00 € in die Gewinnrücklagen einzustellen.

   Stellen Sie den Eigenkapitalausweis in der Bilanz zum 31.12.03 nach teilweiser Ergebnisverwendung dar.

13 Jahresabschluss

13.1 Jahresabschluss von Einzelunternehmern und Personengesellschaften

13.1.1 Handelsrechtlicher Jahresabschluss

Im Vergleich zum Einzelunternehmen weisen Personengesellschaften kaum buchungstechnische Besonderheiten im Jahresabschluss auf. Bei der Personengesellschaft gibt es allerdings mehrere Kapitalkonten.

Für Einzelunternehmen und Personengesellschaften gibt es keinen vorgeschriebenen Aufbau der Bilanz und der Gewinn- und Verlustrechnung. Sie haben nur die Grundprinzipien der §§ 243, 247 Abs. 1 HGB zu beachten. Demnach sind in der Bilanz das Anlage- und das Umlaufvermögen, das Eigenkapital, die Schulden sowie die Rechnungsabgrenzungsposten gesondert auszuweisen und hinreichend aufzugliedern.

Allerdings werden in der Praxis oft die Gliederungsvorschriften, die für Kapitalgesellschaften gelten, übernommen.

13.1.2 Steuerrechtlicher Jahresabschluss

13.1.2.1 Umfang des Betriebsvermögens

> **LERNSITUATION**
>
> Rainer Sauer tritt als neuer Gesellschafter in eine OHG ein und zahlt 120.000,00 €. Das Kapitalkonto des ausscheidenden Gesellschafters beträgt nur 95.000,00 €. Außerdem vermietet Rainer Sauer ein Gebäude an die OHG, das diese betrieblich nutzt.
>
> Als er an der Aufstellung der Bilanz arbeitet, weiß er nicht, wo er die überschüssigen 25.000,00 € (120.000,00 € - 95.000,00 €) unterbringen soll. Ferner ist er der Ansicht, dass die Vermietung des Grundstücks an die OHG unter § 21 EStG fällt.
> Helfen Sie ihm.

Der Jahresabschluss eines Einzelunternehmers besteht aus seiner Steuerbilanz und der Gewinn- und Verlustrechnung. Bei Mitunternehmerschaften kann es neben der Gesamthandsbilanz noch Ergänzungs- und/oder Sonderbilanzen geben.

In der **Gesamthandsbilanz** einer Personengesellschaft dürfen nur Wirtschaftsgüter ausgewiesen werden, die im Gesamthandseigentum (Eigentum steht mehreren Personen gemeinsam zu) der Gesellschaft stehen.

Schulden dürfen nur passiviert werden, wenn alle Gesellschafter Verpflichtete sind.

Es gelten die allgemeinen Ansatz- und Bewertungsvorschriften des HGB und EStG.

13.1.2.2 Ergänzungsbilanz

Neben der Gesamthandsbilanz muss/müssen ggf. eine/mehrere Ergänzungsbilanz/-en aufgestellt werden. Sie ergänzen die Bilanz der Gesellschaft für steuerliche Zwecke.

In der Ergänzungsbilanz eines Gesellschafters werden Wertkorrekturen zur Gesamthandsbilanz der Personengesellschaft erfasst, die einen Gesellschafter betreffen. Es werden keine Wirtschaftsgüter ausgewiesen.

Das kann der Fall sein, wenn

- ein Gesellschafterwechsel stattfindet,
- ein Gesellschafter in ein Einzelunternehmen/eine Personengesellschaft eintritt oder
- ein Einzelunternehmen in eine Personengesellschaft eingebracht wird.

Tritt ein Gesellschafter in eine Personengesellschaft ein, kann es sein, dass ihm höhere Anschaffungskosten für die von der Personengesellschaft bilanzierten Wirtschaftsgüter zuzurechnen sind als den anderen Gesellschaftern. Das Ergebnis der Ergänzungsbilanz ist dem betreffenden Gesellschafter zuzurechnen.

> **BEISPIEL**
>
> A. Berg und B. Sachs sind zu je 50 % an der Berg & Sachs OHG beteiligt. Sachs veräußert seinen Mitunternehmeranteil (Buchwert 350.000,00 €) an C. Lange für 390.000,00 € zum 01.10.01.
>
> Die Gesamthandsbilanz der Berg & Lange OHG zum 01.10.01 sieht wie folgt aus:
>
> | Aktiva | Bilanz zum 01.10.01 in € | | Passiva |
> |---|---|---|---|
> | Bebautes Grundstück | 100.000,00 | Kapital Berg | 350.000,00 |
> | Gebäude | 320.000,00 | Kapital Lange | 350.000,00 |
> | Technische Anlagen | 80.000,00 | Fremdkapital | 20.000,00 |
> | Forderungen a. LL | 60.000,00 | | |
> | Bank | 160.000,00 | | |
> | | 720.000,00 | | 720.000,00 |
>
> Die stillen Reserven betragen
>
> - bei dem bebauten Grundstück 60.000,00 €,
> - bei den technischen Anlagen 20.000,00 €.
>
> Die Anschaffungskosten des Gebäudes betrugen ursprünglich 400.000,00 € und werden mit 2 % abgeschrieben.
>
> Die technischen Anlagen wurden im Oktober 00 gekauft, die betriebsgewöhnliche Nutzungsdauer beträgt fünf Jahre, die ursprünglichen Anschaffungskosten 100.000,00 €.
>
> Mit dem Erwerb des Mitunternehmeranteils von Sachs hat Lange 50 % der Wirtschaftgüter der OHG erworben. Seine Anschaffungskosten von 390.000,00 € übersteigen die anteiligen Buchwerte um 40.000,00 € (390.000,00 € – 350.000,00 €).
>
> In der Gesamthandsbilanz wird das von Sachs übernommene Kapitalkonto in ursprünglicher Höhe weitergeführt (= 350.000,00 €).
>
> Die fehlenden 40.000,00 € entsprechen 50 % der stillen Reserven (stille Reserven 80.000,00 €). Diese Anschaffungskosten werden in einer Ergänzungsbilanz für Lange erfasst.
>
> Die Ergänzungsbilanz von Lange sieht wie folgt aus:
>
> | Aktiva | Ergänzungsbilanz zum 01.10.01 in € | | Passiva |
> |---|---|---|---|
> | Bebautes Grundstück | 30.000,00 | Mehrkapital Lange | 40.000,00 |
> | Technische Anlagen | 10.000,00 | | |
> | | 40.000,00 | | 40.000,00 |
>
> Die Summe der Kapitalkonten von Lange:
>
> | | | |
> |---|---|---|
> | Gesamthandsbilanz | 350.000,00 € | |
> | Ergänzungsbilanz | + 40.000,00 € | |
> | Summe | 390.000,00 € | entspricht den Anschaffungskosten (= Kaufpreis). |

Abschreibung Gesamthandsbilanz

BEISPIEL (Fortsetzung)

Da Lange seit dem 01.10.01 Gesellschafter ist, wird die AfA für drei Monate berechnet. Ferner sind beide Gesellschafter zur Hälfte beteiligt, d. h., die AfA wird beiden zu 50 % zugerechnet.

Gebäude: Anschaffungskosten 400.000,00 € · 2 % = 8.000,00 € · 3/12 = 2.000,00 €
technische Anlagen: Anschaffungskosten 100.000,00 € · 20 % = 20.000,00 € · 3/12 = 5.000,00 €

Ermittlung der Buchwerte:
Gebäude: 320.000,00 € − 2.000,00 € = 318.000,00 €
technische Anlagen: 80.000,00 € − 5.000,00 € = 75.000,00 €
Kapitalkonten: 350.000,00 € − 1.000,00 € − 2.500,00 € = 346.500,00 €

Die Gesamthandsbilanz der Berg & Lange OHG zum 31.12.01 sieht wie folgt aus:

Aktiva	Bilanz zum 31.12.01 in €		Passiva
Bebautes Grundstück	100.000,00	Kapital Berg	346.500,00
Gebäude	318.000,00	Kapital Lange	346.500,00
Technische Anlagen	75.000,00	Fremdkapital	20.000,00
Forderungen	60.000,00		
Bank	160.000,00		
	713.000,00		713.000,00

Abschreibung Ergänzungsbilanz

Es muss dieselbe AfA-Methode und Nutzungsdauer zugrunde gelegt werden wie in der Gesamthandsbilanz. Es verbleibt also bei den technischen Anlagen eine Restnutzungsdauer von vier Jahren.

BEISPIEL (Fortsetzung)

Ermittlung der Buchwerte:
technische Anlagen: 10.000,00 € · 25 % = 2.500,00 € · 3/12 = 625,00 €.

technische Anlagen: 10.000,00 € − 625,00 € = 9.375,00 €
Kapitalkonto: 40.000,00 € − 625,00 € = 39.375,00 €

Die Ergänzungsbilanz von Lange zum 31.12.01 sieht wie folgt aus:

Aktiva	Ergänzungsbilanz zum 31.12.01 in €		Passiva
Bebautes Grundstück	30.000,00	Kapital Lange	39.375,00
Technische Anlagen	9.375,00		
	39.375,00		39.375,00

Der Verlust von Lange beträgt im Jahr 01:

- aus der Gesamthandsbilanz   3.500,00 €
- aus der Ergänzungsbilanz   625,00 €
- Gesamtverlust   4.125,00 €

13.1.2.3 Sonderbilanzen

Handelsrechtlich bedeutet „Sonderbilanz" das Aufstellen einer Bilanz aus besonderem Anlass.

Steuerrechtlich wird in der Sonderbilanz das Sondervermögen eines Gesellschafters erfasst.

Überlässt ein Gesellschafter oder überlassen mehrere Gesellschafter der Personengesellschaft ein Wirtschaftsgut zur Nutzung, das nur ihm bzw. ihnen gehört (= kein Gesamthandsvermögen), so ist dieses Wirtschaftsgut in einer sogenannten Sonderbilanz auszuweisen.

Kapitel 13

Jahresabschluss | Abgrenzung zwischen Finanzbuchführung und Kosten- und Leistungsrechnung | Auswertung des Jahresabschlusses

Es gehört zum **steuerlichen Betriebsvermögen der Personengesellschaft.** Da das Wirtschaftsgut der unmittelbaren Nutzung durch die Gesellschaft dient, handelt es sich um Sonderbetriebsvermögen I. Dazu gehören z. B. Grundstücke, Maschinen, Anlagen.

Dienen die Wirtschaftsgüter zur Begründung oder Stärkung der Beteiligung des Gesellschafters, handelt es sich um Sonderbetriebsvermögen II, z. B. ein Darlehen, das der Gesellschafter zum Kauf des Gesellschaftsanteils aufnimmt.

Zu den Einkünften aus Gewerbebetrieb gehören gemäß § 15 Abs. 1 Nr. 2 2. HS EStG auch Vergütungen für

- eine Tätigkeit im Dienst der Gesellschaft,
- die Hingabe von Darlehen,
- die Überlassung von Wirtschaftsgütern.

Diese Vergütungen werden in einer Sonder-Gewinn- und Verlustrechnung erfasst, ebenso wie Aufwendungen und Erträge im Zusammenhang mit den Wirtschaftsgütern des Sonderbetriebsvermögens.

BEISPIEL

An der Alt-Schneider OHG sind die Gesellschafter Alt und Schneider beteiligt. Alt vermietet an die OHG seit dem 01.01.01 eine Maschine, deren Anschaffungskosten im Januar 01 100.000,00 € betrugen, Nutzungsdauer 10 Jahre, lineare Abschreibung.
Außerdem hat er der OHG im Jahr 00 ein Darlehen in Höhe von 20.000,00 € gewährt, Zinssatz 5 %. Die ersten drei Jahre sind tilgungsfrei.
Zur Finanzierung seiner Beteiligung hat er in im Jahr 00 bei einer Bank ein Darlehen von 60.000,00 € zu 6 % aufgenommen.
Er erhält monatlich von der OHG Miete für die Maschine in Höhe von 1.100,00 € und für seine Geschäftsführertätigkeit 1.000,00 €.
Alle Zahlungen laufen über ein privates Bankkonto.
Die Zahlungen werden von der OHG zutreffend als Betriebsausgabe gebucht.
Der handelsrechtliche Gewinn beträgt 840.000,00 €. Alt und Schneider sind zu je 50 % an der OHG beteiligt. Der Gewinn wird entsprechend verteilt.

- Für Alt ist eine Sonderbilanz zum 01.01.01 zu erstellen.

Aktiva	Sonderbilanz Alt zum 01.01.01 in €		Passiva
Maschinen	100.000,00	Kapital Alt	60.000,00
Forderung an OHG	20.000,00	Darlehen Bank	60.000,00
	120.000,00		120.000,00

Zusammenstellung Aufwendungen:

Abschreibung Maschinen
100.000,00 € · 10 % = 10.000,00 €

Zinsaufwendungen
60.000,00 € · 6 % = 3.600,00 €

Zusammenstellung Erträge:

Zinsertrag
20.000,00 € · 5 % = 1.000,00 €

Geschäftsführertätigkeit
12 · 1.000,00 € = 12.000,00 €

Miete
12 · 1.100,00 € = 13.200,00 €

- Für Alt ist eine Sonder-Gewinn- und Verlustrechnung zu erstellen, die folgendes Aussehen hat:

Aktiva	Sonder-GuV in €		Passiva
Abschreibung Maschine	10.000,00	Zinsertrag	1.000,00
Zinsaufwand	3.600,00	Mietertrag	13.200,00
Gewinn	12.600,00	Geschäftsführertätigkeit	12.000,00
	26.200,00		26.200,00

Da sämtliche Zahlungen über ein Privatkonto laufen, handelt es sich bei
- dem Zinsertrag, der Geschäftsführertätigkeit und dem Mietertrag um Entnahmen,
- dem Zinsaufwand um Einlagen.

BEISPIEL

Entwicklung Kapitalkonto

01.01.01	60.000,00 €
Entnahmen	− 26.200,00 €
Einlagen	+ 3.600,00 €
Gewinn	+ 12.600,00 €
Kapital am 31.12.01	50.000,00 €

- Die Sonderbilanz des Alt zum 31.12.01 sieht wie folgt aus:

Aktiva	Sonderbilanz Alt zum 31.12.01 in €		Passiva
Maschinen	90.000,00	Kapital Alt	50.000,00
Forderung an OHG	20.000,00	Darlehen Bank	60.000,00
	110.000,00		110.000,00

Ermittlung des steuerlichen Gewinns

handelsrechtlicher Gewinn	840.000,00 €
Gewinn aus Sonderbilanz	+ 12.600,00 €
steuerlicher Gewinn	**852.600,00 €**

Verteilung des steuerlichen Gewinns

		Alt	Schneider
steuerlicher Gewinn	852.600,00 €		
S-Bilanz-Gewinn	− 12.600,00 €	12.600,00 €	
Restgewinn	840.000,00 €		
Verteilung 50 : 50		420.000,00 €	420.000,00 €
Gewinnanteil § 15 Abs. 1 Nr. 2 EStG		**432.600,00 €**	**420.000,00 €**

Ausgehend vom handelsrechtlichen Gewinn/Verlust ist für eine Personengesellschaft der steuerrechtliche Gewinn zu ermitteln.

Gewinn/Verlust laut Handelsbilanz (Gesamthandsbilanz)
+/− steuerrechtliche Korrekturen, z. B. andere Bewertungen, Zuschreibungen
+/− außerbilanzielle Korrekturen, z. B. § 4 Abs. 5 EStG, Investitionsabzugsbetrag
+/− Gewinn/Verlust laut Ergänzungsbilanzen
+/− Gewinn/Verlust laut Sonderbilanzen
= steuerrechtlicher Gewinn der Mitunternehmerschaft

Kapitel 13

Jahresabschluss | Abgrenzung zwischen Finanzbuchführung und Kosten- und Leistungsrechnung | Auswertung des Jahresabschlusses

AUFGABEN

1. Was wird in einer Ergänzungsbilanz erfasst?
2. Was wird in einer Sonderbilanz erfasst?
3. Wie wird der steuerrechtliche Gewinn aus dem Handelsbilanzgewinn abgeleitet?
4. An der A-B-C OHG sind die Gesellschafter A, B und C mit je $\frac{1}{3}$ beteiligt. Der Handelsbilanzgewinn beträgt 120.000,00 €, wobei die Geschäftsführertätigkeit des A mit 12.000,00 € als Betriebsausgabe gebucht wurde.

   Ermitteln Sie den steuerrechtlichen Gewinn und verteilen Sie ihn auf die Gesellschafter. Die Verteilung erfolgt anhand der Beteiligungsverhältnisse.

5. Die Kurz & Lang OHG (Gesellschafter Kurz 60 %, Lang 40 %) hat einen Handelsbilanzgewinn in Höhe von 436.000,00 € ermittelt.
   Es sind folgende Beträge als Betriebsausgabe gebucht worden:

   – für die Geschäftsführertätigkeit von Kurz 2.500,00 € monatlich
   – für die Geschäftsführertätigkeit von Lang 2.000,00 € monatlich
   – Miete an Kurz für die Überlassung einer Maschine an die OHG 6.000,00 €/Jahr
   – Bewirtungsaufwendungen an Kunden 10.000,00 €

   Im Zusammenhang mit der Maschine entstanden Kurz Aufwendungen in Höhe von 3.500,00 € im Jahr, die er von seinem Privatkonto gezahlt hat.

   Ermitteln Sie den steuerrechtlichen Gewinn und die Gewinnanteile der einzelnen Gesellschafter. Eine Gewinnverteilung erfolgt anhand der Beteiligungsverhältnisse.

6. Die Gewinn- und Verlustrechnung der Dick & Dünn OHG sieht wie folgt aus:

Soll	GuV 01 in €		Haben
Aufwendungen bezogene Waren	110.000,00	Umsatzerlöse	109.000,00
Personalaufwendungen		S. b. Erträge	3.000,00
- Arbeitnehmer	21.000,00		
- Gesellschafter Geschäftsf. Dick	24.000,00		
Abschreibungen	4.000,00		
S. b. Aufwendungen			
- Bewirtungsaufwendungen	1.500,00		
- Gästehäuser	4.800,00		
Zinsen			
- für Darlehen Bank	6.000,00		
- für Darlehen Gesellschaft. Dünn	4.200,00		
Gewerbesteuer 01	5.500,00		
Gewinn 01	231.000,00		
	412.000,00		**412.000,00**

Ermitteln Sie den steuerrechtlichen Gewinn 01.

| Verprobungen in Handels-bilanzen, Kalkulationen und Lagermesszahlen | Statistik | Einnahme-Überschuss-Rechnung gemäß § 4 Abs. 3 EStG |

Kapitel 13

7. Die Baum & Richter KG ermittelt einen handelsrechtlichen Gewinn von 184.000,00 €.
   An der KG sind Baum und Richter als Komplementäre und Brenner als Kommanditist beteiligt.

   Baum und Richter erhalten jährlich je 31.200,00 € für ihre Geschäftsführertätigkeit. Brenner vermietet ein unbebautes Grundstück an die KG für monatlich 450,00 € und eine Maschine für 600,00 € monatlich. Die Abschreibung der Maschine beträgt jährlich 7.000,00 €. Alle Zahlungen an die Gesellschafter wurden handelsrechtlich zutreffend als Betriebsausgabe gebucht.

   Die KG hat in der Handelsbilanz eine Zuschreibung bei der Bewertung eines Wirtschaftsguts des Anlagevermögens zulässigerweise nicht vorgenommen, die steuerrechtlich zwingend ist. Der Wert der Zuschreibung beträgt 20.000,00 €.

   Ermitteln Sie den steuerrechtlichen Gewinn und die Gewinnanteile für Baum, Richter und Brenner. Der Gewinnverteilungsschlüssel beträgt 45 : 45 : 10.

8. Die Adler KG weist für 01 in der Gewinn- und Verlustrechnung einen Verlust von 50.000,00 € aus. Komplementär ist Adler, der in 01 für seine Geschäftsführertätigkeit eine Vergütung von 30.000,00 € erhalten hat, die als Aufwand behandelt wurde.
   Außerdem hat er für die Hingabe eines Darlehens an die KG Zinsen von 10.000,00 € für 01 erhalten.
   Der Kommanditist Fink hat der KG ein Grundstück überlassen und erhält dafür 12.000,00 €. Die Zinsen und die Miete wurden ebenfalls als Betriebsausgabe gebucht.

   Ermitteln Sie den steuerrechtlichen Gewinn und die Gewinnanteile von Adler und Fink. Ein Gewinn bzw. Verlust soll laut Gesellschaftsvertrag 70 : 30 aufgeteilt werden.

9. Bär und Fliege sind Gesellschafter der Bär & Fliege OHG. Sie erzielen für 01 einen handelsrechtlichen Gewinn von 1.350.000,00 €.
   Folgende Angaben sind Ihnen bekannt:
   - In der Handelsbilanz wurde zulässigerweise eine Rückstellung für drohende Verluste in Höhe von 21.000,00 € gebildet.
   - Außerdem wurde eine Abschreibung bei vorübergehender Wertminderung bei einem Wirtschaftsgut des Anlagevermögens vorgenommen, die steuerlich nicht zulässig ist (Wert 6.000,00 €).
   - Bewirtungsaufwendungen wurden in Höhe von 15.000,00 € gewinnmindernd gebucht.
   - Gewerbesteuer von 19.000,00 € wurde als Betriebsausgabe erfasst. Es handelt sich hierbei um laufende Vorauszahlungen.

   Gesellschafter Bär überlässt der OHG ein Grundstück. Die Buchwerte zum 01.01.01 betragen für den Grund und Boden 30.000,00 € und für das Gebäude 660.000,00 €. Die AfA beläuft sich auf 21.000,00 € jährlich. Bär erhält dafür eine Miete von 25.200,00 € pro Jahr.

   Gesellschafter Fliege hat zur Finanzierung seines Gesellschaftsanteils ein Darlehen bei einer Bank aufgenommen. Der Buchwert zum 01.01.01 beträgt 15.000,00 €. Er zahlt dafür jährlich 1.050,00 € Zinsen. Am Ende der Laufzeit in drei Jahren wird das Darlehen getilgt.

   Alle Zahlungsvorgänge werden auf privaten Konten gebucht.

   Ermitteln Sie den steuerrechtlichen Gewinn, die Gewinnanteile von Bär und Fliege und erstellen Sie die Sonderbilanzen zum 01.01.01, 31.12.01 und die Sonder-Gewinn- und -Verlustrechnung 01 für beide Gesellschafter. Die Gewinnverteilung beträgt 50 : 50.

13.2 Jahresabschluss von Kapitalgesellschaften

13.2.1 Allgemeines

Im Gegensatz zum Einzelunternehmen und zu den Personengesellschaften mit mindestens einer natürlichen Person als Vollhafter schreibt der Gesetzgeber den Kapitalgesellschaften (GmbH, AG, KGaA) die Gliederung der Bilanz, die Gliederung der Gewinn- und Verlustrechnung, § 275 HGB, die Prüfung und die Offenlegung des Jahresabschlusses vor.

Die Anforderungen sind jedoch, abhängig von der Größenklasse der Kapitalgesellschaft, unterschiedlich ausgeprägt.

Größenklassen

§ 267 HGB unterscheidet drei Größenklassen von Kapitalgesellschaften:

- kleine Gesellschaften,
- mittelgroße Gesellschaften und
- große Gesellschaften.

In der aufgeführten Tabelle sind die Größenklassen dargestellt. Zwei der drei aufgeführten Merkmale müssen für die Zuordnung an zwei aufeinanderfolgenden Bilanzstichtagen erfüllt sein.

	Bilanzsumme in €	Umsatzerlöse in €	Anzahl Arbeinehmer
kleine Gesellschaft	bis 4,84 Mio.	bis 9,68 Mio.	bis durchschnittlich 50
mittelgroße Gesellschaft	bis 19,25 Mio.	bis 38,50 Mio.	bis durchschnittlich 250
große Gesellschaft	über 19,25 Mio.	über 38,50 Mio.	über durchschnittlich 250

Diese Werte gelten gemäß Art. 66 Abs. 1 HGBEG bereits für Geschäftsjahre, die nach dem 31.12.2007 begannen, d. h. bei Geschäftsjahr = Kalenderjahr erstmals für 2008. Für die Beurteilung, ob zum 31.12.2008 die Schwellenwerte an zwei aufeinanderfolgenden Geschäftsjahren über- oder unterschritten wurden, sind zum 31.12.2007 und 31.12.2006 bereits die erhöhten Schwellenwerte anzuwenden.

Frist zur Erstellung des Jahresabschlusses

Gemäß § 264 Abs. 1 HGB muss der Jahresabschluss und Lagebericht innerhalb von drei Monaten nach Ende des Geschäftsjahres aufgestellt werden. Kleine Kapitalgesellschaften dürfen den Jahresabschluss auch später aufstellen, jedoch innerhalb der ersten sechs Monate des folgenden Geschäftsjahres.

	Bilanz	GuV	Anhang	Lagebericht	Prüfung Jahresabschluss
kleine Gesellschaft	6 Monate	6 Monate	6 Monate	–	–
mittelgroße Gesellschaft	3 Monate	3 Monate	3 Monate	3 Monate	3 Monate
große Gesellschaft	3 Monate	3 Monate	3 Monate	3 Monate	3 Monate

13.2.2 Bilanzgliederung gemäß HGB

§ 266 HGB schreibt für Kapitalgesellschaften ein ausführliches Bilanzgliederungsschema vor, das weitgehend Einsicht in die Finanz- und Vermögenslage des jeweiligen Unternehmens gibt.

Um Vergleiche zum Vorjahr zu ermöglichen, ist zu jedem Bilanzposten der Vorjahresbetrag anzugeben. Die volle Anwendung des Bilanzgliederungsschemas gemäß § 266 Abs. 2 und 3 HGB ist jedoch abhängig von der Größenklasse.

Große und mittelgroße Kapitalgesellschaften haben die Bilanz streng nach § 266 Abs. 2 und 3 HGB aufzustellen. Erst bei der Offenlegung sind bei mittelgroßen Kapitalgesellschaften bestimmte Erleichterungen vorgesehen, § 327 HGB.

Kleine Kapitalgesellschaften brauchen nur eine verkürzte Bilanz aufzustellen, in die nur die mit Buchstaben und römischen Zahlen bezeichneten Posten des vollständigen Bilanzgliederungsschemas aufgenommen werden, § 266 Abs. 1 HGB.

Für kleine Kapitalgesellschaften gilt das folgende Bilanzgliederungsschema (Grobgliederung).

Verkürzte Bilanz für kleine Kapitalgesellschaften gemäß § 266 Abs. 1 Satz 3 HGB

Aktiva	Passiva
A. **Anlagevermögen** I. Immaterielle Vermögensgegenstände II. Sachanlagen III. Finanzanlagen B. **Umlaufvermögen** I. Vorräte II. Forderungen und sonstige Vermögensgegenstände III. Wertpapiere IV. Schecks, Kassenbestand, Bundesbank- und Postbankguthaben, Guthaben bei Kreditinstituten C. **Rechnungsabgrenzungsposten** D. **Aktive latente Steuern** E. **Aktiver Unterschiedsbetrag aus der Vermögensverrechnung**	A. **Eigenkapital** I. Gezeichnetes Kapital II. Kapitalrücklagen III. Gewinnrücklagen IV. Gewinnvortrag/Verlustvortrag V. Jahresüberschuss/Jahresfehlbetrag B. **Rückstellungen** C. **Verbindlichkeiten** D. **Rechnungsabgrenzungsposten** E. **Passive latente Steuern**

13.2.3 Offenlegung des Jahresabschlusses

Die gesetzlichen Vertreter der offenlegungspflichtigen Unternehmen haben den handelsrechtlichen Jahresabschluss und die übrigen im Gesetz aufgeführten Unterlagen gemäß § 325 Abs. 1 HGB offenzulegen. Mit Offenlegung ist die Bekanntmachung des Jahresabschlusses und der weiteren Unterlagen im elektronischen Bundesanzeiger gemeint. Dazu sind dem Betreiber des elektronischen Bundesanzeigers die entsprechenden Unterlagen innerhalb von zwölf Monaten auf elektronischem Weg zu übermitteln. Sie werden dann im elektronischen Bundesanzeiger veröffentlicht.

Gleichzeitig werden vom Betreiber des elektronischen Bundesanzeigers die Rechnungslegungsunterlagen an das Unternehmensregister übermittelt und dort eingestellt. Dort sind sie dann ebenfalls abrufbar.

Nach Art und Umfang ist die Offenlegungspflicht unterschiedlich ausgestaltet. Sie hängt von der Größe der jeweiligen Gesellschaft ab.

In der folgenden Tabelle sind die wichtigsten Pflichten hinsichtlich der Offenlegung zusammengefasst.

	Gesellschaften		
	große[1]	mittelgroße	kleine
Bilanz	ungekürzt gemäß § 266 Abs. 2 u. 3 HGB	mit Erleichterungen gemäß § 327 HGB	verkürzt gemäß § 266 Abs. 1 Satz 3 HGB
GuV	ungekürzt gemäß § 275 HGB	verkürzt gemäß § 276 HGB	entfällt
Anhang	ungekürzt gemäß §§ 284 u. 285 HGB	verkürzt gemäß § 288 Satz 2 HGB und § 327 Abs. 2 HGB	verkürzt gemäß § 288 Satz 1 HGB
Lagebericht	gemäß § 289 HGB	gemäß § 289 HGB	entfällt

[1] Eine Kapitalgesellschaft gilt stets als große Gesellschaft, wenn Aktien an einer Börse der EU zugelassen sind (§ 267 Abs. 3 Satz 2 HGB).

Bei mittelgroßen Kapitalgesellschaften kann die Offenlegung der Bilanz gemäß § 327 HGB in der für kleine Kapitalgesellschaften vorgeschriebenen Form erfolgen. Bestimmte Posten des ausführlichen Bilanzgliederungsschemas, wie z. B. Gebäude, technische Anlagen und Maschinen, Beteiligungen und Verbindlichkeiten gegenüber Kreditinstituten, sind jedoch zusätzlich in der Bilanz oder im Anhang gesondert anzugeben.

Sanktionen bei Verletzung von Offenlegungspflichten

Gemäß § 329 Abs. 1 HGB prüft der Betreiber des elektronischen Bundesanzeigers, ob die einzureichenden Unterlagen fristgemäß und vollzählig eingereicht worden sind.

Ist das nicht der Fall, wird das Bundesamt für Justiz in Bonn informiert, das dann von Amts wegen ein Ordnungsgeldverfahren einleitet und betreibt.

Das Ordnungsgeldverfahren kann gegen die Organmitglieder, z. B. den Geschäftsführer einer GmbH, oder gegen die offenlegungspflichtige Gesellschaft selbst durchgeführt werden.

Im ersten Schritt wird die Festsetzung des Ordnungsgeldes angedroht. Die Gesellschaft kann dann noch innerhalb von sechs Wochen die Offenlegungspflicht erfüllen und das Ordnungsgeld wird nicht festgesetzt.

Wird die Offenlegungspflicht nicht erfüllt, wird das angedrohte Ordnungsgeld festgesetzt. Es beträgt mindestens 2.500,00 €, höchstens 25.000,00 €.

13.2.4 Besonderheiten einzelner Bilanzposten

13.2.4.1 Ausweis des Anlagevermögens

Gemäß § 268 Abs. 2 HGB müssen Kapitalgesellschaften die Entwicklung der einzelnen Posten des Anlagevermögens in der Bilanz oder im Anhang darstellen (Anlagenspiegel/Anlagengitter).

13.2.4.2 Ausweis der Forderungen

Um einen Einblick in die Liquidität eines Unternehmens zu gewähren, ist der Betrag der Forderungen zu vermerken, die eine Restlaufzeit von mehr als einem Jahr haben, § 268 Abs. 4 HGB.

§ 266 HGB sieht für die offenlegungspflichtige Bilanz von Kapitalgesellschaften die Position „Wertberichtigungen" nicht vor. Bei Kapitalgesellschaften sind daher die Pauschalwertberichtigungen ebenso wie die Einzelwertberichtigungen vom Forderungsbestand abzusetzen.

13.2.4.3 Ausweis der Verbindlichkeiten

Um die Liquidität des Unternehmens sichtbar zu machen, ist der Betrag von Verbindlichkeiten mit einer Restlaufzeit bis zu einem Jahr zu vermerken, § 268 Abs. 5 HGB.

Zu den in der Bilanz ausgewiesenen Verbindlichkeiten ist im Anhang ferner anzugeben

a) der Gesamtbetrag der Verbindlichkeiten mit einer Restlaufzeit von mehr als fünf Jahren, § 285 Nr. 1 a HGB,

b) der Gesamtbetrag der Verbindlichkeiten, die durch Pfandrechte oder ähnliche Rechte gesichert sind, unter Angabe von Art und Form der Sicherheiten, § 285 Nr. 1 b HGB.

Die Anforderungen des HGB an den Ausweis der Verbindlichkeiten können in einem **Verbindlichkeitenspiegel** übersichtlich dargestellt werden.

Verprobungen in Handels-
bilanzen, Kalkulationen und
Lagermesszahlen

Statistik

Einnahme-Überschuss-
Rechnung gemäß
§ 4 Abs. 3 EStG

Kapitel 13

BEISPIEL

Beträge in €		Restlaufzeit			gesicherte Verbindlichkeiten	
Verbindlich-keitenart	Gesamt-betrag	bis 1 Jahr	1 Jahr bis 5 Jahre	mehr als 5 Jahre	Betrag	Art der Sicherheit
⋮	⋮	⋮	⋮	⋮	⋮	⋮
Verbind-lichkeiten gegenüber Kredit-instituten	980.000,00	340.000,00			150.000,00 100.000,00	Bürgschaft Sicherungs-übereignung
			280.000,00		140.000,00 60.000,00	Bürgschaft Grundpfand-recht
				360.000,00	300.000,00 60.000,00	Grund-pfandrecht Sicherungs-übereignung
⋮	⋮	⋮	⋮	⋮	⋮	⋮

Nach der Fristigkeit/Fälligkeit werden die Verbindlichkeiten folgendermaßen eingeteilt:

Restlaufzeit bis 1 Jahr:	kurzfristige Verbindlichkeiten
Restlaufzeit 1 Jahr bis 5 Jahre:	mittelfristige Verbindlichkeiten
Restlaufzeit über 5 Jahre:	langfristige Verbindlichkeiten

13.2.5 Gewinn- und Verlustrechnung gemäß HGB

§ 275 HGB schreibt großen und mittelgroßen Kapitalgesellschaften den Aufbau der zu veröffentlichenden Gewinn- und Verlustrechnung vor.

Die Gewinn- und Verlustrechnung ist in Staffelform zu erstellen. Um Vergleiche zum Vorjahr zu ermöglichen, ist – wie bei der Bilanz – zu jedem Posten der Vorjahresbetrag anzugeben.

Die Gewinn- und Verlustrechnung kann wahlweise nach dem **Gesamtkostenverfahren** (§ 275 Abs. 2 HGB) oder nach dem **Umsatzkostenverfahren** (§ 275 Abs. 3 HGB) aufgestellt werden.

Beim Umsatzkostenverfahren finden – im Gegensatz zum Gesamtkostenverfahren – die Bestandsveränderungen an fertigen und unfertigen Erzeugnissen im Ergebnis keine Berücksichtigung.

Die beiden Kostenverfahren unterscheiden sich zudem darin, dass die betrieblichen Aufwendungen

- beim Gesamtkostenverfahren in „Materialaufwand", „Personalaufwand", „Abschreibungen" und „sonstige betriebliche Aufwendungen" gegliedert sind,
- beim Umsatzkostenverfahren hingegen in „Herstellungskosten", „Vertriebskosten", „allgemeine Verwaltungskosten" und „sonstige betriebliche Aufwendungen".

Die Erfolgsrechnung nach dem Umsatzkostenverfahren setzt folglich eine Kostenstellenrechnung voraus. Unterschiedliche Gemeinkostenschlüsselungen erschweren hier Betriebsvergleiche.

Das Umsatzkostenverfahren ist besonders in angelsächsischen Ländern verbreitet. In der Bundesrepublik Deutschland ist das Gesamtkostenverfahren vorherrschend.

Bei Anwendung des Gesamtkostenverfahrens sind in der Gewinn- und Verlustrechnung auszuweisen[1]:

betriebliche Erträge	1. Umsatzerlöse 2. Erhöhung oder Verminderung des Bestands an fertigen und unfertigen Erzeugnissen[2] 3. andere aktivierte Eigenleistungen 4. sonstige betriebliche Erträge

− Materialaufwand	5. Materialaufwand:
	   a) Aufwendungen für Roh-, Hilfs- und Betriebsstoffe und für bezogene Waren
	   b) Aufwendungen für bezogene Leistungen

= Rohergebnis[3]	

− betriebliche Aufwendungen	6. Personalaufwand:
	   a) Löhne und Gehälter
	   b) soziale Abgaben und Aufwendungen für Altersversorgung und für Unterstützung, davon für Altersversorgung
	7. Abschreibungen:
	   a) auf immaterielle Vermögensgegenstände des Anlagevermögens und Sachanlagen
	   b) auf Vermögensgegenstände des Umlaufvermögens, soweit sie die in der Kapitalgesellschaft üblichen Abschreibungen überschreiten
	8. sonstige betriebliche Aufwendungen

= Betriebsergebnis (auch: operatives Ergebnis)[3]	
+/− Finanzergebnis[3]	9. Erträge aus Beteiligungen, davon aus verbundenen Unternehmen 10. Erträge aus anderen Wertpapieren und Ausleihungen des Finanzanlagevermögens, davon aus verbundenen Unternehmen 11. sonstige Zinsen und ähnliche Erträge, davon aus verbundenen Unternehmen 12. Abschreibungen auf Finanzanlagen und auf Wertpapiere des Umlaufvermögens 13. Zinsen und ähnliche Aufwendungen, davon an verbundene Unternehmen
= Ergebnis der gewöhnlichen Geschäftstätigkeit	14. Ergebnis der gewöhnlichen Geschäftstätigkeit[4]
+/− außerordentliches Ergebnis	15. außerordentliche Erträge 16. außerordentliche Aufwendungen 17. außerordentliches Ergebnis[4]
− Steuern	18. Steuern vom Einkommen und vom Ertrag 19. sonstige Steuern 20. Jahresüberschuss/Jahresfehlbetrag
= Jahresüberschuss/ Jahresfehlbetrag	20. Jahresüberschuss/Jahresfehlbetrag

---

1 Für große Kapitalgesellschaften gilt das vollständige GuV-Gliederungsschema. Kleine und mittelgroße Kapitalgesellschaften dürfen die Posten Nr. 1 bis 5 zu einem Posten unter der Bezeichnung „Rohergebnis" zusammenfassen (§ 276 HGB). Bei kleinen Kapitalgesellschaften entfällt zudem die Offenlegung

2 In Handelsbetrieben werden die Bestandsveränderungen nicht gesondert ausgewiesen. Sie sind in der Position 5 (Materialaufwand = Wareneinsatz) enthalten.

3 Diese Zwischenergebnisse werden im GuV-Gliederungsschema nicht explizit ausgewiesen.

4 Es wird ein „Ergebnis der gewöhnlichen Geschäftstätigkeit" (Position 14) und ein „außerordentliches Ergebnis" (Position 17) festgestellt. Diese Ergebnisbegriffe des § 275 HGB sind inhaltlich nicht identisch mit den Ergebnisbegriffen der Kosten- und Leistungsrechnung (Ergebnistabelle).

Kapitalgesell- schaften	Abschluss			Lagebericht (§ 289 HGB)
	Bilanz (§ 266 HGB)	GuV (§ 275 HGB)	Anhang (§§ 284, 285 HGB)	
große	ungekürzt	ungekürzt	ungekürzt	ja
mittelgroße	mit Erleichterungen (§ 327 HGB)	verkürzt (§ 276 HGB)	verkürzt (§ 288 S. 2, § 327 Abs. 2 HGB)	ja
kleine	verkürzt (§ 266 Abs. 1 S. 3 HGB)	verkürzt (§ 276 HGB) keine Offenlegung	verkürzt (§ 288 S. 1 HGB)	nein

1. Kapitalgesellschaften haben den handelsrechtlichen Jahresabschluss (Bilanz, GuV, Anhang) und einen Lagebericht offenzulegen.
2. Mit Offenlegung ist die Bekanntmachung des Jahresabschlusses und der weiteren Unterlagen im elektronischen Bundesanzeiger gemeint.
3. Nach Art und Umfang ist die Offenlegungspflicht unterschiedlich ausgestaltet. Sie hängt von der Größe der jeweiligen Kapitalgesellschaft ab. Man unterscheidet hier kleine, mittelgroße und große Kapitalgesellschaften.
4. § 266 HGB schreibt für Kapitalgesellschaften ein ausführliches Bilanzgliederungsschema vor, das weitgehend Einsicht in die Finanz- und Vermögenslage des jeweiligen Unternehmens gibt. Die volle Anwendung des Bilanzgliederungsschemas ist jedoch abhängig von der Größenklasse.
5. § 275 HGB schreibt Kapitalgesellschaften den Aufbau der Gewinn- und Verlustrechnung (in Staffelform) vor. Die volle Anwendung des Gliederungsschemas für die Gewinn- und Verlustrechnung ist abhängig von der Größenklasse. Kleine Kapitalgesellschaften brauchen die Gewinn- und Verlustrechnung nicht offenzulegen.

13.2.6 Anhang

Der Anhang, §§ 284 – 288 HGB, soll weitere Informationen geben, indem er einzelne Bilanz- und GuV-Positionen erläutert. Ziel ist es, die Bilanz übersichtlich zu halten und trotzdem erforderliche Informationen zu geben, die ein realistisches Bild des Unternehmens ermöglichen.

Man unterscheidet zwischen:

- **Pflichtangaben:** Sie müssen in jedem Jahresabschluss gemacht werden.
- **Wahlpflichtangaben:** Hierunter fallen Angaben, die in der Bilanz bzw. der Gewinn- und Verlustrechnung oder alternativ im Anhang gemacht werden dürfen.
- **zusätzliche Angaben:** Sie dienen dazu, ein tatsächliches Bild der Vermögens-, Finanz- und Ertragslage zu geben.
- **freiwillige Angaben**: Sie können gemacht werden, z. B. Kapitalflussrechnung.

Zu den Angaben gehören z. B.:

- Angabe der Bilanzierungs- und Bewertungsmethoden,
- Angabe der Verbindlichkeiten mit einer Restlaufzeit von mehr als fünf Jahren, der Betrag der Verbindlichkeiten, der durch Pfandrechte oder ähnliche Rechte gesichert ist,
- Aufgliederung der Umsatzerlöse nach Tätigkeitsbereichen sowie nach geografisch bestimmten Märkten,
- durchschnittliche Zahl der während des Geschäftsjahres beschäftigten Arbeitnehmer getrennt nach Gruppen.

Kleine und mittelgroße Kapitalgesellschaften erfahren auch hier wiederum Erleichterungen, § 288 HGB.

13.2.6.1 Anlagenspiegel

Zu den Wahlpflichtangaben gehört die Entwicklung der einzelnen Posten des Anlagevermögens, § 268 Abs. 2 HGB.

Dabei sind, ausgehend von den gesamten Anschaffungs- und Herstellungskosten, die Zugänge, Abgänge, Umbuchungen und Zuschreibungen des Geschäftsjahres sowie die Abschreibungen in ihrer gesamten Höhe gesondert aufzuführen, § 268 Abs. 2 S. 2 HGB.

Den Zugängen und Abgängen liegen mengenmäßige Veränderungen des Anlagevermögens zugrunde:

- Zugänge ergeben sich aus Anschaffungen.
- Abgänge resultieren aus Veräußerungen, Entnahmen und Verschrottungen.

Umbuchungen werden vorgenommen, wenn Anlagegüter in andere Bilanzpositionen aufgenommen werden. Im Bau befindliche Anlagen werden beispielsweise zunächst auf dem Konto „Anlagen im Bau" erfasst, um dann nach ihrer Fertigstellung auf das entsprechende Anlagekonto umgebucht zu werden (z. B. „Maschinen" an „Anlagen im Bau").

Bei Zuschreibungen und Abschreibungen handelt es sich um wertmäßige Veränderungen des Anlagevermögens im Rahmen von Bewertungen zum Abschlussstichtag.

BEISPIEL

Bilanzposition: Technische Anlagen und Maschinen

Jahr 1: AB: 0,00
Januar: Kauf einer Maschine A zu 60.000,00 € Anschaffungskosten
Abschreibung: 10 % linear

Jahr 2: Januar: Kauf einer Maschine B zu 200.000,00 € Anschaffungskosten
Abschreibung: 10 % linear

Jahr 3: Verkauf von Maschine A

Die Entwicklung der Bilanzposition „Technische Anlagen und Maschinen" wird nun in einem Anlagenspiegel (Anlagengitter) im Anhang oder bei den Bilanzerläuterungen aufgezeigt.

Anlagenspiegel (Anlagengitter) der Bilanzposition „Technische Anlagen und Maschinen": (Werte in €)

Position des AV	Jahr	AB zu AK/HK	Zugänge zu AK/HK	Abgänge zu AK/HK	Umbuchungen	Zuschreibungen	Abschreibungen			Buchwert 31. Dez. Abschlussjahr	Buchwert 31. Dez. Vorjahr
							der Vorjahre	des Abschlussjahres	insgesamt		
Techn. Anlagen und Maschinen	1	0	60.000	–	–	–	–	6.000	6.000	54.000	0
	2	60.000	200.000	–	–	–	6.000	26.000	32.000	228.000	54.000
	3	260.000	–	60.000	–	–	20.000[1]	20.000[1]	40.000[1]	160.000[1]	228.000

Für Zwecke der Offenlegung darf gemäß § 327 HGB der Anlagenspiegel für mittelgroße Kapitalgesellschaften verkürzt werden.

---

[1] Im Fall von Anlagenabgängen werden die ausgeschiedenen Anlagegüter in den Abschreibungen und im Buchwert nicht mehr berücksichtigt.

| Verprobungen in Handelsbilanzen, Kalkulationen und Lagermesszahlen | Statistik | Einnahme-Überschuss-Rechnung gemäß § 4 Abs. 3 EStG |

Kapitel 13

> 1. Der Anlagenspiegel zeigt die Entwicklung der einzelnen Posten des Anlagevermögens auf.
> 2. Durch den Ausweis der insgesamt angefallenen (kumulierten) Abschreibungsbeträge jeder Position des Anlagevermögens liefert der Anlagenspiegel u. a. die Informationen der Wertberichtigungskonten.

13.2.6.2 Lagebericht

Im Lagebericht, § 289 HGB, sind der Geschäftsverlauf und die Lage der Kapitalgesellschaft darzustellen.

Bei Darstellung der Rahmenbedingungen ist z. B. auf die wichtigsten Produkte, Geschäftsprozesse und Absatzmärkte einzugehen. Außerdem werden u. U. Forschungs- und Entwicklungsaktivitäten dargestellt sowie die gesamtwirtschaftlichen Rahmenbedingungen.

Es werden Aussagen getroffen über die wirtschaftliche Lage des Unternehmens zum Zeitpunkt der Aufstellung des Lageberichts, z. B. über Umstrukturierungsmaßnahmen, den Abschluss von wichtigen Verträgen oder zu Schadensfällen.

Auf Vorgänge von besonderer Bedeutung nach Abschluss des Geschäftsjahres wird hingewiesen und es werden Angaben darüber gemacht, wie diese Vorgänge sich wahrscheinlich auf die Ertrags-, Finanz- und Vermögenslage des Unternehmens auswirken werden.

13.2.6.3 Prüfung des Jahresabschlusses

Gemäß § 316 HGB müssen mittelgroße und große Kapitalgesellschaften den Jahresabschluss und den Lagebericht durch einen Abschlussprüfer, meistens Wirtschaftsprüfer, prüfen lassen. Hat keine Prüfung stattgefunden, kann der Jahresabschluss nicht festgestellt werden.

Werden vom Abschlussprüfer keine Einwendungen geltend gemacht, hat er das Ergebnis der Prüfung in einem Bestätigungsvermerk zusammenzufassen, § 322 HGB.

Kapitel 13

| Jahresabschluss | Abgrenzung zwischen Finanzbuchführung und Kosten- und Leistungsrechnung | Auswertung des Jahresabschlusses |

AUFGABEN

1. Welche Aussagen sind richtig? Begründen Sie Ihre Meinung.
   a) Eine OHG hat ihre Bilanz gemäß § 266 HGB offenzulegen.
   b) Der Lagebericht ist Bestandteil des Jahresabschlusses.
   c) Im Lagebericht sind u. a. der Geschäftsverlauf und die Lage der Kapitalgesellschaft darzustellen.
   d) Im Anhang ist der Jahresabschluss zu erläutern.
   e) Das HGB unterscheidet zwei Größenklassen von Kapitalgesellschaften: kleine und große Kapitalgesellschaften.
   f) Mit Offenlegung ist die Bekanntmachung des Jahresabschlusses und der weiteren Unterlagen im elektronischen Bundesanzeiger gemeint.
   g) Nur große Kapitalgesellschaften haben den Jahresabschluss (Bilanz, GuV, Anhang) ungekürzt offenzulegen.
   h) In der Bilanz ist zu jedem Posten nur der Jahresbetrag anzugeben.
   i) Gemäß § 266 HGB müssen Einzel- und Pauschalwertberichtigungen auf der Passivseite der Bilanz ausgewiesen werden.
   j) Die Gewinn- und Verlustrechnung ist gemäß § 275 HGB in Kontenform zu erstellen.
   k) Ein kleines Einzelunternehmen hat eine Gewinn- und Verlustrechnung gemäß § 275 HGB zu erstellen.
   l) Kleine und mittelgroße Kapitalgesellschaften dürfen in der Gewinn- und Verlustrechnung die Posten Nr. 1 bis 5 des § 275 Abs. 2 HGB zu einem Posten unter der Bezeichnung „Rohergebnis" zusammenfassen. Bei kleinen Kapitalgesellschaften entfällt zudem die Offenlegung der Gewinn- und Verlustrechnung.

2. Erstellen Sie aus dem unten stehenden Schlussbilanzkonto eine Bilanz für eine Kapitalgesellschaft
   – mit einer Bilanzsumme von ca. 2,1 Mio. €,
   – mit Umsatzerlösen von ca. 5,5 Mio. € und
   – mit durchschnittlich 48 Arbeitnehmern.

   Die Zahlen gelten für die letzten beiden Geschäftsjahre.

Soll			Schlussbilanzkonto in €		Haben
	Berichtsjahr	Vorjahr		Berichtsjahr	Vorjahr
Lizenzen	56.000,00	50.000,00	Gez. Kapital	1.038.500,00	1.000.000,00
Bebaute Grundstücke	750.000,00	725.000,00	Kapitalrücklage	50.000,00	45.000,00
Anlagen	400.000,00	380.000,00	Gesetzl. Gewinnrückl.	40.000,00	50.000,00
Büroausstattung	160.000,00	175.000,00	Gewinnvortrag	15.000,00	30.000,00
Beteiligungen	75.000,00	60.000,00	Jahresüberschuss	40.000,00	50.000,00
Wertpapiere Anlagev.	45.000,00	40.000,00	Pensionsrückst.	50.000,00	45.000,00
Rohstoffe	200.000,00	180.000,00	Steuerrückst.	15.000,00	20.000,00
Fremdbauteile	40.000,00	45.000,00	Kurzfr. Verbindlichk.	700.000,00	650.000,00
Hilfsstoffe	25.000,00	30.000,00	Verbindl. a. LL	130.500,00	96.000,00
Betriebsstoffe	50.000,00	60.000,00	Umsatzsteuer	6.000,00	7.000,00
Unfertige Erzeugnisse	35.000,00	25.000,00	Verbindl. Finanzamt	15.000,00	14.000,00
Fertige Erzeugnisse	45.000,00	35.000,00	Verbindl. Soz.Vers.	12.500,00	10.000,00
Forderungen a. LL	144.000,00	135.000,00	Sonstige Verbindl.	15.000,00	12.500,00
Sonstige Forderungen	2.500,00	3.000,00	Passive RAP	5.000,00	4.000,00
Wertpapiere Umlaufv.	20.000,00	22.500,00			
Bank	75.000,00	60.000,00			
Kasse	5.000,00	4.000,00			
Aktive RAP	5.000,00	4.000,00			
	2.132.500,00	2.033.500,00		2.132.500,00	2.033.500,00

3. Erstellen Sie die Bilanz einer kleinen Kapitalgesellschaft. (Beträge in €)

Konten	Berichtsjahr Soll	Berichtsjahr Haben	Vorjahr Soll	Vorjahr Haben
Lizenzen	80.000,00	–	80.000,00	–
Bebaute Grundstücke	500.000,00	–	540.000,00	–
Maschinen	750.000,00	–	670.000,00	–
Fuhrpark	150.000,00	–	120.000,00	–
Büroausstattung	80.000,00	–	90.000,00	–
Wertpapiere des Anlagevermögens	70.000,00	–	60.000,00	–
Rohstoffe	250.000,00	–	220.000,00	–
Hilfsstoffe	90.000,00	–	70.000,00	–
Betriebsstoffe	80.000,00	–	90.000,00	–
Unfertige Erzeugnisse	60.000,00	–	50.000,00	–
Fertige Erzeugnisse	95.000,00	–	80.000,00	–
Forderungen a. LL	220.000,00	–	268.000,00	–
Sonstige Forderungen	8.000,00	–	7.000,00	–
Wertpapiere des Umlaufvermögens	30.000,00	–	40.000,00	–
Bank	150.000,00	–	120.000,00	–
Kasse	9.000,00	–	10.000,00	–
Aktive RAP	8.000,00	–	6.000,00	–
Gezeichnetes Kapital	–	1.041.000,00	–	878.000,00
Kapitalrücklage	–	90.000,00	–	80.000,00
Gesetzl. Gewinnrücklage	–	50.000,00	–	70.000,00
Gewinnvortrag	–	30.000,00	–	40.000,00
Jahresüberschuss	–	100.000,00	–	120.000,00
Pensionsrückstellung	–	30.000,00	–	40.000,00
Kurzfristige Verbindlichkeiten	–	900.000,00	–	950.000,00
Verbindlichkeiten a. LL	–	320.000,00	–	290.000,00
Umsatzsteuer	–	15.000,00	–	10.000,00
Verbindlichkeiten Finanzamt	–	25.000,00	–	20.000,00
Verbindlichkeiten SozVers.	–	20.000,00	–	15.000,00
Passive RAP	–	9.000,00	–	8.000,00
	2.630.000,00	2.630.000,00	2.521.000,00	2.521.000,00

4. Erstellen Sie für die Bilanzposition „Verbindlichkeiten gegenüber Kreditinstituten" einen Verbindlichkeitenspiegel nach dem Muster in Kapitel 13.2.4.3.

Betrag	Restlaufzeit	Sicherung
520.000,00 €	20 Jahre	Grundpfandrecht
90.000,00 €	12 Jahre	Grundpfandrecht
160.000,00 €	9 Jahre	Sicherungsübereignung
80.000,00 €	7 Jahre	Bürgschaft
100.000,00 €	5 Jahre	Grundpfandrecht
50.000,00 €	4 Jahre	–
120.000,00 €	2 Jahre	Sicherungsübereignung
140.000,00 €	10 Monate	Bürgschaft
5.000,00 €	8 Monate	Grundpfandrecht
300.000,00 €	6 Monate	–
60.000,00 €	4 Monate	Bürgschaft
200.000,00 €	1 Monat	–
1.825.000,00 €		

5. a) Erstellen Sie aus den unten stehenden Angaben die ungekürzte Gewinn- und Verlustrechnung einer großen Kapitalgesellschaft gemäß § 275 Abs. 2 HGB.

b) Gehen Sie davon aus, dass es sich um eine mittelgroße Kapitalgesellschaft handelt, und fassen Sie die Positionen 1 bis 5 des GuV-Gliederungsschemas zu einem Posten zusammen.

c) Ermitteln Sie neben dem Ergebnis der gewöhnlichen Geschäftstätigkeit und dem Jahresüberschuss/Jahresfehlbetrag auch das Betriebsergebnis und das Finanzergebnis aus der offenzulegenden Gewinn- und Verlustrechnung.

Beiträge in €	Berichtsjahr		Vorjahr	
Konten	Soll	Haben	Soll	Haben
Umsatzerlöse eigene Erzeugnisse	–	33.100.000,00	–	32.900.000,00
Bestandsveränderung unfertige Erzeugnisse	–	80.000,00	–	160.000,00
Bestandsveränderung fertige Erzeugnisse	180.000,00	–	40.000,00	–
Erträge aus Abgang Vermögensgegenstände	–	60.000,00	–	80.000,00
Periodenfremde Erträge	–	50.000,00	–	60.000,00
Zinserträge	–	12.000,00	–	20.000,00
Außerordentliche Erträge	–	90.000,00	–	100.000,00
Aufwendungen für Rohstoffe	21.800.000,00	–	22.500.000,00	–
Aufwendungen für Hilfsstoffe	500.000,00	–	400.000,00	–
Aufwendungen für Betriebsstoffe	600.000,00	–	500.000,00	–
Frachten	80.000,00	–	70.000,00	–
Löhne	3.900.000,00	–	3.800.000,00	–
Arbeitgeberanteil Soz.Versicherung	790.000,00	–	740.000,00	–
Abschreibungen auf Sachanlagen	4.100.000,00	–	3.900.000,00	–
Sonstige Personalaufwendungen	20.000,00	–	10.000,00	–
Fahrtkosten Arbeitnehmer	10.000,00	–	7.000,00	–
Fortbildung Arbeitnehmer	40.000,00	–	50.000,00	–
Miete	210.000,00	–	180.000,00	–
Büromaterial	190.000,00	–	210.000,00	–
Abschreibung auf Forderungen	20.000,00	–	30.000,00	–
Verluste aus dem Abgang von Vermögensgegenstände	50.000,00	–	60.000,00	–
Periodenfremde Erträge	100.000,00	–	30.000,00	–
Zinsaufwendungen	30.000,00	–	50.000,00	–
Außerordentliche Aufwendungen	70.000,00	–	130.000,00	–
Gewerbesteuer	40.000,00	–	30.000,00	–
Körperschaftsteuer	130.000,00	–	100.000,00	–

6. a) Erstellen Sie aus den unten stehenden Angaben die ungekürzte Gewinn- und Verlustrechnung einer großen Kapitalgesellschaft gemäß § 275 Abs. 2 HGB.

b) Gehen Sie davon aus, dass es sich um eine mittelgroße Kapitalgesellschaft handelt, und fassen Sie die Positionen 1 bis 5 des GuV-Gliederungsschemas zu einem Posten zusammen.

c) Ermitteln Sie neben dem Ergebnis der gewöhnlichen Geschäftstätigkeit und dem Jahresüberschuss/Jahresfehlbetrag auch das Betriebsergebnis und das Finanzergebnis aus der offenzulegenden Gewinn- und Verlustrechnung.

Kapitel 13

Beiträge in €	Berichtsjahr		Vorjahr	
Konten	Soll	Haben	Soll	Haben
Umsatzerlöse eigene Erzeugnisse	–	32.500.000,00	–	32.300.000,00
Erlösberichtigung	200.000,00	–	150.000,00	–
Bestandsveränderung unfertige Erzeugnisse	–	170.000,00	–	80.000,00
Bestandsveränderung fertige Erzeugnisse	50.000,00	–	180.000,00	–
Periodenfremde Erträge	–	70.000,00	–	90.000,00
Zinserträge	–	30.000,00	–	20.000,00
Außerordentliche Erträge	–	80.000,00	–	50.000,00
Aufwendungen für Rohstoffe	20.700.000,00	–	20.900.000,00	–
Aufwendungen für Betriebsstoffe	900.000,00	–	800.000,00	–
Fremdinstallation	100.000,00	–	90.000,00	–
Löhne	3.500.000,00	–	3.200.000,00	–
Gehälter	1.200.000,00	–	1.000.000,00	–
Arbeitgeberanteil Soz.Versicherung Löhne	900.000,00	–	800.000,00	–
Arbeitgeberanteil Soz.Versicherung Gehälter	150.000,00	–	110.000,00	–
Abschreibungen auf Sachanlagen	3.700.000,00	–	3.900.000,00	–
Aufwendungen für Dienstjubiläum	20.000,00	–	10.000,00	–
Aufwendungen für Belegschaftsveranstaltung	50.000,00	–	30.000,00	–
Leasing	230.000,00	–	280.000,00	–
Büromaterial	200.000,00	–	220.000,00	–
Abschreibung auf Forderungen	50.000,00	–	40.000,00	–
Einstellung in Gewährleistungsrückstellung	30.000,00	–	50.000,00	–
Periodenfremde Aufwendungen	90.000,00	–	100.000,00	–
Diskontaufwendungen	60.000,00	–	70.000,00	–
Außerordentliche Aufwendungen	50.000,00	–	90.000,00	–
Gewerbesteuer	70.000,00	–	60.000,00	–
Körperschaftsteuer	150.000,00	–	140.000,00	–

7. Erstellen Sie einen Anlagenspiegel fortführend für die Jahre 01, 02 und 03.

   Bilanzposition: Technische Anlagen und Maschinen
   Jahr 01:   AB zu Anschaffungskosten: 100.000,00 €
              Januar: Kauf einer Maschine A zu 50.000,00 € Anschaffungskosten
              Summe der Abschreibungen der Vorjahre: 40.000,00 €
              Abschreibungen auf AB und Maschine A: 10 % linear
              Buchwert am 31. Dez. des Vorjahres: 60.000,00 €
   Jahr 02:   Januar: Kauf einer Maschine B zu 80.000,00 € Anschaffungskosten
              Abschreibung: 10 % linear
   Jahr 03:   August: Verkauf von Maschine A

8. Erstellen Sie einen Anlagenspiegel fortführend für die Jahre 01, 02, 03 und 04.

   Bilanzposition: Andere Anlagen, Betriebs- und Geschäftsausstattung
   Jahr 1:   AB zu Anschaffungskosten: 0,00 €
              Januar: Kauf eines Lkw zu 100.000,00 € Anschaffungskosten
              Abschreibung: 20 % linear
              Buchwert am 31. Dez. des Vorjahres: 0,00 €
   Jahr 2:   Januar: Kauf einer EDV-Anlage für 50.000,00 € Anschaffungskosten
              Abschreibung: 20 % linear
   Jahr 3:   Abschreibung: 20 % linear
   Jahr 4:   August: Verkauf des Lkw

14 Abgrenzung zwischen Finanzbuchführung und Kosten- und Leistungsrechnung

> **LERNSITUATION**
>
> Ein Möbelhersteller ermittelt einen Gesamtgewinn nach handels- und steuerrechtlichen Grundsätzen für sein Unternehmen. Trotzdem fragt er sich, ob er nun alle Möbelstücke mit Gewinn veräußert oder ob es nicht doch die ein oder andere Produktion gibt, die mit Verlust arbeitet. In diesem Fall müsste er Maßnahmen ergreifen, um das zu ändern. Die Angaben in der Gewinnermittlung helfen ihm nicht weiter.
> Was muss er tun?

Die Finanzbuchführung stellt ein geschlossenes Buchführungssystem dar, dessen Erfolgsrechnung (Erfolgskonten) in die Gewinn- und Verlustrechnung mündet und dessen Bestandsrechnung (Bestandskonten) in die Bilanz fließt.

Die Erfolgsrechnung der Finanzbuchführung wird entscheidend von steuerrechtlichen und handelsrechtlichen Vorschriften (z. B. Abschreibungs- und Bewertungsvorschriften) bestimmt. Den Anforderungen einer betriebswirtschaftlichen Betrachtung wird die Erfolgsrechnung nicht gerecht.

Die positiven und negativen Erfolgselemente der Gewinn- und Verlustrechnung heißen **Erträge** und **Aufwendungen.** Die Gegenüberstellung von Erträgen und Aufwendungen im Gewinn- und Verlustkonto ergibt das **Gesamtergebnis,** einen **Gesamtgewinn** oder einen **Gesamtverlust.**

Die Finanzbuchführung (Geschäftsbuchführung) beinhaltet die Bestandsrechnung und die Erfolgsrechnung.

Darüber hinaus kann es ein zweites **individuelles Abrechnungssystem** geben. Es wird geprägt durch die Branchenzugehörigkeit und durch die Eigenart des Betriebsprozesses. Es wird also auf die speziellen Bedürfnisse der Unternehmen ausgerichtet.

Wie die Finanzbuchführung kann die Kosten- und Leistungsrechnung kontenmäßig nach dem Prinzip der Doppik gestaltet werden. Man bezeichnet sie dann als **Betriebsbuchführung.**

Die positiven und negativen Erfolgselemente sind **Leistungen** und **Kosten.**

Leistungen sind betriebsbedingte Erträge, die sich aus dem Wertzuwachs und der Veräußerung betrieblicher Sachgüter oder Dienstleistungen ergeben.

Kosten umfassen den Werteverzehr, der zur betrieblichen Leistungserstellung erforderlich ist.

Die Gegenüberstellung von Leistungen und Kosten ergibt das Betriebsergebnis, einen Betriebsgewinn oder einen Betriebsverlust.

Die **Kosten- und Leistungsrechnung** orientiert sich an **betriebswirtschaftlichen Erfordernissen.** Sie bildet die Basis für Planungen und für unternehmerische Entscheidungen.

In der betrieblichen Praxis werden Kosten und Leistungen i. d. R. nicht kontenmäßig, sondern tabellarisch in Ergebnistabellen erfasst. Die tabellarische Kosten- und Leistungsrechnung ist weniger arbeitsaufwendig und übersichtlicher.

| Verprobungen in Handels-bilanzen, Kalkulationen und Lagermesszahlen | Statistik | Einnahme-Überschuss-Rechnung gemäß § 4 Abs. 3 EStG |

Kapitel 14

14.1 Ergebnistabelle

In jedem Unternehmen findet ein Leistungsprozess statt, der einen Gewinn erwirtschaften soll.

In einem Industriebetrieb werden Waren hergestellt und an den Handel geliefert. Der Großhandelsbetrieb kauft die Waren ein, lagert sie und verkauft sie im unveränderten Zustand an den Einzelhandel. Der wiederum stellt den Verkaufskontakt zum Endverbraucher her.

Um die Wirtschaftlichkeit eines Unternehmens zu ermitteln, gilt es, speziell für den betrieblichen Leistungsprozess (= operatives Geschäft) einen Gewinn oder Verlust festzustellen. Dies geschieht in der Kosten- und Leistungsrechnung durch die Errechnung des Betriebsergebnisses.

Das Betriebsergebnis wird in der kaufmännischen Praxis meistens mithilfe einer **Ergebnistabelle** ermittelt.

Eine Ergebnistabelle (siehe unten) weist den folgenden dargestellten Aufbau auf:

- Im linken Teil enthält die Ergebnistabelle die Erfolgsrechnung der Finanzbuchführung. Hier wird nach handelsrechtlichen und steuerrechtlichen Vorschriften ein Gesamtergebnis ermittelt. Für die Kosten- und Leistungsrechnung ist dieses Gesamtergebnis unbrauchbar.
- Der rechte Teil der Ergebnistabelle beinhaltet die Kosten- und Leistungsrechnung. Er wird unterteilt in den **Abgrenzungsbereich** und in den **Kosten- und Leistungsbereich.**

Rechnungskreis I				Rechnungskreis II					
Finanzbuchführung				Kosten- und Leistungsrechnung					
Erfolgsbereich				Abgrenzungsbereich ❶				Kosten- und Leistungsbereich	
Kto.-Nr.	Konten	Aufwen-dungen	Erträge	Unternehmensbezogene Abgrenzungen		Kostenrechnerische Korrekturen		Kosten	Leistungen
				Aufwen-dungen	Erträge	Aufwen-dungen	Erträge		
				Ergebnis aus unternehmensbezogenen Abgrenzungen		Ergebnis aus kostenrechnerischen Korrekturen			
				Abgrenzungsergebnis ❷				Betriebsergebnis	
		Gesamtergebnis		Gesamtergebnis ❸					

Im **Abgrenzungsbereich ❶** werden unternehmensbezogene Abgrenzungen und kostenrechnerische Korrekturen vorgenommen. Entsprechend ergibt sich hier ein Ergebnis aus unternehmensbezogenen Abgrenzungen bzw. aus kostenrechnerischen Korrekturen. Die Summe dieser Ergebnisse ist das **Abgrenzungsergebnis ❷**.

Abgrenzungsergebnis = Ergebnis aus unternehmensbezogenen Abgrenzungen
+ Ergebnis aus kostenrechnerischen Korrekturen

Im **Kosten- und Leistungsbereich** wird aufgrund von Kosten und Leistungen ein Betriebsergebnis ausgewiesen.

Die Addition von Abgrenzungsergebnis und Betriebsergebnis ergibt das **Gesamtergebnis ❸**, das auch in der Finanzbuchführung ermittelt wird.

Gesamtergebnis = Abgrenzungsergebnis + Betriebsergebnis

Die Kosten- und Leistungsrechnung weist im Gegensatz zur Geschäftsbuchung die Teilergebnisse differenziert aus.

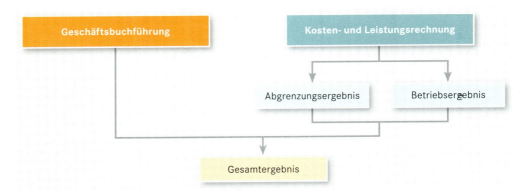

14.2 Unternehmensbezogene Abgrenzungen in der Ergebnistabelle

Die Ausgangsdaten der Ergebnistabelle liefert die Erfolgsrechnung (GuV-Rechnung) der Finanzbuchführung.

Einige dieser Ausgangsdaten sind Erfolgsgrößen, die sowohl in der Finanzbuchführung als auch in der Kosten- und Leistungsrechnung **in gleicher Höhe** in Ansatz gebracht werden können. Diese Erfolgselemente passieren den Abgrenzungsbereich unverändert. Sie erscheinen in gleicher Höhe als **Aufwendungen und Erträge in der Finanzbuchführung** und als **Kosten und Leistungen im Kosten- und Leistungsbereich.**

In der Spalte mit der Überschrift „Unternehmensbezogene Abgrenzungen" (siehe Beispiel) werden **neutrale Aufwendungen und Erträge** abgefiltert. Als neutral ist eine Erfolgsposition anzusehen, wenn auf sie mindestens eines der folgenden Merkmale zutrifft:

- **betriebsfremd** (Die Erfolgsposition hat nichts mit der betrieblichen Tätigkeit zu tun.), z. B.: Nebenerlöse aus Vermietung und Verpachtung, Verluste aus dem Abgang von Vermögensgegenständen, Zinserträge;
- **untypisch** (Die Erfolgsposition ist außergewöhnlich hoch oder fällt unregelmäßig an.), z. B.: außerordentliche Aufwendungen und Erträge gemäß § 277 Abs. 4 HGB1;
- **periodenfremd** (Die Erfolgsposition bezieht sich nicht auf den Abrechnungszeitraum.), z. B.: Steuernachzahlungen, Erträge aus der Herabsetzung von Rückstellungen.

---

1 Hierunter fallen z. B. Gewinne und Verluste aus der Veräußerung ganzer Betriebe oder wesentlicher Betriebsteile, außerplanmäßige Abschreibungen aufgrund von Betriebsstilllegungen oder Enteignungen oder Katastrophen, außergewöhnliche Schadensfälle aufgrund betrügerischer Machenschaften, Entlassungsentschädigungen bei Massenentlassungen (Sozialpläne), Steuererlasse, einmalige staatliche Zuschüsse.

Verprobungen in Handelsbilanzen, Kalkulationen und Lagermesszahlen	Statistik	Einnahme-Überschuss-Rechnung gemäß § 4 Abs. 3 EStG

Kapitel 14

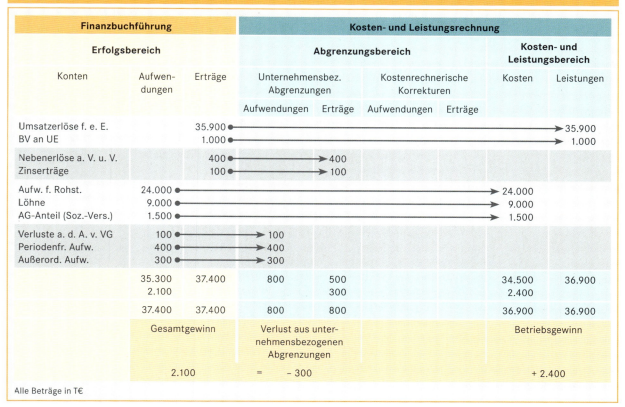

BEISPIEL

1. Die Finanzbuchführung ist nach handels- und steuerrechtlichen Vorschriften ausgerichtet.
2. Die Kosten- und Leistungsrechnung wird nach betriebswirtschaftlichen Gesichtspunkten erstellt. Sie liefert die Daten, auf denen unternehmerische Planungen und Entscheidungen basieren.

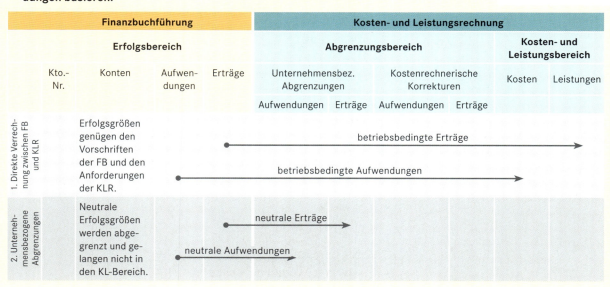

Kapitel 14 | Jahresabschluss | Abgrenzung zwischen Finanzbuchführung und Kosten- und Leistungsrechnung | Auswertung des Jahresabschlusses

AUFGABEN

1. Ordnen Sie zu:

   A 1. Ausgaben
      2. Einnahmen
      3. Aufwendungen
      4. Erträge
      5. Kosten
      6. Leistungen

   B 1. Negative Erfolgselemente der Geschäftsbuchführung
      2. Positive Erfolgselemente der Kosten- und Leistungsrechnung
      3. Negative Erfolgselemente der Finanzrechnung
      4. Negative Erfolgselemente der Kosten- und Leistungsrechnung
      5. Positive Erfolgselemente der Finanzrechnung
      6. Positive Erfolgselemente der Geschäftsbuchführung

2. Welche Aussagen sind richtig bzw. falsch? Begründen Sie Ihre Meinung.
   a) Die Finanzbuchführung wird den Anforderungen einer betriebswirtschaftlichen Betrachtung gerecht. Sie liefert die Daten für betriebswirtschaftliche Entscheidungen und Planungen.
   b) Die positiven und negativen Erfolgselemente der Finanzbuchführung sind die Erträge und die Aufwendungen.
   c) Jedes Unternehmen kann sich seinen eigenen Bedürfnissen entsprechend in der Kosten- und Leistungsrechnung ein individuelles Abrechnungssystem aufbauen.
   d) Die Erfolgsgrößen der Kosten- und Leistungsrechnung sind Kosten und Leistungen.
   e) Kosten umfassen den Wertezuwachs, der zur betrieblichen Leistungserstellung erforderlich ist.
   f) Aus dem Saldo von Kosten und Leistungen ergibt sich das Betriebsergebnis.
   g) In der Kosten- und Leistungsrechnung ergibt sich das Gesamtergebnis aus der Summe von Abgrenzungsergebnis und Betriebsergebnis.

3. Entscheiden Sie, ob die folgenden Erfolgspositionen unternehmensbezogen abgegrenzt werden. Begründen Sie Ihre Entscheidung.
   a) Umsatzerlöse
   b) Erträge aus Beteiligungen
   c) Nachzahlung der Unfallversicherungsbeiträge des vergangenen Geschäftsjahres
   d) Aufwendungen für Energie
   e) außerordentliche Erträge gemäß § 277 Abs. 4 HGB (z. B. einmalige staatliche Zuschüsse)
   f) Zinserträge
   g) Löhne
   h) Privatentnahme von eigenen Erzeugnissen bei Einzelunternehmen (e. K.) und bei Personengesellschaften (OHG, KG)
   i) Verluste aus dem Abgang von Vermögensgegenständen[1]
   j) Abschreibungen auf Sachanlagen
   k) Erträge aus der Auflösung von Rückstellungen
   l) Büromaterial
   m) außerordentliche Aufwendungen gemäß § 277 Abs. 4 HGB (z. B. Entlassungsentschädigungen bei Massenentlassungen)
   n) Nebenerlöse aus Vermietung und Verpachtung
   o) Beiträge zur Berufsgenossenschaft
   p) periodenfremde Aufwendungen

---
1 Vermögensgegenstände wurden unter Buchwert veräußert.

4. Welche unternehmerische Initiative müsste ergriffen werden, wenn sich der Gesamtgewinn über einen langen Zeitraum aus einem Gewinn aus unternehmensbezogenen Abgrenzungen und aus einem Betriebsverlust ergibt?

5. Warum achten die Finanzämter nicht auf eine korrekte unternehmensbezogene Abgrenzung?

6. a) Errechnen Sie das Betriebsergebnis.
   1. Gesamtgewinn .... 450.000,00 €
      Gewinn aus unternehmensbezogenen Abgrenzungen .... 200.000,00 €
   2. Gesamtgewinn .... 300.000,00 €
      Verlust aus unternehmensbezogenen Abgrenzungen .... 100.000,00 €
   3. Gesamtverlust .... 200.000,00 €
      Gewinn aus unternehmensbezogenen Abgrenzungen .... 50.000,00 €
   4. Gesamtverlust .... 250.000,00 €
      Verlust aus unternehmensbezogenen Abgrenzungen .... 350.000,00 €

   b) Errechnen Sie das Gesamtergebnis.
   1. Betriebsgewinn .... 300.000,00 €
      Gewinn aus unternehmensbezogenen Abgrenzungen .... 50.000,00 €
   2. Betriebsgewinn .... 200.000,00 €
      Verlust aus unternehmensbezogenen Abgrenzungen .... 150.000,00 €
   3. Betriebsverlust .... 250.000,00 €
      Gewinn aus unternehmensbezogenen Abgrenzungen .... 100.000,00 €
   4. Betriebsverlust .... 100.000,00 €
      Verlust aus unternehmensbezogenen Abgrenzungen .... 50.000,00 €

   c) Errechnen Sie das Ergebnis aus unternehmensbezogenen Abgrenzungen.
   1. Gesamtgewinn .... 500.000,00 €
      Betriebsgewinn .... 600.000,00 €
   2. Gesamtgewinn .... 50.000,00 €
      Betriebsverlust .... 150.000,00 €
   3. Gesamtverlust .... 250.000,00 €
      Betriebsgewinn .... 400.000,00 €
   4. Gesamtverlust .... 450.000,00 €
      Betriebsverlust .... 200.000,00 €

7. Erstellen Sie aufgrund des unten stehenden GuV-Kontos die Ergebnistabelle (mit Ausweis der einzelnen Ergebnisse).

Soll	GuV		Haben
	T€		T€
Aufwendungen für Rohstoffe	18.000	Umsatzerlöse	28.890
Löhne	9.000	Bestandsveränd. an Fertigerzeugn.	1.500
AG-Anteil zur Sozialversicherung	1.500	Nebenerlöse aus Verm. u. Verp.	300
Büromaterial	100	Zinserträge	60
Verluste a. d. A. v. VG	200		
Periodenfr. Aufwendungen	300		
Außerordentliche Aufwendungen	150		
Gesamtgewinn	1.500		
	30.750		30.750

8. Erstellen Sie die Ergebnistabelle mit Ausweis des Gesamtergebnisses, des Ergebnisses aus unternehmensbezogenen Abgrenzungen und des Betriebsergebnisses.

Beträge in T€	a)		b)	
Konten	Soll	Haben	Soll	Haben
Umsatzlöse	–	45.700	–	46.800
BV unfertige Erzeugnisse	–	1.600	–	1.100
Mieterträge	–	–	–	300
Erträge a. d. Abgang v. Verm.gst.	–	500	–	–
Periodenfremde Erträge	–	700	–	600
Erträge aus Beteiligungen	–	–	–	200
Zinserträge	–	100	–	30
Erträge aus Wertpapieren des UV	–	150	–	100
Außerordentliche Erträge	–	–	–	500
Aufw. f. Rohstoffe	7.600	–	12.800	–
Aufw. f. Fremdbauteile	3.000	–	–	–
Aufw. f. Hilfsstoffe	2.000	–	3.000	–
Aufw. f. Betriebsstoffe	1.000	–	800	–
Frachten	100	–	–	–
Vertriebsprovision	–	–	200	–
Instandhaltungen	500	–	–	–
Löhne	15.600	–	14.900	–
Gehälter	2.500	–	3.200	–
AG-Anteil SV	3.100	–	2.500	–
Beiträge Berufsgenossenschaft	100	–	80	–
Abschreibungen auf SA	9.300	–	8.900	–
Sonst. Personalaufwendungen	20	–	–	–
Miete	–	–	500	–
Büromaterial	300	–	200	–
Werbung	600	–	–	–
Versicherungen	400	–	–	–
Verluste a. d. Abgang v. Verm.gegenst.	–	–	600	–
Perodenfremde Erträge	500	–	300	–
Verluste a. d. Abgang v. Wertpapieren des UV	300	–	–	–
Außerordentliche Aufwendungen	1.000	–	1.180	–

14.3 Kalkulatorische Kosten

14.3.1 Die Begriffe „Grundkosten", „Zusatzkosten" und „Anderskosten"

Man unterscheidet drei Kostenbegriffe:
- Grundkosten (auch: Zweckaufwendungen),
- Anderskosten und
- Zusatzkosten.

Die **Grundkosten** sind die Kosten, die aus der Finanzbuchführung unverändert in die Kosten- und Leistungsrechnung übernommen werden können. Man spricht hier auch von **aufwandsgleichen Kosten.**

Zu den Grundkosten rechnet man z. B. Personalaufwendungen, Mieten und Pachten, Aufwendungen für Kommunikation usw.

Darüber hinaus gibt es auch **aufwandsungleiche Kosten.** Diese Kosten werden in der Finanzbuchführung erfasst; ihre Höhe ist aber für die Kosten- und Leistungsrechnung unbrauchbar. Sie müssen kalkulatorisch anders erfasst werden. Man spricht hier von **Anderskosten.**

Anderskosten sind aufwandsungleiche Kosten, deren Werteverzehr in der Kosten- und Leistungsrechnung anders erfasst werden muss als in der Finanzbuchführung.

Zu den Anderskosten zählen die kalkulatorischen Abschreibungen, die kalkulatorischen Zinsen für das Fremdkapital, die kalkulatorische Miete und die kalkulatorischen Wagnisse.

Nun gibt es außerdem Kosten, denen keine Aufwandsbuchungen in der Finanzbuchführung zugrunde liegen. Dennoch müssen sie in der Kosten- und Leistungsrechnung berücksichtigt werden. Man nennt diese Kosten **Zusatzkosten.**

Den Zusatzkosten gehen keine Aufwandsbuchungen in der Finanzbuchführung voraus.

Zu den Zusatzkosten gehören der kalkulatorische Unternehmerlohn in Einzelunternehmen und in Personengesellschaften sowie die kalkulatorischen Zinsen für das Eigenkapital.

Zusatzkosten und Anderskosten werden unter dem Oberbegriff „kalkulatorische Kosten" zusammengefasst.

Aufwendungen gemäß Finanzbuchführung			
betriebsfremde, periodenfremde, untypische Aufwendungen = neutrale Aufwendungen = Nichtkosten	betriebsbedingte Aufwendungen		
	aufwandsgleiche Kosten = Grundkosten (Zweckaufwand)	aufwandsungleiche Kosten = Anderskosten	Zusatzkosten
		kalkulatorische Kosten	
	Kosten im Sinne der Kosten- und Leistungsrechnung		

14.3.2 Erfassung der kalkulatorischen Kosten in der Kosten- und Leistungsrechnung

Die Erfassung der kalkulatorischen Kosten in der KLR ermöglicht:	Begründung:
• Wirtschaftlichkeitsbetrachtungen,	• Aus steuerlichen Gründen vorgenommene überhöhte Abschreibungen werden durch konstante kalkulatorische Abschreibungen ersetzt.
• eine alle Kosten umfassende und keinen Schwankungen unterliegende Preiskalkulation,	• Bei Einzelunternehmen und bei Personengesellschaften wird ein kalkulatorischer Unternehmerlohn berücksichtigt.
• innerbetriebliche Wirtschaftlichkeitsvergleiche (Zeitvergleiche),	• Die gesamten betriebsbedingten Zinsen auf der Basis des betriebsnotwendigen Kapitals (auch Zinsen für das Eigenkapital) werden einbezogen.
• außerbetriebliche Wirtschaftlichkeitsvergleiche (Betriebsvergleiche).	• Kosten für betriebsbedingte Wagnisse, die nicht durch Fremdversicherungen ausgeschlossen werden können, werden zur Erreichung einer gewissen Beständigkeit in der Kostenstruktur gleichmäßig über einen längeren Betrachtungszeitraum verteilt.

Die kalkulatorischen Kosten werden in der Ergebnistabelle in der Spalte „Kosten- und Leistungsbereich" als Kosten erfasst. Damit **mindern** sie das Betriebsergebnis.

Im Abgrenzungsbereich (kosten- und leistungsrechnerische Korrekturen) werden sie als Erträge ausgewiesen. Dadurch **verbessern** sie das **Abgrenzungsergebnis**.

Auf das **Gesamtergebnis** (= Betriebsergebnis + Abgrenzungsergebnis) haben die kalkulatorischen Kosten **keinen Einfluss.**

14.3.3 Kalkulatorische Abschreibungen

In der Kosten- und Leistungsrechnung werden **kalkulatorische Abschreibungen** in Ansatz gebracht. Sie weichen in folgenden Punkten von den **bilanzmäßigen Abschreibungen** der Finanzbuchführung ab:

1. Die bilanzmäßigen Abschreibungen der Finanzbuchführung werden vornehmlich nach **steuerlichen Gesichtspunkten** (Minderung des steuerpflichtigen Gewinns durch Abschreibungen) vorgenommen.

   Um in den ersten Nutzungsjahren möglichst hohe Beträge abzuschreiben und damit den steuerlichen Gewinn möglichst niedrig zu halten, wird in der Finanzbuchführung deshalb oft die degressive Abschreibungsmethode bevorzugt.

   Die tatsächliche Wertminderung des Anlagevermögens soll hingegen in der Kosten- und Leistungsrechnung erfasst werden.

In der Kosten- und Leistungsrechnung wird nach Leistungseinheiten und linear abgeschrieben:

- Die Leistungsabschreibung berücksichtigt den Werteverzehr des Anlagevermögens durch technische Abnutzung am besten.
- Für die lineare Abschreibung legt das Bundesministerium der Finanzen in Abschreibungstabellen Richtgrößen für die Nutzungsdauer einzelner Wirtschaftsgüter fest. In der betrieblichen Praxis weicht die tatsächliche Nutzungsdauer jedoch häufig von diesen Vorgaben ab. In der Kosten- und Leistungsrechnung wird der tatsächliche Werteverzehr erfasst. Deshalb wird hier von der tatsächlichen Nutzungsdauer der Anlagegüter ausgegangen und nicht von den Richtgrößen der Abschreibungstabellen.

Verprobungen in Handels-bilanzen, Kalkulationen und Lagermesszahlen	Statistik	Einnahme-Überschuss-Rechnung gemäß § 4 Abs. 3 EStG	

Kapitel 14

2. In der Finanzbuchführung gilt das **Nominalprinzip.** Für die Abschreibungen bedeutet das, dass sie von den **Anschaffungs- oder Herstellungskosten** berechnet werden.

   In der Kosten- und Leistungsrechnung hingegen herrscht das **Substanzerhaltungsprinzip** vor. Am Ende der Nutzungsdauer eines Anlagegutes wird ein gleichwertiges Anlagegut gekauft. Die Neuanschaffung muss über die Höhe der Verkaufspreise[1] der verkauften Erzeugnisse erwirtschaftet werden. Da i. d. R. Anlagegüter Preisschwankungen unterliegen, müssen sich die Abschreibungen in der Kosten- und Leistungsrechnung – mit der Zielsetzung der **Substanzerhaltung** – an den **Wiederbeschaffungskosten** orientieren.

3. Im Gegensatz zur Finanzbuchführung werden in der Kosten- und Leistungsrechnung nur Abschreibungen auf **betriebsnotwendige Anlagegüter** vorgenommen. Abschreibungen auf vermietete Wohnhäuser gehen so beispielsweise nicht in die Kosten- und Leistungsrechnung ein.

BEISPIEL

Gemäß Abschreibungstabelle des Bundesministeriums der Finanzen wird in der Finanzbuchführung eine maschinelle Anlage mit Anschaffungskosten von 480.000,00 € mit 20 % linear abgeschrieben. Der **bilanzielle Abschreibungsbetrag** beträgt folglich **96.000,00 €.**

Es wird mit Wiederbeschaffungskosten von 525.000,00 € gerechnet. Die tatsächliche Nutzungsdauer wird mit 7 Jahren angesetzt. Der lineare Abschreibungsprozentsatz beträgt daher in der Kosten- und Leistungsrechnung 14 $^2/_7$ %. **Kalkulatorisch** werden also **75.000,00 €** abgeschrieben.

Die **bilanziellen Abschreibungen** von **96.000,00 €** und die **kalkulatorischen Abschreibungen** von **75.000,00 €** gehen folgendermaßen in die Ergebnistabelle ein:

	Finanzbuchführung			Kosten- und Leistungsrechnung					
	Erfolgsbereich			Abgrenzungsbereich				Kosten- und Leistungsbereich	
Kto.-Nr.	Konten	Aufwendungen	Erträge	Unternehmensbez. Abgrenzungen		Kostenrechnerische Korrekturen		Kosten	Leistungen
				Aufwendungen	Erträge	Aufwendungen	Erträge		
	.	.	.	.	.	.	.	.	.
	.	.	.	.	.	.	.	.	.
4830/6220	**Abschreibungen**	96.000,00				96.000,00			
	.	.	.	.	.	.	.	.	.
	Kalkulatorische Kosten **Kalkulatorische Abschreibungen**							75.000,00	75.000,00
	.	.	.	.	.	.	.	.	.
	.	.	.	.	.	.	.	.	.

---

[1] Hinweis: In die Preiskalkulation fließen die Kosten der KLR ein und nicht die in der Finanzbuchführung gebuchten Aufwendungen.

Folgendes wird deutlich:

- In der Spalte „Kostenrechnerische Korrekturen" werden die in der Finanzbuchführung gebuchten bilanzmäßigen Abschreibungen für den „Kosten- und Leistungsbereich" abgefiltert. Sie finden nun im „Kosten- und Leistungsbereich" keinen Niederschlag.
- Die kalkulatorischen Abschreibungen gehen als negative Erfolgselemente (Kosten) in das „Betriebsergebnis" (Spalte: „Kosten- und Leistungsbereich") und im gleichen Maß als positive Erfolgselemente in das „Ergebnis aus kostenrechnerischen Korrekturen" ein. Auf das Gesamtergebnis der Kosten- und Leistungsrechnung haben die kalkulatorischen Abschreibungen keinen Einfluss. Die positive und negative Erfassung gleichen sich aus.

Die kalkulatorischen Abschreibungen stellen Anderskosten dar.

14.3.4 Kalkulatorische Zinsen

Die Eigen- und Fremdkapitalausstattung von Unternehmen ist sehr unterschiedlich. Bei Betriebsvergleichen würde sich daher ein falsches Bild ergeben, wenn lediglich die Fremdkapitalzinsen in der Kosten- und Leistungsrechnung ihren Niederschlag fänden. Außerdem würde der **Zinsentgang für das eingesetzte Eigenkapital** in der Preisgestaltung[1] nicht berücksichtigt werden.

Aus diesen Gründen werden die gesamten **betriebsbedingten Zinsen,** die auf der Basis des **betriebsnotwendigen Kapitals** (also unter Einbeziehung des Eigenkapitals) ermittelt werden, in der Kosten- und Leistungsrechnung erfasst.

Für **die kalkulatorischen Zinsen** wird der **landesübliche Zinssatz für langfristige Darlehen** zugrunde gelegt.

Durch die Festsetzung eines über einen längeren Zeitraum konstant bleibenden kalkulatorischen Zinssatzes wird die Kostenrechnung von zufälligen Zinsschwankungen auf dem Kapitalmarkt befreit.

Das betriebsnotwendige Kapital ergibt sich wie im Folgenden dargestellt:

Unternehmensvermögen (= Anlagevermögen + Umlaufvermögen)
- nicht betriebsnotwendiges Vermögen (z. B. Wohnhäuser, Beteiligungen, Wertpapiere, Edelmetalle, stillgelegte Maschinen, nicht genutztes betriebliches Grundstück)

= **betriebsnotwendiges Vermögen**
- zinsfreies Fremdkapital (z. B. Verbindlichkeiten a. LL, Anzahlungen von Kunden, Rückstellungen, sonstige Verbindlichkeiten)

= **betriebsnotwendiges Kapital**

---

[1] Hinweis: In die Preiskalkulation fließen die Kosten der KLR ein und nicht die in der Finanzbuchführung gebuchten Aufwendungen.

| Verprobungen in Handelsbilanzen, Kalkulationen und Lagermesszahlen | Statistik | Einnahme-Überschuss-Rechnung gemäß § 4 Abs. 3 EStG |

Kapitel 14

BEISPIEL

Im Betrachtungsmonat sind **5.000,00 € tatsächlich angefallene Fremdkapitalzinsen** in der Finanzbuchführung gebucht worden.

Das betriebsnotwendige Kapital (K) beträgt 1.000.000,00 €. Der landesübliche Zinssatz (p) für langfristige Darlehen beläuft sich auf 9 %. Betrachtungszeitraum (t): 1 Monat (= 30 Tage).

Errechnung der monatlichen **kalkulatorischen Zinsen**:

$$z = \frac{K \cdot p \cdot t}{100 \cdot 360} = \frac{1.000.000,00 \cdot 9 \cdot 30}{100 \cdot 360} = 7.500,00 \text{ €}$$

Die in der **Finanzbuchführung tatsächlich gebuchten Fremdkapitalzinsen** und die **kalkulatorischen Zinsen** fließen folgendermaßen in die Ergebnistabelle ein:

Finanzbuchführung				Kosten- und Leistungsrechnung				Kosten- und Leistungsbereich	
Erfolgsbereich				Abgrenzungsbereich					
Kto.-Nr.	Konten	Aufwendungen	Erträge	Unternehmensbez. Abgrenzungen		Kostenrechnerische Korrekturen		Kosten	Leistungen
				Aufwendungen	Erträge	Aufwendungen	Erträge		
.	.	.	.	.	.	.	.	.	.
.	.	.	.	.	.	.	.	.	.
.	.	.	.	.	.	.	.	.	.
2100/7300	Zinsaufwendn.	5.000,00				5.000,00			
.	.	.	.	.	.	.	.	.	.
	Kalkulatorische Kosten **Kalkulatorische Zinsen**						7.500,00	7.500,00	
.	.	.	.	.	.	.	.	.	.

Folgendes wird deutlich:

- In der Spalte „Kostenrechnerische Korrekturen" werden die in der Finanzbuchführung gebuchten Fremdkapitalzinsen für den „Kosten- und Leistungsbereich" abgefiltert. Sie finden nun im „Kosten- und Leistungsbereich" keinen Niederschlag.
- Die kalkulatorischen Zinsen gehen als negative Erfolgselemente (Kosten) in das „Betriebsergebnis" (Spalte: „Kosten- und Leistungsbereich") und im gleichen Maß als positive Erfolgselemente in das „Ergebnis aus kostenrechnerischen Korrekturen" ein. Auf das Gesamtergebnis der Kosten- und Leistungsrechnung haben die kalkulatorischen Zinsen keinen Einfluss. Die positive und negative Erfassung gleicht sich aus.

Die kalkulatorischen Zinsen auf das Eigenkapital stellen Zusatzkosten, die kalkulatorischen Zinsen auf das Fremdkapital Anderskosten dar.

14.3.5 Kalkulatorische Miete

Bei Unternehmen, die eigene Geschäfts-, Lager- und Fabrikgebäude besitzen, fallen statt Mietzahlungen folgende Aufwendungen an:

- Abschreibungen auf Gebäude
- Aufwendungen für Gebäudereparaturen
- Grundsteuerzahlungen
- Hypothekenzinsen
- Versicherungsprämien
- Kaminkehrgebühren, Müllabfuhrgebühren, Straßenreinigungsgebühren usw.

In die Kosten- und Leistungsrechnung sollte aber ein Mietwert eingehen, der vergleichsweise für gemietete Gebäude hätte bezahlt werden müssen.

Der **kalkulatorische Mietwert** stellt **Anderskosten** dar.

Da nun aber die wesentlichen Bestandteile der Gebäudekosten, nämlich die Gebäudeabschreibungen durch die kalkulatorischen Abschreibungen und die Hypothekenzinsen durch die kalkulatorischen Zinsen, bereits in die Kosten- und Leistungsrechnung eingeflossen sind, wird – zur Vereinfachung – in den meisten Betrieben, die eigene Geschäfts-, Lager- und Fabrikgebäude besitzen, auf die Erfassung einer kalkulatorischen Miete verzichtet.

14.3.6 Kalkulatorische Wagnisse

Das **allgemeine Unternehmerwagnis,** das sich z. B. aus Verlusten

- infolge eines konjunkturell bedingten Absatzrückganges,
- infolge einer strukturellen Nachfrageverschiebung (Modewechsel, technischer Fortschritt, Marktsättigung) oder
- infolge eines Betriebsstillstandes aufgrund politischer Unruhen ergeben kann, wird durch den Gewinn abgegolten und kann daher in der Kosten- und Leistungsrechnung nicht berücksichtigt werden.

Im Gegensatz zum allgemeinen Unternehmerwagnis können **besondere betriebsbedingte Einzelwagnisse** in die Kosten- und Leistungsrechnung einbezogen werden, soweit sie nicht durch eine Fremdversicherung abgedeckt sind. Hierzu gehören (nach Mellerowicz[1]):

- das Beständewagnis (Verlustgefahr durch Diebstahl, Schwund, Verderb usw.),
- das Anlagewagnis (Verlustgefahr durch Explosion, Brand usw.),
- das Gewährleistungswagnis (Verlustgefahr durch Garantieübernahmen gegenüber den Abnehmern) und
- das Vertriebswagnis (Verlustgefahr durch Forderungsausfälle, Währungsverluste usw.).

Die **tatsächlich eingetretenen betriebsbedingten Wagnisverluste** werden in der Finanzbuchführung erfasst.

Sie fallen in schwankenden Höhen und in unregelmäßigen Zeitabständen an und sind somit unter dem Gesichtspunkt der Stetigkeit des Kostenansatzes für die Kosten- und Leistungsrechnung unbrauchbar.

Um eine gewisse Konstanz beim Kostenansatz in der Kosten- und Leistungsrechnung zu erreichen, werden hier für die kalkulatorischen Wagnisse Durchschnittswerte angesetzt. Sie werden aufgrund von tatsächlich in den vorausgegangenen Jahren eingetretenen Wagnisverlusten errechnet.

---

[1] Konrad Mellerowicz (* 1891, † 1984), deutscher Betriebswirt

> **BEISPIEL**
>
> 1. **Beständewagnis:** In den letzten sechs Jahren betrug der Verlust durch Diebstahl und Schwund 4 % des durchschnittlichen Lagerbestands. Für das kommende Geschäftsjahr wird mit einem durchschnittlichen Lagerbestand von 500.000,00 € gerechnet. Das Beständewagnis des kommenden Geschäftsjahres beträgt: 4 % von 500.000,00 € = 20.000,00 €
>
> 2. **Gewährleistungswagnis:** In den letzten sechs Jahren beliefen sich die Gewährleistungskosten auf 2 % vom Umsatz. Der Umsatz des kommenden Geschäftsjahres wird auf 6.000.000,00 € geschätzt. Das Gewährleistungswagnis des kommenden Geschäftsjahres beträgt: 2 % von 6.000.000,00 € = 120.000,00 €
>
> 3. **Vertriebswagnis:** In den letzten sechs Jahren machten die Forderungsausfälle 1,5 % vom Umsatz aus. Der Umsatz der kommenden Rechnungsperiode wird auf 6.000.000,00 € geschätzt. Das Vertriebswagnis des kommenden Geschäftsjahres beträgt: 1,5 % von 6.000.000,00 € = 90.000,00 €
>
> Summe der zu kalkulierenden Wagniskosten: 230.000,00 €

Die **kalkulatorischen Wagnisse** stellen **Anderskosten** dar.

In der Ergebnistabelle werden die kalkulatorischen Wagnisse wie die übrigen Anderskosten behandelt.

14.3.7 Kalkulatorischer Unternehmerlohn

Bei **Kapitalgesellschaften** erhalten die Vorstandsmitglieder von Aktiengesellschaften bzw. die Geschäftsführer von GmbHs für ihre leitende Tätigkeit Gehälter, die in die Kosten- und Leistungsrechnung eingehen.

Unternehmer, die in **Einzelunternehmen** (e. K.) und **Personengesellschaften** (OHG, KG) leitend tätig sind, dürfen dagegen aus steuerrechtlichen Gründen keine Gehälter beziehen. Ihre Lebensführungskosten decken sie durch Privatentnahmen.

In der Kosten- und Leistungsrechnung müssen alle Kosten berücksichtigt werden, die aus dem leistungsbedingten Verzehr von Sachgütern und Dienstleistungen resultieren. Hierzu gehört auch die dispositive Arbeit des Unternehmers in Einzelunternehmen und Personengesellschaften.

Die planenden und leitenden Arbeitsleistungen des Unternehmers werden deshalb als **kalkulatorische Zusatzkosten** in die Kosten- und Leistungsrechnung einbezogen.

Die Höhe des **kalkulatorischen Unternehmerlohns** bemisst sich am Gehalt eines mit einer vergleichbaren Tätigkeit beauftragten **leitenden Angestellten**.

Kapitel 14

Jahresabschluss | **Abgrenzung zwischen Finanzbuchführung und Kosten- und Leistungsrechnung** | Auswertung des Jahresabschlusses

BEISPIEL

Der **kalkulatorische Unternehmerlohn** in einer OHG (drei Gesellschafter) beträgt im Mai **20.000,00 €**.

Der **kalkulatorische Unternehmerlohn** findet folgendermaßen in der Ergebnistabelle Berücksichtigung:

Finanzbuchführung				Kosten- und Leistungsrechnung					
Erfolgsbereich				Abgrenzungsbereich				Kosten- und Leistungsbereich	
Kto.-Nr.	Konten	Aufwendungen	Erträge	Unternehmensbez. Abgrenzungen		Kostenrechnerische Korrekturen		Kosten	Leistungen
				Aufwendungen	Erträge	Aufwendungen	Erträge		
	.	.	.	.	.	.	.	.	.
	.	.	.	.	.	.	.	.	.
	.	.	.	.	.	.	.	.	.
	Kalkulatorische Kosten **Kalkulatorischer Unternehmerlohn**						❷ 20.000,00	❶ 20.000,00	
	.	.	.	.	.	.	.	.	.
	.	.	.	.	.	.	.	.	.

Man sieht, dass der kalkulatorische Unternehmerlohn in die Kosten- und Leistungsrechnung einmal als negatives Erfolgselement (Kosten in der Spalte „Kosten- und Leistungsbereich" ❶) und einmal als positives Erfolgselement (Ertrag in der Spalte „Kostenrechnerische Korrekturen" ❷) einfließt. Damit verschlechtert er das „Betriebsergebnis" (Kosten- und Leistungsbereich) und verbessert im gleichen Maß das „Ergebnis aus kostenrechnerischen Korrekturen". Auf das „Gesamtergebnis" in der Kosten- und Leistungsrechnung wirkt der kalkulatorische Unternehmerlohn erfolgsneutral.

Der **kalkulatorische Unternehmerlohn** stellt **Zusatzkosten** dar.

Verprobungen in Handels- bilanzen, Kalkulationen und Lagermesszahlen	Statistik	Einnahme-Überschuss- Rechnung gemäß § 4 Abs. 3 EStG

Kapitel 14

Kalk. Unternehmerlohn	Kalk. Zinsen	Kalk. Abschreibungen	Kalk. Wagnisse	Kalk. Miete
Zielsetzung: kostenmäßige Berücksichtigung der Arbeitsleistung der Gesellschafter in Einzelunternehmen und Personengesellschaften	**Zielsetzung:** Ausgleich unterschiedlicher Eigen- und Fremdkapitalausstattungen von Unternehmen, Berücksichtigung einer Verzinsung des Eigenkapitals	**Zielsetzung:** Erfassung der tatsächlichen Wertminderung des betriebsnotwendigen Anlagevermögens (Eliminierung steuerlicher Aspekte)	**Zielsetzung:** gleichmäßige Verteilung tatsächlich eingetretener Wagnisverluste auf die einzelnen Geschäftsjahre (Stetigkeit des Kostenansatzes)	**Zielsetzung:** Ausgleich unterschiedlicher Eigentumsverhältnisse (Miete, Eigentum) von Unternehmen an den Geschäftsgebäuden
Höhe: Gehälter von leitenden Angestellten mit einer vergleichbaren Tätigkeit	**Berechnungsbasis:** betriebsnotwendiges Kapital **Höhe des Zinssatzes:** landesüblicher Zinssatz für langfristige Darlehen	**Berechnungsbasis:** Wiederbeschaffungskosten des betriebsnotwendigen Anlagevermögens **Abschreibungsmethode:** linear (nach der tatsächlichen Nutzungsdauer) oder nach Leistungseinheiten	**Höhe:** Durchschnittswerte (mehrerer Jahre) von tatsächlich angefallenen Wagnisverlusten	**Höhe:** ortsübliche Miete **Praxisrelevanz:** Auf die Erfassung wird i. d. R. verzichtet, weil die Gebäudeabschreibungen und die Hypothekenzinsen bereits kalkulatorisch erfasst werden.
Zusatzkosten	Anderskosten (kalk. Zinsen auf Fremdkapital) Zusatzkosten (kalk. Zinsen auf Eigenkapital)	Anderskosten	Anderskosten	Anderskosten

AUFGABEN

1. Ordnen Sie zu:
   A 1. Grundkosten (Zweckaufwand)
      2. Neutrale Aufwendungen
      3. Anderskosten
      4. Zusatzkosten

   B 1. Kalkulatorischer Unternehmerlohn
      2. Kalkulatorische Abschreibungen
      3. Fertigungslöhne
      4. Verluste aus dem Abgang von Vermögensgegenständen[1]

---

1 Vermögensgegenstände wurden unter Buchwert veräußert.

2. Welche Aussagen sind richtig bzw. falsch? Begründen Sie Ihre Meinung.
   a) Alle Kosten sind zugleich Aufwendungen.
   b) Bei Einzelunternehmen und Personengesellschaften zählt der kalkulatorische Unternehmerlohn zu den Anderskosten.
   c) Der Arbeitgeberanteil zur Sozialversicherung gehört zu den Zusatzkosten.
   d) Die betriebsfremden Aufwendungen werden auch als Anderskosten bezeichnet.
   e) Grundkosten nennt man auch Zweckaufwendungen.
   f) Anderskosten sind aufwandsungleiche Kosten.
   g) Zusatzkosten und Anderskosten sind kalkulatorische Kosten.
   h) Die kalkulatorischen Kosten zählt man zu den Zusatzkosten.
   i) Zusatzkosten sind aufwandsgleiche Kosten.
   j) Kalkulatorische Wagnisse gehören zu den Anderskosten.
   k) Die Erfassung der kalkulatorischen Kosten in der Ergebnistabelle verändert im Rechnungskreis II das Gesamtergebnis.
   l) Die kalkulatorischen Kosten finden im Betriebsergebnis ihren Niederschlag.
   m) Kalkulatorische Zinsen zählen zu den Grundkosten.
   n) Die Höhe des kalkulatorischen Unternehmerlohns bemisst sich am Gehalt eines mit einer vergleichbaren Tätigkeit beauftragten leitenden Angestellten.
   o) Die kalkulatorischen Zinsen werden vom betriebsnotwendigen Kapital berechnet.
   p) In der Finanzbuchführung wird nach dem Substanzerhaltungsprinzip von den Wiederbeschaffungskosten abgeschrieben.
   q) Unter dem Gesichtspunkt der Stetigkeit des Kostenansatzes werden für die kalkulatorischen Wagnisse Durchschnittswerte aus tatsächlich eingetretenen Wagnisverlusten angesetzt.

3. Die Ergebnistabelle weist folgende Zwischensummen (in €) für den Monat Mai auf:

	Finanzbuchführung			Kosten- und Leistungsrechnung					
	Erfolgsbereich			Abgrenzungsbereich				Kosten- und Leistungsbereich	
Kto.-Nr.	Konten	Aufwendungen	Erträge	Unternehmensbez. Abgrenzungen		Kostenrechnerische Korrekturen		Kosten	Leistungen
				Aufwendungen	Erträge	Aufwendungen	Erträge		
	Zwischensumme ❶	820.000,00	910.000,00	90.000,00	110.000,00	80.000,00	50.000,00	760.000,00	860.000,00
	❷	780.000,00	930.000,00	120.000,00	130.000,00	90.000,00	100.000,00	710.000,00	840.000,00
	❸	690.000,00	640.000,00	70.000,00	80.000,00	70.000,00	50.000,00	580.000,00	540.000,00

Noch nicht berücksichtigt ist der monatliche kalkulatorische Unternehmerlohn von
❶ 10.000,00 €, ❷ 8.000,00 €, ❸ 13.000,00 €.

Wie hoch ist (jeweils für ❶, ❷ und ❸)
a) das Betriebsergebnis,
b) das Ergebnis aus kostenrechnerischen Korrekturen,
c) das Ergebnis aus unternehmensbezogenen Abgrenzungen und
d) das Gesamtergebnis,
wenn der kalkulatorische Unternehmerlohn zusätzlich in die Ergebnistabelle eingeht?

| Verprobungen in Handels-bilanzen, Kalkulationen und Lagermesszahlen | Statistik | Einnahme-Überschuss-Rechnung gemäß § 4 Abs. 3 EStG |

Kapitel 14

4.

		❶	❷	❸
I.	Angaben zur Berechnung des betriebsnotwendigen Kapitals:			
	Anlagevermögen	3.000.000,00	4.000.000,00	4.400.000,00
	Umlaufvermögen	1.000.000,00	1.500.000,00	1.700.000,00
	Im Anlagevermögen ist ein vermietetes Wohnhaus enthalten	900.000,00	1.200.000,00	1.400.000,00
	Im Umlaufvermögen sind Wertpapiere enthalten	200.000,00	250.000,00	320.000,00
	Zinsfreies Fremdkapital	400.000,00	300.000,00	410.000,00
II.	Landesüblicher Zinssatz	9 %	8 %	6 %
III.	Lastschrift der Bank für tatsächlich gezahlte Fremdkapitalzinsen im Mai	10.000,00	15.000,00	12.000,00

a) Errechnen Sie die monatlichen kalkulatorischen Zinsen (jeweils für ❶ bis ❸).

b) Gehen Sie von den Zwischensummen ❶ bis ❸ der Ergebnistabelle der Aufgabe 3 aus. Noch nicht berücksichtigt sind in den Zwischensummen die tatsächlich gezahlten Fremdkapitalzinsen und die kalkulatorischen Zinsen.
Nehmen Sie die Buchungen für die tatsächlich gezahlten Fremdkapitalzinsen und für die kalkulatorischen Zinsen in der Ergebnistabelle vor (jeweils für ❶ bis ❸).

c) Errechnen Sie (jeweils für ❶ bis ❸)
   – das Betriebsergebnis,
   – das Ergebnis aus kostenrechnerischen Korrekturen,
   – das Ergebnis aus unternehmensbezogenen Abgrenzungen und
   – das Gesamtergebnis.

5.

		❶	❷	❸
I.	Bilanzmäßige Abschreibungen			
	– auf Fuhrpark, 20 % linear, Anschaffungskosten	240.000,00	312.000,00	225.000,00
	– auf Büromaschinen, Organisationsmittel und Kommunikationsanlagen, 20 % linear, Anschaffungskosten	144.000,00	180.000,00	114.000,00
II.	Kalkulatorische Abschreibungen			
	– auf Fuhrpark, 8 Jahre linear, Wiederbeschaffungskosten	288.000,00	384.000,00	268.800,00
	– auf Büromaschinen, Organisationsmittel und Kommunikationsanlagen, 7 Jahre linear, Wiederbeschaffungskosten	151.200,00	210.000,00	117.600,00

a) Errechnen Sie für den Monat Mai (jeweils für ❶ bis ❸)
   – die bilanzmäßigen Abschreibungen und
   – die kalkulatorischen Abschreibungen.

b) Gehen Sie von den Zwischensummen ❶ bis ❸ der Ergebnistabelle der Aufgabe 3 aus. Noch nicht berücksichtigt sind in den Zwischensummen sowohl die bilanzmäßigen als auch die kalkulatorischen Abschreibungen. Nehmen Sie die Buchungen für die bilanzmäßigen und für die kalkulatorischen Abschreibungen in der Ergebnistabelle vor (jeweils für ❶ bis ❸).

c) Errechnen Sie (jeweils für ❶ bis ❸)
   – das Betriebsergebnis,
   – das Ergebnis aus kostenrechnerischen Korrekturen,
   – das Ergebnis aus unternehmensbezogenen Abgrenzungen und
   – das Gesamtergebnis.

6. Ein Anlagegut mit Anschaffungskosten von 80.000,00 € wird bilanzmäßig mit 20 % linear abgeschrieben.
   Die tatsächliche Nutzungsdauer des Anlagegutes beträgt 9 Jahre. Die Teuerung des Anlagegutes wird auf jährlich 3 % geschätzt.
   a) Errechnen Sie den bilanzmäßigen jährlichen Abschreibungsbetrag.
   b) Errechnen Sie die Wiederbeschaffungskosten des Anlagegutes am Ende seiner (9-jährigen) Nutzungsdauer.
   c) Errechnen Sie den kalkulatorischen jährlichen Abschreibungsbetrag.
   d) Erklären Sie, weshalb bei den kalkulatorischen Abschreibungen
      1. von der tatsächlichen Nutzungsdauer und
      2. von den Wiederbeschaffungskosten ausgegangen wird.

7. 1. **Beständewagnis:** In den letzten fünf Jahren betrug der Verlust durch Diebstahl und Schwund 3,5 % des durchschnittlichen Lagerbestands. Der durchschnittliche Lagerbestand wird für das kommende Geschäftsjahr auf 700.000,00 € geschätzt.
   2. **Anlagewagnis:** In den letzten fünf Jahren belief sich die Wertminderung der maschinellen Anlagen durch Brand und Explosion auf insgesamt 100.000,00 €.
   3. **Gewährleistungswagnis:** In den letzten fünf Jahren betrugen die Gewährleistungskosten durchschnittlich 3 % vom Nettoumsatz. Der Nettoumsatz des kommenden Geschäftsjahres wird auf 5,6 Mio. € geschätzt.
      a) Errechnen Sie die Summe der jährlichen kalkulatorischen Wagniskosten.
      b) Erklären Sie, weshalb die tatsächlich eingetretenen, in der Finanzbuchführung erfassten Wagnisverluste für die Kosten- und Leistungsrechnung unbrauchbar sind.
      c) In welche Ergebnisse der Abgrenzungstabelle fließen die tatsächlich eingetretenen Wagnisverluste und die kalkulatorischen Wagnisse ein?

8. In der Finanzbuchführung sind im Monat März folgende Beträge erfasst worden:

Beträge in €	Berichtsjahr		Vorjahr	
Konten	Soll	Haben	Soll	Haben
Umsatzerlöse	–	5.700	–	5.400
Bestandsveränderung an fertigen Erzeugnissen	–	100	–	50
Erlöse aus Vermietung	–	20	–	30
Erträge aus Abgang v. Verm.gg.ständen	–	10	–	8
Zinserträge	–	12	–	15
Sonst. betriebl. Erträge	–	50	–	40
Aufwendungen für Rohstoffe	3.600	–	3.580	–
Aufwendungen für Betriebsstoffe	200	–	300	–
Löhne	900	–	800	–
Gehälter	200	–	180	–
Gesetzl. Sozialaufwendungen	130	–	110	–
Abschreibungen auf Sachanlagen	200	–	180	–
Mietaufwendungen	100	–	120	–
Verluste a. d. Abgang v. Verm.gegenst.	30	–	10	–
Zinsaufwendungen	50	–	30	–
Sonst. betriebl. Aufwand	40	–	20	–

Ansätze der Kosten- und Leistungsrechnung:
1. Der kalkulatorische Unternehmerlohn beläuft sich auf monatlich a) 10 T€, b) 12 T€.
2. Das betriebsnotwendige Kapital beträgt a) 12.000 T€, b) 10.000 T€. Der kalkulatorische Zinssatz ist a) 8 %, b) 6 %.
3. Die kalkulatorischen Abschreibungen belaufen sich auf monatlich a) 120 T€, b) 100 T€

Erstellen Sie die **monatliche** Ergebnistabelle mit Ausweis des Gesamtergebnisses, des Ergebnisses aus unternehmensbezogenen Abgrenzungen, des Ergebnisses aus kostenrechnerischen Korrekturen und des Betriebsergebnisses.

Kapitel 14

9. Erstellen Sie aufgrund der in der Finanzbuchführung erfassten Beträge die jährliche Ergebnistabelle mit Ausweis der einzelnen Ergebnisse.

Beträge in €	Berichtsjahr		Vorjahr	
Konten	Soll	Haben	Soll	Haben
Umsatzerlöse	–	42.680	–	35.250
Bestandsveränderung an fertigen Erzeugnissen	–	200	10	–
Erlöse aus Vermietung	–	900	–	800
Erträge a. d. Herabsetzung v. Rückstellungen	–	9	–	7
Periodenfremde Erträge	–	100	–	200
Zinserträge	–	80	–	100
Erträge aus Wertpapieren des UV	–	8	–	10
Sonst. betriebl. Erträge	–	12	–	8
Aufwendungen für Rohstoffe	20.000	–	12.500	–
Aufwendungen für Betriebsstoffe	900	–	800	–
Instandhaltungsaufwendungen	2.000	–	3.000	–
Löhne	10.000	–	11.000	–
Gehälter	3.000	–	4.000	–
Gesetzl. Sozialaufwendungen	1.900	–	2.500	–
Abschreibungen auf Sachanlagen	1.500	–	1.600	–
Mietaufwendungen	800	–	700	–
Verluste a. d. Abgang v. Verm.gegenst.	50	–	40	–
Zinsaufwendungen	200	–	120	–
Sonst. betriebl. Aufwand	20	–	50	–

Ansätze der Kosten- und Leistungsrechnung:
1. Der kalkulatorische Unternehmerlohn (zwei geschäftsführende Gesellschafter) beläuft sich jährlich auf a) 180 T€, b) 220 T€.
2. Die kalkulatorischen Zinsen betragen jährlich a) 600 T€, b) 800 T€.
3. Die kalkulatorischen Abschreibungen belaufen sich jährlich auf a) 800 T€, b) 1.200 T€.

10. Die Ergebnistabelle der Aufgabe 9 liegt Ihnen zur Auswertung vor.
Sind die folgenden Aussagen richtig oder falsch? Begründen Sie Ihre Meinung, gegebenenfalls auch rechnerisch.
   a) Die bilanziellen Abschreibungen betragen 800 T€.
   b) Es wurden im vorausgegangenen Geschäftsjahr zu hohe Rückstellungen gebildet.
   c) Es wurden weniger „fertige Erzeugnisse" verkauft als hergestellt.
   d) „Aktivierte Eigenleistungen" würde man in der Ergebnistabelle in den Spalten „Finanzbuchführung, Erträge" und „Unternehmensbezogene Abgrenzungen, Erträge" eintragen.
   e) Die Umsatzrentabilität des Kosten- und Leistungsbereiches beträgt 4,5 %.
   f) Die Wirtschaftlichkeit im Kosten- und Leistungsbereich wird erhöht, wenn eine Rationalisierungsinvestition vorgenommen wird, bei der die Fertigungslöhne und die anteiligen Lohnnebenkosten stärker sinken, als die kalkulatorischen Abschreibungen steigen.
   g) Ein gebrauchter Geschäftswagen wurde für 11.900,00 € (brutto, einschl. 19 % Umsatzsteuer) gegen Bankscheck veräußert. Zum Zeitpunkt des Verkaufs hatte dieser Geschäftswagen einen Buchwert von 11.000,00 €. Im Ergebnis aus unternehmensbezogenen Abgrenzungen schlägt sich dieser Verkauf mit –2.000,00 € nieder.
   h) Die Wirtschaftlichkeit im Kosten- und Leistungsbereich steigt, wenn die „Umsatzerlöse für eigene Erzeugnisse" steigen.
   i) Nicht versicherte betriebsbedingte Schäden (Konto: „Verluste aus Schadensfällen") würde man in der Ergebnistabelle in den Spalten „Finanzbuchführung, Aufwendungen" und „Kosten- und Leistungsbereich, Kosten" eintragen. Die entsprechenden kalkulatorischen Wagnisse würde man in den Spalten „Kostenrechnerische Korrekturen, Erträge" und „Kosten- und Leistungsbereich, Kosten" erfassen.

15 Auswertung des Jahresabschlusses

15.1 Aufbereitung der Bilanz

Zeit- und Branchenvergleiche ergeben nur sinnvolle Aussagen, wenn die zu vergleichenden Informationen den gleichen Inhalt haben. Es ist daher erforderlich, das Zahlenmaterial der Bilanz zunächst formal aufzubereiten:

- Bilanzpositionen werden in übersichtliche, eindeutig definierte Hauptgruppen zusammengefasst.
- Wertberichtigungen werden mit den Bilanzpositionen verrechnet, zu denen sie gebildet worden sind.

Bei der Aufbereitung wird das im Folgenden gezeigte Bilanzgliederungsschema zugrunde gelegt.

Aktiva	aufbereitete Bilanz	Passiva
A. Anlagevermögen B. Umlaufvermögen 　Vorräte 　Forderungen 　flüssige Mittel		A. Eigenkapital B. Fremdkapital 　langfristiges Fremdkapital 　kurzfristiges Fremdkapital

Im Einzelnen gilt:

- Werden ausstehende Einlagen auf der Aktivseite eingefordert, werden sie zu den kurzfristigen Forderungen gerechnet.
- Das Anlagevermögen wird gegen die gebildeten Wertberichtigungen verrechnet.
- Die Position „Forderungen" enthält die aktiven Rechnungsabgrenzungsposten (= fiktive Forderungen).
- Erhaltene Anzahlungen können mit den Vorräten verrechnet werden oder als kurzfristiges Fremdkapital ausgewiesen werden.
- Die Position kurzfristiges Fremdkapital enthält die passiven Rechnungsabgrenzungsposten (= fiktive Verbindlichkeiten).

BEISPIEL

Das folgende Schlussbilanzkonto ist zur Bilanzanalyse aufzubereiten.

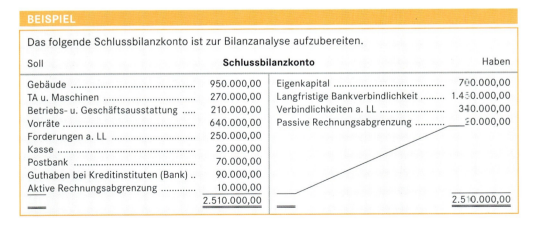

Soll	Schlussbilanzkonto		Haben
Gebäude	950.000,00	Eigenkapital	700.000,00
TA u. Maschinen	270.000,00	Langfristige Bankverbindlichkeit	1.430.000,00
Betriebs- u. Geschäftsausstattung	210.000,00	Verbindlichkeiten a. LL	340.000,00
Vorräte	640.000,00	Passive Rechnungsabgrenzung	40.000,00
Forderungen a. LL	250.000,00		
Kasse	20.000,00		
Postbank	70.000,00		
Guthaben bei Kreditinstituten (Bank)	90.000,00		
Aktive Rechnungsabgrenzung	10.000,00		
	2.510.000,00		2.510.000,00

BEISPIEL (Lösung)

Aktiva	aufbereitete Bilanz					Passiva
	€	%			€	%
A. Anlagevermögen	1.430.000,00	56,97	A. Eigenkapital		700.000,00	27,89
B. Umlaufvermögen			B. Fremdkapital			
Vorräte	640.000,00	25,50	langfr. FK		1.450.000,00	57,77
Forderungen	260.000,00	10,36	kurzfr. FK		360.000,00	14,34
flüssige Mittel	180.000,00	7,17	∑ Fremdkapital		1.810.000,00	72,11
∑ Umlaufverm.	1.080.000,00	43,03				
	2.510.000,00	100,00			2.510.000,00	100,00

15.2 Bilanzanalyse

Nach der Aufbereitung der Bilanz werden zur Bilanzanalyse sogenannte Bilanzkennzahlen ermittelt, die Aussagen machen über

- den Vermögensaufbau,
- den Kapitalaufbau
= vertikale Auswertung,
- die Deckung des Anlagevermögens (Investierung) und
- die Deckung des kurzfristigen Fremdkapitals (Liquidität)
= horizontale Auswertung.

15.2.1 Vermögensaufbau (vertikale Auswertung)

Zur Beurteilung des Vermögensaufbaus werden folgende Kennzahlen herangezogen:

Kennzahlen des Vermögensaufbaus			im Beispiel oben		
Konstitution	=	$\dfrac{\text{Anlagevermögen} \cdot 100}{\text{Umlaufvermögen}}$	$\dfrac{1.430.000,00 \cdot 100}{1.080.000,00}$	=	132,41 %
Anlagenintensität	=	$\dfrac{\text{Anlagevermögen} \cdot 100}{\text{Gesamtvermögen}}$	$\dfrac{1.430.000,00 \cdot 100}{2.510.000,00}$	=	56,97 %
Umlaufintensität	=	$\dfrac{\text{Umlaufvermögen} \cdot 100}{\text{Gesamtvermögen}}$	$\dfrac{1.080.000,00 \cdot 100}{2.510.000,00}$	=	43,03 %
Vorratsintensität	=	$\dfrac{\text{Vorräte} \cdot 100}{\text{Gesamtvermögen}}$	$\dfrac{640.000,00 \cdot 100}{2.510.000,00}$	=	25,50 %
Forderungsintensität	=	$\dfrac{\text{Forderungen} \cdot 100}{\text{Gesamtvermögen}}$	$\dfrac{260.000,00 \cdot 100}{2.510.000,00}$	=	10,36 %
Intensität der flüssigen Mittel	=	$\dfrac{\text{flüssige Mittel} \cdot 100}{\text{Gesamtvermögen}}$	$\dfrac{180.000,00 \cdot 100}{2.510.000,00}$	=	7,17 %

Aus der Konstitution und aus der Gegenüberstellung von Anlagenintensität und Umlaufintensität ist die grundsätzliche Vermögensstruktur erkennbar.

Industriebetriebe sind in der Regel **anlagenintensiv** mit einer relativ hohen Konstitutionskennzahl und Anlagenintensität.

Handelsbetriebe sind **vorratsintensiv** mit einer relativ geringen Konstitutionskennzahl und einer relativ hohen Umlaufintensität.

Zur **Anlagenintensität** ist generell festzustellen:

Der **Vorteil anlageintensiver Betriebe** liegt in ihrem hohen Grad an Rationalisierung und damit in den **geringen variablen Stückkosten.** Das ist häufig eine Voraussetzung, um überhaupt konkurrenzfähig zu sein (z. B. in der Autoindustrie).

Der **Nachteil anlageintensiver Betriebe** ist der **hohe Fixkostenblock** (Abschreibungen, Zinsen, Versicherungsprämien). Bei einem Absatzrückgang geraten anlageintensive Betriebe daher schnell in die Verlustzone. Darüberhinaus können sich anlageintensive Betriebe häufig aufgrund des feststehenden, relativ starren Produktionsapparates schlecht an veränderte Marktverhältnisse anpassen.

Vergleichbar sind nur die Kennzahlen des Vermögensaufbaus von Unternehmen desselben Wirtschaftszweiges.

Eingeschränkt wird die Vergleichbarkeit und die Aussagefähigkeit der Kennzahlen z. B. durch verschiedene Abschreibungsverfahren, unterschiedliches Alter der Anlagen, Anlageneigentum zum einen oder Anlagenmiete zum anderen sowie durch unterschiedliche Kapazitätsauslastung.

15.2.2 Kapitalaufbau (vertikale Auswertung)

Aus den folgenden Kennzahlen wird der Kapitalaufbau ersichtlich:

Kennzahlen des Kapitalaufbaus			im Beispiel (Seite 526)		
Finanzierung	=	$\dfrac{\text{Eigenkapital} \cdot 100}{\text{Fremdkapital}}$	$\dfrac{700.000,00 \cdot 100}{1.810.000,00}$	=	38,67 %
Verschuldungskoeffizient	=	$\dfrac{\text{Fremdkapital} \cdot 100}{\text{Eigenkapital}}$	$\dfrac{1.810.000,00 \cdot 100}{700.000,00}$	=	258,57 %
Eigenkapitalintensität (= Eigenkapitalanteil)	=	$\dfrac{\text{Eigenkapital} \cdot 100}{\text{Gesamtkapital}}$	$\dfrac{700.000,00 \cdot 100}{2.510.000,00}$	=	27,89 %
Fremdkapitalintensität (= Fremdkapitalanteil)	=	$\dfrac{\text{Fremdkapital} \cdot 100}{\text{Gesamtkapital}}$	$\dfrac{1.810.000,00 \cdot 100}{2.510.000,00}$	=	72,11 %

Ein hoher Eigenkapitalanteil und ein niedriger Fremdkapitalanteil bedeuten hohes Haftungskapital und damit gute Kreditwürdigkeit. Die finanzielle Stabilität von Unternehmen mit einer derartigen Kapitalausstattung sichert gegen Umsatzeinbrüche ab.

Umgekehrt führen ein hoher Fremdkapitalanteil und ein niedriger Eigenkapitalanteil zu einem größeren Risiko für Kreditgeber und Warenlieferanten. Zudem steigt mit dem Fremdkapitalanteil die Zins- und Tilgungsbelastung.

Die Kapitalausstattung eines Unternehmens muss immer im Zusammenhang mit der **Rentabilität** gesehen werden. Es gelten folgende zwei Grundsätze:

1. Liegt die Verzinsung des Gesamtkapitals (Gesamtkapitalrentabilität) über der Verzinsung des Fremdkapitals, erhöht der Fremdkapitalanteil die Verzinsung des Eigenkapitals (Eigenkapitalrentabilität). In diesem Fall ist eine Fremdkapitalaufstockung anzuraten.

BEISPIEL

Der Eigenkapitalanteil eines Unternehmens beträgt 500.000,00 €, der Fremdkapitalanteil 1.000.000,00 €. Die Gesamtkapitalrendite beträgt 12 %.

Es soll ein Darlehen über 200.000,00 € zu 7 % aufgenommen werden.

Errechnung der Eigenkapitalrentabilität vor der Aufnahme des Darlehens:

Kapitalertrag $= \dfrac{1.500.000{,}00 \cdot 12}{100} = 180.000{,}00\ €$

Eigenkapitalrentabilität $= \dfrac{100 \cdot 180.000{,}00}{500.000{,}00} =$ **36 %**

Errechnung der Eigenkapitalrentabilität nach der Aufnahme des Darlehens:

Ertragssteigerung $= \dfrac{200.000{,}00 \cdot 12}{100} = 24.000{,}00\ €$

− Aufwandssteigerung (= Zinsaufwendungen) $= \dfrac{200.000{,}00 \cdot 7}{100} = 14.000{,}00\ €$

Gewinnsteigerung $= 10.000{,}00\ €$

Neuer Kapitalertrag $= 180.000{,}00\ € + 10.000{,}00\ € = 190.000{,}00\ €$

Eigenkapitalrentabilität $= \dfrac{100 \cdot 190.000{,}00}{500.000{,}00} =$ **38 %**

Die Eigenkapitalrentabilität ist durch die Aufnahme des Darlehens um 2 % gestiegen.

2. Liegt die Verzinsung des Gesamtkapitals (Gesamtkapitalrentabilität) unter der Verzinsung des Fremdkapitals, so mindert der gesamte Fremdkapitalanteil die Verzinsung des Eigenkapitals (Eigenkapitalrentabilität). Ein weiterer Zuwachs an Fremdkapital würde die Eigenkapitalrentabilität noch weiter herabsetzen.

BEISPIEL (Fortsetzung)

Die Daten des obigen Beispiels sind wie folgt zu ändern:
Gesamtkapitalrendite: 8 %; Darlehenszinsen: 10 %.

Es soll ein Darlehen über 200.000,00 € zu 7 % aufgenommen werden.

Errechnung der Eigenkapitalrentabilität vor der Aufnahme des Darlehens:

Kapitalertrag $= \dfrac{1.500.000{,}00 \cdot 8}{100} = 120.000{,}00\ €$

Eigenkapitalrentabilität $= \dfrac{100 \cdot 120.000{,}00}{500.000{,}00} =$ **24 %**

Errechnung der Eigenkapitalrentabilität nach der Aufnahme des Darlehens:

Ertragssteigerung $= \dfrac{200.000{,}00 \cdot 8}{100} = 16.000{,}00\ €$

− Aufwandssteigerung (= Zinsaufwendungen) $= \dfrac{200.000{,}00 \cdot 10}{100} = 20.000{,}00\ €$

Gewinnminderung $= 4.000{,}00\ €$

Neuer Kapitalertrag $= 120.000{,}00\ € - 4.000{,}00\ € = 116.000{,}00\ €$

Eigenkapitalrentabilität $= \dfrac{100 \cdot 116.000{,}00}{500.000{,}00} =$ **23,2 %**

Die Eigenkapitalrentabilität ist durch die Aufnahme des Darlehens um 0,8 % gesunken.

15.2.3 Deckung des Anlagevermögens (horizontale Auswertung)

Zur Beurteilung der Deckung des Anlagevermögens werden folgende Kennzahlen herangezogen:

Kennzahlen der Deckung des Anlagevermögens			im Beispiel (Seite 526)		
Anlagendeckung 1	=	$\dfrac{\text{Eigenkapital} \cdot 100}{\text{Anlagevermögen}}$	$\dfrac{700.000,00 \cdot 100}{1.430.000,00}$	=	48,95 %
Anlagendeckung 2	=	$\dfrac{(\text{EK + langfr. FK}) \cdot 100}{\text{Anlagevermögen}}$	$\dfrac{2.150.000,00 \cdot 100}{1.430.000,00}$	=	150,35 %

Anlagevermögen ist langfristig gebundenes Vermögen. Es sollte deshalb auch durch langfristiges Kapital, also durch Eigenkapital **(Anlagendeckung 1),** in jedem Fall aber durch Eigenkapital und langfristiges Fremdkapital (kleine Tilgungsraten) **(Anlagendeckung 2)** gedeckt sein **(goldene Bilanzregel).**

Auf diese Weise ist gewährleistet, dass kurzfristige Tilgungsverpflichtungen (z. B. Lieferantenschulden) nicht durch den Verkauf von Anlagegegenständen finanziert werden müssen.

Nicht erkennbar aus den Kennzahlen ist, inwieweit Anlagegegenstände ohne Schädigung der Funktionsbereitschaft des Betriebes z. B. aufgrund von Überkapazitäten verkauft werden und so als Liquiditätsreserve dienen könnten.

15.2.4 Deckung des kurzfristigen Fremdkapitals (horizontale Auswertung)

Aus den folgenden Kennzahlen wird die Deckung des kurzfristigen Fremdkapitals ersichtlich:

Kennzahlen der Deckung des kurzfristigen Fremdkapitals			im Beispiel (Seite 526)		
Liquidität 1. Grades	=	$\dfrac{\text{flüssige Mittel} \cdot 100}{\text{kurzfr. FK}}$	$\dfrac{180.000,00 \cdot 100}{360.000,00}$	=	50,00 %
Liquidität 2. Grades	=	$\dfrac{(\text{flüssige Mittel + Ford.}) \cdot 100}{\text{kurzfr. FK}}$	$\dfrac{440.000,00 \cdot 100}{360.000,00}$	=	122,22 %
Liquidität 3. Grades	=	$\dfrac{\text{Umlaufvermögen} \cdot 100}{\text{kurzfr. FK}}$	$\dfrac{1.080.000,00 \cdot 100}{360.000,00}$	=	300,00 %

Die Liquiditätskennzahlen drücken die grundsätzliche Zahlungsbereitschaft des Unternehmens zum Zeitpunkt der Bilanzerstellung aus.

Die Kennzahlen der Liquidität 1. bis 3. Grades besagen, wie viel Prozent des kurzfristigen Fremdkapitals zum Bilanzstichtag

- durch flüssige Mittel (Liquidität 1. Grades) bzw.
- durch flüssige Mittel und Forderungen (Liquidität 2. Grades) bzw.
- durch Umlaufvermögen (Liquidität 3. Grades)

gedeckt sind.

Erfahrungsregeln besagen, dass zur Aufrechterhaltung der Zahlungsfähigkeit

- die Liquidität 1. Grades mindestens 20 %,
- die Liquidität 2. Grades mindestens 100 % und
- die Liquidität 3. Grades mindestens 200 %

betragen sollen.

Würden zur Rückzahlung kurzfristiger Schulden die eisernen Bestände (betriebsnotwendiges Umlaufvermögen) oder das Anlagevermögen angegriffen werden, würde das Unternehmen an Funktionsbereitschaft und Substanz verlieren.

Andererseits bringt eine Überliquidität den Nachteil einer zu hohen Kapitalbindung, verbunden mit einem Zinsentgang. In einem solchen Fall sollten die überschüssigen Mittel renditebringend, z. B. durch den Kauf von Wertpapieren, oder aufwandsmindernd, z. B. durch Entschuldung, umgeschichtet werden.

Die Aussagefähigkeit der Liquiditätskennzahlen wird insbesondere dadurch eingeschränkt, dass

- einerseits zahlreiche kurzfristige Zahlungsverpflichtungen, die nach dem Bilanzstichtag fällig sind, wie z. B. Zinszahlungen, Steuervorauszahlungen, Lohn- und Gehaltszahlungen, Zahlungen der Miete, der Leasingraten usw., nicht aus der Bilanz hervorgehen sowie
- andererseits nach dem Bilanzstichtag ausstehende Einnahmen aus Barverkäufen und nicht ausgenutzte Überziehungskredite ebenfalls aus der Bilanz nicht ablesbar sind.

Zudem ist eine exakte fristgerechte Terminierung von Zahlungsverpflichtung und Zahlungsbereitschaft erforderlich. Über die zeitpunktbezogene (statische) Bilanzanalyse hinaus ist eine zeitraumbezogene (dynamische) Betrachtung und Abstimmung unerlässlich. Das geschieht im Finanzplan.

1. Weist der Vermögensaufbau ein relativ hohes Anlagevermögen auf, hat das den Nachteil hoher Fixkosten, andererseits aber den Vorteil geringer variabler Stückkosten (hoher Grad an Rationalisierung).

2. Weist der Kapitalaufbau ein relativ hohes Eigenkapital auf, ist das Unternehmen in höherem Maße kreditwürdig, gegen Umsatzeinbrüche geschützt und mit weniger Zins- und Tilgungszahlungen belastet.
Unter Rentabilitätsgesichtspunkten ist für die Kapitalausstattung der Vergleich zwischen dem Fremdkapitalzinssatz und der Gesamtkapitalrentabilität entscheidend.

3. Das Anlagevermögen sollte als langfristig gebundenes Vermögen durch Eigenkapital, in jedem Fall aber durch Eigenkapital und langfristiges Fremdkapital gedeckt sein (goldene Bilanzregel).

4. Kurzfristige Schulden sollten aus dem relativ liquiden Anteil des Umlaufvermögens tilgbar sein. Eine zu hohe Überliquidität ist allerdings nicht erstrebenswert, weil sie einen Zinsentgang mit sich bringt.

Kapitel 15

Jahresabschluss | Abgrenzung zwischen Finanzbuchführung und Kosten- und Leistungsrechnung | Auswertung des Jahresabschlusses

AUFGABEN

Aufgabe 1: Errechnung der Bilanzkennzahlen
Aufgabe 2: Verständnisfragen zur Konstitutionskennzahl
Aufgaben 3 und 4: Kapitalausstattung und Rentabilität
Aufgabe 5: Goldene Bilanzregel
Aufgabe 6: Verständnisfragen zur Liquidität
Aufgaben 7 und 8: Bilanzanalyse

1. Es liegt das folgende Schlussbilanzkonto vor:

Soll	Schlussbilanzkonto		Haben
Gebäude	430.000,00	Eigenkapital	830.000,00
TA u. Maschinen	150.000,00	Langfristige Bankverb.	950.000,00
Geschäftsausstattung	130.000,00	Verbindlichkeiten a. LL.	330.000,00
Rohstoffe	500.000,00	Passive Rechnungsabgrenzung	30.000,00
Fertige Erzeugnisse	480.000,00		
Forderungen a. LL	230.000,00		
Kasse	10.000,00		
Postbank	50.000,00		
Guthaben bei Kreditinstit. (Bank)	150.000,00		
Aktive Rechnungsabgrenzung	10.000,00		
	2.140.000,00		2.140.000,00

   a) Bereiten Sie das Schlussbilanzkonto nach dem Bilanzgliederungsschema zur Ermittlung der Bilanzkennzahlen auf.
   b) Errechnen Sie die folgenden Kennzahlen: Konstitution, Anlagenintensität, Umlaufintensität, Finanzierung, Eigenkapitalintensität, Anlagendeckung 1, Anlagendeckung 2, Liquidität 1. Grades, Liquidität 2. Grades und Liquidität 3. Grades.

2. a) Machen Sie eine generelle Aussage über die Konstitutionskennzahl bei Industriebetrieben und bei Handelsbetrieben.
   b) Nennen Sie Vor- und Nachteile von anlagenintensiven Industriebetrieben.
   c) Nennen Sie Gründe für ein Wachsen und für ein Sinken der Konstitutionskennzahl.
   d) Wodurch wird die Vergleichbarkeit von Konstitutionskennzahlen verschiedener Betriebe eingeschränkt?

3. a) Welche Nachteile bringt ein hoher Fremdkapitalanteil grundsätzlich?
   b) Nennen Sie Gründe für ein Wachsen und für ein Sinken des Eigenkapitalanteils.
   c) Nennen Sie Gründe für ein Wachsen und für ein Sinken des Fremdkapitalanteils.
   d) In welchem Fall empfiehlt es sich, unter Renditegesichtspunkten den Fremdkapitalanteil zu erhöhen?

4. Der Eigenkapitalanteil beträgt 400.000,00 €, der Fremdkapitalanteil 600.000,00 €.
   Die Gesamtkapitalrendite beträgt 10 %.
   Es soll ein Darlehen zu 6 % über 250.000,00 € aufgenommen werden.
   Begründen Sie aufgrund der zu erwartenden Änderung
   – des Kapitalertrages und
   – der Eigenkapitalrentabilität,
   ob die Aufnahme des Darlehens zu empfehlen ist.

5. Erklären Sie, weshalb das betriebsnotwendige Anlagevermögen durch Eigenkapital, in jedem Fall aber durch Eigenkapital und langfristiges Fremdkapital abgedeckt sein sollte (goldene Bilanzregel).

6. a) Nennen Sie Gründe für eine Liquiditätsverbesserung bzw. Liquiditätsverschlechterung.
   b) Welchen Nachteil bringt eine Überliquidität mit sich?
   c) Was ist für den Fall einer Überliquidität zu empfehlen?
   d) Begründen Sie, weshalb die Bilanz lediglich einen relativ groben Eindruck über die Zahlungsfähigkeit eines Unternehmens vermittelt.

Verprobungen in Handels-bilanzen, Kalkulationen und Lagermesszahlen	Statistik	Einnahme-Überschuss-Rechnung gemäß § 4 Abs. 3 EStG

Kapitel 15

7. Es liegt folgende für das Berichtsjahr und das Vorjahr aufbereitete Bilanz vor:

Aktiva	aufbereitete Bilanz						Passiva			
	Berichtsjahr		Vorjahr				Berichtsjahr		Vorjahr	
	T€	%	T€	%			T€	%	T€	%
A. Anlagevermögen	940	27,57	950	31,88	A. Anlagevermögen		610	17,89	690	23,16
B. Umlaufvermögen					B. Fremdkapital					
Vorräte	1.890	55,42	1.430	47,99	langfr. FK		1.580	46,33	1.710	57,38
Forderungen	510	14,96	340	11,41	kurzfr. FK		1.220	35,78	580	19,46
flüssige Mittel	70	2,05	260	8,72	∑ Fremdkapital		2.800	82,11	2.290	76,84
∑ Umlaufverm.	2.470	72,43	2.030	68,12						
	3.410	100	2.980	100			3.410	100	2.980	100

a) Die obige Bilanz enthält bereits einige Kennzahlen des Vermögens- und Kapitalaufbaus. Berechnen Sie für beide Jahre
   1. zur Beurteilung des Vermögensaufbaus
      – die Konstitution,
   2. zur Beurteilung des Kapitalaufbaus
      – die Finanzierung,
   3. zur Beurteilung der Investierung
      – die Anlagendeckung 1 sowie die Anlagendeckung 2,
   4. zur Beurteilung der Liquidität
      – die Liquidität 1. Grades,
      – die Liquidität 2. Grades,
      – die Liquidität 3. Grades.
b) Ergründen Sie als Außenstehender die Ursachen der Veränderung (Berichtsjahr gegenüber Vorjahr)
   1. des Vermögensaufbaus,
   2. des Kapitalaufbaus,
   3. der Investierung und
   4. der Liquidität.
c) Welche Maßnahmen zur Verbesserung der Unternehmenssituation sind zu empfehlen?

8. Es liegt die folgende aufbereitete Bilanz einer KG vor. Zum Vergleich sind Branchenrichtwerte gegenübergestellt.

Aktiva	aufbereitete Bilanz					Passiva		
	Konrad Fied KG		Branche			Konrad Fied KG		Branche
	T€	%	%			T€	%	%
A. Anlagevermögen	650	21,24	40	A. Anlagevermögen		1.260	41,18	20
B. Umlaufvermögen				B. Fremdkapital				
Vorräte	1.580	51,63	30	langfr. FK		890	29,08	60
Forderungen	540	17,65	20	kurzfr. FK		910	29,74	20
flüssige Mittel	290	9,48	10	∑ Fremdkapital		1.800	58,82	80
∑ Umlaufverm.	2.410	78,76	60					
	3.060	100	100			3.060	100	100

a) Stellen Sie die wesentlichen Abweichungen von den Branchenrichtwerten heraus.
b) Welche Nachteile können sich aus den unter a) genannten Abweichungen ergeben?
c) Zeigen Sie Möglichkeiten zur Annäherung an die Branchenrichtwerte auf.

Kapitel 15 | Jahresabschluss | Abgrenzung zwischen Finanzbuchführung und Kosten- und Leistungsrechnung | **Auswertung des Jahresabschlusses**

15.3 Auswertung der Gewinn- und Verlustrechnung

Die Auswertung der Gewinn- und Verlustrechnung besteht in einer **Analyse der Aufwands- und Ertragsstruktur.**

Einzelne Aufwands- bzw. Ertragsarten werden in Prozent von den Gesamtaufwendungen bzw. Gesamterträgen ausgedrückt.

Innerbetriebliche Entwicklungen können aufgezeigt und Branchenvergleiche durchgeführt werden.

Zur Auswertung der Gewinn- und Verlustrechnung werden insbesondere folgende Kennzahlen herangezogen:

$$\text{Intensität des Materialaufwands} = \frac{\text{Materialaufwand} \cdot 100}{\text{Gesamtaufwendungen}}$$

$$\text{Intensität der Personalkosten} = \frac{\text{Personalkosten} \cdot 100}{\text{Gesamtaufwendungen}}$$

$$\text{Intensität der Abschreibungen} = \frac{\text{Abschreibungen} \cdot 100}{\text{Gesamtaufwendungen}}$$

$$\text{Intensität des Umsatzes} = \frac{\text{Umsatz} \cdot 100}{\text{Gesamterträge}}$$

> **Die Intensitätskennzahlen der Gewinn- und Verlustrechnung geben den prozentualen Anteil einzelner Aufwands- bzw. Ertragsarten an den Gesamtaufwendungen bzw. Gesamterträgen an.**

AUFGABEN

1. Ordnen Sie zu: **A** 1. Automobilwerk **B** 1. Hohe Intensität der Personalkosten
   2. Textilgroßhandlung 2. Hohe Intensität der Abschreibungen
   3. Gebäudereinigungsbetrieb 3. Hohe Intensität des Wareneinsatzes

2. Welche Gefahr kann sich für einen Betrieb mit einer besonders hohen Intensität einer einzelnen Kostenart ergeben?

3. a) Errechnen Sie für das unten stehende Gewinn- und Verlustkonto (Berichts- und Vorjahr) die Intensität
   – des Materialeinsatzes, – der Lohnkosten und – der Abschreibungen.

Soll			Gewinn- und Verlustkonto		Haben
	Berichtsjahr	Vorjahr		Berichtsjahr	Vorjahr
Aufwendungen für Rohstoffe	4.980.000,00	4.530.000,00	Umsatzerlöse	22.100.000,00	21.600.000,00
Aufwendungen für Fremdbauteile	2.610.000,00	2.550.000,00	Bestandsveränderungen	300.000,00	200.000,00
Aufwendungen für Hilfsstoffe	390.000,00	350.000,00			
Aufwendungen für Betriebsstoffe	670.000,00	630.000,00			
Löhne	5.650.000,00	7.362.500,00			
Gehälter	1.400.000,00	1.380.000,00			
Arbeitgeberanteil Soz.Vers. Löhne	850.000,00	1.062.500,00			
Arbeitgeberanteil Soz.Vers. Gehälter	210.000,00	207.000,00			
Abschreibung auf Sachanlagen	3.500.000,00	2.500.000,00			
Miete	800.000,00	780.000,00			
Provisionen	120.000,00	100.000,00			
Büromaterial	150.000,00	120.000,00			
Reisekosten Arbeitnehmer	60.000,00	40.000,00			
Zinsaufwendungen	90.000,00	80.000,00			
Gewinn	920.000,00	108.000,00			
	22.400.000,00	21.800.000,00		22.400.000,00	21.800.000,00

b) Aus welchem Grund hat sich die Intensität der Lohnkosten und der Abschreibungen verändert?

15.4 Rentabilität

Zur Beurteilung der **Rentabilität** wird der Unternehmensgewinn in ein prozentuales Werteverhältnis zu Eigenkapital, Gesamtkapital und Umsatz gesetzt.

Dabei muss bei einigen Unternehmensformen der buchhalterisch ausgewiesene Unternehmensgewinn noch korrigiert werden.

Die mitarbeitenden Gesellschafter erhalten bei Einzelunternehmen und bei Personengesellschaften – im Gegensatz zu den Kapitalgesellschaften – kein Gehalt. Bei diesen Unternehmensformen muss daher der Gewinn noch um einen Unternehmerlohn gemindert werden. Auf diese Weise wird – wie bei den Kapitalgesellschaften – eine Arbeitsvergütung für die Geschäftsführer als Aufwand erfasst.

Dieser Teil des Gewinns wird durch die persönliche Leistung der mitarbeitenden Gesellschafter und nicht durch den Einsatz des Eigenkapitals erwirtschaftet.

Die Höhe des anzusetzenden Unternehmerlohns bemisst sich am Gehalt eines leitenden Angestellten in vergleichbarer Position.

15.4.1 Eigenkapitalrentabilität (Unternehmerrentabilität)

Die **Eigenkapitalrentabilität** zeigt das prozentuale Werteverhältnis von Erfolg zu Eigenkapital auf. Sie gibt an, wie sich das in dem Unternehmen angelegte Eigenkapital verzinst.

$$\text{Eigenkapitalrentabilität} = \frac{(\text{Gewinn} - \text{Unternehmerlohn}^1) \cdot 100}{\text{Eigenkapital}}$$

BEISPIEL

Eigenkapital[2]	650.000,00 €
Gewinn	178.000,00 €
Unternehmerlohn (Jahresgehalt)	100.000,00 €

$$\text{Eigenkapitalrentabilität} = \frac{(178.000,00 - 100.000,00) \cdot 100}{650.000,00} = 12\,\%$$

Zu vergleichen ist die Eigenkapitalrentabilität mit dem landesüblichen Zinssatz für langfristig angelegtes Kapital.

Da eine langfristige Kapitalanlage zum landesüblichen Zins im Gegensatz zu einer unternehmerischen Tätigkeit kein Wagnis in sich birgt, gleicht der Überschuss der Eigenkapitalrentabilität das Risiko des Unternehmers aus.

Geht man im obigen Beispiel von einem landesüblichen Zinssatz von 7 % aus, beträgt die unternehmerische Risikoprämie 5 % (= 12 % – 7 %).

---

[1] Entfällt bei Kapitalgesellschaften (siehe Erklärung oben).
[2] Da sich während des Geschäftsjahres Privatentnahmen bzw. Privateinlagen sowie Gewinne bzw. Verluste das Eigenkapital ständig verändern, ist vom durchschnittlich während des Geschäftsjahres gebundenen Eigenkapital auszugehen.
Zur Vereinfachung wird hier und in den folgenden Beispielen von der Berechnung eines durchschnittlich gebundenen Eigenkapitals abgesehen.

15.4.2 Gesamtkapitalrentabilität (Unternehmensrentabilität)

Die **Gesamtkapitalrentabilität** zeigt das prozentuale Werteverhältnis von Erfolg zu Gesamtkapital auf. Sie gibt an, wie sich das im Unternehmen tätige Gesamtkapital verzinst.

Das Fremdkapital wird – wie das Eigenkapital – als kostenneutral betrachtet. Im Gewinn berücksichtigte Fremdkapitalzinsen würden bei unterschiedlichen Fremdkapitalausstattungen Vergleiche verfälschen. Deshalb werden die Fremdkapitalzinsen nicht als Aufwendungen in die Betrachtung einbezogen. Folglich müssen sie zum Gewinn, den sie ja zunächst gemindert haben, wieder hinzugerechnet werden.

$$\text{Gesamtkapitalrentabilität} = \frac{(\text{Gewinn} - \text{Unternehmerlohn}^1 + \text{Fremdkapitalzinsen}) \cdot 100}{\text{Eigenkapital} + \text{Fremdkapital}}$$

BEISPIEL

Eigenkapital	600.000,00 €
Fremdkapital	1.000.000,00 €
Gewinn	200.000,00 €
Unternehmerlohn	120.000,00 €
Fremdkapitalzinsen (8 % von 1.000.000,00 €)	80.000,00 €

$$\text{Gesamtkapitalrentabilität} = \frac{(200.000,00 - 120.000,00 + 80.000,00) \cdot 100}{600.000,00 + 1.000.000,00} = 10\,\%$$

Im obigen Beispiel übersteigt die Gesamtkapitalrentabilität (10 %) den Fremdkapitalzinssatz (8 %). In einem solchen Fall führt eine Aufstockung des Fremdkapitals zu einem höheren Gewinn und damit zu einer höheren Eigenkapitalrentabilität.

15.4.3 Umsatzrentabilität

Die **Umsatzrentabilität** gibt das prozentuale Werteverhältnis von Erfolg zu Umsatz an.

$$\text{Umsatzrentabilität} = \frac{(\text{Gewinn} - \text{Unternehmerlohn}^1) \cdot 100}{\text{Umsatzerlöse}}$$

BEISPIEL

Umsatzerlöse	2.000.000,00 €
Gewinn	240.000,00 €
Unternehmerlohn	140.000,00 €

$$\text{Umsatzrentabilität} = \frac{(240.000,00 - 140.000,00) \cdot 100}{2.000.000,00} = 5\,\%$$

- Zum Ausgleich des unternehmerischen Risikos sollte die Eigenkapitalrentabilität den landesüblichen Zinssatz für langfristig angelegtes Kapital in angemessener Höhe übersteigen.
- Übersteigt die Gesamtkapitalrentabilität den Fremdkapitalzinssatz, bringt das in dem Unternehmen angelegte Fremdkapital Gewinn. In diesem Fall ist die Fremdkapitalaufnahme rentabel und erhöht die Eigenkapitalrentabilität.

---

1 Entfällt bei Kapitalgesellschaften (siehe Erklärung oben).

Verprobungen in Handels-bilanzen, Kalkulationen und Lagermesszahlen	Statistik	Einnahme-Überschuss-Rechnung gemäß § 4 Abs. 3 EStG

Kapitel 15

AUFGABEN

Aufgabe 1: Einführung in die Problematik
Aufgabe 2: Unternehmerlohn
Aufgaben 3–5: Verständnisfragen zu den Rentabilitätskennzahlen
Aufgabe 6: Rentabilitätsbetrachtungen

1. Warum hat der absolute Gewinn eines Unternehmens wenig Aussagekraft?

2. a) Warum ist bei Rentabilitätsbetrachtungen bei Einzelunternehmen (e. K.) und bei Personengesellschaften (OHG, KG) – im Gegensatz zu Kapitalgesellschaften (AG, GmbH) – der Gewinn um den Unternehmerlohn zu mindern?
   b) Woran wird der Unternehmerlohn bemessen?

3. a) Was sagt die Kennzahl „Eigenkapitalrentabilität" aus?
   b) Wie ist in rentabel arbeitenden Betrieben das Verhältnis zwischen Eigenkapitalrentabilität und landesüblichem Zinssatz für langfristig angelegtes Kapital?

4. a) Was sagt die Kennzahl „Gesamtkapitalrentabilität" aus?
   b) In welchem Fall erhöht eine Aufnahme von Fremdkapital die Eigenkapitalrentabilität?

5. Was sagt die Kennzahl „Umsatzrentabilität" aus?

6. Eine KG entnimmt ihrer Buchführung folgende Daten (in €):

	Umsatz	Fremdkapital	Eigenkapital	Gewinn
1. Jahr	3.380.000,00	2.000.000,00	820.000,00	267.600,00
2. Jahr	3.000.000,00	1.500.000,00	1.320.000,00	307.600,00
3. Jahr	2.900.000,00	1.950.000,00	900.000,00	275.085,00
4. Jahr	2.000.000,00	1.700.000,00	1.100.000,00	188.000,00
5. Jahr	2.600.000,00	1.000.000,00	1.800.000,00	202.000,00

Unternehmerlohn pro Jahr: 100.000,00 €
Zinssatz für Fremdkapital: 8 %

a) Errechnen Sie für jedes Jahr die Umsatzrentabilität.
b) Nennen Sie mögliche Ursachen für das Wachsen und für das Sinken der Umsatzrentabilität.
c) Errechnen Sie für jedes Jahr die Eigenkapitalrentabilität.
d) In welchen Jahren ist die KG mit ihrer Eigenkapitalrentabilität zufrieden bzw. unzufrieden? Begründen Sie Ihre Meinung.
   (Landesüblicher Zinssatz für langfristig angelegtes Kapital: 7 %)
e) Errechnen Sie für jedes Jahr die Gesamtkapitalrentabilität.
f) Erklären Sie für das erste bis dritte Jahr die Entwicklung der Eigenkapitalrentabilität in Zusammenhang mit der Entwicklung der Gesamtkapitalrentabilität. Ziehen Sie bei Ihrer Betrachtung auch die absoluten Zahlen (Eigenkapital, Fremdkapital, Gewinn) heran.
g) Welche Auswirkung auf den Gewinn hat der Fremdkapitalanteil im 4. Jahr?
h) Wie wirkt der Fremdkapitalanteil im 5. Jahr auf den Gewinn und auf die Eigenkapitalrentabilität?

15.5 Cashflow

Der **Cashflow** gibt an, inwieweit Investitionen, Schuldentilgungen oder Gewinnausschüttungen aus selbst erwirtschafteten Mitteln finanziert werden können.

Zur Berechnung des Cashflows geht man vom Jahresergebnis aus, das um alle zahlungsunwirksamen Aufwendungen und Erträge bereinigt wird, z. B. Abschreibungen, Rückstellungen.

	Jahresüberschuss/Jahresfehlbetrag
+	Abschreibungen
–	Zuschreibungen
+/–	Verringerung/Erhöhung von Rückstellungen
+/–	Verringerung/Erhöhung von Rücklagen
+	Buchwert der Abgänge von Wirtschaftsgütern des Anlagevermögens
=	**Cashflow**

Der Cashflow wird hauptsächlich für finanzwirtschaftliche Analysen verwendet.

Darüber hinaus werden Cashflow-Kennzahlen errechnet:

1. Die Cashflow-Umsatzrate

$$\text{Cashflow-Umsatzrate} = \frac{\text{Cashflow} \cdot 100}{\text{Umsatz}}$$

Die Cashflow-Umsatzrate zeigt auf, wie viel Prozent des Umsatzes dem Unternehmen als Cashflow zufließen.

2. Die Cashflow-Eigenkapitalrentabilität

$$\text{Cashflow-Eigenkapitalrentabilität} = \frac{\text{Cashflow} \cdot 100}{\text{Eigenkapital}}$$

Die Cashflow-Eigenkapitalrentabilität zeigt das prozentuale Werteverhältnis vom Cashflow zum Eigenkapital auf.

3. Die Cashflow-Investitionsrate

$$\text{Cashflow-Investitionsrate} = \frac{\text{Cashflow} \cdot 100}{\text{Sachanlageinvestitionen}}$$

Die Cashflow-Investitionsrate gibt an, wie viel Prozent der Sachanlageinvestitionen aus dem Cashflow-Zufluss finanziert werden können.

BEISPIEL

	Jahr 1	Jahr 2	Jahr 3
Gewinn/Verlust	– 200 T€	– 300 T€	+ 500 T€
+ Abschreibungen	280 T€	320 T€	350 T€
+ Zuführungen zu Rückstellungen	30 T€	20 T€	40 T€
= Cashflow	110 T€	40 T€	890 T€
Umsatz	15.000 T€	13.000 T€	17.000 T€
Eigenkapital	4.800 T€	4.600 T€	4.500 T€
Sachanlageinvestitionen	200 T€	300 T€	500 T€

Kapitel 15

BEISPIEL (Fortsetzung)

Ergebnisauswertung

Cashflow-Kennzahlen		Jahr 1	Jahr 2	Jahr 3
Cashflow-Umsatzrate	$= \dfrac{\text{Cashflow} \cdot 100}{\text{Umsatz}}$	$\dfrac{110 \cdot 100}{15.000} = 0{,}73\,\%$	$\dfrac{40 \cdot 100}{13.000} = 0{,}31\,\%$	$\dfrac{890 \cdot 100}{17.000} = 5{,}24\,\%$
Cashflow-Eigenkapitalrentabilität	$= \dfrac{\text{Cashflow} \cdot 100}{\text{Eigenkapital}}$	$\dfrac{110 \cdot 100}{4.800} = 2{,}29\,\%$	$\dfrac{40 \cdot 100}{4.600} = 0{,}87\,\%$	$\dfrac{890 \cdot 100}{4.500} = 19{,}78\,\%$
Cashflow-Investitionsrate	$= \dfrac{\text{Cashflow} \cdot 100}{\text{Sachanlageninvestition}}$	$\dfrac{110 \cdot 100}{200} = 55\,\%$	$\dfrac{40 \cdot 100}{300} = 13{,}33\,\%$	$\dfrac{890 \cdot 100}{500} = 178{,}00\,\%$

Schon die absoluten Werte des Cashflow machen deutlich, dass die finanzielle Ausstattung des Unternehmens in den drei Jahren recht unterschiedlich ist.

Das **Jahr 1** weist schlechte bis akzeptable Cashflow-Kennzahlen auf. Die flüssigen Mittel gemessen am Umsatz (= Cashflow-Umsatzrate) sind mit 0,73 % sehr gering.

Die Cashflow-Eigenkapitalrentabilität von nur 2,29 % dürfte die Kapitalgeber nicht zufriedenstellen.

Lediglich die Cashflow-Investitionsrate von 55 % ist annehmbar.

Das **Jahr 2** ist das „Krisenjahr". Alle Cashflow-Kennzahlen sind denkbar schlecht ausgefallen. So können beispielsweise nur 13,33 % der Sachanlageninvestitionen aus dem Cashflow-Mittelzufluss finanziert werden.

Ganz anders sind die Kennzahlen des **Jahres 3** zu beurteilen. Die betriebswirtschaftliche Situation des Unternehmens hat sich grundlegend geändert.
Insbesondere die Cashflow-Eigenkapitalrentabilität (19,78 %) und die Cashflow-Investitionsrate (178 %) sind ausgesprochen gut.
Die vorgenommenen Investitionen können zu 100 % aus dem Cashflow-Mittelzufluss bezahlt werden. Darüber hinaus steht noch ein erheblicher finanzieller Überschuss für andere Verwendungen zur Verfügung.

Kapitel 15 | Jahresabschluss | Abgrenzung zwischen Finanzbuchführung und Kosten- und Leistungsrechnung | Auswertung des Jahresabschlusses

AUFGABEN

1. Weshalb wird der Cashflow berechnet?

2. Wie wird der Cashflow berechnet?

3. Aus den Unterlagen eines Unternehmers entnehmen Sie folgende Angaben:

Gewinn	85.000,00 €
Abschreibungen	12.000,00 €
Zuschreibungen	5.000,00 €
Erhöhung Rückstellungen	4.000,00 €

   Berechnen Sie den Cashflow.

4. Die Jahresabschlüsse 31.12.01 und 31.12.02 enthalten folgende Angaben:

	Jahr 1	Jahr 2
Gewinn	113.000,00 €	156.000,00 €
Abschreibungen	40.000,00 €	36.000,00 €
Zuschreibungen	10.000,00 €	21.000,00 €
Buchwert Abgang eines Wirtschaftsguts des Anlagevermögens	0,00 €	4.000,00 €
Erhöhung Rückstellungen	43.000,00 €	51.000,00 €

   Ermitteln Sie den Cashflow.

5. Ein Unternehmen weist folgende Ergebnisse aus:

	Jahr 1	Jahr 2	Jahr 3
Gewinn/Verlust	– 250 T€	– 375 T€	+ 625 T€
Abschreibungen	350 T€	400 T€	430 T€
Zuführungen zu Rückstellungen	37 T€	25 T€	50 T€
Umsatz	18.000 T€	15.600 T€	20.300 T€
Eigenkapital	5.760 T€	5.520 T€	5.400 T€
Sachanlageinvestitionen	240 T€	360 T€	590 T€

   Errechnen Sie für die drei Jahre
   a) den Cashflow,
   b) die Cashflow-Umsatzrate.
   c) die Cashflow-Eigenkapitalrentabilität und
   d) die Cashflow-Investitionsrate.

   Werten Sie die Ergebnisse aus.

16 Verprobungen in Handelsbilanzen, Kalkulationen und Lagermesszahlen

Durch Rechenoperationen wird ermittelt, ob das Ergebnis der Buchführung mit der betrieblichen Kalkulation oder mit den Ergebnissen aus früheren Jahren übereinstimmt = **innerbetrieblicher Betriebsvergleich.**

Die Zahlen können auch mit denen anderer Betriebe derselben Branche, Größe und Struktur verglichen werden = **äußerer Betriebsvergleich.** Hierzu werden verschiedene Kennzahlen berechnet, die dann miteinander verglichen werden.

Solche Vergleichszahlen stellen Kammern (Industrie- und Handelskammer), Verbände und auch das Finanzamt (Richtsatzsammlung) zur Verfügung. Weicht das Unternehmen z. B. erheblich von den Werten in der Richtsatzsammlung ab, kann es zu einer Überprüfung durch das Finanzamt kommen.

16.1 Begriffe

Wirtschaftlicher Wareneinsatz

Der wirtschaftliche Wareneinsatz ist die zum Verkauf gelangte Ware zu Einkaufpreisen (netto). Der Wareneinsatz lässt sich wie folgt berechnen:

    Anfangsbestand Waren
+ Wareneinkäufe
+ Anschaffungsnebenkosten
− Rücksendungen
− Warenendbestand
− Entnahmen von Waren
− Preisnachlässe
− innerbetrieblicher Warenverbrauch
− Warenverluste z. B. Diebstahl, Verderb
= **wirtschaftlicher Wareneinsatz**

Warenanfangsbestand

Der Warenanfangsbestand ergibt sich aus:

    Wareneinsatz
+ Warenendbestand
− Warenzugänge
= **Warenanfangsbestand**

Warenendbestand

Der Warenendbestand lässt sich so ermitteltn:

    Anfangsbestand
+ Warenzugänge
− Wareneinsatz
= **Warenendbestand**

Wirtschaftlicher Umsatz

Als wirtschaftlicher Umsatz wird der Erlös durch die verkaufte Ware bezeichnet.

Er lässt sich wie folgt berechnen:

    Verkauferlöse
− Rücksendungen von Kunden
− Forderungsverluste des laufenden Jahres
= **wirtschaftlicher Umsatz**

Wirtschaftlicher Rohgewinn

bei Handelsbetrieben:

    wirtschaftlicher Umsatz
− wirtschaftlicher Wareneinsatz
= **wirtschaftlicher Rohgewinn**

bei Fertigungsbetrieben:

    wirtschaftlicher Umsatz
− wirtschaftlicher Materialeinsatz
− wirtschaftlicher Einsatz an Fertigungslöhnen
= **wirtschaftlicher Rohgewinn**

Wirtschaftlicher Reingewinn

Er lässt sich wie folgt berechnen:

    wirtschaftlicher Rohgewinn
− sonstige Betriebsausgaben
= **wirtschaftlicher Reingewinn**

16.2 Verschiedene Kennzahlen

$$\text{Rohgewinnsatz} = \frac{\text{wirtschaftlicher Rohgewinn} \cdot 100}{\text{wirtschaftlicher Umsatz}} = \text{Handelsspanne}$$

$$\text{Rohgewinnaufschlagsatz} = \frac{\text{wirtschaftlicher Rohgewinn} \cdot 100}{\text{wirtschaftlicher Wareneinsatz}} = \text{Kalkulationsaufschlag}$$

Umrechnung

Der Rohgewinnsatz kann in den Rohgewinnaufschlagsatz umgerechnet werden:

$$\text{Rohgewinnaufschlagsatz} = \frac{\text{Rohgewinnsatz} \cdot 100}{100 - \text{Rohgewinnsatz}}$$

Der Rohgewinnaufschlagsatz kann in den Rohgewinnsatz umgerechnet werden:

$$\text{Rohgewinnsatz} = \frac{\text{Rohgewinnaufschlagsatz} \cdot 100}{100 + \text{Rohgewinnaufschlagsatz}}$$

$$\text{Reingewinnsatz} = \frac{\text{wirtschaftlicher Reingewinn} \cdot 100}{\text{wirtschaftlicher Umsatz}} = \text{Umsatzrendite}$$

BEISPIEL

Es liegen Ihnen von Ihrem Mandanten folgende Angaben vor:

Warenanfangsbestand	100.000,00 €	Rücksendungen von Kunden	20.000,00 €
Warenendbestand	115.000,00 €	Rücksendungen an Lieferanten	12.000,00 €
Wareneinkauf	306.000,00 €	andere Kosten	186.000,00 €
Umsatzerlöse	734.000,00 €		

- Es lassen sich folgende Werte ermitteln:

Wareneinsatz	Warenanfangsbestand	100.000,00 €
	+ Wareneinkauf	306.000,00 €
	− Rücksendungen an Lieferanten	12.000,00 €
	− Warenendbestand	115.000,00 €
		279.000,00 €
Wirtschaftlicher Umsatz	Umsatzerlöse	734.000,00 €
	− Rücksendungen von Kunden	20.000,00 €
		714.000,00 €
Rohgewinn	wirtschaftlicher Umsatz	714.000,00 €
	− Wareneinsatz	279.000,00 €
		435.000,00 €
Reingewinn	Rohgewinn	435.000,00 €
	− sonstige Kosten	186.000,00 €
		249.000,00 €

Rohgewinnaufschlagsatz $\quad \dfrac{435.000,00 \text{ €} \cdot 100}{279.000,00 \text{ €}} = 155{,}91\ \%$

Rohgewinnsatz $\quad \dfrac{435.000,00 \text{ €} \cdot 100}{714.000,00 \text{ €}} = 60{,}92\ \%$

Reingewinnsatz $\quad \dfrac{249.000,00 \text{ €} \cdot 100}{714.000,00 \text{ €}} = 34{,}87\ \%$

16.3 Auswertung der Warenkonten

Um die Frage der Wirtschaftlichkeit der Lagerhaltung zu beantworten, gibt es verschiedene Lagerkennzahlen.

Durchschnittlicher Lagerbestand

Dieser Wert zeigt, wie hoch der durchschnittliche Wert der Ware im Lager ist.

$$\text{durchschnittlicher Lagerbestand} = \frac{\text{Warenanfangsbestand} + \text{Warenendbestand}}{2}$$

Da durch den Lagerbestand Kapital gebunden ist, wird i. d. R. ein möglichst kleiner Lagerbestand angestrebt.

Je nach Branche variiert der Bestand sehr stark. Unternehmen mit verderblicher Ware, z. B. Obst, haben einen geringeren Bestand als Unternehmen mit unverderblicher Ware.

Umschlagshäufigkeit

Für den Unternehmer ist es von Bedeutung zu wissen, wie lange seine Ware im Lager liegt bzw. wie schnell sie verkauft wird. Je schneller die Ware umgesetzt wird, desto geringer sind die auf sie entfallenden Lagerkosten.

Die Formel zu Umschlagshäufigkeit lautet:

$$\text{Umschlagshäufigkeit} = \frac{\text{Wareneinsatz}}{\text{durchschnittlicher Lagerbestand}}$$

Je höher der Wert ist, desto schneller wird die Ware veräußert.

Durchschnittliche Lagerdauer

Die Lagerdauer ist die Zeit zwischen dem Ein- und Verkauf der Waren. Je kürzer die Dauer, umso geringer die Kosten je Stück.

$$\text{durchschnittliche Lagerdauer} = \frac{360 \text{ Tage}}{\text{Umschlagshäufigkeit}}$$

Lagerzinssatz

Die Lagerbestände binden Kapital. Die dadurch entstehenden Kosten werden als Lagerzinsen bezeichnet.

$$\text{Lagerzinssatz} = \frac{\text{Jahreszinssatz} \cdot \text{durchschnittliche Lagerdauer}}{360 \text{ Tage}}$$

Der Jahreszinssatz ist der Zinssatz, den das Unternehmen für den Einsatz von Fremdkapital zahlen müsste.

Kapitel 16 | Jahresabschluss | Abgrenzung zwischen Finanzbuchführung und Kosten- und Leistungsrechnung | Auswertung des Jahresabschlusses

AUFGABEN

1. Welchem Wert entspricht der Rohgewinnsatz bzw. der Rohgewinnaufschlagsatz?

2. Was besagen die Kennzahlen
   a) durchschnittlicher Lagerbestand und
   b) Umschlagshäufigkeit?

3. Was ist für den Unternehmer günstiger: eine hohe oder eine niedrige Umschlagshäufigkeit? Begründen Sie Ihre Antwort.

4. Wie werden
   a) die durchschnittliche Lagerdauer und
   b) der Lagerzinssatz ermittelt?

5. Ihr Mandant gibt Ihnen folgende Angaben für 01:
   Anfangsbestand 01.01. Waren .... 136.000,00 €
   Endbestand 31.12. Waren .... 98.000,00 €
   Einkauf Waren .... 186.000,00 €
   Anschaffungsnebenkosten Waren .... 7.080,00 €
   Entnahmen durch Unternehmer .... 2.500,00 €
   Diebstahl .... 3.040,00 €
   Rücksendungen an Lieferanten .... 23.020,00 €
   Umsatzerlöse .... 550.000,00 €
   Rücksendungen von Kunden .... 40.800,00 €
   Forderungsverluste .... 6.000,00 €

   Berechnen Sie den wirtschaftlichen Wareneinsatz, den wirtschaftlichen Warenumsatz und den wirtschaftlichen Rohgewinn.

6. Es liegen Ihnen von Ihrem Mandanten folgende Angaben für 01 vor:
   Warenanfangsbestand 01.01. .... 37.500,00 €
   Entnahmen durch Unternehmer .... 1.000,00 €
   Verderb von Waren .... 4.800,00 €
   Warenendbestand 31.12. .... 30.100,00 €
   Wareneinkauf .... 57.000,00 €
   Umsatzerlöse .... 75.400,00 €
   Forderungsverluste .... 900,00 €
   sonstige betriebliche Kosten .... 4.200,00 €

   Ermitteln Sie den Rohgewinnaufschlagsatz und Reingewinnsatz.

7. Ihnen sind der Rohgewinn in Höhe von 707.000,00 € und der Rohgewinnsatz von 50 % eines Unternehmens bekannt.
   Berechnen Sie den wirtschaftlichen Warenumsatz und den wirtschaftlichen Wareneinsatz.

8. Ihr Mandant macht folgende Angaben:
   wirtschaftlicher Wareneinsatz .... 38.500,00 €
   wirtschaftlicher Warenumsatz .... 55.000,00 €
   sonstige betriebliche Kosten .... 8.600,00 €

   Ermitteln Sie den Rohgewinnsatz, den Rohgewinnaufschlagsatz und Reingewinnsatz.
   Laut Richtsatzsammlung weichen die tatsächlichen Beträge erheblich nach unten ab.
   Was können die Ursachen sein?

9. Es liegt Ihnen folgende Gewinn- und Verlustrechnung vor (verkürzte Form):

Soll		GuV 31.12.01		Haben
Wirtschaftlicher Wareneinsatz	601.000,00 €	Umsatzerlöse		891.000,00 €
Übrige Aufwendungen	136.000,00 €	Gewinn		154.000,00 €
	737.000,00 €			737.000,00 €

Berechnen Sie den Rohgewinnaufschlagsatz, den Rohgewinn und den Rohgewinnsatz.

10. Ihnen ist von Ihrem Mandanten Folgendes bekannt:
Der wirtschaftliche Wareneinsatz beträgt 359.000,00 €, der Rohgewinnaufschlagsatz 35 %.

Ermitteln Sie den wirtschaftlichen Warenumsatz.
Wie hoch ist der Reingewinnsatz, wenn der Reingewinn 24.232,50 € beträgt?

11. Der wirtschaftliche Wareneinsatz beträgt 520.000,00 €, der wirtschaftliche Warenumsatz 624.000,00 €.

Ermitteln Sie den Rohgewinnaufschlagsatz.
Wie hoch ist der Reingewinn, wenn der Reingewinnsatz 7,5 % beträgt?

12. Ihr Mandant macht folgende Angaben:

Warenbestand 01.01.	43.000,00 €
Wareneinkauf	27.500,00 €
Entnahmen von Waren	1.800,00 €
Warenbestand 31.12.	39.700,00 €
Rücksendungen an Lieferanten	4.000,00 €
Umsatzerlöse	70.900,00 €
Rücksendungen von Kunden	3.600,00 €
Forderungsverluste	2.100,00 €
sonstige betriebliche Aufwendungen	9.900,00 €

Ermitteln Sie den wirtschaftlichen Wareneinsatz, den Rohgewinn, den Reingewinn, den Rohgewinnaufschlagsatz und den Reingewinnsatz.

13. Ihnen sind von Ihrem Mandanten folgende Werte bekannt:

wirtschaftlicher Warenumsatz	1.340.000,00 €
Rohgewinn	760.000,00 €
Wareneinkauf	275.000,00 €
Warenendbestand	350.000,00 €

Ermitteln Sie den wirtschaftlichen Wareneinsatz und den Warenanfangsbestand.

14. Der Warenanfangsbestand beträgt 106.000,00 €, der Warenendbestand 88.000,00 € und der Wareneinkauf 13.000,00 €.

Berechnen Sie den durchschnittlichen Lagerbestand und die Umschlagshäufigkeit.

15. Ermitteln Sie die Umschlagshäufigkeit und die durchschnittliche Lagerdauer.

	wirtschaftl. Wareneinsatz	durchschnittl. Lagerbestand
a)	373.000,00 €	290.000,00 €
b)	798.000,00 €	822.000,00 €
c)	68.000,00 €	24.000,00 €

16. Die durchschnittliche Lagerdauer einer bestimmten Ware beträgt 26 Tage und der wirtschaftliche Wareneinsatz 560.000,00 €.

Berechnen Sie den durchschnittlichen Lagerbestand.

17. Die Umschlagshäufigkeit beträgt 6 % und der Jahreszinssatz 7 %.

Wie hoch ist der Lagerzinssatz?

18. Der Warenanfangsbestand einer bestimmten Ware beträgt 37.500,00 €, der Warenendbestand 40.000,000 € und der wirtschaftliche Wareneinsatz 10.000,00 €.

Berechnen Sie den durchschnittlichen Lagerbestand, die Umschlagshäufigkeit und die durchschnittliche Lagerdauer.

17 Statistik

17.1 Allgemeines

Die **Betriebsstatistik** gehört neben der Buchführung, der Kostenrechnung und der Planungsrechnung zum **betrieblichen Rechnungswesen.** Sie sammelt Zahlenmaterial aus allen betrieblichen Bereichen, vergleicht es und wertet es aus.

Es gibt betriebliche Produktionsstatistiken, Kostenstatistiken, Lagerstatistiken, Personalstatistiken, Einkaufsstatistiken, Verkaufsstatistiken, Werbestatistiken usw.

Neben den reinen Betriebsstatistiken werden in den Unternehmen auch volkswirtschaftliche Statistiken geführt, die unternehmerische Entscheidungen unterstützen.

Hierzu gehören z. B. Statistiken über die Wertpapierbörsen, die Devisenbörsen, die Einkommensverteilung, den Bevölkerungsaufbau, die Geburtenentwicklung usw.

Die grafische Darstellung von Statistiken ist besonders anschaulich.

17.2 Grafische Darstellungsformen

Man unterscheidet bei den grafischen Darstellungen
- Stab-, Säulen- und Kurvendiagramme,
- Flächendiagramme und
- Bildstatistiken.

17.2.1 Stab-, Säulen- und Kurvendiagramme

Bei Stab-, Säulen- und Kurvendiagrammen werden statistische Zusammenhänge in einem Koordinatensystem veranschaulicht.

Auf der x-Achse (Abszisse) werden statistische Merkmale (z. B. Zeitpunkte) und auf der y-Achse (Ordinate) statistische Zahlenwerte (z. B. Umsätze) abgetragen.

BEISPIEL

Ein Industriebetrieb weist für das vergangene Geschäftsjahr folgende Personalentwicklung (Lohnempfänger) auf:

Jan.	Febr.	März	April	Mai	Juni	Juli	Aug.	Sept.	Okt.	Nov.	Dez.
710	718	735	748	752	722	708	705	725	738	742	719

Jahresdurchschnitt: 727

Darstellung der Personalentwicklung **in Form eines Stabdiagramms**

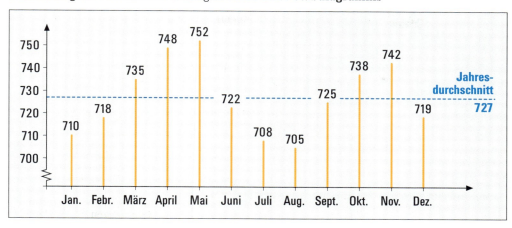

Darstellung der Personalentwicklung **in Form eines Säulendiagramms**

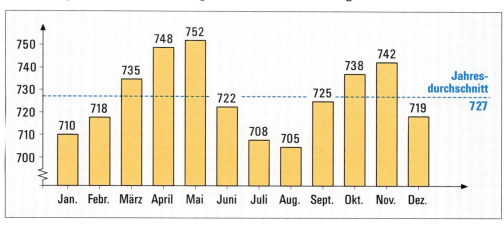

Darstellung der Personalentwicklung **in Form eines Kurvendiagramms**

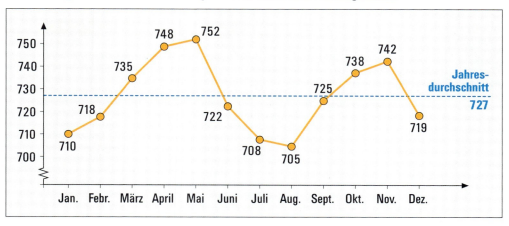

Kapitel 17

| Jahresabschluss | Abgrenzung zwischen Finanzbuchführung und Kosten- und Leistungsrechnung | Auswertung des Jahresabschlusses |

AUFGABEN

1. Der Rohstoffbestand eines Industriebetriebes weist im 1. Halbjahr folgende Entwicklung auf (jeweils Anfangsbestände):

Monat	Lagerbestand jeweils am 1. des Monats in t
Januar	190
Februar	210
März	220
April	180
Mai	170
Juni	200
Juli	160

a) Errechnen Sie den durchschnittlichen Lagerbestand.
b) Stellen Sie die Lagerbestandsentwicklung in einem Stabdiagramm, in einem Säulendiagramm und in einem Kurvendiagramm dar.

Tragen Sie in das jeweilige Diagramm den durchschnittlichen Lagerbestand ein.

2. Die Materialgemeinkosten eines Industriebetriebes haben sich in den letzten fünf Jahren wie folgt entwickelt (in €):

	Jahr 1	Jahr 2	Jahr 3	Jahr 4	Jahr 5
Materialgemeinkosten	597.822,00	641.560,00	618.589,00	719.473,00	793.510,00

a) Runden Sie die Euro-Beträge auf volle zehntausend Euro und stellen Sie die Kostenentwicklung grafisch dar (wahlweise Stab-, Säulen- oder Kurvendiagramm).
b) Berechnen Sie die prozentuale Kostenentwicklung (der gerundeten Beträge) gegenüber dem Jahr 1 (die Materialgemeinkosten des Jahres 1 entsprechen 100 %).
Stellen Sie die Prozentzahlen in einer Prozenttabelle zusammen.
c) Stellen Sie die prozentuale Kostenentwicklung grafisch dar (wahlweise Stab-, Säulen- oder Kurvendiagramm).

3. Erstellen Sie aufgrund des unten stehenden Säulendiagramms eine geeignete Umsatztabelle.

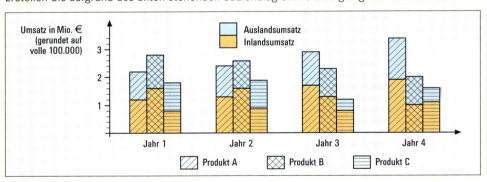

4. Die Mitarbeiterzahl und der Umsatz haben sich in den letzten fünf Jahren wie folgt entwickelt:

Jahr	1	2	3	4	5
ø Mitarbeiterzahl	530	560	540	590	620
Umsatz in Mio. €	66,25	72,8	75,6	85,55	93,0

a) Errechnen Sie für jedes Jahr den „Pro-Kopf-Umsatz".
b) Stellen Sie die Entwicklung des „Pro-Kopf-Umsatzes" in einem Säulendiagramm dar.
c) Wie interpretieren Sie die Entwicklung des „Pro-Kopf-Umsatzes"?

5.

Jahr	1	2	3	4
ø Rohstoffbestand in Mio. €	16,1	17,8	17,1	18,2
Rohstoffeinsatz in Mio. €	121,5	106,8	136,8	163,8

a) Stellen Sie die Lagerbestandsentwicklung in einem Säulendiagramm dar.
b) Errechnen Sie die Lagerumschlagshäufigkeiten und stellen Sie sie in einem Säulendiagramm dar.
c) Errechnen Sie für jedes Jahr die durchschnittliche Lagerdauer und erstellen Sie ein entsprechendes Säulendiagramm.

6. In einer Verkaufsfiliale ergaben sich im Vorjahr für den Monat März folgende durchschnittliche Tagesumsätze:

Tag	Mo.	Di.	Mi.	Do.	Fr.	Sa.
März (Vorjahr) (T€)	12	14	15	13	16	11

Im laufenden Geschäftsjahr wurden im März folgende Tagesumsätze registriert:

Tag	Mo.	Di.	Mi.	Do.	Fr.	Sa.
März, 1. Woche (T€)	11	13	12	11	16	9
März, 2. Woche (T€)	13	17	14	15	18	13
März, 3. Woche (T€)	14	16	16	14	19	12
März, 4. Woche (T€)	14	14	14	12	15	10

a) Errechnen Sie die durchschnittlichen Tagesumsätze des Monats März für das laufende Geschäftsjahr.
b) Stellen Sie die durchschnittlichen Tagesumsatzzahlen des Monats März für das Vorjahr und für das laufende Geschäftsjahr in einem Säulendiagramm gegenüber.
c) Lösen Sie die Aufgabe b) in einem Kurvendiagramm.
d) Welches Diagramm stellt Ihrer Meinung nach die Vergleichswerte besser gegenüber? Begründen Sie Ihre Meinung.

17.2.2 Flächendiagramme

Flächendiagramme sind geeignet zur Darstellung von prozentualen Anteilen an einer Gesamtgröße. Die Veranschaulichung kann durch Rechteckdiagramme oder Kreisdiagramme erfolgen.

BEISPIEL

Das Sortiment A ist mit 40 %, das Sortiment B mit 35 % und das Sortiment C mit 25 % am Umsatz eines Unternehmens beteiligt.

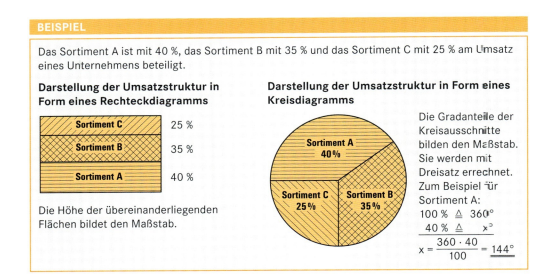

Darstellung der Umsatzstruktur in Form eines Rechteckdiagramms

Die Höhe der übereinanderliegenden Flächen bildet den Maßstab.

Darstellung der Umsatzstruktur in Form eines Kreisdiagramms

Die Gradanteile der Kreisausschnitte bilden den Maßstab. Sie werden mit Dreisatz errechnet. Zum Beispiel für Sortiment A:

$100\ \% \triangleq 360°$
$40\ \% \triangleq x°$

$$x = \frac{360 \cdot 40}{100} = \underline{144°}$$

17.2.3 Bildstatistiken

Neben den dargebotenen relativ nüchternen Darstellungsformen von Statistiken gibt es noch sogenannte Bildstatistiken. Sie enthalten die oben dargestellten Elemente. Die statistischen Informationen werden dabei für den Nichtfachmann möglichst einfach und bildhaft aufbereitet.

Bildstatistiken erscheinen häufig in Tageszeitungen und Werbezeitschriften.

BEISPIEL

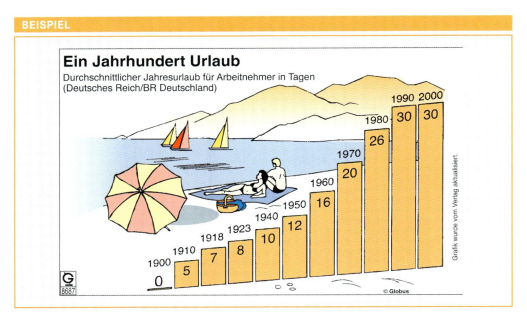

Verprobungen in Handelsbilanzen, Kalkulationen und Lagermesszahlen	Statistik	Einnahme-Überschuss-Rechnung gemäß § 4 Abs. 3 EStG

Kapitel 17

AUFGABEN

1. Die Werbekosten setzten sich im vergangenen Geschäftsjahr wie folgt zusammen:

   Fernsehwerbung: 45 %, Zeitschriftenwerbung: 20 %,
   Rundfunkwerbung: 25 %, Plakatwerbung: 10 %.

   Im laufenden Geschäftsjahr teilt sich der Werbeetat folgendermaßen auf:

   Fernsehwerbung: 4,8 Mio. €, Zeitschriftenwerbung: 3 Mio. €,
   Rundfunkwerbung: 3,6 Mio. €, Plakatwerbung: 0,6 Mio. €.

   Stellen Sie die Zusammensetzung der Werbekosten der beiden Geschäftsjahre in vergleichbaren Rechteckdiagrammen (Kreisdiagrammen) gegenüber.

2. In der Personalabteilung eines Industriebetriebes soll eine grafische Statistik (mit absoluten Zahlen und Prozentzahlen) über die Vorbildung der Angestellten angefertigt werden.

Hochschulabschluss	Abitur	Realschulabschluss	Hauptschulabschluss	ohne Abschluss
27	108	324	81	–

   Erstellen Sie ein entsprechendes Rechteckdiagramm (Kreisdiagramm).

3.
Aktiva	aufbereitete Bilanz			Passiva	
	Berichtsjahr Mio. €	Vorjahr Mio. €		Berichtsjahr Mio. €	Vorjahr Mio. €
A. Anlagevermögen	52,25	52,80	A. Eigenkapital	33,25	29,04
B. Umlaufvermögen			B. Fremdkapital (FK)		
Vorräte	23,75	19,36	langfr. FK	42,75	42,24
Forderungen	11,40	8,80	kurzfr. FK	19,00	16,72
flüssige Mittel	7,60	7,04			
	95,00	88,00		95,00	88,00

   Stellen Sie jeweils in einem Rechteckdiagramm (Kreisdiagramm) die prozentuale Zusammensetzung der Bilanz (Aktiv- und Passivseite) für das Berichtsjahr und das Vorjahr gegenüber. (Anmerkung: Die Oberbegriffe „Umlaufvermögen" und „Fremdkapital" sollen nicht in den Diagrammen erscheinen.)

4. Der Betriebsabrechnungsbogen eines Industriebetriebes weist folgende Gemeinkostensummen im 1. Quartal aus:

Monat	Kostenstellen			
	Material (€)	Fertigung (€)	Verwaltung (€)	Vertrieb (€)
Januar	98.000,00	588.000,00	245.000,00	49.000,00
Februar	110.400,00	579.600,00	202.400,00	27.600,00
März	147.000,00	609.000,00	231.000,00	63.000,00

   a) Errechnen Sie für jeden Monat die prozentuale Zusammensetzung der Gemeinkosten.
   b) Stellen Sie die prozentuale Gemeinkostenverteilung der drei Monate in Kreisdiagrammen (Rechteckdiagrammen) gegenüber.
   c) Errechnen Sie für das 1. Quartal die durchschnittliche prozentuale Zusammensetzung der Gemeinkosten.
   d) Stellen Sie die in c) ermittelten Werte in einem Kreisdiagramm dar.

5. Die Produktionskapazität eines Industriebetriebes verteilt sich wie folgt:

	1. Quartal	2. Quartal	3. Quartal	4. Quartal
Produkt A	39 %	42 %	40 %	45 %
Produkt B	21 %	24 %	20 %	23 %
Produkt C	16 %	14 %	12 %	14 %
Leerkapazität	24 %	20 %	28 %	18 %

a) Stellen Sie die Kapazitätsverteilung der vier Quartale in Kreisdiagrammen (Rechteckdiagrammen) gegenüber.

b) Errechnen Sie die durchschnittliche Kapazitätsverteilung des Jahres und erstellen Sie ein entsprechendes Kreisdiagramm (Rechteckdiagramm).

18 Einnahme-Überschuss-Rechnung gemäß § 4 Abs. 3 EStG

18.1 Allgemeines

Gewinnermittlungszeitraum ist das Wirtschaftsjahr, das beim Einnahme-Überschuss-Rechner mit dem Kalenderjahr übereinstimmt.

Der Einnahme-Überschuss-Rechnung liegt das Zufluss-Abfluss-Prinzip gemäß § 11 EStG zugrunde. Betriebseinnahmen werden in dem Kalenderjahr angesetzt, in dem sie zugeflossen sind. Betriebsausgaben sind dann zu erfassen, wenn sie abgeflossen sind.

Regelmäßig wiederkehrende Einnahmen bzw. Ausgaben, die innerhalb kurzer Zeit vor oder nach Beendigung des Kalenderjahres zu- bzw. abgeflossen sind, sind in dem Kalenderjahr zu erfassen, zu dem sie wirtschaftlich gehören. „Kurze Zeit" bedeutet einen Zeitraum von zehn Tagen vor bzw. nach dem Kalenderjahreswechsel.

Regelmäßig wiederkehrende Zahlungen sind z. B. Zinsen, Miete, Pacht, Umsatzsteuervorauszahlungen, Versicherungsbeiträge.

Als Folge kann es zu einer anderen zeitlichen Erfassung von Betriebseinnahmen oder Betriebsausgaben kommen als beim Betriebsvermögensvergleich.

Das Ergebnis der einzelnen Gewinnermittlungszeiträume kann deshalb vom Ergebnis beim Betriebsvermögensvergleich abweichen. Der Totalgewinn, also der Gewinn, der im gesamten Zeitraum des Bestehens des Unternehmens erwirtschaftet wird, muss bei beiden Gewinnermittlungsarten gleich sein.

18.2 Berechtigter Personenkreis

Nach § 4 Abs. 3 EStG können Steuerpflichtige, die nicht aufgrund gesetzlicher Vorschriften verpflichtet sind, Bücher zu führen und regelmäßig Abschlüsse zu machen, und die auch freiwillig keine Bücher führen und keine Abschlüsse machen, als Gewinn den Überschuss der Betriebseinnahmen über die Betriebsausgaben ansetzen.

Unter § 4 Abs. 3 EStG fallen somit Steuerpflichtige mit Gewinneinkunftsarten, die aber weder nach Handelsrecht noch nach Steuerrecht buchführungspflichtig sind.

Das sind

- Steuerpflichtige mit Einkünften gemäß § 18 EStG, wenn sie nicht freiwillig Bücher führen,
- Steuerpflichtige mit Einkünften gemäß § 15 EStG, wenn sie
  - keinen in kaufmännischer Weise eingerichteten Geschäftsbetrieb haben und somit nicht nach Handelsrecht buchführungspflichtig sind,
  - gemäß § 241 a HGB von der Pflicht zur Buchführung befreit sind,
  - nicht nach Steuerrecht buchführungspflichtig sind
  - und nicht freiwillig Bücher führen, und
- Steuerpflichtige mit Einkünften gemäß § 13 EStG, wenn sie ihren Gewinn nicht nach Durchschnittssätzen ermitteln und nicht freiwillig Bücher führen.

18.3 Aufzeichnungspflichten

Es gibt keine ausdrücklichen Aufzeichnungspflichten im EStG zur Aufzeichnung der Betriebseinnahmen.

Allerdings muss der Steuerpflichtige im Rahmen der Mitwirkungspflicht des § 90 AO die Betriebseinnahmen und -ausgaben erläutern und glaubhaft machen. Er muss die betriebliche Veranlassung und den Zeitpunkt durch Belege nachweisen, z. B. Bankbelege, Eingangs- und Ausgangsrechnungen.

Neben der allgemeinen Mitwirkungspflicht gibt es einige spezielle Aufzeichnungspflichten.

Zu diesen Aufzeichnungspflichten gehören z. B.:

- Führen eines Anlagenverzeichnisses, § 4 Abs. 3 S. 4 EStG
- Aufzeichnung der nicht oder nur beschränkt abziehbaren Aufwendungen, § 4 Abs. 5, Abs. 7 EStG
- Aufzeichnung des Wareneingangs, § 143 AO
- Aufzeichnung des Warenausgangs, § 144 AO
- Aufzeichnung Umsätze und Vorsteuerbeträge, § 22 UStG

18.4 Betriebseinnahmen

Der Begriff der „Betriebseinnahmen" ist grundsätzlich identisch mit dem Begriff „Betriebseinnahmen beim Betriebsvermögensvergleich". Danach sind **Betriebseinnahmen** alle Zugänge von Wirtschaftsgütern in Form von Geld oder Geldeswert, § 8 Abs. 1 EStG.

Bei Erfassung der Betriebseinnahmen sind folgende **Besonderheiten** zu beachten:

- Die vom Unternehmer vereinnahmte Umsatzsteuer ist als Betriebseinnahme, bei Zahlung der Umsatzsteuerzahllast ans Finanzamt als Betriebsausgabe zu erfassen. So ist gewährleistet, dass die Umsatzsteuer auch bei der Einnahme-Überschuss-Rechnung den Gewinn nicht beeinflusst.
- Forderungen gehören nicht zu den Betriebseinnahmen, weil kein Zufluss vorliegt.
- Regelmäßig wiederkehrende Einnahmen, die wirtschaftlich zum folgenden Wirtschaftsjahr gehören, aber im alten Wirtschaftsjahr zugeflossen sind, sind als Betriebseinnahme zu erfassen, es sei denn die Ausnahmeregel des § 11 Abs. 1 S. 2 EStG greift, d. h., sie fließen innerhalb von zehn Tagen vor dem Ende des Wirtschaftsjahres zu. Dann werden sie im Folgejahr als Betriebseinnahme erfasst.
- Der Steuerpflichtige kann Einnahmen, die er aufgrund einer Vorauszahlung von mehr als fünf Jahren für eine Nutzungsüberlassung erzielt, gleichmäßig auf den Zeitraum der wirtschaftlichen Zugehörigkeit verteilen.
- Gelder, die dem Unternehmen durch Einlagen oder Aufnahme eines Darlehens zufließen, sind keine Betriebseinnahmen.
- Bei Sachentnahmen werden in Höhe des Teilwertes Betriebseinnahmen angesetzt. Entsprechend werden bei Leistungsentnahmen die anteiligen Kosten angesetzt. Die Umsatzsteuer, die hierauf entfällt, ist ebenfalls als Betriebseinnahme zu erfassen.

18.5 Betriebsausgaben

Gemäß § 4 Abs. 4 EStG sind **Betriebsausgaben** Aufwendungen, die durch den Betrieb veranlasst sind.

Bei der Einnahme-Überschuss-Rechnung werden die Betriebsausgaben in sofort abzugsfähige Betriebsausgaben und nicht sofort abzugsfähige Betriebsausgaben unterteilt.

18.5.1 Sofort abzugsfähige Betriebsausgaben

Zu den sofort abzugsfähigen Betriebsausgaben gehören alle betrieblichen Ausgaben, soweit es sich nicht um Anschaffungs- oder Herstellungskosten von Wirtschaftsgütern des Anlagevermögens handelt.

Hierzu gehören z. B.:

- Anschaffung von Roh-, Hilfs-, Betriebsstoffen oder Vorräten
- Anschaffung von geringwertigen Wirtschaftsgütern
- Zinsen für ein aufgenommenes Darlehen
- Disagio und Bearbeitungsgebühren für ein aufgenommenes Darlehen
- Umsatzsteuervorauszahlungen auch für das IV. Quartal bzw. für Dezember bzw. bei Dauerfristverlängerung auch November.
  Sie werden nach wirtschaftlicher Zugehörigkeit erfasst, wenn sie innerhalb von zehn Tagen im neuen Jahr gezahlt werden, § 11 Abs. 2 S. 2, Abs. 1 S. 2 EStG
- Vorsteuerbeträge bei Zahlung an den Leistenden.

18.5.2 Nicht sofort abzugsfähige Betriebsausgaben

Nicht abnutzbare Wirtschaftsgüter des Anlagevermögens

Gemäß § 4 Abs. 3 EStG dürfen die Anschaffungs- bzw. Herstellungskosten für nicht abnutzbare Wirtschaftsgüter des Anlagevermögens erst im Zeitpunkt des Zuflusses des Veräußerungserlöses oder bei Entnahme im Zeitpunkt der Entnahme als Betriebsausgabe erfasst werden.

> **BEISPIEL**
>
> Ein Unternehmer, der seinen Gewinn gemäß § 4 Abs. 3 EStG ermittelt, erwirbt in 01 ein unbebautes Grundstück für 10.000,00 €. Die Zahlung des Kaufpreises erfolgt am 15.11.01. Er verkauft es in 03 für 15.000,00 € und vereinnahmt den Veräußerungspreis am 10.10.03. Beide Zahlungsvorgänge erfolgen per Banküberweisung.
>
> - Die Anschaffung und die Veräußerung sind in 03 zu berücksichtigen.
>
> | | | |
> |---|---|---:|
> | 03: | Anschaffungskosten = Betriebsausgabe | 10.000,00 € |
> | | Veräußerungspreis = Betriebseinnahme | 15.000,00 € |
> | | Gewinn | 5.000,00 € |

Abnutzbare Wirtschaftsgüter des Anlagevermögens

Gemäß § 4 Abs. 3 EStG werden Wirtschaftsgüter des abnutzbaren Anlagevermögens so behandelt wie beim Bestandsvergleich, d. h., nicht die Anschaffungs- oder Herstellungskosten werden bei Zahlung als Betriebsausgabe erfasst, sondern die Abschreibung gemäß § 7 EStG.

Als Betriebsausgabe werden auch

- Sonderabschreibungen gemäß § 7 g Abs. 5 EStG und
- Anschaffungs- bzw. Herstellungskostenminderung gemäß § 7 g Abs. 2 EStG erfasst.

Soweit im Zeitpunkt der Veräußerung oder Entnahme ein Wirtschaftsgut noch einen Restbuchwert aufweist, ist dieser Wert zu diesem Zeitpunkt als Betriebsausgabe zu erfassen.

Nutzungsüberlassung von mehr als fünf Jahren

Werden Vorauszahlungen für eine Nutzungsüberlassung von mehr als fünf Jahren geleistet, sind sie gleichmäßig auf den Zeitraum, für den sie gezahlt wurden, zu verteilen und nach ihrer wirtschaftlichen Zugehörigkeit den Betriebsausgaben zuzurechnen, § 11 Abs. 2 S. 3 EStG.

Das gilt nicht für ein marktübliches Disagio.

18.5.3 Nicht abzugsfähige Betriebsausgaben

Einlagen/Entnahmen

Nicht als Betriebseinnahmen zu berücksichtigen sind Geldeinlagen. Hierbei handelt es sich um einen privaten Vorgang und nicht um einen betrieblich veranlassten. Ebenso verhält es sich mit Geldentnahmen. Sie bleiben unberücksichtigt.

Durchlaufende Posten

Durchlaufende Posten sind Geldbeträge, die in fremdem Namen und für fremde Rechnung vereinnahmt werden. Sie stellen weder Betriebseinnahmen noch Betriebsausgaben dar, § 4 Abs. 3 S. 2 EStG.

Die Umsatzsteuer gehört nicht zu den durchlaufenden Posten. Wird die Umsatzsteuer vom Steuerpflichtigen vereinnahmt, handelt es sich um Betriebseinnahmen. Wird sie ans Finanzamt gezahlt, sind es Betriebsausgaben.

Darlehen

Nimmt der Steuerpflichtige ein Darlehen **auf,** so ist die Überweisung des Darlehens keine Betriebseinnahme und die Tilgung des Darlehens keine Betriebsausgabe.

Wird vom Darlehensgeber ein Disagio einbehalten, liegen im Wirtschaftsjahr der Auszahlung des Darlehens beim Darlehensnehmer Betriebsausgaben vor.

Gewährt der Steuerpflichtige ein Darlehen, liegen bei Auszahlung des Betrags an den Darlehensnehmer keine Betriebsausgaben vor und bei Rückzahlung entsprechend keine Betriebseinnahmen.

Wird ein Disagio einbehalten, handelt es sich beim Darlehensgeber um Betriebseinnahmen.

Ferner sind nicht als Betriebsausgabe anzusetzen:

- Gewerbesteuer, § 4 Abs. 5 b EStG,
- nicht abzugsfähige Betriebsausgaben gemäß § 4 Abs. 5 EStG,
- Ausgaben gemäß § 12 Nr. 3 EStG,
- Forderungsverluste, denn die Forderungen selbst werden nicht als Betriebseinnahmen erfasst,
- Verbindlichkeiten aus Lieferungen und Leistungen, da kein Geldabfluss stattfindet,
- Warenverluste durch Diebstahl, Schwund usw, werden durch Inventur erfasst.

AUFGABEN

1. Ermitteln Sie für Ihren Mandanten, der einen Handel mit Kleinmöbeln betreibt, den Gewinn gemäß § 4 Abs. 3 EStG für 01. Ihnen sind folgende Angaben bekannt:

   a) Einnahmen aus Verkäufen, brutto .... 53.550,00 €
   Warenverkauf auf Ziel .... 11.900,00 €
   Zahlungseingänge in 01 aus Verkäufen in 00 .... 6.100,00 €
   b) Überweisungen für Wareneinkäufe .... 38.000,00 €
   Wareneinkäufe im Dezember 01, Zahlung im Januar 02 .... 5.700,00 €
   Zahlungen im Januar 01 für Wareneinkäufe im Dezember 00 .... 2.300,00 €
   c) Entnahme eines Tisches
   Einkaufspreis zum Zeitpunkt der Entnahme, ist auch
   gleichzeitig der Teilwert .... 250,00 €
   d) gezahlte Aushilfslöhne .... 2.080,00 €
   e) Entnahme von Bargeld zur Lebensführung .... 1.000,00 €
   f) Diebstahl von Waren .... 600,00 €
   g) USt-Erstattung aus 00, Überweisung in 01 .... 180,00 €
   h) Kauf eines Schranks für das Büro im Juni 01,
   Kaufpreis einschließlich 19 % USt .... 1.785,00 €
   Die Nutzungsdauer des Schranks beträgt 10 Jahre.

2. Die Betriebseinnahmen Ihres Mandanten betragen für 01 vorläufig 110.800,00 €, die Betriebsausgaben 71.224,00 €.

   Folgende Sachverhalte sind bisher nicht berücksichtigt:
   a) Ihr Mandant erhält im Dezember 01 eine Anzahlung für eine Lieferung, die im Februar 02 ausgeführt wird, in Höhe von 11.900,00 €.
   b) Ihr Mandant erwirbt im März 01 einen Kastenwagen zum Preis von brutto 29.750,00 €. Der Kaufpreis wird unter Abzug von 2 % Skonto am 26.03.01 überwiesen. Die Nutzungsdauer des Kastenwagens beträgt 6 Jahre.
   c) Ihr Mandant macht Bewirtungsaufwendungen geltend. Die ordnungsgemäße Rechnung lautet über brutto 101,15 €. Die Bewirtungsaufwendungen sind angemessen. Die Zahlung erfolgte am 04.06.01 bar.
   d) Ihr Mandant veräußerte eine gebrauchte Maschine im August 01 zum Preis von brutto 5.236,00 €, Überweisung am 28.08.01. Die Maschine hatte zum 01.01.01 einen Buchwert von 3.500,00 €, die jährliche AfA betrug 2.000,00 €.
   e) Der Steuerberater Ihres Mandanten erstellte am 01.06.01 eine Rechnung über brutto 2.975,00 € wegen Erstellung der Einnahme-Überschuss-Rechnung und der Umsatz- und Gewerbesteuererklärung. Ihr Mandant überwies den Betrag am 15.06.01.
   f) Ihr Mandant hat zum 01.11.01 ein betriebliches Darlehen aufgenommen, Darlehenssumme 40.000,00 €, Auszahlung 98 %, Zinssatz 9 %, Zinsen monatlich nachträglich fällig. Die Zinsen für den Monat November wurden am 30.11.01 abgebucht, die Zinsen für Dezember am 05.01.02.
   g) Ihr Mandant kaufte am 11.03.01 eine Bohrmaschine für betriebliche Zwecke. Der Kaufpreis betrug 481,95 € brutto und wurde bar gezahlt.
   h) Ihr Mandant zahlte die am 31.12.01 fällige Miete für betriebliche Räume in Höhe von 1.500,00 € am 15.02.02. Er hat die 1.500,00 € als Betriebsausgaben für 01 erfasst.

   Ermitteln Sie den Gewinn des Jahres 01.
   Beachten Sie dabei,
   – dass Ihr Mandant lineare AfA wünscht,
   – die Voraussetzungen des § 7 g EStG vorliegen,
   – die Umsatzsteuer nach vereinnahmten Entgelten berechnet wird und
   – die Regelung des § 6 Abs. 2 EStG in Anspruch genommen werden soll.

3. Ihr Mandant, der als Allgemeinmediziner eine Praxis in Köln betreibt, ermittelt seinen Gewinn gemäß § 4 Abs. 3 EStG. Die vorläufigen Betriebseinnahmen betragen 786.500,00 €, die vorläufigen Betriebsausgaben 420.700,00 €.

Folgende Sachverhalte sind noch nicht berücksichtigt:

a) Ihr Mandant erwarb am 01.03.01 einen neuen Pkw für 46.000,00 € brutto (Überweisung des Kaufpreises am 05.03.01). Der Bruttolistenpreis betrug 49.630,00 €. Die Nutzungsdauer beträgt 6 Jahre. Der bis dahin genutzte Pkw wurde an eine Privatperson für 17.500,00 € verkauft. Der Käufer überwies den Betrag am 01.03.01 auf ein privates Konto Ihres Mandanten. Der Buchwert des Pkw betrug zum Zeitpunkt der Veräußerung 7.800,00 €.

Den neuen Pkw nutzt Ihr Mandant auch privat und für Fahrten zwischen Wohnung und Arbeitsstätte, einfache Entfernung 15 km.

b) Von der kassenärztlichen Vereinigung erhielt Ihr Mandant für das IV. Quartal 01 am 05.01.02 eine Abschlagszahlung von 52.000,00 €, die bisher in 02 als Betriebseinnahme erfasst wurde.

c) Ihr Mandant erwarb ein neues Ultraschallgerät für brutto 72.500,00 €, Anschaffungszeitpunkt 02.08.01. Die Nutzungsdauer wird zutreffend mit 15 Jahren angegeben.

d) Ihr Mandant behandelte seine Familie bei Bedarf selbst. Dabei verwendete er Materialien wie Verbände, Mull u. Ä. aus der Praxis mit einem Einkaufspreis von insgesamt 357,00 €.

e) Im Anlagenverzeichnis Ihres Mandanten ist ein Lasergerät mit einem Buchwert von 4.600,00 € zum 31.12.00 enthalten. Die jährliche AfA beträgt 2.000,00 €. Aufgrund eines Bedienungsfehlers ist das Gerät nicht mehr voll einsatzfähig und der Wert sinkt zum 31.12.01 auf 500,00 €.

Ermitteln Sie den Gewinn des Jahres 01. Die Voraussetzungen des § 7 g EStG sind nicht erfüllt.

Formelsammlung

Dreisatz

Aufstellung des Dreisatzes:

Bedingungssatz	1,00 EUR	1,54 USD	(alle Angaben)
Fragesatz	750,00 EUR	x USD	(unbekannte Größe steht hinten)
Schlusssatz	$x = \dfrac{750{,}00 \cdot 1{,}54}{1{,}00}$	= 1.155,00 USD	(Bruchstrich bilden)

Arten:				
Gerader/direkter Dreisatz:	mehr	→	mehr	über Kreuz multiplizieren
	weniger	→	weniger	
ungerader/indirekter Dreisatz:	mehr	→	weniger	waagerecht multiplizieren
	weniger	→	mehr	

Prozentrechnung

$$\text{Prozentwert} = \frac{\text{Grundwert} \cdot \text{Prozentsatz}}{100}$$

$$\text{Prozentsatz} = \frac{\text{Prozentwert} \cdot 100}{\text{Grundwert}}$$

$$\text{Grundwert} = \frac{\text{Prozentwert} \cdot 100}{\text{Prozentsatz}}$$

Zinsrechnung

$$\text{Jahreszinsen (z)} = \frac{K \cdot p}{100}$$

$$\text{Monatszinsen (z)} = \frac{K \cdot p \cdot m}{100 \cdot 12}$$

$$\text{Tageszinsen (z)} = \frac{K \cdot p \cdot t}{100 \cdot 260}$$

wobei:
z = Zinsen
K = Kapital
p = Zinssatz
m = Monate
t = Tage

Zinsberechnungsmethoden
(Zinstage im Monat/Tage im Jahr):

		Anwendung:
Kaufmännische Zinsrechnung	(30/360)	Anlagen auf Konten und Kundenkreditgeschäft
Angelsächsische Methode	(act/act)	Abrechnung von Wertpapieren (Festzinssatz)
Französische Methode (Eurozinsmethode)	(act/360)	Interbankengeschäfte

act = taggenau, kalendermäßig

Summarische Zinsrechnung:

$$\text{Zinszahl (ZZ)} = \# = \frac{K \cdot t}{100}$$

Zinszahlen sind ganze Zahlen und werden kaufmännisch gerundet.

$$\text{Zinsteiler (Zt)} = \frac{360}{p}$$

$$z = \frac{\#}{Zt} \quad \text{oder} \quad z = \frac{\# \cdot p}{360}$$

Formelsammlung

Zinseszinsrechnung:

Aufzinsung: $K_n = K_0 \left(1 + \dfrac{p}{100}\right)^n$ wobei K_0 = Anfangskapital, K_n = Endkapital, n = Anzahl der Jahre, p = Zinssatz

wobei: Aufzinsungsfaktor = $q^n = \left(1 + \dfrac{p}{100}\right)^n$ in Tabellen

Abzinsung: $K_0 = \dfrac{K_n}{\left(1 + \dfrac{p}{100}\right)^n}$ wobei K_0 = Anfangskapital, K_n = Endkapital, n = Anzahl der Jahre, p = Zinssatz

wobei: Abzinsungsfaktor = $\dfrac{1}{q^n}$

Progressive Postenmethode: Zu Beginn des Jahres und bei jeder Kontenbewegung wird der Zins bis zum Jahresende vorausgerechnet. → Sparkontenrechnen

Saldenmethode: Zinsen werden am Ende einer Abrechnungsperiode für den jeweiligen Saldo ermittelt.
→ Kontokorrentabrechnung, Darlehenszinsen usw.

Effektenrechnen

Bewertung von Gläubigereffekten:

Rendite = $\dfrac{\text{durchschnittlicher Jahresertrag} \cdot 100}{\text{Kapitaleinsatz}}$

laufende Verzinsung = $\dfrac{\text{Normalzins} \cdot 100}{\text{Kapitaleinsatz}}$ oder $\dfrac{\text{Normalzins} \cdot 100}{\text{Kurs}}$

Effektivzins = $\dfrac{\left(\text{Nominalzins} + \dfrac{\text{Rückzahlungsgewinn}}{\text{Laufzeit}}\right) \cdot 100}{\text{Kapitaleinsatz}}$ oder

$\dfrac{\left(\text{Nominalzins} - \dfrac{\text{Rückzahlungsverlust}}{\text{Laufzeit}}\right) \cdot 100}{\text{Kapitaleinsatz}}$

Bewertung von Aktien:

Dividendenrendite = $\dfrac{\text{Bardividende} \cdot 100}{\text{Kurs}}$

Gewinn je Aktie = $\dfrac{\text{Gewinn} \cdot \text{Nennwert}}{\text{Grundkapital}}$ oder   Gewinn · Beteiligungsquote

Kurs-Gewinn-Verhältnis (KGV) = $\dfrac{\text{Kurs je Aktie}}{\text{Gewinn je Aktie}}$

Ertragswert = $\dfrac{\text{Gewinn je Aktie} \cdot 100}{\text{Kapitalisierungszinssatz}}$

Cashflow = Jahresüberschuss + ordentliche Abschreibungen + Erhöhung der langfristigen Rückstellungen + außerordentliche Aufwendungen − außerordentliche Erträge

Cashflow pro Aktie = $\dfrac{\text{Cashflow} \cdot \text{Nennwert}}{\text{Grundkapital}}$ oder   Cashflow · Beteiligungsquote

Formelsammlung

$$\text{Kurs-Cashflow-Verhältnis (KCV)} = \frac{\text{Kurs}}{\text{Cashflow pro Aktie}}$$

$$\text{Substanzwert} = \frac{(\text{Vermögen} - \text{Schulden}) \cdot \text{Nennwert pro Aktie}}{\text{Grundkapital}} \quad \text{oder}$$

$$(\text{Vermögen} - \text{Schulden}) \cdot \text{Beteiligungsquote}$$

$$\text{Rendite} = \frac{\text{durchschnittlicher Jahresertrag} \cdot 100}{\text{Kapitaleinsatz}}$$

Kreditwesen

Standardisierte Ratenkredite:

Zinsberechnung mit Monatszinsen

$$\text{Anzahl der Raten} = \frac{(\text{Darlehensbetrag} + \text{Bearbeitungsgebühr})}{(\text{monatliche Rate} - \text{Zinsen pro Monat})}$$

Zinsberechnung = Darlehensbetrag · Raten · Zinsen pro Monat

$$\text{Effektivverzinsung (Faustformel)} = \frac{(p \cdot m + \text{Bearbeitungsgebühr in \%}) \cdot 24}{m + 1}$$

wobei p = Monatszinssatz,
m = Gesamtlaufzeit in Monaten

Bilanzkennzahlen:

$$\text{Vermögensstruktur} = \frac{\text{Anlagevermögen} \cdot 100}{\text{Gesamtvermögen}}$$

$$\text{Eigenkapitalquote} = \frac{\text{Eigenkapital} \cdot 100}{\text{Gesamtkapital}}$$

$$\text{Fremdkapitalquote} = \frac{\text{Fremdkapital} \cdot 100}{\text{Gesamtkapital}} \quad \text{oder} \quad 100 - \text{Eigenkapitalquote}$$

$$\text{Anlagedeckung I} = \frac{\text{Eigenkapital} \cdot 100}{\text{Anlagevermögen}}$$

$$\text{Anlagedeckung II} = \frac{\text{Langfristiges Kapital} \cdot 100}{\text{Anlagevermögen}}$$

$$\text{Liquidität 1. Grades} = \frac{\text{liquide Mittel} \cdot 100}{\text{kurzfristige Verbindlichkeiten}}$$

$$\text{Liquidität 2. Grades} = \frac{(\text{liquide Mittel} + \text{Forderungen}) \cdot 100}{\text{kurzfristige Verbindlichkeiten}}$$

$$\text{Liquidität 3. Grades} = \frac{\text{Umlaufvermögen} \cdot 100}{\text{kurzfristige Verbindlichkeiten}}$$

$$\text{Eigenkapitalrentabilität} = \frac{\text{Gewinn} \cdot 100}{\text{Eigenkapital}}$$

$$\text{Gesamtkapitalrentabilität} = \frac{(\text{Gewinn} + \text{Zinsen}) \cdot 100}{\text{Gesamtkapital}}$$

$$\text{Umsatzrentabilität} = \frac{\text{Gewinn} \cdot 100}{\text{Umsatz}}$$

$$\text{ROI (return on investment)} = \frac{\text{Gewinn}}{\text{Umsatz}} \cdot \frac{\text{Umsatz}}{\text{Gesamtkapital}} \cdot 100$$

Cashflow = Jahresüberschuss + ordentliche Abschreibungen + Erhöhung der langfristigen Rückstellungen + außerordentliche Aufwendungen − außerordentliche Erträge

Abkürzungsverzeichnis

AB	Anfangsbestand	KGaA	Kommanditgesellschaft auf Aktien
Abs.	Absatz	KI	Kreditinstitut
AfA	Absetzung für Abnutzung	KiSt	Kirchensteuer
AfaA	Absetzung für außergewöhnliche Abnutzung	KSt	Körperschaftsteuer
		KStG	Körperschaftsteuergesetz
AG	Aktiengesellschaft	KV	Krankenversicherung
AG-Anteil	Arbeitgeberanteil	Lifo	last in – first out
AK	Anschaffungskosten	LSt	Lohnsteuer
a. LL	aus Lieferungen und Leistungen	LStDV	Lohnsteuer-Durchführungsverordnung
ALV	Arbeitslosenversicherung		
AN-Anteil	Arbeitnehmeranteil	LStR	Lohnsteuer-Richtlinien
AO	Abgabenordnung	MGKZ	Materialgemeinkostenzuschlag
AR	Ausgangsrechnung	MWSt	Mehrwertsteuer
AV	Anlagevermögen	NW	Nennwert
BBG	Beitragsbemessungsgrenze	OFD	Oberfinanzdirektion
BFH	Bundesfinanzhof	OHG	Offene Handelsgesellschaft
BGB	Bürgerliches Gesetzbuch	PHG	Personenhandelsgesellschaft
BGBEG	Einführungsgesetz zum Bürgerlichen Gesetzbuche	PublG	Publizitätsgesetz
		PV	Pflegeversicherung
BilMoG	Bilanzrechtsmodernisierungsgesetz	PWB	Pauschalwertberichtigung
BMF	Bundesministerium für Finanzen	RAP	Rechnungsabgrenzungsposten
BStBl.	Bundessteuerblatt	RfE	Rücklage für Ersatzbeschaffung
BW	Buchwert	RV	Rentenversicherung
EBK	Eröffnungsbilanzkonto	SA	Sachanlagen
EK	Eigenkapital	SB	Schlussbestand
ELStAM	Elektronische Lohnsteuerabzugsmerkmale	SBK	Schlussbilanzkonto
		SGB	Sozialgesetzbuch
EStDV	Einkommensteuer-Durchführungsverordnung	SKR	Spezialkontenrahmen
		SolZ	Solidaritätszuschlag
EStG	Einkommensteuergesetz	SoPo	Sonderposten
EStR	Einkommensteuer-Richtlinien	StB	Steuerbilanz
EUSt	Einfuhrumsatzsteuer	StGB	Strafgesetzbuch
EWB	Einzelwertberichtigung	SV	Sozialversicherung
FGKZ	Fertigungsgemeinkostenzuschlag	SvEV	Sozialversicherungsentgeltverordnung
Fifo	first in – first out		
FK	Fremdkapital	TA	Technische Ausstattung
GewSt	Gewerbesteuer	TW	Teilwert
Gj	Geschäftsjahr	UE	Umsatzerlöse
GmbH	Gesellschaft mit beschränkter Haftung	USt	Umsatzsteuer
		UStDV	Umsatzsteuer-Durchführungsverordnung
GoB	Grundsätze ordnungsmäßiger Buchführung		
		UStG	Umsatzsteuergesetz
GuV	Gewinn und Verlust	UStR	Umsatzsteuer-Richtlinien
GWG	Geringwertige Wirtschaftsgüter	UV	Umlaufvermögen
HB	Handelsbilanz	UVMG	Unfallversicherungsmodernisierungsgesetz
HGB	Handelsgesetzbuch		
HK	Herstellungskosten	VSt	Vorsteuer
IdNr	Steuer-Identifikationsnummer	VtGKZ	Vetriebsgemeinkostenzuschlag
JAEG	Jahresarbeitsentgeltgrenze	VwGKZ	Verwaltungsgemeinkostenzuschlag
KapESt	Kapitalertragsteuer	WEG	Wareneingang
KG	Kommanditgesellschaft	Wj	Wirtschaftsjahr

Sachwortverzeichnis

1-%-Regelung 226, 458 ff.
35,00 €, Geschenke über 335

A

Abgang von Anlagegütern 387
Abgangsjahr 387
Abgeld 273
Abgeleitete Buchführungspflicht 14
Abgrenzung 351, 451
- anteilige zeitliche 352 f.
- bei der Umsatzsteuer 365 ff.
- bei der Vorsteuer 363 ff.
- in der Ergebnistabelle 528
- periodengerechte 350
- vollständige zeitliche 352 f.
Abgrenzungsbereich 527
Abgrenzungsergebnis 527
Abgrenzungsergebnis 534
Abgrenzungsposten 483
Abnutzbar 302
Abnutzbare immaterielle Wirtschaftsgüter 370
Abnutzbare Wirtschaftsgüter des Anlagevermögens 576
Abnutzbares Sachanlagevermögen 394
Abnutzbares Sachanlagevermögen, Bewertung des 381
Abnutzung, technische 394
Abrechnungssystem 526
Absatzbereich 126
Absatzseite, Buchungen auf der 148
Abschaffung der umgekehrten Maßgeblichkeit 347
Abschluss der Konten 100
Abschlussbuchungen 50
Abschlussgebühr 283
Abschlussprinzip 73
Abschlussstichtag, Bewertung zum 394
Abschreibung 317, 320, 370 f., 375 f., 402, 554
- außerplanmäßige 394 f., 420
- bilanzmäßige 534
- degressive 412
- Ergänzungsbilanz 509
- Gesamthandsbilanz 509
- Intensität der 554
- kalkulatorische 534, 536
- lineare 412
- nach Einlage 465 ff.
- planmäßige 381
- zeitanteilige 386 f.
Abschreibungsbetrag 382, 384 f., 387
Abschreibungsgebot 420
Abschreibungsmethode
- degressive 384 f.
- lineare 382 ff.
- Wechsel der 385
Abschreibungsprozentsatz 382, 384 f.
Abschreibungssatz 384
Abschreibungsverbot 371, 375, 395, 420
Abschreibungswahlrecht 420
Absetzung für Abnutzung (AfA) 381
Absetzung für außergewöhnliche Abnutzung (AfaA) 394 ff.
Abzüge 190
Abzugsbetrag 410

Adressaten des Jahresabschlusses 345
AfA (Absetzung für Abnutzung) 381
AfA
- Bemessungsgrundlage nach Übertragung 495
- degressive 381
- Leistungs- 381
- lineare 381
AfaA (Absetzung für außergewöhnliche Abnutzung) 394 ff.
Agio 503
Aktien 291
Aktien
- im Betriebsvermögen 295
- Kauf von 291
- Verkauf von 291 f.
Aktiva 31
Aktive Bestandskonten 38, 49 f., 84, 91
Aktive latente Steuern 483
Aktive Rechnungsabgrenzungen 357 f.
Aktivierungspflicht 311 f., 373
Aktivierungspflichtige Steuern 325
Aktivierungsverbot 311 f., 370
Aktivierungswahlrecht 311 f., 370
Aktiv-Passiv-Mehrung 35 f.
Aktiv-Passiv-Minderung 35 f.
Aktivposten 49
Aktivtausch 35
Allgemeine Grundsätze 344
Allgemeines Unternehmenswagnis 538
Analyse der Aufwands- und Ertragsstruktur 554
Andere Gewinnrücklagen 504
Anderskosten 533, 536 ff.
Anfangsbestand 41, 85, 91
Angaben
- freiwillige 519
- zusätzliche 519
Angebot, verbindliches 168
Angebotspreis 181
Angemessene Aufwendungen 336
Angestellter, leitender 539
Anhang 519
Anlageformen, geförderte 208
Anlagegüter
- Abgang von 387
- betriebsnotwendige 535
- bewegliche abnutzbare 384, 397 f.
- Zugang von 387
Anlagen, technische 509
Anlagenbuch 53, 56
Anlagendeckung 550
Anlagengitter 516
Anlagenintensität 547
Anlagenintensiv 547
Anlagenspiegel 516, 520
Anlagevermögen 31, 343, 370, 493, 547, 550
- abnutzbare Wirtschaftsgüter des 576
- Ausweis des 516
- Bewertung des nicht abnutzbaren 375
- Deckung des 547, 550
- Kennzahlen zur Deckung des 550
- Werteverzehr des 534
Anlagenverzeichnis 322

Anlagewagnis 538
Anmeldungszeiträume 184
Annuitätendarlehen 445
Anpassung von Pauschalwertberichtigungen 436
Anpassungsmethode 436
Anschaffung 320
- eines begünstigten Wirtschaftsguts 411
Anschaffungskosten 126, 301, 325, 375, 387, 394, 403, 411, 420, 459, 535
- fortgeführte 394
Anschaffungskostenminderung 576
Anschaffungsnebenkosten 126, 301, 325
Anschaffungspreis 126
Anschaffungspreisminderung 138, 140
Anschaffungsstückkosten, durchschnittliche 424
Anschaffungswert 382
Anteil, übertragbarer 490
Anteile an Kapitalgesellschaften
- Bewertung von 376
- Zuschreibungen aus 377
Anteile im Besitz einer Kapitalgesellschaft 377
Anteile, Rücklagen für eigene 504
Anteilige Übertragung 490
Anteilige zeitliche Abgrenzung 352 f.
Antizipative Jahresabgrenzung 351
Anzahlungen 276
Arbeitgeber, Leistungen des 214
Arbeitgeberanteil 184
Arbeitnehmer, Steuerschuld des 326
Arbeitnehmeranteil 184
Arbeitnehmerpauschbetrag 190
Arbeitnehmersparzulage 208
Arbeitsentgelt 183
- zusätzliches 209
Arbeitslosenversicherung 194
Arbeitsunfähigkeit 201
Aufbereitung der Bilanz 546
Aufbewahrungspflichten 20
Aufgaben
- der Buchführung 12
- des Jahresabschlusses 345
Aufgeld 503
Auflösung
- der Bilanz in Bestandskonten 38
- von Rückstellungen 472
Aufmerksamkeiten 215
Aufwand 357
Aufwandsgleiche Kosten 533
Aufwandskonten 63, 84
Aufwandsrechnerisches Verfahren 85
Aufwandsungleiche Kosten 533
Aufwandswirksam 84
Aufwendungen 64, 526, 528
- angemessene 336
- für Instandhaltung, unterlassene 471
- für soziale Einrichtungen 311 f.
- neutrale 528
- unangemessene 336
Aufzeichnungspflichten 184, 316, 574
- steuerliche 20
Ausfuhr von Gegenständen 332
Ausgabe 357

Sachwortverzeichnis

Ausgangsrechnungen, Buchen von 250
Ausleihungen 375
Außenanlagen 383
Äußerer Betriebsvergleich 561
Außerplanmäßige Abschreibung 394 f., 420
Ausweis
- der Forderungen 516
- der Verbindlichkeiten 516
- des Anlagevermögens 516
- latenter Steuern 484
- nach teilweiser Ergebnisverwendung 504
- vor Ergebnisverwendung 504
Auswertung
- der Gewinn- und Verlustrechnung 554
- der Warenkonten 563
- des Jahresabschlusses 546
- horizontale 547, 550
- vertikale 547 f.
Auszahlungsbetrag 217, 445
Automatikkonto 114
Auwands- und Ertragsstruktur, Analyse der 554

B

Bankprovision 291
Bareinzahlungen 111
Barentnahmen 111
Bargeldlose Zahlungsvorgänge 247
Barverkaufspreis 170
Barzahlung 246
Bausparen 208
Bearbeitungsgebühr 273, 283, 445
Bebaute Grundstücke 302
Beginn der Buchführungspflicht 15
Begünstigte Wirtschaftsgüter 410
Begünstigtes Wirtschaftgut, Anschaffung eines 411
Behördlicher Eingriff 485
Beiträge 190
Beitragsbemessungsgrenze 194 f.
Beitragssatz 194
Beitragssätze für die Sozialversicherung 194
Belegarten 57
Belegaufbewahrung 58
Belegbearbeitung 58 f.
Belegbuchung 58
Belege
- externe 57 f.
- interne 57 f.
- künstliche 57 f.
- natürliche 57 f.
Belegorganisation 57
Belegvorbereitung 58
Bemessungsgrundlage 159, 201, 316, 455, 465
Bequeme Zinssätze 263
Berechnung
- der Zeit 257
- der Zinsen 252
- des Kapitals 256
- des Zinssatzes 257
Berechnungsart
- deutsche 254
- englische 254
- französische 254
Berechtigter Personenkreis 573
Beschaffung eigengenutzter Sachanlagegüter 301 ff.
Beschaffungsbereich 126
Beschaffungsseite, Buchungen auf der 126
Beschäftigung
- geringfügig entlohnte 234
- geringfügige 234
- kurzfristige 239 ff.
Beschäftigungsverhältnisse 235
Besonderheiten einzelner Bilanzposten 516
Beständewagnis 538
Bestandsaufnahme
- buchmäßige 23
- körperliche 23
Bestandsfortschreibung, ständige 84
Bestandskonten 38
- aktive 38, 49 f., 84, 91
- passive 38, 49 f.
Bestandsmehrung 41, 78, 84, 91, 436
Bestandsminderung 41, 77, 84, 91
Bestandsrechnerisches Verfahren 77, 84
Bestandsrechnung 9
Bestandsveränderung 79, 85, 91
Bestandsverzeichnis 28
Besteuerungsgrundlagen 19
Beteiligungen 375
Beteiligungssparen 208
Beträge, pfändbare 212
Betriebliche Steuern 323 ff.
Betrieblicher Erfahrungssatz 435
Betriebliches Rechnungswesen 9, 566
Betriebsausgaben 284, 335, 342, 575
- nicht abzugfähige 335, 576
- nicht sofort abzugsfähige 575
- sofort abzugsfähige 323 f., 575
- sonstige 323
Betriebsbedingte
- Einzelwagnisse 538
- Wagnisverluste 538
- Zinsen 536
Betriebsbuchführung 526
Betriebseinnahmen 574
Betriebsergebnis 527
Betriebsfremd 528
Betriebsnotwendige Anlagegüter 535
Betriebsnotwendiges Kapital 536
Betriebsstatistik 566
Betriebsstoffe 84, 420
Betriebsübersicht 121
Betriebsveranstaltungen 214
Betriebsvergleich 71
- äußerer 561
- innerbetrieblicher 561
Betriebsvermögen 451, 455, 507
- Aktien im 295
- bei Einzelkaufleuten 451
- bei Grundstücken 453
- gewillkürtes 452
- notwendiges 451
- steuerliches 510
Betriebsvermögensvergleich 113
Betriebswirtschaftliche Erfordernisse 526
Bewegliche abnutzbare Anlagegüter 384, 397 f.
Bewegungsdaten 184
Bewertung
- der Vorräte 421
- des abnutzbaren Sachanlagevermögens 381
- des Firmenwertes 372
- des Geschäftswertes 372
- des nicht abnutzbaren Anlagevermögens 375
- von Anteilen an Kapitalgesellschaften 376
- von Computerprogrammen 372
- von Forderungen 430
- zum Abschlussstichtag 394
Bewertungsgrundsätze 350, 420
Bewertungsmethoden 519
Bewertungsstetigkeit 350
Bewertungsvorschriften 347, 507
Bewirtungsaufwendungen 336
Bezug von
- Dienstleistungen 223
- Waren 223
Bezugskalkulation 169
Bezugskosten 126 f.
- Gutschriften für 127
Bezugspreis 126
BGB (Bürgerliches Gesetzbuch) 133
Bilanz 31, 51, 343, 503
- Aufbereitung der 546
- Eigenkapitalausweis in der 497
- Gliederung der 31
- Wertansätze in der 370
Bilanzanalyse 547
Bilanzbuch 18, 53
Bilanzgewinn 504
Bilanzgliederung gemäß HGB 514
Bilanzgliederungsschema 514
Bilanzidentität 350
Bilanziergsmethoden 519
Bilanzierungsgrundsätze 347, 350
Bilanzierungspflicht 351
Bilanzierungsvorschriften 347
Bilanzmäßige Abschreibungen 534
Bilanzposten, Besonderheiten einzelner 516
Bilanzrechtsmodernisierungsgesetz (BilMoG) 347 f.
Bilanzregel, goldene 550
Bilanzstichtag 352, 473
Bilanzveränderung 35
Bilanzverlust 504
Bildstatistiken 566, 570
Bildung von Rückstellungen 472
Bildung von Sammelposten 403
BilMoG (Bilanzrechtsmodernisierungsgesetz) 347 f.
Boni 140, 159
Bonibuchungen 159
Bonus 140, 159
Branchenvergleich 546
Bruttoarbeitslohn 183
Bruttobuchung 141
Bruttogehalt 183, 217

Sachwortverzeichnis

Bruttolistenpreis 226
Bruttolohn 217
Bruttolohnverbuchung 186
Bruttoverfahren 139, 158
Buchen
- auf dem Umsatzsteuerkonto 97
- auf dem Vorsteuerkonto 98
- auf Erfolgskonten 63
- mit Kontennummern 73
- von Ausgangsrechnungen 250
- von Eingangsrechnungen 250
- von Kontokorrentkrediten 282

Buchführung 12, 20, 23
- Aufgaben der 12
- doppelte 49
- EDV-mäßige 58
- gesetzliche Vorschriften der 13
- Grundsätze ordnungsmäßiger (GoB) 18
- Systematik der 12

Buchführungsbücher 53
Buchführungskosten 342
Buchführungspflicht 351
- abgeleitete 14
- Beginn der 15
- Ende der 15
- originäre 14
- nach Handelsrecht 13
- nach Steuerrecht 14

Buchgewinn 316
Buchhalternase 41
Buchmäßige Bestandsaufnahme 23
Buchung
- der Gehaltsabrechnung 238
- korrekte 75

Buchungen auf der
- Absatzseite 148
- Beschaffungsseite 126

Buchungssatz 38, 73
- einfacher 38
- zusammengesetzter 38

Buchverlust 316
Buchwert 303, 316, 384 f., 396
Bundesanzeiger, elektronischer 515
Bürgerliches Gesetzbuch (BGB) 133

C

Cashflow 558 f.
Computerprogramme, Bewertung von 372
Courtage 291

D

Damnum 283
Darlehen 273, 444, 576
- langfristige 536
Darlehensschulden 283
Darstellungsformen, grafische 566
DATEV 71
Dauerhafte Wertminderung 371, 376
Dauernde
- Erhöhung 442
- Werterhöhung 442
- Wertminderung 375, 395

Deckung des
- Anlagevermögens 547, 550
- des kurzfristigen Fremdkapitals 547, 550

Degressive
- Abschreibung 412
- Abschreibungsmethode 384 f.
- AfA 381

Derivativer
- Firmenwert 372
- Geschäftswert 372

Deutsche Bahn, Fahrausweise der 339
Deutsche Berechnungsart 254
Deutsche Rentenversicherung Knappschaft-Bahn-See 237
Dienstleistungen, Bezug von 223
Dienstreisen 339
Dienstwagengestellung 226
Differenzkalkulation 168, 178
Direkte Methode 432 f.
Disagio 273, 283, 445, 483
Dividenden 295
Dokumentationsaufgabe 9
Doppelte Buchführung 49
Doppik 49
Drittland 331
Drohende Verluste 470, 483
Durchbrechung der Maßgeblichkeit 348
Durchlaufende Posten 326, 576
Durchschnittliche
- Anschaffungsstückkosten 424
- Lagerdauer 563

Durchschnittlicher Lagerbestand 563
Durchschnittsbewertung 421, 424
Durchschnittswertermittlung 424 f.

E

EC-Karte 246
EC-Kartenzahlung 247
EDV-Buchführung 141
EDV-mäßige Buchführung 58
Effektivzinssatz 273
Ehegattenarbeitsverhältnis 243
Eigenbetriebliche Zwecke, Nutzung zu 435
Eigenbetriebliches Interesse 214
Eigene Wohnzwecke, Nutzung zu 453
Eigenkapital 31, 111, 252, 497, 548, 550, 555 f.
- bei Kapitalgesellschaften 503
- Zinsentgang für das eingesetzte 536

Eigenkapitalanteil 548
Eigenkapitalausweis in der Bilanz 497
Eigenkapitalintensität 548
Eigenkapitalkonto 63
Eigenkapitalmehrungen 112
Eigenkapitalminderungen 112
Eigenkapitalrentabilität 548 f., 555
Eigenleistungen, innerbetriebliche 311
Einfacher Buchungssatz 38
Einfuhr von Gegenständen 331
Einfuhrumsatzsteuer 331
Eingangsrechnungen, Buchen von 250
Eingenkapital 343
Eingenkapitaländerungen 111
Eingriff, behördlicher 485
Einheitsbilanz 347
Einkaufspreis 126
Einkommensgrenzen 208
Einlage, Abschreibung nach 465 ff.
Einlagen 464, 576

Einlagewert 467
Einmalzahlungen 198, 235
Einnahme 358
Einnahme-Überschuss-Rechnung 14, 573
Einstandspreis 78, 126
Einwandfreie Forderungen 431, 435
Einzelarbeitsverträge 183
Einzelbelege 57 f.
Einzelbewertung 350
Einzelbewertungsprinzip 421
Einzelhandelsbetriebe 173
Einzelkaufleute 14
- Betriebsvermögen bei 451
- kleine 14

Einzelkosten 311
Einzelunternehmen 539
Einzelunternehmer 343, 497, 507
Einzelwagnisse, betriebsbedingte 538
Einzelwertberichtigung 432
Elektronische Lohnsteuerabzugsmerkmale 191
Elektronischer Bundesanzeiger 515
Elektronisches Verfahren 190
ELStAM 191
Ende der Buchführungspflicht 15
Englische Berechnungsart 254
Entgeltlich
- erworbene immaterielle Wirtschaftsgüter 370
- erworbener Firmenwert 372
- erworbener Geschäftswert 372

Entlastungsbetrag 190
Entnahme 455, 493, 576
- von Gegenständen 455
- von Nutzungen 458

Entschädigung 485
Entwertung, wirtschaftliche 394
Entwicklungsphase 370
Erfahrungssatz, betrieblicher 435
Erfolgsabgrenzung, zeitliche 351
Erfolgsermittlung
- im Handelsbetrieb 77
- im Industriebetrieb 84
- periodengerechte 470

Erfolgskonten 63, 91
- Buchen auf 63

Erfolgsrechnung 9, 517
Erfolgsvorgänge 63
Erfolgswirksamkeit 357
Erfordernisse, betriebswirtschaftliche 526
Erfüllungsgeschäft 470
Ergänzungsbilanz 507 ff.
- Abschreibung 509

Ergebnisänderungen 168
Ergebnistabelle 527
- Abgrenzungen in der 528

Ergebnisverbesserung 360
Ergebnisverschlechterung 360
Ergebnisverwendung
- Ausweis nach teilweiser 504
- Ausweis vor 504

Erhöhung, dauernde 442
Ermäßigter Steuersatz 95
Eröffnungsbilanzkonto 49
Eröffnungsbuchungen 49

Sachwortverzeichnis

Ersatzbeschaffung 485, 493
– Rücklage für 485
Ersatzbescheinigung 191
Ersatzlieferung 133
Ersatzwirtschaftsgut 485
Erstattungen 202 f.
Erstattungsanspruch 186
Erstellung des Jahresabschlusses, Frist zur 514
Ertrag 358
– negativer 297
Erträge 64, 526, 528
– neutrale 528
Ertragskonten 63
Ertragslage 343
Ertragsteuerbelastung 483
Erwerb, innergemeinschaftlicher 333
Erzeugnisentnahmen 111
Erzeugnisse 420
– fertige 91
– unfertige 91
EU-Mitgliedstaat 333
Euro-Zinsmethode 254
Externe Belege 57 f.

F

Fahrausweise der Deutschen Bahn 339
Fahrten zwischen Wohnung und Betrieb 460 f.
Fahrtenbuchmethode 226, 458 ff.
Fahrtkosten 339
Faktorverfahren 192
Fälligkeit 517
Fälligkeitsdarlehen 444
Falschbuchungen 19
Fehlbetrag, nicht durch Eigenkapital gedeckter 505
Fertige Erzeugnisse 91
Fertigerzeugnisse 167
Fertigung, Sondereinzelkosten der 311 f.
Fertigungsbetriebe 561
Fertigungseinzelkosten 311 f.
Fertigungsgemeinkosten 311 f.
Festbewertung 421 f.
Festgelder 282
Festverzinsliche Wertpapiere 297
Fifo-Verfahren 426
Fiktive
– Forderungen 546
– Verbindlichkeiten 546
Finanzanlagen 375
Finanzbereich 246
Finanzbuchführung 9, 526, 528
Finanzierung 548
Finanzierungsleasing 287
Finanzlage 343
Firmenwert 370, 483
– Bewertung des 372
– derivativer 372
– entgeltlich erworbener 372
– originärer 372
– selbst geschaffener 372
Fixkostenblock 548
Flächendiagramm 566, 570
Flüssige Mittel 547, 550
– Intensität der 547
Förderung, staatliche 208

Forderungen 547, 550
– Ausweis der 516
– Bewertung von 430
– einwandfreie 431, 435
– fiktive 546
– uneinbringliche 431
– zweifelhafte 431 ff.
Forderungsausfall 431 ff.
Forderungsintensität 547
Forderungsvortrag 186
Formel zur Zinsberechnung 254
Formelle
– Mängel 19
– Ordnungsmäßigkeit 18
Formkaufman 14
Formvorschriften 18
Forschungskosten 312
Forschungsphase 370
Fortbildungskosten 215
Fortgeführte
– Anschaffungskosten 394
– Herstellungskosten 394
Französische Berechnungsart 254
Freibetrag 191
Freigrenze 214
Freiwillige
– Angaben 519
– Gewährleistung 473
Fremdbauteile 84
Fremdbetriebliche Zwecke, Nutzung zu 453
Fremde Wohnzwecke, Nutzung zu 453
Fremdfinanzierung 283
Fremdkapital 252
Fremdkapital 31, 537, 548, 556
– Deckung des kurzfristigen 547, 550
– Kennzahlen zur Deckung des kurzfristigen 550
– kurzfristiges 550
– langfristiges 550
Fremdkapitalanteil 548
Fremdkapitalintensität 548
Fremdkapitalzinsen 311 f., 556
Fremdwährungsverbindlichkeiten 442
Frist zur Erstellung des Jahresabschlusses 514
Fristen 489, 494
Fristigkeit 517

G

Garantierückstellungen 472
Gebäude 302, 383, 395, 509
– Teilwertabschreibung bei 396
Gefahrtarif 196
Geförderte Anlageformen 208
Gegenbuchung 49
Gegenstände
– Ausfuhr von 332
– Einfuhr von 331
– Entnahme von 455
Gehälter 183
Gehaltsabrechnung 217
– Buchung der 238
Geld 455
Geldeinlagen 464
Geldströme 9
Geldzuwendungen 215

Gemeinkosten 170, 311
Geringer Wert 215
Geringfügig entlohnte Beschäftigung 234
Geringfügige Beschäftigung 234
Geringverdienergrenze 242
Geringwertige Wirtschaftsgüter (GWG) 402, 415
Gesamtaufwendungen 554
Gesamtergebnis 526 f., 534
Gesamterträge 554
Gesamtgewinn 526
Gesamthandsbilanz 507
Gesamthandsbilanz
– Abschreibung 509
Gesamthandseigentum 507
Gesamtkapital 548
Gesamtkapitalrentabilität 548 f., 556
Gesamtkostenverfahren 517 ff.
Gesamtsozialversicherungsbeiträge 184
Gesamtverlust 526
Gesamtvermögen 547
Geschäft, schwebendes 470, 483
Geschäftsbuchführung 9
Geschäftsfreundebuch 53
Geschäftsjahr 343, 351
Geschäftsreisen 339
Geschäftsvorfälle 12
Geschäftswert 370
– Bewertung des 372
– derivativer 372
– entgeltlich erworbener 372
– originärer 372
– selbst geschaffener 372
Geschenke über 35,00 € 335
Gesellschafter-Geschäftsführer 243
Gesellschafterwechsel 507
Gesetzliche Rücklagen 503 f.
Gesetzliche Vorschriften der Buchführung 13
Gewährleistung 472
– freiwillige 473
Gewährleistungsansprüche 133
Gewährleistungswagnis 538
Gewalt, höhere 485
Gewerbebetrieb 13
Gewillkürtes Betriebsvermögen 452
Gewinn 65, 494, 555 f.
Gewinn- und Verlustkonto 64
Gewinn- und Verlustrechnung 14, 343, 507, 517 ff.
– Auswertung der 554
Gewinn
– handelsrechtlicher 500
– steuerlicher 500
Gewinnausschüttungen 377
Gewinnerhöhend 494
Gewinnrücklagen 503 f.
– andere 504
Gewinnverteilung 498
Gewinnverteilung bei einer
– KG 500
– OHG 499
Gewinnvortrag 503
Gewinnzuschlag 173
Gezeichnetes Kapital 503

Sachwortverzeichnis

Gliederung der Bilanz 31
Gliederungsplan 71
GmbH & Co KG 498
GoB (Grundsätze ordnungsmäßiger Buchführung) 18
Goldene Bilanzregel 550
Grafische Darstellungsformen 566
Grenzüberschreitende Leistungen, Steuern bei 331
Grenzwerte 14
Größenklassen von Kapitalgesellschaften 514
Größenmerkmale 410
Großhandelsbetriebe 173
Grund und Boden 375
Grundbuch 18, 53 f.
Grundfreibetrag 190
Grundkosten 533
Grundmietzeit 287
Grundsätze
– allgemeine 344
– in der Handelsbilanz 371 ff.
– in der Steuerbilanz 371 ff.
– ordnungsmäßiger Buchführung (GoB) 18
Grundstücke
– bebaute 302
– Betriebsvermögen bei 453
– Privatvermögen bei 453
Gutgewicht 169
Gutschriften für Bezugskosten 127
GWG (geringwertige Wirtschaftsgüter) 402, 415

H

Haben 49, 64 f., 91
Haben-Seite 38
Handelsbetrieb, Erfolgsermittlung im 77
Handelsbetriebe 548, 561
Handelsbilanz 347 f., 361, 420
– Grundsätze in der 371 f., 375
Handelsgesetzbuch (HGB) 13, 18
– Jahresabschluss nach 345
Handelsgewerbe 13
Handelskalkulation 167
Handelsrecht 15, 311, 343, 370, 394
– Buchführungspflicht nach 13
– Rückstellungen nach 470
Handelsrechtlicher
– Gewinn 500
– Jahresabschluss 507
Handelsregister 13
Handelsspanne 180, 562
Handelsstufen 96
Handlungskosten 170, 180
Handlungskostenzuschlagssatz 173
Hauptabschlussübersicht 121
Hauptbuch 18, 53 f.
Hauptkonten 126
Hauptkonto 150
Herstellung eigengenutzter Sachanlagegüter 311 ff.
Herstellungskosten 325, 370, 394, 403, 411, 420, 535
– fortgeführte 394
– nachträgliche 303

Herstellungskostenminderung 578
HGB (Handelsgesetzbuch) 13, 18
– Bilanzgliederung gemäß 514
– Jahresabschluss nach 345
Hilfskonto 49
Hilfsstoffe 84, 420
Hinzurechnungsbetrag 411
Höchstwertprinzip 442, 446
Höhe der Rückstellung 471
Höhere Gewalt 485
Horizontale Auswertung 547, 550
Hypothekenschulden 283

I

Immaterielle
– Vermögensgegenstände 373
– Wirtschaftsgüter 370
– Wirtschaftsgüter, abnutzbare 370
– Wirtschaftsgüter, entgeltlich erworbene 370
– Wirtschaftsgüter, nicht abnutzbare 370
– Wirtschaftsgüter, selbst geschaffene 370
Imparitätsprinzip 350
Indirekte Methode 432
Industriebetrieb 547
– Erfolgsermittlung im 84
Innerbetriebliche Eigenleistungen 311
Innerbetrieblicher
– Betriebsvergleich 561
– Verbrauch 146
Innergemeinschaftliche Lieferung 333
Innergemeinschaftlicher Erwerb 333
Insolvenzgeld 204
Insolvenzgeldumlage 204
Instandhaltung, Aufwendungen für unterlassene 471
Intensität
– der Abschreibungen 554
– der flüssigen Mittel 547
– der Personalkosten 554
– des Materialaufwands 554
– des Umsatzes 554
Intensitätskennzahlen 554
Interesse, eigenbetriebliches 214
Interne Belege 57 f.
Inventar 28
Inventarbuch 18, 53
Inventur 23, 51, 91
– permanente 23
– zeitlich nachverlegte 24
– zeitlich verlegte 24
– zeitlich vorverlegte 24
Inventurdifferenzen 85
Inventurvereinfachungsverfahren 23
Investierung 547
Investitionsabsicht 410
Investitionsabzugsbetrag 410 ff., 415
Investitionsfrist 410
Inzahlunggabe gebrauchter Sachanlagegüter 320
Ist-Bestände 75
Ist-Leistung 387

J

Jahresabgrenzung
– antizipative 351
– transitorische 351
Jahresabschluss 343 ff., 351, 507, 514
– Adressaten des 345
– Aufgaben des 345
– Auswertung des 546
– Frist zur Erstellung des 514
– handelsrechtlicher 507
– nach Handelsgesetzbuch (HGB) 345
– nach HGB (Handelsgesetzbuch) 345
– Offenlegung des 515
– Prüfung des 521
– steuerrechtlicher 507
Jahresarbeitsentgeltsgrenze 194
Jahresarbeitslohn 245
Jahresbruttoarbeitslohn 245
Jahresfehlbetrag 504
Jahressteuergesetz 191
Jahresüberschuss 14, 504
Jahreszinsen 252 f.
Jahreszinssatz 563
Just-in-time-Verfahren 77, 79, 85

K

Kalenderjahr 348, 358
Kalkulation des Verkaufspreises 173
Kalkulationen 561
Kalkulationsaufschlag 562
Kalkulationsfaktor 181
Kalkulationsvereinfachungen 180
Kalkulationszuschlag 180 f.
Kalkulatorische
– Abschreibungen 534, 536
– Kosten 533 f.
– Miete 538
– Wagnisse 538 f.
– Zinsen 536 f.
– Zusatzkosten 539
Kalkulatorischer
– Mietwert 538
– Unternehmerlohn 539 f.
Kannkaufmann 13
Kapital 31
– Berechnung des 256
– betriebsnotwendiges 536
– gezeichnetes 503
Kapitalaufbau 547 f.
– Kennzahlen des 548
Kapitalertragsteuer 282
Kapitalgesellschaft 343
– Anteile im Besitz einer 377
Kapitalgesellschaften 514, 539
– Bewertung von Anteilen an 376
– Eigenkapital bei 503
– Größenklassen von 514
– Zuschreibungen aus Anteilen an 377
Kapitalkonten bei Personengesellschaften 498
Kapitalkontenentwicklung 113
Kassenbestände 420
Kassenbuch 18, 53, 56
Kasseneinnahmen 246
Kauf von Aktien 291
Käufer 297

Sachwortverzeichnis

Kaufleute 13
Kaufmann 343
Kaufmännische
- Überschlagsrechnung 271
- Zinsrechnung 253
Kaufoption 287
Kennzahlen 562
Kennzahlen
- des Kapitalaufbaus 548
- des Vermögensaufbaus 547
- zur Deckung des Anlagevermögens 550
- zur Deckung des kurzfristigen Fremdkapitals 550
KG (Kommanditgesellschaft) 497
KG, Gewinnverteilung bei einer 500
Kirchensteuer 192
Kleine Einzelkaufleute 14
Kommanditgesellschaft (KG) 497
Kommanditist 497
Komplementär 497
Konstitution 547
Konten, Abschluss der 100
Kontenarten 72
Kontengruppen 71
Kontenklassen 71
Kontennummer 71
Kontennummern, Buchen mit 73
Kontenplan 71, 73
Kontenrahmen 71
Kontensumme 41
Kontenunterarten 72
Kontoabschluss 41
Kontokorrentbuch 18, 53 ff.
Kontokorrentkonten, Verzinsung von 267
Kontokorrentkonto 282
Kontokorrentkredite, Buchen von 282
Konventionalstrafe 166
Konzessionen 370
Körperliche Bestandsaufnahme 23
Korrekte Buchung 75
Korrekturbuchung 75
Korrekturposten 445
Kosten 324, 526, 528
- aufwandsgleiche 533
- aufwandsungleiche 533
- kalkulatorische 533 f.
Kosten- und Leistungsbereich 527
Kosten- und Leistungsrechnung 9 f., 526, 534
Kostendeckelung 462
Krankenversicherung 194
- Pauschalbeitrag zur 236
Kredite 283
Kreditinstitut 267, 282
Kreditkarte 246 ff.
Kreditverkehr 252
Kulanzrückstellung 473
Künstliche Belege 57 f.
Kursdifferenzen 443
Kurvendiagramm 566 f.
Kurzfristige Beschäftigungen 239 ff.
Kurzfristiges Fremdkapital 550
- Deckung des 547, 550
- Kennzahlen zur Deckung 550

L

Lagebericht 343, 521
Lagerbestand, durchschnittlicher 563
Lagerbuch 53, 56
Lagerdauer, durchschnittliche 563
Lagermesszahlen 561
Lagerzinssatz 563
Land- und Forstwirte 13
Landesüblicher Zinssatz 536
Langfristige Darlehen 536
Langfristiges Fremdkapital 550
Lastschrift 246
Latente Steuern 480
- aktive 483
- Ausweis 484
- passive 480
Leasing 287
Leasingraten 288
Lebenshaltungskosten 342
Leckage 169
Leergut 127
Leistungen 455, 526, 528
- des Arbeitgebers 214
- nicht steuerbare 214
- Umsatzsteuer bei grenzüberschreitenden 331
- vermögenswirksame 208
Leistungsabschreibung 387 f.
Leistungs-AfA 381
Leistungsentnahmen 111
Leistungsströme 9
Leitender Angestellter 539
Lieferbedingungen 331
Lieferung, innergemeinschaftliche 333
Lifo-Verfahren 426
Lineare
- Abschreibung 412
- Abschreibungsmethode 382 ff.
- AfA 381 f.
Liquidität 516, 547, 550
Lizenzen 370
Lohn- und Gehaltsabrechnung 183
Lohn- und Gehaltsbuch 18, 53, 56
Lohn- und Gehaltsbuchungen 184 f.
Löhne 183
Lohnpfändung 212
Lohnsteuer 190
- Pauschalisierung der 230, 237
Lohnsteuerabzug 190
Lohnsteuerjahresausgleich 244
Lohnsteuerkarte 190
Lohnsumme 196

M

Mängel
- formelle 19
- materielle 19
Mängelrügen 134
Märzklausel 200
Maßgeblichkeit 347
- Abschaffung der umgekehrten 347
- Durchbrechung der 348
Maßgeblichkeitsgrundsatz 347 f.
Materialaufwand 554
- Intensität des 554
Materialeinzelkosten 311 f.
Materialentnahmescheine 84

Materialgemeinkosten 311 f.
Materielle
- Mängel 19
- Ordnungsmäßigkeit 18
Mathematisch-statistische Stichprobeninventur 24
Mengenrechnung 169 f.
Methode
- direkte 432 f.
- indirekte 432
Methodenwechsel 458
Miete, kalkulatorische 538
Mietverlängerungsoption 288
Mietwert, kalkulatorischer 538
Minderung 133
Mindestanlagedauer 282
Minijob-Zentrale 237
Mitbenutzung 218
Mittel
- flüssige 547, 550
- Intensität der flüssigen 547
Mittelherkunft 31
Mittelverwendung 31
Monatslohnsteuertabelle 193
Monatszinsen 253
Mutterschaftsgeld 202

N

Nachbesserung 133
Nacherfüllung 133
Nachkalkulation 167
Nachlasskonten 133
Nachträgliche Herstellungskosten 303
Natürliche Belege 57 f.
Nebenbücher 53 f.
Nebenkosten 339
Nebenleistungen, steuerliche 324 f., 327, 329
Negativer Ertrag 297
Nennwert 430
Nettobuchung 141
Nettogehalt 183
Nettolohnverbuchung 185
Nettoverfahren 138 f., 158
Neutrale
- Aufwendungen 528
- Erträge 528
Nicht abnutzbar 302
Nicht abnutzbare immaterielle Wirtschaftsgüter 370
Nicht abnutzbares Anlagevermögen, Bewertung des 375
Nicht abzugsfähige
- Betriebsausgaben 335, 576
- Steuern 326
Nicht durch Eigenkapital gedeckter Fehlbetrag 505
Nicht sofort abzugsfähige Betriebsausgaben 575
Nicht steuerbare Leistungen 214
Nichterfüllung der Nutzungsvoraussetzungen 413
Niederstwertprinzip 420
- strenges 371, 375, 395
Notwendiges Betriebsvermögen 451
Nummernsystem 71
Nutzung 411

Sachwortverzeichnis

Nutzung
- des Wirtschaftsguts 451
- zu eigenbetrieblichen Zwecken 435
- zu eigenen Wohnzwecken 453
- zu fremdbetrieblichen Zwecken 435
- zu fremden Wohnzwecken 453

Nutzungen 455
- Entnahme von 458

Nutzungsdauer 382

Nutzungsdauer
- Verkürzung der 394

Nutzungsentnahmen 111

Nutzungsmonate 386

Nutzungsüberlassung 576

Nutzungsvoraussetzungen, Nichterfüllung der 413

O

Oder-Konto 243
Offene Handelsgesellschaft (OHG) 497
Offenlegung des Jahresabschlusses 515
Offenlegungspflichten 516
OHG (Offene Handelsgesellschaft) 497
OHG, Gewinnverteilung bei einer 499
Optionsmöglichkeit 287
Ordnungsgeld 516
Ordnungsmäßigkeit
- formelle 18
- materielle 18

Organisationsplan 71
Originäre Buchführungspflicht 14
Originärer
- Firmenwert 372
- Geschäftswert 372

P

Passiva 31
Passive
- Bestandskonten 38, 49 f.
- latente Steuern 480
- Rechnungsabgrenzungen 358 ff.

Passivierungsgebot 473
Passivierungsverbot 436
Passivposten 49
Passivtausch 35
Pauschalbeitrag zur
- Krankenversicherung 236
- Rentenversicherung 236

Pauschalisierung der Lohnsteuer 230, 237
Pauschalwertberichtigungen 435
- Anpassung von 436

Pauschbeträge für unentgeltliche Sachentnahmen 456
Pauschsteuersatz 336
Periodenfremd 528
Periodengerechte
- Erfolgsermittlung 470
- Abgrenzung 350

Permanente Inventur 23
Personalkosten 554
- Intensität der 554

Personalwirtschaft 183
Personengesellschaften 497, 507, 510, 539
- Kapitalkonten bei 498

Personenhandelsgesellschaft 343
Personenkreis, berechtigter 573
Pfändbare Beträge 212
Pfändungsgrenze 212
Pflegeversicherung 194
Pflichtangaben 343, 519
Pkw-Nutzung, private 458
Planmäßige Abschreibung 381
Planmäßiger Restbuchwert 399
Planungsrechnung 9 f.
Posten, durchlaufende 326, 576
Preisminderungen 301
Preisnachlässe 133, 149 f.
Private Pkw-Nutzung 458
Private
- Steuern 323, 329
- Vorgänge 451
- Zwecke 458

Privateinlagen 111 f.
Privatentnahmen 111
- Umsatzsteuerpflicht der 114

Privatkonto 111
Privatvermögen 111, 451 f.
- bei Grundstücken 453

Produktionsstufen 96
Provisionen 198
Prozessgliederungssystem 72
Prüfung des Jahresabschlusses 521

R

Rabatte 138, 157
Realisationsprinzip 350
Rechnungsabgrenzungen
- aktive 357 f.
- passive 358 ff.

Rechnungsabgrenzungsposten 343, 357
Rechnungsausgleich 320
Rechnungswesen 9 ff..
- betriebliches 566

Rechtsähnliche Werte 370
Regelsteuersatz 95
Reingewinn, wirtschaftlicher 561
Reingewinnsatz 562
Reinvestitionsrücklage 493
Reisekosten 339
Rentabilität 548, 555
Rentenversicherung 194
- Pauschalbeitrag 236

Rentenversicherungspflicht 236
Reserven, stille 485, 493
Restbuchwert 316 f., 320
- planmäßiger 399

Restnutzungsdauer 385
RfE (Rücklage für Ersatzbeschaffung) 485
Rohergebnis 80
Rohgewinn, wirtschaftlicher 561
Rohgewinnaufschlagsatz 562
Rohgewinnsatz 562
Rohstoffe 84, 420
Rückgängigmachung 412
Rücklage
- für Ersatzbeschaffung (RfE) 485
- gemäß § 6 b EStG 493
- steuerfreie 485

Rücklagen
- für eigene Anteile 504
- gesetzliche 503 f.

- satzungsmäßige 504

Rücklagenanteil, Sonderposten mit 485
Rücksendungen 133, 149
Rückstellungen 470 ff., 490
- Auflösung von 472
- Bildung von 471
- für latente Steuern 480
- Höhe der 471
- nach Handelsrecht 470
- nach Steuerrecht 471

Rückwärtskalkulation 176
Rückzahlungsbetrag 445

S

Sachanlagegüter
- Beschaffung eigengenutzter 301 ff.
- Herstellung eigengenutzter 311 ff.
- Inzahlunggabe gebrauchter 320
- Verkauf gebrauchter 316

Sachanlagevermögen 381
- abnutzbares 394
- Bewertung des abnutzbaren 381

Sacheinlagen 464
Sachen 455
Sachentnahmen, Pauschbeträge für unentgeltliche 456
Sachzuwendungen 215
Saldo 100
Sammelbelege 57 f.
Sammelbewertung 421
Sammelkonto 322
Sammelposten 403, 415
- Bildung von 403

Sammelpostenregelung 403
Sanktionen 516
Satzungsmäßige Rücklagen 504
Säulendiagramm 566 f.
Säumniszuschläge 324
Schadensersatz 133, 166
Schadensersatzansprüche 146, 166
Scheck 246
Schlussbestand 41, 91
Schlussbestände 85
Schlussbilanz 41
Schlussbilanzkonto 49
Schulden 343
Schutzrechte 370
Schwebendes Geschäft 470, 483
Selbst geschaffene immaterielle Wirtschaftsgüter 370
Selbst geschaffener
- Firmenwert 372
- Geschäftswert 372

Selbstkosten 170, 173
Selbstkostenkalkulation 173
Skonti 138, 157
Skontibuchungen 140, 157
Skonto 138, 157
Skontoprozentsatz 271
SKR (Standardkontenrahmen) 71
Sofort abzugsfähige Betriebsausgaben 323 f., 575
Sofortrabatt 138
Solidaritätszuschlag 192, 282
Soll 49, 64 f., 91
Soll-Bestände 75
Soll-Gesamtleistung 387

589

Sachwortverzeichnis

Soll-Ist-Abweichungen 75
Soll-Seite 38
Sonderabschreibung 412, 576
Sonderausgaben 190
Sonderbilanz 507
Sonderbilanzen 509
Sondereinzelkosten der Fertigung 311 f.
Sonderposten mit Rücklagenanteil 485
Sondervergütungen 500
Sonstige
- Betriebsausgaben 323
- Verbindlichkeiten 353
- Vermögensgegenstände 352
- Wirtschaftsgüter 111
Sozialausgleich 195
Soziale Einrichtungen, Aufwendungen für 311 f.
Sozialversicherung 194
- Beitragssätze für die 194
Sperrfristen 208
Staatliche Förderung 208
Stabdiagramm 566 f.
Stammdaten 184
Standardkontenrahmen (SKR) 71
Ständige Bestandsfortschreibung 84
Statistik 9 f., 566
Steuerbare Umsätze 95
Steuerberatungskosten 342
Steuerbilanz 347 f., 370, 420, 507
- Grundsätze in der 371, 373
Steuererstattungen 324
Steuerfreie
- Rücklage 485
- Umsätze 95
- Zuwendungen 215 f.
Steuergefährdung 19
Steuerhinterziehung 19
Steuer-Identifikationsnummer 184, 191
Steuerklassen 191 f.
Steuerliche
- Aufzeichnungspflichten 20
- Nebenleistungen 324 f., 327, 329
Steuerlicher Gewinn 500
Steuerliches
- Betriebsvermögen 510
- Wahlrecht 410
Steuern 184, 323
- aktive latente 483
- aktivierungspflichtige 325
- Ausweis latenter 484
- betriebliche 323 ff.
- nicht abzugsfähige 326
- passive latente 480
- private 323, 329
Steuernachzahlung 324, 413
Steuerpflichtige
- Umsätze 95
- Zuwendungen 217
Steuerrecht 15, 343, 345 f., 394
- Buchführungspflicht nach 14
- Rückstellungen nach 471
Steuerrechtlicher Jahresabschluss 507
Steuersatz, ermäßigter 95
Steuerschuld des Arbeitnehmers 326
Steuerverkürzung 19
Stichprobeninventur, mathematisch-statistische 24

Stichtagsinventur, zeitnahe 23
Stille Reserven 485, 493
Stornobuchung 75
Strenges Niederstwertprinzip 371, 375, 395
Stückkosten, variable 548
Stückzinsen 297 f.
Substanzerhaltung 535
Substanzerhaltungsprinzip 535
Summarische Zinsrechnung 262
Systematik der Buchführung 12
Systembücher 53

T

Tageszinsen 253
Tara 169
Tarifverträge 183
Technische
- Abnutzung 394
- Anlagen 509
Teileinkünfteverfahren 377
Teilwert 455, 467
Teilwertabschreibung 377, 394, 398
- bei Gebäuden 396
Tilgung 444
Tilgungsdarlehen 443 ff.
Transitorische Jahresabgrenzung 351

U

Überlassung
- einer Unterkunft 218
- einer Wohnung 218
Überliquidität 551
Übernachtungskosten 339
Überschlagsrechnung, kaufmännische 271
Übertragbarer Anteil 490
Übertragung 494
- AfA-Bemessungsgrundlage nach 495
- anteilige 490
Übertragungsmöglichkeiten 493, 495
Überweisung 246
Umgekehrte Maßgeblichkeit, Abschaffung der 347
Umlage 1 (U1) 201
Umlage 2 (U2) 202
Umlagen 201
Umlagesatz 201 f.
Umlaufintensität 547
Umlaufvermögen 31, 343, 420, 547, 550
Umsatz 554
- Intensiät des 554
- wirtschaftlicher 561
Umsätze
- steuerbare 95
- steuerfreie 95
- steuerpflichtige 95
Umsatzerlöse 14, 556
Umsatzkostenverfahren 517 f.
Umsatzrendite 562
Umsatzrentabilität 556
Umsatzsteuer 95 ff., 159, 214, 276, 316, 432
- bei grenzüberschreitenden Leistungen 331
- Abgrenzung bei der 365 ff.

Umsatzsteuergesetz (UStG) 95
Umsatzsteuerkonto, Buchen auf dem 97
Umsatzsteuerpflicht der Privatentnahmen 114
Umsatzsteuerschuld 98, 159
Umsatzsteuervorauszahlungen 99
Umschlagshäufigkeit 563
Unangemessene Aufwendungen 336
Unbequeme Zinssätze 263
Uneinbringliche Forderungen 431
Unentgeltliche
- Sachentnahmen, Pauschbeträge für 456
- Wertabgabe 455
Unfallversicherung 196
Unfertige Erzeugnisse 91
Ungewisse Verbindlichkeiten 470
Unterkonten 126, 133
Unterkunft, Überlassung einer 218
Unterlassene Aufwendungen für Instandhaltung 471
Unternehmensfortführung 350
Unternehmensregister 515
Unternehmensrentabilität 556
Unternehmenswagnis, allgemeines 538
Unternehmerlohn 555 f.
- kalkulatorischer 539 f.
Unternehmerrentabilität 555
Untypisch 528
Unverzinsliche Verbindlichkeiten 442
Urlaubsverpflichtung 473
UStG (Umsatzsteuergesetz) 95

V

Variable Stückkosten 548
Verarbeitung 420
Veräußerung 420, 493
Veräußerungsgewinne 377
Verbindliches Angebot 168
Verbindlichkeiten 442
- Ausweis der 516
- fiktive 546
- sonstige 353
- ungewisse 470
- unverzinsliche 442
Verbindlichkeitenspiegel 516
Verbrauch 84, 420
- innerbetrieblicher 146
Verbrauchsfolgebewertung 421, 425
Verderb 146
Vereinfachungsverfahren 421
Verfahren
- Aufwandsrechnerisches 35
- bestandsrechnerisches 84
- elektronisches 190
- Just-in-time- 85
Verkauf
- gebrauchter Sachanlagegüter 316
- von Aktien 291 f.
Verkäufer 297
Verkaufserlös 317
Verkaufsprämien 198
Verkaufspreis, Kalkulation des 173
Verkürzung der Nutzungsdauer 394
Verlust 65, 146
Verluste, drohende 470, 483
Verlustvortrag 503

Sachwortverzeichnis

Vermehrter Wert, Zinsrechnung vom 260
Verminderter Wert, Zinsrechnung vom 261
Vermögen 31
Vermögensaufbau 547
- Kennzahlen des 547
Vermögensbildungsgesetz 208
Vermögensgegenstände 451
- immaterielle 373
- sonstige 352
Vermögenslage 343
Vermögenswirksame Leistungen 208
Verpflegung 219
Verpflegungsmehraufwendungen 339
Verpflichtungsgeschäft 470
Verprobungen 561
Verschuldungskoeffizient 548
Versicherungspflicht 194
Verspätungszuschläge 324
Vertikale Auswertung 547 f.
Vertreterprovision 180
Vertriebskosten 148, 312
Verwaltungsgebühr 283, 445
Verwaltungsgemeinkosten 311 f.
Verzinsung von Kontokorrentkonten 267
Verzögerungsgeld 324
Vetriebswagnis 538
Vollständige zeitliche Abgrenzung 352 f.
Voranmeldungszeitraum 98 f., 363, 365
Vorauszahlungen 276
Vorgänge, private 451
Vorjahressteuer 99
Vorkalkulation 167
Vorräte 547
- Bewertung der 421
Vorratsintensität 547
Vorratsintensiv 548
Vorschüsse 205
Vorsichtsprinzip 350
Vorsorgepauschale 190
Vorsteuer 95 ff., 138, 276, 301, 325, 336
- Abgrenzung bei der 363 ff.
Vorsteuerabzug 95
Vorsteueranspruch 333
Vorsteuerforderung 98
Vorsteuerkonto, Buchen auf dem 98
Vorsteuerkorrektur 140
Vorsteuerüberhang 100
Vorübergehende
- Werterhöhung 442
- Wertminderung 371, 375, 395
Vorwärtskalkulation 169
- im Ganzen 174

W

Wagnisse, kalkulatorische 538 f.
Wagnisverluste, betriebsbedingte 538
Wahlpflichtangaben 519
Wahlrecht 312, 348
- steuerliches 410
Wandlung 133
Waren 167, 420
- Bezug von 223
Warenanfangsbestand 77, 561, 563
Warenbestand 78
Wareneingang 78
Wareneinkäufe 77
Wareneinkaufsseite 77
Wareneinsatz 78, 173, 563
- wirtschaftlicher 561
Warenendbestand 561, 563
Warenentnahmen 111
Warenkonten, Auswertung der 563
Warenschlussbestand 77
Warenverkäufe 77
Warenverkaufsseite 77
Wechsel der Abschreibungsmethode 385
Wechselbuch 53
Wechselkursschwankungen 442 ff.
Werbungskosten 342
Werkstoffaufwand 85
Werkstoffaufwandskonto 84
Werkstoffe 167
Werkstoffverbrauch 85
Wert, geringer 215
Wertabgabe, unentgeltliche 455
Wertansätze 348
- in der Bilanz 370
Wertaufhellung 350, 430
Wertaufholung 372
Wertaufholungsgebot 376, 420
Werte, rechtsähnliche 370
Werterhöhung
- dauernde 442
- vorübergehende 442
Werteverzehr des Anlagevermögens 534
Wertminderung 371, 381, 399
- dauerhafte 371, 376
- dauernde 375, 395
- vorübergehende 371, 375, 395
Wertobergrenze 375, 394, 420
Wertpapiere 291, 375
- festverzinsliche 297
Wertrechnung 169 f.
Wertsteigerung 371, 376
Wiederbeschaffungskosten 535
Wirtschaftgut, Nutzung des 451
Wirtschaftliche Entwertung 394
Wirtschaftlicher
- Reingewinn 561
- Rohgewinn 561
- Umsatz 561
- Wareneinsatz 561
Wirtschaftsgut 411, 465
- Anschaffung eines begünstigten 411
Wirtschaftsgüter
- abnutzbare des Anlagevermögens 576
- abnutzbare immaterielle 370
- begünstigte 410
- entgeltlich erworbene immaterielle 370
- immaterielle 370
- nicht abnutzbare immaterielle 370
- selbst geschaffene immaterielle 370
- sonstige 111
Wirtschaftsjahr 348, 351, 357, 359, 410, 494
Wohnung, Überlassung einer 218

Z

Zahllast 98, 100, 333
Zahlungen an Dritte 284
Zahlungsbereitschaft 550
Zahlungsfähigkeit 550
Zahlungsverkehr 246
Zahlungsvorgang 357
Zahlungsvorgänge, bargeldlose 247
Zehnersystem 71
Zeit, Berechnung der 257
Zeitanteilige Abschreibung 386 f.
Zeitlich
- nachverlegte Inventur 24
- verlegte Inventur 24
- vorverlegte Inventur 24
Zeitliche Erfolgsabgrenzung 351
Zeitnahe Stichtagsinventur 23
Zeitvergleich 71, 546
Zinsberechnung, Formel zur 254
Zinsen 252, 273, 324, 444
- Berechnung der 252
- betriebsbedingte 536
- kalkulatorische 536 f.
Zinsentgang für das eingesetzte Eigenkapital 536
Zinserträge 298 f.
Zinsfestschreibungszeitraum 445
Zinsrechnung
- vom vermehrten Wert 260
- vom verminderten Wert 261
- kaufmännische 253
- summarische 262
Zinssatz 271
- Berechnung des 257
- landesüblicher 536
Zinssätze
- bequeme 263
- unbequeme 263
Zinszahlen 262
Zinszahlungstermine 297
Zollbehörde 331
Zollbeteiligter 331
Zugang von Anlagegütern 387
Zugangjahr 387
Zulagen 198
Zusammengesetzter Buchungssatz 38
Zusatzbeitrag 195
Zusatzkosten 533, 537, 540
- kalkulatorische 539
Zusätzliche Angaben 519
Zusätzliches Arbeitsentgelt 209
Zuschreibungen aus Anteilen an Kapitalgesellschaften 377
Zuschreibungspflicht 371, 395, 399, 420
Zuwendungen
- steuerfreie 215 f.
- steuerpflichtige 217
Zwangsgeld 19, 324
Zwecke, private 458
Zweifelhafte Forderungen 431 ff.

Bildquellenverzeichnis

fotolia.com: 9 (Yuri Arcurs)
dpa Infografik GmbH, Hamburg: 570
Stollfuß Medien GmbH & Co. KG, Bonn: 193

Coverfotos: eyewave/fotolia.com (links) und Kate Mitchell/Corbis, Düsseldorf (rechts)

Infografiken: Claudia Hild Grafikdesign, Angelburg

Trotz intensiver Nachforschungen ist es uns in manchen Fällen nicht gelungen, die Rechteinhaber zu ermitteln. Wir bitten diese, sich mit dem Verlag in Verbindung zu setzen.